AF380744

Kulturerbe Kunststoff

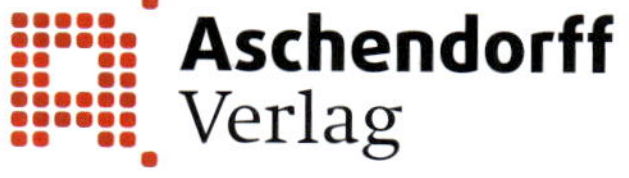
Aschendorff Verlag

KULTURERBE KUNSTSTOFF

**Objektgeschichten
aus dem
Deutschen Kunststoff-Museum**

**Herausgegeben von
Friederike Waentig**

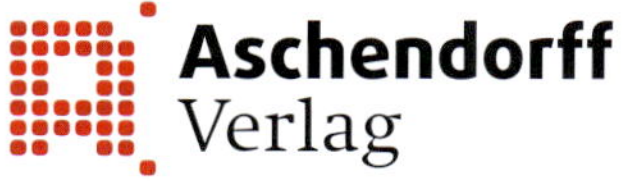
Aschendorff
Verlag

GEFÖRDERT VOM

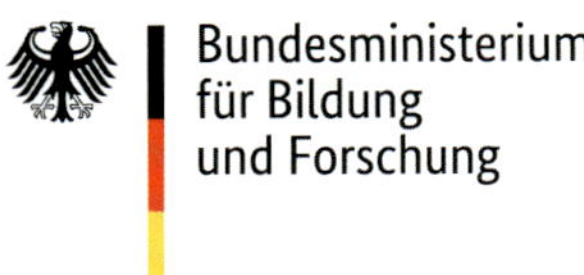
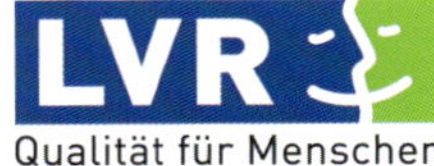
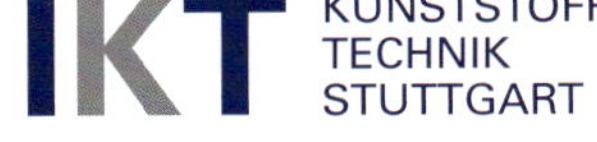
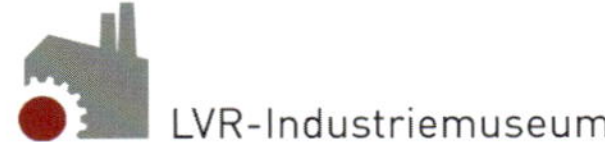
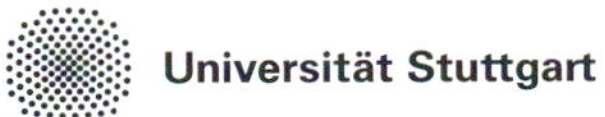

Diese Publikation erscheint
mit Unterstützung
der Technischen Hochschule Köln

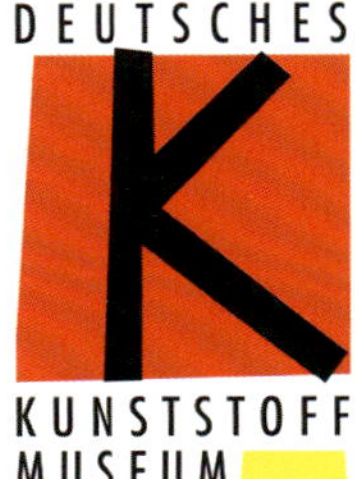

Bibliografische Information der Deutschen Bibliothek:
Die Deutsche Bibliothek verzeichnet diese Publikation in der
Deutschen Nationalbibliografie; detaillierte bibliografische
Daten sind im Internet über dnb.ddb.de abrufbar.

© 2023 Aschendorff Verlag GmbH & Co. KG, Münster

www.aschendorff-buchverlag.de

Printed in Germany
Gedruckt auf säurefreiem, alterungsbeständigem Papier

ISBN 978-3-402-24918-5

Vorwort

Friederike Waentig

Gemeinsam die Sammlung der über 22.000 Objekte des Deutschen Kunststoff-Museums erforschen, darüber berichten und die Relevanz der Objekte zu vermitteln, dies waren die Gründe für die Antragstellung des Projektes. Die Förderlinie des Bundesministeriums für Bildung und Forschung (BMBF) „Sprache der Objekte – Materielle Kultur im Kontext gesellschaftlicher Entwicklungen" ermöglichte dieses Vorhaben. Der Umzug der Sammlung in den Peter-Behrens-Bau des LVR-Industriemuseums (LVR-Imus) bedingt durch einen Brand im Depot in den Düsseldorfer Messehallen im Jahr 2016, war ein weiterer Anlass die Sammlung in das Blickfeld der Forschung zu rücken. Mit der Übernahme der Sammlung als Dauerleihgabe durch das LVR-Imus bieten sich neue Möglichkeiten, die die Sichtbarkeit und den Nutzen der Sammlung für die Forschung erhöhen.

Kunststoffe faszinieren IngenieurInnen, DesignerInnen, AnwenderInnen und KonsumentInnen wegen ihrer schier unbegrenzten Gestaltungs- und Verwendungsmöglichkeiten. Forschung, Publikationen und Ausstellungen über Kunststoffe in den Kulturwissenschaften waren bislang entweder auf die jeweils innovativen gestalterischen Aspekte (Stichworte: Design, Museum[1]) oder auf die chemischen und produktionstechnischen Fragen (Stichworte: Fachliteratur für ChemikerInnen, IngenieurInnen und AnwenderInnen[2]) fokussiert. Das Zusammenwirken von Geistes-, Natur- und Technikwissenschaften blieb bislang ein Desiderat. Hier setzt unser Projekt an:

Durch die Vernetzung der genannten Disziplinen, wie sie in den kooperierenden Hochschulen und Museen kompetent verortet sind, ergibt sich die einmalige Gelegenheit, die durch diesen Werkstoff ermöglichten „Gestaltungen" nach ihren kulturgeschichtlichen - und alltagskulturellen Implikationen zu befragen und für ein breites Publikum zu beantworten.

Wir sind sehr dankbar über die Förderung des BMBF, die es uns ermöglicht hat, vier Jahre intensiv an und mit der Sammlung zu forschen. Die Arbeit begann mit der Fortführung der Inventarisierung und Sichtung der Sammlung mit dem Ziel Objekte zu finden, die die kulturhistorische Bedeutung und das Innovationspotential der Kunststoffe vermitteln können. Die systematische Analyse der Objekte, das Spurenlesen, ist unabdingbar für das tiefere Verständnis, das nicht nur das Objekt selbst, sondern auch den technischen und soziokulturellen Kontext, in dem es entstanden ist, zeigt, und so die Basis für die interdisziplinäre Kommunikation darstellt. Dabei widmen sich die Geisteswissenschaften den soziologischen, technikhistorischen und auch kunstwissenschaftlichen Fragen, während die Ingenieurswissenschaften die Materialien analysieren und gemeinsam mit den RestauratorInnen die Herstellungstechniken und mögliche Versagensquellen beschreiben. RestaurierungswissenschafterInnen untersuchen das Objekt direkt auf Gebrauchs-, Herstellungs- und Alterungsspuren.

Voraussetzung für die Kommunikation ist eine gemeinsame Sprache mit standardisierten Fachbegriffen und Definitionen. Die Erarbeitung einer solchen Terminologie erfordert weitere fachliche Kompetenzen, die wir in großartiger Art und Weise durch Prof. Dr. Karolina Suchowolec und ihre Studentinnen vom Institut für Translation und Mehrsprachige Kommunikation der TH Köln erhielten. Unter fachlicher Begleitung durch die Studentin der Terminologie Elisabeth Evers und einem internationalen Netzwerk (Hannah Hendrickx, Eline van der Velde, Design Museum Gent; Griet Kockelkoren, Royal Institute for Cultural Heritage Brussels; Anna Laganà, Getty Conservation Institute; Colin Williamson, Sammler und Materialwissenschaftler) konnte eine Terminologie für Schäden an Kunststoffen ausgearbeitet werden. Gleichzeitig entwickelten die Kolleginnen in Belgien einen Thesaurus zu den verschiedenen Kunststoffmaterialien und Herstellungstechniken, hier konnten wir mitarbeitend unterstützen und die Übersetzung ins Deutsche vornehmen. Beide Terminologien werden als Open-Access-Publikation veröffentlicht.

Die Ergebnisse der Spurenlese liegen nun hiermit vor und stellen gleichzeitig die Ergebnisse des ersten Forschungsprojektes des Deutschen Kunststoff-Museums dar. Die Einführung behandelt die Geschichte der Sammlung und beleuchtet die Sammlung aus den drei Blickwinkeln, bevor auf die Methodik des Spurenlesens eingegangen wird. Kunststoffe sind eng mit Deutschland verbunden, dies wird im Kapitel Werkstoff der Moderne erläutert, hier darf die Auseinandersetzung mit der Materialeffizienz nicht fehlen, die auch zum Verständnis des Sammlungsgutes beiträgt. Im großen Hauptteil wird unter den Schlagworten formbar, leicht, durchsichtig und bunt die Spurenlese in Form von Objektgeschichten präsentiert. Die Publikation schließt mit der Betrachtung von Kunststoff als Sammlungsgut im Museum, wobei ein Blick auf die Dingkultur des 20. Jh. und deren Erhaltungsherausforderungen geworfen wird.

Ein Projektende hat immer etwas Trauriges, die vielen Jahre der Zusammenarbeit enden und wir widmen uns neuen Fragen. Das Positive ist jedoch, dass die Publikation bleibt und wir hoffen, dass wir mit diesem Buch Interesse wecken können.

Anmerkungen

[1] Z.B.: Wolfgang Schepers (Hg.) Plastic Icons. Design-Ikonen aus Kunststoff, Düsseldorf / Stuttgart 2016; z.B. Charlotte & Peter Fiell, Plastic Dreams. Synthetic Visions in Design, London 2009; Plastics + Design, Ausst. Kat. Die Neue Sammlung, München 1997; Philippe Decelle u.a.; L'Utopie du tou plastique, Bruxelles 1994 / 1998; Lucca Scacchi Graco, Pensieri di plastica, Milano 1986; s. auch die Publikationen des Kunststoff-Museums-Vereins Düsseldorf: http://www.deutsches-kunststoff-museum.de.

[2] Z.B.: Wolfgang Kaiser: Kunststoffchemie für Ingenieure. Von der Synthese bis zur Anwendung. München 2011; Dietrich Braun: Kunststofftechnik für Einsteiger. München 2003; Christian Bonten: Kunststofftechnik für Designer. München 2003. Christian Bonten: Kunststoffe als Konstruktionswerkstoffe, in: Handbuch der Konstruktionswerkstoffe, Hg. E. Moeller, München 2014; S. Albus/C. Bonten/K. Keßler et al.: Kunststoff-Kunst – Eine tückische Erfolgsgeschichte Schriftenreihe Axa Art Verlag 2007.

Inhaltsverzeichnis

1 | Die Sammlung des Deutschen Kunststoff-Museums

Wolfgang Schepers

Untersuchungsgegenstand des interdisziplinären Forschungsprojektes „Kunststoff – ein moderner Werkstoff im kulturhistorischen Kontext" (KuWerKo) ist die ca. 22.000 Objekte umfassende Sammlung, die der Kunststoff-Museums-Verein e. V. (KMV) in über 30-jähriger, vorwiegend ehrenamtlicher Arbeit zusammengetragen hat.

1986 gründeten VertreterInnen der Branchen Forschung, Industrie und Anwendung, aber auch SammlerInnen den Verein, dessen Ziel es nach wie vor ist, „... die wissenschaftliche, technische, wirtschaftliche und kulturelle Bedeutung der Kunststoffe in Vergangenheit und Gegenwart durch Schaffung eines Kunststoff-Museums in umfassender Weise darzustellen und einer breiten Öffentlichkeit zu präsentieren." (§ 2, 1 der Satzung; www.deut sches-kunststoff-museum.de)

Insbesondere durch die langjährige Unterstützung der Messe Düsseldorf und der deutschen Kunststoffindustrie, dank Spenden und Schenkungen von Privatpersonen in Form von Einzelobjekten oder kompletten Kunststoffsammlungen sowie durch Ankäufe ist eine singuläre repräsentative Sammlung entstanden. Da ihr äußerst differenziertes Gliederungskonzept an dieser Stelle nicht in aller Ausführlichkeit erläutert werden kann, sei-

en nur kurz die einzelnen Themenbereiche der Sammlung skizziert:

1. Alltagskulturgüter aus und mit Kunststoff
2. Kunststoffverarbeitung/Kunststofftechnik
3. Kunststoffe als Werkstoffe
4. Archivalien

Die *Alltagskulturgüter* sind unterteilt in Objekte des privaten Konsums und jene des Arbeits- und Berufslebens. Der Bereich des *privaten Konsums* ist der umfänglichste, da er vom Hausrat (z.B. Essen und Trinken) über Hygiene und Körperpflege bis hin zu Sport und Freizeit reicht. Unter *Arbeitsleben und Beruf* fassen wir die Exponate zusammen, die aus den Feldern Büro, Medizin, Handel und Verkehr stammen.

Zu Recht erwartet man unter der Rubrik *Kunststoffverarbeitung und Kunststofftechnik* Maschinen, an denen den BesucherInnen die Herstellung von Kunststoffteilen demonstriert werden kann.

Unter *Kunststoffe als Werkstoffe* subsumieren wir die vielen unterschiedlichen Kunststoffarten von den ersten Vorläufern der vollsynthetischen Kunststoffe, z.B. Kasein-Formaldehyd, bis hin zu den neuesten Hightech-Werkstoffen. Für die BesucherInnen wird diese Vielfalt nicht nur an den Grundstoffen, z.B. Granulat, demonstriert, sondern auch an einer Vielzahl fertiger Gegenstände.

Einen eindeutigen Vorteil zeigen Kunststoffe, wenn es um die Erreichung einer effizienten Produktion in der industriellen Fertigung geht. So veranschaulicht die Sammlung die Verarbeitung der Materialklasse von einer eher frühindustriellen handwerklich geprägten Fertigung bis hin zur seriellen und industriellen Massenproduktion. Im Vergleich einzelner Objekte aus verschiedenen Zeiträumen kann die Entwicklung einer sich immer weiter optimierenden Industrie dokumentiert werden. Die Sammlung des Deutschen Kunststoff-Museums belegt dieses Streben nach einer idealen Ressourceneffizienz in

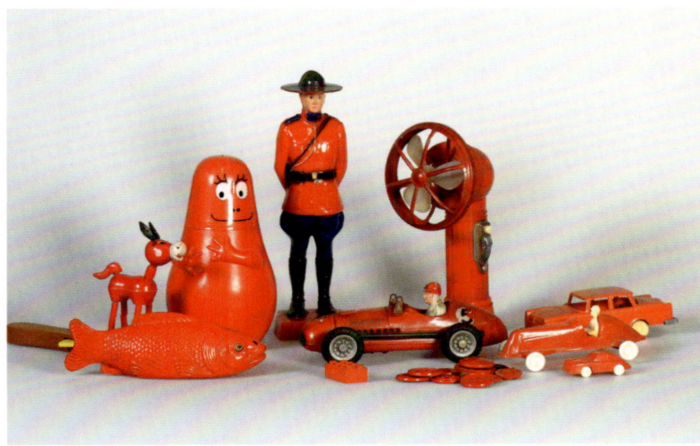

Ansicht verschiedener Spielzeuggegenstände aus der Sammlung

Zusammenhang mit dem Material, der Verarbeitungsmethode und der Gestaltung (siehe Kapitel Kunststoffe und die Materialeffizienz).

Archivalien werden meist nicht initiativ erworben, sondern angeboten. Sie sind immer dann willkommen, wenn sie einen Bezug zu den gesammelten Objekten haben und diese ergänzen. Es kann sich beispielsweise um Entwurfszeichnungen für Gegenstände, um Gebrauchsanweisungen oder Firmenschriften handeln.

Das Konzept ermöglicht, dass sich in der Sammlung im Laufe der Zeit historisch-typologische Reihen ergeben, die z.B. die Entwicklung verschiedener Gebrauchsgegenstände abbilden. Grundsätzlich sind Objekte interessant, die zeitlich möglichst nahe am Entwurf – soweit bekannt – oder an der erstmaligen Produktion liegen.

Werdegang der Sammlung seit der Gründung

Seit seiner Gründung im Jahr 1986 hat sich die Mitgliederstruktur des Vereins nicht wesentlich verändert, dem es bis heute ein großes Bedürfnis ist, neue Mitglieder aufzunehmen, die sich für das Kulturerbe Kunststoff interessieren. Da der Verein auf Spenden und Mitgliedsbeiträge angewiesen ist, war es von Anfang an nicht möglich, ein eigenes Gebäude mit Depot, Werkstatt und Ausstellungsfläche zu unterhalten. Um dennoch die gesammelten Objekte zu zeigen, verschiedenen Fragestellungen nachzugehen und Spezialthemen zu vermitteln, wurden zwischen 1986 und 1998 einzelne Wanderausstellungen konzipiert. Die Ausstellungen „Essen unterwegs"[1] oder „Unter Strom"[2] wurden in nichtmusealen Kontexten wie Einkaufszentren, öffentlichen Gebäuden oder auch im Flughafen Düsseldorf präsentiert. Die erfolgreichste Ausstellung dieser Art war „Die Kunststoffmacher", die mehrere Jahre durch Firmen und Hochschulen tourte.

Zwölf Jahre nach Gründung konnte der Verein 1998 im NRW Forum Düsseldorf die als Dauerausstellung konzipierte Eröffnungsschau[3] des Deutschen Kunststoff-Museums präsentieren. Sie widmete sich den vielfältigen Anwendungen von Kunststoffen im Alltag, im Sport und in der Medizin, ergänzt um das Thema „Kunst und Kunststoff". Aufgrund fehlender Mittel zum dauerhaften Betrieb eines Kunststoff-Museums galt es jedoch, das Düsseldorfer NRW-Forum nach vier Jahren wieder zu verlassen. Nun folgte die konsequente strategische Ausrichtung auf zwei an die Öffentlichkeit gerichtete Hauptaktivitäten: zum einen auf die Wanderausstellungen und zum anderen auf den Aufbau eines virtuellen Museums, zugänglich über die Website des Deutschen Kunststoff-Museums.

Voraussetzung für das virtuelle Museum war die digitale Erschließung der Sammlung, die bereits 1990 mit dem Aufbau einer EDV-gestützten Datenbank begann. Interessierte können seither online auf einen großen Teil der ständig wachsenden Sammlung zugreifen und dort Informationen zu Hersteller, Entwurf, Material und historischer Einordnung der Gegenstände in Wort und Bild abrufen. Die materielle Sammlung war der Öffentlichkeit unzugänglich und lagerte in einer Halle auf dem Gelände der Messe Düsseldorf. Die Halle wurde im Jahr 2016 durch einen Brand zerstört, doch konnte der wertvolle Sammlungsbestand fast komplett gerettet werden, da er sich in einem feuersicheren Bereich des Gebäudes befand. Allerdings mussten viele Objekte mithilfe der RestauratorInnen der TH Köln von Rauch- und Wasserspuren gesäubert und neu verpackt werden. Dieses Ereignis gab den letzten Anstoß für den Umzug der gesamten Sammlung in den Peter-Behrens-Bau des LVR-Industriemuseums in Oberhausen. Dort werden nun im Rahmen eines zunächst zehnjährigen Dauerleihvertrags die Exponate unter Museumsbedingungen sicher verwahrt.

Die Sammlung wird weiterhin ehrenamtlich durch den Kunststoff-Museums-Verein geleitet, die beschränkten finanziellen Mittel stammen aus den Mitgliedsbeiträgen. Doch erhält der Verein weiterhin kontinuierlich Schenkungen. Die Zusammenarbeit und die Abstimmung mit dem LVR-Industriemuseum bieten bei der Aufnahme neuer Sammlungsobjekte Perspektiven, gerade in Bezug auf die Anschaffung verschiedener Formwerkzeuge oder Maschinen. So soll die Verarbeitungs- und Herstellungstechnik in der neuen Dauerausstellung des Industriemuseums einen Platz finden. Auch ältere funktionierende Maschinen sollen in Betrieb genommen und die BesucherInnen dadurch mit einigen grundlegenden Herstellungstechniken, z.B. dem Pressen und Spritzgießen, vertraut gemacht werden.

Sammlungen wie die des Deutschen Kunststoff-Museums bilden immer einen Teil des kollektiven Gedächtnisses ab. Das KuWerKo-Projekt konzentriert sich auf die Objekte aus der umfänglichen Sammlung, zu denen man besonders gut Geschichten erzählen kann und die eine Art Spurenlese ermöglichen. Legt man horizontale Schnitte durch die Sammlung, so finden sich zahlreiche Beispiele – eines davon sind die Wäschekörbe – für die Produktdifferenzierung bezogen auf eine einzige Gestaltungsaufgabe (siehe Kapitel formbar). Selbstverständlich erlaubt die Sammlung ebenfalls vertikale Schnitte, die zu typologischen Reihen in der historischen Entwicklung eines Produktes führen. KuWerKo legt erfolgreich andere Parameter an die Sammlung an: Die genuinen und in dieser Qualität häufig singulären Eigenschaften des poly-

meren Werkstoffs wie Formbarkeit, Leichtigkeit, Transparenz und ihrer Färbbarkeit bestimmt die Auswahl der untersuchten Objekte und ihre Narrative.

Der reichhaltige Fundus des Deutschen Kunststoff-Museums bietet viele unterschiedliche Möglichkeiten, den ubiquitären Werkstoff in kulturhistorischer, alltagskultureller, designhistorischer oder werkstoffkundlicher Perspektive zu erforschen, wofür das Forschungsprojekt KuWerKo das beste Beispiel ist.

Anmerkungen

[1] Deutsches Klingenmuseum und Kunststoff-Museums-Verein e. V. (Hg.), Essen unterwegs – Kunststoff auf Reisen, Solingen/Düsseldorf 1997.

[2] Kunststoff-Museums-Verein e. V. (Hg.), Unter Strom – vom Bakelitschalter zum Blackberry, Düsseldorf 2012.

[3] Kunststoff-Museums-Verein e. V. (Hg.), Faszination Kunststoff, Düsseldorf 1998.

1.1 | Drei Perspektiven auf die Sammlung

Christian Bonten, Walter Hauser, Friederike Waentig

Von September 2018 bis August 2022 widmete sich ein vom Bundesministerium für Bildung und Forschung (BMBF) gefördertes interdisziplinäres Forschungsprojekt unter Koordination der TH Köln der Untersuchung historischer und moderner Sammlungsobjekte aus Kunststoff.[1] Ausgangspunkt war, dass Kunststoffe die Werkstoffe des 20. und 21. Jahrhunderts sind. Seit ihrer Entwicklung beeinflussen sie unsere Kultur wie bislang kein anderes Material. Um eine Rundumsicht auf den Werkstoff einnehmen zu können, arbeiteten eine Geisteswissenschaftlerin, ein Materialwissenschaftler und zwei Restauratorinnen daran, den Werkstoff und seine Er-

zeugnisse auf kulturgeschichtliche und alltagskulturelle Implikationen hin zu befragen. Zu diesem Zweck hat das Deutsche Kunststoff-Museum seine umfangreiche Sammlung zur Verfügung gestellt. Die ForscherInnen konnten die Werkstoffklasse Kunststoff so erstmals aus drei sehr unterschiedlichen Perspektiven untersuchen und die vielen Facetten des Materials beleuchten. Die interdisziplinäre Beschäftigung mit den Sammlungsobjekten ermöglicht es, die Spuren an den Objekten umfassend zu interpretieren und Fragen zu stellen, die weit über den designgeschichtlichen Rahmen hinausgehen. Einführend werden im Folgenden die drei Blickwinkel vorgestellt.

Der Blick auf die Sammlung aus der Sicht der Kulturwissenschaft und Technikgeschichte

Walter Hauser

An Kunststoffen scheiden sich die Geister. Mit der Rede vom „Plasticaeum" avancierten sie in jüngerer Zeit zum zweifelhaften Symbol unseres Zeitalters und zu einem Hauptangeklagten in der globalen Umweltkrise. Die Beziehung der Menschen zu dieser Stoffklasse war schon immer, seit die ersten Produkte auf den Markt kamen, widersprüchlich und emotional. Kunststoffe waren begehrt und bewundert, gehasst und verpönt. Dinge aus Kunststoff verkörpern allein durch ihre synthetische Materialität kontroverse Haltungen und Werte – für die einen stehen sie für Modernität und einen Fortschritt, der allen offensteht, andere sehen in ihnen eine Massenkultur voller minderwertiger Surrogate, von der sie sich abgrenzen möchten. Ein Objekt aus Kunststoff zu besitzen oder nicht zu besitzen, war und ist ein Statement. Allein das macht – über ihre bloße Verbreitung im modernen Alltag hinaus – die Kunststoffdinge zu hochspannenden Objekten der Forschung für ein kulturhistorisches Museum.

Spätestens mit dem *material turn* in den Kulturwissenschaften ist uns wieder bewusst geworden, wie sehr die Materialität der Dinge kulturelle Praktiken und Wissensbestände prägt und umgekehrt. Dabei sind Kunststoffe im Laufe des 20. Jahrhunderts dank ihrer beispiellosen Vielfalt, Vielseitigkeit und Verfügbarkeit zum wichtigsten Werkstoff für nahezu alles geworden, was uns umgibt; sie sind gewissermaßen systemrelevant für unseren Alltag. Um diese Alltagskultur zu verstehen, muss man den Stoff, aus dem die Dinge sind, genauer in den Blick nehmen.

Kunststoffobjekte finden sich mittlerweile reichlich in musealen Sammlungen – ob in Arbeiten der zeitgenössischen Kunst in Kunstmuseen, als Designobjekte in Museen angewandter Kunst oder als Belegstücke der Alltagskultur in kulturhistorischen Museen. Ausstellungen und Forschungen, die sich explizit mit der Materialität dieser Objekte auseinandersetzen, sind aber vergleichsweise rar. Es gibt, anders als etwa für Glas oder Keramik, auch keine eigene Gruppe von Fachmuseen, die sich damit beschäftigt.

Hierfür gibt es Gründe. Die Vielfalt der Kunststoffe mit ihren höchst unterschiedlichen Eigenschaften machen das Feld schwer greifbar. Zudem braucht es, um die Objekte in ihrer Wechselbeziehung von Werkstoff, Funktion und Nutzungspraktiken zu verstehen, profunde, (nicht nur) für Museen wenig zugängliche ingenieurswissenschaftliche und technikhistorische Kenntnisse, zumal sich Zusammensetzung und Produktionsprozesse von Kunststoffen ständig verändern. Ein weiterer Grund ist, dass Kunststoffe anders altern als andere Materialien. Das wirft Fragen zur Nachhaltigkeit von Kunststoffen auf: Einerseits sind viele Kunststoffprodukte in ihrer Nutzung kurzlebig, andererseits reichern sich manche ihrer Überreste in der Biosphäre sehr langfristig an. Aus der Perspektive der Museen ergeben sich aus der Art und Weise des Alterns ganz neue Herausforderungen in Bezug auf die Erhaltung solcher Objekte. Außerdem ist die Spurenlese an den Objekten erschwert, also das, was Alltagsobjekte so spannend für ein Museum macht: aus den Spuren des Alterns und des Gebrauchs die je individuelle Geschichte eines Objekts zu „lesen". Dazu muss man Alterungsprozesse verstehen und über materialwissenschaftliche und chemische Expertise verfügen, die die Restaurierungswissenschaften erst in jüngerer Zeit vorangetrieben haben.

Für das LVR-Industriemuseum, das Landesmuseum für Sozial- und Industriegeschichte im Rheinland, sind Kunststoffe in mehrerlei Hinsicht relevant. Mit seinen sieben Standorten in denkmalgeschützten Fabriken repräsentiert es Industriebranchen, die das Rheinland lan-

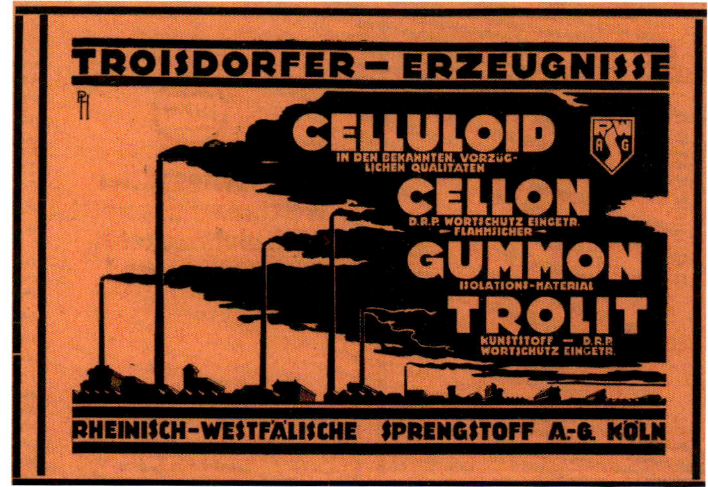

Werbeanzeige der Dynamit Nobel AG, Troisdorf 1930

ge prägten. Sie beziehen sich alle auf Werkstoffe des Industriezeitalters wie Zink, Papier, Baumwolle/Wolle und Eisen/Stahl. Davon ausgehend entwickelte sich zunächst auch die Sammlung des Museums. Was jedoch fehlte, war die Kunststoffindustrie, die im Rheinland – angefangen von der chemischen Industrie über den zugehörigen Maschinenbau bis zur Materialwissenschaft – immer stark vertreten war und auch heute noch ist. Tatsächlich war in der Gründungsphase des Museums im Gespräch, einen derartigen Standort in den Verbund aufzunehmen (die Westdeutschen Celluloid-Werke in Meerbusch), doch scheiterte das Vorhaben, weshalb Kunststoffe im LVR-Industriemuseum lange im Schatten anderer Objektgruppen standen. Die Materialität der Objekte blieb, ungeachtet der stark sozialhistorischen Ausrichtung des Museums, immer konstitutiv für die Struktur der Sammlung. Sie wurde eher selbstverständlich vorausgesetzt anstatt problematisiert und daher bei der Objekterfassung oft nicht so systematisch dokumentiert, wie man sich das heute wünschen würde.

In den letzten Jahren hat sich das LVR-Industriemuseum als Museum der Alltagskultur für das 19. und 20. Jahrhundert breiter aufgestellt. Es widmet sich zunehmend dem Konsum, dem Wechselverhältnis von Konsumkultur und gesellschaftlicher Entwicklung. Der Schwerpunkt der Sammlungs- und Forschungstätigkeit lag zunächst auf dem textilen Kleiderkonsum. Erwachsen ist daraus ein sehr umfangreicher Bestand an Textilien, darunter viele Stücke aus Kunstfasern, aber auch einiges an Alltagsobjekten aus Kunststoff. 2016 kam es zur Kooperation mit dem nicht zufällig ebenfalls im Rheinland verwurzelten Kunststoff-Museums-Verein. Dessen europaweit wohl größte Kunststoffsammlung – überwiegend Objekte des Alltagskonsums – ist seither im Zentraldepot des LVR-Industriemuseums in Oberhausen als dauerhaftes Depositum untergebracht. Hier versammelt sich nun ein einzigartiger Fundus zur Erforschung der materiellen Kultur der letzten 150 Jahre, ein Schatz, der gehoben werden will und ganz unterschiedliche Fragen – auch in der Verknüpfung beider Sammlungen – aufwirft.

Solchen Fragen sind wir im KuWerKo-Projekt in einer Tiefe, die im normalen Museumsalltag selten möglich ist, anhand einer Auswahl von Objekten aus der Sammlung des Kunststoff-Museums-Vereins exemplarisch nachgegangen. Warum setzt sich ein Objekt zu einer bestimmten Zeit durch, ein anderes nicht? Weshalb wählte man für die Produktion dieses Material und nicht ein anderes? Die Wahl eines Materials kann dabei ebenso gut technisch-funktional wie ästhetisch oder „ideologisch" begründet sein. Welche Werte, Ideen sollten die Objekte und ihre Materialien transportieren und warum? Wer kaufte oder nutzte das Objekt – und wer nicht? Welche Rolle spielte die Materialität beim Wandel kultureller Praktiken (etwa im Haushalt, in der Küche) oder bei der Verbreitung neuer Lebensentwürfe (im Zeichen von Modernität und Mobilität)? Wie und warum veränderte sich das Design des Produkts und wie hängt das mit verfügbaren Materialien oder neuen Technologien, aber auch mit dem Zeitgeist und gesellschaftlichen Veränderungen zusammen?

Diese Fragen lassen sich nur interdisziplinär beantworten, der kulturhistorische Zugang allein führt hier nicht weit. Bei Kunststoffen beginnt die Schwierigkeit für das Museum unter Umständen schon damit herauszufinden, um welchen Kunststoff es sich bei einem Objekt überhaupt handelt. Welche Formen und Funktionalitäten mit welchem Material und mit welchen Herstellungsverfahren zu einer bestimmten Zeit überhaupt möglich waren, lässt sich nur mit speziellem materialwissenschaftlichem und technikhistorischem Wissen erkunden. Manche Objekte erfordern die Entnahme einer Stoffprobe für eine naturwissenschaftliche Analyse, um zweifelsfrei zu bestimmen, um was für einen Kunststoff es sich handelt und wann das Objekt entstanden seien könnte. Man muss untersuchen, wie sich der Kunststoff im Einsatz abnutzt, wie er – womöglich erst während der späteren Lagerung im Museum – aus sich selbst heraus altert und sich verändert.

Das interdisziplinäre Forschungsprojekt KuWerKo hat all diese Kompetenzen und Perspektiven zusammengebracht. Damit ist nicht nur der Fundus an Objektgeschichten, die ein Museum ausmacht, reicher geworden. Vielmehr ist dem LVR-Industriemuseum und anderen Museen daraus auch ein grundlegendes Wissen und eine Terminologie erwachsen, die für die Objektschließung und den Objekterhalt zukünftig ein unerlässliches Instrument sein werden.

Der Blick auf die Sammlung aus Sicht der Materialwissenschaft

Christian Bonten

IngenieurInnen sind MeisterInnen der Technik und übernehmen vielfältige Aufgaben, um Produkte zu entwickeln, zu fertigen und zu überprüfen. Hierzu bedienen sie sich vor allem der Naturwissenschaften und besonderer Vorgehensweisen bei der zielführenden, geordneten Dokumentation und Arbeitsweise. (Technische) Kreativität ist unerlässlich für den Erfolg.

Um erfolgreiche Produkte aus Kunststoff zu erzeugen, müssen Kunststoff-IngenieurInnen zum einen den Werkstoff verstehen (Pfeilkreis „Werkstofftechnik"). Sie halten engen Kontakt zur Polymerchemie und Additivherstellung, um aus den Molekülketten gebrauchsfertige Werkstoffe zu machen. Zum anderen lernen Kunststoff-IngenieurInnen, neue oder bestehende Maschinen und Prozesse zu erforschen, mit denen die verflüssigten Werkstoffe verarbeitet werden, um sie in Form zu bringen (Pfeilkreis „Verarbeitungstechnik"). Als dritte Disziplin wird vermittelt, wie Produkte aus Kunststoff gestaltet und abschließend erprobt werden, um ihre Leistung im Alltag zu erbringen (Pfeilkreis „Produktentwicklung").

Betrachten in Kunststofftechnik ausgebildete IngenieurInnen ein Bauteil das erste Mal, entstehen sofort Assoziationen: Welches Herstellungsverfahren wurde wohl eingesetzt? Welcher Werkstoff wurde verwendet? Eine eher flächige Geometrie wird im Pressverfahren oder Thermoformen produziert worden sein, ein Behälter eher mittels Blasformen oder aus zwei geschweißten Teilen. Ein Bauteil mit sehr dreidimensionalen, komplexeren Geometriebereichen kann eigentlich nur spritzgegossen oder – ganz modern – in einem der neuartigen 3D-Druck-Verfahren hergestellt worden sein. Auch gibt es Werkstoffe, die in dem einen oder anderen Verfahren typischerweise eingesetzt wurden, in anderen Verfahren aber gar nicht.

IngenieurInnen können nicht nur mithilfe der vielen Analysemethoden Erkenntnisse generieren, sondern – da sie gelernt haben, wie die Schmelze geflossen sein muss, bevor sie zum Bauteil/Werkstück/Objekt erstarrt ist – auch aus dem Prozess heraus Spuren lesen. So ist beispielsweise nicht nur der Anspritzpunkt eines Spritzgießbauteils mit geübtem Auge von den Abdrücken sogenannter Auswerferstempel zu unterscheiden, sondern

es sind auch sichtbare Bindenähte von sich vereinigenden Schmelzefronten im Gegenlicht zu erkennen. Eine Quetschnaht im Behälterboden zeigt, dass der Behälter blasgeformt wurde. Fehlt diese Quetschnaht, muss nach Nähten geschweißter Teile gesucht werden oder nach einem einzelnen Anspritzpunkt, denn dann wurde das sogenannte Spritzstreckblasen verwendet. Schlieren im Bauteil sind oft Zeugnis von entweder zu feuchter Verarbeitung der Schmelze oder von unzureichender Vermischung von Farbpigmenten, die im Schmelzefluss orientiert wurden.

Zu guter Letzt müssen sie lernen, das Produkt vom Ende her zu denken: Die „Schadensanalyse" ist die Königsdisziplin der IngenieurInnen. Hier wird in systematischer Vorgehensweise ein in Alltagssituationen genutztes Produkt, welches versagt hat, gedeutet. Was musste es während der Benutzung „aushalten"; war es überhaupt richtig konstruiert oder wurde es etwa überlastet? War es den falschen Chemikalien ausgesetzt oder hat es zu hohe Temperatur zu „spüren" bekommen? War es etwa laufend der Sonne oder aggressiven Sauerstoffradikalen ausgesetzt? Und schließlich: Mit welchen Hilfsmitteln/ Geräten können die aufgestellten Schadenshypothesen geprüft werden? Spätestens hier wird deutlich, dass es

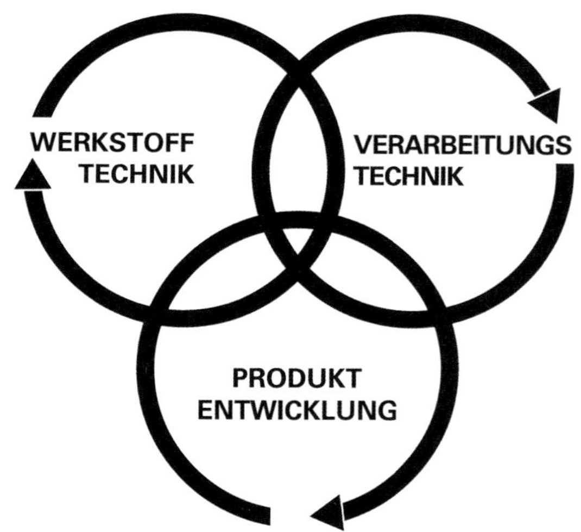

Die Teilgebiete der Kunststofftechnik.
© IKT, Uni Stuttgart

sich um sehr ähnliche Fragen handelt, die im Zuge der Restaurierung bei der Spurenlese an Sammlungsobjekten gestellt werden!

Als besonders wertvoll erweisen sich diese Fähigkeiten und Disziplinen, die auch während der Produktentwicklung wichtig sind, bei der Betrachtung und Einordnung der historischen Objekte des Deutschen Kunststoff-Museums. Mit einem Verständnis der Entwicklungsschritte eines Kunststoffgegenstands können historische Gegenstände in ihrem aktuellen Zustand besser beurteilt werden. Welcher Schaden oder Fehler entstand in welcher Produktlebensphase und warum? Welche Schwachstellen in Material, Herstellung und Verarbeitung wurden über Jahre der Evolution zwecks Produktverbesserung in welchem Maße optimiert?

Die Zusammenarbeit mit RestauratorInnen und KunststoffhistorikerInnen an der Sammlung des Deutschen Kunststoff-Museums inspiriert ungemein. Man lernt als MaterialwissenschaftlerIn und IngenieurIn nicht nur Etliches über die Alterung von Kunststoffen, sondern „trainiert" die eigene Kreativität anhand der Fragen „Wieso wurde wohl dieser Werkstoff/dieses Verfahren/diese Geometrie ausgewählt?" und „Warum macht man das heute eigentlich nicht mehr so?". So entdeckt man z.B., dass viele der ersten Kunststoffe Biokunststoffe (Kasein-Formaldehyd, Celluloseacetat) waren, die heute wieder Bedeutung erlangen. Auch in der Maschinen- und Prozesstechnik gab es „Sackgassen der Evolution", die nicht weiterverfolgt wurden, aber heute unter ver-

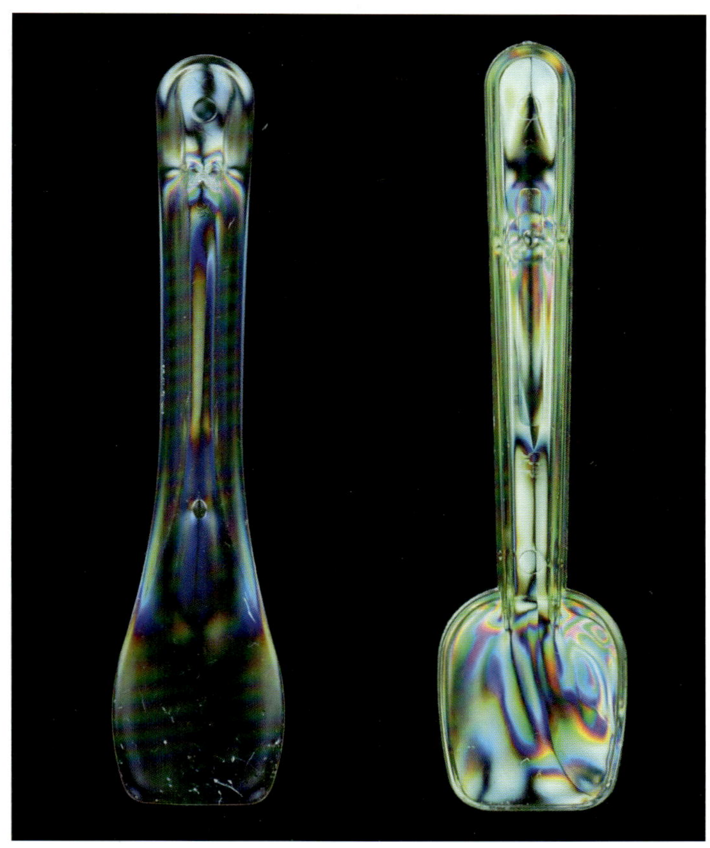

Zwei Polystyrol Eis-Löffel unter zirkular polarisiertem Licht, um mögliche Spannungen sichtbar zu machen.

änderten Rahmenbedingungen wieder Nutzen stiften könnten. Die Sammlung ist ein großartiger Schatz, der nicht nur bewahrt, sondern auch „gelesen" werden will!

Der Blick auf die Sammlung aus Sicht der Konservierungs- und Restaurierungswissenschaft

Friederike Waentig

RestauratorInnen arbeiten immer an und mit Objekten, an die sie meist mit einer konkreten Fragestellung herangehen. Die Chance, eine ganze Sammlung zu betrachten, interdisziplinär Fragen an ausgewählten Objekten der Sammlung zu diskutieren und zu untersuchen, bekommen sie selten. Im Rahmen des KuWerKo-Projektes konnte eine solche Herangehensweise anhand der Sammlung des Deutschen Kunststoff-Museums umgesetzt werden. Doch welche Rolle spielen hier RestauratorInnen?

Die Hauptaufgabe in den Restaurierungs- und Konservierungswissenschaften ist es, Kulturgut in seiner vorhandenen Substanz zu erhalten. Jede Objektgruppe und jedes Objekt bedarf einer Erhaltungsstrategie, für deren Konzeption es unabdingbar ist, das Objekt in seiner Gänze und Komplexität zu verstehen und zu durchdringen. Um dem Rechnung zu tragen, nutzen RestauratorInnen Methoden aus den Natur- und Geisteswissenschaften. Nur mit dem Verstehen des Objektes in seiner Materialität, seinem kulturhistorischen Kontext sowie seiner Objektgeschichte können Erhaltungsmaßnahmen entwickelt werden, die zu einem langfristigen Überdauern des Gegenstands in seiner Vollständigkeit führen. Die Entwicklung und Umsetzung konkreter Maßnahmen beziehen sich sowohl auf das Objekt als auch auf die Umgebung. Dabei stellt die Präventive Konservierung einen wichtigen Baustein für die Bewahrung des Kulturgutes dar.

Museen[2], die sich an den ethischen Richtlinien für Museen des internationalen Museumsrats[3] orientieren, halten sich an vier Aufgaben: Sammeln, Erforschen, Bewahren und Vermitteln. Im besten Fall forschen RestauratorInnen und KuratorInnen gemeinsam, wobei das Bewahren eine Hauptaufgabe der RestauratorInnen darstellt. Hingegen ergänzen KuratorInnen mit ihrem Fachwissen die Dokumentation, indem sie die kulturellen Hintergründe zu den Objekten recherchieren, um so die immateriellen Werte zu bewahren. Die Aufnahme von Objekten in eine Sammlung sollte einem Sammlungskonzept folgen und RestauratorInnen sollten die Objekte eingangs untersuchen, um etwaige Veränderungen, Schäden oder Fälschungen direkt zu detektieren. Die Vermittlung kann auf vielen Wegen erfolgen und ist heute umfangreicher denn je. MuseumspädagogInnen[4] entwickeln für jede Ausstellung oder jedes Sammlungsthema ein Vermittlungskonzept für verschiedene Altersgruppen. KuratorInnen arbeiten mit der Sammlung an Dauer- oder Sonderausstellungen, hier arbeiten je nach Thema auch RestauratorInnen mit, um das Objektverständnis beim Besucher und der Besucherin zu fördern.

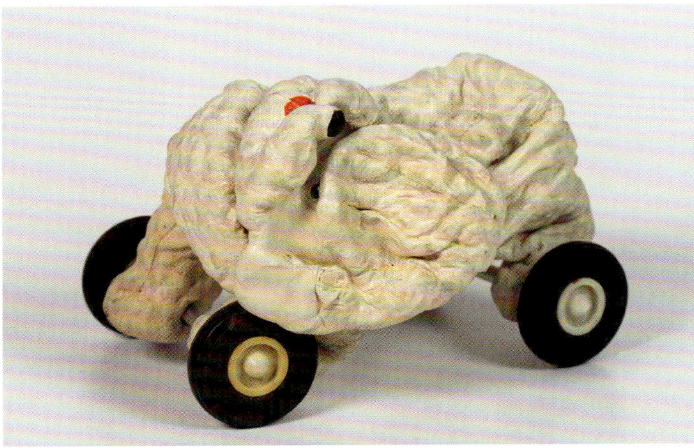

Deformierter Spielzeug-Pudel aus Gummi.

Inzwischen konzipieren RestauratorInnen eigene Ausstellungen, um einen tieferen Blick in die Objekte zu gewährleisten oder Forschungsergebnisse zu präsentieren.

Die Aufgabe der RestauratorInnen ist mit den Jahrzehnten gewachsen, die Möglichkeiten der Forschung bieten die Chance eines Tiefgangs im Objektverständnis, das im Museumsalltag oftmals nicht zu leisten ist. So sind bei Kunststoffobjekten dennoch viele Fragen der Erhaltung offen. Die Erkenntnisse und das Wissen über Restaurierungen basieren auf praktischen und empirischen Erfahrungen der KollegInnen in Museen und Sammlungen, die teilweise in spezialisierten Zeitschriften publiziert werden oder nur intern in den Sammlungen zugänglich sind. Dies liegt auch darin begründet, dass das Berufsfeld der Konservierungs- und Restaurierungswissenschaften eine recht junge wissenschaftliche Disziplin ist. Die ersten akademischen Studiengänge wurden in den 1930er Jahren im Bereich der Gemälderestaurierung in Wien und London gegründet. Die Erweiterung auf die Objektrestaurierung und andere Bereiche erfolgte erst in den 1970er und 1980er Jahren. Die wissenschaftliche Auseinandersetzung mit Objekten, die aus oder mit Kunststoffen gefertigt wurden, ist die jüngste Entwicklung. Sie begann in den 1990er Jahren und konzentrierte sich vorwiegend auf die Materialanalyse und das Verstehen der Alterungsmechanismen. Aktive Restaurierungsmaßnahmen für die vielen verschiedenen Kunststoffe, die als Standard angesehen werden können, existieren auf diesem Gebiet noch nicht. Eine Ausnahme mag die Festigung von Polyurethanweichschaumkunststoffen[5] sein, wobei auch hier aufgrund der unterschiedlichen Zusammensetzung der Schäume und im Rahmen der wissenschaftlichen Beschäftigung immer wieder neue Materialien und Methoden getestet, hinterfragt und aktualisiert werden müssen.

Beim Bewahren fassen wir als Optimum einen Zeitraum von rund 100 Jahren in den Blick, in dem sich das Museumsobjekt nicht weiter verändert. Für die meisten der traditionellen Werke stellt dies kein allzu großes Problem dar, sind sie doch meist weitaus älter. Für die Objekte aus Kunststoff erweist sich die Lage als wesentlich komplexer. So ist Kunststoff nicht gleich Kunststoff, da jeder Werkstoff der Materialklasse anders zusammengesetzt sein kann und wir nicht wie bei Holz immer von Cellulose, Hemicellulose und verschiedenen akzessorischen Bestandteilen ausgehen können. Die Anzahl an möglichen

Zusammensetzungen ist bei den Kunststoffen um ein Vielfaches höher. Hinzu kommt, dass die unterschiedlichen Kunststoffwerkstoffe häufig mit bloßem Auge nicht zu unterscheiden und ihre Reaktionen auf Lösemittel, Wärme etc. oft nicht einzuschätzen sind. Den Umgang mit und das Erkennen von Holz oder Metall haben wir über Jahrhunderte gelernt und das entsprechende Wissen tradiert; wir kennen das Verhalten von Holz oder Metall bei der Bearbeitung ebenso wie die Reaktionen auf diverse Medien. Für die Kunststoffe gilt das nicht. Häufig werden Kunststoffe unbewusst falsch eingeschätzt, weil die äußere Erscheinung eine Stabilität vermittelt, die trügerisch ist. Dies ist wohl der größte Unterschied zu den Objekten aus traditionell gefertigten Materialien, für die Erfahrungswerte vorliegen. Erkenntnisse über Alterungsmechanismen finden in der Industrie lediglich in Normen (DIN), die von einer bestimmten Nutzungszeit eines Bauteils ausgehen, ihren Niederschlag. Objekte in Museen und Sammlungen weisen jedoch meist eine darüber hinausgehende Lebenszeit auf, auch wenn sie nicht mehr im ursprünglichen Sinne genutzt werden.

Dies veranschaulicht, dass neben kulturhistorischen Kenntnissen ein tieferes Materialverständnis für die Erhaltung des Kulturerbes aus Kunststoff gefordert ist und RestauratorInnen intensiv mit MaterialwissenschaftlerInnen und KulturhistorikerInnen zusammenarbeiten sollten.

Für die Erforschung und Untersuchung von Objekten aus traditionellen Materialien werden Faktoren wie Alterung und Einfluss von chemischen Medien berücksichtigt, die auf die Objektgeschichte und den kulturellen Kontext verweisen.

Für die Kunststoffobjekte kommen weitere Faktoren hinzu: Einflüsse wie mangelnde Durchmischung des Materials oder zu niedrige Temperaturen während der Verarbeitung können zu herstellungsbedingtem Versagen des Bauteils führen. Ein Bruch kann zum Beispiel Lunker oder Hohlstellen als eingebaute Sollbruchstelle sichtbar machen, die den Bruch erklären. Ebenso können mechanische Belastungen zur Ermüdung des Materials führen. Hierbei spielt auch eine Rolle, ob das Bauteil korrekt im Sinne der Entwicklung eingesetzt und genutzt wurde. So wird man an einem Wäschekorb vor allem Nutzungsspuren an den Tragegriffen erwarten. Wenn aber der Wäschekorb auf den Kopf gestellt als Tritt diente, können Risse im Boden auf eine solche (falsche) Nutzung hindeuten.

Die Wissenschaft der Konservierung und Restaurierung von Objekten aus Kunststoffen ist das jüngste Forschungsfeld der Disziplin – mehr noch: Es steckt regelrecht noch in den Kinderschuhen, das heißt, es fehlt an praktischen restauratorischen Methoden und Techniken. Die Auswirkungen der im Schaubild verdeutlichten Einflüsse, die auf ein Objekt wirken, wurden im Rahmen des Forschungsprojektes KuWerKo in Zusammenarbeit der drei Disziplinen untersucht. Die Sammlung des Deutschen Kunststoff-Museums bietet für derartige Studien eine optimale Grundlage. Es ist ein Glücksfall für RestauratorInnen, wenn eine ganze Sammlung für ein Forschungsprojekt zur Verfügung steht – eine Sammlung, die für diverseste Fragestellungen mit einer Vielzahl an geeigneten Objekten für die Untersuchung aufwarten kann: von den ganz frühen duromeren Pressstoffen über die empfindlichen Celluloseester, die ersten „Polies", zu den verstärkten Werkstoffen und modernen Mischungen. Der Umfang, die Tiefe und Breite der Sammlung ermöglichen eine intensive Auseinandersetzung aus Sicht der drei Disziplinen, um das Spurenlesen am Kunststoffobjekt zu entwickeln und schließlich zu vermitteln.

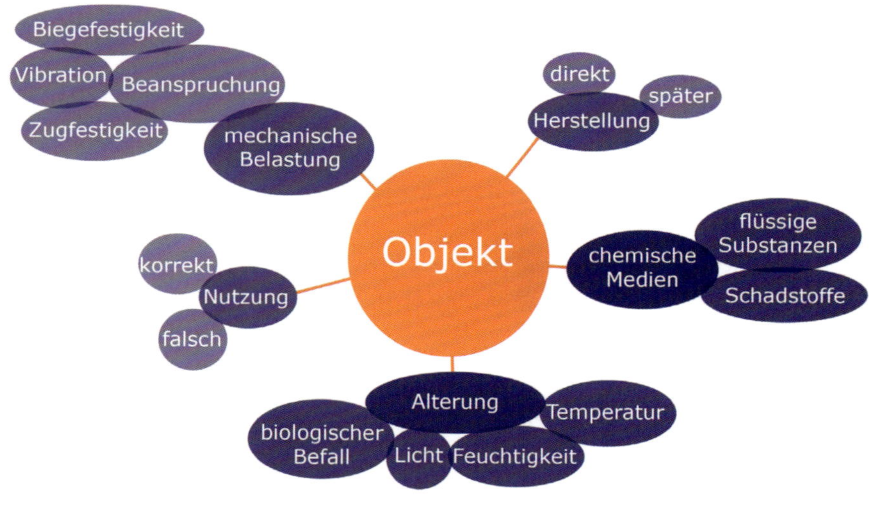

Einflüsse, die auf Objekte aus Kunststoffen einwirken.
© CICS, TH Köln, Friederike Waentig

Anmerkungen

[1] https://www.th-koeln.de/hochschule/cics---forschungspro-jekt--kuwerko_60970.php (07.07.2022)

[2] https://www.museumsbund.de/publikationen/standards-fu er-museen-2006/ (14.02.2022).

[3] https://icom-deutschland.de/images/PDF/icom_ethische_richtlinien_d_2010.pdf (14.02.2022).

[4] https://www.museumsbund.de/publikationen/bildungver mittlung/ (14.02.2022).

[5] VAN OOSTEN 2011.

1.2 | Kunststoffe als Sammlungsgut – Methodik der Spurenlese

Lisa Burkart, Julian Kattinger, Uta Scholten

Relikte der Alltagskultur als museale Objekte

Es ist eine Sache, die Dinge des täglichen Lebens als Quelle für historische Forschungen zu nutzen, ihre Musealisierung jedoch eine ganz andere. Als historische Referenz erhalten die Dinge ihre Bedeutung wie in einer Momentaufnahme.[1] Die Aufnahme eines Objekts in eine Sammlung hingegen erfordert eine tiefer gehende Analyse, da die Bedeutung des Objekts als historisches Relikt in einem wie auch immer gearteten musealen Umfeld erhalten werden soll. Seine Aufbewahrung bedarf einer Rechtfertigung der historischen Relevanz, die über den Moment hinausgeht, sowie einer gründlichen Dokumentation, da es sich um die Entfernung des Objekts aus seinem ursprünglichen und die Überführung in einen neuen Kontext handelt.[2] Zudem ist die Entwicklung eines konservatorischen, unter Umständen auch restauratorischen Konzepts notwendig, um die Erhaltung des Objektes in der musealen Umgebung möglichst lang zu gewährleisten. Handelt es sich um Kunstwerke oder archäologische Funde, ist das Anliegen der Musealisierung sicher offensichtlich. Aber wie steht es um Alltagsgegenstände, die Erzeugnisse industrieller Massenproduktion sind? Und wenn sie als sammelnswert klassifiziert worden sind: Wann in ihrem Lebenszyklus sollten sie Aufnahme in eine Sammlung finden? Die Existenz eines solchen Objekts setzt mit der Produktion ein und endet üblicherweise nach einer gewissen Zeitspanne der Nutzung mit der Entsorgung als Abfall.[3] Die Überführung in ein Museum bedeutet eine Art zweites Leben für die Objekte, denen alle Sorgfalt gilt, um diese möglichst unverändert weiter bestehen zu lassen. Doch wird den wenigsten Museumsobjekten zugemutet, weiterhin ihrem Zweck zu dienen – auf einem Stuhl wird nicht mehr gesessen, ein Elektrogerät nicht mehr betrieben und aus einer Tasse nicht mehr getrunken.

Zugleich darf bei der Entscheidung zur Aufnahme eines Objekts in eine museale Sammlung nicht vergessen werden, dass es sich um eine während des laufenden Prozesses begründete Entscheidung handelt, die zu einem anderen Zeitpunkt möglicherweise anders ausgefallen wäre.

> „Musealisierung, Museum bildet Vergangenes nicht einfach ab, es formuliert Interessen mit Dingen zeitspezifisch [...]."[4]

Die meisten Gebrauchsgegenstände in der Sammlung des Deutschen Kunststoff-Museums sind nicht als fabrikneue Produkte in die Sammlung aufgenommen worden, sondern erlangten ihren Status als Museumsstücke erst nach einer Phase der alltäglichen Nutzung, wie die mit dem Einzelobjekt verknüpfte Überlieferung und der Erhaltungszustand widerspiegeln. Die meisten musealen Objekte, ob aus traditionellen Werkstoffen oder aus Kunststoff, waren zu Beginn ihrer Existenz nicht für ein späteres „Weiterleben" im Museum vorgesehen. Doch kommt beim Kunststoff hinzu, dass er als Museumsgut ein Neuling ist. Im Umgang mit ihm liegen bisher wenig Erfahrungen vor. Die Sammlung des Deutschen Kunststoff-Museums ist in dieser Hinsicht ein Experiment, da niemand vorhersehen kann, wie sich der Zustand der dort aufbewahrten Gegenstände in der Zukunft entwickeln wird. Diese Unsicherheit besteht trotz umfassender Vorsichtsmaßnahmen im Sinne der Präventiven Konservierung. Die Industrie – die Rohstoffhersteller und ihre Kunden – plant für ihre Produkte heute eine Lebensdauer von unter einem Jahr bis hin zu mehreren Jahrzehnten, je nach Industriezweig und Verwendungsgebiet.[5] Für Verpackungen, z.B. für Lebensmittel, rechnet man mit einer Lebensdauer von einem halben Jahr, für Konsumgüter liegt die Lebensdauer im Schnitt bei drei Jahren.[6] In dieser Zeit soll sich das Material möglichst weder hinsichtlich seiner Eigenschaften noch seines Aussehens verändern. Zum Zeitpunkt der Aufnahme in eine Sammlung muss man allerdings davon ausgehen, dass die Produkte bereits eine Vorschädigung durch ihre Nutzungszeit erfahren haben, die sich auf den Zustand als Museumsgut auswirken kann und wird. So zeigen Werkstoffe wie Cellulosenitrat oder Polyurethan-Weichschäume spezifische Anzeichen des Verfalls, die bis zum Totalverlust des Objekts führen können. Das Zeitfenster, das einen Blick auf das Sammlungsgut und seinen Kontext erlaubt, ist somit begrenzt und dieser spezifische Blick vielleicht in fünfzig Jahren so nicht mehr möglich. Umso wichtiger sind die eingehende Dokumentation und Untersuchung der Sammlungsobjekte mit der Methodik der Spurenlese oder Objektbiografie.[7]

Die Aufnahme gerade dieses Objekts in die Sammlung zeigt die zeitbedingte Intentionalität, wobei das Sammlungskonzept selbst bei seiner Entstehung schon durch den Kontext der sammelnden Institution einem bestimmten zeitlichen Rahmen unterworfen ist. Die Musealisierung erweist sich als ein komplexer Vorgang, dem an sich schon eine Konstruktion der Geschichte zugrunde liegt, die wiederum von verschiedenen Faktoren bestimmt wird, wie eben der Institution und ihres Konzepts, des entscheidenden Gremiums oder Individuums. Manchmal sind es auch ganz banale Umstände wie der Platzbedarf des Sammlungsguts, die eine Entscheidung für oder gegen eine Musealisierung beeinflussen. Insofern sollten die Geschichte und der Anlass einer Erwerbung ebenfalls Teil der umfassenden Dokumentation sein.[8]

Der Kauf über die anonyme Internetplattform erlaubt beim Stuhl *Variopur* keine nähere Eingrenzung der Umstände des Gebrauchs. Eine solche Eingrenzung ist im Sammlungsauftrag des Deutschen Kunststoff-Museums auch nicht unbedingt eingeschlossen, da der Stuhl als Beispiel für ein industrielles Produkt mit einer spezifischen Gestaltung aus einem bestimmten Werkstoff steht und erst in zweiter Linie für ein Einzelstück einer alltagskulturellen Nutzung. Daher sind für eine Objektbiografie die Methoden verschiedener Einzeldisziplinen vonnöten, um den Stuhl auf seine Entstehung, seinen Gebrauch und sein Ausmustern, also das Ende der Gebrauchsphase, zu befragen und ihm so einen Kontext zurückzugeben.[9]

Fallbeispiel der Spurenlese: Der Stuhl *Känguru*

Der Prozess der Musealisierung

Der Stuhl aus der Möbelserie *Variopur* (K–2011–00008) wurde 2011 in einem Internetauktionshaus für die Sammlung des Deutschen Kunststoff-Museums ersteigert. Hierbei wurde darauf geachtet, dass es sich um kein überarbeitetes, mit neuer Lackierung versehenes Exemplar handelt, sondern um eines mit der ursprünglichen Lackierung, auch wenn diese deutliche Spuren des Gebrauchs trägt. Die Entscheidung für gerade dieses Einzelobjekt war also eine bewusste für einen bestimmten Zustand. Es wurde kein optisch makelloser Gegenstand gesucht, sondern einer, der den Zustand möglichst nah am Originalprodukt, aber nach der Nutzung abbilden sollte.

Entwurfs- und Produktionsgeschichte

Das Interesse, den Stuhl zu erwerben, lässt sich darauf zurückführen, dass es sich um einen Stapelstuhl aus der Möbelserie *Variopur* des VEB PCK Schwedt[10] in der ehemaligen DDR handelt. Der stapelbare Stuhl aus Polyurethan-Hartschaum avancierte zum bekanntesten Produkt der Serie. Er geht auf den Entwurf des westdeutschen Designers Ernst Moeckl (1931–2013) im Jahr 1968 zurück. Moeckl hatte seine Ausbildung an der Hochschule für Gestaltung in Ulm absolviert und sich Anfang der 1960er mit einem Büro für Industriedesign in Stuttgart selbstständig gemacht. Aufgrund seiner Entstehungsgeschichte – in der Bundesrepublik entworfen, in der DDR produziert – ist der Stuhl ein Zeugnis der deutsch-deutschen Wirtschaftsbeziehungen.

Stuhl *Känguru* aus der Serie *Variopur*
Polyurethan (PUR), lackiert
Entwurf: Ernst Moeckl, 1968
Hersteller: VEB PCK (Petrolchemisches Kombinat)
Schwedt, Deutsche Demokratische Republik
ab 1972

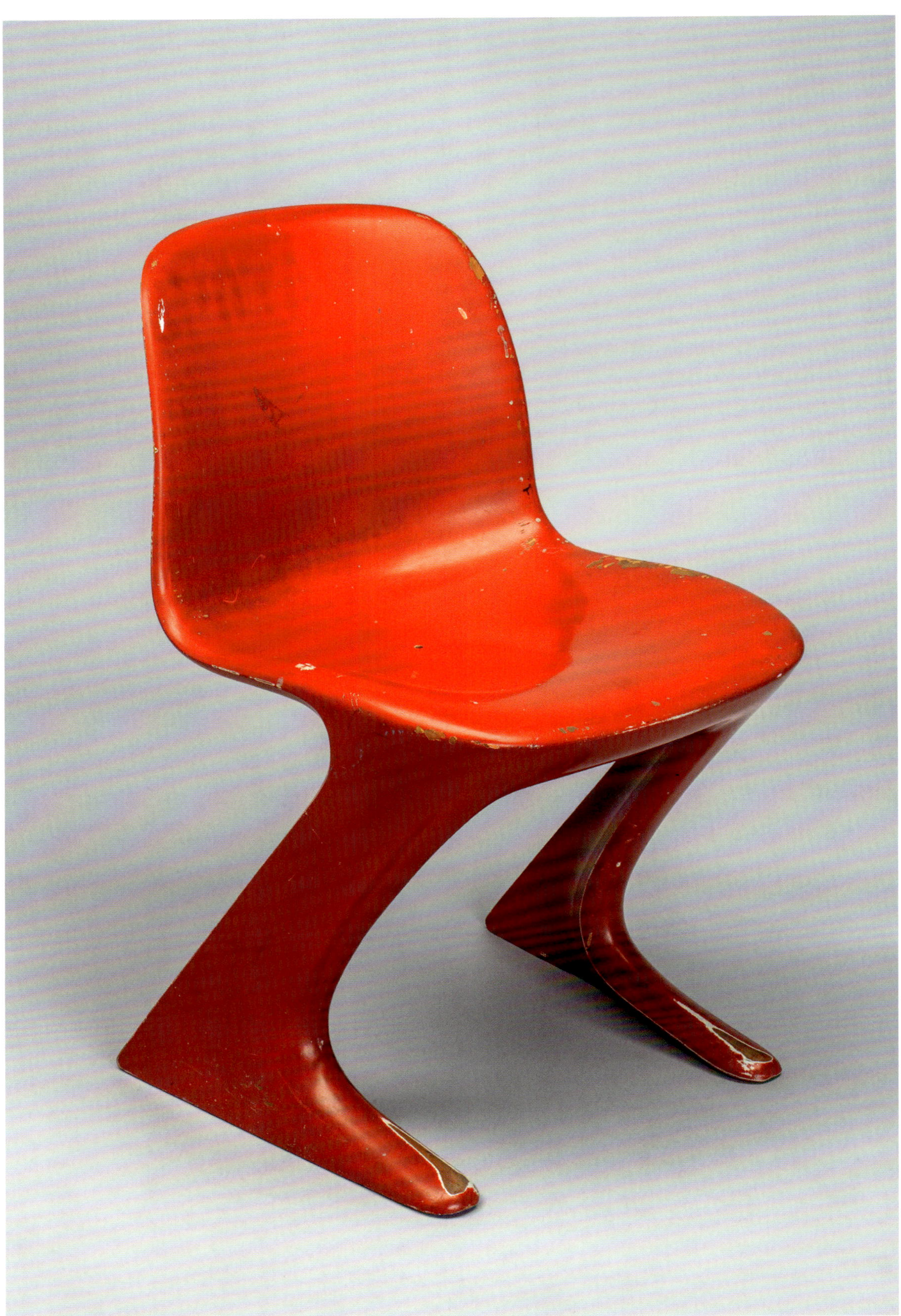

In der DDR war es erst ab Anfang der 1970er Jahre möglich, Polyurethan (PUR) industriell zu erzeugen.[11] Von der Herstellung von Möbeln aus Polyurethan-Hartschaum versprach man sich eine Produktivitätssteigerung in der Möbelindustrie, da viele Arbeitsschritte im Vergleich zur Verarbeitung von Holz und Metall wegfielen. Zum Aufbau der Möbelproduktion wurde der VEB PCK Schwedt verpflichtet, obwohl es dort an einigen Voraussetzungen mangelte. Für die Umsetzung war man auf die beiden westdeutschen Unternehmen Siemag und Horn KG angewiesen. Neben den Lizenzen und dem Knowhow kamen die Formwerkzeuge für die Möbel und der Polyurethanlack sowie die Werkzeugträger und Schäummaschinen aus der Bundesrepublik.[12] So verkaufte der auf Möbel aus Polyurethan spezialisierte Fabrikant Dieter Horn 1972 Lizenzen und Werkzeuge an die DDR.[13]

Material- und Technikgeschichte

Den Werkstoff Polyurethan entwickelte in den 1930er Jahren der Chemiker Otto Bayer im Werk der I.G. Farben in Leverkusen. Die Besonderheit seiner Erfindung lag nicht nur im Material selbst, sondern auch im Verfahren der Polyaddition. Dabei entsteht das Polymer durch die Reaktion von Dialkoholen und Polyisocyanaten, ohne dass sich dabei Nebenprodukte bilden.[14] Die ersten Anwendungen des leichten Kunststoffschaums als Propellerflügel, Landeklappen oder Flugzeugkufen gab es schon während des Zweiten Weltkrieges. Die industrielle Produktion und großtechnische Verarbeitung wurden jedoch erst in den 1950er Jahren vorangetrieben.

Den Durchbruch auf dem Markt erlebten zuerst die Weichschäume, und zwar für Sitzpolster und stoßsichere Verpackung von empfindlichen Gütern. Die Hartschäume setzten sich ab Beginn der 1960er als Isoliermaterial für Kühlschränke und im Bausektor durch.[15] Für die Herstellung solcher Isoliermaterialien wurden in einem kontinuierlichen Verfahren Blöcke geschäumt, die auf Maß geschnitten wurden. 1962 gelang es Bayer mit der Maschinenfabrik Hennecke, Birlinghoven bei Siegburg, Verschäumungsmaschinen zu entwickeln, die es erlaubten, die Ausgangskomponenten als schäumendes Gemisch in Hohlräume oder auf Oberflächen zu spritzen.[16] Voraussetzung dafür war ein Verfahren, um die Hartschäume schon während des Polyadditionsvorgangs in Form zu bringen.

Bei diesem Verfahren werden die beiden Ausgangsstoffe für Polyurethan in einer Düse unter Druck vermischt und das entstandene Reaktionsgemisch wird in den Hohlraum einer Form gefüllt. Im Inneren der Form kann das Gemisch zu Polyurethan reagieren und so ein Formteil bilden. Nach dem Ausschäumen der Form wurde der Stuhl schließlich lackiert. Diesem Prinzip folgte die Fertigung des Stuhls der Serie *Variopur*.

Kulturhistorische Einordnung – Designgeschichte

Der Stuhl *Variopur* gehört in die Reihe der Versuche, den „hinterbeinlosen" Freischwinger oder Kragstuhl aus dem Material Kunststoff zu konstruieren.[17] 1926 hatte Mart Stam (1899–1986) am Bauhaus den Designklassiker aus Stahlrohr gestaltet. Der bekannteste Nachbau in Kunststoff avancierte zur Designikone der Pop-Ära: der sogenannte Panton Chair, benannt nach dem dänischen Designer Verner Panton (1926–1998). Nach einer ersten Vorserie (ca. 100–150 Stück) aus glasfaserverstärktem Polyester wurde der Stuhl 1968 aus Polyurethan-Hartschaum hergestellt (siehe Kapitel Kunststoffe und die Materialeffizienz).[18]

Die Verwendung von Kunststoff als tragendem Element im Möbelbau entwickelte sich seit den 1940er Jahren in den USA. Charles (1907–1978) und Ray (1912–1988) Eames experimentierten zu dieser Zeit mit ergonomisch geformten Sitzschalen aus einem Stück. Schichtholz und Aluminium erwiesen sich als ungeeignet, sodass sich das Designerpaar für eine Lösung aus mit Glasfaser verstärktem Polyester entschied. Als *Plastic Side Chair* bzw. *Plastic Arm Chair* wurde die Sitzschale mit verschiedenen Unterbauten zu einem bis heute beliebten Dauerbrenner.[19] Für eine wirkliche Massenproduktion war das Material jedoch nicht geeignet: Jede Schale wurde händisch hergestellt, indem die Glasfasermatten Schicht für Schicht in eine Form gelegt und mit Polyesterharz bestrichen wurden (siehe Kapitel Kunststoffe und die Materialeffizienz). Spätere Versionen wurden in Thermoplasten realisiert und konnten in Serie spritzgegossen werden. In Europa gab Kunststoff dem Möbelbau neue Impulse, vor allem in Italien, wo Firmen wie die 1949 gegründete Kartell experimentierfreudigen DesignerInnen die Möglichkeit eröffneten, mit den technischen Neuerungen zum Einsatz von Kunststoffen im Möbelbau zu arbeiten.[20]

Polyurethan-Hartschaum fand offensichtlich erst gegen Ende der 1960er Jahre vermehrt Eingang in die Möbelproduktion. Zu den frühesten Beispielen gehören neben der ersten Version des Panton-Stuhls Entwürfe des Designers Peter Ghyczy (1940–2022).[21] Sein eiförmiger Gartensessel – in der DDR bekannt als *Senftenberger Ei* – von 1968 ist das erste Möbel, das aus Polyurethan-Hartschaum hergestellt wurde.[22] Das Experiment mit diesem Material scheint die Ölkrise 1973 nicht überlebt zu haben. Man kehrte für den Innenraum wieder zu traditionellen Materialien zurück. Kunststoffmöbel fanden ihren Platz im Garten, im gewerblichen und im öffentlichen Raum.[23]

Rezeptionsgeschichte

Die Polyurethan-Möbel des VEB PCK Schwedt sind nicht zuletzt wegen ihrer Rezeptionsgeschichte relevant. Heute gelten sie als Design-Ikonen. Für den Stuhl aus der Serie *Variopur* sind zahlreiche Bezeichnungen überliefert, so z.B. *Känguru-Stuhl*, *Z-Stuhl* oder *Hockender Mann*, die alle auf die charakteristische Form hinweisen. Ob *Moeckl-Schwinger* eine Benennung ist, die außerhalb der Kreise von DesignhistorikerInnen und AntiquitätenhändlerInnen Verbreitung fand, ist zweifelhaft.[24]

Bei dem Objekt mit Kultstatus oszilliert die Rezeptionsgeschichte zwischen erfahrungsorientierter Ostalgieaufbereitung[25] inklusive einer gewissen Legendenbildung einerseits und ernsthafter Auseinandersetzung mit der Designgeschichte und den Verwerfungen der deutsch-deutschen Industriegeschichte andererseits.[26] Neben diesem Beispiel lassen sich noch andere Fälle nachweisen, in denen ein westdeutscher Gestalter ein in der DDR produziertes Objekt entwarf und umgekehrt.[27] Einige Produkte im Sortiment des schwedischen Möbelhauses Ikea wurden in der DDR produziert und auch entworfen, beispielsweise Leuchten der VEB Metalldrücker Halle.[28] Günter Höhne (* 1943) kolportiert zum Stuhl *Variopur* die Geschichte, dass man in Italien von der DDR Formwerkzeuge erworben habe.[29] Tatsächlich wurde das Projekt der Möbelproduktion aus Polyurethan schon bei seinem Start 1972 als Meilenstein sozialistischen Designs beworben.[30] Es liegt auf der Hand, dass es wenig Interesse gab, die Wurzeln von Entwurf und Produktion des *Variopur* in der Bundesrepublik offenzulegen.

Inzwischen hat es der Stuhl zur eigenen Homepage im Internet gebracht und wird von einer Chemnitzer Firma wieder zum Verkauf angeboten – zum stolzen Preis von 1.150 Euro (Stand 2022).[31]

Restauratorische Spurenlese am Objekt

Viele Fragen, die sich bei der Betrachtung eines Objektes stellen, können erst bei genauerem Hinsehen, beim Spurenlesen, beantwortet werden. Zum Lesen der Spuren ist das Wissen über die Ursachen, die zur Spur geführt haben, Voraussetzung. Umfangreiche Kenntnisse über das Material, dessen Herstellung, die Verarbeitungsweise, die Nutzung und Lagerung des Objekts können dabei helfen, sichtbare Spuren am Objekt den jeweiligen Ursachen zuzuordnen. Allein optische Untersuchungen mit dem bloßen Auge, einer Lupe oder dem Mikroskop lassen Schlüsse auf das „Leben" des Objekts als Alltagsgegenstand zu. Einige Beispiele sollen die Methodik veranschaulichen.

Herstellungsspuren

Bereits die Art und Weise der Herstellung und die verwendeten Formwerkzeuge hinterlassen am Objekt ablesbare Indizien und werden als Herstellungsspuren bezeichnet. Üblicherweise erwartet man bei einer industriellen Serien- oder Massenfertigung geringe bis keine Abweichungen zwischen den Produkten. In der Fertigung kommt es jedoch immer wieder zu kleinen Unterschieden, die auch vom Automatisierungsgrad des Produktionsprozesses abhängig sind. Diese Abweichungen können massenproduzierte Gegenstände bereits bei ihrer Herstellung gewissermaßen zu Unikaten machen.

Auch der Stuhl zeigt solche Herstellungsspuren. An den Rückseiten seiner beiden Kufen befindet sich je eine konkave Vertiefung. Es ist auffällig, dass die Vertiefungen sich spiegelverkehrt an der gleichen Stelle befinden. Sie können ein Indiz dafür sein, dass das Formwerkzeug während des Prozesses nicht ausreichend entlüftet wurde und sich noch Luft im Formwerkzeug befand, die sich dann an den beiden Kufenenden gesammelt hat.

Eine weitere Spur der Herstellung wird auf der Stuhloberfläche sichtbar. Diese ist, abgesehen von den Unterseiten der Kufen, mit einem roten Decklack lackiert. Auf einem Bereich der Unterseite der Sitzfläche liegt dieser Decklack jedoch nur in Form feiner Lackpartikel auf der Oberfläche und bildet keine zusammenhängende Schicht. Die darunterliegende weiße Farbschicht bleibt sichtbar. Es handelt sich um einen sogenannten Spritznebel, der für den Auftrag des Lackes durch Spritzlackieren spricht.

Möglicherweise handelt es sich bei der weißen Farbschicht um eine Grundierung, die dem roten Lack mehr Haftung und Leuchtkraft verleihen soll, hier beginnt jedoch bereits die Unsicherheit bei der Interpretation des Augenscheins. Die Sichtung von Quellen zur Herstellung und eine Probenentnahme zur mikroskopischen Untersuchung der Oberfläche können hier mehr Klarheit schaffen und sind Teil der restauratorischen Spurenlese.

Gebrauchsspuren

Während der Nutzungszeit des Stuhls sind weitere Spuren entstanden, die Rückschlüsse auf den Gebrauch zulassen und daher als Gebrauchsspuren bezeichnet werden. Überlieferungen eines vormaligen Besitzers könnten unter Umständen interessante Hinweise liefern. Leider fehlen diese im Fall des Stuhls, was bei Alltagskulturgut nicht selten der Fall ist. Allerdings ist besonders die Lackierung an einigen Bereichen von der Benutzung gezeichnet, was den realtypischen Gebrauch des Stuhls nachvollziehen lässt.

Kratzer auf der Oberfläche treten vor allem auf der Sitzfläche auf. Sie sind mit hoher Wahrscheinlichkeit auf Knöpfe, Nieten oder Nähte an der Kleidung der Sitzenden zurückzuführen. Auch Verschmutzungen durch häufiges

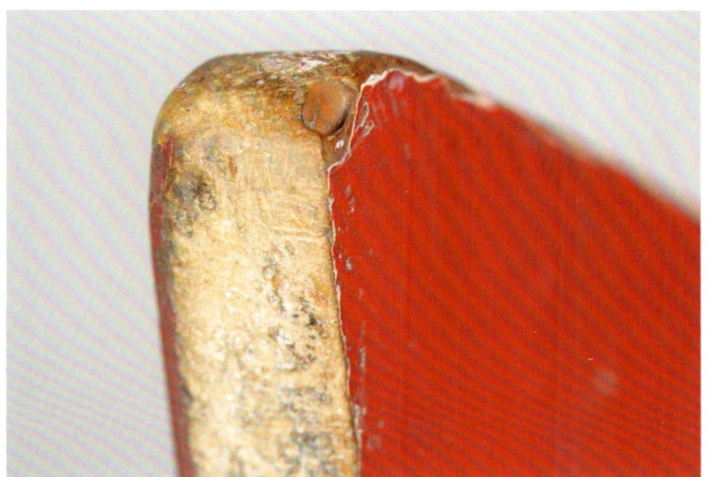

Konkave Vertiefung an der rechten Kufe des Stuhls.

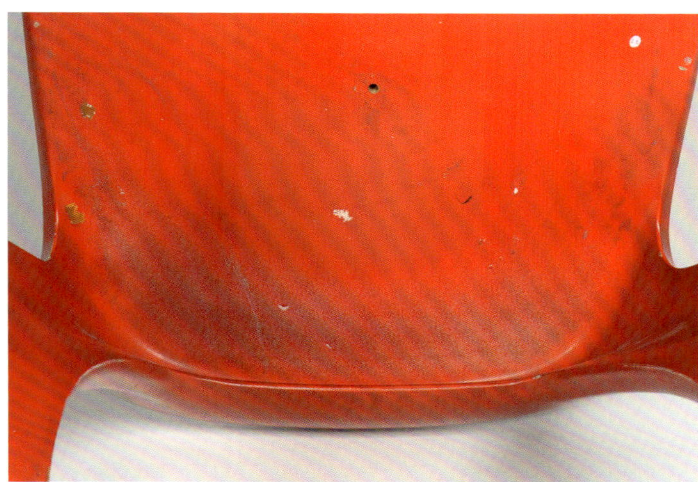

Spritznebel auf der Sitzflächen-Unterseite.

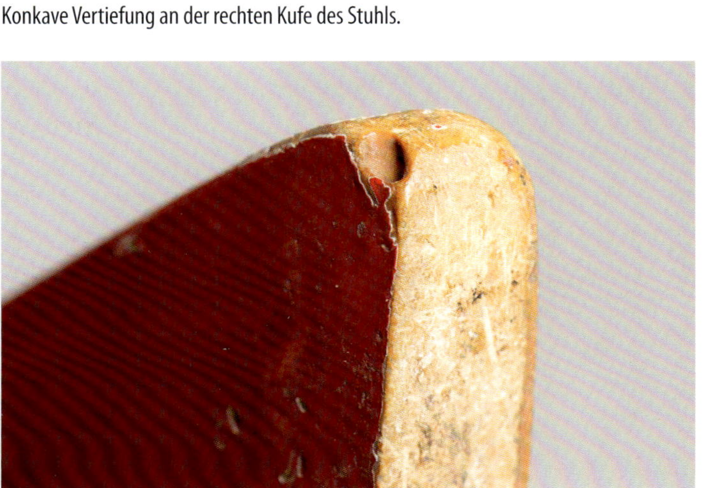

Konkave Vertiefung an der linken Kufe des Stuhls.

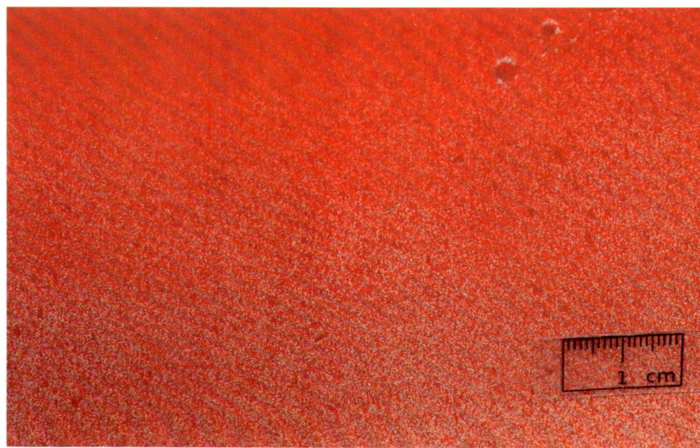

Detail des Spritznebels auf der Sitzflächen-Unterseite.

Anfassen des Stuhls können Zeugen der Art und Weise der Benutzung sein, wie auf der abgeschrägten Vorderkante zwischen den beiden Beinen zu sehen. Die Spuren lassen vermuten, dass die Kante zum Vorziehen des Stuhls während des Sitzens oder zum Tragen des Stuhls diente.

Besonders auffällig sind die beiden großen Fehlstellen auf der Oberseite der kufenartigen Standfüße. Die Art der Beschädigung und die Position legen nahe, dass sie durch die Füße der BenutzerInnen entstanden sind, die die Lackschicht nach und nach abgerieben haben. Dies ermöglicht Rückschlüsse auf die Sitzposition der Sitzenden.

Lack- und Farbspritzer auf der Oberfläche sprechen für eine Verwendung des Stuhls außerhalb der regulären Wohnräume und können ein Indiz für die Nutzung des Stuhls in einer Werkstatt oder einem Hobbykeller sein,

was nicht unbedingt der ursprünglich beabsichtigten Nutzung entspricht. Ein Loch inmitten der Sitzfläche wirkt zunächst irritierend, da der Polyurethan-Hartschaum im Inneren des Lochs freiliegt. Das Loch wurde erst nach der Lackierung und demnach in der Nutzungsphase gebohrt. In Verbindung mit den beim Ankauf auf dem Objekt befindlichen Vogelexkrementen spricht einiges dafür, dass der Stuhl im Garten benutzt wurde und das Loch dem Wasserabfluss bei Regen diente.

An den Außenkanten der Rückenlehne, im Übergangsbereich zur Sitzfläche, hebt sich der Lack partiell ab, es haben sich Lackfehlstellen und Lackrunzeln gebildet. Ursächlich hierfür ist vermutlich die eingebüßte Dehnfähigkeit der Lackschicht, die nicht mehr in der Lage war, der Dehnung des Polyurethans bei Belastung zu folgen. Eine Überdehnung der in dem Entwurf vorge-

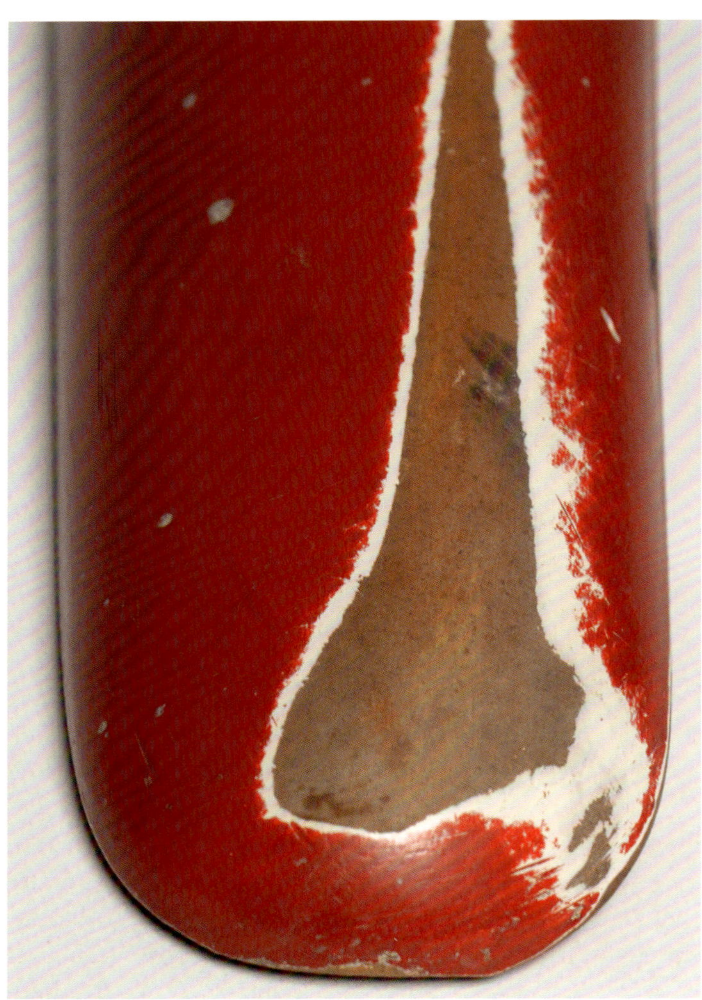

Abgeriebene Lackierung auf der Oberseite der rechten Kufe.

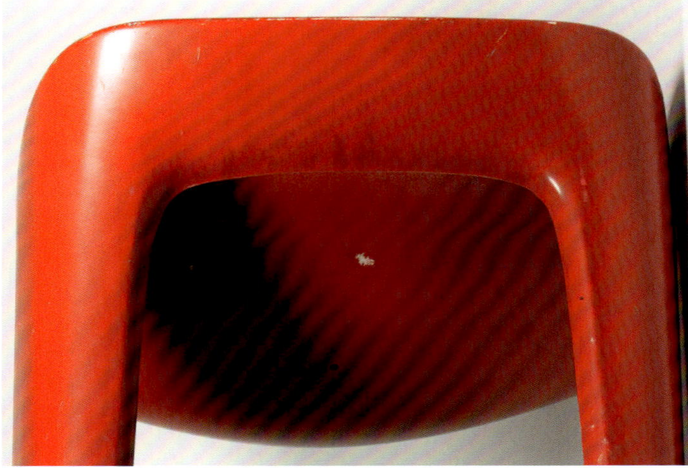

Verschmutzung durch Nutzung auf der abgeschrägten Vorderkante.

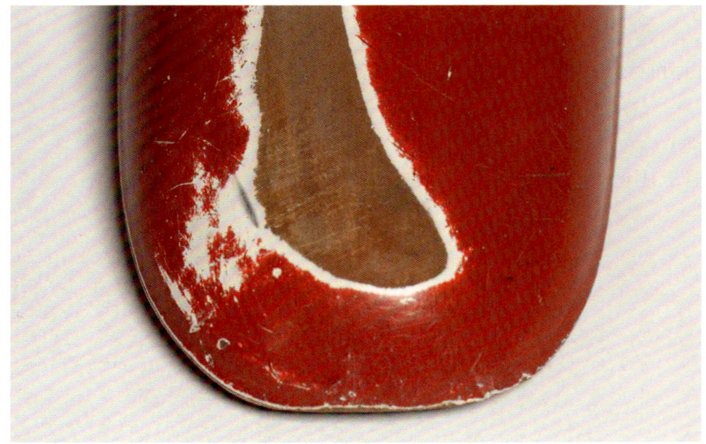

Abgeriebene Lackierung auf der Oberseite der linken Kufe.

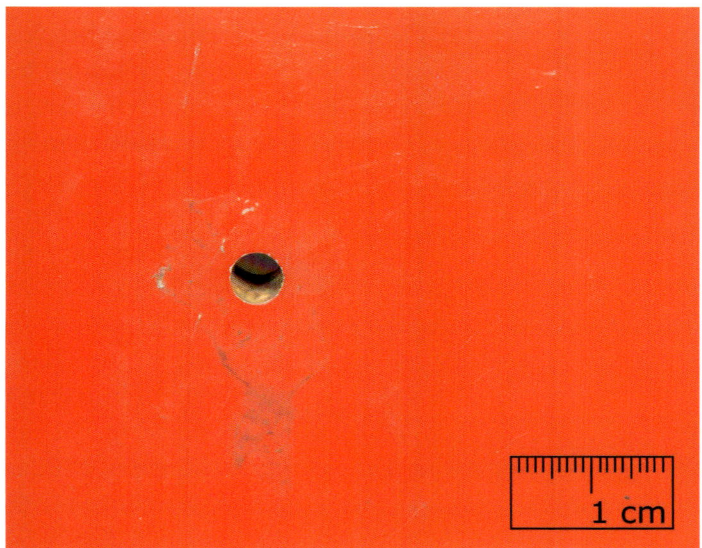

Loch mittig der Sitzfläche.

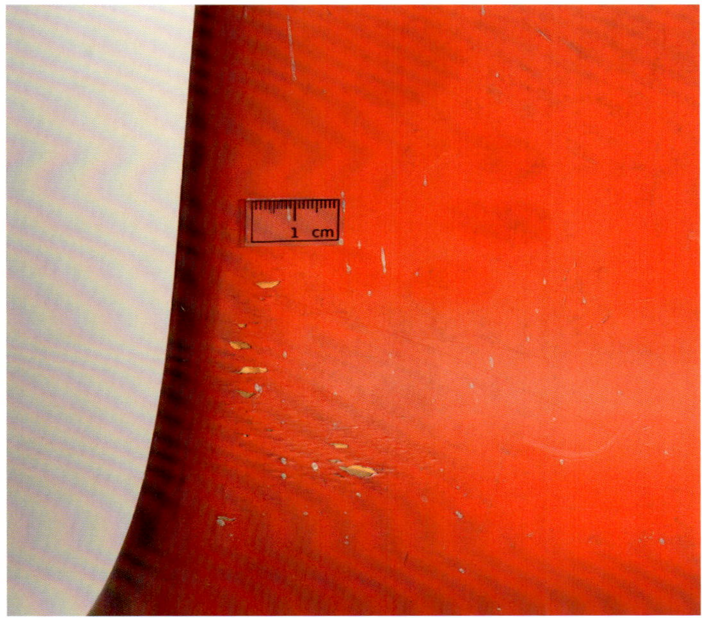

Lackrunzeln und Lackfehlstellen im Übergang von Rückenlehne zu Sitzfläche.

sehenen z-förmigen Federung könnte ebenfalls Ursache für die Ablösung des Lackes sein.

Alterungsphänomene

Neben der Nutzung hinterlässt die Alterung der Materialien Spuren an Objekten. Dabei spielt die Qualität der verwendeten Materialien, ihre Verarbeitung und die Nutzung des daraus entstehenden Objekts eine Rolle.

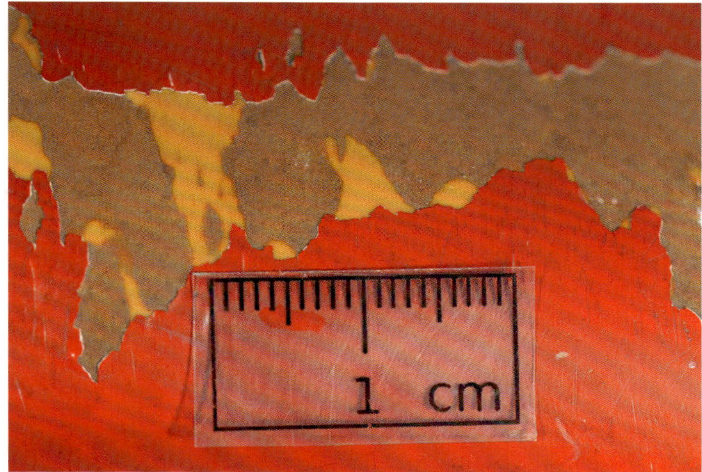

Unterschiedlich stark degradiertes Polyurethan unter der Lackierung.

Zur Erarbeitung eines geeigneten Erhaltungskonzeptes ist es zunächst erforderlich, den verwendeten Werkstoff zu charakterisieren. In einigen Fällen können Materialfragen bereits im Zuge einer Quellenrecherche geklärt werden. Im Fall des Stuhls ist durch vorhandene historische Quellen belegt, dass er aus Polyurethan-Hartschaum gefertigt wurde.[32] Um welche Zusammensetzung es sich genau handelt und in welchem Alterungsstadium sich das Material befindet, kann, wenn notwendig, unter Zuhilfenahme instrumenteller Analytik herausgefunden werden.

Überwiegend schützt die Lackschicht das Material des Stuhls. An Fehlstellen des Lackes liegt das Polyurethan jedoch frei und unterschiedliche Stufen der Alterung treten zutage.

Zu den hauptsächlich externen Schadensfaktoren für Polyurethane gehören Umwelteinflüsse in Form von Sauerstoff und Licht (UV-Strahlung) in Verbindung mit Wärme und Feuchtigkeit. In Bereichen, in denen das Polyurethan aufgrund von Lackfehlstellen bloß liegt, zeigt sich eine dunkelgelbe bis braune Verfärbung – ein typisches Phänomen bei der Alterung von PUR-Schäumen. Das freiliegende Polyurethan zeigt unterschiedlich stark degradierte Bereiche, je nachdem, wie lange die Fehlstelle schon besteht. Jüngere Fehlstellen sind deutlich heller in der Farbigkeit und zeigen eine eher geschlossene, glattere Oberfläche als die älteren Fehlstellen. Letztere haben eine dunklere Verfärbung und weisen eine matte und offenporige Oberfläche auf, die sich durch Brüche der Zellwände und -stege der Schaumstoffporen erklären lassen und die mechanische Fragilität der Polyurethan-Oberfläche erhöhen.

Alle beobachteten Spuren werden dokumentiert und in Bezug zu den recherchierten Informationen gesetzt, um sie interpretieren, d.h. lesen zu können. Dies ist Voraussetzung für die Erarbeitung eines geeigneten Erhaltungskonzepts. Nur das Durchdringen und Verstehen des Objektes in seiner Gesamtheit lässt den notwendigen interdisziplinären Austausch mit MaterialwissenschaftlerInnen und KunsthistorikerInnen zu, damit letztlich den musealen Objekten eine maximale Lebenszeit ermöglicht werden kann.

Anmerkungen

[1] LUDWIG 2015, S. 431f.

[2] Zum Problem des „Kontextraubes" KEMP 1990; LUDWIG 2015, S. 443.

[3] FEHR 1989, S. 182–184; LUDWIG 2015, S. 442.

[4] ZACHARIAS 1990, S. 25.

[5] GEYER et al. 2017, S. 1f.

[6] GEYER et al. 2017, S. 1f.

[7] LUDWIG 2015, S. 438, 443f.

[8] FACKLER, HECK 2015, S. 135f.

[9] LUDWIG 2015, S. 438.

[10] VEB PCK Schwedt Volkseigener Betrieb Petrolchemisches Kombinat Schwedt.

[11] BÖHME, LUDWIG 2012, S. 71.

[12] BÖHME, LUDWIG 2012, S. 181–183.

[13] BÖHME, LUDWIG 2012, S. 184; SCHEPERS 2016, S. 26.

[14] OERTEL, LOEW 1985, S. 65f.; BRAUN 2013, S. 250f.

[15] OERTEL, LOEW 1985, S. 69–72.

[16] VERG 1988, S. 391.

[17] Zum sog. Kragstuhl aus Stahlrohr vgl. KRAGSTUHL 1986, S. 124–129.

[18] REMMELE 2000, S. 78, 85.

[19] STRASSER 1997a, S. 58, https://www.vitra.com/de-de/product/eames-plastic-chair (22.06.2022).

[20] STRASSER 1997b, S. 78.

[21] BEILFUß 2005, S. 22, https://ghyczy.com/in-memoriam/ (22.06.2022).

[22] https://ghyczy.com/vintage-collection/garden-egg-chair/ (22.06.2022).

[23] STRASSER 1997b, S. 86.

[24] Zur Namensgebung: Kunst und Krempel 2013.

[25] BRETSCHNEIDER, LÜHR 2020, S. 235f.

[26] Dazu schon früh: BERTSCH et al. 1990.

[27] BÖHME, LUDWIG 2012, S. 184.

[28] HÖHNE 2008, S. 98.

[29] HÖHNE 2008, S. 92.

[30] BÖHME, LUDWIG 2012, S. 183.

[31] http://www.z-stuhl.de/home/ (28.06.2022).

[32] Man unterscheidet zwischen Polyester- und Polyetherurethanen, die unterschiedliche Eigenschaften aufweisen.

2 | Der Werkstoff der Moderne

Julian Kattinger

Für die kulturelle und soziale Evolution des Menschen sind nicht nur die Sesshaftigkeit oder die Sprache und Schrift von großer Bedeutung, sondern auch die gezielte Verarbeitung und Nutzung von Materialien. Nicht zufällig haben sich die Begriffe Steinzeit, Bronzezeit und Eisenzeit als Bezeichnung für Epochen der Menschheitsgeschichte etabliert.[1]

Steine, Tierknochen und Holz, die bearbeitet und als Werkzeuge für die Jagd und die Nahrungszubereitung genutzt wurden, waren über einen langen Zeitraum die einzigen verwendeten Materialien. Erst in der ersten Hälfte des dritten Jahrtausends vor Christus kam ein weiterer Werkstoff dazu, der die Lebensumstände des Menschen kontinuierlich verändern sollte. Die Rede ist von Bronze, einer Legierung aus Kupfer und Zinn.[2] Bronze gilt als einer der wichtigsten Werkstoffe, die der Mensch gezielt erzeugte und nutzte – eine Leistung, die bereits metallurgische Kenntnisse voraussetzte. Kennzeichnend für einige Phasen der Stein- und Bronzezeit ist, dass auch Keramik und Glas vorhanden waren. Archäologische Funde belegen, dass Keramik bereits vor rund 45.000 Jahren gebrannt wurde. Glas ist dagegen seit dem vierten Jahrtausend vor Christus bekannt. Die Bronzezeit wurde schließlich von der frühen Eisenzeit abgelöst, in der noch fortschrittlichere Werkzeuge und Waffen hergestellt werden konnten.[3]

Demnach standen in der frühen Menschheitsgeschichte ausschließlich natürlich vorkommende Materialien zur Verfügung, ob anorganische wie Stein, organische wie Holz und Pflanzenfasern oder Mischungen aus beiden wie Tierknochen. Mit fortschreitender Entwicklung erhielten die anorganischen Materialien wie Keramik, Glas und Metall mehr Gewicht. Erst um 1800 gelang es, „künstlich" hergestellte organische Werkstoffe zu nutzen. Es handelt sich hierbei um jene Materialklasse, für die Richard Escales (1863–1924) 1911 den Begriff „Kunststoffe" prägte.[4]

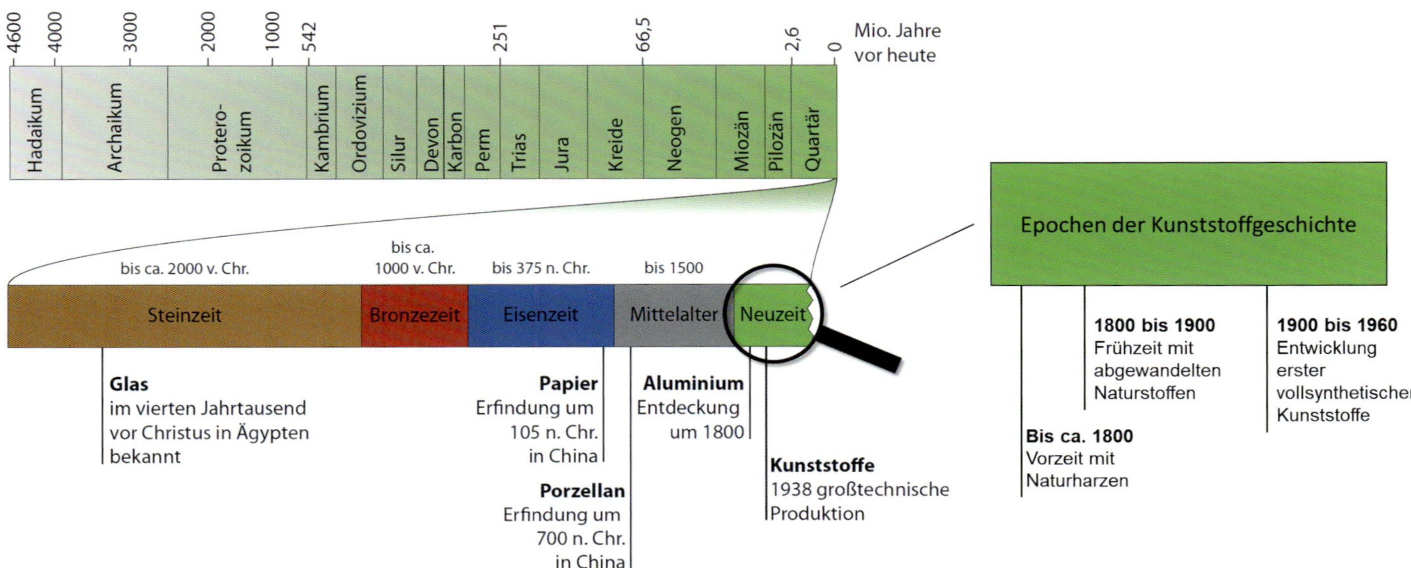

Zeitliche Abfolge verschiedener entwickelter Werkstoffe.
BONTEN 2020a, S. 2. Erweitert durch Julian Kattinger.

Die Ausgangsmaterie dieser frühen Kunststoffe waren allesamt Natursubstanzen. Ein Beispiel hierfür ist Naturkautschuk. Kautschuk enthält aus Pflanzen gewonnenen Latex. Im Jahr 1839 stellte Charles Goodyear fest, dass Kautschuk bei Hitzeeinwirkung durch Zusatz von Schwefel in einen nutzbaren Stoff verwandelt werden kann – in sogenannten Gummi. Direkt nach der Erfindung fand sich mit der Elektroindustrie und ihrem Bedarf an Isolationswerkstoffen das erste Anwendungsgebiet.[5] Im Zuge der zunehmenden Verbreitung des Automobils stieg die Nachfrage nach Kautschuk, die man mit großen Kautschukplantagen zu befriedigen versuchte. Wichtige Anbaugebiete waren Brasilien und tropische Regionen in Afrika. Als Folge des Ersten Weltkriegs verlor Deutschland mit seinen Kolonien auch den Zugang zu Kautschuk-Quellen und man suchte nach einer Alternative, die schließlich in einem von Friedrich Hofmann (1866–1956) entwickelten Verfahren zur halbsynthetischen Kautschukherstellung gefunden wurde. Im Jahr 1909 wurde das Verfahren zum Patent angemeldet, sodass die Voraussetzung für eine groß angelegte industrielle Forschung geschaffen war.[6]

Ein weiteres Beispiel für einen frühen Kunststoff ist Cellulosenitrat, welches aus Cellulose und einer Nitriersäure hergestellt wird. Zahlreiche Chemiker waren an der Entwicklung beteiligt, an erster Stelle John Wesley Hyatt (1837–1920), dem es 1869 gelang, Cellulosenitrat mit dem Weichmacher Kampfer zu einem nutzbaren Kunststoff zu verarbeiten. Hyatt hatte nach einem preiswerten Ersatzmaterial für Billardkugeln gesucht, die bislang aus dem raren Gut Elfenbein bestanden. Historisch gesehen waren Kunststoffe häufig zuerst ein Ersatzmaterial für knappe und teure natürliche Materialien. Rückblickend lässt sich die Geschichte der Kunststoffe nach Waentig daher in die Epoche der Imitationsstoffe (1839–1914) und in die Epoche der Ersatzstoffe (ca. 1914–1950) untergliedern; in beiden galten Kunststoffe nicht als wertvoll und die Kunststoffindustrie blieb noch relativ klein.[7]

Ein Meilenstein in der Geschichte der Kunststoffe ist das Phenol-Formaldehyd, das zugleich den Anfang der „vollsynthetischen" Kunststoffe markiert. Anders als bei „halbsynthetischen" Kunststoffen, den abgewandelten Naturstoffen wie dem erwähnten Synthesekautschuk, werden hierbei nicht natürliche Stoffe zu neuen Verbindungen umgewandelt, sondern der Kunststoff wird nach

vorausgegangener Polymerisation, Polykondensation oder Polyaddition erzeugt. Erstmals synthetisierte Leo Baekeland (1863–1944) Phenol-Formaldehyd Anfang des 20. Jahrhunderts. Er entdeckte, dass die Umsetzung von Phenol mit wässrigem Formaldehyd unter einer exothermen Reaktion und Druck zu einem Polykondensat führt. Baekeland erfand für den entstehenden Feststoff den noch heute geschützten Begriff *Bakelit*®. Noch vor Baekeland hatte Adolf von Baeyer (1835–1917), der sich mit der Umsetzung von Phenolen und Aldehyden beschäftigte, wichtige Grundlagenarbeit geleistet. Er sah jedoch keinen Nutzen in dem erhaltenen Stoff. So bedurfte es der Forschung Baekelands, der nach isolierenden Kunstharzen suchte und sie in dem aus Phenol und Formaldehyd entstehenden Produkt fand.[8]

Mitte der 1930er Jahre kamen schließlich vollsynthetische Thermoplaste auf den Markt, die der Kunststoffindustrie einen erheblichen Aufschwung verliehen. Erwähnenswert ist das Polymethylmethacrylat (PMMA), welches von der Firma Röhm & Haas entwickelt wurde, sowie das Polyethylen (PE) der Imperial Chemical Industries (ICI) in England. In Deutschland – parallel zur Entdeckung von Polyamid 66 durch Carothers bei DuPont in den USA – entdeckte der Chemiker Paul Schlack (1897–1987) das Polyamid 6, das als Spinnfaser Perlon bekannt wurde.[9]

Bereits vor und während des Zweiten Weltkriegs wurde die Bedeutung der neu entdeckten Kunststoffe erkannt und beispielsweise das Polyamid 6 als Ersatz für Fallschirmseide genutzt. Bis Kunststoffe jedoch in großem Maßstab für Alltagsgegenstände Verwendung fanden,

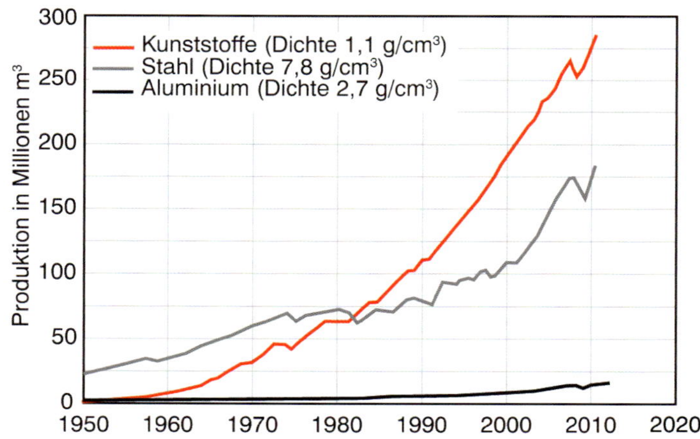

Produktionsvolumen verschiedener Werkstoffe von 1950 bis 2010. SAECHTLING 2013, S. 17.

dauerte es bis in die 1950er Jahre. Eine Voraussetzung hierfür waren die immensen Fortschritte bei den Verarbeitungstechniken. Aufgrund des Aufschwungs in den 1950er Jahren lässt sich diese Phase als die „Epoche der Werkstoffe mit neuen Eigenschaften" bezeichnen.[10] Das Wissen über Kunststoffe war so weit vorangeschritten, dass man in der Lage war, nicht einfach die vorhandenen Eigenschaften zu nutzen, sondern die gewünschten Eigenschaften bei der Werkstoffentwicklung zu bestimmen. Ab dem Zeitpunkt lief die Entwicklung der Kunststoffe so rasant ab, dass 1983 der weltweite Verbrauch von Kunststoff mit 125.000.000 m³ erstmals über dem von Rohstahl lag.

Nach dem Zweiten Weltkrieg verdankten Kunststoffe ihre wachsende Bedeutung nicht mehr nur wirtschaftlichen Zwängen, sondern zunehmend ihren besonderen Grundeigenschaften, von denen nachfolgend die wichtigsten aufgelistet sind:

- Kunststoffe besitzen gegenüber den Metallen eine deutlich geringere Dichte um 1–2 kg/m³. Zum Vergleich: Stahl hat eine Dichte von 7,6 kg/m³.
- Kunststoffe sind im Vergleich zu den Metallen sehr schlechte Wärmeleiter, was sie als Isolationswerkstoff interessant macht. Darüber hinaus sind Kunststoffe gute Isolatoren für den elektrischen Strom. Diese Eigenschaften wurden schon nach der Entwicklung der ersten Kunststoffe gewinnbringend eingesetzt.
- Zusätzlich zeichnen sich Kunststoffe dadurch aus, dass viele ihrer Eigenschaften angepasst bzw. die entsprechenden Werte eingestellt werden können. Sie lassen sich also in einem weiten Bereich je nach Bedarf auf eine bestimmte Anwendung hin zuschneiden.[11]

Die genannten Eigenschaften gründen im Aufbau der Kunststoffe. Noch lange nach der Entwicklung der ersten Kunststoffe blieb im Dunkeln, worum es sich bei dem neuen Werkstoff chemisch handelt. Anfang des 20. Jahrhunderts herrschte die Meinung, Kunststoffe bestünden

ähnlich wie Seifen aus Mizellen, also aus relativ kleinen Molekülen. Der deutsche Chemiker Hermann Staudinger (1881–1965) konnte diese Theorie widerlegen. Er erkannte, dass es sich um „hochmolekulare Verbindungen" aus langkettigen Molekülen handelt, den sogenannten Makromolekülen. Wegweisend war Staudingers 1920 veröffentlichter Artikel in den „Berichten der Deutschen Chemischen Gesellschaft". Für seine Entdeckung erhielt er 1953 den Nobelpreis für Chemie.[12]

Die jeweiligen Makromoleküle eines Kunststoffs sind die Polymere. Sie sind aus einigen Tausend bis über eine Million sich wiederholenden Grundeinheiten aufgebaut und kommen auch in der Natur vor. Ein Beispiel ist das Zuckerpolymer Stärke. Neben den Polymeren sind Zusatzstoffe ein elementarer Bestandteil der Kunststoffe. Sie machen Kunststoffe für viele Anwendungen überhaupt erst zu einem geeigneten Werkstoff, wobei sie unterschiedlichste Funktionen erfüllen. Beispielsweise werden Kunststoffen Lichtschutzmittel zugegeben, um sie beständiger gegenüber UV-Strahlung zu machen; Antistatika hingegen sollen der statischen Aufladung entgegenwirken. Eine eigene Kategorie der Zusatzstoffe bilden Verstärkungsstoffe wie z.B. Glasfasern. Sie werden den Kunststoffen häufig zugegeben, um deren mechanische Festigkeit und Steifigkeit zu steigern. Und schließlich gibt es natürlich Farbmittel, die Kunststoffen beigemischt werden können, um sie gezielt einzufärben.

Zur Herstellung von Kunststoffen haben sich eigene Industriezweige entwickelt, zunächst die chemische Industrie, die aus dem Rohstoff auf chemischem Wege (synthetisch) die Polymere und auch manche Zusatzstoffe erzeugt. Der Werkstoff Kunststoff entsteht erst bei der Aufbereitung, der Zusammenbringung von Zusatzstoff und Polymer. Ein Teil der Werkstoffe wird direkt von der chemischen Industrie aufbereitet und angeboten, ein anderer Teil von mittelständischen Firmen, den sogenannten Compoundeuren. Am Ende der Wertschöpfungskette stehen die Kunststoffverarbeiter mit einer großen Vielfalt an Verarbeitungsverfahren[13] wie Spritzgießen, Extrusion,

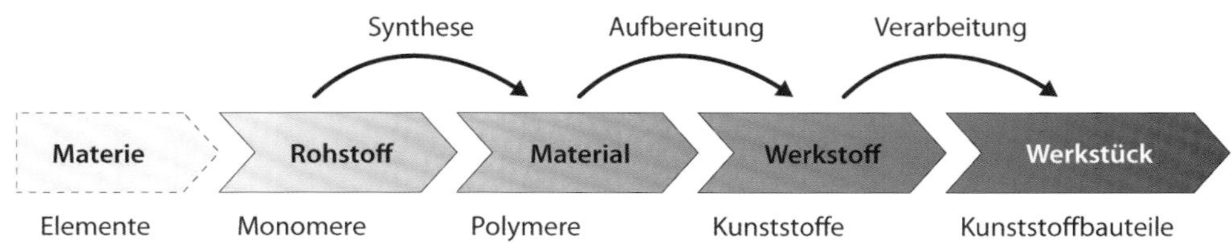

Prozessschritte von der Materie bis zum Werkstück.
BONTEN 2020a, S. 67.

Thermoformen oder Blasformen. Die Prozessschritte, die vom Rohstoff bis zum Werkstück führen, sind in der Grafik dargestellt.

Kunststoffe werden heutzutage in fast allen Bereichen des täglichen Lebens eingesetzt und erfüllen sehr unterschiedliche Aufgaben. In Form von Lebensmittelverpackungen sorgen Kunststoffe dafür, dass Essbares ohne Schaden transportiert werden kann oder länger haltbar ist. Im Bereich des Verkehrs- und Transportwesens werden Kunststoffe immer häufiger eingesetzt, da sie mit ihrem geringen Gewicht dazu beitragen, Energie einzusparen.[14]

Der Erfolg von Kunststoffen hat allerdings eine Schattenseite. Durch unsachgemäße Entsorgung verbleiben große Mengen an Kunststoffabfällen in der Umwelt, wo sie nur sehr langsam abgebaut werden. Aus diesem Grund werden derzeit immense Anstrengungen in Forschung und Entwicklung unternommen, um Kunststoffe in größeren Mengen zu recyceln oder biologisch abbaubare Kunststoffe zu finden.

Anmerkungen

[1] SCHEPERS 2016, S. 7.
[2] BONTEN 2020a, S. 2–5.
[3] BONTEN 2020a, S. 2–5.
[4] SCHEPERS 2016, S. 7–10.
[5] MENGES 2021, S. 2–5.
[6] BRAUN 2013, S. 2–27.
[7] BONTEN 2020a, S. 2–5; WAENTIG 2013.
[8] BRAUN 2013, S. 194–210.
[9] BONTEN 2020a, S. 2–5.
[10] WAENTIG 2004.
[11] SCHEPERS 2016, S. 7–10.
[12] MENGES 2021, S. 2–5.
[13] MENGES 2021, S. 2–5.
[14] BONTEN 2020a, S. 2–5.

2.1 | Kunststoffe und die Materialeffizienz

Laura Bode

Seit frühster Zeit stellt der Mensch zum eigenen Schutz, zur eigenen Versorgung oder zur Gestaltung seiner Umwelt Gegenstände her. Die Auswahl der verwendeten Materialien folgt dabei (vereinfacht gesagt) immer

- dem Nutzen / der Funktion des entstehenden Gegenstands,
- dem Aufwand und den Kosten für die Be- und Verarbeitung des Materials,
- dem Einsatz von Energie und Zeit beim Schaffen des Gegenstandes.[1]

Im Zuge der industriellen Revolution, der seriellen Massenproduktion und der Taylor'schen Spezialisierung[2] wurden Prozesse der Rationalisierung eingeführt. Rationalisierung umfasst in der produzierenden Industrie alle Maßnahmen, die der Erhöhung des Warenoutputs, der Reduktion der personellen Ressourcen und der Verringerung des Materialeinsatzes dienen, um so zur Wettbewerbsfähigkeit beizutragen. Aus dem Blickwinkel der Rationalisierung werden die Aspekte der Herstellung von Gegenständen auf ihre Effizienz hin geprüft.[3]

Was ist Effizienz?

Produktionseffizienz

Die Produktionseffizienz sieht vor, alle für den Herstellungsprozess benötigten Ressourcen und Vorgänge so gut und effektiv wie möglich zu nutzen bzw. zu gestalten. Sie definiert das Verhältnis zwischen dem Input und dem daraus entstehenden Produkt (Output)[4] und setzt sich aus den Faktoren Maschinen-, Arbeits- und Materialproduktivität zusammen.[5] Die Maschinenproduktivität ist der zeitliche Einsatz einer Maschine pro produziertem Gegenstand, die Arbeitsproduktivität der zeitliche Einsatz von Menschen pro produziertem Gegenstand und die Materialproduktivität der mengenmäßige Einsatz von Material pro produziertem Gegenstand.

So lässt sich z.B. die Maschinenproduktivität optimieren, indem der Spritzgieß- oder Pressvorgang bei gleichbleibender Qualität beschleunigt wird, mehrere Gegenstände gleichzeitig geformt werden oder der Gegenstand schneller formstabil wird, sodass er rascher ausgeworfen werden und der nächste Gegenstand hergestellt werden kann. Ob hier Spielräume bestehen, hängt vom Stand der Maschinentechnik ebenso wie von den Eigenschaften des verarbeiteten Materials ab. Dabei ist u.a. zu beachten, dass eine schnellere Verfestigung des Werkstoffs zu einem Qualitätsverlust führen könnte.

Ebenfalls abhängig vom Material und der Maschinentechnik ist die Arbeitsproduktivität. Lassen das Material und die Maschinentechnik z.B. den Wegfall bestimmter Nachbearbeitungsschritte zu, indem Produktionsverfahren und Material optimal aufeinander abgestimmt werden und so ein komplett fertiges Werkstück aus dem Formwerkzeug entnommen werden kann? Derartige Aspekte haben nicht nur einen direkten Einfluss auf die Ausbringmenge, sondern auch auf die Kosten der Produktion und letztlich den Preis des Endprodukts. Heute entfallen etwa 25 % der Kosten der kunststoffverarbeitenden Industrie auf Personal- und etwa 50 % auf Materialkosten.[6] Bis zu 75 % der Gesamtkosten können also dadurch bei der Formteilproduktion entstehen.[7]

Der globale Wettbewerb macht Optimierungen entlang der Wertschöpfungskette unabdingbar, eine hohe Produktionseffizienz wird jedoch nur erreicht, wenn die Qualität des produzierten Werkstücks nicht leidet.

Ressourceneffizienz

Ressourceneffizienz ist ein Überbegriff, unter den auch die eben skizzierte Produktionseffizienz fällt. Die Ressourceneffizienz beschreibt im umweltwissenschaftlichen Sprachgebrauch das Verhältnis eines bestimmten Ergebnisses zum dafür benötigten Ressourceneinsatz.[8] Es geht neben der Produktivität darum, welche natürlichen Ressourcen nötig sind, um einen Gegenstand herzustellen: Wassereinsatz, die genutzte Bodenfläche, für die Produktion verwendete Energie für Maschinen und Transporte etc. Der Verein Deutscher Ingenieure[9] definiert die Ressourceneffizienz als die Nutzung von natürlichen und technisch-wirtschaftlichen Ressourcen und schließt somit die Produktivitätsfaktoren der Maschinen- und Arbeitskraft sowie des Materials als Ressourcen mit ein.[10]

Materialeffizienz

Heute stehen den GestalterInnen, KonstrukteurInnen und IngenieurInnen etwa 40.000 metallische und ungefähr genauso viele nichtmetallische Werkstoffe zur Verfügung;[11] ca. 20.000 davon sind Kunststoffe.[12] Aus diesen wählen die ProduzentInnen aus, um eine effektive Materialproduktivität zu erreichen. Der Werkstoff muss passend für die Konstruktionsaufgabe, den Nutzungszweck und die gewünschte Nutzungsdauer des Werkstücks ausgesucht werden.[13]

Da etwa 50 % der Kosten für einen in Großserie erzeugten Gegenstand auf das Material entfallen, sollte der Entwurf darauf abzielen, den Materialverbrauch so gering wie möglich zu halten.[14] Das Anliegen ist, Rohstoffe zu sparen und ein gleichermaßen zuverlässiges und dauerhaftes Produkt preiswerter zu machen. Somit reicht es nicht aus, einfach die Wanddicke eines Gegenstands zu reduzieren, um Material zu sparen, wenn dies dazu führt, dass er unter Belastung versagt. Die richtige Materialauswahl in Kombination mit dem passenden Produktionsprozess spielt also eine immense Rolle und die unterschiedlichen Eigenschaften der vielen auf dem Markt erhältlichen Kunststofftypen machen es zu einer Herausforderung, den passenden Werkstoff für die Umsetzung bestimmter Entwürfe auszuwählen.

In konservativen Branchen, die mit natürlichen Werkstoffen arbeiten, wird für einen bestimmten Typ Gegenstand ein Werkstoff gewählt, der sich bereits bei Vorgängerprodukten als geeignet und sicher erwiesen hat.[15] So etablierten sich z.B. bei den natürlichen Materialien bestimmte steife Holzarten wegen ihrer höheren Dichte als Material für Baseballschläger oder besonders nachgiebige, zurückfedernde Hölzer wie Weidenholz als Material für Bögen. Beispiele aus der Welt der Kunststoffe sind

Polyethylen und Polypropylen als Behälter für Chemikalien, Polyamid für kraftübertragende Fahrzeugteile und Polymethylmethacrylat für Terrassendächer. Der Vorteil in der Nutzung der Kunststoffe liegt darin, dass man die Eigenschaften nach Bedarf anpassen, d.h. einstellen kann. Man ist nicht wie bei Holz auf die natürlich vorliegenden Merkmale begrenzt. Völlig neue Gegenstände bzw. deren Entwürfe bringen jedoch unausweichlich einen neuen Werkstoffauswahlprozess mit sich.[16]

In der Grafik sind die Beziehungen und Wechselwirkungen zwischen dem erdachten Gestaltentwurf und verschiedenen Aspekten der Produktion in der Praxis dargestellt. Jeder Aspekt übt Einfluss auf andere Faktoren im Prozess aus. Die gewünschte Funktion des Gegenstands bestimmt, wie stark und häufig er beansprucht wird. Um eine dauerhafte Benutzung des Gegenstands bei ständiger Belastung zu gewährleisten, muss der Werkstoff bestimmte mechanische, physikalische oder chemische Eigenschaften aufweisen, die durch Modifikation exakt an den Verwendungszweck und die Beanspruchung angepasst werden können. Füllstoffe oder Additive dienen der Modifikation und nehmen folglich Einfluss auf die Materialeigenschaften. Zugleich haben sie Einfluss auf den Preis des hergestellten Gegenstands. Nicht zuletzt muss sich der Werkstoff für das formgebende Verfahren eignen, mit dem der Gegenstand erzeugt wird. Nur so kann eine rationelle Fertigung gewährleistet werden.

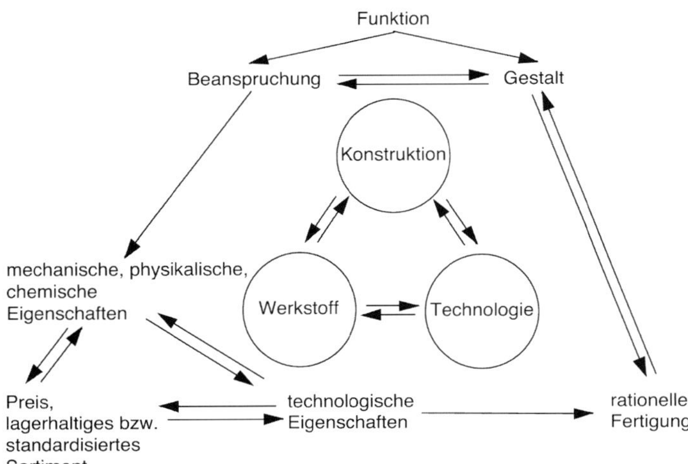

Materialauswahl unter dem Gesichtspunkt der Einheit von Konstruktion, Werkstoff und Technologie.
REUTER 2021, S. 46.

Die Materialauswahl

Die Entscheidungen über die Gestalt, den Werkstoff und die Produktionstechnologie sowie alle weiteren Größen sind bei einer optimalen Produktion aufeinander abgestimmt. Anders gesagt: Bei der Suche nach dem geeigneten Werkstoff sind die Wechselwirkungen zwischen Gestalt, Werkstoff und Produktionstechnologie zu berücksichtigen. Die Materialanforderungen werden dabei maßgeblich von der Gestalt und der geplanten Nutzung bestimmt.[17] Nur wenn alle Wechselwirkungen interaktiv bedacht werden, kann ein qualitätvoller, funktionaler und dauerhafter Gegenstand mit Marktchancen entstehen.[18]

Wie findet man aber den geeigneten (effizient einsetzbaren) Werkstoff für einen Entwurf, der zuvor noch nie umgesetzt wurde und bislang nur auf dem Papier oder im Rechner existiert? Am Beispiel des Panton Chairs soll der Prozess vom Entwurf bis zur industriellen, seriellen Massenproduktion eines Kunststoffstuhls unter Berücksichtigung der Material- und Produktionseffizienz nachgezeichnet werden. In diesem Fall bedeutete dies knapp 30 Jahre Entwicklung.[19]

Fallbeispiel: Der Panton Chair

Hintergrund

Verner Panton (1926–1998), dänischer Architekt und Designer, trat zwischen den 1950er und 1970er Jahren vor allem mit Möbelentwürfen, aber auch mit Konzepten für komplette Inneneinrichtungen hervor. Er war einer der ersten Designer Dänemarks, der von den Eigenschaften der Kunststoffe fasziniert war und sich der industriellen Produktionstechnologien und der neuen Materialien bediente, um seine streng geometrischen bis organisch fließenden Entwürfe in meist kräftiger Farbe umzusetzen.[20] Er griff für die Gestaltung seiner Entwürfe u.a. auf synthetische Textilien und Schaumstoff zurück.[21] In einem Interview beschreibt Panton 1984 sein Interesse an den damals modernen Materialien im Zusammenhang mit der Arbeit als Designer:

„Stahlrohre, Schaumstoff, Federung und Bezüge sind technisch so weiterentwickelt worden, dass wir Formen kreieren können, die noch vor ein paar Jahren

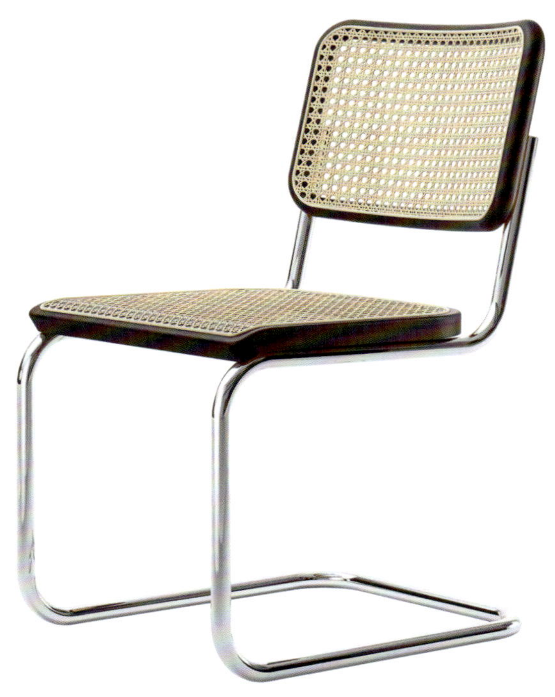

Moderner *Freischwinger S32* aus Stahlrohr, Rohrgeflecht und Buchenholz. Entworfen von Marcel Breuer 1929/1930 für Thonet GmbH.
© Thonet GmbH

undenkbar gewesen wären. Die Designer sollten nun diese Materialien benutzen, um Objekte zu gestalten, von denen sie bis heute nur träumen konnten. Ich jedenfalls möchte Stühle entwerfen, die alle technischen Möglichkeiten der Zeit, in der ich lebe, ausschöpfen."[22]

Während die meisten Stühle aus einer Sitzfläche, Lehne und vier Beinen (in der Regel aus Holz) bestehen, reizt es moderne Gestalter immer wieder, neue statische und konstruktive Lösungen für das Sitzen auf Stühlen zu erkunden.[23] In den 1920er Jahren wurden zum Beispiel Stuhlentwürfe aus dem neuen Material Stahlrohr[24] entwickelt.[25] Technologische Innovationen machten ein nahtlos gezogenes, leicht nachgiebiges, elastisches, aber dennoch nicht knickendes Stahlrohr möglich. Damit gingen bislang unbekannte Gestaltungsoptionen und -konzepte abseits der bereits etablierten Möbelformen einher. Die Innovation zog die ersten hinterbeinlosen, teilweise frei schwingenden Stühle nach sich.[26] In den darauffolgenden Jahrzehnten versuchte man sich an diversen Konzepten für die Gestaltung von Stühlen und anderen Sitzgelegenheiten. Hierbei wurden die sich in den 1960er Jahren

durchsetzenden Kunststoffe für DesignerInnen immer interessanter, zum einen aufgrund ihrer anscheinend unbegrenzten Formbarkeit und zum anderen wegen der Aussicht auf Serien- und Massenproduktion.[27]

Die Idee 1956

1956 reichte Verner Panton im Rahmen des Europäischen Wettbewerbs für Möbel-Entwürfe der *Neuen Gemeinschaft für Wohnkultur* (WK-Möbel) einen Entwurf für einen frei schwingenden (federnden), stapelbaren „Esstisch-Stuhl" aus einem „Guss"[28] ein. Beine, Sitz- und Rückenfläche sollten aus einem Stück gefertigt werden. Die Formgebung des Stuhls machte eindeutig klar, dass die geschwungenen Linien aus einer Form konstruktiv nicht durch Vollholz zu verwirklichen gewesen wären. Panton schätzte für die Umsetzung seines Entwurfs folgende Materialien als geeignet ein: „1. Transparente oder dichte Plastic oder 2. Holzlamellen, Plastic-lakiert".[29] 1959 war die Anzahl der Kunststoffwerkstoffe allerdings bei Weitem noch nicht so hoch wie heute. Dem Designer standen etwa nur eine Handvoll Kunststoffe zur Auswahl. Die Anforderungen an das Material durch die Gestaltung des Möbels waren so innovativ, dass sich die Suche nach einem passenden Material bereits als höchst anspruchsvoll erwies. Besondere Herausforderungen waren die im besten Fall federnden Biegungen zwischen Fuß und Sitzfläche sowie Sitzfläche und Rückenlehne. Der ambitionierte Entwurf hatte bei dem Wettbewerb vielleicht auch aus diesem Grund keinen Erfolg. Die Idee vom Stuhl aus einem Guss war zunächst gescheitert.[30]

Das Modell 1960

Panton gab sein Projekt nicht auf und schuf in Zusammenarbeit mit der dänischen Firma Dansk Akryl Teknik im Jahr 1960 ein erstes Modell des Stuhls im Maßstab 1:1. Es sollte nur als Einzelstück der Veranschaulichung des Designs dienen und als Vorführobjekt andere Möbelproduzenten dazu animieren, an der Entwicklung einer Serienproduktion mitzuwirken.

Das Modell unterscheidet sich in der Form vom späteren Panton Chair und besteht aus einer Platte aus tiefgezogenem „Polysteron"[31].[32] Eine dünne Platte des Materials wird erwärmt und in eine Form aus Holz, Aluminium oder

Gips gezogen bzw. thermogeformt. Der Thermoformprozess eignete sich, um kostengünstig die Konzeptgestalt des Stuhls abzubilden, aber nicht, um einen benutzbaren Stuhl zu produzieren. Der gewählte Werkstoff Polystyrol war in der tiefziehbaren Wanddicke zu wenig fest und gleichzeitig relativ spröde; er erlaubte es nicht, auf dem Stuhl zu sitzen. So entsprach das erste Modell keineswegs dem ursprünglichen Wunsch des Designers nach einer rationellen, industriellen Massenproduktion.[33] Doch wird bei der Materialauswahl für Unikate oder Einzelserien die Materialeffizienz zunächst bewusst zurückgestellt. Es geht bei solchen Konzeptmodellen meist darum, lediglich das Aussehen des Stuhls zu vermitteln.[34]

Kleinserie 1967

Mithilfe seines Konzeptmodells fand Panton schließlich 1963 in dem Basler Möbelfabrikanten Willi Fehlbaum, später Vitra GmbH, in Zusammenarbeit mit der Hermann Miller AG[35] Interessenten für eine industrielle Fertigung.[36] 1965 bis 1967 entwickelten Fehlbaums Sohn Rolf (*1941) und Panton etwa zehn Versuchsmodelle aus glasfaserverstärktem Polyesterharz (GFK), einem Material, mit dem bereits Ray und Charles Eames Stühle produzierten. Formgebend war dabei eine Gips-Negativform, deren nach oben offene Oberfläche einem Negativ der Vorderansicht des Stuhls entsprach.[37] Die Form wurde zunächst mit einer dünnen Schicht des Harzes noch ohne Glasfasern angestrichen, sodass auf der Front eine glatte Oberfläche entstehen konnte. Nachdem diese getrocknet war, wurden Schicht für Schicht in Polyesterharz getränkte Glasfasermatten über die Form gelegt, bis die gewünschte Wanddicke des Möbels erreicht war.[38] Je dicker der Auftrag, desto tragfähiger (aber auch teurer und schwerer) der Stuhl. Diese Abhängigkeit bot sich für eine kleine Versuchsreihe regelrecht an.

Die mit Polyesterharz fixierten Glasfasermatten wurden anschließend mittels Handrollen verdichtet und geglättet.[39] In die kritischen Belastungsbereiche konnte händisch noch recht einfach mehr Faser in Lastrichtung abgelegt werden. Das ausgehärtete Werkstück wurde anschließend aus der Form entnommen, an den Kanten und auf der Rückseite, wo die Fasern eine unruhige Oberfläche hervorbringen, verspachtelt, geschliffen und abschließend rundum lackiert.[40] Im Gegensatz zum ers-

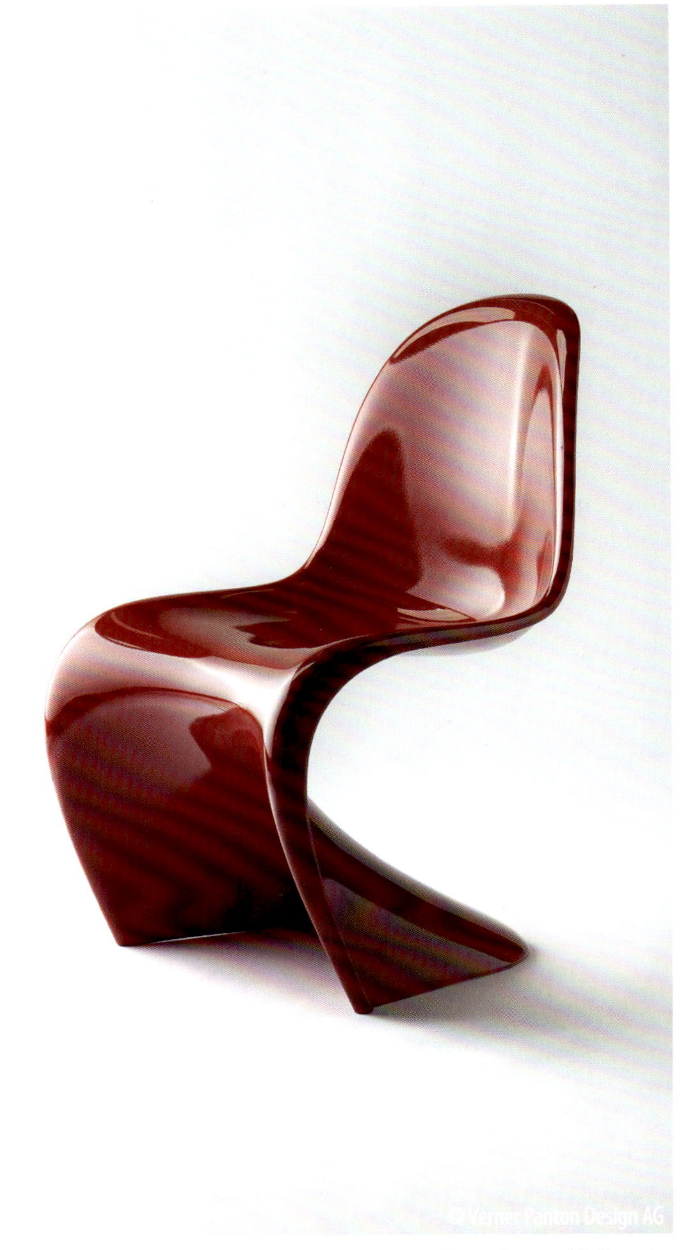

Panton Chair aus kaltgepresstem, glasfaserverstärktem Polyesterharz und farbiger Lackierung von 1967/1968.
© Museum für Angewandte Kunst Köln, Inv.-Nr. A01515/1

ten Modell waren diese Stühle sehr stabil und auch sitztauglich, jedoch nicht, wie im ersten Entwurf gewünscht, frei schwingend. Dennoch ging 1967 eine kleine Serie der GFK-Polyester-Stühle von etwa 100–150 Stück in Produktion.

Die Stühle dieser Kleinserie wurden mit einem großen Anteil Handarbeit in mehreren Arbeitsschritten gefertigt. Materialauswahl und Produktion erschienen Verner Panton eben deswegen unbefriedigend, da das stark von Handarbeit geprägte Herstellungsverfahren aufwendig, zeitintensiv und teuer war.[41] Außer dem hohen Preis störte Panton, dass der Stuhl mit etwa 6,2 Kilogramm zu schwer war, und auch die durch die Glasfasern entstandene, trotz Nachbearbeitung nicht ganz ebenmäßige Oberflächenstruktur sowie die scharfen Kanten am Rand des Stuhls gefielen ihm nicht.[42]

Die Produktionseffizienz der Herstellungsmethode erwies sich als äußerst gering. Weder das gewählte Material und die Verarbeitungsweise, noch die Arbeitsstunden entsprachen den Notwendigkeiten einer industriellen Serienproduktion. Dennoch gelang immerhin die Umsetzung einer Kleinserie; so wurde der Stuhl als erster hinterbeinloser Kunststoffstuhl auf der Kölner Möbelmesse im Jahr 1968 präsentiert und erregte durch die Kombination von Form, Material und Farbe sofort große Aufmerksamkeit. Die darauffolgende hohe Nachfrage konnte jedoch nicht befriedigt werden.[43] Das Sitzmöbel war zwar sehr stabil und haltbar; um es seriell herstellen und kommerziell vermarkten zu können, musste die Produktion jedoch effizienter werden.

Erste Serienproduktion 1968–1971

In der verarbeitenden Industrie werden bestehende Werkstoffe, die gut funktionieren, nur dann infrage gestellt, wenn sie einer produktiveren Arbeitsweise im Wege stehen.[44] Beim Panton Chair war das der Fall: Die aufwendige (händische) Verarbeitung der Kleinserie, die damit zusammenhängenden hohen Kosten sowie die nur in geringen Stückzahlen produzierbaren Stühle mündeten in die Suche nach einem neuen Material.

Panton und Fehlbaum fanden in der Firma Bayer in Leverkusen und deren neuem Polyurethan-Hartschaum *Baydur* eine passende Lösung für viele Probleme des Produktionsprozesses. Dieser PUR-Hartschaum wird als reaktives Gemisch in eine Form gegossen und härtet dort in einem nicht zu beschleunigenden Prozess nach einiger Zeit aus. Bei den ersten Versuchen[45] konnte die Form so gestaltet werden, dass schlanke Linienführungen, fein modellierte Kanten und unterschiedliche Wanddicken möglich waren. Außerdem konnten die klassischen Schwachstellen des Stuhls an den Biegungen mit starker statischer Belastung dicker ausgeführt werden.

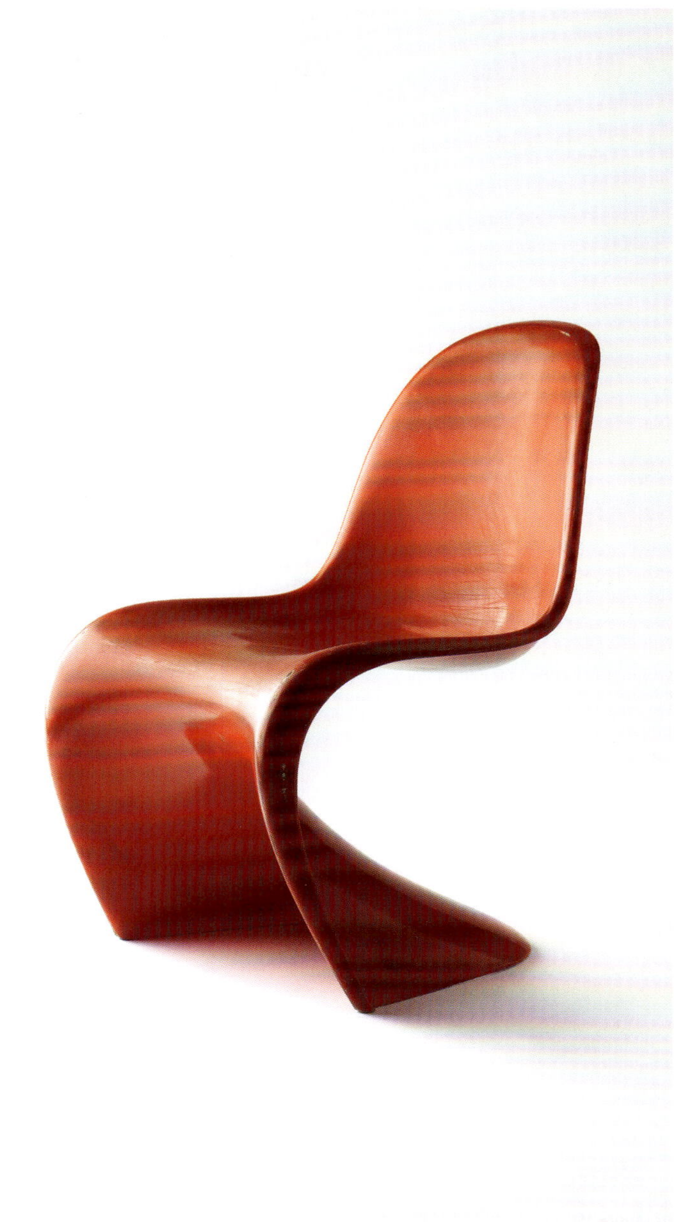

Panton Chair aus dem Polyurethan-Hartschaum Baydur mit farbiger Lackierung. Gefertigt von 1968 bis 1971.

Durch die Steifigkeit und die Verstärkung der Wanddicke konnte auch dieser Stuhl nicht frei schwingen. Die Herstellung aus PUR-Hartschaum erforderte zudem eine preisintensive Nachbearbeitung: Die Oberfläche musste im Nachgang noch aufwendiger als beim GFK-Stuhl gespachtelt, geschliffen und lackiert werden. Diese Arbeitsschritte erfolgten wieder händisch, sodass mit diesem Material und der Herstellungsmethode ebenfalls keine große Serienproduktion machbar war. Panton gefiel jedoch die durch das Schleifen, Spachteln und Lackieren ringsum entstandene ebene, glatte Oberfläche. In der Materialdicke, Linienführung und Form kommt der Stuhl der Version aus GFK sehr nahe.

Die erneut starke Nachfrage machte Fehlbaum und Panton klar, dass sie schnellstmöglich eine Großserienproduktion auf den Weg bringen mussten. Die Produktionseffizienz krankte jedoch wieder an der Materialauswahl und der damit verbundenen Verarbeitungsmethode. Der Input an Arbeitszeit, Material und Verarbeitungsschritten stand in keinem Verhältnis zu dem entstandenen Produkt und dessen Wert.

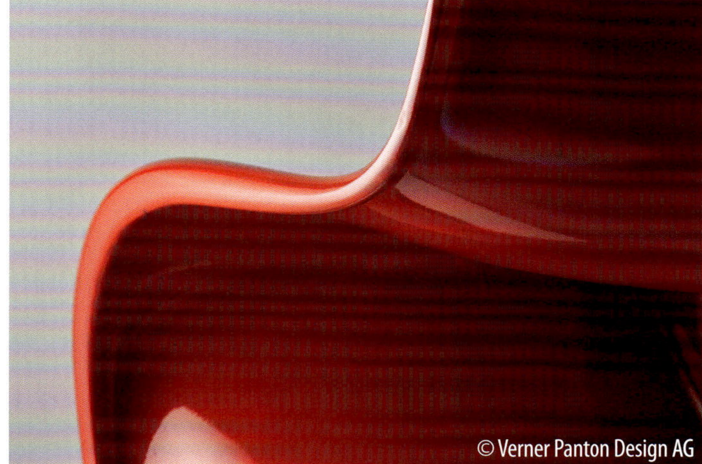

Ausschnitt der Kontur des *Panton Chairs* aus glasfaserverstärktem Polyester. Gefertigt von 1967 bis 1968.

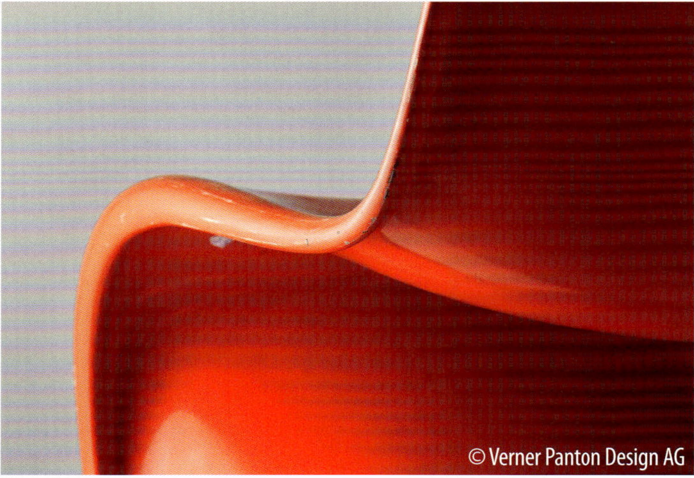

Ausschnitt der Kontur des *Panton Chairs* aus Polyurethan-Hartschaum. Gefertigt von 1968 bis 1971.

Zweite Serienproduktion (= erste Großserienproduktion) 1971–1979

Um die Anzahl der Arbeitsschritte zu minimieren und so die Effizienz der Produktion weiter zu erhöhen, wurde ab 1971 die Herstellung des Stuhls im effektiveren Spritzgussverfahren vorangetrieben. In Zusammenarbeit mit der BASF entstanden die Stühle aus dem UV-beständigen, thermoplastischen, spritzgießfähigen Acrylester-Styrol-Acrylnitril (ASA; Markenname: *Luran S*). Das Material versprach eine Herstellung in nur einem Arbeitsschritt in einer geschlossenen Spritzgießform. Abgesehen vom gelegentlichen Entgraten und Angussentfernen waren keine weiteren Arbeitsschritte zur Fertigstellung nötig. Auch eine aufwendige Lackierung entfiel, da durch die Nutzung von Masterbatches die spätere Farbe des Stuhls direkt im ASA-Granulat enthalten war und somit „mit eingespritzt" wurde.[46] Der Nachbearbeitungsaufwand und die gesamte Produktionszeit waren nun immens reduziert worden. Jetzt war der Panton Chair der erste im Spritzgießen geformte Stuhl aus einem Werkstoff und einer Form.[47] Es war der Stuhl aus einem Guss.

Das Verarbeitungsverfahren und das verwendete Material erlaubten, anders als bei der Polyurethan-Version, keine Herstellung beliebiger Wanddicken. Da ASA im Gegensatz zu Polyurethan und GFK durch Abkühlung und nicht durch eine chemische Reaktion aushärtet, ist die Verarbeitungszeit von ASA sehr viel kürzer. Sind jedoch unterschiedliche Wanddicken im Formwerkzeug angelegt, härten die dickeren Stellen weniger schnell aus als die dünneren. In der Folge entstehen Spannungen im Werkstück, die zu Verformung, Rissen und Brüchen führen können.

Aus dem neuen Material und der Herstellungstechnik des Spritzgießens ergab sich daher die Notwendigkeit von Veränderungen an der Gestalt und Geometrie des Stuhls. Um eine hohe Steifigkeit trotz geringer und durchgehend gleicher Wanddicke zu realisieren, wurden die Seitenwangen zwischen Sitzfläche und Fuß höher gezogen und sogenannte Versteifungsrippen unterhalb der Sitzfläche angelegt; auf diese Weise konnte Steifigkeit ohne große Wanddicken sichergestellt werden.[48] Der Stuhl ist unter den verschiedenen Versionen des Panton Chairs außerdem mit ca. 5,5 Kilogramm aufgrund des Materials, der Herstellungsweise und der damit verbundenen Materialdicke der leichteste.

Auch dieser Stuhl konnte nicht wie ein Stahlrohr-Freischwinger federn. Unbekannt ist, ob sich Panton bereits

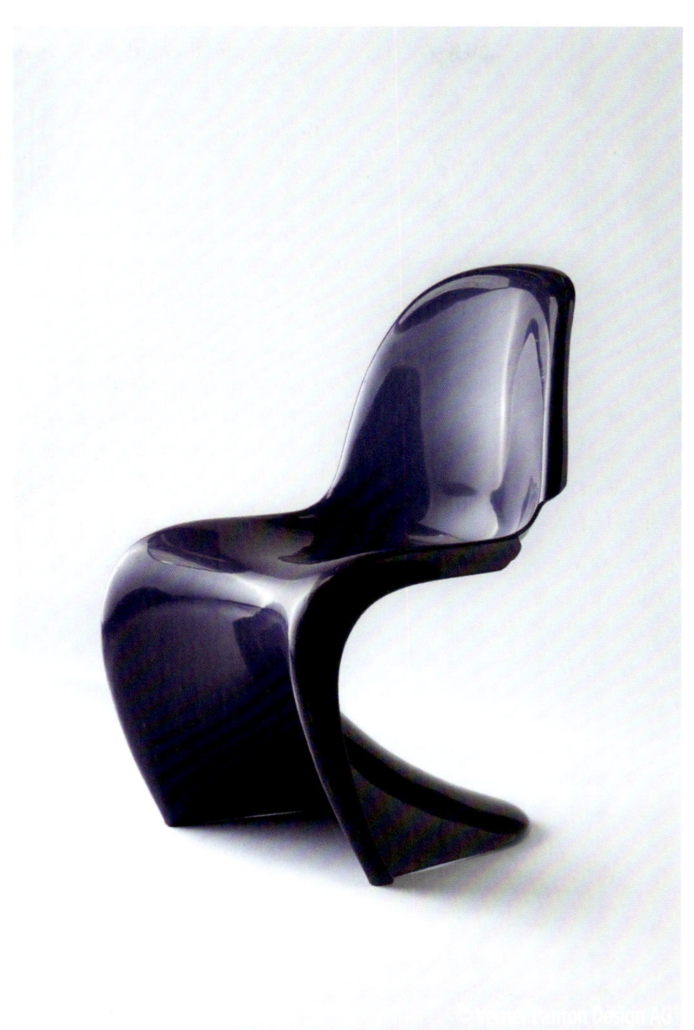

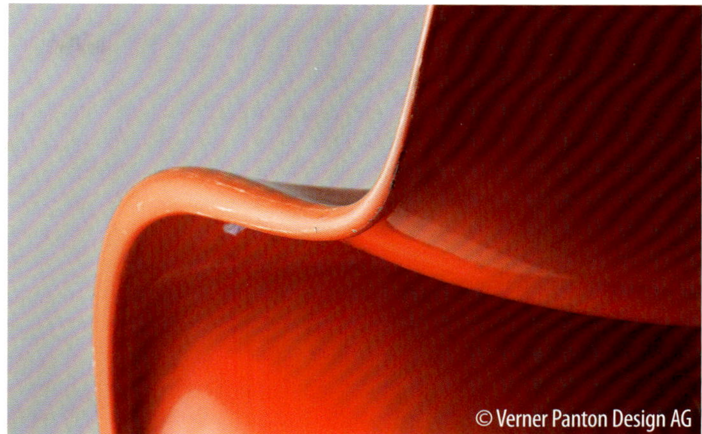
Ausschnitt der Kontur des *Panton Chairs* aus Polyurethan-Hartschaum. Gefertigt von 1968 bis 1971.

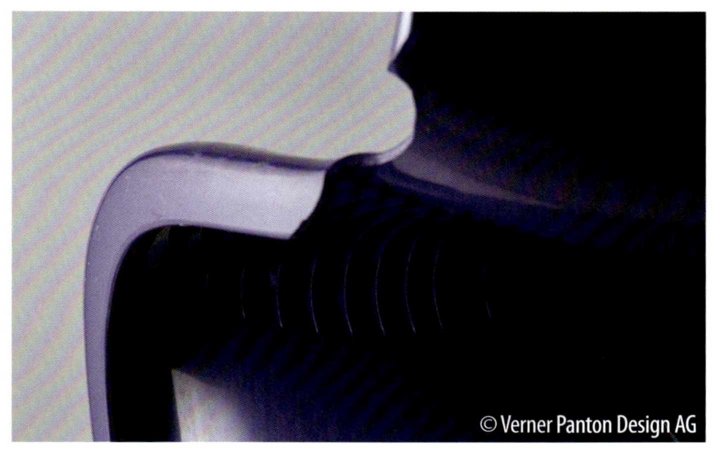
Ausschnitt der Kontur des *Panton Chairs* aus ASA mit sichtbaren Versteifungsrippen und Auswerfermarkierung unterhalb der Sitzfläche. Gefertigt von 1971 bis 1979.

Panton Chair mit Bruchstelle aus dem Acrylnitril-Styrol-Acrylester (ASA) *Luran S* (BASF). Gefertigt von 1971 bis 1979.

früh von dieser Idee verabschiedete und das Freischwingen keine Priorität mehr im Herstellungsprozess hatte. Jedenfalls war man nun endlich bei einer rationellen, industriellen Serienproduktion angelangt, die durch die Kombination aus passendem Werkstoff, nötigen Veränderungen am Design und der großserientauglichen Verarbeitungsmethode eine gute Produktionseffizienz erreicht hatte.

Mit den Jahren erwies sich der Kunststoff ASA leider als weit weniger alterungs- und witterungsbeständig, als zunächst angenommen. Es kam bereits im Jahr 1974 zu Brüchen an den am stärksten belasteten Bereichen der Stühle, wie der Schleppe des Fußes und dem Kniebereich.

Die entstandenen Schäden führte man auf das nicht ganz passende Material zurück, woraufhin man bei BASF 1975 den Versuch unternahm, das ASA weiter zu modifizieren. Das Vertrauen in den Werkstoff war bei Fehlbaum und Vitra jedoch nachhaltig erschüttert, ab Ende der 1970er Jahre häuften sich die Reklamationen und die Verkaufszahlen gingen stark zurück. Da ein Imageschaden für Vitra zu befürchten war, wurde die Produktion dieser Großserie 1979 eingestellt.[49]

Dritte Serienproduktion 1983 bis heute

Die diversen Versuche, den Panton Chair in befriedigender Qualität in Großserienproduktion auf den Markt zu bringen, hatte man, so schien es zumindest, Ende der 1970er erst einmal ad acta gelegt. Mit der WK-Gruppe in

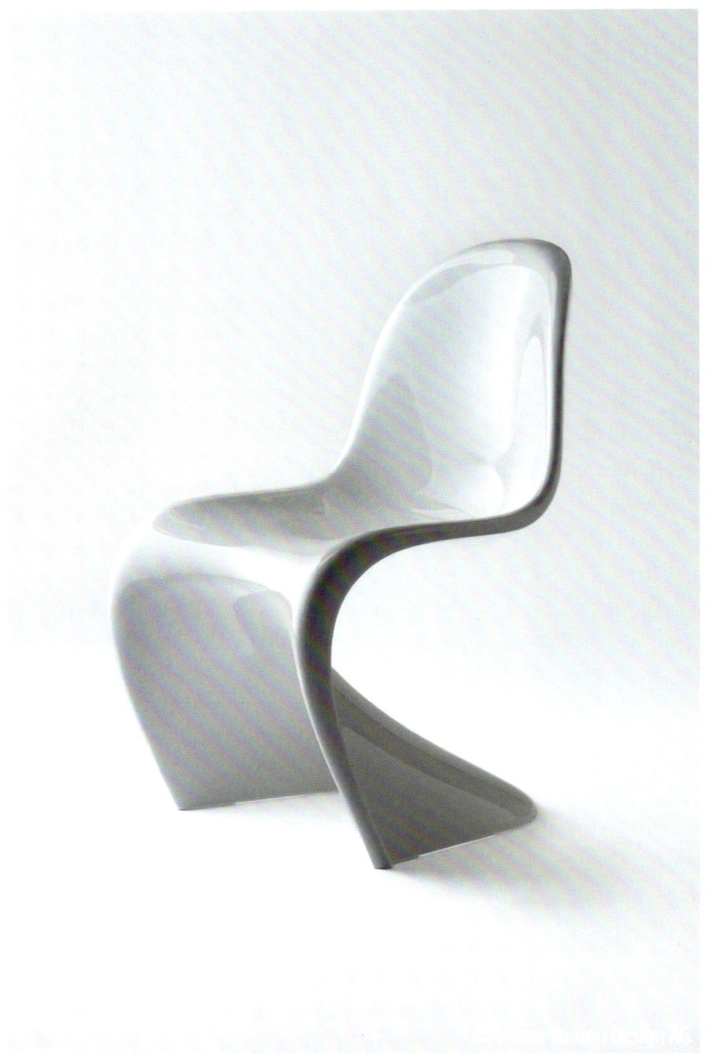

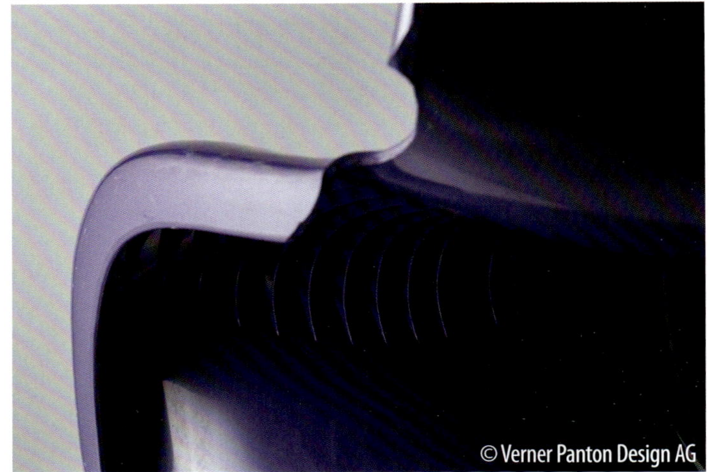

Ausschnitt der Kontur des *Panton Chairs* aus ASA. Gefertigt von 1971 bis 1979.

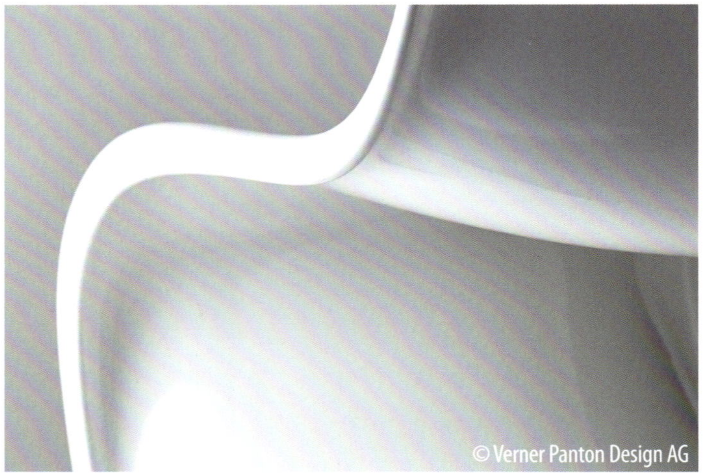

Ausschnitt der Kontur des *Panton Chair Classic*. Gefertigt von 1983 bis heute.

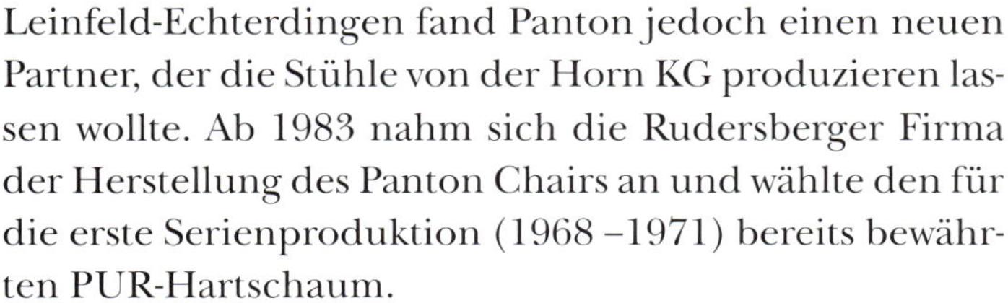

Panton Chair aus dem Polyurethan-Hartschaum mit farbiger Lackierung. Von 1983 bis 1990 hergestellt von der Firma Horn KG in Rudersberg. Von 1990 bis heute als *Panton Chair Classic* von Vitra in Weil am Rhein vertrieben.

Leinfeld-Echterdingen fand Panton jedoch einen neuen Partner, der die Stühle von der Horn KG produzieren lassen wollte. Ab 1983 nahm sich die Rudersberger Firma der Herstellung des Panton Chairs an und wählte den für die erste Serienproduktion (1968 –1971) bereits bewährten PUR-Hartschaum.

Die aufwendigen Nachbereitungen nahm Horn in Kauf. Der Herstellungsprozess schlug sich entsprechend im Verkaufspreis nieder, dafür waren die Stühle aus dem Polyurethanschaum bisher die dauerhafteste Lösung. Die Gestaltung des Stuhls wurde im Vergleich zur ersten PU-Version erneut etwas verändert, sodass der Entwurf insgesamt etwas höher (plus 5,5 cm) und bemerkenswert

schwerer (plus 2,6 kg, insgesamt 8,7 kg) ausfiel. Im Vergleich zum Stuhl der zweiten Generation verteuerte sich der Stuhl außerdem erneut, da die Produktion sehr aufwendig, kostenintensiv und keineswegs produktionseffizient war. Im Vergleich zur ASA Version des Stuhls rückte diese Version jedoch wieder näher an die ursprünglich intendierte Linienführung heran.

Bis 1990 produzierte die Firma Horn die PU-Stühle im Auftrag der WK-Gruppe, bis Vitra die Produktion wiederaufnahm. Die Stühle der dritten Produktionsphase (Produktion Horn sowie Vitra) sind, abgesehen von den veränderten Maßen, von der ersten kaum zu unterscheiden. Lediglich die eingeprägte Signatur Verner Pantons

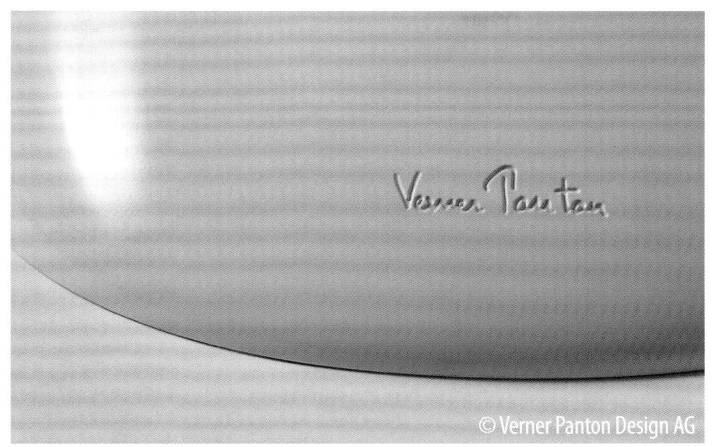

Prägung der Signatur Verner Pantons auf der Schleppe der zweiten PUR-Version des Stuhls. Gefertigt von 1983 bis heute.

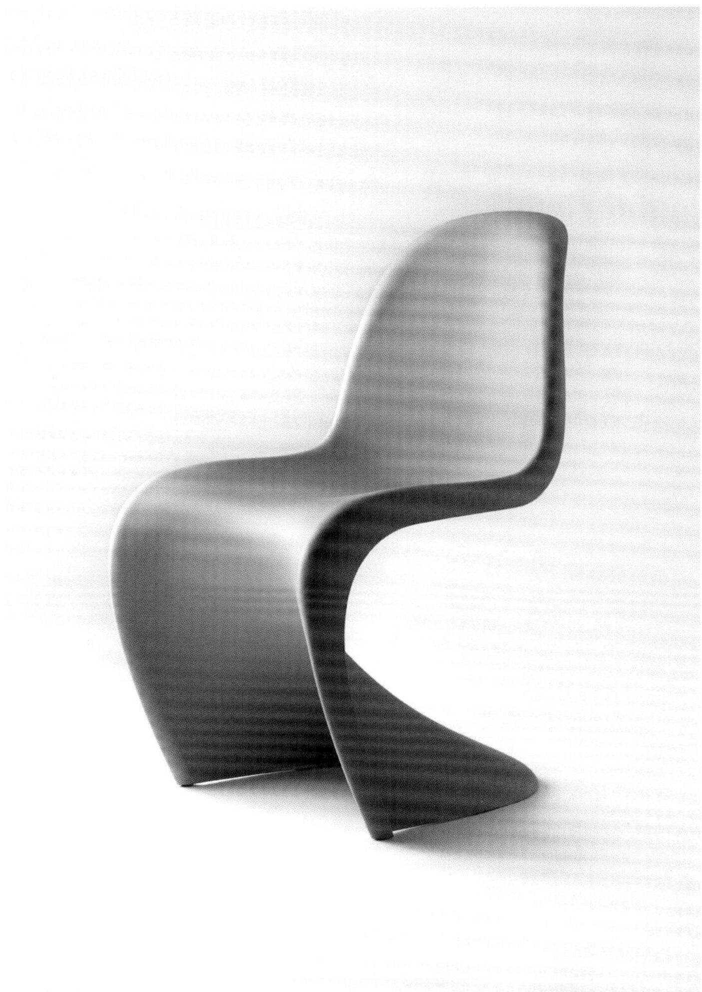

Panton Chair aus langglasfaserverstärktem Polypropylen (PP LFK). Gefertigt von 1999 bis heute.

auf der Schleppe des Fußes lässt die Stühle zweifelsfrei der dritten Phase zuordnen.[50]

In dieser Produktionsphase rückte das Möbelstück erneut vom eigentlichen Ziel des Designers ab. Ein günstiges Massenprodukt war dieser Stuhl nicht, er wird aber in der Ausführung heute produziert und seit 1999 unter dem Namen *Panton Chair Classic* durch Vitra vertrieben.

Vierte Serienproduktion (= zweite Großserienproduktion) 1999 bis heute

Ende der 1990er Jahre befasste sich Vitra erneut mit dem Stuhl. Anlass war der Fortschritt in der Kunststofftechnologie, der es nun ermöglichte, auch etwas längere Glasfasern[51] (LGF) mittels Spritzgießen zu verarbeiten. Dadurch wurde der Stuhl werkstoffintern versteift (Glasfasern haben eine recht hohe Steifigkeit) und benötigte keine Rippen mehr. In Kooperation mit Verner Panton entwickelte Vitra eine Version des Stuhls aus spritzgießfähigem langfaserverstärktem Polypropylen (PP).

Es folgte eine vierte Serienproduktion, welche als zweite Großserienproduktion gelten kann.[52] Nacharbeit war fast nicht erforderlich.[53] Herstellungstechnisch und formal ist diese Version jener der Phase 1971–1979 in ASA sehr ähnlich. Die Kante der Sitzfläche ist ähnlich tief und weist dieselbe Materialdicke von 0,8 mm auf. Diese ist an dem Stuhl aus ASA und aus PP am geringsten.

Der Unterschied zwischen den Objekten der zweiten (ASA) und vierten (PP) Produktionsphase ist neben den fehlenden Versteifungsrippen die matte Oberfläche. Diese wurde angelegt, um Kratzer im kratzempfindlichen Polypropylen weniger sichtbar erscheinen zu lassen. Das matte äußere Erscheinungsbild wirkt völlig anders als die vorherigen Stühle, die fast in bildhaftem Glanz produziert wurden, war aber mit Panton abgestimmt.

Der Vorteil von PP ist, dass die Stühle äußerst dauerhaft, aufgrund der Faserverstärkung sehr stabil, relativ leicht (6,1 kg) und außerdem recht witterungsbeständig sind. Die Produktion des Stuhls ist so automatisiert und effizient wie in der zweiten Phase, nutzt aber den tauglicheren Werkstoff. 30 Jahre nach der ersten Version des Stuhls war das ursprüngliche Ziel des Designers erreicht: die preiswerte, rationelle, industrielle, qualitätvolle Produktion eines äußerst anspruchsvollen Entwurfs. Der erste Stuhl der vierten Produktionsphase wurde der Öf-

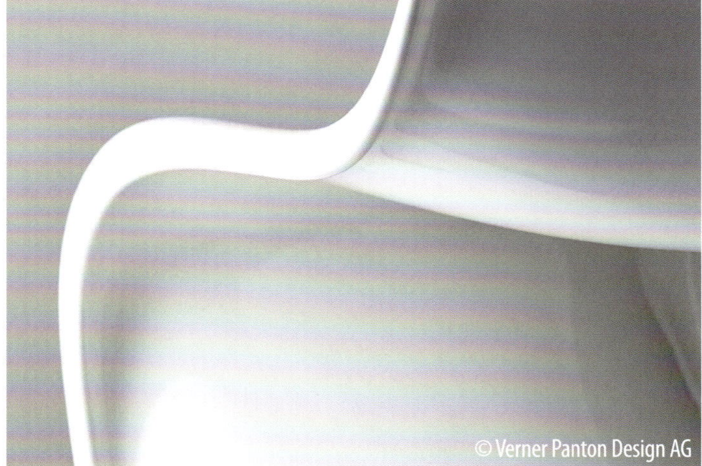

Ausschnitt der Kontur des *Panton Chair Classic*. Gefertigt von 1983 bis heute.

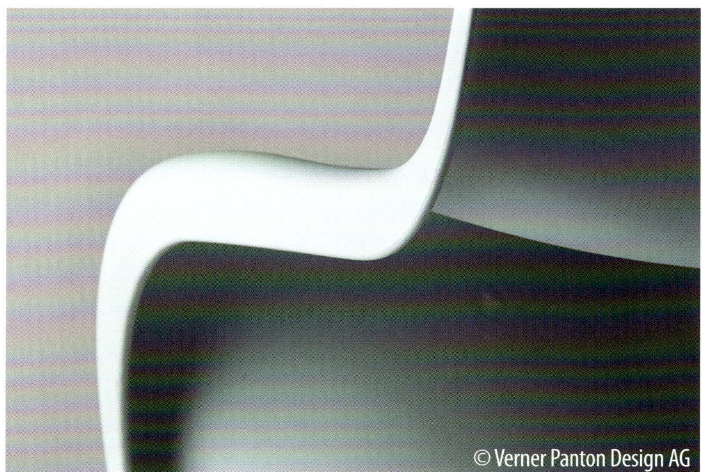

Ausschnitt der Kontur des *Panton Chairs* mit sichtbarem Anspritzpunkt. Gefertigt von 1999 bis heute.

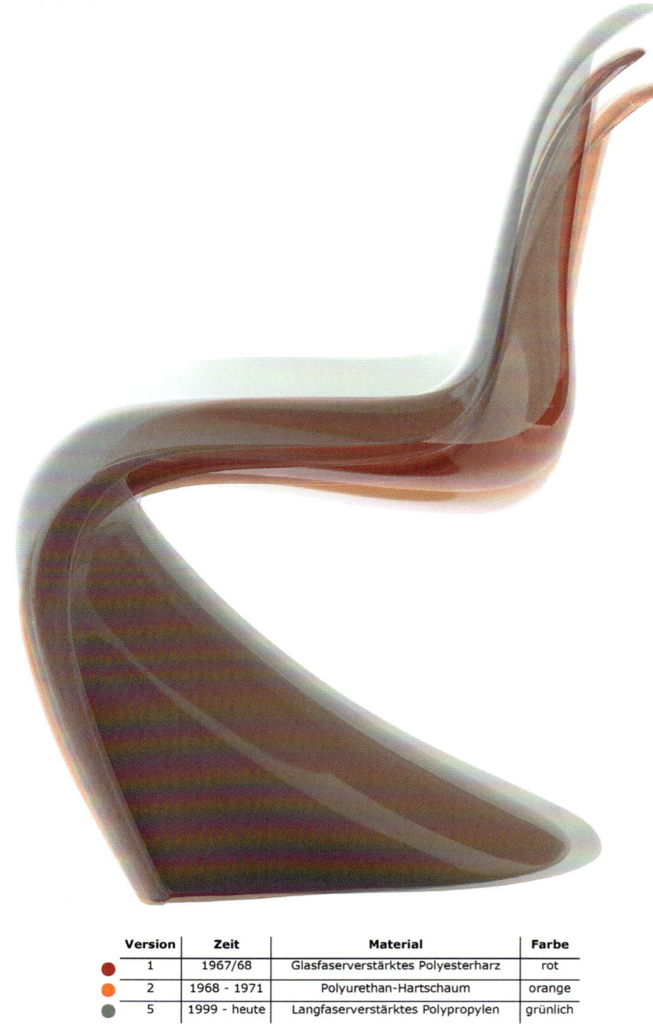

	Version	Zeit	Material	Farbe
●	1	1967/68	Glasfaserverstärktes Polyesterharz	rot
●	2	1968 - 1971	Polyurethan-Hartschaum	orange
●	5	1999 - heute	Langfaserverstärktes Polypropylen	grünlich

Vergleich der Konturen der *Panton Chairs* aus Polypropylen (1999 bis heute), aus glasfaserverstärktem Polyester (1967/68) und Polyurethan (1968–1971).

fentlichkeit 1999 präsentiert. Verner Panton selbst erlebte das nicht mehr mit; er verstarb im September 1998.[54]

Produktionseffizienz par excellence

Am Stuhl von Verner Panton wird deutlich, dass die Produktionseffizienz von vielerlei Faktoren abhängt und der Weg dorthin als iterativer Prozess zu verstehen ist. Nur die perfekte Abstimmung zwischen Fertigungsverfahren, Materialauswahl und Design lässt Objekte zu, die durch eine hohe Produktionseffizienz überzeugen. Die Gestalt des Stuhls musste immer wieder an die verschiedenen Parameter angepasst werden, sodass sich die jeweiligen Versionen leicht voneinander unterscheiden und ganz unterschiedliche Eindrücke vermitteln. Durch notwenige Veränderungen an der Formgestaltung wirken die frühen Versionen aus GFK und PUR-Schaum zum Beispiel dynamischer und schwungvoller als die aus Polypropylen. Diese drei Versionen weisen die stärksten Unterschiede auf und werden in der Abbildung auf dieser Seite miteinander verglichen.

Angesichts jener Stühle, die 1972 im Spritzgießprozess aus einem Arbeitsschritt hervorgingen, lassen sich Parallelen zum heutigen Trend zur zunehmenden Funktionsintegration ziehen. Darunter ist das Ziel zu verstehen, mit möglichst wenigen Bauteilen denkbar viele Funktionen abzudecken.

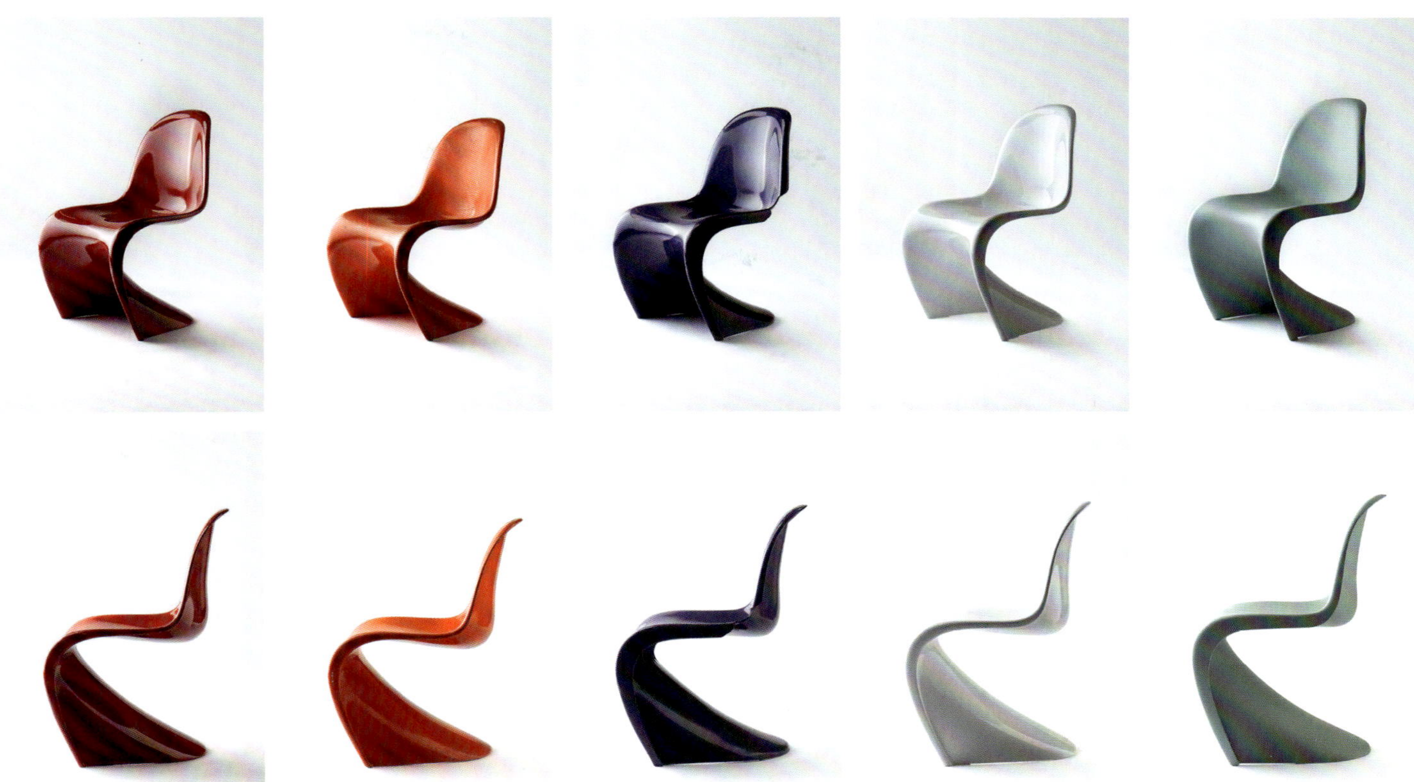

Vergleich der verschiedenen Ausführungen des *Panton Chairs* von 1967 bis heute.

Heutzutage stehen für den Entwurfsprozess computergestützte Methoden zur Verfügung, die es erlauben, das Design zu optimieren, bevor überhaupt ein erster Prototyp gefertigt wird. Mithilfe sogenannter Finite-Elemente-Methoden (FEM) kann ein Bauteil virtuell erprobt werden. Zum Beispiel kann vorausberechnet werden, wie stark sich die Sitzfläche eines Stuhls bei einer bestimmten Belastung durchbiegt und wie hoch die daraus resultierenden Spannungen und Dehnungen sein werden. Sofern die auftretende Dehnung nahe an einer kritischen Dehnung des verwendeten Materials liegt, können Gegenmaßnahmen ergriffen werden, z.B. können, wie beim Panton Chair in der zweiten Produktionsphase geschehen, zusätzliche Versteifungsrippen vorgesehen werden.

Des Weiteren lassen sich heutzutage die Produktionsprozesse simulieren. Beispielsweise erlaubt es die Spritzgießsimulation, den Schmelzefluss und folglich manche Probleme während des Spritzgießens vorauszusehen. So können Bindenähte entstehen, wenn zwei oder mehr Schmelzfronten aufeinandertreffen. Sie gelten oft als Schwachstelle und die KonstrukteurInnen können dar-

auf mittels Simulation noch vor der Fertigung des Produktes bzw. sogar noch vor der Herstellung des erforderlichen Spritzgießwerkzeuges Einfluss nehmen.

Die computergestützten Methoden haben zu einem enormen Produktivitätsschub beigetragen, indem sie Prozessschwierigkeiten aufdecken und kostspielige Anpassungen während der Serienproduktion unnötig machen. Somit kommt man dem Prinzip „first time right", d.h. der auf Anhieb fehlerfreien Produktion, immer näher. Dies wird nicht zuletzt damit erreicht, dass die das Produkt entwickelnden IngenieurInnen eng mit den KonstrukteurInnen der Werkzeugmacherfirmen zusammenarbeiten. Die designfabrik© des BASF creation center ist hierfür ein Beispiel. Hier werden bereits DesignerInnen „in die Fabrik gelockt", um über ihre Gestaltungsideen in einem ganz frühen Stadium zu sprechen. Die geeignete Werkstoffauswahl ist hier ein Thema, zudem unterstützt die designfabrik© GestalterInnen evtl. mit virtueller Fertigung (wie einer Spritzgießsimulation) oder virtueller Erprobung (z.B. einer Finite-Elemente-Berechnung) (siehe Kapitel leicht. Ein Blick in die Zukunft – Bionisches Design).

Anmerkungen

[1] Vgl. REUTER 2021, S. 29 f.

[2] https://www.bwl-lexikon.de/wiki/taylorismus/ (20.10.2022). Die Taylor'sche Spezialisierung, nach Frederick Winslow Taylor (1856–1915) benannt, hat die Steigerung der Produktivität menschlicher Arbeit zum Ziel. Dies geschieht durch die *Teilung der Arbeit* in kleinste Einheiten, zu deren Bewältigung keine oder nur geringe Denkvorgänge zu leisten und die aufgrund des geringen Umfangs bzw. Arbeitsinhalts schnell und repetitiv zu wiederholen sind.

[3] DICHTL, ISSING 1993, S. 1773.

[4] BONTEN 2020b.

[5] BONTEN 2020b.

[6] BONTEN IKT, Uni Stuttgart.

[7] BONTEN IKT, Uni Stuttgart. Die weiteren Kosten verteilen sich lt. BONTEN auf Energieeinsatz, Investitionskosten, Miete etc.

[8] https://www.umweltbundesamt.de/sites/default/files/medien/publikation/long/4242.pdf

[9] https://www.ressource-deutschland.de/themen/allgemeines/was-ist-ressourceneffizienz/ (20.10.2022).

[10] BONTEN 2020b; VDI 4800 Blatt 1.

[11] REUTER 2021, S. 2.

[12] Aussage von Christian Bonten.

[13] REUTER 2021, S. 2.

[14] BONTEN 2020c.

[15] REUTER 2021, S. 2. Ein Begriff hierfür ist „Anpassungsentwicklung".

[16] REUTER 2021, S. 8.

[17] REUTER 2021, S. 47.

[18] REUTER 2021, S. 7.

[19] VON VEGESACK, REMMELE 2000, S. 76: Der Entwicklungsprozess des Stuhls ist nicht lückenlos belegt und durch widersprüchliche oder ungenaue Aussagen des Gestalters in Teilen nicht mehr detailliert nachvollziehbar.

[20] VON VEGESACK, REMMELE 2000, S. 23; REMMELE 2000, S. 76.

[21] VON VEGESACK, REMMELE 2000, S. 23.

[22] MORGAN 1984, S. 470.

[23] SCHEPERS 2016, S. 18.

[24] Stahl an sich ist nicht neu, es wurde schon vor Beginn der christlichen Zeitrechnung als Werkstoff verwendet. Die neue Form des Stahls als nahtloses Rohr gibt dem Material jedoch bestimmte Eigenschaften, die neue, mit solidem Stahl nicht machbare Möglichkeiten eröffneten.

[25] SCHEPERS 2016, S. 18.

[26] SCHEPERS 2016, S. 18. Für diese Möbelgattung etablierte sich der Begriff „Freischwinger". Hinterbeinlose Stühle ohne diesen Effekt werden „Kragstühle" genannt.

[27] REMMELE 2000, S. 78.

[28] REMMELE 2000, S. 76.

[29] „Transparente oder dichte Plastic": hier spricht Verner Panton wahrscheinlich von opakem, also durchgefärbten Kunststoff. Mit „Holzlamellen" ist vermutlich Sperrholz gemeint. REMMELE 2000, S. 76.

[30] SCHEPERS 2016, S. 20.

[31] Dabei handelte es sich wahrscheinlich um einen polystyrolhaltigen Kunststoff.

[32] REMMELE 2000, S. 78.

[33] VON VEGESACK, REMMELE 2000, S. 87.

[34] REUTER 2021, S. 6

[35] Der 1905 gegründete US-amerikanische Möbelhersteller arbeitete ab 1946 mit Ray und Charles Eames an Wohn- und Büromöbeln. Ab 1957 übernahm Vitra die Produktionsrechte für die Herstellung der Eames-Möbel in Europa. Es entstand ein reger Wissensaustausch, der besonders auf dem Gebiet GFK für viele Möbelentwürfe hilfreich war.

[36] SCHEPERS 2016. S. 20.

[37] ALBUS et al. 2007, S. 62.

[38] SCHEPERS 2016, S. 20.

[39] ALBUS et al. 2007, S. 62.

[40] ALBUS et al. 2007, S. 62.

[41] REMMELE 2000, S. 85.

[42] REMMELE 2000, S. 78.

[43] REMMELE 2000, S. 85.

[44] REUTER 2021, S. 2.

[45] BONTEN 2020a, S. 11.

[46] BONTEN 2020, S. 11.

[47] FIELL 2002, S. 425.

[48] REMMELE 2000, S. 85.

[49] REMMELE 2000, S. 85.

[50] REMMELE 2000, S. 90.

[51] Kurzfasern haben eine Länge von 0,1–1 mm, Langfasern eine Länge von 1–50 mm, Endlosfasern sind länger als 50 mm. Wenn die Rede von glasfaserverstärktem Kunststoff ist, sind meist Kurzglasfasern gemeint.

[52] Nur die zweite und vierte Produktionsphase sind als echte Großserienproduktionen zu bezeichnen. Die Stühle der ersten und dritten Produktionsphase sind aus Polyurethan und erforderten noch viel Handarbeit; es handelte sich zwar um eine Serienproduktion, jedoch nicht um eine voll industrielle und automatisierte Herstellung.

[53] REMMELE 2000, S. 90.

[54] REMMELE 2000, S. 94.

2.2 | Kunststoffland Deutschland

Uta Scholten

„Wir sind eine zukunftsorientierte Branche,
wozu brauchen wir Vergangenheit?"
Besucher der Kunststoffmesse K 2010 in Düsseldorf

Das Eingangszitat gibt zwar nur eine einzelne Aussage wieder, die sich nicht ohne Weiteres verallgemeinern lässt. Doch gibt es in der Kunststoffbranche tatsächlich kaum ein Bewusstsein für die Bedeutung der Vergangenheit. Viele Unternehmen haben heute keine Archive mehr und die Erfahrung bei der Forschung zu historischen Sachverhalten zeigt, dass Nachfragen zur Vergangenheit eines Unternehmens oder zu früheren Produktlinien oft unbeantwortet bleiben.[1] Eine weitere Schwierigkeit bei der Recherche resultiert aus der Aufteilung der Branche in drei Aufgabenfelder: erstens die Kunststofferzeugung, die im Bereich der chemischen Industrie angesiedelt ist, zweitens der klassische Maschinen- und Werkzeugbau sowie drittens die Kunststoffverarbeitung, welche die Kunststoffe mittels Maschinen und Werkzeugen zu Bauteilen macht. In den Darstellungen zur Geschichte der Kunststoffe werden diese Bereiche meist getrennt behandelt, obwohl es oft zum Verständnis historischer Erscheinungen maßgeblich beiträgt, alle drei zu kennen, die immerhin eng miteinander verflochten sind, denn sie alle haben das erfolgreiche Endprodukt aus Kunststoff zum Ziel.

Dieses Kapitel kann nicht die Geschichte der deutschen Kunststoffindustrie in Gänze abhandeln,[2] aber es wird Strukturen und ihre historischen Wurzeln skizzieren, die die Entwicklung Deutschlands zum „Kunststoffland" begünstigt haben.

Standortvorteil: Spezialisten vorhanden

Im europäischen Vergleich hinkte Deutschland in der ersten Hälfte des 19. Jahrhunderts in der Industrialisierung hinterher. Ab den 1860er Jahren begann sich die Gründung zahlreicher Polytechnischer Schulen und Gewerbeakademien, die zur Professionalisierung der Ausbildung von für die Industrie benötigten Spezialisten führte, zum Standortvorteil zu entwickeln.

Justus von Liebig (1803–1873) und seine Schüler etablierten die Chemie als ernst zu nehmende Wissenschaft und leisteten Grundlagenforschung für die im letzten Drittel des 19. Jahrhunderts aufkommende deutsche Großchemie. Der rege Austausch zwischen den Forschern an den Universitäten und den Entwicklern in den Laboren der Unternehmen trugen zum wirtschaftlichen Erfolg dieses Industriezweigs im Kaiserreich bei. Entdeckungen von Hochschulprofessoren fanden immer schnell ihren Weg in die industrielle Anwendung.[3] Chemische Forschung, Entwicklung und Anwendung in der Industrie förderten sich gegenseitig, womit Deutschland in Europa ein Alleinstellungsmerkmal vorzuweisen hatte.[4]

Die Ausbildung von Anwendungstechnikern und Ingenieuren unterstützte zudem diese gegenseitige Förderung. Während Konstruktion und Fertigung in den meisten Unternehmen in der ersten Hälfte des 19. Jahrhunderts noch selbstverständlich zusammengefallen waren, begann man nach und nach mittels Einrichtung von eigenen Konstruktionsbüros die Planung der Produktion von der praktischen Fertigung zu lösen. Der handwerklich und eher praktisch orientierte Meister wurde durch einen theoretisch vorgebildeten Techniker ersetzt.[5] Die Konstruktion von Maschinen und der Maschinenbau wurden systematisiert und an den Universitäten wissenschaftlich untermauert.

Die politische Zersplitterung Deutschlands und die damit einhergehenden Handelshemmnisse zwischen den Staaten aufgrund von Zöllen und abweichenden gesetzlichen Vorgaben waren der Industrialisierung nicht förderlich. Aber andererseits führte die Vielstaatlichkeit in der ersten Hälfte des 19. Jahrhunderts zur Gründung von zahlreichen regionalen Ausbildungsstätten, sodass nie Mangel an praktisch befähigten Technikern und wissenschaftlich geschulten Ingenieuren herrschte.[6] Ähnlich wie bei der Ausbildung von Chemikern näherten sich die polytechnischen Institute und Gewerbeschulen in den 1860er Jahren dem Niveau von Universitäten an und verwissenschaftlichten die Ausbildung von Technikern. Der Erfolg der Maßnahme lässt sich an der steigenden Zahl der Studenten ablesen: Von 1869 bis 1890 verdoppelte sich ihre Zahl von annähernd 13.000 auf mehr als 25.000.[7] Die Polytechnischen Schulen wurden bis 1890 alle zu Technischen Hochschulen, bei denen nun das Abitur zur Zulassungsvoraussetzung wurde.[8] 1899 wurde die Möglichkeit zur Promotion für Ingenieure eingeführt,[9] was sich positiv auf das Sozialprestige und die Aufstiegschancen auswirkte.[10]

In Europa entstanden unterschiedliche Kulturen der Ausbildung von Technikern und Ingenieuren. Großbritannien und die USA bildeten eher innerhalb der Betriebe und speziell für deren Bedarf aus, sodass man dieses System als *Praxiskultur* bezeichnet. In Frankreich und Deutschland gab es schon früh staatliche Institutionen, wofür der Begriff der *Schulkultur* steht.[11] Im internationalen Vergleich wurde die Konstruktionspraxis in Deutschland als eine von hervorragend theoretisch ausgebildeten Technikern, Ingenieuren und Facharbeitern bestimmte Disziplin beschrieben, die technisch perfekte Maschinen ganz nach den Wünschen der Auftraggeber herzustellen in der Lage waren.[12] Das heißt, die deutsche Kunststoffindustrie profitierte von einem ausreichenden Pool von gut geschulten Arbeitskräften – ob in der Chemie, der Technik oder dem Ingenieurwesen.

Die Ausbildung an einem staatlichen Institut förderte die Zusammenarbeit in der Hinsicht, dass die Absolventen sich kannten, selbst wenn sie in verschiedenen Unternehmen eine Anstellung gefunden hatten. Die wichtige Rückkopplung aus der Praxis an die universitäre Forschung war gewährleistet. Dieses Prinzip hat sich im deutschsprachigen Raum im Gegensatz zu vielen anderen europäischen Ländern bis heute gehalten.

Der Chemiestandort im 19. Jahrhundert bis 1918

Die Entwicklung Deutschlands als Standort der Kunststofferzeugung ruht auf drei Säulen: der Steinkohlenteerindustrie, der Herstellung synthetischer Farben und der Sprengstoffindustrie.

Steinkohlenteererzeugung

Eine Basis für den Erfolg der chemischen Industrie in Deutschland und damit der Ausgangspunkt für die Entwicklung und Produktion von Kunststoffen war die Entdeckung und Erforschung der Inhaltsstoffe des Steinkohlenteers.[13] Teer entstand als Nebenprodukt bei der Gewinnung von Koks aus Steinkohle, der in der Eisenverhüttung ab Mitte des 19. Jahrhunderts zusehends die Holzkohle als Reduktionsmittel im Hochofen ersetzte.[14] Bei der „Verkokung" der Steinkohle fiel in Kokereien u.a. Teer als Nebenprodukt an.[15] Die erste Säule der Rohstofferzeugung bildeten somit die Teererzeuger. Zwanzig Unternehmen schlossen sich schon 1915 zu einer Verkaufsgemeinschaft zusammen, um den Markt zu kontrollieren.[16] Auf ihre Erzeugnisse war der zweite Branchenzweig angewiesen, die Produzenten synthetischer Farben.

Deutschland als Weltmarktführer auf dem Gebiet der synthetischen Farben

Der Aufstieg der Chemie zur Wissenschaft und ihre Anbindung an eine industrielle Nutzung ist in Deutschland eng verbunden mit der Entwicklung der synthetischen Farbmittel. Mit der Herstellung von synthetischen Farben gelang es erstmals, natürliche Substanzen industriell und in großen Mengen kostengünstig herzustellen.

Deutsche Firmen befassten sich anfangs zwar hauptsächlich mit der Imitation ausländischer Innovationen, anstatt eigene Forschungen voranzutreiben, doch dies änderte sich im Kaiserreich. Das erste einheitliche Patentgesetz 1877 ermöglichte die Patentierung von Verfahren, nicht nur von Produkten. Dadurch wurden auch die Herstellungsprozesse geschützt und bessere Chancen am Weltmarkt geschaffen, wovon vor allem Großbetriebe mit eigenen Forschungslaboratorien profitierten. Mit der neuen Gesetzeslage lohnte es sich, alternative Verfahren für bestimmte, am Markt bereits erfolgreiche Produkte zu finden, die man dann – zumindest für den deutschen Markt – schützen konnte.[17] Deutsche Chemieunternehmen wie Agfa (Gründungsjahr 1867), BASF (Gründungsjahr 1865), Bayer (Gründungsjahr 1863) und Hoechst (Gründungsjahr 1863) nahmen das zum Anlass, sich weniger mit der Imitation von Vorhandenem, sondern stärker mit eigener Forschung zur Entwicklung neuer Verfahren und Stoffe zu beschäftigen. Man konzentrierte sich auf den Bereich der neuartigen Teerfarbstoffe, was zu einer ersten Blüte der chemischen Industrie führte. Auf dem Markt der synthetischen Farbstoffe wurde Deutschland vor dem Ersten Weltkrieg Weltmarktführer.[18]

Teer als Verkokungsnebenprodukt fiel in großen Mengen als Abfallprodukt an. Lediglich im Schiffbau als Abdichtungsmittel oder zur Imprägnierung von Eisenbahnschwellen[19] benötigt, suchten Chemiker mit zunächst relativ unsystematischen Versuchen weitere Anwendungsmöglichkeiten. Der deutsche Chemiker Friedlieb Ferdinand Runge (1794–1867) destillierte Steinkohlenteer und entdeckte dabei die farblosen Inhaltsstoffe Anilin, Phenol und Pyrrol.[20] Der zweite Stoff, das Phenol, avancierte Anfang des 20. Jahrhunderts zum Ausgangsstoff für den ersten vollsynthetischen Kunststoff, Phenol-Formaldehyd, der vor allem unter dem Handelsnamen *Bakelit* bekannt ist.[21]

Das Jahr 1856 wird häufig als Wendepunkt in der Geschichte der synthetischen Farben bezeichnet. In diesem Jahr gelang es dem Briten William Henry Perkin (1838–1907) eher zufällig, den ersten synthetischen Farbstoff, das Anilinpurpur, herzustellen.[22] Sein *Mauvein* erzeugte eine violette Färbung und war ein durchschlagender Erfolg, was die weitere Beschäftigung mit dem Steinkohlenteer lohnend erscheinen ließ. Die Herstellung günstiger Farbstoffe aus einem scheinbar nutzlosen Abfallprodukt galt als Beweis des unbegrenzten Potenzials der Chemie, die in Aussicht stellte, die Natur nachzuahmen, wenn nicht sogar zu übertreffen. Vor allem in Deutschland, das von teuren Rohstoffimporten für natürliche Farben abhängig war, versprachen die Teerfarben neue, preiswerte Möglichkeiten, was eine Aufbruchsstimmung, gar Euphorie auslöste. Mit der Gründung industrieller Forschungslaboratorien setzte eine strategische und systematische chemische Forschung ein. Das Aufblühen der Teerfarbenindustrie lässt sich an der Gründung zahlreicher Teerfarbenfabriken in Deutschland ablesen.

Die deutsche Teerfarbenindustrie erarbeitete sich durch ihren guten Entwicklungsstand auf dem Gebiet der organischen – auf Kohlenstoff basierenden – Chemie einen internationalen Vorsprung. In größeren Betrieben wurde es üblich, Industriechemiker zu beschäftigen, die sich auf die angewandte Forschung spezialisierten, dabei aber in engem Austausch mit den Hochschulchemikern standen, die sich der Grundlagenforschung widmeten. Spätestens mit der Markteinführung des synthetisch hergestellten Indigofarbstoffes 1897 kam der deutschen Chemieindustrie eine führende Rolle auf dem Gebiet der Teerfarbstoffe zu. Bis zum Ersten Weltkrieg exportierte Deutschland rund 80 % seiner Farbstoffe und deckte damit etwa drei Viertel des weltweiten Bedarfs ab.[23]

Kunststoffe und Sprengstoffe

Im 19. Jahrhundert wurden die meisten chemischen Erfindungen durch Zufall auf den Weg gebracht. Dazu gehörte auch die Entdeckung des Cellulosenitrats (CN) durch Christian Friedrich Schönbein (1799–1868) 1845. Als sogenannte Schießbaumwolle sollte die Substanz zunächst für Sprengstoffe verwendet werden.[24] Mit dem Harz des Kampferbaumes ließ sich jedoch daraus eine plastische Masse machen. Der von John Wesley Hyatt (1837–1920) in den USA unter dem Handelsnamen *Celluloid* patentierte Werkstoff entwickelte sich ab 1872 zum ersten Massenkunststoff. Die erste deutsche Fabrik, die Gegenstände aus diesem Werkstoff fertigte, wurde 1878 gegründet, 1880 der erste Rohstofferzeuger, die Rheinische Gummi- und Celluloidfabrik in Mannheim.[25] Wegen der gleichen chemischen Ausgangsstoffe wurde die Erzeugung von CN und anderen Celluloseabkömmlingen oft zum zweiten Standbein von Sprengstoffherstellern.

Exemplarisch ist die Geschichte der Kunststoffproduktion in Troisdorf. Die dort ansässigen Rheinisch-Westfälischen Sprengstoffwerke hatten neben der Produktion von Pulver und Sprengkapseln für den Bergbau seit 1905 die Produktion von CN und seit 1911 die eigene Entwicklung eines Celluloseacetats (CA), vertrieben unter dem Markennamen *Cellon*, aufgenommen. Bei Ausbruch des Ersten Weltkrieges 1914 ruhten diese vielversprechenden Ansätze, zunächst wegen der Priorisierung von Schieß- und Kollodiumwolle für das Militär. Nach den Bestimmungen des Versailler Vertrags musste die Sprengstoffproduktion, die in Troisdorf während des Krieges zusätzliche Kapazitäten aufgebaut hatte, eingestellt werden. Damit entfiel 1919 ein wesentlicher Geschäftszweig. Das Unternehmen konzentrierte sich nun auf sein zweites Standbein, die Kunststoffe auf Basis nitrierter Cellulose.[26]

Erfolgreiche chemische Forschung wäre vergeblich, wenn keine Produktionskapazitäten vorhanden wären. Die benötigten Ausgangsstoffe müssen zur Verfügung stehen und der Stoff muss unter wirtschaftlich rentablen Bedingungen synthetisiert werden können. Hierfür braucht es Produktionsverfahren im industriellen Maßstab, die das chemische Produkt dem Markt in aus-

47

reichender Menge bereitstellen können. Dem Anlagen- und dem Maschinenbau sowie der Anwendungstechnik kommt damit die gleiche Bedeutung zu wie der Chemie.

1911 gründete der Chemiker Richard Escales (1863–1924) die Zeitschrift „Kunststoffe". Die Frage, inwiefern diese Zeitschrift für die Entwicklung der Kunststoffforschung und -industrie in Deutschland eine Rolle gespielt hat, ist bislang unbeantwortet. Dieses Zentralorgan der Branche existiert bis heute und hat unbestritten viel zum Informationsaustausch und damit zum Fortschritt dieses Industriesektors beigetragen.[27]

1918–1945 – Deutschland wird Kunststoffland

Rohstoffkapazitäten stehen zur Verfügung

Bis zum Ausbruch des Ersten Weltkrieges 1914 hatte die chemische Industrie als Ganzes keinen herausragenden Anteil an der Industrieproduktion. Sowohl in Europa als auch in den USA lag dieser Anteil bei 4–6 %, im Deutschen Reich bei 5 %.[28] Die deutsche Farbenindustrie als Weltmarktführer befand sich wirtschaftlich in einer glänzenden Lage. Man war dabei, sich neue Geschäftsbereiche zu erschließen, die sich aus konsequenter Forschung ergeben hatten: Einstieg in den Markt mit Stickstoffdünger und aussichtsreiche Entwicklungen vor allem auf dem Feld der chemotherapeutischen Arzneimittel sowie in ersten Ansätzen der Polymerchemie.[29]

Bis 1914 galt die Branche als militärisch kaum relevant. Es zeigte sich jedoch schon nach wenigen Wochen Krieg, dass wichtige Rohstoffe für die Sprengstoffproduktion wie Salpetersäure fehlten und nicht durch Importe herangeschafft werden konnten.[30] Die Farbenindustrie übernahm es in der Folge, ihr chemisches Know-how und ihre Anlagen für die Erzeugung der Ausgangsstoffe von Sprengstoffen und Pulver zu nutzen. Der Bau großtechnischer Anlagen und die notwendige Erweiterung der Kapazitäten, vor allem für die Ammoniaksynthese, sollten sich für die spätere Kunststoffproduktion durchaus als günstig erweisen, weil dadurch nach Beendigung des Krieges 1918 viele Ausgangsstoffe wie Acetylen in ausreichender Menge zur Verfügung gestellt werden konnten.[31]

Der Import von Rohstoffen aus dem Ausland war nach 1918 erschwert und kostspielig. Dazu kamen Produktionsbeschränkungen wie die Verpflichtung zum Abbau von Kapazitäten für die Sprengstoffherstellung, Verlust von Patenten, Auslandsbeteiligungen, sogar Markennamen. Die Produkte der Farbenindustrie wurden später mit hohen Importzöllen belegt, mit denen der Zugang zu den traditionellen Auslandsmärkten beschränkt werden sollte.[32] So war die Lage ab 1919 von Faktoren geprägt, die bezogen auf die Gesamtwirtschaft in Deutschland nachteilig waren, für den Aufbau der Produktion und den zunehmenden Einsatz von Kunstoffen aber durchaus eine gute Ausgangslage schufen. Die Situation begünstigte die Konzentration auf das neue Gebiet und die Anstrengungen zur Entwicklung großtechnischer Produktionsverfahren, um den neuen Markt erschließen zu können.

Ein Zweig der Kunststofferzeugung hatte ihren Ausgangspunkt schon vor dem Ersten Weltkrieg bei den Teererzeugern. Die Bildung einer harzähnlichen Masse bei der Reaktion von Phenol und Formaldehyd hatte 1872 der deutsche Chemiker Adolf von Baeyer (1835–1917) beschrieben, was zunächst ohne Folgen blieb.[33] Erst die Forschungen des gebürtigen Belgiers Leo Hendrik Baekeland (1863–1944) in den USA machten den Stoff zu einem Werkstoff, der industriell hergestellt und verarbeitet werden konnte. Baekeland meldete 1907 sieben Patente an, darunter auch das „Hitze- und Druckpatent", das ihm die Rechte am Verfahren zur Aushärtung des Harzes unter Zugabe von Verstärkerstoffen wie Holz- oder Steinmehl sicherte.[34] In Deutschland mit seiner hoch entwickelten Verarbeitung von Derivaten aus Steinkohlenteer, die schon bei den Anilinfarben eine entscheidende Rolle gespielt hatte, erkannte man das Potenzial des Kunstharzes aus Phenol und Formaldehyd. 1910 gründeten die Rütgerswerke südlich von Berlin mit den Lizenzen von Leo Hendrik Baekeland die Bakelite® Gesellschaft mbH Erkner. In Deutschland setzte somit zeitgleich mit dem Ursprungsland, den USA, die Herstellung von Phenol-Pressmassen ein. Schon 1909 wurden in einer Versuchsbaracke in Erkner duroplastische Werkstoffe erstmalig kommerziell erzeugt. 1914 bis 1916 entstand in Erkner dann eine eigenständige Bakelit®fabrik mit einer Forschungsabteilung für die Anwendung.[35]

Absprachen – Verflechtung – Konzentration

Die Idee zur Gründung einer Interessengemeinschaft der Farbenindustrie kam Anfang des 20. Jahrhunderts auf

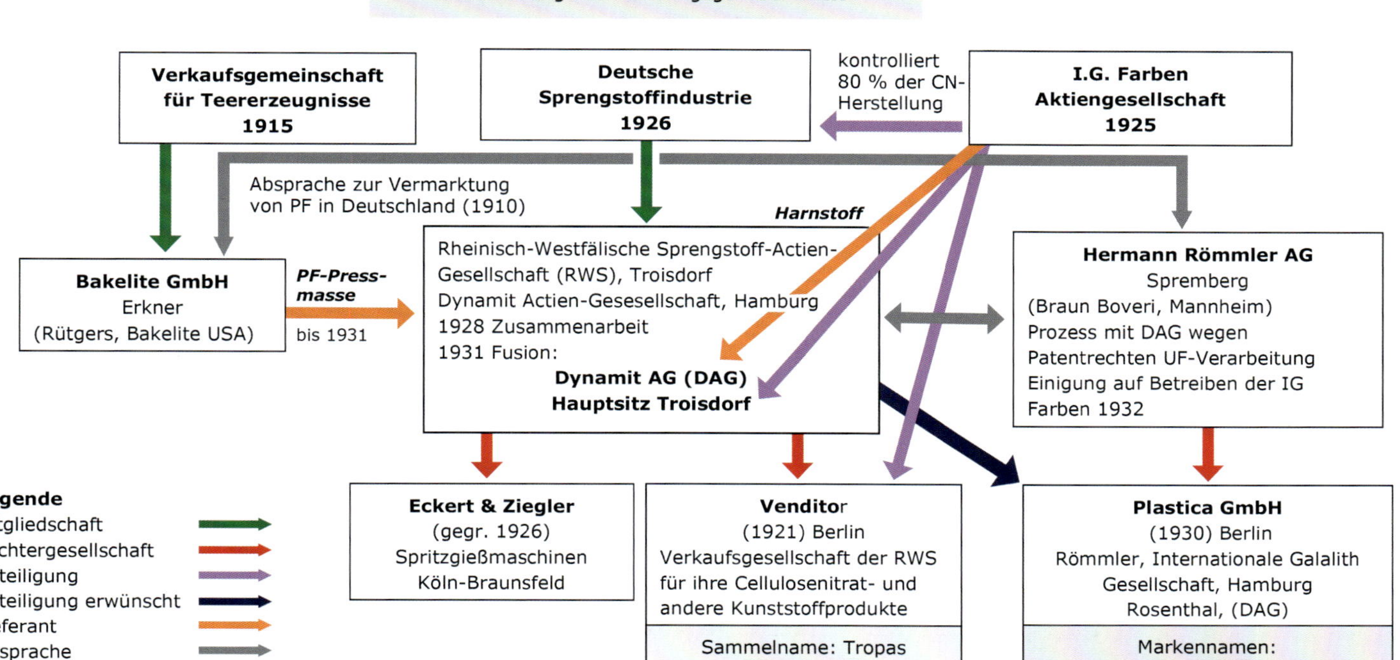

Verflechtungen der deutschen Kunststoffindustrie bis 1931.

und lässt sich auf das Vorstandsmitglied der Farbwerke Friedrich Bayer, Carl Duisberg (1861–1935), zurückführen. Zunächst gab es nur eine „kleine I.G.", die aber schon wichtige Firmen vereinte.[36] Nach dem Ersten Weltkrieg, unter den erschwerten Umständen des Friedensschlusses, wurde die Idee weiterverfolgt und 1925 in Form der I.G. Farbenindustrie AG – kurz: I.G. Farben – umgesetzt.[37]

Die Bildung marktbeherrschender Konzerne und Kartelle war typisch für die 1920er Jahre. 1926 erfolgte ein Zusammenschluss der deutschen Sprengstoffhersteller nach dem Vorbild der I.G. Farben. Aus der Zusammenarbeit sollte sich 1931 die Fusion der beiden dominierenden Konzerne, der Dynamit Nobel AG in Hamburg und der Rheinisch-Westfälischen Sprengstoffwerke, RWS, in Troisdorf ergeben. Die neue Zentrale entstand in Troisdorf. Das Unternehmen firmierte danach unter Dynamit AG, vormals Alfred Nobel AG. 1926 wurde ein Vertrag zwischen den beiden Interessenvertretungen geschlossen, um für eine zukünftige Abgrenzung zu sorgen. Die I.G. Farben hatte in den 1920er Jahren allerdings bereits

80 % der deutschen Produktion von Cellulosenitrat unter Kontrolle, sodass es hier nicht mehr zu einer echten Konkurrenz kommen konnte.[38]

Innerhalb der Unternehmen vereinte man häufig durch vertikale Integration alle Produktionszweige vom Rohstoff bis zum Endprodukt, sodass bei Schwierigkeiten schnell eine Lösung im eigenen Hause gefunden werden konnte. So entwickelte der Maschinenbauer Eckert & Ziegler aus Köln, 1926 von der Dynamit Nobel AG gegründet, 1926 eine erste handbetriebene horizontale Spritzgießmaschine.[39] Ebenso stellte die Firma Endprodukte her, vor allem seit 1930 aus Harnstoff-Formaldehyd (Handelsname *Pollopas*), und vertrieb sie über die Venditor GmbH.

Zwischen den drei an der Kunststofferzeugung beteiligten Zweigen, den Teererzeugern, den Farbproduzenten und den Sprengstoffherstellern, hatten sich bis zum Beginn der 1930er Jahre enge Verflechtungen ausgebildet unter gleichzeitiger Abgrenzung der jeweiligen Geschäftsfelder und Vermeidung von Konkurrenz untereinander im Exportmarkt. Außerdem konnte die Forschung

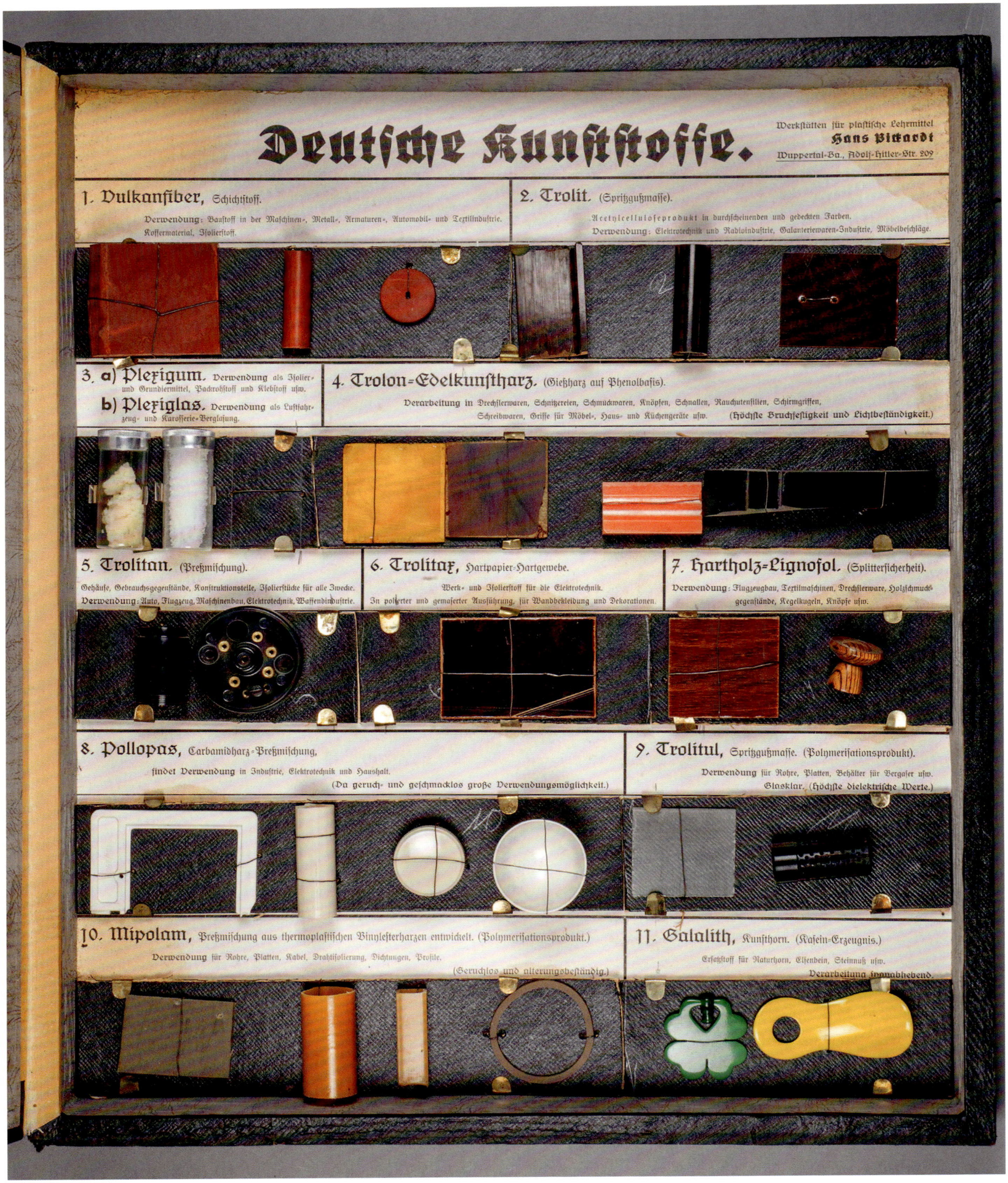

Deutsche Kunststoffe.

Werkstätten für plastische Lehrmittel
Hans Pickardt
Wuppertal-Ba., Adolf-Hitler-Str. 209

1. Vulkanfiber, Schichtstoff.
Verwendung: Baustoff in der Maschinen-, Metall-, Armaturen-, Automobil- und Textilindustrie.
Koffermaterial, Isolierstoff.

2. Trolit. (Spritzgußmasse).
Acetylcelluloseprodukt in durchscheinenden und gedeckten Farben.
Verwendung: Elektrotechnik und Radioindustrie, Galanteriewaren-Industrie, Möbelbeschläge.

3. a) Plexigum. Verwendung als Isolier- und Grundiermittel, Backrohstoff und Klebstoff usw.
   b) Plexiglas. Verwendung als Luftfahrzeug- und Karosserie-Verglasung.

4. Trolon-Edelkunstharz. (Gießharz auf Phenolbasis).
Verarbeitung in Drechslerwaren, Schnitzereien, Schmuckwaren, Knöpfen, Schnallen, Rauchutensilien, Schirmgriffen,
Schreibwaren, Griffe für Möbel-, Haus- und Küchengeräte usw. (Höchste Bruchfestigkeit und Lichtbeständigkeit.)

5. Trolitan. (Preßmischung).
Gehäuse, Gebrauchsgegenstände, Konstruktionsteile, Isolierstücke für alle Zwecke.
Verwendung: Auto, Flugzeug, Maschinenbau, Elektrotechnik, Waffenindustrie.

6. Trolitax, Hartpapier-Hartgewebe.
Werk- und Isolierstoff für die Elektrotechnik.
In polierter und gemaserter Ausführung, für Wandbekleidung und Dekorationen.

7. Hartholz-Lignofol (Splittersicherheit).
Verwendung: Flugzeugbau, Textilmaschinen, Drechslerware, Holzschmuckgegenstände, Kegelkugeln, Knöpfe usw.

8. Pollopas, Carbamidharz-Preßmischung,
findet Verwendung in Industrie, Elektrotechnik und Haushalt.
(Da geruch- und geschmacklos große Verwendungsmöglichkeit.)

9. Trolitul, Spritzgußmasse. (Polymerisationsprodukt).
Verwendung für Rohre, Platten, Behälter für Vergaser usw.
Glasklar. (Höchste dielektrische Werte.)

10. Mipolam, Preßmischung aus thermoplastischen Vinylesterharzen entwickelt. (Polymerisationsprodukt.)
Verwendung für Rohre, Platten, Kabel, Drahtisolierung, Dichtungen, Profile.
(Geruchlos und alterungsbeständig.)

11. Galalith, Kunsthorn. (Kasein-Erzeugnis.)
Ersatzstoff für Naturhorn, Elfenbein, Steinnuß usw.
Verarbeitung spanabhebend.

gebündelt und konzentriert werden, sodass Doppelungen vermieden wurden. Die Grafik zeigt diese Struktur mit Verflechtungen, Kooperationen und Absprachen zu Beginn der 1930er Jahre. [40]

Systematisierung und Normierung

Der hohe Wettbewerbs- und Rationalisierungsdruck in den Krisenjahren nach dem Ersten Weltkrieg beförderte in Deutschland nicht nur die Ausbildung kartellartiger Strukturen, sondern auch Bestrebungen zur Systematisierung und Normierung.

Bereits 1924 beschloss man die Klassifizierung und Normung der Pressstoffmassen, die für die Elektroindustrie unverzichtbar geworden waren, auf Initiative der Hersteller von Pressmassen und des Verbands Deutscher Elektrotechniker (VDE). Mit der Klassifizierung und der Überwachung der Standards wurde das Materialprüfungsamt in Berlin-Dahlem beauftragt. 1925 wurde die Prüfmarke MPDB (Material Prüfungsamt Berlin-Dahlem) beim Patentamt als Warenzeichen eingetragen. Alle Pressteile der überwachten Betriebe verwendeten dieses Zeichen als Qualitätsnachweis. Über eine Buchstabenkombination bzw. Kennzahl gab das Zeichen Auskunft über die Art des Materials und den Verarbeiter. [41]

1935 wurde die VDI-Fachgruppe Kunststofftechnik ins Leben gerufen. Lange hatte man Kunststoffe nur als Werkstoff für die Elektrotechnik begriffen. Nun war man sich darüber im Klaren, dass das Thema inzwischen ebenfalls andere Technikbereiche betraf. [42] Das Arbeitsgebiet wird in der Schrift zum 25-jährigen Bestehen der Fachgruppe als „in stürmischer Entwicklung begriffen"[43] charakterisiert. 1937 einigte man sich auf den Zusammenschluss in einem gemeinsamen Beirat mit der Fachgruppe für Chemie der Kunststoffe im Verein Deutscher Chemiker. [44]

Aufschlussreich sind die Arbeitsschwerpunkte der Fachgruppen. Zunächst musste man für die Eigenschaften der neuen Werkstoffe geeignete Prüfverfahren entwickeln, um eine entsprechende Qualitätssicherung für

Schaukasten *Deutsche Kunststoffe*
Verschiedene Kunststoffe
Hersteller: Hans Pickardt
Wuppertal, Deutschland
um 1938.

Erzeuger, Verarbeiter und Anwender gewährleisten zu können. Dazu kam die Ausbildung von Fachpersonal und die Bereitstellung von Fachinformationen über das Thema. Schaukästen, die vor allem für den Unterricht in weiterführenden Schulen und Berufsschulen gedacht waren, zeigten die unterschiedlichen Materialien in einfachen Anwendungen.

Politische Aspekte

Autarkiebestrebungen

Die Entwicklung der neuen Industrie ist vor dem Hintergrund der politischen Situation in der Weimarer Republik und der Zeit des Nationalsozialismus zu sehen. Da wichtige Rohstoffe nach den Versailler Verträgen nur gegen teure Devisen importiert werden konnten, lag es nahe, nach Alternativen in Form von synthetischen Stoffen auf der Basis heimischer Ressourcen, vor allem Steinkohle, zu suchen.

Im Rahmen der Autarkiebestrebungen NS-Deutschlands, um das Land im Hinblick auf die Kriegsvorbereitungen von Rohstoffimporten aus dem Ausland unabhängig zu machen, spielten synthetische Werkstoffe eine Rolle. Die Funktion von Kunststoffen als Ersatz für natürliche Rohstoffe, die in erster Linie für die Rüstung gebraucht wurden, ist differenziert zu sehen. Die Prioritäten wurden unterschiedlich gesetzt und betrafen nicht alle synthetischen Stoffe gleichermaßen. Forciert wurde der Ausbau der Produktion von Kunstfasern, um importierte Wolle und Baumwolle ersetzen zu können,[45] und der Aufbau von Produktionskapazitäten für Synthesekautschuk, *Buna*, als Reaktion auf den Mangel an Naturkautschuk zwischen 1914 und 1918.[46] Kunststoffe als plastische Massen, die vor allem als Isolierstoffe in der Elektroindustrie und für die Produktion von Konsumwaren interessant waren, wurden hingegen staatlich nicht besonders gefördert,[47] was vielleicht auch daran lag, dass sich diese Werkstoffe ohnehin gut vermarkten ließen, also die Industrie ebenfalls keinen Förderungsbedarf sah. Die Entwicklung der Kautschuksynthese bei der I.G. Farben zwischen 1933 und 1939 zeigt, dass man seitens des Unternehmens sehr wohl zwischen dem politisch gewünschten Ergebnis und den eigenen Vermarktungschancen abwog.[48] Aus Sicht der NS-Wirtschafts- und Autarkiepolitik sollten Funktionen, für die bislang rare Importrohstoffe eingesetzt wurden, nun in Kunststoffen ausgeführt werden. Man beabsichtigte, mit den Maßnahmen die Außenhandelsbilanz zu verbessern und Ressourcen für den Bedarf der Rüstungsindustrie bereit zu stellen,[49] vor allem bei Gummi sowie den Leicht- und Buntmetallen.

Die Bedeutung der plastischen Massen für die Rüstungsindustrie wurde zwar nach und nach erkannt, aber sie konnten gegenüber den klassischen Metallen und Leichtmetallen keinen Boden gutmachen.[50] Ein Beispiel für die Förderpolitik ist die Haltung zur Forschung mit faserverstärkten Kunststoffen für Autokarosserien und Flugzeugbau. Bei der Dynamit Nobel in Troisdorf widmete man sich früh der Entwicklung eines faserverstärkten Schichtpressstoffs. Bis 1938 hatte man in Zusammenarbeit mit den Brüdern Horten aus Bonn *Trolitax* als Material für den Flugzeugbau fast schon zur Serienreife entwickelt, aber die politische Führung hielt trotz dieses innovativen Leichtbauwerkstoffs am von Hugo Junkers und anderen propagierten Konzept des Ganzmetallflugzeugs fest.[51] An der Entwicklung etwa von Flugzeugkanzeln für militärische Zwecke aus dem bereits 1933 eingeführten Thermoplast PMMA als leichte und bruchsichere Alternative für Glas wurde gleichwohl intensiv gearbeitet.[52]

„Deutsche Werkstoffe"

„Hinzu kommt, dass *Bakelite*® ein einheimisches Erzeugnis ist, das aus deutschen Rohstoffen gewonnen wird. Dies ist ein nicht hoch genug zu veranschlagender Vorteil, da er dem durch die Weltwirtschaftslage bedingten Bestreben der deutschen Wirtschaft, sich nach Möglichkeit von der Einfuhr ausländischer Rohstoffe unabhängig zu machen, voll und ganz Rechnung trägt."[53]

In der Sammlung des Deutschen Kunststoff-Museums befinden sich mehrere Druckschriften der Bakelite® GmbH in Erkner aus den Jahren 1931 bis 1938. Dabei fällt auf, dass ab 1936 die Phenol-Pressmasse explizit als rein deutsches Erzeugnis charakterisiert wurde. Eine Broschüre trägt sogar den Titel „Bakelite – Der deutsche Werkstoff",[54] häufig findet sich diese Zuschreibung in Verbindung mit dem klassischen Slogan der Bakelite® Gesellschaft, den Leo Hendrik Baekeland selbst geprägt hat: „Der Stoff der 1000 Möglichkeiten".

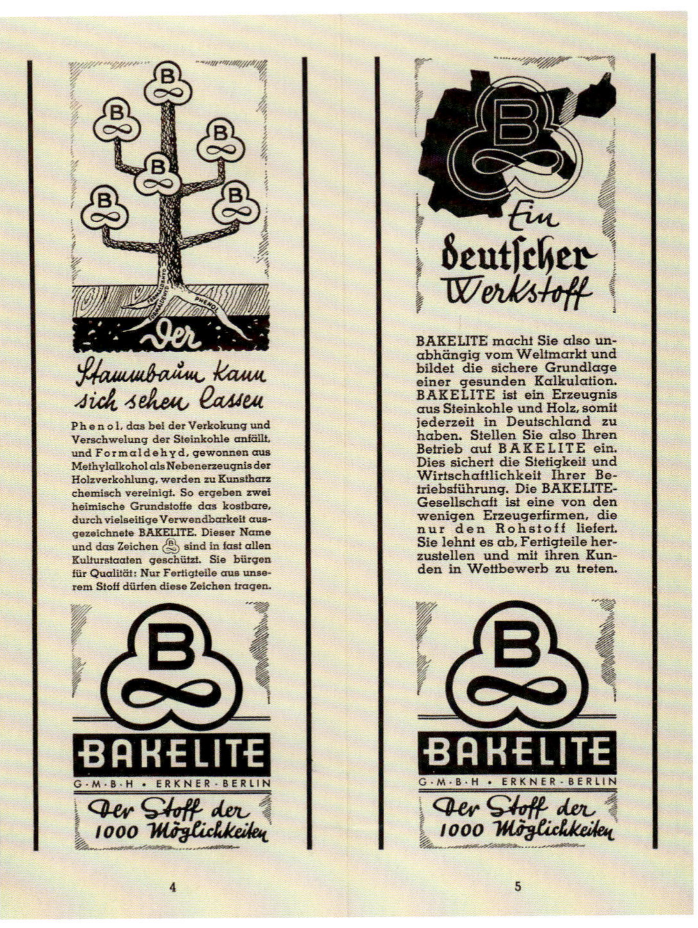

Werbebroschüre *Der Stoff der 1000 Möglichkeiten, Bakelite – ein deutscher Werkstoff*
Papier
Herausgeber: Bakelite GmbH
Erkner, Deutschland
1935

Andere Kunststofferzeuger und -verarbeiter betonten ebenfalls die deutsche Herkunft des Werkstoffs. Der Katalog der Verkaufsgesellschaft Plastica GmbH, die für die Vermarktung der Presswaren der Hermann Römmler AG in Spremberg und der Internationalen Galalith Gesellschaft in Hamburg gegründet wurde, beschrieb 1935 das Material der Waren als „[...] Kunstharz-Preßstoffe rein deutschen Ursprungs [...]".[55] Das Deckblatt einer Broschüre der Firma Johannes Buchsteiner von 1938 zeigt Haushaltsartikel aus Kunststoff ebenfalls mit dem Hinweis, es sei ein „deutscher Werkstoff". Abgebildet sind wahrscheinlich aus Harnstoff-Formaldehyd gepresste Geschirrteile. Buchsteiner verarbeitete seit 1935 Pressmassen neben Produkten aus Naturhorn und ab 1924 Kunsthorn aus Kaseinkunststoff und Cellulosenitrat.[56]

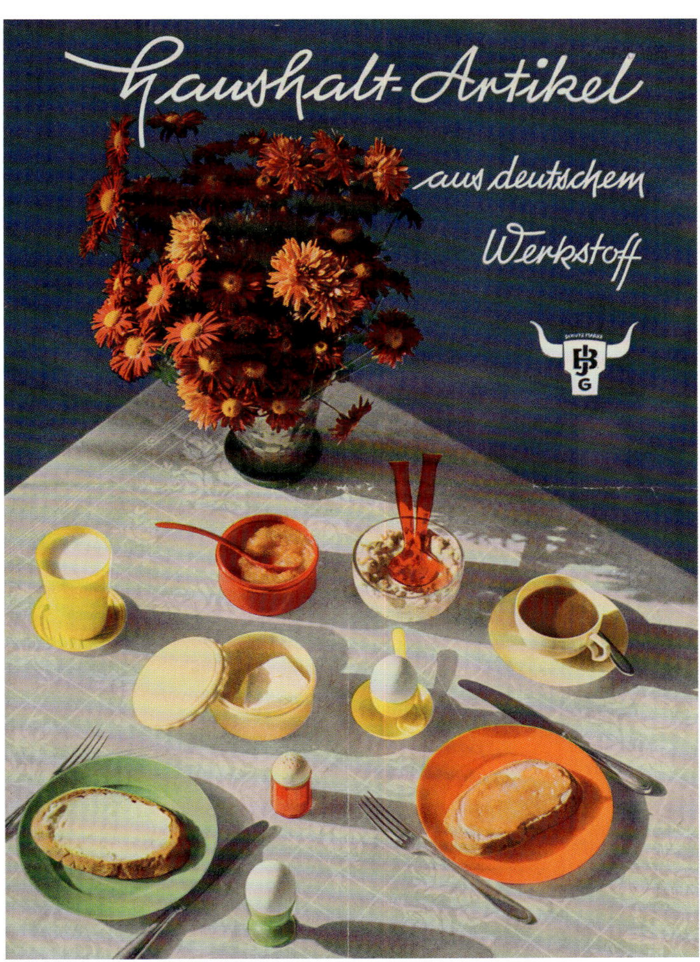

Werbeblatt *Haushalt-Artikel aus deutschem Werkstoff*
Papier
Auftraggeber: Johannes Buchsteiner
Gingen/Fils, Deutschland
1938

Nur der Katalog für Tropaswaren der Venditor GmbH beschränkte sich auf rein technische Beschreibungen des verwendeten Materials ohne besonderen Hinweis auf die Herkunft.[57]

Die Ausstellung „Schaffendes Volk", die 1937 in Düsseldorf stattfand und in einer Halle die Leistungen der deutschen Industrie veranschaulichen sollte, gab den Kunststoffen als Werkstoff aus heimischen Rohstoffen breiten Raum. Die Schau wurde von der Arbeitsgemeinschaft Kunststoffausstellung Düsseldorf des VDI vorbereitet. Ein Ziel bestand darin, die Bevölkerung über die Eigenschaften und Einsatzmöglichkeiten dieser Werkstoffe, die als Produkte aus Rohstoffen deutscher Provenienz dargestellt wurden, zu informieren.[58] Der Synthe-

sekautschuk *Buna* nahm hier zwar breiten Raum ein, doch vermittelte die Ausstellung unabhängig von diesem einen Material den Eindruck, dass in der Chemie und Technik der Kunststoffe generell die Zukunft liege, was international durchaus Beachtung fand.[59]

Kurt Brandenburgers 1938 erschienenes Buch „Im Zeitalter der Kunststoffe" war einer der ersten Versuche, Kunststoffe, ihre Geschichte, Chemie und Anwendungsgebiete für Nicht-Fachleute verständlich zu erklären. Brandenburger hatte sich bis dahin als Autor von Ratgeberliteratur für das Pressen von Kunststoffen etabliert. Wiederholt stellt er fest, dass es sich bei den Pressmassen und ihren Sonderanwendungen nicht um irgendwelche „Ersatzstoffe" handle, sondern um vollwertige Werkstoffe, die sogar einen höheren Nutzen hätten als das ursprünglich verwendete Material und deshalb auch ins Ausland exportiert würden.[60] Die Phenolpressstoffe mit Holz als Füllstoff (Typ S) werden in dem Buch als „Heimstoff" aus rein deutscher Produktion ausdrücklich hervorgehoben.[61] Die wirtschaftlichen Zusammenhänge sah Brandenburger wie folgt:

> „So nun eine Volkswirtschaft anstatt von den Rohstoffländern Kautschuk und Schwefel zu kaufen, die Nebenprodukte der Kohle und die Abfälle der Holzverarbeitung nimmt, und daraus nicht nur etwas Gleichwertiges, sondern etwas Besseres schafft, kann man niemals von einer Scheinkonjunktur dieser Volkswirtschaft sprechen."[62]

Brandenburger formulierte sehr klar, wofür man aus seiner Sicht – und ganz im Sinne der nationalsozialistischen Autarkiepolitik – die neuen Werkstoffe einsetzen sollte:

> „Es wäre Unsinn mit dem Heimstoff Typ S der Keramik oder anderen Heimstoffen Konkurrenz zu machen. Dann fehlt uns der Stoff zum Ersatz devisenpflichtiger Rohstoffe. Eßteller aus Preßstoff sind Unsinn und sollen verschwinden; dieses Gebiet wollen wir gern dem Porzellan überlassen [...]. Preßstoff wirkt hier nur verteuernd, es wäre Reklameluxus."[63]

Brandenburger lag mit diesen Äußerungen ganz auf der Linie des 1936 verkündeten Vierjahresplans für die deutsche Industrie, mit dem Deutschland wirtschaftlich und militärisch auf den kommenden Krieg vorbereitet werden sollte.[64]

53

Der chemischen Industrie und damit auch der I.G. Farben wurde eine wichtige Rolle zugedacht, was sich auf die Investitionen in Anlagen und Produktionskapazitäten auswirkte.[65] Die Sparte der modernen Polymerwerkstoffe spielte zunächst kaum eine Rolle. Wegen der hohen Investitionskosten wurde dieser Zweig erst zwischen 1939 und 1943 rentabel.[66] Die Kriegswirtschaft setzte nach 1939 zunehmend die Prioritäten. Die Produktion der modernen thermoplastischen Kunststoffe konnte von 1941 bis 1943 um 17,4 % gesteigert werden, aber entscheidend für die Verwendung waren die Festsetzungen der Wehrmacht für ihren Bedarf.[67] Das heißt, der Einsatz dieser modernen Werkstoffe für Konsumgüter war zunächst unterbrochen.[68] Die Luftangriffe der alliierten Streitkräfte und die daraus resultierenden Zerstörungen wirkten sich unterschiedlich auf die zur Kriegsführung wichtigen Chemiewerke aus. Bevorzugte Ziele waren Hydrierwerke, um die Versorgung mit Treibstoffen zu stören. Anfang 1945 waren jedoch nur etwa 15 % der Kapazitäten der I.G. betroffen, der große Teil war also nach Kriegsende noch produktionsfähig.[69]

1949–1990: zwei Kunststoffländer

Die Startbedingungen für die Kunststoffbranche gestalteten sich für die späteren beiden deutschen Staaten nach 1945 alles andere als gleich. Im sowjetisch besetzten Gebiet, der späteren DDR, befand sich nur der kleinere Teil der deutschen Industriekapazitäten, die zudem wesentlich stärker von Kriegszerstörungen betroffen waren als die Industrie in den von den westlichen Alliierten besetzten Regionen. Zusätzlich waren bis 1953 erhebliche Wiedergutmachungen an die Sowjetunion zu leisten.[70] Bis 1948 kam es zu umfangreichen Demontagen von Industrieanlagen und deren Transport in die Sowjetunion.[71] Schon 1946 wurde eine zentrale Wirtschaftsplanung eingeführt und die Enteignung von Privatunternehmern begonnen. Das hatte die Abwanderung von Unternehmern und Fachleuten in die westlichen Gebiete zur Folge.[72] Beispiele sind die beiden wichtigsten Erzeuger und Verarbeiter von Pressmassen: die Bakelite® GmbH in Erkner wurde enteignet und es entstand später ein neues Werk im westfälischen Iserlohn.[73] Die Betriebsstätten in Erkner wurden als VEB weiterbetrieben.[74] Die Hermann Römmler AG betrieb in Spremberg das modernste Presswerk für Kunstharze in Europa. Es wurde 1945 demontiert und in die Sowjetuni-

on gebracht. Die H. Römmler GmbH wurde in Groß-Umstadt in Hessen neu gegründet.[75] In Spremberg wurde die Kunststoffproduktion im VEB Preßstoffwerk Dr. Erani Spremberg, später VEB Sprela-Werke fortgesetzt.[76]

Der Wiederaufbau in der Bundesrepublik Deutschland war von geringeren Widerständen geprägt. Die I.G. Farben AG wurde nach Willen der westlichen Alliierten zerschlagen,[77] die Unternehmensstrukturen aus der Zeit vor der Fusion wurden weitgehend wieder hergestellt. Die VDI-Fachgruppe Kunststofftechnik hatte in den Kriegsjahren ihre Arbeit an Richtlinien und Normen weitergeführt. 1948 wurde der „Fachausschuss für Kunststoffe beim VDI" reaktiviert.[78] Man arbeitete fleißig an der Wiederaufnahme der Produktion, wobei das Konrad Adenauer zugeschriebene Prinzip des „Man kennt sich, man hilft sich"[79] vorherrschte – sowohl, was die Beschaffung von Material und Maschinen betraf, als auch im Hinblick auf den Austausch von benötigtem Personal.[80] So entsteht der Eindruck einer weitgehenden Kontinuität, für die der Krieg und seine Folgen nur ein kleines Hindernis auf dem Weg zu weiteren Erfolgen darstellten.[81]

Kunststoffland DDR

Die riesigen Braunkohlelagerstätten waren in den 1920er und 1930er Jahren der Anlass für die Gründung chemischer Großbetriebe in Mitteldeutschland. Auch während der Existenz der DDR blieb die Region ein bedeutender Chemiestandort. Wichtige Weichen wurden auf einer Konferenz in Leuna 1958 unter dem Titel „Chemie bringt Brot, Wohlstand und Schönheit" gestellt. Die Teilnehmenden beschlossen die vorrangige Entwicklung der Branche, wobei nicht nur vorhandene Kapazitäten ausgebaut, sondern auch neue Werke gegründet werden sollten. In der DDR wurde die chemische Industrie eine der größten Branchen. 1989 beschäftigte sie etwa 10 % der Erwerbstätigen, 23 % des Umsatzes der gesamten Industrieproduktion entfielen auf chemische Betriebe.[82]

In dieser Industrielandschaft kam den Kunststoffen – in der DDR als „Plaste" bezeichnet – eine bedeutende Rolle zu. Die traditionelle Dreiteilung in Erzeuger, Maschinenbauer und Verarbeiter blieb bestehen.[83] Die Erzeugung von Kunststoffen war auch deshalb ein wichtiges Anliegen, weil man mit ihnen Engpässe bei Metallen und Buntmetallen abfedern wollte. Den Löwenanteil

54

(ca. 58 %) machte dabei bis 1956 die Herstellung von Polyvinylchlorid (PVC) aus den Werken in Leuna und Schkopau aus. Insgesamt wurden in erster Linie Massenkunststoffe produziert und exportiert, während man Spezialkunststoffe meist importieren musste.[84]

Schon 1949 war der Rat für gegenseitige Wirtschaftshilfe (RGW) als internationale Wirtschaftsorganisation sozialistischer Staaten gegründet worden.[85] Er richtete 1956 eine Ständige Kommission für die Zusammenarbeit der chemischen Industrie Bulgariens, der ČSSR, der DDR, Polens, Rumäniens, Ungarns und der UdSSR ein. Neben der Aufteilung und Koordination der Produktionsfelder wurde wieder an der Schaffung von Standards und Normen für die Kunststoffbranche gearbeitet.

Im Maschinenbau spezialisierte man sich auf Plastverarbeitungsmaschinen, die unter dem gemeinsamen Warenzeichen *TRUSIOMA* vermarktet wurden.[86] Vor allem der Bau von Spritzgießmaschinen, der seit den 1950er Jahren im VEB Plastverarbeitungsmaschinenwerk Freital betrieben wurde, war für den Export wichtig und entsprach Standards für den Weltmarkt.[87]

Da viele Forschungseinrichtungen der I.G. Farben in Westdeutschland angesiedelt waren und zudem eine erhebliche Zahl von Fachleuten die sowjetisch besetzten Gebiete verlassen hatte, musste die Grundlagenforschung auf dem Gebiet der Kunststoffe neu aufgebaut werden, wobei sie sich an staatlichen Planvorgaben auszurichten hatte.[88] Wie schon vor dem Krieg setzte man weiter auf gut ausgebildete Fachleute – IngenieurInnen und FacharbeiterInnen.[89]

Kunststoffland BRD

Stärker noch als in der DDR war die Entwicklung der Kunststoffbranche in der Bundesrepublik durch Kontinuitäten geprägt. Die klassische Dreiteilung blieb auch hier bestehen und wurde durch die Mitgliedschaft der Unternehmen in den entsprechenden Interessensvertretungen zementiert: im Bundesverband der Kunststoff erzeugenden Industrie (VKE) und für die Maschinenbauer im VDMA. Für die Kunststoffverarbeiter wurde

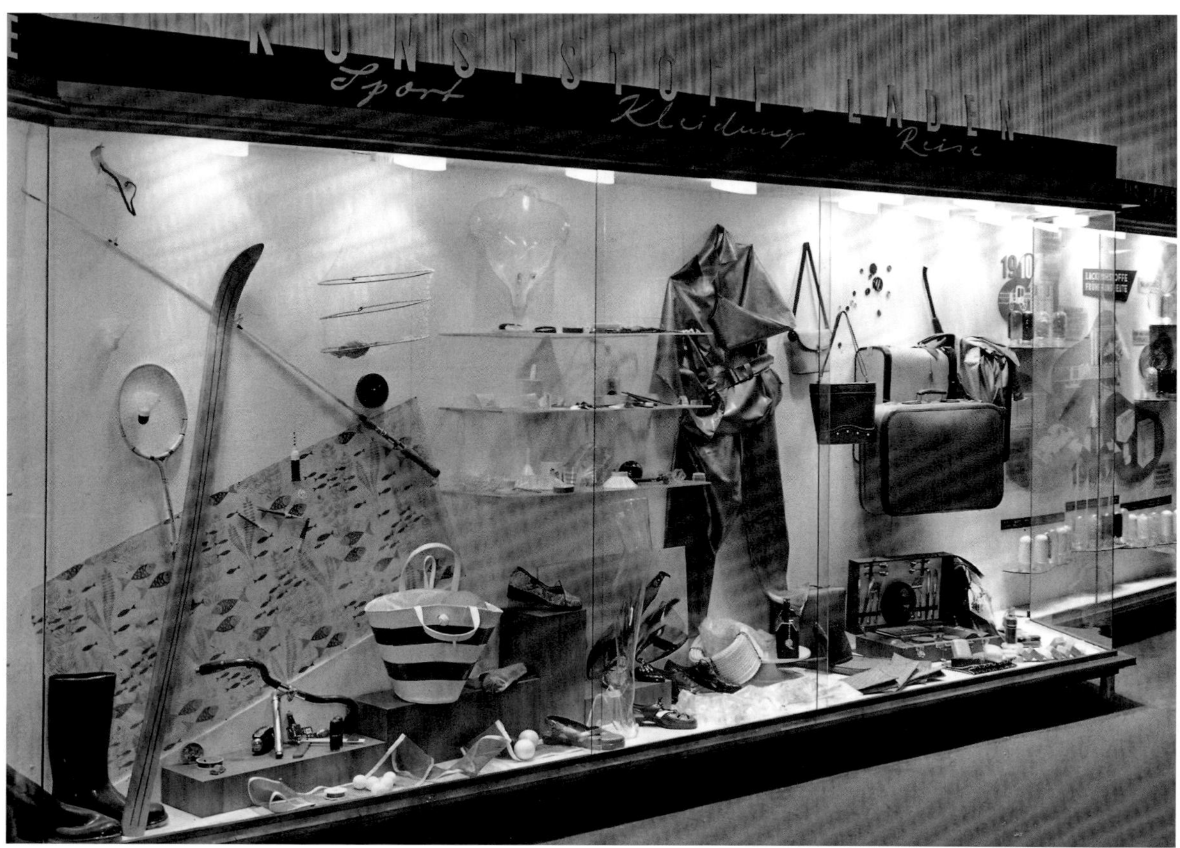

Aufnahme der Präsentation auf der K 52
Lehrschau Kunststoffe in Düsseldorf
Fotografie
1952

der GKV (Gesamtverband Kunststoffverarbeitende Industrie e.V.) gegründet.

Die noch unter dem Dach der I.G. Farben 1938 als zentrale Einrichtung aller Kunststofferzeuger etablierte KURO (Kunststoffrohstoffabteilung) bei der BASF in Ludwigshafen blieb nach dem Krieg bestehen. Die schon eingeübte technische Zusammenarbeit von Kunststofferzeugern und -verarbeitern im Sinne einer umfassenden Kundenbetreuung schien nach dem Krieg weiterhin eine gute Strategie, um die westdeutschen Erzeuger gegenüber dem Preisdruck, vor allem aus den USA, konkurrenzfähig zu halten.[90] Ein weiteres Beispiel für branchenübergreifende Kooperation ist die Gründung des Deutschen Kunststoff-Instituts auf dem Gelände der TH Darmstadt 1953. Getragen von der Forschungsgesellschaft Kunststoffe e. V. widmete es sich der Grundlagenforschung und der Prüfung von Kunststoffen. Darüber hinaus waren Aus- und Weiterbildung von betrieblichen MitarbeiterInnen von Mitgliedsunternehmen sowie der Austausch neuester Erkenntnisse in den Darmstädter Kunststoff-Kolloquien Schwerpunkte der Arbeit.[91]

Im Bereich der Kunststofferzeugung übernahmen „die großen Drei" aus der I.G. Farben die Führung: Bayer, BASF und Hoechst.[92] Ab Mitte der 1950er Jahre wurde die Steinkohle als Ausgangsstoff der Kunststofferzeugung von Erdöl abgelöst.[93] Es begann ein steiler Aufstieg und eine weltweite Expansion.[94] Dieser Höhenflug wurde 1973 durch die erste Ölkrise und die Explosion der Preise für Erdöl gebremst. Es zeigte sich, dass es zu viele Kapazitäten für Massenkunststoffe gab, was in Deutschland zu einem erheblichen Abbau führte.[95] Die Kunststofferzeugung orientierte sich nun eher in Richtung von maßgeschneiderten Spezialwerkstoffen.[96] Umweltschutz, Nachhaltigkeit und Recycling gerieten ab Mitte der 1970er Jahre mehr und mehr in den Fokus der öffentlichen Aufmerksamkeit.[97]

Im Maschinenbau gab es vor allem in der Spritzgießtechnik seit den 1950er Jahren große Fortschritte.[98] Zudem entwickelten deutsche Unternehmen die Maschinen für das Extrusionsblasformen und brachten sie auf den Markt.[99]

Traditionell gehörten und gehören die Kunststoffverarbeiter wie die Maschinenbauer eher zu den mittelständischen Unternehmen. In den letzten Jahrzehnten verlagerten sich die Aktivitäten von der Produktion von Massenwaren wie Haushaltsartikeln mehr und mehr zu

speziellen Hochleistungsprodukten, z.B. für den Autobau.

Bei der Ausbildung von ChemikerInnen und IngenieurInnen nahmen westdeutsche Hochschulen und Universitäten wieder Spitzenplätze ein.

Ein regelmäßiger Treffpunkt für die Branche und Markt mit internationaler Aufmerksamkeit wurde die 1952 zum ersten Mal abgehaltene Messe K in Düsseldorf. Sie setzte in gewisser Weise die Darstellungsweise und Vermittlung des Werkstoffs und der Kunststoffindustrie aus der Schau „Schaffendes Volk" von 1937 fort. Als Verbrauchermesse konzipiert, die die potenziellen KäuferInnen von Endprodukten über das Material aufklären sollte, wandelte sie sich von einer rein deutschen Industrieschau zur weltgrößten Kunststoffmesse.

Seit 1963 ist die K, die heute im Dreijahresturnus stattfindet, eine Messe ausschließlich für FachbesucherInnen.[100] Federführend bei der Vorbereitung und Durchführung war die Aktionsgemeinschaft Kunststoffindustrie (AKI), später Arbeitsgemeinschaft Deutsche Kunststoffindustrie.[101]

Schon bald nach Kriegsende versuchte sich die Kunststoffindustrie von der Verstrickung in die Politik des Nationalsozialismus zu distanzieren, indem sie sich als der Zukunft zugewandt inszenierte und eine extrem ahistorische Haltung kultivierte. Trotz des ähnlichen Themas und Anliegens grenzte der Vorsitzende des GKV Gerhard Matulat in seiner Eröffnungsrede zur K '52 die aktuelle Schau in aller Deutlichkeit von der Ausstellung 1937 ab. Betont wurden Sachlichkeit, Modernität und Technik.[102] Diese aus den Umständen der Nachkriegszeit erklärbare Haltung prägt das Verhältnis oder eher Nichtverhältnis der Branche zu ihrer Geschichte bis heute.

Ungeachtet der unterschiedlichen Voraussetzungen und Strukturen entwickelte sich die Kunststoffbranche in den beiden deutschen Staaten sehr ähnlich. In ihrer jeweiligen Volkswirtschaft hatte sie maßgebliche Bedeutung für die Rohstofferzeugung. Der Bau von Verarbeitungsmaschinen war sehr erfolgreich, man legte Wert auf Forschung und Ausbildung geeigneter Fachkräfte und die Normung und Festsetzung von Standards blieb ein wichtiges Thema.

Deutschland ist nach der Vereinigung 1990 Kunststoffland geblieben, aber die Schwerpunkte haben sich verschoben. Die Globalisierung hinterlässt ihre Spuren im Hinblick auf die Produktion und die Anbieter, aber auch im Markt. Dennoch gibt es Konstanten: es werden immer noch hervorragende Chemiker und Ingenieure an deutschen Universitäten und Hochschulen ausgebildet, deutsche Unternehmen spielen immer noch eine Rolle bei Innovationen in Forschung und Entwicklung, die Zeitschrift „Kunststoffe" erscheint nach wie vor und

auch die K ist im 70. Jubiläumsjahr die Weltleitmesse der Kunststoffbranche.

Was das aber in der Gegenwart bedeutet und was sich weiter daraus entwickeln wird, muss an anderem Ort beschrieben werden.

Anmerkungen

[1] Zu dieser Problematik auch BRACHERT 2002, S. 205f.

[2] Eine solche Arbeit unter Berücksichtigung aller beteiligten Bereiche ist ein Forschungsdesiderat.

[3] TELTSCHIK 1992, S. 3–5, 13.

[4] WELSCH 1981, S. 53–57.

[5] KÖNIG 1999, S. 103–127.

[6] KÖNIG 1999, S. 227.

[7] WELSCH 1981, S. 46f.

[8] KÖNIG 1999, S. 52–55.

[9] MANEGOLD 1989, S. 230.

[10] KÖNIG 1999, S. 224.

[11] KÖNIG 1999, S. 222–224.

[12] KÖNIG 1999, S. 232.

[13] COLLIN 2009, S. 24–27.

[14] COLLIN 2009, S. 9f; S. 17–21.

[15] COLLIN 2009, S. 15f.

[16] COLLIN 2009, S. 117.

[17] WELSCH 1981, S. 45.

[18] WELSCH 1981, S. 47.

[19] COLLIN 2009, S. 31–33.

[20] COLLIN 2009, S. 25f.

[21] COLLIN 2009, S. 75–77.

[22] British Patent no. 1984, 26 August 1856, Dyeing Fabrics; BLASZCZYK, SPIEKERMANN 2017, S. 1. Eigentlich versuchte Perkin, Chinin aus Kohlenteer-Bestandteilen zu synthetisieren, da es als Anti-Malariamittel benötigt wurde.

[23] VOGT 1973, S. 54.

[24] BRAUN 2013, S. 148–150.

[25] BRAUN 2013, S. 151–155; BEGASSE 1992, S. 87–93.

[26] DEDERICHS 2008, S. 8f.; BEGASSE 1992, S. 87.

[27] GLENZ 2010, S. 78f.

[28] PLUMPE 1990, S. 54.

[29] PLUMPE 1990, S. 63.

[30] PLUMPE 1990, S. 65.

[31] PLUMPE 1990, S. 82–92, S. 327–329.

[32] PLUMPE 1990, S. 114f., 121–129.

[33] SELMAYR 1985, S. 53; BRAUN 2013, S. 194.

[34] SELMAYR 1985, S. 54–56; BRAUN 2013, S. 197.

[35] COLLIN 2009, S. 77.

[36] PLUMPE 1990, S. 45–50.

[37] PLUMPE 1990, S. 140–144.

[38] DEDERICHS 2008, S. 26; BRAUN 2013, S. 155f.

[39] SONNTAG 1985, S. 157; DEDERICHS 2003, S. 146.

[40] Die Darstellung folgt den in der Literatur geschilderten Zusammenhängen, aber beruht auch auf den im Bayer Archiv in Leverkusen gesichteten Akten zur I.G. Farben: 6/14 Beteiligungen D.A.G. Hamburg, Köln, Troisdorf; Beteiligungen Venditor; 59/230 Dynamit Nobel 1926–1962; 39/330/161 – Nürnberger Prozesse; zu den Verflechtungen auch STREB 2003, S. 148–152.

[41] STARK 2010, S. 15f.

[42] KOTTHAUS 1960, S. 3.

[43] KOTTHAUS 1960, S. 3.

[44] KOTTHAUS 1960, S. 5.

[45] PLUMPE 1990, S. 296–325.

[46] PLUMPE 1990, S. 339–396; KRÄNZLEIN 1980.

[47] PLUMPE 1990, S. 329f.

[48] PLUMPE 1990, S. 370.

[49] PLUMPE 1990, S. 703.

[50] PLUMPE 1990, S. 339.

[51] HAKA 2017, S. 86.

[52] BRAUN 2013, S. 243.

[53] BAKELITE-HANDBUCH 1937, S. 1.

[54] Broschüre der Bakelite GmbH, Erkner, Bakelite – Der Deutsche Werkstoff, 1936, Inv. Nr. K–2009–00799.

[55] Plastica GmbH, Berlin (Hg.), Resopal – Kerit, Berlin 1935, S. 3; Inv. Nr. K–2020–00129

[56] https://www.industriekultur-filstal.de/orte/gingen-an-der-fils/hornbestecke-firma-buchsteiner.html (24.06.2022).

[57] Venditor. Kunststoff-Verkaufsgesellschaft mbH, Troisdorf, Tropas-Waren, Preisliste No. 7, gültig ab 1. Januar 1938, S. 3.

[58] KOTTHAUS 1960, S. 4; SCHÄFERS 2001, S. 234f.

[59] SCHÄFERS 2001, S. 235; WESTERMANN 2007, S. 47f., BRACHERT 2002, S. 99.

[60] BRANDENBURGER 1938, S. 46, 63.

[61] BRANDENBURGER 1938, S. 52–56.

[62] BRANDENBURGER 1938, S. 26.

[63] BRANDENBURGER 1938, S. 56.

[64] PLUMPE 1990, S. 714, S. 592–599.

[65] Ausführlich zur Rolle der I.G. Farben bei der Ausarbeitung und Durchführung des Vierjahresplanes: PLUMPE 1990, S. 688–740.

[66] PLUMPE 1990, S. 552f.

[67] PLUMPE 1990, S. 603.

[68] PLUMPE 1990, S. 338f.

[69] PLUMPE 1990, S. 606f.

[70] DEDERICHS 2003, S. 26.

[71] DEDERICHS 2003, S. 9–11.

[72] DEDERICHS 2003, S. 20–24.

[73] COLLIN 2009, S. 179, 193–195.

[74] COLLIN 2009, S. 180.

[75] DEDERICHS 2003, 116.

[76] DEDERICHS 2003, S. 116.

[77] PLUMPE 1990, S. 746–749; TELTSCHIK 1992, S. 199–202.

57

78 KOTTHAUS 1960, S. 9–16.

79 Der Kölner Oberbürgermeister und späterer Kanzler der Bundesrepublik hatte mit dieser Parole den Kölner Klüngel charakterisiert. Kölner Klüngel – Wikipediaartikel (18.07.2022).

80 Einen Eindruck gewinnt man bei der Durchsicht der Korrespondenz aus dieser Zeit im Bayer Archiv in Leverkusen: 6/14, Ordner: Beteiligungen D.A.G. Hamburg, Köln, Troisdorf.

81 Die Jubiläumsschrift des VDI geht darauf nur mit einem einzigen Satz ein: „Die Jahre 1941/42 waren durch die Kriegsereignisse naturgemäß belastet." Dann folgt die Schilderung der Aktivitäten bis 1945, die vor allem im Bereich der Richtlinien und Normung gelegen zu haben scheint. KOTTHAUS 1960, S. 10.

82 DEDERICHS 2003, S. 113–115.

83 DEDERICHS 2003, S. 111f.

84 DEDERICHS 2003, S. 116f. Als Massen– oder Standardkunststoffe werden vor allem thermoplastische Werkstoffe bezeichnet, die günstig in großen Mengen hergestellt werden und für viele Anwendungen geeignet sind. Dagegen abgegrenzt sind Spezialkunststoffe vor allem für technische Anwendungen. Standardkunststoffe – Wikipediaartikel (15.07.2022)

85 DEDERICHS 2003, S. 69.

86 DEDERICHS 2003, S. 123–125.

87 DEDERICHS 2003, S. 146–152.

88 DEDERICHS 2003, S. 127–131.

89 DEDERICHS 2003, S. 274–282.

90 STREB 2003, S. 134–138.

91 MAGIE 1986, S. 90.

92 TELTSCHIK 1992, S. 202–208.

93 TELTSCHIK 1992, S. 214f.

94 TELTSCHIK 1992, S. 240–242.

95 TELTSCHIK 1992, S. 262f.

96 TELTSCHIK 1992, S. 289–293.

97 TELTSCHIK 1992, S. 280–282, 300–302.

98 SONNTAG 1985, S. 159–165.

99 HOLZMANN 1985, S. 208–210.

100 70 JAHRE K, Homepage (04.07.2022); zu den Anfängen der K als Konsumentenmesse: BRACHERT 2002, S. 193–197.

101 WESTERMANN 2007, S. 97–102.

102 WESTERMANN 2007, S. 82.

3 | Im „Zaubergarten" der Kunststoffe[1]

Laura Bode, Lisa Burkart, Julian Kattinger, Uta Scholten

Forschungsgegenstand des KuWerKo-Projekts ist die in Kapitel 1 vorgestellte Sammlung des Deutschen Kunststoff-Museums. Sie soll mit ihren etwa 22.000 Objekten aus verschiedenen Bereichen der Alltagskultur einen Grundstock bieten, um zahlreichen Fragen zu Kunststoffen und deren kulturhistorischem Kontext nachzugehen. Für einen Überblick über die Gewichtung der Themen, die Objekttypen und Zeiträume, die die Sammlung umfasst, erwies es sich jedoch zunächst als notwendig, die Sammlung als Ganzes zu sichten. Das Ziel war, den genauen Umfang des Projekts besser abschätzen zu können und die Objektauswahl einzugrenzen.

Die Objekte des Museums sind in einer Datenbank mit den wichtigsten Informationen und insgesamt etwa 33.000 Abbildungen inventarisiert. Zunächst wurde mit der Datenbank gearbeitet, dann folgte im Depot eine Begutachtung einzelner Objekte. Ein Teil der Sammlung war jedoch noch nicht inventarisiert und konnte nicht auf diese Weise gesichtet werden. Um wirklich alle Objekte der Sammlung für die Auswahl zur Spurenlese zu berücksichtigen, unterlag als erstes dieser nicht inventarisierte Teil einer Begutachtung.

Den größten neueren Zuwachs stellt die Schenkung der Sammlung Hans und Neeltje Vlottes aus den Niederlanden dar. Hans Vlottes begann Mitte der 1970er Jahre Kunststoffobjekte der Alltagskultur zu sammeln. In den beinahe 50 Jahren seiner Sammlungstätigkeit wuchs die Sammlung auf etwa 7.000 Objekte an, bis der mittlerweile 84-Jährige sich entschloss, den größten Teil dem Deutschen Kunststoff-Museums-Verein zu überlassen. Dieser kam im Herbst 2016 im Peter-Behrens-Bau an. Eine zweite Schenkung erfolgte im März 2020 und umfasste in erster Linie Dokumentationen wie Kataloge oder Werbeanzeigen zu den Objekten. Mithilfe der ProjektmitarbeiterInnen wurde alles gesichtet. Die Vlottes'sche Schenkung umfasst, wie die restliche Sammlung des DKM, eine Fülle an historischen und zeitgenössischen Alltagsgegenständen, die von Designklassikern über anonymes Industriedesign bis hin zu Wegwerfprodukten alles Erdenkliche einschließt.

Vlottes, dem die Objekte sehr am Herzen lagen, hatte sie für den Transport nach Farbe, Thema oder Material sortiert in Kisten verpackt. Die Sichtung und das Auspacken dieser Kisten waren neben der Arbeit in der Datenbank der perfekte Einstieg in das Projekt. Jede Kiste verdeutlichte mit ihren Objekten die enorme Vielfalt der Kunststoffe, ihre Anwendungsgebiete, beispielhaft die historische Entwicklung, Spuren der Nutzung im Alltag und Grenzen des Materials auf einen Blick. Neben den optischen Eindrücken wie Form, Farbe, Textur konnten in jeder Kiste auch die unterschiedlichsten haptischen Eindrücke wie das Gewicht oder die Oberflächenstruktur begriffen werden.

Da Kunststoffe sich auf jeden Bereich des Lebens auswirken, kann über beinahe jedes Objekt aus jedem Bereich eine Geschichte erzählt werden, die spannende Aspekte der gesellschaftlichen Entwicklung, des Konsums, des Wohnens und Arbeitens aufgreift.

Die Betrachtung der Sammlung und einzelner Objekte durch die Kultur-, Material- und Restaurierungswissenschaften eröffnete verschiedene Blickwinkel. Die interdisziplinäre Herangehensweise sollte dazu beitragen, Kategorien zu bilden, in denen einzelne Objekte zusammengefasst und später in der Gruppe miteinander verglichen wurden. Zusätzlich wurden sie einzeln untersucht. Auf diese Weise sollten sie in engen und weiteren Kreisen in ihren kulturhistorischen Kontext eingeordnet werden können.

Die Kategorisierung in Gruppen stellte bei der Fülle der Objekte eine besondere Herausforderung dar. Die Objekte unterscheiden sich nicht nur in ihrer Zweckbestimmung, ihrer Materialität, der Verarbeitungsweise, ihrem Alter, dem Stil, der Qualität, der geografischen Herkunft, sondern auch im Erhaltungszustand. Zudem lassen sich Objekte, die zum Beispiel auf dieselbe Weise industriell hergestellt wurden, kaum im kulturhistorischen Kontext miteinander vergleichen, da sie weder aus derselben Zeit stammen, noch für denselben Zweck bestimmt waren. Außerdem sollten Kategorien gebildet werden, die für die Kultur-, Material- und Restaurierungswissenschaften gleichermaßen Forschungspotenzial aufwiesen und einzeln sowie in Kombination besondere Merkmale oder Fähigkeiten der Kunststoffe als Materialklasse repräsentieren. Die Themen, die sich letztlich für alle ProjektmitarbeiterInnen gleichermaßen als besonders geeignet und faszinierend herausstellten, lassen sich in vier Schlagworte fassen: formbar, leicht, durchsichtig und bunt. Unter diesen Kategorien werden ausgewählte Objekte der Sammlung zusammengefasst und in ihren kulturhistorischen Kontext gesetzt.

Anmerkungen

[1] Vgl. BRAUN 2013, S. 18: „Zaubergarten der Kunststoffe" nannte ein großer Kunststofferzeuger seinen Stand auf der Kunststoffmesse Düsseldorf 1959. Im „Zaubergarten" wurden fantastische Gewächse aus verschiedenen Kunststoffen präsentiert, um deren Vielfalt zu vermitteln.

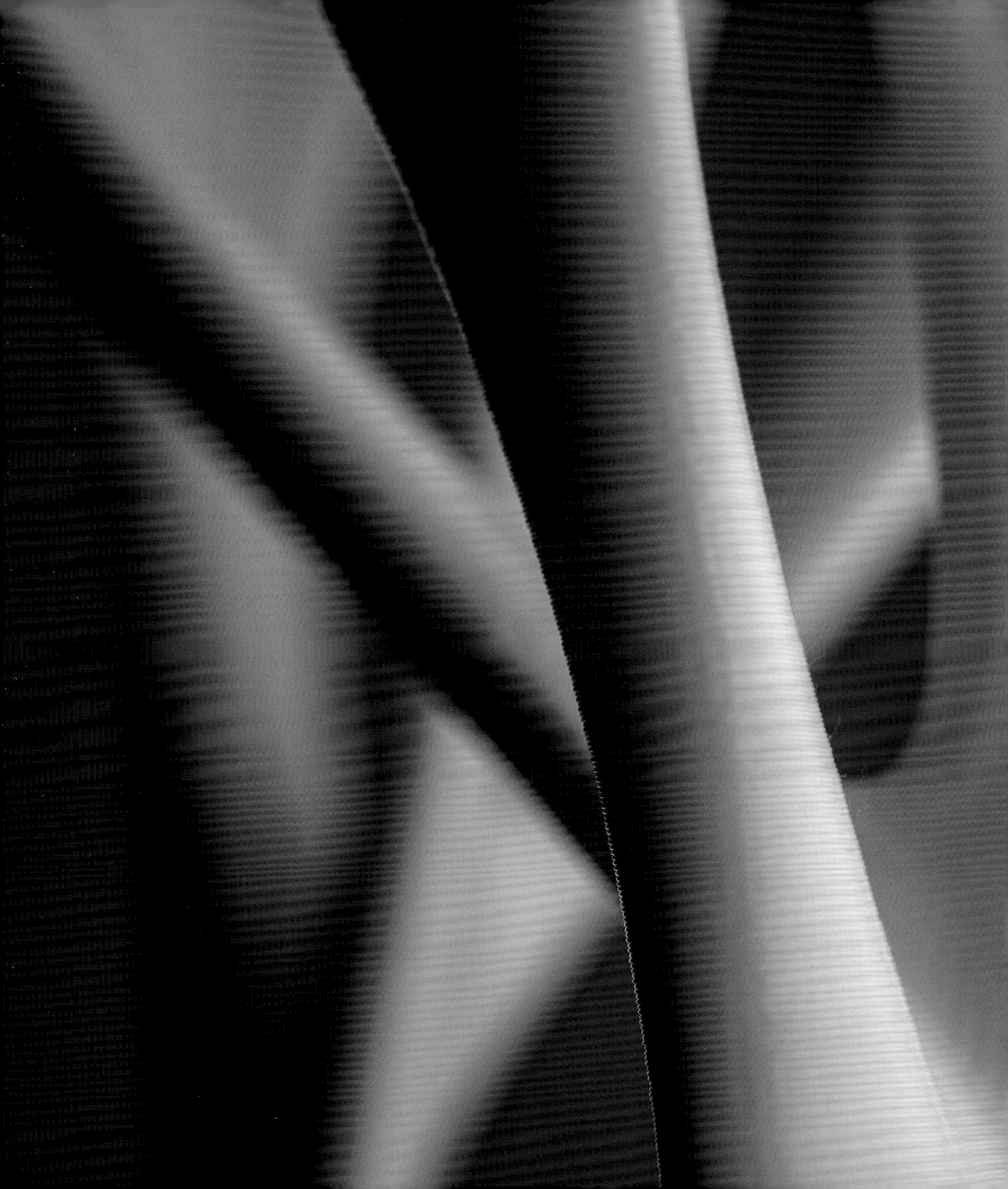

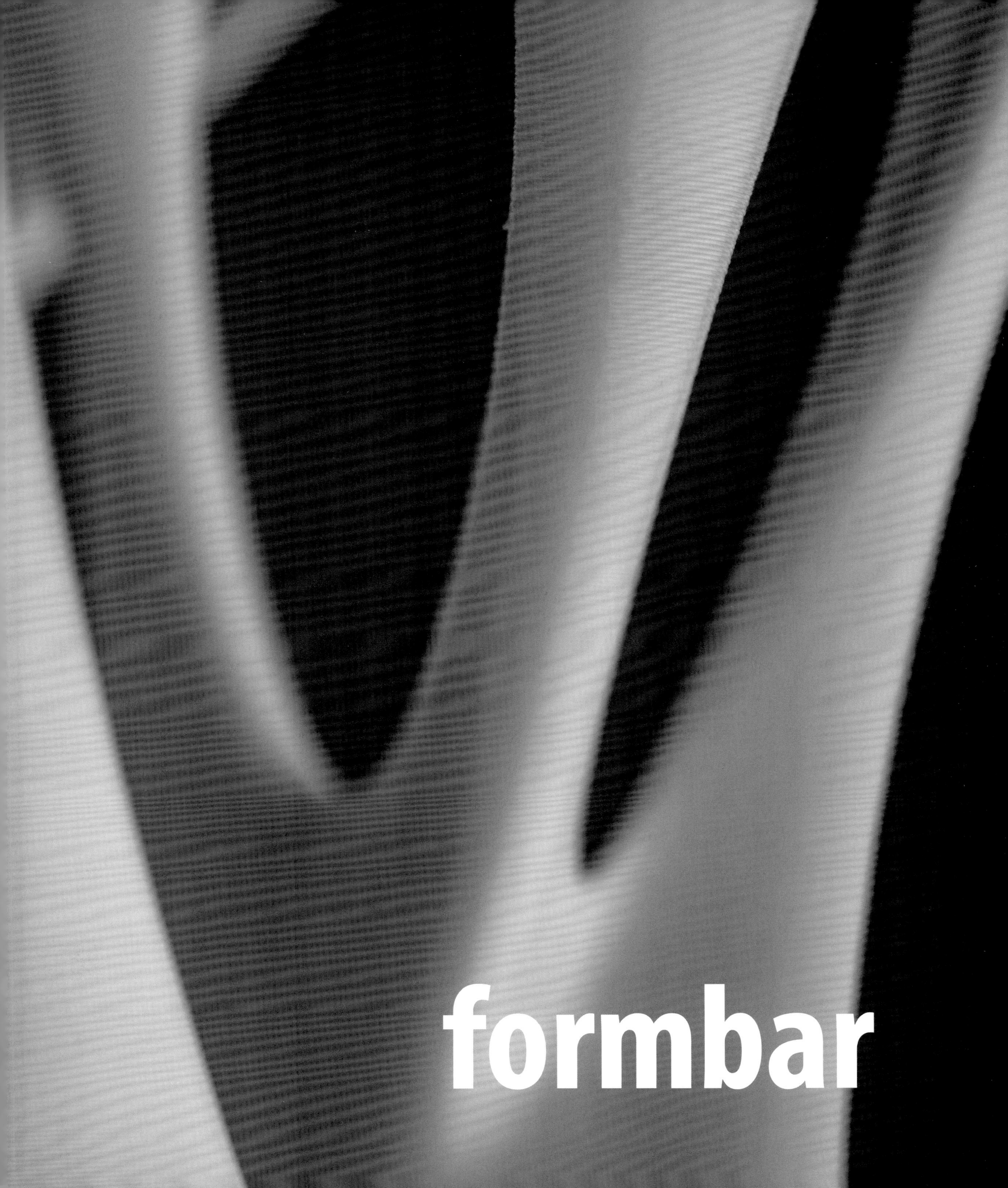
formbar

3.1 | formbar

Kunststoffe lassen sich in fließfähiger Form bei der Herstellung von Produkten mit wenig Kraft bei relativ geringen Temperaturen in ausgesprochen viele verschiedene Formen bringen, bevor sie fest werden. Dabei verlangt jedes Werkstück, jede Form, jeder Nutzungszweck und jedes Material nach einer spezifischen Herstellungsweise. Wissen über die verschiedenen Verfahren ermöglicht es, sie anhand von Herstellungsspuren an Produkten und Sammlungsobjekten abzulesen. In der Kunststofftechnik unterscheidet man hauptsächlich zwischen den Urform-, Umform- und Fügeverfahren. Der Fokus liegt in diesem Kapitel auf den wichtigsten Urformverfahren und behandelt die Herstellung aus formlosen Stoffen wie Schmelze, Granulat oder Pulver zu festen geometrischen Körpern.

Formfindung für Kunststoffe

Die Technologien, mit deren Hilfe formlose Kunststoffwerkstoffe in Form gebracht werden – vornehmlich das Pressen und (Spritz-)Gießen – sind Verfahren, die in ihren Grundzügen schon sehr lange Verwendung für andere Materialklassen finden. Man presste mithilfe von Hitze, Feuchtigkeit und Druck vor Jahrhunderten z.B. Schildpatt oder Horn zu Platten, Dosen oder Knöpfen.[1] Metalle wurden bereits vor Jahrtausenden erhitzt und in Formen gegossen, um Schmuck, Gefäße oder Waffen zu erzeugen. Aufgrund ihrer Eigenschaften konnten viele plastische Massen und später Kunststoffe ebenso verarbeitet und die überlieferten Technologien weiterentwickelt und optimiert werden.

Es scheint daher nur logisch, dass sich die Formgebung von Kunststoffobjekten zunächst an der Formgebung von tradierten, ähnlich plastischen Materialien orientierten. Ein typisches Beispiel ist der zusammenlegbare Becher aus Phenol-Formaldehyd. Vorbild waren offensichtlich Teleskopbecher aus Aluminium. Die Konstruktion und die Form der Becher sind gleich, wobei der Kunststoff hier das Material Aluminium ersetzt und die gestalterischen und funktionalen Merkmale des Aluminiumbechers übernimmt.

Metallobjekte waren zunächst häufig die formgestalterischen Vorlagen für die aus Kunststoff gefertigten

Pressteile. Man griff vermutlich der Einfachheit halber auf bereits bekannte Formen zurück, selbst wenn sie für die Eigenschaften der neuen Materialklasse gar nicht gut geeignet waren. Zu Beginn der industriellen Produktion

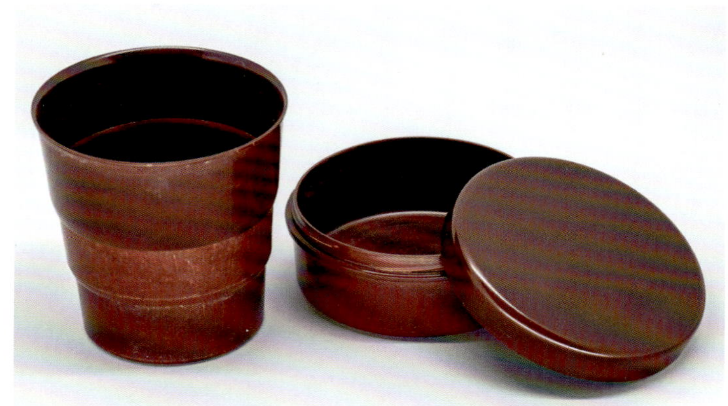

Teleskop-Trinkbecher
Phenol-Formaldehyd (PF)
Hersteller: Perstorp AB
Malmö, Schweden
1930–1940

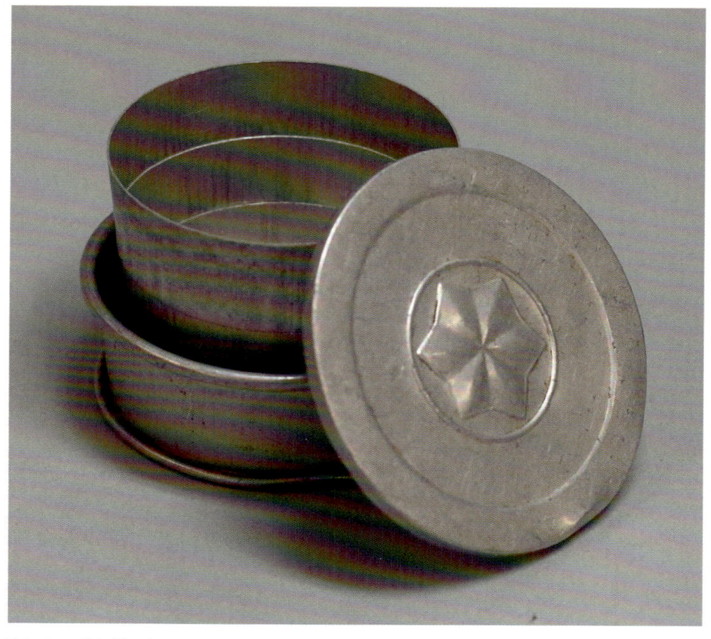

Teleskop-Trinkbecher
Aluminium
1925–1930

gab es noch keine Vorbilder für die Gestaltung des Materials Kunststoff.[2] Kunststoff verarbeitende Unternehmen orientierten sich also zunächst an bereits vorhandenen Formen und ersetzten traditionelle Werkstoffe durch das Material Kunststoff, ohne über eine Anpassung der Form an die spezifischen Eigenschaften des neuen Werkstoffs nachzudenken.

Die jeweiligen Eigenschaften der Kunststoffe in Kombination mit den Entwicklungen im Formenbau und der Maschinentechnologie eröffneten immer mehr gestalterische Freiheiten. Zunächst sind diese Möglichkeiten der Formgebung von der jeweiligen Entwicklungsstufe der Kunststofftechnik, des Formenbaus und der Maschinentechnologie abhängig. Die Entwicklungsschritte bauen jedoch nicht zwingend aufeinander auf, sondern laufen jeweils anders und teilweise unabhängig voneinander ab. So kann zwar schon die Form bestehen, aber noch kein passendes Material existieren, das die Fließfähigkeit aufweist, um die Form zu füllen. Dies lässt sich am Beispiel des Teleskopbechers veranschaulichen, der zunächst aus Aluminium und später aus Phenol-Formaldehyd und Polystyrol hergestellt wurde.

Formpressen von Duromeren

Das Formpressen ist ein ursprüngliches Verarbeitungsverfahren zur Herstellung von Halbzeugen und Formteilen aus Kunststoff. Heutzutage wird das Verfahren zur Verarbeitung von faserverstärkten Formmassen eingesetzt. Seit dem Ende des Ersten Weltkriegs bis weit in die zweite Hälfte des 20. Jahrhunderts waren die Duromere die vorherrschende Gruppe der Kunststoffe und somit das Formpressen die Methode der Wahl.[3] Dabei reichte die Bandbreite von kleinen handbetriebenen bis zu großen hydraulischen Pressen. Ein Foto aus den 1950er Jahren zeigt eine hydraulische Presse zur Herstellung von Radiogehäusen.

Zu Beginn des Verfahrens wird eine Formmasse in das auf Reaktionstemperatur beheizte Presswerkzeug eingebracht. Anschließend wird die Form geschlossen, sodass die erwärmte Formmasse durch Fließen die Form füllt. Nachdem das Formteil ausgehärtet ist, kann das Werkzeug geöffnet und das Formteil entnommen werden.[4] Das Aushärten der Formmasse erfolgt bei Duromeren durch eine chemische Reaktion, bei der die Makromoleküle eine dreidimensionale Gitterstruktur ausbilden,

die sich auch unter Wärmezufuhr nicht mehr verformen lässt. Aus dem Prinzip der Entformung ergibt sich, dass das Formpressen lediglich Geometrien ohne sogenannte Hinterschneidungen erlaubt, ansonsten wären sie nicht aus der Form herausnehmbar.

Wirtschaftlichkeit und Gestaltung von Formpressteilen

Die Entwicklung einer für die neuen Werkstoffe spezifischen Formensprache war und ist nicht immer einfach, was sich auf mehrere Ursachen zurückführen lässt. Naturgemäß richtete sich die Gestaltung maßgeblich an

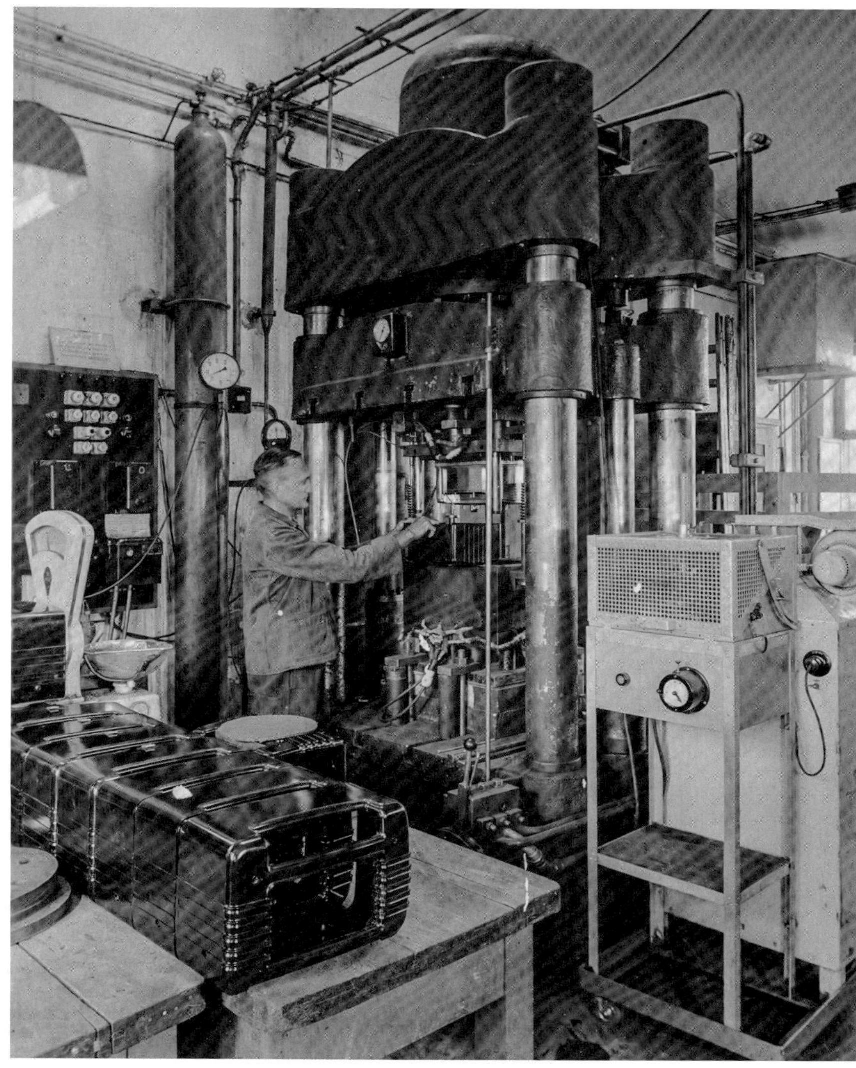

Hydraulische Presse zur Produktion von Radiogehäusen aus Phenoplasten, Josef Mellert GmbH & Co. KG, um 1950.

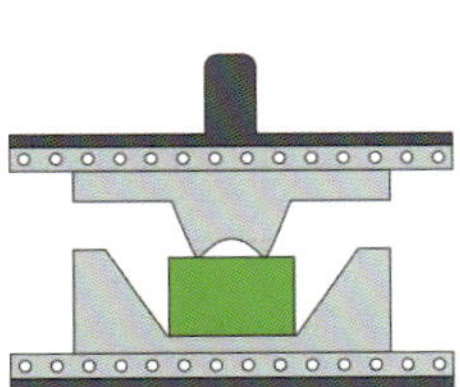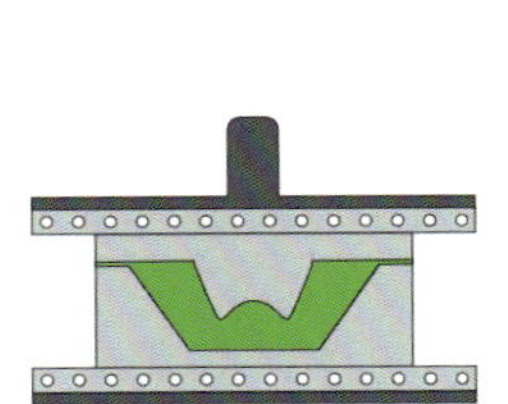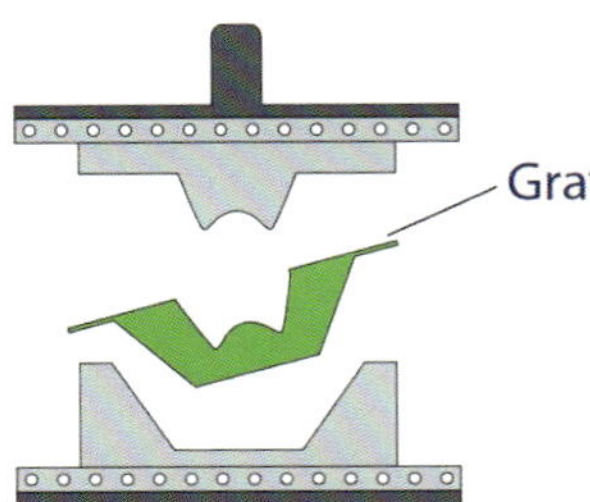

Formpressen von Duromeren.
BONTEN 2020a, S. 325.

den Gegenständen aus, die letzlich erzeugt werden sollten. Zudem orientierte man sich, wie oben erwähnt, zunächst an Vorbildern. Noch in den 1920er und 1930er Jahren wurden – und keineswegs nur in Deutschland – meist Eigenentwürfe der Verarbeiter hergestellt, die sich in erster Linie an die schon auf dem Markt vorhandenen Produkten aus traditionellen Materialien anlehnten.[5] Zunehmend gewann jedoch ein weiterer Faktor an Bedeutung: die Wirtschaftlichkeit.

> „Eine fachmännisch gut durchgebildete und leistungsfähige Preßform bestimmt mehr oder weniger die Wirtschaftlichkeit eines Pressereibetriebes und die Güte der Preßteile.
>
> Infolge der verhältnismäßig hohen Werkzeugkosten ist vor der Einrichtung einer Preßform eine eingehende Wirtschaftlichkeitsberechnung anzustellen, von deren Ergebnis die Gestaltung und die Ausführung einer Preßform abhängig ist."[6]

Diese Sätze aus dem „Bakelite-Handbuch" von 1937 beschreiben einen wesentlichen Grundsatz bei der industriellen Verarbeitung von Kunststoffen. Die Formen aus Metall machen sowohl für das Pressverfahren als auch für das bei modernen thermoplastischen Werkstoffen angewendete Spritzgießverfahren einen großen Anteil des Gesamtinvestments eines kunststoffverarbeitenden Betriebs aus. Eine technisch oder auch gestalterisch misslungene Form birgt die Gefahr hoher Verluste für ein Unternehmen.

Solche Erwägungen lassen sich bei technischen Anwendungen gut nachvollziehen, beispielsweise beim Telefon in den 1920er und 1930er Jahren. Obwohl Phenolharze in Deutschland schon seit 1909 hergestellt und verarbeitet wurden, dauerte es bis Anfang der 1930er Jahre, bis Geräte mit einem Kunststoffgehäuse in Serie gingen. Das Gehäuse des 1928 eingeführten Siemens-Telefons *W 28* bestand aus Metall, nur der Hörer war aus Kunstharz gefertigt. Obwohl in der Werbebroschüre der Bakelite® Gesellschaft von 1931 schon das Gehäuse aus Phenolharz abgebildet ist, wurde erst das Nachfolgemodell *W 48* ab 1936 mit einem Kunststoffgehäuse produziert.[7]

In dieser Zeit vollzog sich der Schritt vom konventionellen Metall zu Kunststoff möglicherweise aus komplexen kriegswirtschaftlichen Überlegungen heraus. 1931 mag es sich für Siemens noch nicht gerechnet haben, die Produktion umzustellen; 1936 bestimmte vielleicht im Sinne der nationalsozialistischen Autarkiebestrebungen zur Kriegsvorbereitung auch ein gewisser politischer Druck die Wahl des Werkstoffs.[8] Metalle waren für die Rüstungsindustrie wichtig, was ein Grund gewesen sein könnte, sie mehr und mehr durch Pressmassen aus Phenolharz zu ersetzen.

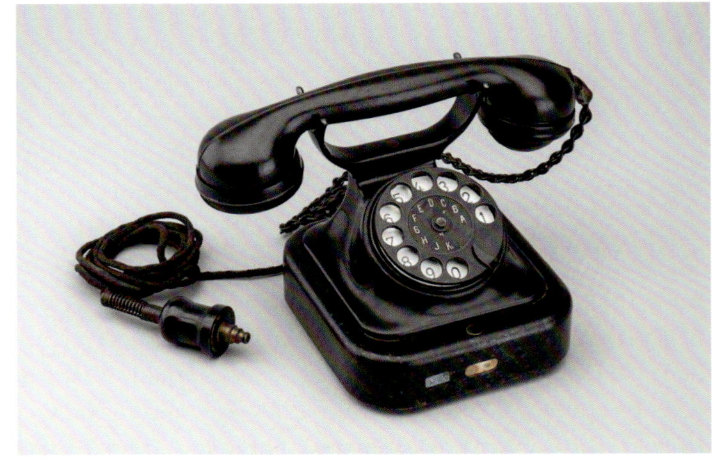

Telefon *W 28*
Phenol-Formaldehyd (PF), Metall
Hersteller: Siemens & Halske
Berlin, Deutschland
1928–1936

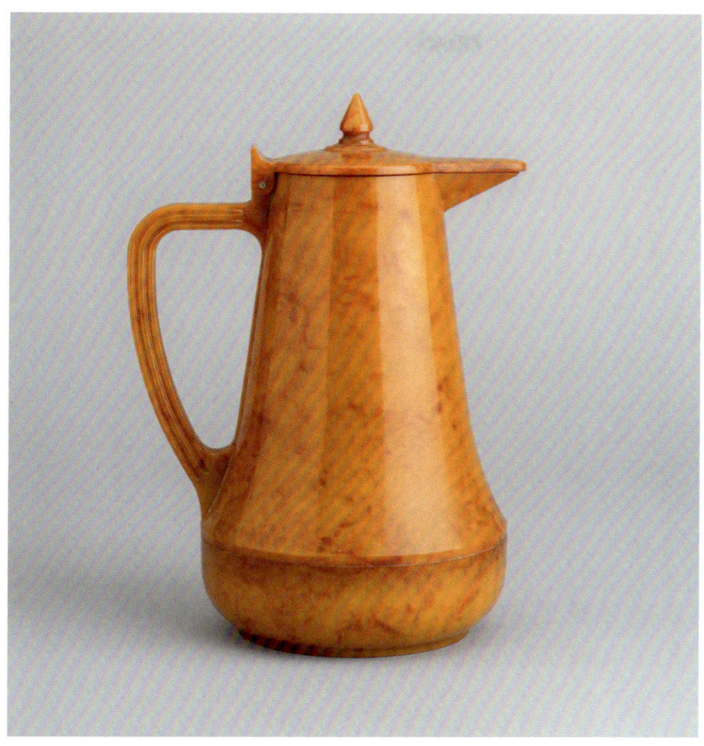

Thermoskanne
Harnstoff-Formaldehyd (UF), Glas, Metall, Kork
Hersteller: Rheinisch-Westfälische Sprengstoffwerke AG
Troisdorf, Deutschland
1931

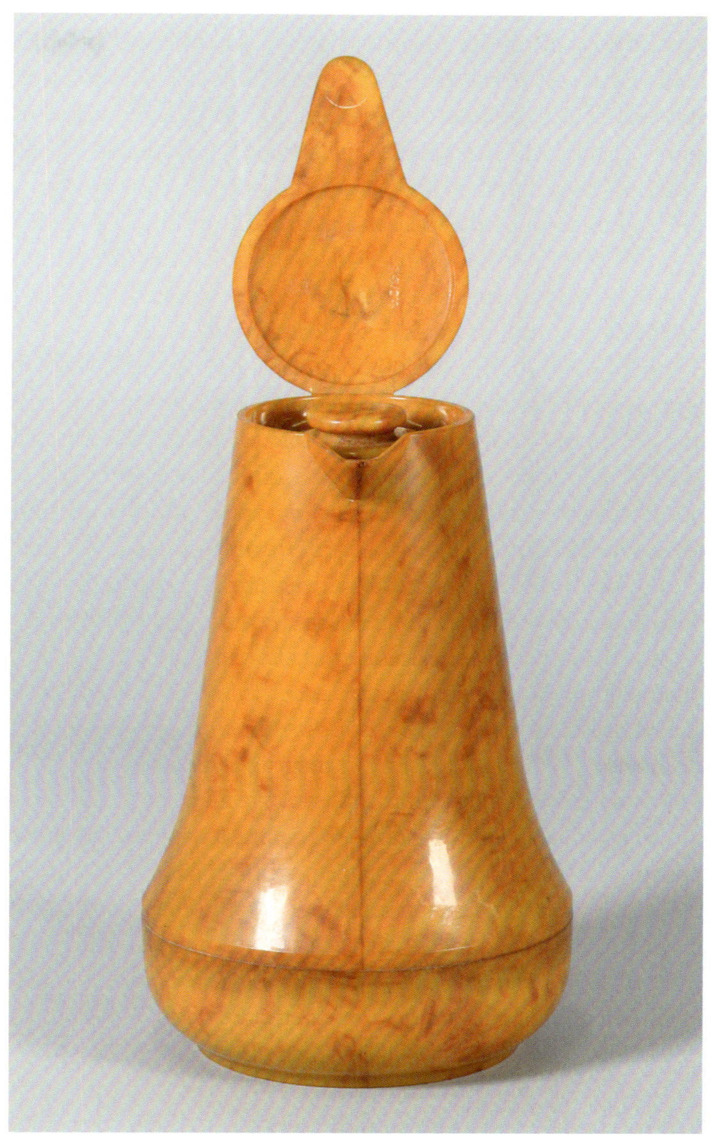

Seinen ganz eigenen Stellenwert bekam der Werkstoff zur Jahrhundertwende, als das Phenol-Formaldehyd-Harz (*Bakelit*®) dank seiner strom- und wärmeisolierenden Eigenschaften für die aufkommende Elektro- und Telekommunikationsindustrie entdeckt wurde.[9] Hier stand die technische Funktion im Vordergrund; die ästhetische Wirkung kam erst an zweiter Stelle.[10]

Die Produktion von Hausrat, vor allem für den gedeckten Tisch, erforderte mehr Überlegungen zur Gestaltung, da sich hier das Objekt aus Kunststoff der Konkurrenz der traditionellen Werkstoffe stellen musste. Komplexere Gegenstände wie die dargestellte Thermoskanne erfordern mehrere Bauteile und machen somit das Fügen notwendig. Die Kunststoffteile der Thermoskanne sind an verschiedenen Stellen mit dem Signet RWS der Rheinisch-Westfälischen Sprengstoffwerke gekennzeichnet. Das weist darauf hin, dass sie noch vor der Fusion der RWS in Troisdorf mit der Dynamit Nobel in Hamburg 1931 entstanden.[11] Bei der RWS hatte man um 1929 begonnen, Harnstoff-Formaldehyd zu

verarbeiten, das unter dem Markennamen *Pollopas* vertrieben wurde.

Ein wichtiger Gesichtspunkt bei der Gestaltung von Kunststoffgegenständen ist die Tatsache, dass Kunststoffe und ihre Verarbeitung nicht von den Methoden und Gesetzen industrieller Produktion getrennt werden können. Es gibt hier keine Tradition eines Handwerks, das seine Werkzeuge und Fertigkeiten über Jahrhunderte entwickeln konnte. Das dürfte auch ein Grund sein, warum Kunststoffe am Bauhaus keine Rolle gespielt haben, wo das System der Meisterwerkstätten und die Ausbildung stark am traditionellen Handwerk orientiert waren.[12] Doch braucht es in der Kunststoffverarbeitung mehr noch als in Herstellungsbetrieben traditionelleren Zuschnitts die enge Zusammenarbeit zwischen DesignerInnen und IngenieurInnen, um zu ästhetisch und wirtschaftlich befriedigenden Ergebnissen zu kommen.

„Bei der Entwicklung eines jeden Preßteiles muß mit an die Herstellung gedacht werden. Der erfolgreiche Gestalter muß also auch die Preßtechnik mit dem Formenbau beherrschen."[13]

Diese Sätze des Leiters der Konstruktionsabteilung bei der Dynamit Nobel AG in Troisdorf, Hans Turnwald (1903–1968), zeigen die Notwendigkeit spezieller Kenntnisse des Produktionsprozesses, um Kunststoffprodukte zu erzeugen.

Hans Turnwald legte in zahlreichen Veröffentlichungen in Fachzeitschriften seine Prinzipien zur optimalen Gestaltung von Presslingen nieder und eröffnete selbst 1942/1943 in Lockweiler im Saarland ein eigenes Werk für Formenbau.[14] Möglicherweise steuerte er in Troisdorf eigene Entwürfe zur Produktion bei. Im Katalog der Venditor-Verkaufsgesellschaft von 1938 findet sich eine mandelförmige Brotschale, die bis auf den relativ hohen Standring mit einer Trolitan-Schale (Phenol-Formaldehyd-Harz) aus dem Presswerk Weißkirchen identisch ist.[15]

„Jeder zu pressende Gegenstand kann schön gestaltet werden, ob einfach oder reich ausgeführt, immer muß an ihm ein klares harmonisches Formprinzip – die Grundform – zu erkennen sein. Das Formprinzip ergibt sich aus dem Zweck, dem der Gegenstand dienen soll. Die endgültige Formgestaltung ist dann das Ergebnis einer sinnvollen Anwendung des als richtig erkannten Formprinzips und der Fähigkeit des Formschöpfers, dieses im Werkstoff gesteigert sichtbar zu machen."[16]

Mit diesen Sätzen bekennt sich Turnwald zum Prinzip „form follows function". Gerade größere Rohstoffhersteller oder Verarbeiter beauftragten schon vor dem Krieg Entwürfe von mehr oder weniger bekannten GestalterInnen von Industrieprodukten. Troisdorf arbeitete nach Entwürfen von Ludwig König (1891–1974). Erwähnenswert ist, dass sich König zuvor intensiv mit Keramik und damit einem klassischen Handwerksmaterial beschäftigt hatte. Leider ist bisher nur wenig über die frühe Entwurfspraxis für Kunststoffprodukte bekannt. Es wäre

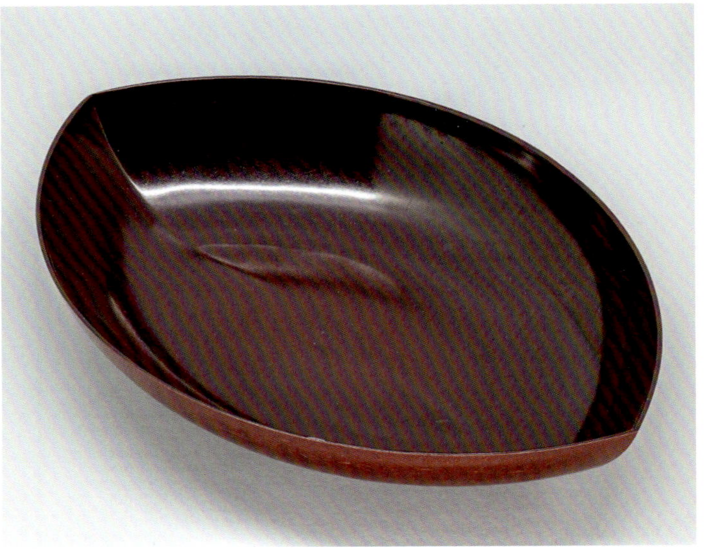

Brotschale *Turnwald*
Phenol-Formaldehyd (PF)
Entwurf: Hans Turnwald Hersteller: Presswerk Weiskirchen
Weiskirchen, Deutschland
um 1955
LVR-Industriemuseum

beispielsweise interessant zu wissen, ob sich König und Turnwald in Troisdorf ausgetauscht haben und ihre Zusammenarbeit dabei über rein technische Fragen hinausgegangen sein könnte.[17]

Schon in den 1930er Jahren erweiterte sich die Palette der zur Verfügung stehenden Werkstoffe kontinuierlich, vor allem die der thermoplastischen Materialien. Damit nahm auch die Entwicklung der Methoden des Spritzgießverfahrens Fahrt auf, das schließlich ab den 1950er Jahren mehr und mehr Bedeutung erlangte.

Spritzgegossene Wäschewannen und -körbe

Spritzgießen von Thermoplasten

Das Prinzip des Spritzgießens ist dem Metallguss entlehnt und seine Grundlagen wurden schon im 19. Jahrhundert entwickelt. 1872 bauten die Brüder John Wesley und Isaiah Hyatt, die bereits bei der Herstellung von Cellulosenitrat *(Celluloid)* Pionierarbeit geleistet hatten, die sogenannte Stopfmaschine[18], Vorläuferin der ersten Spritzgussmaschinen. Bis in die 1920er Jahre tat sich aber wenig, unter anderem, weil es an geeigneten ther-

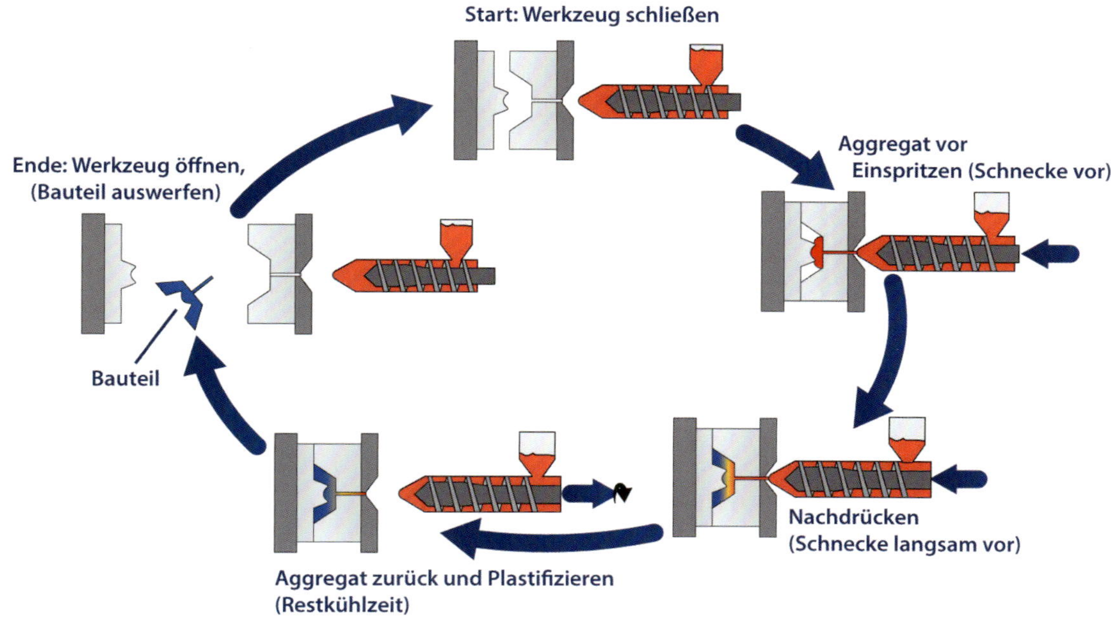

Darstellung des Spritzgießprozesses.
BONTEN 2020a, S. 291.

moplastischen Werkstoffen für eine großindustrielle Verarbeitung mangelte.[19] Das Pressformen von Duromeren dominierte bis weit in die 1930er Jahre. Das änderte sich erst mit den vor dem Krieg aufkommenden und sich nach 1945 weithin durchsetzenden Thermoplasten Polystyrol, Polyvinylchlorid und Polyethylen.[20] Zeitgleich mit den neuen Kunststoffen entstand eine eigene Maschinenindustrie, die darauf abzielte, die Arbeitsgänge weitestgehend zu automatisieren, die Prozessdurchführung möglichst wartungsfrei zu gestalten und die Produktivität zu erhöhen.[21]

Etwa 1920 begann der industrielle Einsatz von Spritzgießmaschinen. Grundlegend hierfür waren die Erkenntnisse von Buchholz und Eichgrün 1921 sowie die Arbeiten von Eckert und Ziegler 1926.[22] Eichgrün erfand 1919 eine Formmasse, die später unter dem Markennamen *Trolitul* bekannt wurde. Es zeigte sich, dass sich diese dem Cellulosenitrat sehr ähnliche Substanz hervorragend für das Spritzgießen eignete. Somit initiierte das Material *Trolitul* die erste Spritzgießmaschine in Deutschland (DRP 395084). In der Folgezeit kam es zu einem stetigen Fortschritt bei der Spritzgießtechnik. Erwähnenswert sind hier die Arbeiten von Buchholz, der 1921 eine handbetriebene Spritzgießmaschine für sein eigenes Unternehmen erdachte, und von Eckert, der 1923 eine Maschine auf den Markt brachte, was letztlich die indust-

rielle Anwendung der Spritzgießverarbeitung einläutete. In den 1950er Jahren wurde die Spritzgießtechnik zum wichtigsten Verfahren zur Verarbeitung von thermoplastischen Massenkunststoffen.[23] Die Entwicklung neuer Werkstoffe und das Fortschreiten der Verarbeitungsmethoden bedingen sich also gegenseitig, denn „die beste Kunststoffmasse nutzt nichts, wenn es keine geeignete Verarbeitungsmethode gibt"[24].

Beim Spritzgießen liegt das Ausgangsmaterial zunächst als Granulat oder Pulver vor. Um dem formlosen Material die gewünschte Form zu bringen, muss es zunächst in einen fließfähigen Zustand überführt werden. Dies geschieht, wie in der Grafik gezeigt, in der sogenannten Plastifiziereinheit, und zwar entweder durch einen vorgeschalteten Heizzylinder mit angeschlossenem Kolben oder einer beheizten Schnecke. Im ersten Schritt schließt sich das Spritzgießwerkzeug, worauf im Folgenden das Spritzaggregat an das Werkzeug heranfährt und die Kunststoffschmelze in das Werkzeug eingespritzt wird. Das Füllen der Form mit der Kunststoffschmelze benötigt hohen Druck und läuft bei diesem Verfahren so ab, dass die Schnecke aufhört zu rotieren und als eine Art Kolben fungiert. Nachdem die Form fast vollständig gefüllt ist, wird auf Nachdruck umgeschaltet, um die durch die Abkühlung der Kunststoffschmelze auftretende Schwindung auszugleichen. Sobald das Bauteil ausrei-

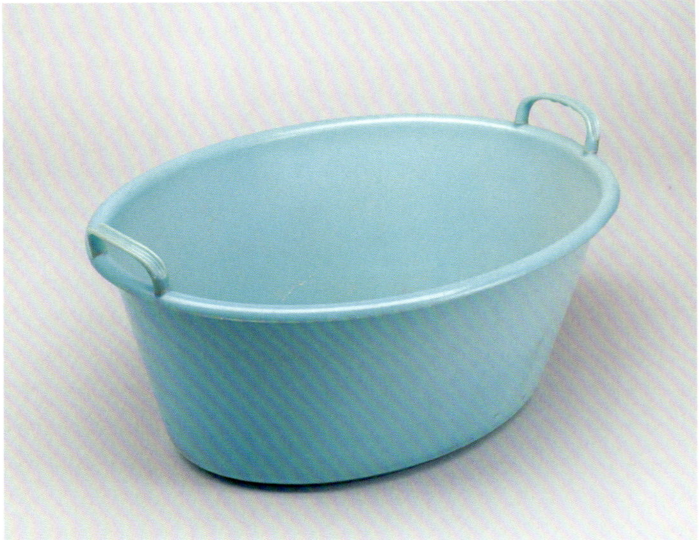

Kinderbadewanne Revolit
Polyethylen (PE), Metall
Hersteller: Reppel & Vollmann GmbH & Co.
Kierspe, Deutschland
1950er–1960er Jahre

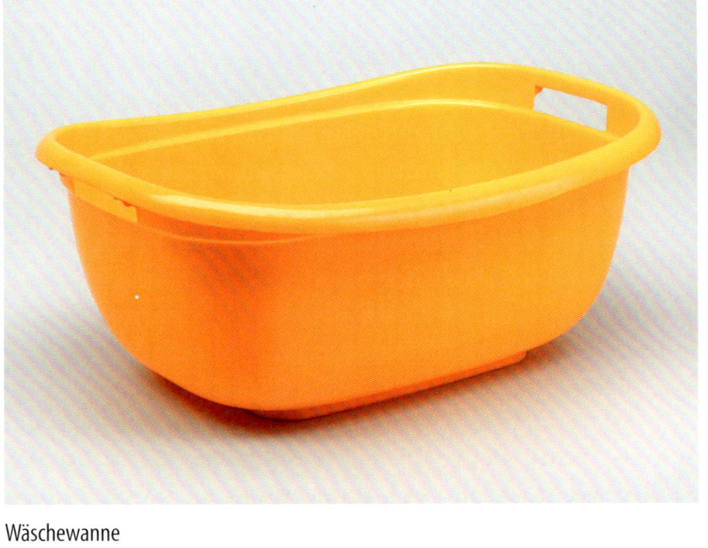

Wäschewanne
Polyethylen (PE)
Entwurf: Luigi Colani
Hersteller: Sulo GmbH
Herford, Deutschland
1970er Jahre

chend formstabil ist, öffnet sich das Werkzeug und das Bauteil kann entnommen werden. Die Entformung kann von Hand erfolgen oder durch ein automatisiertes Verfahren mit sogenannten Auswerfern. Nun beginnt der Zyklus von vorne und es wird erneut Kunststoffschmelze plastifiziert. Dies geschieht maschinenseitig, indem mittels einer rotierenden Schnecke Kunststoffschmelze in einen dadurch entstehenden Schneckenvorraum gefördert wird. Nachdem dort eine ausreichende Menge Schmelze bereitsteht, kann erneut eingespritzt werden.

Bei früheren Bauformen der Spritzgießmaschine wie der erwähnten Stopfmaschine wurde das Material in einem beheizten Zylinder aufgeschmolzen und anschließend mithilfe eines Kolbens in die Form eingespritzt.[25] Ein großer Nachteil dieser Kolbenspritzgießmaschinen war jedoch die extrem lange Zykluszeit, die bei großvolumigen Bauteilen eine halbe Stunde überschreiten konnte. Dies ist auf die geringe Wärmleitfähigkeit der Kunststoffe zurückzuführen, die dafür sorgt, dass es lange dauert, bis das granulatförmige Ausgangsmaterial in einem Zylinder vollständig aufgeschmolzen ist und die Einspritzung mittels Kolben gelingt. Erschwerend kam hinzu, dass man mit abgebautem Material an der Zylinderwand zu kämpfen hatte.[26]

Als bedeutender Entwicklungsschritt hin zu einer höheren Produktivität kann die Einführung der Schneckeneinspritzung 1956 angesehen werden. Bereits zuvor setzte man Schnecken zum Plastifizieren in der Extrusionstechnik ein. Darüber hinaus waren bereits Spritzgießmaschinen im Einsatz, bei denen eine Schnecke zur Vorplastifizierung verwendet wurde, das Einspritzen selbst aber mit einem Kolben erfolgte. Insgesamt dauerte es lange, bis man erkannte, dass die Schnecke auch als Kolben fungieren konnte. Man hatte befürchtet, die Kunststoffschmelze könnte während des Einspritzens zugleich aus dem Granulattrichter austreten. Erst als diese These widerlegt war, setzte sich die Schneckeneinspritzung durch, deren Hauptvorteil in einer 2,5-fachen Steigerung der Plastifizierleistung liegt[27]. Der dargestellte Spritzgießzyklus entspricht diesem Entwicklungsschritt. Das Spritzgießverfahren nimmt heute in der Kunststoffverarbeitung eine führende Stellung ein und ist neben dem Extrudieren das für Thermoplaste am häufigsten verwendete Verfahren. Es zeichnet sich durch eine hohe Formgebungsfreiheit bei gleichzeitig geringen Stückkosten aus.

Ein typisches Massenprodukt, das über Jahrzehnte in verschiedenen Formen im Spritzgießverfahren her-

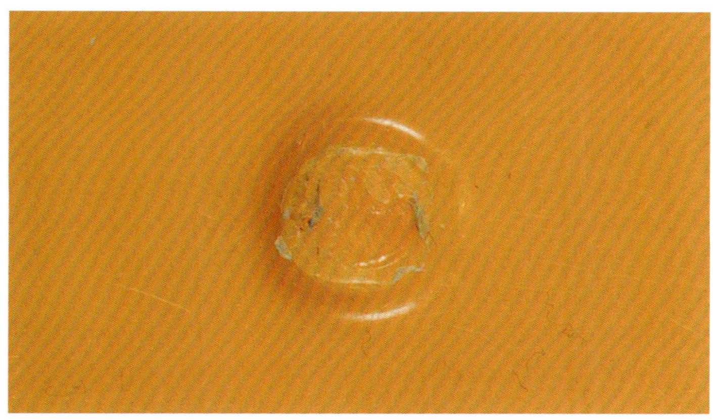

Anspritzpunkt auf der Unterseite einer Wäschewanne.

gestellt wurde, sind Wäschewannen und -körbe. In der Sammlung des Deutschen Kunststoff-Museums befinden sich verschiedene Kunststoffwäschewannen und -körbe aus unterschiedlichen Jahrzehnten. Alle sind aus thermoplastischen Kunststoffen im Spritzgussverfahren hergestellt. Je nach Fassungsvermögen unterscheiden sich die Wannen in Umfang und Höhe. Auch in der Grundform gibt es Unterschiede zwischen oval geformten Wannen und solchen mit angedeuteter rechteckiger Form. Verschiedene Merkmale verweisen auf das Herstellungsver-

fahren; am deutlichsten ist es allerdings am Anguss auf der Unterseite der Wannen zu erkennen. Sie markieren den Bereich, an dem die Kunststoffschmelze dem Formwerkzeug zugeführt wird.

Beim Spritzgießen kommen geschlossene Formwerkzeuge zum Einsatz, die aus mindestens zwei Formhälften bestehen. Die Teile des Formwerkzeugs können unterschieden werden in die Düsen- und Auswerferseite. Die heiße Thermoplastschmelze wird durch eine Düse in das temperierte Formwerkzeug gedrückt, wo sie erstarrt. Anschließend hebt sich die Düse vom Formwerkzeug ab. Da sich im Angusskanal der Düse erkaltetes Material befindet, welches fest mit dem Formteil verbunden ist, aber nicht zum Formteil gehört, entsteht in der Regel ein sogenannter Anguss. Dieser wird in einem separaten Bearbeitungsschritt entfernt. Zurück bleibt der Anspritzpunkt, der sich später an den meisten Produkten findet. Dabei hängt es von der Formteilgeometrie ab, wie viele Anspritzpunkte angelegt und an welcher Stelle sie platziert werden. Um eine Nachbearbeitung zu vermeiden, wählt man meist unauffällige Stellen wie die Unterseite. An den Wannen aus der Sammlung finden sich überwiegend nur ein bis zwei Anspritzpunkte, während die

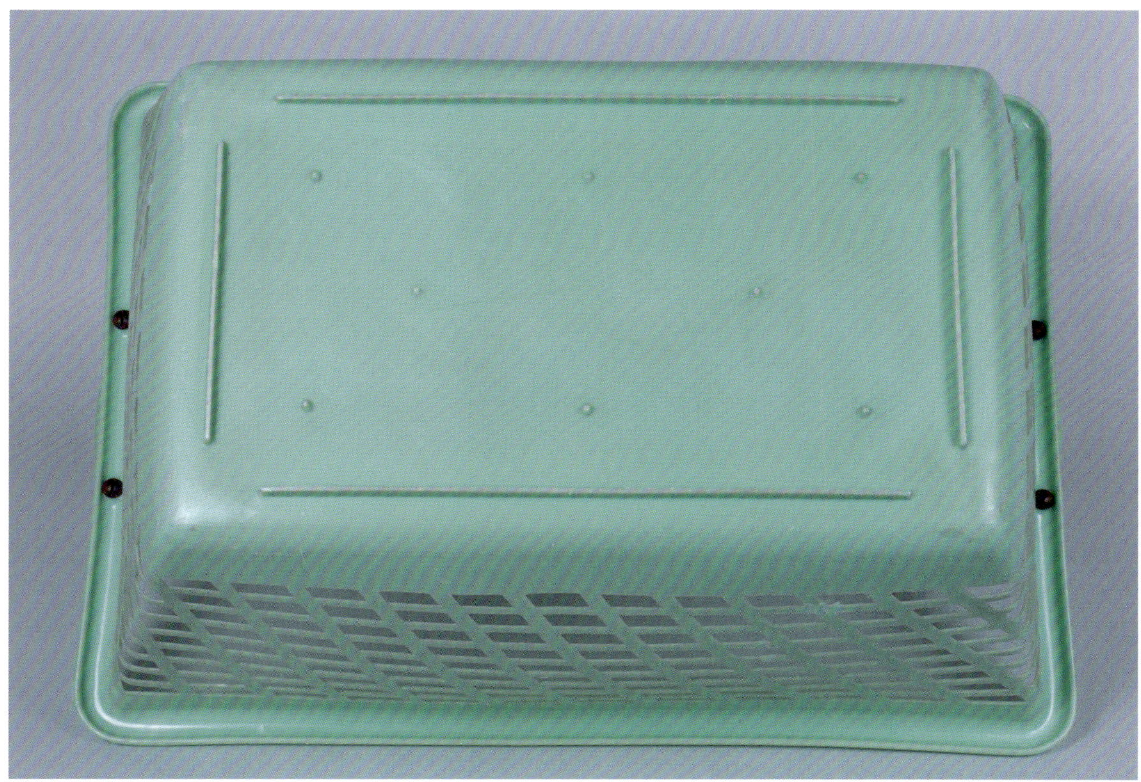

Wäschekorb Revolit
Polyethylen (PE), Metall
Hersteller: Reppel & Vollmann GmbH & Co.
Kierspe, Deutschland
1950er–1960er Jahre

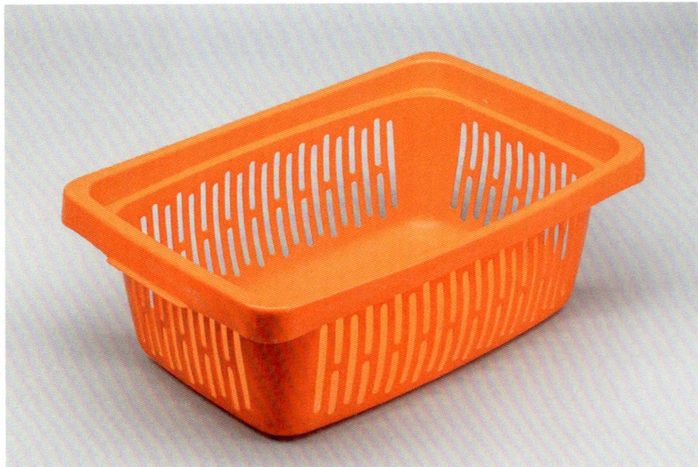

Wäschekorb
Polyethylen (PE)
Hersteller: Gerda Plastic, Gerdes & Co.
Schwelm, Deutschland
1970er Jahre

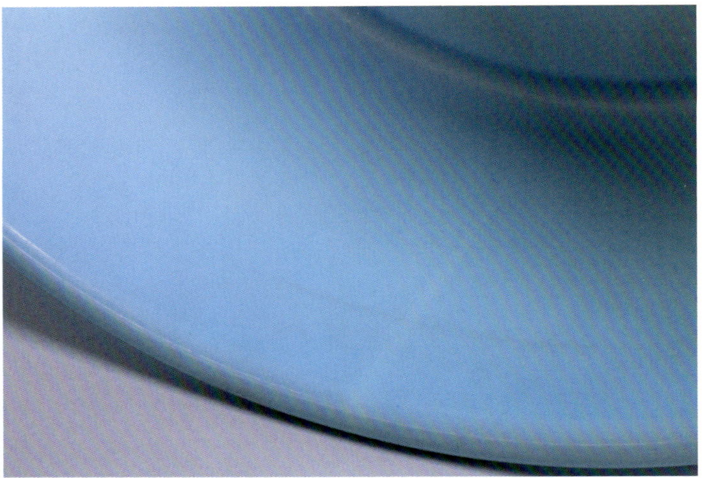

Wanne aus Polyethylen mit mittig verlaufender Bindenaht
Polyethylen (PE)
Hersteller: Reppel & Vollmann GmbH & Co.
Kierspe, Deutschland
1950er–1960er Jahre

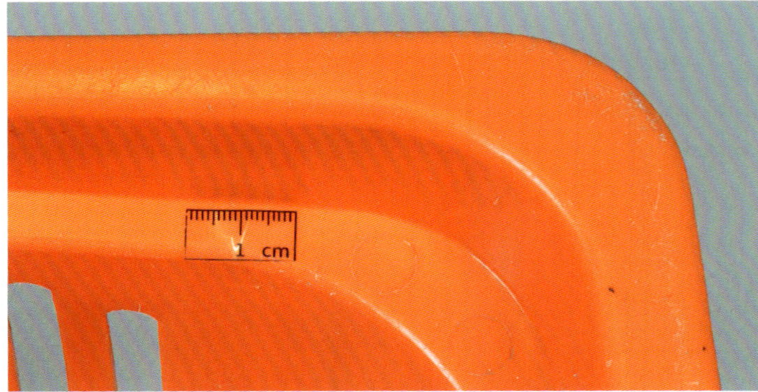

Sichtbare Auswerfermarkierungen am inneren Rand des Wäschekorbes.

Wäschekörbe aus den 1950er bis 1960er Jahren zwischen fünf und acht Anspritzpunkte aufweisen. Die vielen Anspritzpunkte gewährleisten, dass die Schmelze noch vor dem Erkalten in die dünnen Bereiche der späteren Wäschekörbe gelangt.

Sobald das Material so weit abgekühlt ist, dass das Formteil über ausreichend Formstabilität verfügt, öffnet sich der in den meisten Fällen bewegliche Formkern. Das Formteil wird mithilfe sogenannter Auswerfer aus der Form gelöst. Dieser Vorgang hinterlässt wieder Spuren am Produkt, allerdings sind sie nicht spezifisch für den Spritzguss, da Auswerfer auch bei Pressteilen zum Einsatz kommen. Eine andere Art der Entformung besteht darin, die Formteile von Hand aus dem Formwerkzeug zu entnehmen. Die untere Abbildung zeigt eine spritz-

gegossene Wanne, die runde Auswerfermarkierungen aufweist. Der Durchmesser der Auswerfer muss immer so groß sein, dass möglichst wenige Markierungen am Spritzgießteil erzeugt werden und das Formteil insgesamt ohne Beschädigungen ausgeworfen werden kann.

Für eine reibungslose Entformung des Spritzgießteils spielt neben den Auswerfern die Formteilgeometrie eine entscheidende Rolle. Da das Material bei der Abkühlung von den Außenwänden des Werkzeugs weg, auf den Formkern hin schwindet, erleichtern sogenannte Entformungsschrägen das Ablösen des Spritzgießteils. Diese Entformungsschrägen sind werkstoffabhängig. Die je nach Bauart mal stark, mal weniger stark ausgeprägte konische Form der Wäschewannen und -körbe sowie eine möglichst glatt polierte Oberfläche des Werkzeugs lassen es zu, das Bauteil ohne allzu große Entformungskräfte aus der Form zu lösen. Dies verdeutlicht, dass das Werkzeug nicht nur zur reinen Formgebung des Produkts dient, sondern auch eine Reihe weiterer Aufgaben zu erfüllen hat.

An der hellblauen Wanne der Marke *Revolit* findet sich mittig ein heller Streifen, der sich farblich vom umgebenden Material absetzt. Es handelt sich um eine Bindenaht, die beim Auftreffen von zwei Schmelzeflüssen entstanden ist. Auf der Unterseite der Wannen befinden sich zwei Anspritzpunkte. Beim Einspritzen des Materials in das Formwerkzeug entstehen an den Anspritzpunkten zwei Schmelzeflüsse, die parallel um den Kern des Form-

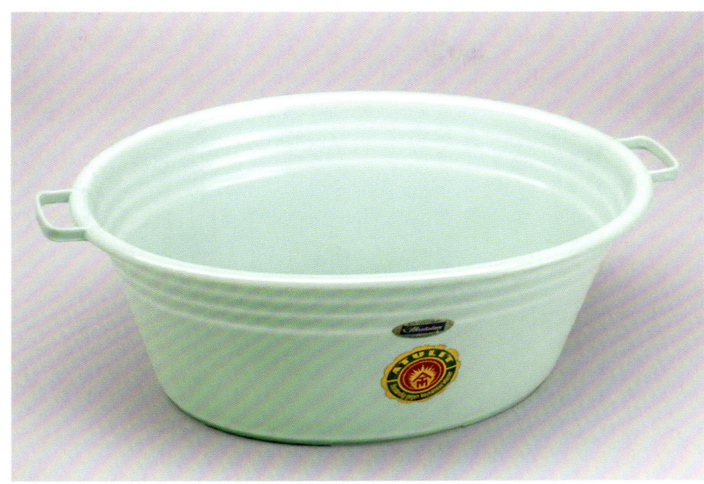

Wäschewanne Atulit
Polyethylen (PE) der Marke *Hostalen* (Hoechst AG)
Hersteller: H.W. Turk K. G. Plastikwerk
Krummener/Westf., Deutschland
1950er Jahre

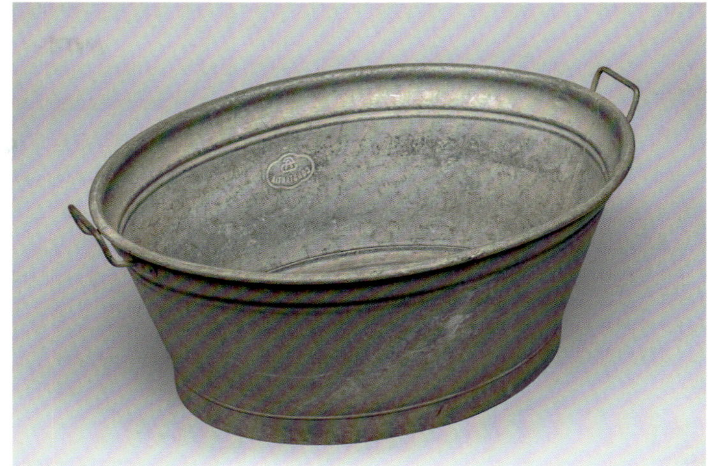

Typische Zinkwanne
Zinkblech
Hersteller: Zink Altenberg
Oberhausen, Deutschland
1900–1950

werkzeugs fließen. An den Stellen, an denen die beiden Schmelzefronten aufeinandertreffen, verbinden sie sich zwar, aber da sie bereits leicht abgekühlt sind, bleibt eine Linie sichtbar.

Formvorbilder

Bevor Kunststoffgegenstände Einzug in die Haushalte der 1950er Jahre hielten, dienten neben Waschzubern aus Holz meist Zinkwannen zum Waschen der Wäsche. Man lehnte den inneren Rand der Wannen an das geriffelte Waschbrett an, um die schmutzige Wäsche über das Brett zu reiben und so den Schmutz zu lösen. Wäschekörbe zum Transportieren der Wäsche bestanden aus mehr oder weniger dichtem Geflecht, meist aus Weidenruten.

Die Kunststoffwanne mit dem Aufkleber „Atulit" der Firma H.W. Turk K.G., Plastikwerk in Meinerzhagen (Krummenerl) in Westfalen[28] aus den 1950er Jahren erinnert durch ihre Form, den abgerundeten umlaufenden Rand und die Wülste im oberen Drittel noch stark an eine Zinkwanne. Zwei Griffe rechts und links erleichtern das Tragen der Wanne. Das ist charakteristisch für noch neue Anwendungen aus Kunststoff. Zunächst lehnt sich die Gestaltung an ein vertrautes Objekt aus einem anderen Werkstoff an. Auf der Unterseite der Wanne befindet sich die Kennzeichnung „DBGM", das Kürzel für

Deutsches Bundes-Gebrauchsmuster.[29] Produkte mit dieser Kennzeichnung stehen unter einem gewerblichen Rechtsschutz.

Im Vergleich zu Zink bot das Material Kunststoff in vielerlei Hinsicht Vorteile. Auf der Produktionsseite waren weniger Arbeitsschritte notwendig. Das aufwendige Schweißen und Nieten der Zinkbleche fiel weg. Die Nachbearbeitung beschränkte sich bei der Herstellung der Kunststoffwannen überwiegend auf das Abnehmen des Angussrestes und überstehender Grate mit einem spanabnehmenden Werkzeug. Das heißt, dass die Wannen und Körbe in der Produktion wesentlich günstiger waren, abgesehen von den hohen Investitionskosten für das Formwerkzeug.

Werkstoff und Form

Die Wannen und Körbe bestehen aus Polyethylen oder Polypropylen. Beide zählen zu den teilkristallinen Thermoplasten. Es handelt sich um schlagzähe Kunststoffe, die zudem beständig gegenüber vielen Chemikalien sind. Aus diesem Grund werden sie häufig zur Herstellung von Behältern wie Flaschen, Eimern und Wannen verwendet. Thermoplaste lassen sich spritzgießen und sind daher auch gut für die Erzeugung von Massenartikeln geeignet.

Die erste Herstellung von Polyethylen (PE) gelang 1935.[30] Als Werkstoff für Haushaltsartikel diente es allerdings erst nach dem Zweiten Weltkrieg. Heute gehört PE mit rund 30 % Anteil an der Gesamtmenge verarbeiteter Kunststoffe zu den am häufigsten verwendeten.[31] Es gibt mehrere PE-Typen, die sich durch die herstellungsbedingte Dichte voneinander unterscheiden. PE-Typen niedriger Dichte sind weniger steif und sehr dehnbar. PE niedriger Dichte wird z.B. für Frischhaltefolien in der Lebensmittelindustrie genutzt. Polyethylen hoher Dichte ist dagegen steifer und fester. Es wurde in Deutschland erstmals 1956 von der Hoechst AG industriell hergestellt und als *Hostalen*® vertrieben.[32] Unter diesem Markennamen gelangten zahlreiche Produkte aus Kunststoff in die deutschen Haushalte. Die Produktpalette umfasste diverse Kunststoffartikel, wie man auf dem Foto eines Messestandes aus den 1950er Jahren erkennen kann. Auf der Wanne der Turck GmbH findet sich neben dem Aufkleber mit Angaben zum Hersteller ebenfalls ein Hinweis auf den Werkstoff *Hostalen*®.

Dass es auf Seiten der KonsumentInnen zu dieser Zeit noch Skepsis gegenüber dem modernen Material gab, belegen Werbeanzeigen. Noch in den 1960er Jahren wies die Firma Hoechst explizit darauf hin, dass aus *Hostalen*® gefertigte Produkte „formstabil, bruchsicher und stabil" gegenüber heißem Wasser seien. Auch durch Radiowerbung sollten potenzielle Käufer an das Material herangeführt werden. In einem Spot aus dem Jahr 1964 heißt es: „Wenn eine Wanne nicht verbiegt, obwohl der Inhalt sehr schwer wiegt, dann ist der Grund leicht zu versteh'n: die Wanne ist aus Hostalen!"[33]

Die Zurückhaltung der Konsumenten rührte unter anderem daher, dass die Vielzahl der Kunststoffe kaum zu überblicken und für den Laien verwirrend war. So vertrieb die Firma Hoechst beispielsweise nicht nur Polyethylen unter dem Markennamen *Hostalen*®, sondern auch den Kunststoff Polypropylen. So lässt sich heute alleine anhand des Markennamens keine Unterscheidung zwischen Polyethylen (PE) und Polypropylen (PP) treffen. Auf den ersten Blick sind die Kunststoffe nicht voneinander zu differenzieren; Polypropylen besitzt allerdings im Gegensatz zu Polyethylen eine höhere Steifigkeit, Härte und Temperaturbeständigkeit. (Mit dem Fingernagel kann man auf PP keine Spur hinterlassen, auf PE hingegen schon.)

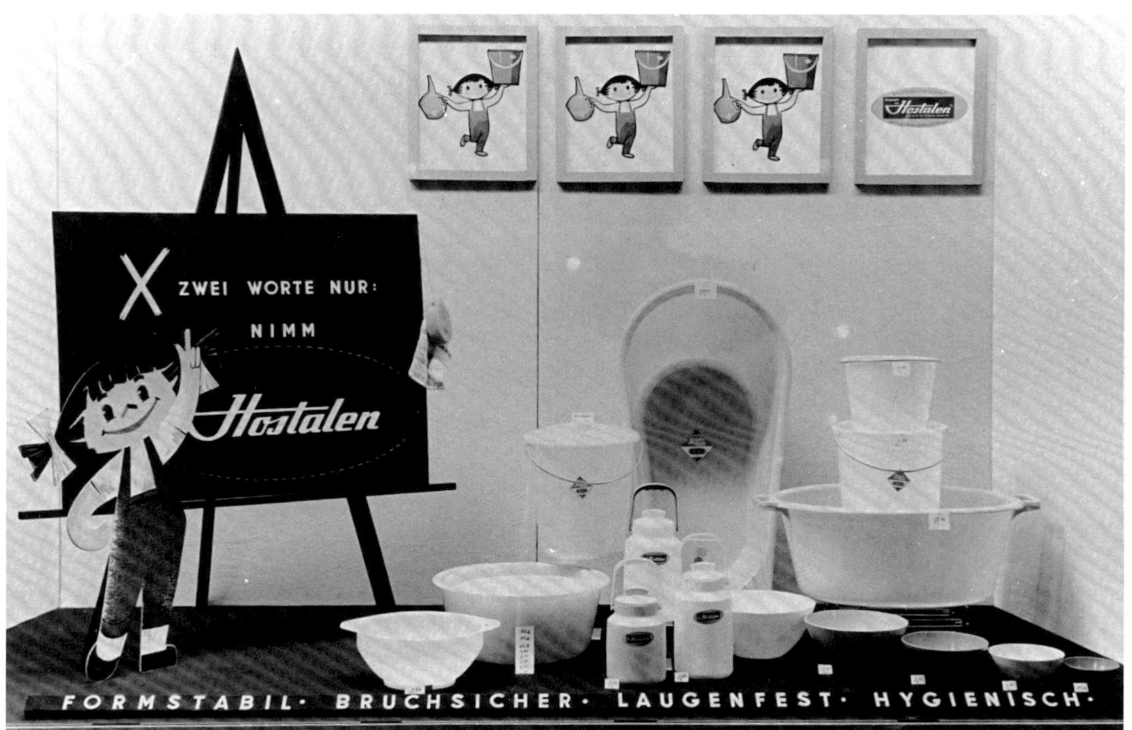

Messestand der Firma Hoechst, 1950er Jahre.
© Hoechst GmbH, Firmenarchiv

Gestaltung der Griffe

Spätestens zu Beginn der 1970er Jahre lösten sich die Wäschewannen aus Kunststoff auch formal vom Vorbild Zinkwanne. Bei den Wäschekörben gab es von Anfang an weniger Anklänge an die geflochtenen Vorgänger aus Weide, weil dies produktionstechnisch kompliziert und daher ökonomisch nicht sinnvoll war. Es wurde vor allem das funktionale Merkmal eines Korbgeflechts übernommen: die Luftdurchlässigkeit. Die Gestaltung der Öffnungen in den Seitenwänden erlaubte hier entsprechende Freiheiten: rechteckige Öffnungen, senkrechte Schlitze oder – wie bei der von Luigi Colani für Sulo gestalteten Variation – Durchbrüche, die an die damals modischen Prilblumen erinnerten. Die Farbigkeit löste sich von den Pastelltönen und die Gegenstände leuchteten nun auch in den damals beliebten Orange-, Gelb- und Rottönen.

Die Lösungen bei der Gestaltung der Griffe verweisen auf eine immer größere Vielfalt der Konstruktionen, die ein angenehmeres Tragen des Gegenstandes ermöglichen sollten.

Es finden sich in der Sammlung Wannen, die für unser heutiges Empfinden ungewöhnlich wirken, da die Griffe separat hergestellt und angeschraubt wurden. In der Regel werden Kunststoffprodukte so konstruiert, dass denkbar wenige zusätzliche Arbeitsschritte zur Produktion notwendig sind. Das Produkt soll „in einem Guss" gefertigt werden, damit es als Massenprodukt kostengünstig angeboten werden kann. Das nachträgliche Verschrauben von Griffen verlangt zusätzliche Arbeitskraft, die heute einen erheblichen Anteil der Produktionskosten ausmacht.

Diese Produkte – Wäschekörbe und -wannen[34] – wurden von der Firma Reppel & Vollmann in Kierspe im Zeitraum von 1955 bis 1970 hergestellt und unter dem Markennamen *Revolit* vertrieben. Die Griffe wurden mit jeweils zwei Schlitzschrauben am umlaufenden Rand der Kunststoffwannen befestigt. Die Schrauben verschwinden unter dem Rand, sodass sie für die BetrachterInnen nur beim Umdrehen der Wanne sichtbar werden, was zum einen ästhetische, zum anderen konstruktive Gründe gehabt haben dürfte.

Ungeklärt ist, weshalb sich der Hersteller zur Befestigung mit Schrauben entschlossen hat. Es könnte sein, dass man der Tragfähigkeit des Kunststoffs skeptisch gegenüberstand und die gewohnte Schraubverbindung für fester hielt. Vom selben Hersteller gibt es eine kleinere Wanne mit nur 13 Liter Fassungsvermögen und ausgeformten Griffen, die im Spritzgießvorgang selbst, also „in einem Guss" entstanden ist, d.h. die Griffe mussten nicht

75

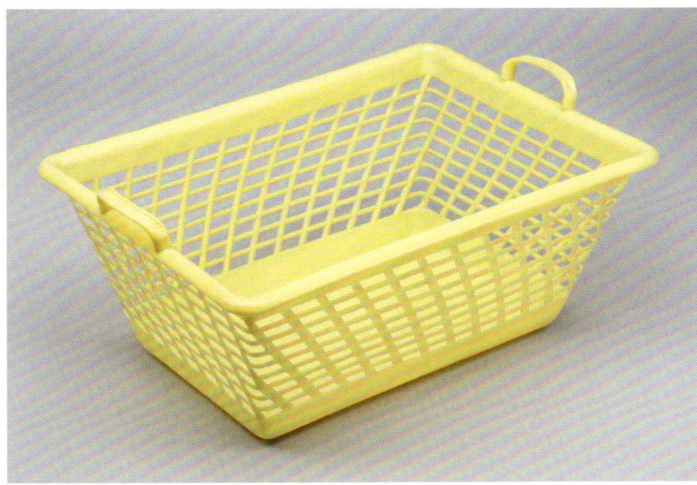

Wäschekorb *Revolit*
Polyethylen (PE)
Hersteller: Reppel & Vollmann GmbH & Co.
Kierspe, Deutschland
um 1960

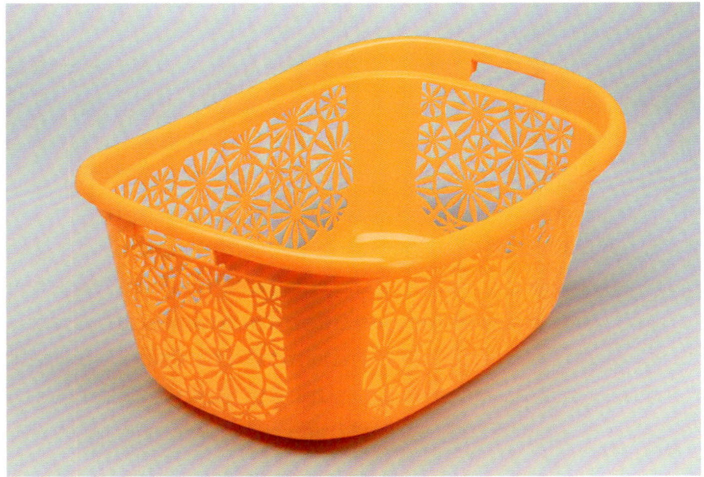

Wäschekorb
Polyethylen (PE)
Entwurf: Luigi Colani
Hersteller: Sulo GmbH
Herford, Deutschland
1970er Jahre

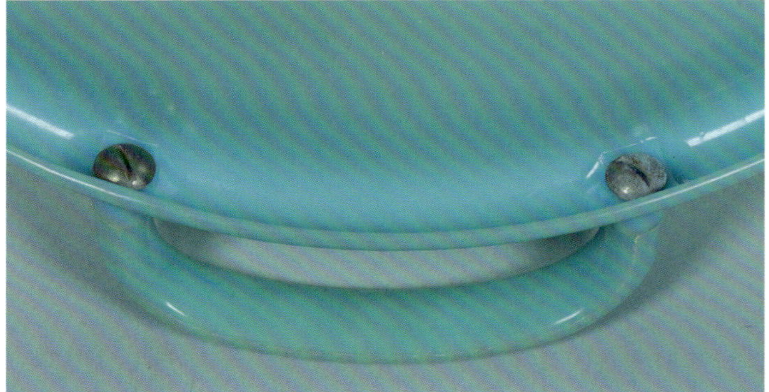

Mit Schrauben befestigter Griff
Hersteller: Reppel & Vollmann GmbH & Co.
Kierspe, Deutschland
1955–1970

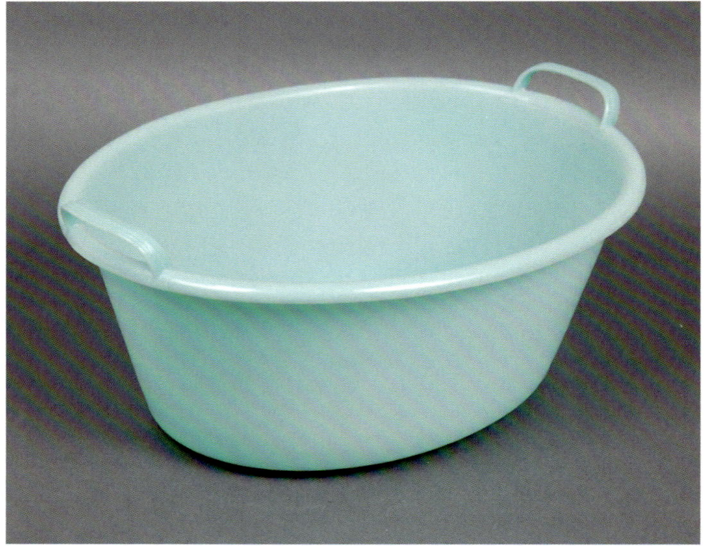

Kinderbadewanne
Polyethylen (PE)
Hersteller: Reppel & Vollmann GmbH & Co.
Kierspe, Deutschland
1955–1970

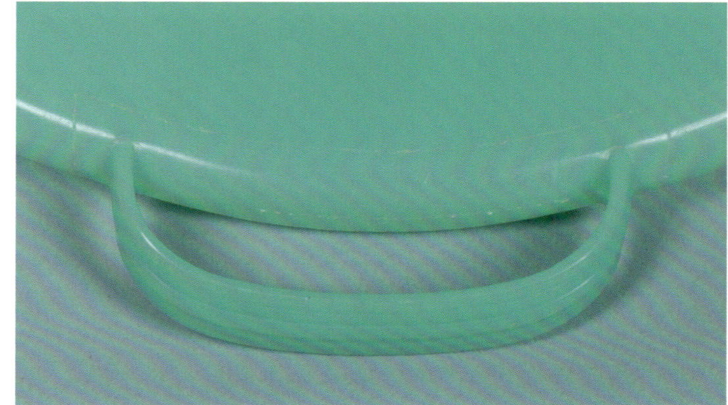

Unterseite des rechten Griffs ohne Verschraubung.

später mit zusätzlicher Arbeitsleistung durch Schrauben angebracht werden. Da weder die Herstellungsdaten der Wanne mit anschraubbarem noch mit integriertem Griff bekannt sind, kann nicht ausgeschlossen werden, dass beide zur gleichen Zeit erzeugt und verkauft wurden.

Eher waren jedoch die Kosten für das Spritzgießwerkzeug der entscheidende Faktor für die Gestaltung der Griffe. Die Geometrie des herzustellenden Kunststoffteils bestimmt die Konstruktion des Spritzgießwerkzeuges. Im einfachsten Fall gibt es beim Spritzguss eine Hauptentformungsrichtung, die sich durch das Öffnen und Schließen der zwei Formwerkzeughälften ergibt. Weist das Formteil hingegen Hinterschneidungen in Entformungsrichtung auf, wie im Falle der Griffe, bedeutet dies einen höheren konstruktiven Aufwand für den Formenbau und führt somit zu höheren Werkzeugkosten.

Eine andere Variante der Griffgestaltung findet sich an einem Wäschekorb der Firma Gerdes & Co., die Produkte unter dem Markennamen *gerda* vertrieb. An der Stelle sei erwähnt: Haushaltsprodukte wurden häufig unter modernen Frauennamen wie *Gerda*, *Caroline* (Firma Sulo) oder *Yvonne* (Firma Vitri) vertrieben, um eine gewisse Vertrautheit mit der weiblichen Kundschaft herzustellen.[35] Die Seitenwände des Wäschekorbes *Gerda* sind durchbrochen und erinnern entfernt an einen Korb aus Geflecht. In einem Katalog der die neuesten Produkte der Firma 1988 vorstellt wird der Korb, neben anderen Produkten als „Ordnungshelfer mit Pfiff" vorgestellt.[36] Durch die durchbrochenen Seitenwände kann Material eingespart werden; zudem wird die feuchte Wäsche besser belüftet. Die Griffe werden von der Firma als „Mu

schelgriffe" bezeichnet und konnten „in einem Guss" gefertigt werden.[37] Im Prinzip ergibt sich durch den umgestülpten Rand eine Griffzone, die infolge einer Ablenkung nach außen das Greifen angenehm macht.

An den orangen Wannen der Firma Sulo und einem roten Wäschekorb der Firma Buchsteiner findet sich eine weitere Variation der Griffgestaltung. Die Griffe der spritzgegossenen Wannen ergeben sich bei beiden Entwürfen aus dem umgeschlagenen Rand der Wannen. Um zu vermeiden, dass die scharfen umlaufenden Kanten bei längerem Tragen unangenehm in die Haut einschneiden, wurde hier die Thermoumformung genutzt. Durch die

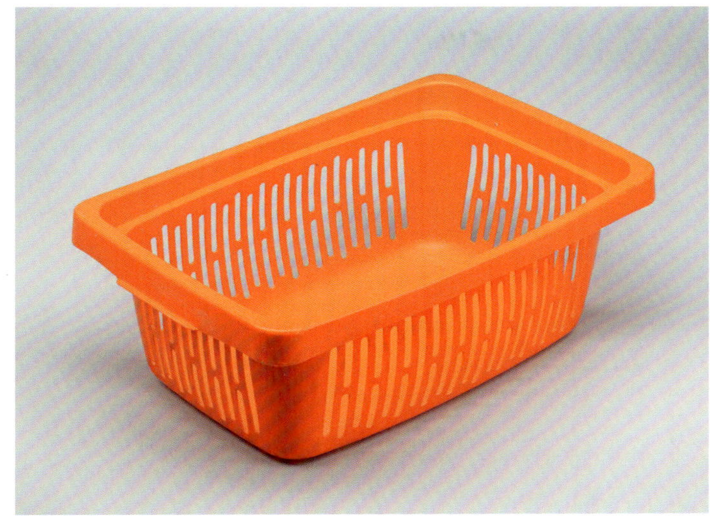

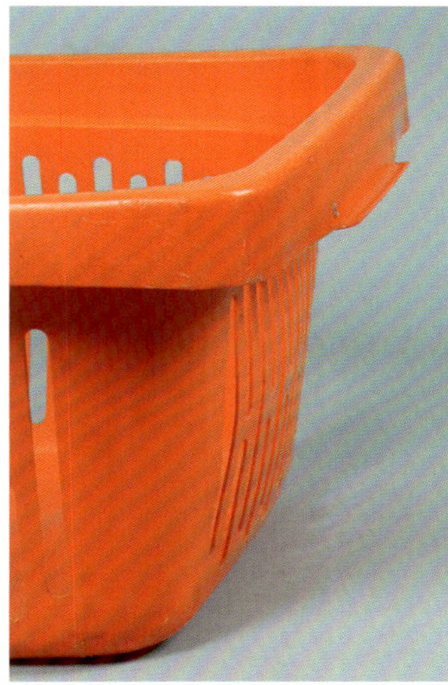

Wäschekorb
Polyethylen (PE)
Hersteller: Gerda Plastic, Gerdes & Co.
Schwelm, Deutschland
1970er Jahre

Muschelgriff am Wäschekorb.

Einwirkung von Hitze wird das thermoplastische Material nachträglich erneut aufgeweicht und verformt. Im Fall der Wannen waren die Grifflöcher direkt nach dem Spritzvorgang zunächst mit Material gefüllt, sodass sich eine Art Lasche ergab. In einem anschließenden separaten Schritt wurden diese Laschen an der Biegekante erwärmt, gebogen und hinter eine Art Wulst geklemmt sowie zusätzlich durch weitere Wärmezufuhr punktuell geschweißt. Es ergibt sich eine glatte Fläche, die einen angenehmen Griff ermöglicht, ohne die Notwendigkeit einer Verschraubung (siehe Seite 78). Der Vorgang der Thermoumformung stellt allerdings eine arbeitsintensive Nachbearbeitung dar, man kann auch hier nicht von einer Herstellung „in einem Guss" sprechen. Damals war diese Form der Nacharbeit aufgrund der niedrigen Lohnkosten eine kostengünstige Produktionsvariante. Um eine Nacharbeit

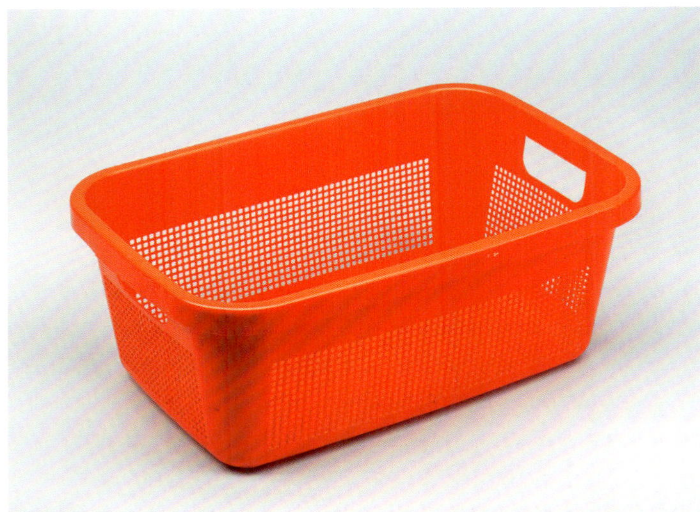

Wäschekorb
Polyethylen (PE)
Hersteller: Buchsteiner GmbH & Co. KG
Gingen/Fils, Deutschland
1975–1985

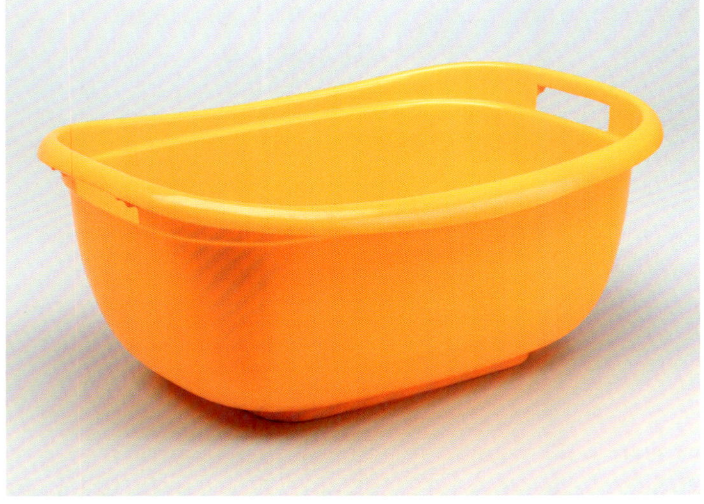

Wäschewanne
Polyethylen (PE)
Entwurf: Luigi Colani
Hersteller: Sulo GmbH
Herford, Deutschland
1970er Jahre

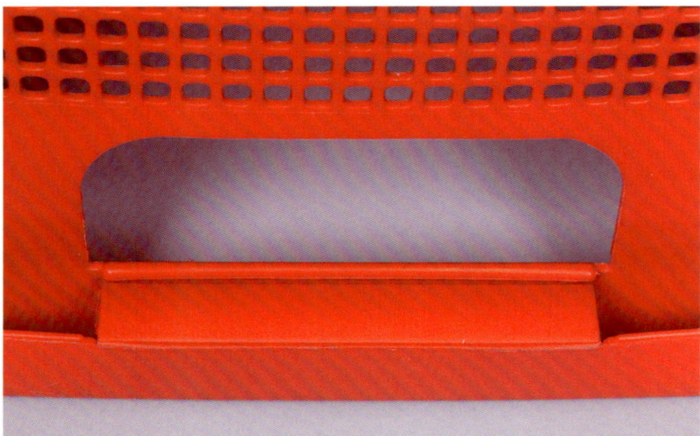

Unterseite des linken Griffs des Wäschekorbs mit umgeformtem Kunststoff.

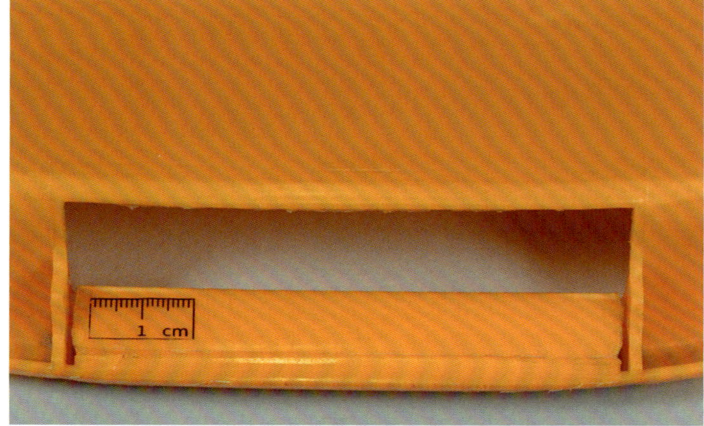

Unterseite des linken Griffs der Wäschewanne mit umgeformtem Kunststoff.

vollständig zu vermeiden, hätte deutlich mehr Geld in die Werkzeugkonstruktion investiert werden müssen.

Im Fall der orangefarbenen Wannen zeigt sich, dass der Herstellungsprozess des nachträglichen Thermoumformens eine thermische Belastung für das Material mit sich bringt. Durch das Biegen an der Kante dehnt sich das Material und die Schicht an der Biegekante wird dünner. Es entsteht eine potenzielle Bruchstelle.

Am Beispiel der Wäschewannen und -körbe lässt sich einerseits die Entwicklung der Produktionstechnik sowohl des Maschinen- als auch des Formenbaus für den Spritzguss seit den 1950er Jahren gut nachvollziehen. Andererseits zeigt die formale Gestaltung, wie ein Gebrauchsgegenstand, der ursprünglich in anderen Werkstoffen ausgeführt wurde, nach und nach den Eigenschaften und Vorteilen von Kunststoffen angepasst wird, sodass man sich heute kaum noch vorstellen kann, diesen Gegenstand aus einem anderen Material zu fertigen.

Handrührgeräte – Formen, Mode und Konsum

Elektrische Haushaltsgeräte sind seit Jahrzehnten Teil unseres Alltags. Kunststoffe dienen dabei als Ummantelung der Technik und als Isolierung der elektrischen Zuleitungen. Sie nehmen daher einen wichtigen Stellenwert bei der Sicherheit der Geräte ein. Die zweckdienliche Gestaltung der Gehäuse erhöht zudem die Bedienungsfreundlichkeit und verleiht ein angenehmes Aussehen. Es wurden je nach Stand der Technik, nach Trend oder wirtschaftlicher Lage verschiedene Geräte mit spezifischem äußerem Erscheinungsbild produziert. Die Vielfalt der Formgebung, welche die Materialklasse Kunststoff bietet, fand in diversen Gerätevarianten ihren Niederschlag, wie im Folgenden an Handrührgeräten beispielhaft illustriert wird.

Seit jeher verarbeitet der Mensch Lebensmittel. Gerührt, gemahlen und gemischt wurde schon Jahrtausende vor den ersten elektrischen Mixern, ohne die man sich im 21. Jahrhundert das Kochen und Backen kaum mehr vorstellen kann. Anders als heute galt der Konsum stark verarbeiteter Lebensmittel bis ins 20. Jahrhundert als Statussymbol. So konnten Angehörige gehobener Kreise demonstrieren, dass sie sich Angestellte für die zeitaufwendige Arbeit leisten konnten.[38] Das änderte sich nach und nach mit dem gesellschaftlichen Wandel, der Mechanisierung und späteren Elektrifizierung von Haushaltsgerätschaften, wirkt allerdings immer noch im Prestige nach, das teure Küchenmaschinen vermitteln.

Der Motor mit Griff

Den Weg vom mechanischen zum elektrischen Rührgerät im Privathaushalt vollzog man in den USA früher als in anderen Ländern. Während man in Nordamerika schon ab den 1920er Jahren immer mehr leichte elektrische Kleingeräte für den privaten Gebrauch konzipierte,[39] war in Europa zu diesem Zeitpunkt die Elektrifizierung noch nicht weit genug fortgeschritten. So wurde auch das Multigerät *Vorax G1* in Deutschland erst nach dem Zweiten Weltkrieg auf den Markt gebracht. Produziert wurde es von der Bresges & Co. GmbH ab 1950. Es besteht aus einem kleinen Elektromotor in einem zweiteiligen Gehäuse aus gepresstem Phenol-Formaldehyd. Unter dem Gehäuse für den Motor ist der Handgriff angebracht.

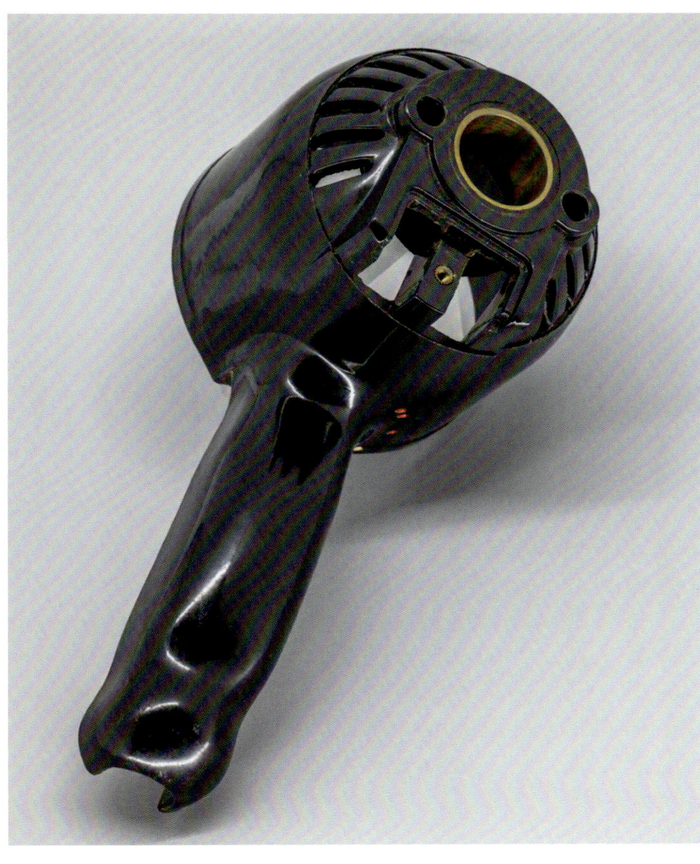

Gehäuseteil für elektrische Handgeräte *Vorax G3*
Phenol-Formaldehyd (PF), Metall
Hersteller: PAG, Presswerk AG; Bresges & Co. GmbH
Essen; Rheydt, Deutschland
1954

Durch Aufsätze und Zubehörteile konnten dem „Motor mit Griff" sehr unterschiedliche Funktionen zugewiesen werden: Mixen, Staubsaugen, Föhnen oder Bohren.

Das recht stolze Gewicht des Geräts von 2,5 kg weist auf eine Herausforderung bei der Konstruktion von elektrischen Handrührgeräten hin: Die Elektromotoren sollten möglichst klein und leicht sein, um sie mit einer Hand halten und bedienen zu können. Die Anbringung des Griffs unter dem Motor – für den Haartrockner und die Bohrfunktion akzeptabel – ist für die Tätigkeit des Mixens, bei der das Gerät über einer Schüssel gehalten wird, ungünstig. Das Hauptgewicht des Motors liegt vor der Hand, sodass das Handgelenk bewusst stabilisiert werden muss, damit es nicht ermüdet oder gar abknickt. Bei den späteren Mixermodellen liegt der Griff über dem Motor und das Handgelenk muss nicht angespannt werden, um die Position zu halten. Das Problem des hohen Eigengewichts, das beim Haartrockner durch einen zusätzlichen Standfuß gelöst wurde, macht den *Vorax* als Mixer also zunächst eher unpraktisch. In der Funktion als Küchenhelfer ist er alles andere als ideal. Abgesehen vom Gewicht fragt sich, wie schnell die Verwandlung durch die verschiedenen Aufsätze umgesetzt werden konnte und ob das überhaupt praktikabel war. Es mag zwar ökonomischer sein, nur einen Motor zu besitzen und das Gehäuse so gestalten, dass dieser angepasste Motor mehr oder weniger alle nötigen Haushaltsarbeiten erleichtern kann, aber heutzutage ist allein aus hygienischen Erwägungen schwer vorstellbar, dass der Kuchen für die sonntägliche Kaffeetafel mit demselben Gerät produziert wird, mit dem man sich die Haare trocknet, Löcher in eine Wand bohrt oder im Hobbykeller werkelt. In den 1960er Jahren wurden jeweils Geräte und Gehäuse geschaffen, die nur einen einzigen oder allenfalls einige verwandte Aufga-

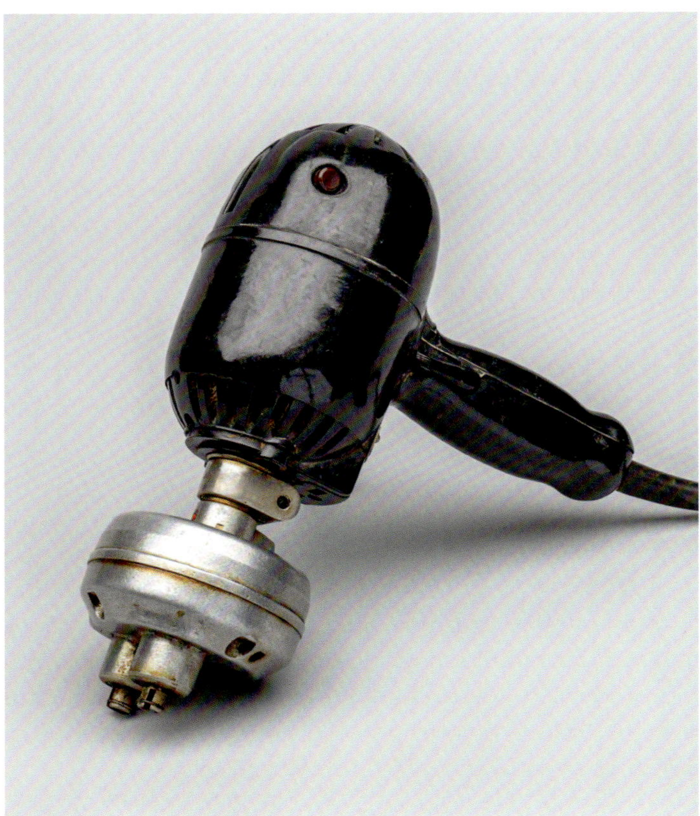

Mixer *Vorax G 3*
Phenol-Formaldehyd (PF), Metall
Hersteller: Bresges & Co. GmbH
Rheydt, Deutschland
1925–1945

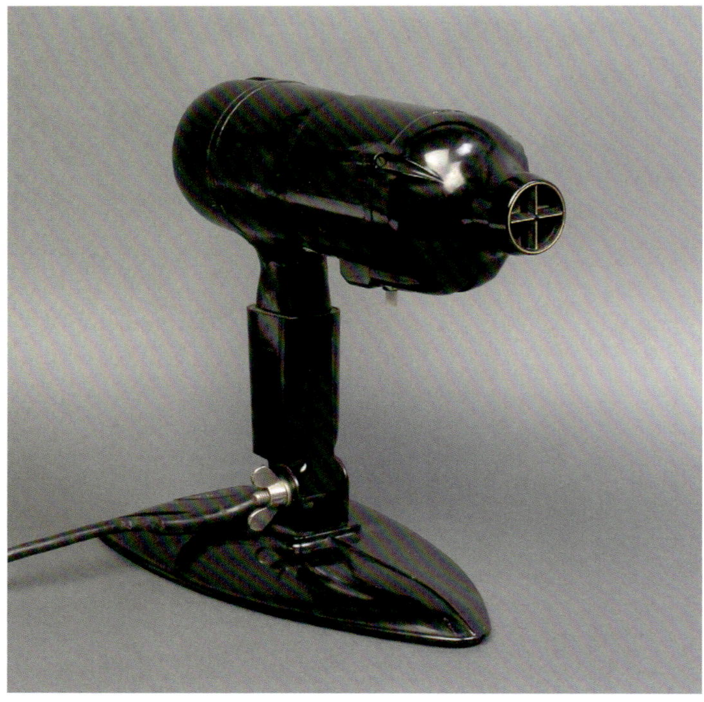

Haartrockner *Vorax G1/H1*
Phenol-Formaldehyd (PF), Metall
Hersteller: Isolawerke AG; Bresges & Co. GmbH
Rheydt, Deutschland
1925–1945

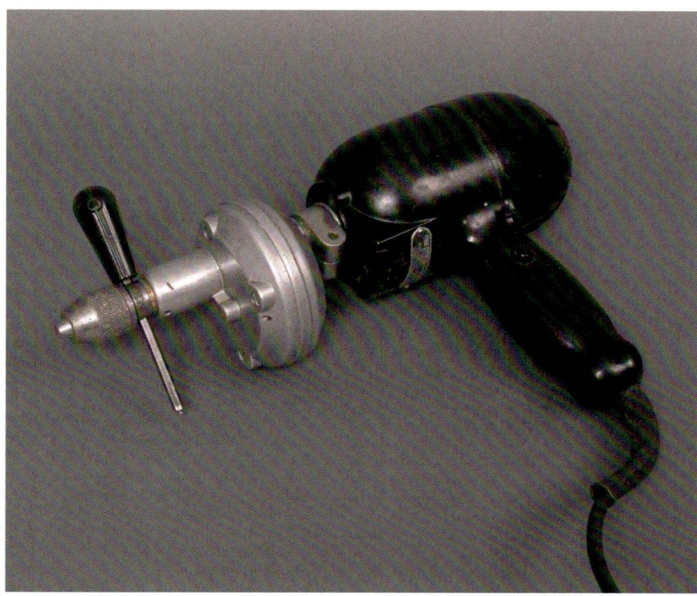

Handbohrmaschine *Vorax G1*
Phenol-Formaldehyd (PF), Metall
Hersteller: Bresges & Co. GmbH
Rheydt, Deutschland
1950–1960

ben erleichtern konnten. Die Gehäusegestaltung konnte spezifischer auf die jeweilige Aufgabe ausgerichtet werden. Es wurden also für Haartrockner, Staubsauger und Handrührgeräte jeweils eigene Formen entwickelt, während das Design des *Vorax* noch als sehr zweckmäßig zu bezeichnen ist. Gestalterische Überlegungen spielten bei diesem Multifunktionsgerät noch kaum eine Rolle.

Wie oben erwähnt: In der Mitte der 1950er Jahre waren elektrische Haushaltshelfer noch eine Ausnahmeerscheinung in den Küchen der Bundesrepublik und die vollelektrische Küche eher ein Versprechen – und eine Wunschvorstellung der Elektrizitätswirtschaft zur Ankurbelung des Stromverbrauchs durch privaten Konsum als selbstverständliche deutsche Wirklichkeit.[40] Erst um 1957 begann sich dies langsam zu ändern. Die moderne Konsumgesellschaft mit ihrer wachsenden Kaufkraft bildete sich aus. Mit fortschreitender Entwicklung eroberten spritzgussfähige Thermoplaste den Markt, die leichtere und komplexere Gehäuseformen ermöglichten. Mit der zunehmenden Anwendung des Spritzgießverfahrens entwickelte sich gleichzeitig die industrielle Formgebung weiter, sodass sich Formgebungstrends herausbilden konnten.

Der Beginn der industriellen Formgebung

In Deutschland gestalteten bis in die 1960er Jahre hinein ausschließlich die Angehörigen der technischen Abteilungen und Werkzeugmacher der Herstellerbetriebe das Aussehen und die Formgebung eines Kunststoffbauteils.[41] War der *Vorax* noch das Produkt einer ingenieurstechnischen Leistung, wurden die Geräte nach dem Krieg teilweise schon von ProduktgestalterInnen speziell für ein Unternehmen entwickelt.

In den ersten Jahrzehnten der industriellen Kunststoffproduktion in den USA brachte die junge Disziplin des Industriedesigns den Stil des *Streamline* auf: die stromlinienförmige Gestaltung. Nicht nur Züge, Flugzeuge und Autos wurden stromlinienförmig, sondern auch Radios, Föhne, Lampen und Küchengeräte wie Mixer sollten dem Trend folgen. Es handelte sich um das erste für die Industrie entwickelte Design, das für die Serienproduktion bestimmt war.[42] *Streamline* steht für den Zeitgeist jener Jahre, für Dynamik, Mobilität und Modernität. Im Europa hatte der *Streamline*-Stil vor dem Zweiten Weltkrieg nur bescheidenen Einfluss auf die Industrie. Die Stromlinienförmigkeit fand sich vornehmlich bei Zügen und Autos,[43] also dort, wo tatsächlich Vorteile zu erwarten waren. Dennoch beförderte der Trend grundsätzlich eine Zusammenarbeit zwischen Industrie und GestalterInnen sowie ein Nachdenken über materialgerechte, konsumorientierte und serielle Produktionskonzepte. An den Beispielen elektrischer Handrührgeräte in der Sammlung des Deutschen Kunststoff-Museums lässt sich die Wechselwirkung zwischen den Anforderungen der industriellen Produktion und dem Publikumsgeschmack gut veranschaulichen. Und die Geräte der deutschen Firmen ABC und Bosch zeigen den Durchbruch der *Streamline* auch in der Bundesrepublik.

Charakteristisch für die stromlinienförmige Form sind abgerundete Ecken bei Gehäusen, was den technischen Erfordernissen beim Pressen oder Gießen entgegenkommt. Zusätzlich wurden viele Elemente aus Aluminium am Objekt platziert. Insgesamt weist das Handrührgerät von Bosch mehr abgerundete Formen und geschwungene Linien auf als der *ABC-Mix*. Letzterer besitzt zwar auch geschwungene Flächen, doch viele Kanten sind am Gerät scharf ausgeprägt und für ein Kunststoffobjekt eher ungünstig gestaltet. Die Gehäusehälften stoßen glatt aneinander und werden mit Schrauben an den Griffen und unter den Klemmbacken, die bündig über die Verbindungsstelle laufen, miteinander verbunden.

Für Kleingeräte entwickelte sich eine Art Standard zur Formung von Gehäusen: Zwei Hälften eines Gehäuses wurden gepresst oder gespritzt, eine Hälfte wies einen Pressrand auf, die beiden Hälften wurden zusammengesteckt und mit einem Klemmstreifen aus Metall geschlossen und so fest miteinander verbunden.[44] Dabei wurden die Bleche als Streifen in waagerechter oder senkrechter optischer Richtung angebracht. So eröffnete sich zusätzlich die Möglichkeit, komplizierte Gehäuse aus vielen Teilen zu gestalten, die anschließend mit Blech- oder Aluminiumstreifen miteinander verbunden wurden.

Die Lösung, zwei Hälften des Gehäuses zu gestalten und diese wie die Schalen einer Muschel um den Motor zu legen, findet sich bei den meisten Mixern bis heute. Bei vielen Geräten verzichtet man jedoch auf die Blechklemmen als optisches Verbindungsstück zwischen den Gehäuseteilen zugunsten eines Pressrandes.

Beispiele dafür sind die Handmixer von Privileg und von der französischen Firma Moulinex. Ihre Gehäuse-

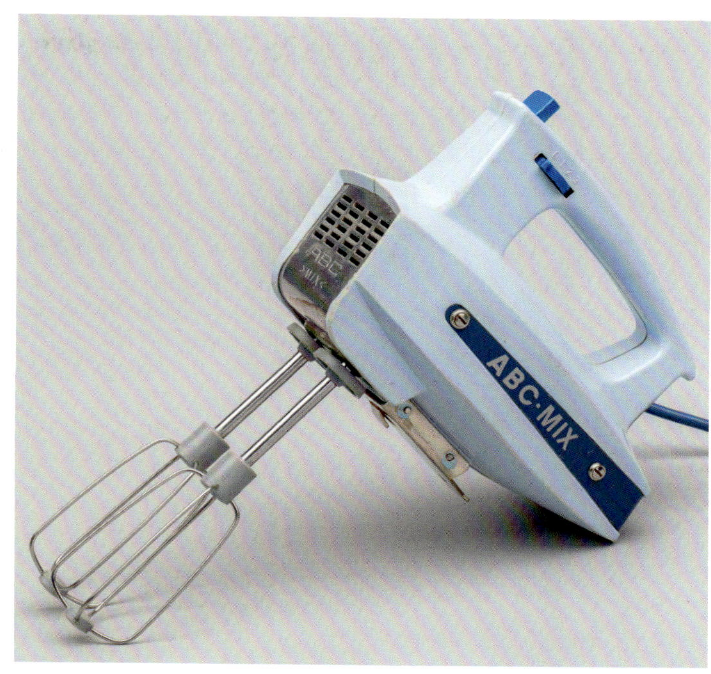

Handmixer *ABC-Mix*
Schlagfestes Polystyrol (PS), Polyvinylchlorid (PVC), Metall
Hersteller: ABC-Elektrogeräte Volz GmbH & Co.
Kirchheim unter Teck, Bundesrepublik Deutschland
1965–1975

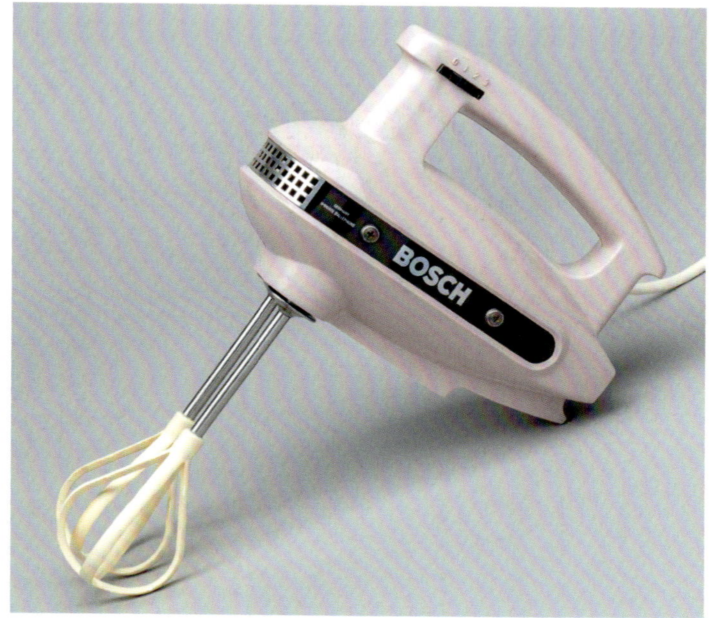

Handmixer
Polystyrol (PS), Polyethylen (PE), Polyvinylchlorid (PVC), Metall
Hersteller: Bosch Hausgeräte GmbH
München, Bundesrepublik Deutschland
1960–1965

hälften sind ohne den Einsatz von Klemmbacken verbunden, aber mit Schrauben gesichert. Obwohl keine funktionalen Klemmbacken mehr vorhanden sind, erscheint das auf der Seite angeschraubte Typenschild „Privileg I"

als optische Reminiszenz an die horizontalen Metallelemente des *Streamline*. Ebenso erinnern die „Füße" am hinteren Ende des Moulinex an Raketenleitwerke – ebenfalls ein häufiges Gestaltungselement des *Streamline*.

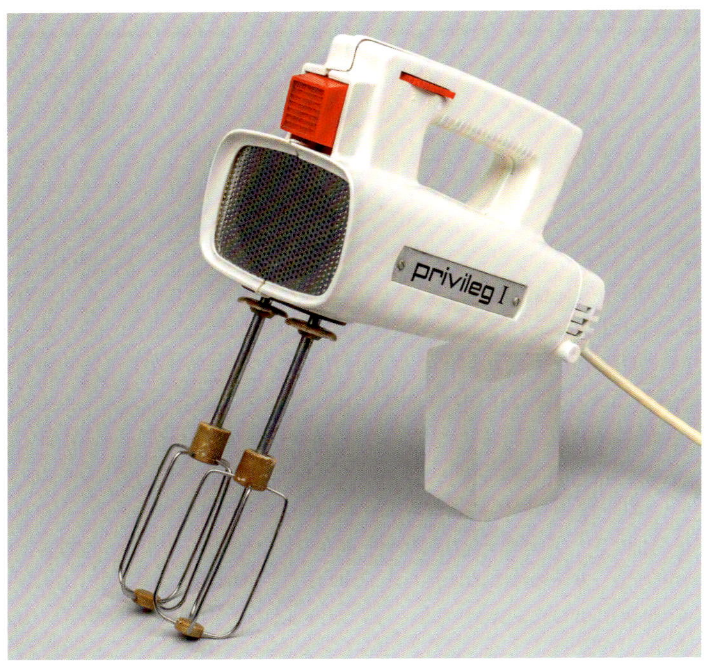

Handmixer Privileg I
Acrylnitril-Butadien-Styrol (ABS), Polyvinylchlorid (PVC), Metall
Hersteller: Quelle AG
Fürth, Bundesrepublik Deutschland
1960

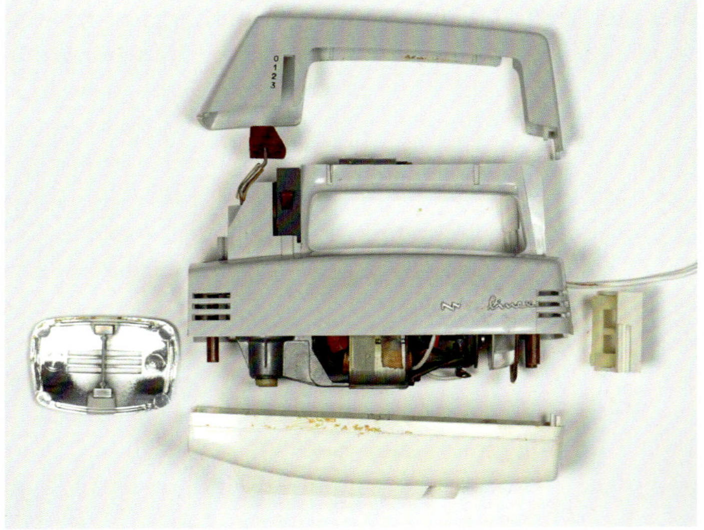

Handmixer
Acrylnitril-Butadien-Styrol (ABS), Polyvinylchlorid (PVC), Metall
Hersteller: Moulinex S. A.
Alençon, Frankreich
1964–1965

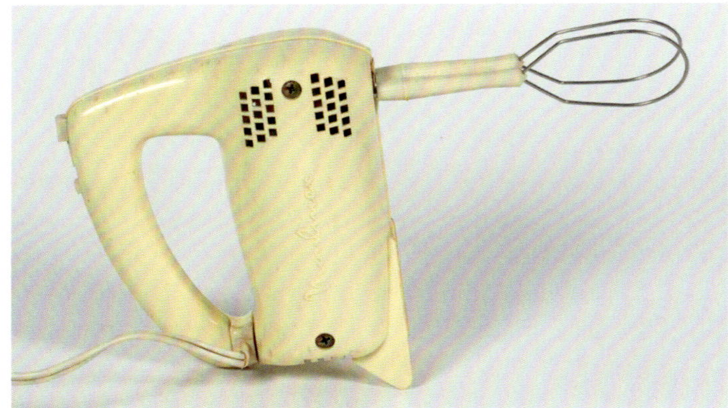

Handmixer
Polystyrol (PS), Polyvinylchlorid (PVC), Metall
Hersteller: Moulinex S. A.
Alençon, Frankreich
Ca. 1956–1965

Geöffneter Handmixer der Firma Moulinex.

Ein weiteres Gerät der Firma Moulinex folgt einem etwas anderen Konstruktionsprinzip. Das Gehäuse besteht aus einer Art Wanne, einem Deckel und einer Schiene, die zum Schluss über den Griff gelegt wird, um die darin laufenden Kabel zu verdecken. Im Vergleich zu den aus zwei Hälften geformten Rührgeräten ist zum einen das Zusammensetzen der Teile zeitaufwendiger – und somit weniger wirtschaftlich –, zum anderen bilden die übereinander gestülpten Teile scharfe überstehende Kanten am Korpus und am Griff des Geräts, was die Handhabung unangenehm macht.

Die Lüftungsschlitze

Wichtige funktionale Elemente, die bei der Konstruktion eines Gehäuses für jedes Elektrogerät berücksichtigt werden müssen, sind Öffnungen für die Lüftung, um die durch den Betrieb des Motors entstehende Wärme nach außen zu leiten. Diese Lüftungsöffnungen wurden zunächst mit Metallgittern geschlossen.

Für die Anbringung der gestalteten Lüftungsbleche galt es, eine Lösung zu finden. Das Moulinexgerät täuscht das Metallelement auf der Vorderseite nur vor, es ist aus Kunststoff gestaltet, der wegen seiner silbernen Farbigkeit an Metall erinnert. Das Element wird an den zusammengesetzten Gehäuseteilen in eine Nut gesteckt und von unten mit einer Schraube fixiert. Nun schützt es – wie der Kühlergrill eines Autos – die beiden rechteckigen Öffnungen zur Lüftung. Bei Bosch ist die Lüftung in die Klemmbleche integriert, die wiederum in einen Falz eingelegt und verschraubt sind. Interessant wird es bei dem Gerät von ABC; hier wurde das (Loch-)Blech in eine schmale Nut in den Gehäusehälften gesteckt. Auffällig ist beim ABC-MIX, dass die Gesamtform des Geräts und die schmale Nut für das Lüftungsblech eher ungünstig für das Material Kunststoff gestaltet wurden. Bei spritzgegossenen Gehäuseteilen können sich scharfe Ecken und Kanten negativ auf die Struktureigenschaften auswirken, da Spannungsspitzen entstehen, die zu einem frühzeitigen Materialversagen führen können.

Die Kombination der Lüftungsschlitze mit Metallelementen könnte neben der besonderen Ästhetik technische Gründe haben. Die frühen Elektromotoren produzierten aufgrund geringerer Effizienz mehr Wärme und man hatte vielleicht die Befürchtung, dass der Kunststoff zu heiß werden könnte. Bei Thermoplasten – und nur bei diesen – stellt dies tatsächlich ein Problem dar, da sie im Gegensatz zu Duromeren bei Temperatureinwirkung wieder aufschmelzen können.

Die Herstellung und Montage der zusätzlichen Metallelemente bedeutete natürlich einen zusätzlichen Arbeitsaufwand, den man im Sinne einer rationellen Produktion einsparen wollte. Bei den späteren Beispielen werden die Lüftungsschlitze direkt in das Kunststoffgehäuse integriert.

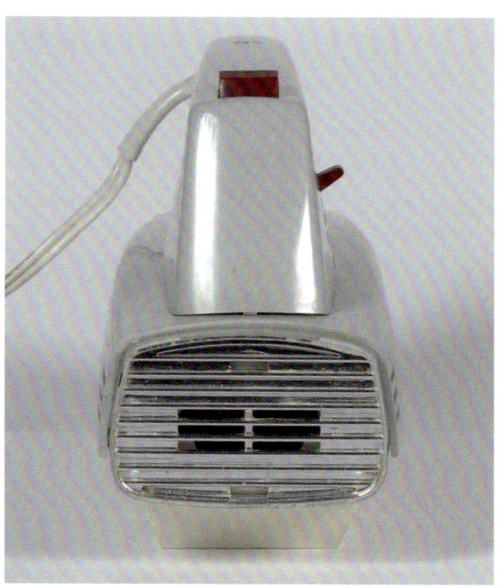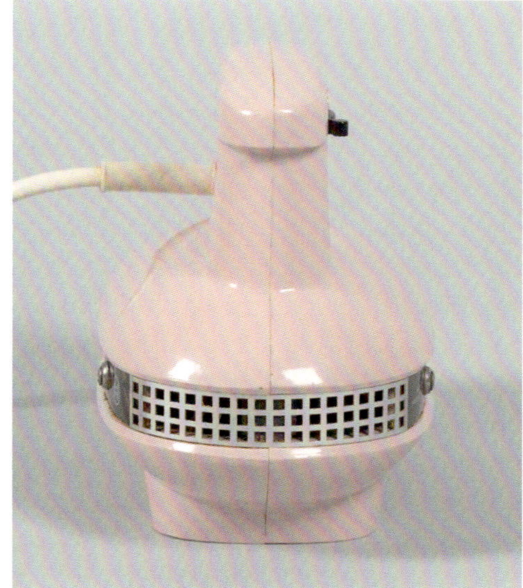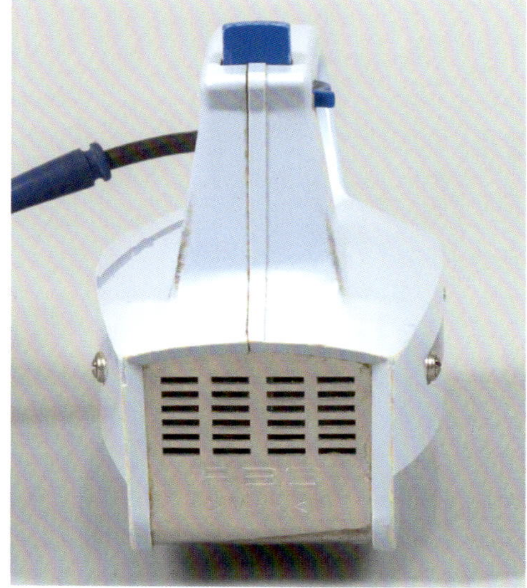

Verschiedene Gestaltungsansätze für die Lüftungsschlitze an Mixern.

Die Griffe

Außer den Belüftungselementen haben sich weitere gestalterische oder ergonomische Aspekte des *Streamline* bis in die 1970er Jahre hinein gehalten. Die Griffe diverser Gegenstände, von Massagerollern über Kaffeekannen bis hin zu Bügeleisen und Mixern, sollten die Menschen dazu einladen, das Produkt anzuheben oder zu halten und zu bedienen. So haben viele *Streamline*-Objekte und solche, die von ihnen inspiriert sind, einen vorstehenden, nach hinten offenen Griff, wie am abgebildeten Mixer beispielhaft zu sehen ist.

Der offene Griff lässt Geräte optisch leichter und weniger schwerfällig erscheinen, was den Eindruck von Geschwindigkeit oder Dynamik, Kraft und Effizienz verstärkt. Konstruktiv spielt es keine Rolle, ob das Gehäuse nach dem Prinzip der zwei Schalen oder anders zusammengesetzt wurde; in beiden Fällen ist ein offener Griff möglich.

Eine Form etabliert sich: der Krups 3Mix

Das Industriedesign entwickelte sich, wie oben schon angedeutet, zunächst in den USA im Zuge der aufkommenden Konsumgesellschaft. Die Automobilindustrie avancierte zum Vorreiter und es war der Konzern General Motors, der 1926 zum ersten Mal eine Art Designabteilung einrichtete. Schnell zeigten sich die positiven Auswirkungen einer regelmäßigen Modellüberarbeitung. General Motors konnte so seinen Absatz erheblich steigern, woraufhin auch andere Branchen mehr Augenmerk auf die Gestaltung richteten[45].

Der Krups *3Mix* – der Name bezieht sich auf die drei Funktionen Rühren, Schlagen und Kneten – stellt die erste Zusammenarbeit der Firma Robert Krups in Solingen mit einem professionellen Produktgestalter dar. Werner Glasenapp entwarf 1958 das Gehäuse des Handrührgeräts, das 1960 auf den Markt kam.[46] Dieses Kunststoffgehäuse setzt sich aus zwei fast spiegelsymmetrisch gestalteten Spritzgussteilen zusammen. Die Vorder- und Rückseite bestehen aus Lochblechen aus Metall, die der

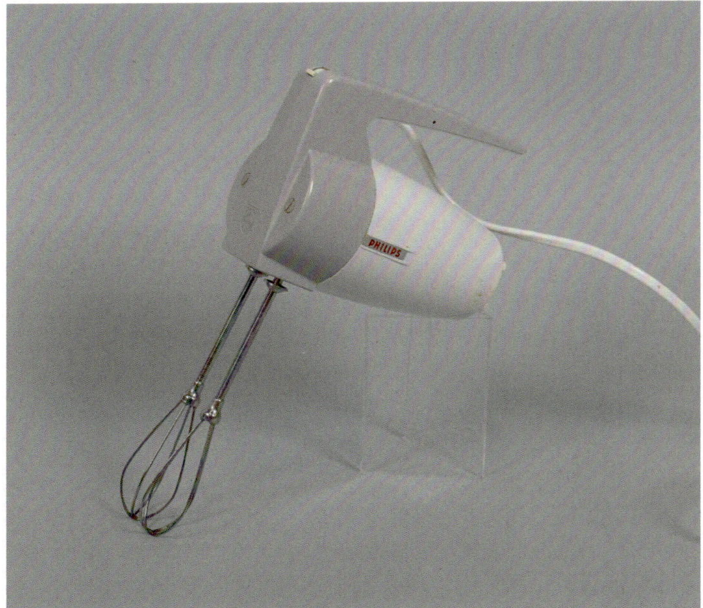

Elektrischer Mixer *Philips HM 3000*
schlagfestes Polystyrol (PS), Polyvinylchlorid (PVC), Metall
Hersteller: Philips N.V.
Hamburg, Bundesrepublik Deutschland
1955–1965

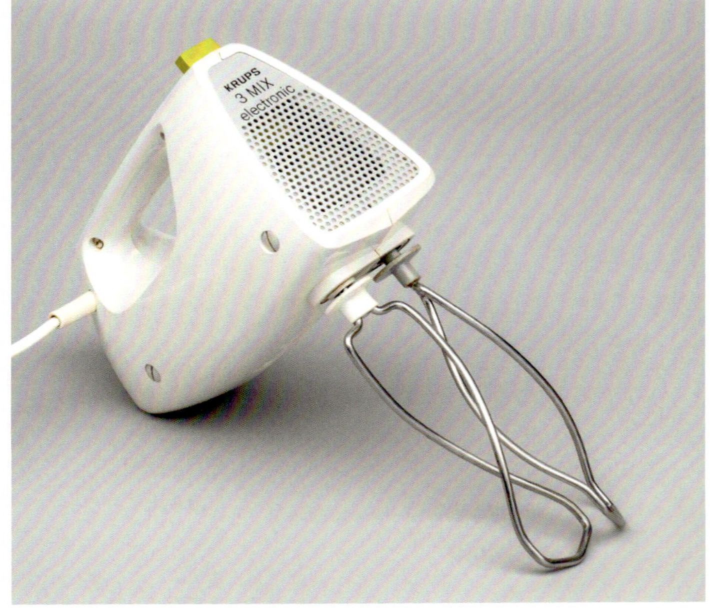

Elektrischer Mixer *Krups 3 Mix electronic*
schlagfestes Polystyrol (PS), Polyvinylchlorid (PVC), Metall
Entwurf: Werner Glasenapp, 1958
Hersteller: Krups GmbH & Co. KG
Solingen, Bundesrepublik Deutschland
1960–1970

Lüftung des Motors dienen. Die Bleche sind, ähnlich wie bei dem ABC-Mix in eine Nut am Rand der Kunststoffteile so eingepasst, dass sie nicht eigens von Schrauben an ihrem Platz gehalten werden müssen. Ein Antrieb mit Anschlussmöglichkeit für weitere Zusatzgeräte, wie einen Pürierstab oder einen Rührbecher, ist in die Rückseite integriert und mit einer kreisrunden Kunststoffkappe verschlossen. Die Bedienungselemente – An- und Ausschalter für drei Geschwindigkeiten und der Auswurfknopf für die Rührelemente – sind oben in rechtem Winkel zur Längsachse angebracht und können sowohl von Rechtsals auch von LinkshänderInnen mit dem Daumen bedient werden, während das Gerät am Griff gehalten wird. Im Vergleich zu den noch recht uneinheitlichen, kleinteilig gegliederten Mixern anderer Hersteller, die stark an amerikanische Vorbilder erinnern,[47] wirkt der Krups-Mixer optisch wesentlich ruhiger.

Das geöffnete Gehäuse offenbart eine regelrechte Landschaft aus Schraubenkanälen und Stegen. Sie sorgen für die Stabilität des Geräts und sind für die sichere Montage der technischen Elemente wie Antrieb, Schalter und Verbindungskabel unabdingbar. Der zur Verfügung stehende Raum scheint optimal ausgenutzt, wobei sich ein Vorteil des geschlossenen Griffs zeigt: Er kann als Kabelkanal genutzt werden, durch den die Stromzufuhr vom Anschlusskabel zum Motor geführt wird.

Die Innenseite der Spritzgussteile lässt die Frage aufkommen, wer letztlich für die Gestaltung dieses technischen Konsumguts verantwortlich war. Beteiligt waren sicherlich nicht nur IngenieurInnen, die sich mit der Gestaltung des Innenraums befassten, sondern auch KunststoffexpertInnen, die eine Form für die sichtbare Außenhülle und ebenso für die technischen Details finden mussten. Hinzu kamen die DesignerInnen, die eine Rolle bei der Gestaltung der Außenhülle spielten. In einer Imagewerbung der Firma Krups aus den 1970er Jahren heißt es: „Nur ein echtes Zusammenwirken von Konstruktion und Design ergab eine optimale Lösung. Nicht die ‚Design-Idee' war es, sondern konsequente Gestaltungs-‚Arbeit'."[48]

Mit seiner Mischung aus Funktionalität und organischem Aufbau repräsentiert der *3Mix* den Ende der 1950er Jahre herrschenden Zeitgeist. Im Laufe der 1960er wurde er zum Verkaufsschlager und überschritt 1965 die Grenze von zwei Millionen produzierten Einheiten.[49] Der Erfolg bewog Krups schon 1962 zur Einrichtung einer eigenen Designabteilung[50] und der erste *3Mix* begründete eine ganze Produktreihe, die für die gestalterischen Lösungen anderer Hersteller Vorbildcharakter hatte. Vor allem das zweischalige Kunststoffgehäuse mit einem als Henkel geformten Griff fand zahlreiche Nachahmer.

Die hauseigene Abteilung für Produktgestaltung zeichnete auch verantwortlich für die Überarbeitung des Gehäuses und den Ausbau zum System nach etwa zehn Jahren auf dem Markt. Die geschwungenen Linien des ersten Modells, die noch ein wenig an den Trend zur Nierenform der späten 1950er erinnern, sind bei den Modellen der 1970er Jahre begradigt. Die Metallbleche fielen weg, die Vorder- und Rückseite werden von den beiden Hälften des Kunststoffgehäuses gebildet. Aus den Lüftungslöchern des Vorläufers sind Schlitze geworden, ergänzt um weitere Schlitze an den Seiten. Eine praktische Veränderung findet sich auch auf der Rückseite, wo die Anschlussöffnung für den Pürierstab nun nicht mehr durch eine separate Kappe, die leicht verloren gehen kann, geschützt wird, sondern durch ein Schiebeelement. Zudem sind die beiden Bedienelemente nebeneinander parallel

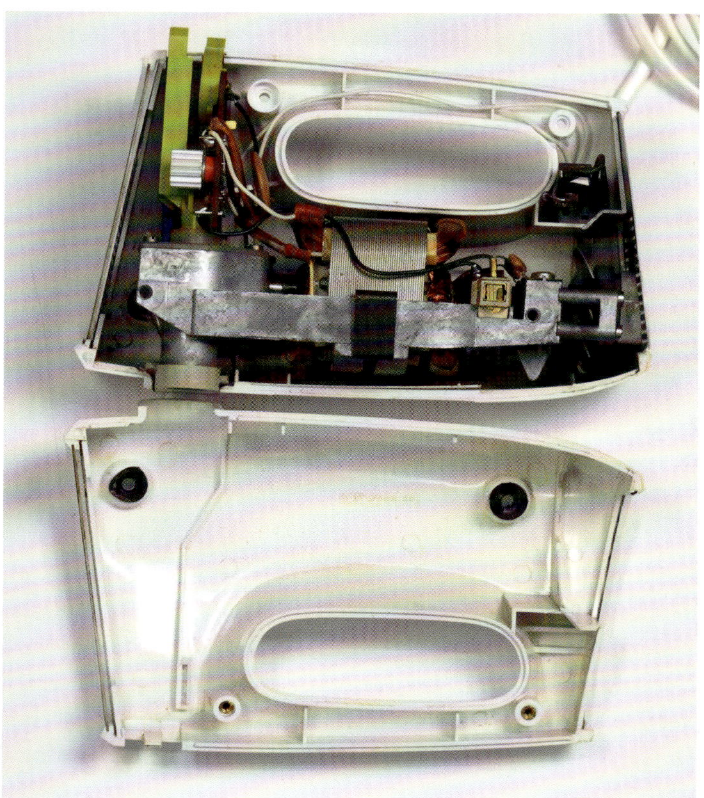

Blick ins Innere des *Krups 3 Mix electronic*.

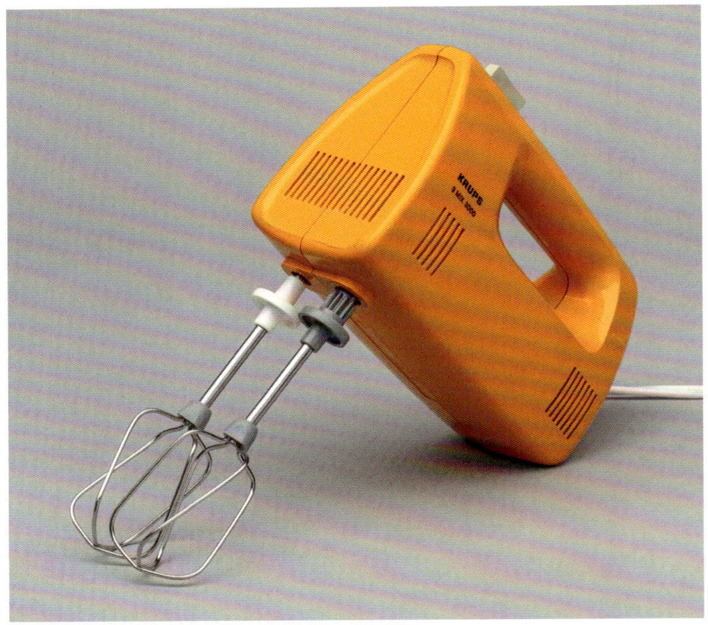

Elektrischer Mixer *Krups 3 Mix 30003*
Acrylnitril-Butadien-Styrol (ABS), Polyvinylchlorid (PVC), Metall
Werksentwurf 1970
Hersteller: Krups GmbH & Co. KG
Solingen, Bundesrepublik Deutschland
1978–1983

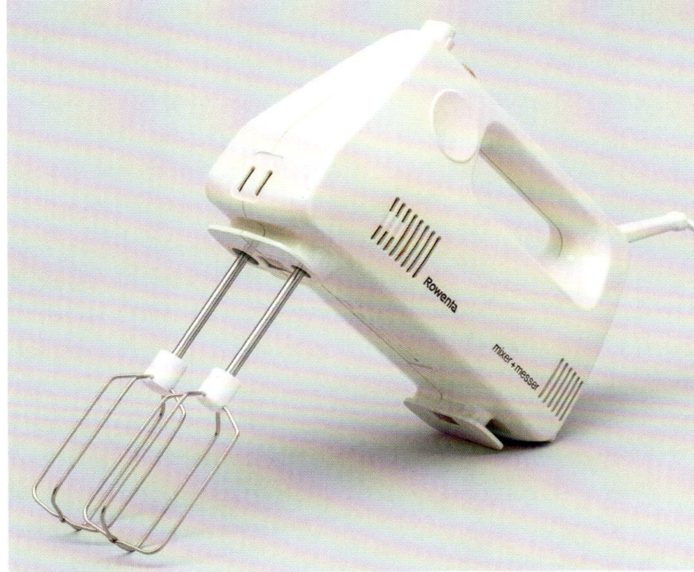

Elektrischer Mixer *Rowenta Mixer-Combi*
Acrylnitril-Butadien-Styrol (ABS), Polystyrol (PS), Polyvinylchlorid (PVC), Metall
Werksentwurf 1978
Hersteller: Rowenta Werke GmbH
Offenbach am Main, Bundesrepublik Deutschland
1980–1990

zur Längsachse des Geräts angebracht. Zum klassischen Weiß kommen die für die 1970er typischen Trendfarben Sonnengelb, Orange und Schokoladenbraun.

Ein Beispiel für ein Gerät, das den Krups *3Mix* zum Vorbild hatte, ist die dargestellte Mixer-Kombination von Rowenta aus dem Jahr 1978. Statt mit der Anschlussmöglichkeit für verschiedene Mix- und Rührelemente wurde das Handrührgerät mit der Option ausgestattet, es in ein elektrisches Messer zu verwandeln. Ende der 1970er Jahre war der Markt für die reinen Handrührgeräte in der Bundesrepublik offensichtlich schon so eng geworden, dass man mit dieser Funktionsintegration ein Alleinstellungsmerkmal schaffen wollte.[51] Trotz der etwas anderen Funktionen kann die Gestaltung des Gehäuses von Rowenta die Nähe zum Krups-Gerät nicht verleugnen.

Auch in der DDR wird die Gestaltung des *3Mix* aus zwei Schalenhälften aufgegriffen: Der seit Ende der 1970er Jahre produzierte Handmixer *RG 28* der VEB Elektrogeräte Suhl zeigt in dem Zusammenhang deutliche Ähnlichkeit mit dem Produkt aus Solingen. Das Kunststoffgehäuse aus zwei Hälften ist vergleichbar, der Anschluss für Zusatzgeräte befindet sich aber an der Vorderseite und wird durch einen herausnehmbaren Kunststoffdeckel geschützt. Bis 1990 war dieses Modell außerordentlich erfolgreich, es wurden etwa 18 Millionen Stück produziert, viele davon waren für den Export in den Westen bestimmt.[52] Das in der Sammlung befindliche Beispiel ist ein Zeugnis dieser deutsch-deutschen Wirtschaftsgeschichte. Ein aufgeklebtes Schild mit dem Markennamen *Privileg* zeigt, dass das Produkt über das Versandhaus Quelle in Fürth in der Bundesrepublik verkauft wurde. Quelle erwarb häufig große Kontingente von Elektrogeräten aus DDR-Produktion und vertrieb sie unter seiner Eigenmarke.

1984 überarbeitete Krups den *3Mix* erneut. Es wurden jetzt zwei Versionen angeboten: eine kleine für die klassischen drei Funktionen, der *3Mix 2000*, und eine größere mit Anschlussmöglichkeiten für Zusatzgeräte. Das Ziel der Überarbeitung war die Verbesserung der Gebrauchseigenschaften unter Beibehaltung des typischen Erscheinungsbildes für Krupsgeräte.[53] Besonders gegenüber dem Vorgänger hervorzuheben sind der schräg gestellte Griff, der eine natürlichere Haltung von Handgelenk und Arm erlauben soll, und die Einziehung am Ende des Gehäuses, die ein sicheres Aufrollen des Kabels zulässt,

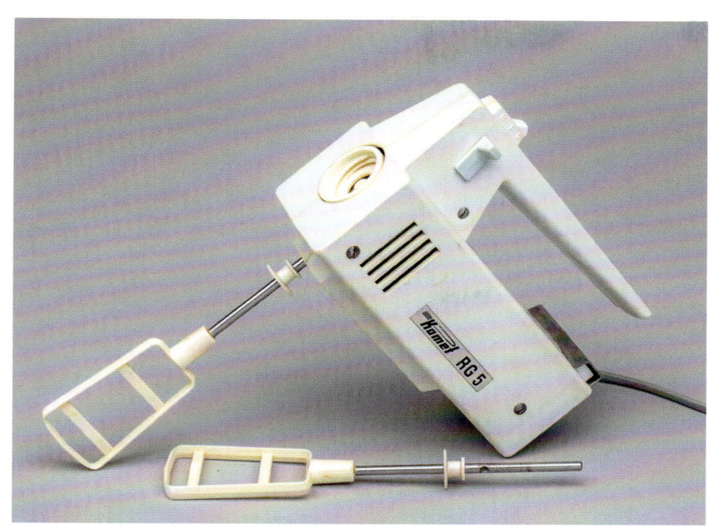

Handmixer *Komet RG 5*
Acrylnitril-Butadien-Styrol (ABS), Polyvinylchlorid (PVC), Metall
Hersteller: VEB Elektrogeräte Suhl
Suhl, Deutsche Demokratische Republik
1965–1967

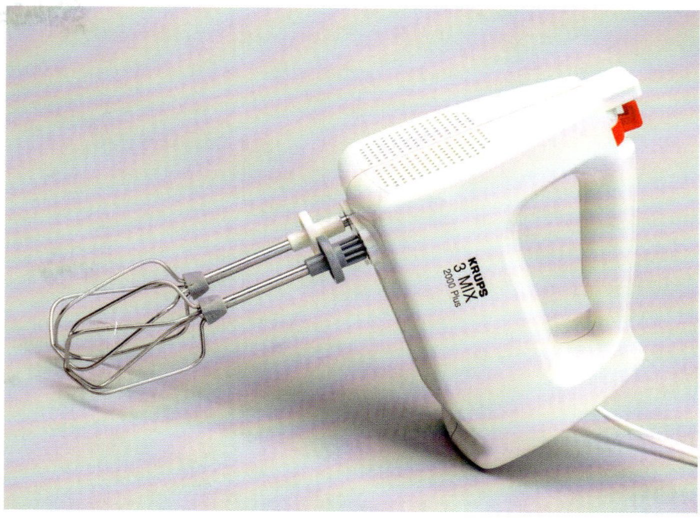

Elektrischer Mixer *Krups 3Mix 2000 Plus*
Entwurf: Rudolf Maaß; Klaus Limberg, 1984
Hersteller: Krups GmbH & Co. KG
Krupswerk Limerick, Irland
1990–1991

ohne dass es nach hinten abrutschen kann.[54] Vom *Vorax* bis zu diesem ergonomisch durchdachten Gerät hat sich auf der Suche nach der optimalen Form einiges getan.

Die Bedienelemente sind wieder im rechten Winkel zur Längsachse angebracht, vor allem der große Knopf für den Auswurf der Rührelemente ist auffällig. Der Umriss ist weniger rechteckig und das Gehäuse hinten etwas schmaler als an der Vorderfront. Zusammen mit dem schräg gestellten Griff entsteht wieder ein organischerer Gesamteindruck, wie beim ersten Krups *3Mix* von 1960. Auch die kreisförmigen Lüftungsöffnungen beziehen sich auf das ältere Gerät, wo sie ebenfalls an der Vorder- und Rückseite angebracht waren. Dies ist aber nur ein Merkmal des einfacheren Basisgeräts *3Mix 2000 Plus*. Beim Modell *3Mix 4000*, das ebenfalls über den Anschluss an der Rückseite verfügt, befinden sich Lüftungsschlitze an der Seite.

Die neue Version des Erfolgsmodells anvancierte erneut zum Vorbild für Produkte anderer Hersteller. Das Modell von Siemens ist im Umriss sehr ähnlich, verfügt es doch auch über einen schräg angesetzten Griff und die Einziehung am hinteren Ende, die zum Aufrollen des Kabels dient. Das Kabelende lässt sich hier sogar sicher durch eine Lasche an der Unterseite des Geräts festklemmen, sodass es sich nicht von allein abrollen kann.

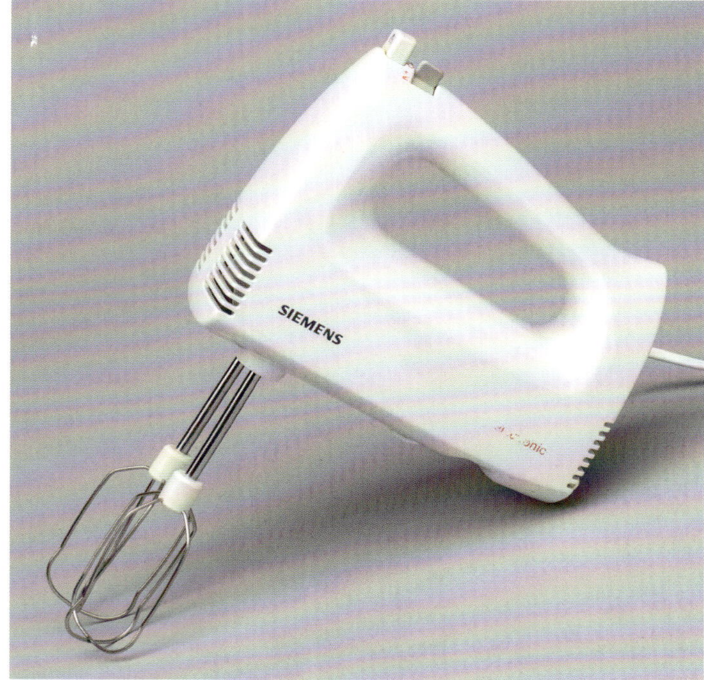

Elektrischer Mixer *Siemens HR13EH*
Acrylnitril-Butadien-Styrol (ABS), Polyvinylchlorid (PVC), Metall
Hersteller: Siemens Electrogeräte GmbH
Material: ABS, Metall
München, Bundesrepublik Deutschland
1985–1995

Das Konzept des Krups *3Mix* erweist sich – sowohl in der Gestaltung als auch der Konstruktion – bis heute als tragfähig. Der Aufbau des aktuellen Modells *3Mix 7000* besteht immer noch aus den zwei Kunststoffschalen, die entlang der Mittellinie zusammengeführt werden. Doch im Hinblick auf die Funktionalität erscheint das Gerät fast wie ein Rückschritt. Es erreicht weder die konsequente Funktionalität des *3Mix* aus den 1970ern noch die formale Eleganz der Modelle aus den 1960er und 1980er Jahren. Es fehlt die ausgeklügelte Ergonomie des Griffs und auch die Einziehung für das Aufrollen des Kabels ist nicht mehr vorhanden.

Krups wurde 1991 durch den französischen Wettbewerber Moulinex übernommen und nach dessen Insolvenz 2001 von der Groupe SEB gekauft,[55] die 1988 schon den traditionsreichen Haushaltsgerätehersteller Rowenta in Offenbach übernommen hatte[56]. Ob diese Veränderungen in den Besitzverhältnissen den innovativen Schub im Design der Traditionsmarke Krups zum Erliegen gebracht haben, lässt sich derzeit nicht einschätzen.

Der M 1/11 von Braun

Etwa zur gleichen Zeit wie der Handmixer von Krups kam mit dem *M 1/11* das erste Handrührgerät der Firma Braun auf den Markt.[57] In Konstruktion und Formfindung beschritt Braun allerdings völlig andere Wege.

Das spritzgegossene Gehäuse für den Motor setzt sich aus einer unteren Wanne und einem Deckel zusammen, die Naht verläuft horizontal. Das Konstruktionsprinzip des Gehäuses gleicht jenem des grauen Moulinex-Geräts. Der Deckel des Braun *M 1/11* mit dem nach hinten offenen Griff ist in einem Stück gefertigt. Die Herstellung des Deckels mit dem Griff erfordert ein komplexeres Formwerkzeug mit Schiebern, da der Handgriff sonst nicht zu entformen wäre. Die Trennlinie des Spritzgussteiles verläuft am unteren Rand. Den Einsatz eines Schiebers belegt ein hauchdünner Wulst entlang der senkrechten Mittellinie an der Vorderseite und auf der Gehäuseoberseite, wo bei der Produktion die Schieberhälften zusammengekommen sind und sich ein wenig Material in den Spalt gedrückt hat. Das Gehäuse ist nach geometrischen Prinzipien aufgebaut, der rechte Winkel dominiert. Damit fügt sich das Gerät in die Vorstellung von einem

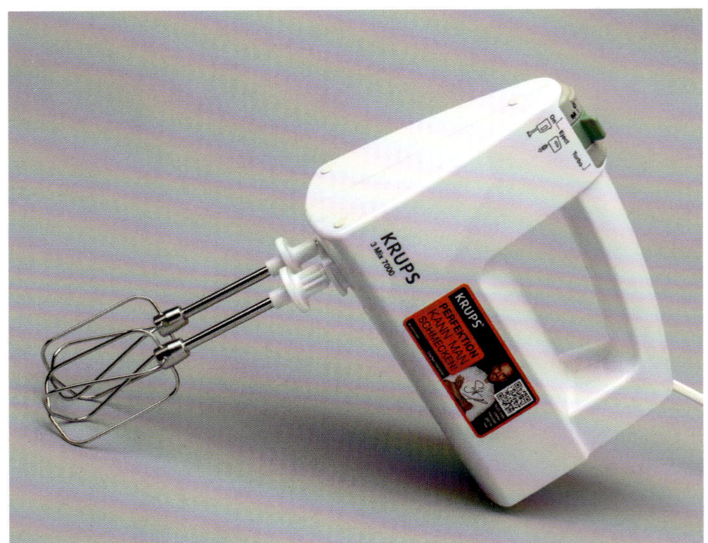

Elektrischer Mixer *Krups 3Mix 7000*
Acrylnitril-Butadien-Styrol (ABS), Polyvinylchlorid (PVC), Metall
Hersteller: Krups GmbH; Groupe SEB
Volksrepublik China
2019

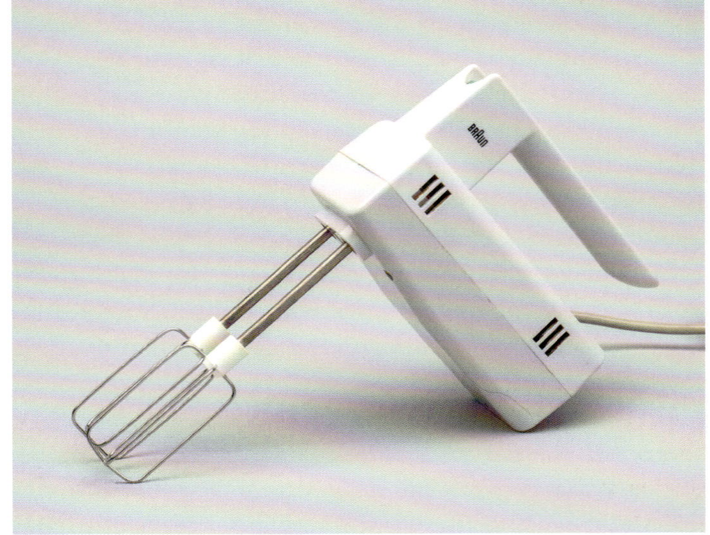

Handmixer *Braun M1/11*
Polystyrol (PS), Polyvinylchlorid (PVC), Metall
Entwurf: Gerd A. Müller, 1960
Hersteller: Braun AG
Frankfurt am Main, Bundesrepublik Deutschland
1960–1965

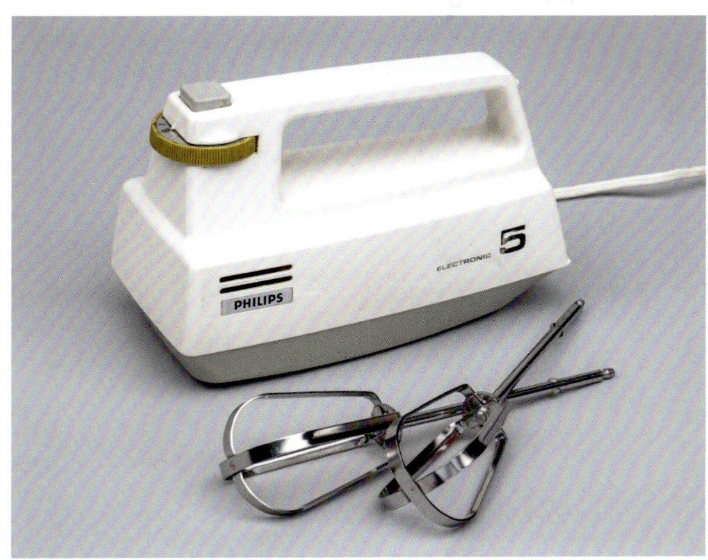

Handmixer *Philips Electronic 5*
Acrylnitril-Butadien-Styrol (ABS), Polyvinylchlorid (PVC), Metall
Hersteller: Philips N.V.
Eindhoven, Niederlande
1965–1975

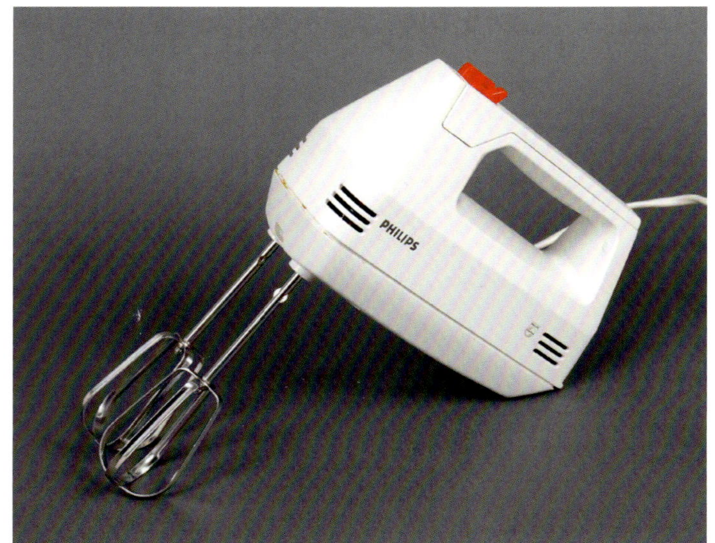

Handmixer
Acrylnitril-Butadien-Styrol (ABS), Polyvinylchlorid (PVC), Metall
Hersteller: Philips N.V.
Eindhoven, Niederlande
1965–1975

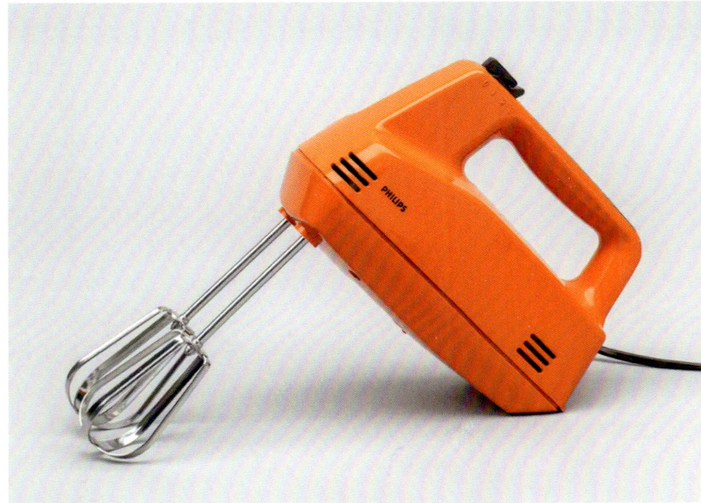

Handmixer
Acrylnitril-Butadien-Styrol (ABS), Polyvinylchlorid (PVC), Metall
Hersteller: Philips N.V.
Eindhoven, Niederlande
1975–1985

Vom seitlichen Umriss her annähernd gleich, aber in konstruktiver Hinsicht anders als der *M1/11* ist der gezeigte Handmixer *Komet* der VEB Elektrogeräte Suhl aus dem Jahr 1968. Er verfügt zwar über ein ähnlich quaderförmiges Gehäuse mit nach hinten offenem Griff wie das Braun-Gerät, besteht aber wie viele andere Handrührgeräte aus zwei Hälften, die an der senkrechten Mittelnaht verbunden sind. So erledigt sich das Problem, bei der Herstellung mit Schiebern arbeiten zu müssen. In diesem Fall scheint eine große optische Nähe gewollt, aber die Konstruktionsweise des Gehäuses wurde nicht übernommen.

Das Prinzip einer oberen und unteren Gehäusehälfte mit horizontaler Naht findet sich dagegen bei den Geräten wieder, die Philips ab den 1960er Jahren auf den Markt brachte, wenngleich der offene Griff aufgegeben wurde. Hier war wieder ein Werkzeug mit Schiebern notwendig, wie die Grate entlang der senkrechten Mittellinie belegen. Die Konstruktion erinnert an die des Braun *M 1/11*; der geschlossene Griff und der sich nach oben verjüngende Querschnitt ähneln eher den Produkten von Krups.

Die Konstruktion des Gehäuses nach dem Prinzip von Wanne und Deckel hatte möglicherweise Vorteile bei der Endmontage, sodass es von Braun und Philips eingesetzt wurde, obwohl die Herstellung der Spritzgussteile sich

„Neofunktionalismus" nach dem Zweiten Weltkrieg in Deutschland nahtlos ein.[58] Dies trug wohl dazu bei, dass sich der *M 1/11* 1961 als einziger Handmixer unter den in der „Deutschen Warenkunde" als vorbildlich vorgestellten Produkten fand.[59]

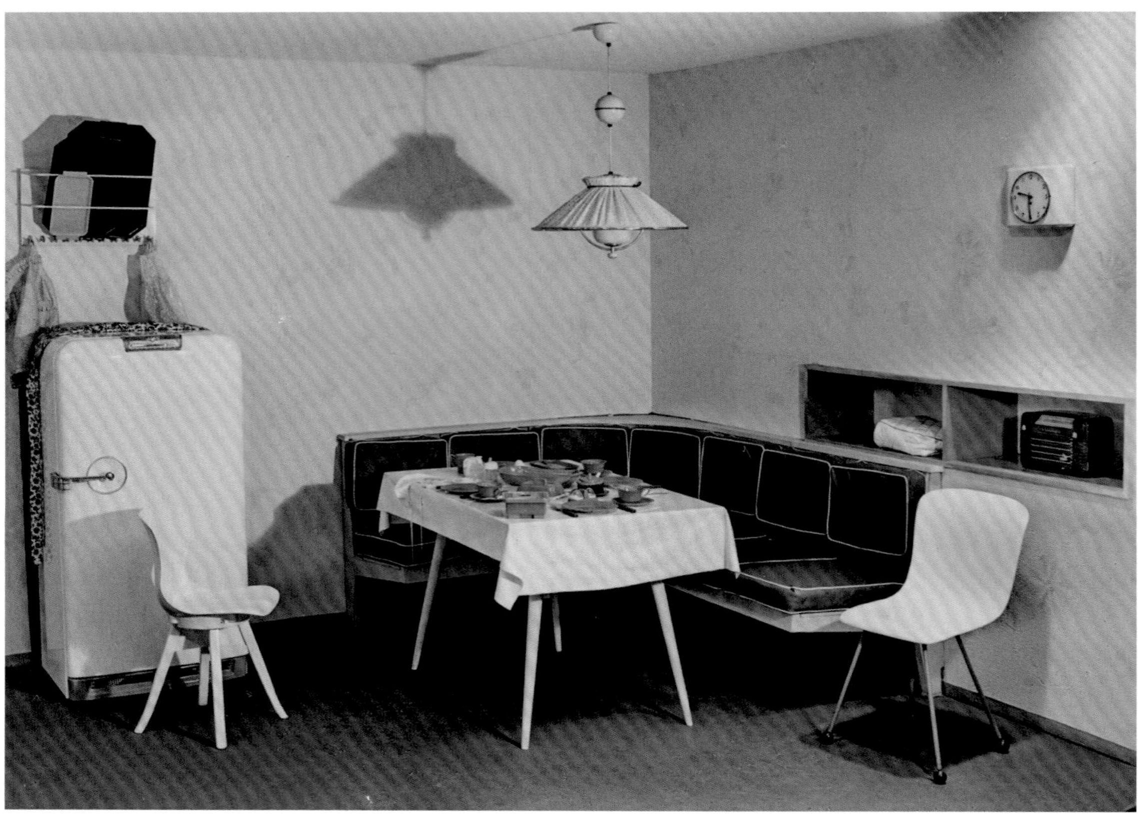

Aufnahme der Präsentation auf der K 52
zum Thema *Lehrschau Kunststoffe*
in Düsseldorf
Fotografie
1952

dadurch ein wenig komplizierter gestaltete. Der niederländische Hersteller Philips hatte seit den 1920er Jahren ein Werk in Hamburg und damit eine starke Präsenz in Deutschland, einem nach 1945 wichtigen Absatzmarkt. Insofern ist die Nähe zu deutschen Produkten in Konstruktion und Gestaltung nachvollziehbar.

Auf dem Weg zu Effizienz und „guter Form"

Der vollelektrische, rational durchgestaltete Haushalt als professionalisierter Arbeitsplatz der Hausfrau ließ noch geraume Zeit auf sich warten. Obwohl Produzenten schon Ende der 1930er Jahre erkannten, dass die Herstellung von Konsumgütern wie Haushaltsgeräten eine Chance bot, die Umsätze zu steigern, scheiterte eine Verwirklichung nach wie vor an der unzureichenden Elektrifizierung der deutschen Haushalte.[60] Der Vorax-Mixer ist in mancher Beziehung typisches Produkt einer Konzeption der 1930er Jahre. Das Kerngeschäft von Vorax in Rheydt waren Elektromotoren, die Firma war kein typischer Produzent von Haushaltsbedarf.[61]

In den 1950er Jahren gewann in der Bundesrepublik der Außenhandel an Bedeutung und außer den klassischen Exportwaren wie Investitionsgüter und Fahrzeuge spielten Elektrogeräte eine größere Rolle. Bei der Gestaltung griff man zunächst auf bewährte Muster aus der Vorkriegszeit zurück,[62] was für die Produkte der Kunststoffbranche ebenfalls gilt. Die auf dem gedeckten Tisch in der „Lehrschau Kunststoffe" 1952 gezeigten Gegenstände gehen auf Entwürfe aus der Vorkriegszeit zurück.[63]

Die erste Exportmesse, die 1949 deutsche Produkte in den USA präsentierte, konfrontierte produzierende und exportierende Firmen mit der Rückständigkeit deutscher Waren im Vergleich zum Weltmarkt.[64] Auf der Messe sah man, welch große Bedeutung dem *Industrial Design*, der Gestaltung von Konsumgütern als Verkaufsförderung, in den USA eingeräumt wurde. Eine vom Bundesverband der deutschen Industrie (BDI) und dem Rationalisierungskuratorium der Deutschen Wirtschaft (RKI) organisierte Studienreise in die USA 1954 verdeutlichte den Teilnehmenden zwei Notwendigkeiten: Es brauchte eine professionelle, moderne Gestaltung der eigenen Produkte und ein klares Berufsbild des Industriedesigners / der Industriedesignerin mit einer entsprechenden Ausbildung.[65]

Dass vor diesem Hintergrund die Gestaltung der elektrischen Handmixer in den 1950er Jahren noch stark von Vorbildern aus den USA geprägt war, ist kaum verwunderlich. Wie oben im Kontext des *Streamline*-Stils beschrieben: Geschwungene, sich nach hinten verjüngende Formen, Grate und Auswüchse, die an Autokarosserien oder Raketen erinnern, und glänzende Metallelemente für Lüftungsgitter und Typenschilder sollten Assoziationen von Dynamik und Geschwindigkeit hervorrufen.

Doch ging man dann schnell eigene Wege, wie unter anderem die Mixgeräte illustrieren. Ende der 1950er Jahre ging man zu einer eher sachlichen Formgebung über. Ein Grund dafür dürften die grundlegend anderen Marktbedingungen in Europa im Vergleich zu den USA gewesen sein. Im Nachkriegseuropa, vor allem in Deutschland, ging es nicht um die Schaffung von Kaufanreizen in einem Überangebot an Waren. Es waren nicht genügend Geräte am Markt, um die Nachfrage zu befriedigen, also war es für die Hersteller zunächst nicht notwendig, sich durch eine ausgefallene Gestaltung von den Konkurrenzprodukten abzusetzen. Zudem bestanden in den USA und Europa historisch bedingt höchst unterschiedliche Designkulturen.[66]

Als Ausgangspunkt der Gestaltung von Industrieprodukten konnten die Prinzipien des Deutschen Werkbunds und des Bauhauses in der Weimarer Republik dienen. Diese Überlegungen zu einer versachlichten, von dekorativen und historisierenden Elementen bereinigten Form wurden in der Nachkriegszeit wieder aufgegriffen und von der Ulmer Hochschule für Gestaltung (HfG) verwissenschaftlicht.[67] Der sogenannte Neofunktionalismus, der auch mit dem Begriff der „guten Form" verbunden wird, kristallisierte sich als dominierende Richtung heraus. Die Produkte der Firma Braun gelten als typische Vertreter.[68]

Ergonomie

Zum einen versachlichte sich also die äußere Erscheinung im Sinne der „guten Form". Zum anderen wurden die Bedienelemente funktional weiterentwickelt und vereinheitlicht. Bei den Rührgeräten der 1950er Jahre befindet sich oft noch ein Regler auf der linken Seite.

Ein/e RechtshänderIn kann das Gerät am Griff halten und mit dem Daumen an- und ausschalten bzw. die Geschwindigkeit regeln. Für eine/n LinkshänderIn ergibt sich die Schwierigkeit, dass er oder sie den Daumen auf der falschen Seite über den Handgriff strecken muss, um den Regler zu erreichen. Das ist zwar nicht unmöglich, aber zwingt zumindest zu einer ungünstigeren Haltung des Handgelenks. Die Bedienung zum Auswurf der Rührbesen und Knethaken ist oft noch wenig durchdacht und erfordert beide Hände – eine hält das Gerät, die andere muss einen Knopf an der Vorder- oder Unterseite drücken. Die Bedienbarkeit mit einer Hand setzt sich dauerhaft durch, indem Regler und Auswurftaste vorne auf der Oberseite des Griffs angebracht werden, sodass es keine Rolle mehr spielt, ob das Gerät in der linken oder rechten Hand gehalten wird. Hier waren wieder Krups und Braun Vorreiter, deren Anordnungen weitgehend von den anderen Herstellern aufgegriffen wurden.

In der farblichen Gestaltung wurden die Pastelltöne der 1950er weitgehend von einem sachlichen Weiß oder Hellgrau abgelöst, mit mehr oder weniger auffälligen farbigen Akzenten. Die experimentierfreudigen 1970er Jahre wiesen eine größere Farbenvielfalt auf. Zudem kamen funktionale Neuigkeiten auf wie die Möglichkeit, das Anschlusskabel aufzurollen. Insgesamt wirkten beim technischen Konsumgut Handrührgerät die Prinzipien der „guten Form" in Deutschland lange nach, wenngleich auf anderen Gebieten das eher vom Marketing und wechselnden Moden bestimmte „Styling" dominierte.[69] Noch 1984 wurden die Prinzipien der „guten Form" im Katalog einer Ausstellung mit Industriedesign aus der Bundesrepublik, organisiert vom Rat für Formgebung in Leipzig und Berlin, fast unverändert vertreten.[70]

Es ist auffallend, wie ähnlich sich die verschiedenen Modelle der deutschen Hersteller dann doch waren. Angesichts der Fülle an annähernd identischen Geräten fragt man sich, wie die VerbraucherInnen zu einer Kaufentscheidung kommen konnten. Hier spielten drei Aspekte eine Rolle: erstens das Angebot von Zubehör, das Zusatzfunktionen erlaubte, zweitens der Preis und drittens das Markenimage, das entweder durch gezielte Werbung oder den in anderen Geschäftszweigen erworbenen guten Ruf generiert wurde.

Anfang des 21. Jahrhunderts zeichnen sich auf dem Gebiet der Zubereitung von Nahrungsmitteln zwei gegenläufige Trends ab, die die Konstruktion und Gestaltung von Küchengerätschaften beeinflussen: einerseits die Tendenz zum schnellen, unkomplizierten Convenience-Produkt, das vor dem Verzehr kaum Zubereitungszeit erfordert, andererseits das Kochen als Lifestyle-Event, zelebriert mit Muße und nicht unerheblichem zeitlichen und finanziellen Aufwand. Hier dürften den technischen Küchenhelfern aus Kunststoff noch spannende Entwicklungen bevorstehen.

Neue Möglichkeiten: Mehrkomponenten-Spritzgießen

Den Forderungen nach komplexeren Geometrien und einer größeren Eigenschaftsvielfalt folgend, wurde das Spritzgießverfahren seit den 1950er Jahren zu erweitern versucht. Ein naheliegender wirtschaftlich oder funktionell bedingter Wunsch bestand darin, mehrere Komponenten im Spritzgießverfahren zu kombinieren. Seit 1949 ist das sogenannte Mehrkomponenten-Spritzgießen bekannt. Entwickelt wurde das Verfahren von der GITS Molding Corporation in Chicago (US256803A).[71] Bereits die erste Maschine, die hierfür zur Verfügung stand, war vollautomatisch. Das Verfahren wurde mit dem Ziel entwickelt, zusätzliche Fügeschritte zu vermeiden. Eine frühe Anwendung für das Mehrkomponenten-Spritzgießen bestand in der Herstellung zweifarbiger Tasten für Schreib- und Rechenmaschinen.

Beim Mehrkomponenten-Spritzgießen wird zunächst ein Vorspritzling erzeugt, an den in einem nächsten Prozessschritt eine weitere Kunststoffkomponente angespritzt wird. Die für dieses Sonderverfahren benötigten Spritzgießmaschinen unterscheiden sich von Standard-Spritzgießmaschinen vor allem in der Anzahl der Spritzeinheiten, die der Anzahl der zu verarbeitenden Komponenten entspricht. Die grundsätzliche Abweichung zum Standardspritzgießen liegt jedoch in der Werkzeugtechnik. Beim Mehrkomponenten-Spritzgießen muss das Werkzeug speziell auf den Prozess ausgelegt sein. Da zwei unterschiedliche Kunststoffschmelzen nacheinander in das Werkzeug eintreten, muss der Hohlraum der Form veränderlich sein oder es werden zwei separate Werkzeuge eingesetzt. Für die Herstellung der abgebildeten Servierschüssel ist das letztere Vorgehen zu vermuten. Das erste Formnest lässt die weiße Schmelze nur den weißen Teil füllen. Durch Umsetzen in ein anderes Formnest des bereits abgekühlten weißen Teils verbleibt noch ein

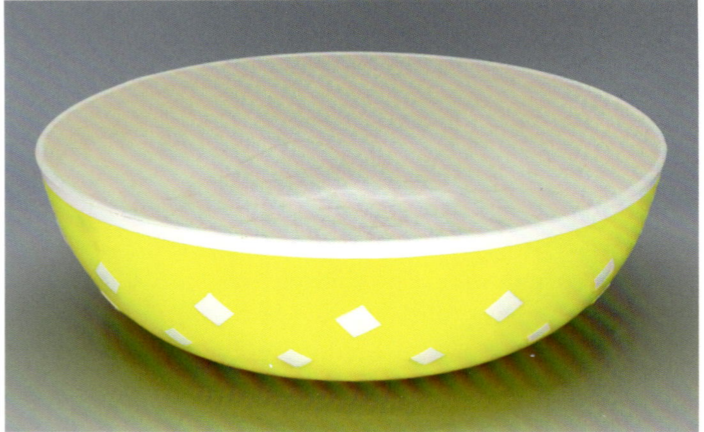

Servierschüssel
Polyethylen (PE)
Hersteller: Biodrak
Griechenland
um 1960

Spalt, der durch das zweite Spritzaggregat mit der gelben Schmelze gefüllt wird. Diese verschweißt sofort mit dem weißen Teil.

Die Schüssel ist ein frühes Beispiel für den Einsatz des Mehrkomponenten-Spritzgießens. Indiz dafür ist die zum Teil unsaubere Formtrennung zwischen den beiden Komponenten. Es ist zu erkennen, dass das von der weißen Komponente erzeugte Muster mancherorts stark über die Oberfläche der gelben Komponenten hinausragt.

Objekte, die im Mehrkomponenten-Spritzguss hergestellt werden, sind heute allgegenwärtig. Ein modernes Beispiel für die Anwendung des Verfahrens sind Zahn-

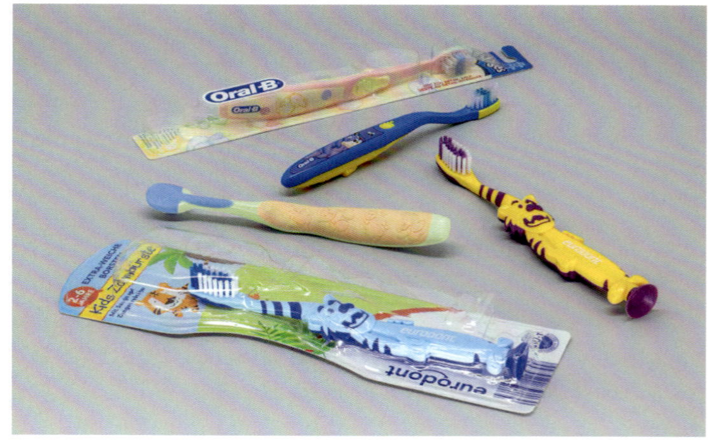

Zahnbürsten verschiedener Produzenten, hergestellt im Mehrkomponenten-Spritzgussverfahren

bürsten. Es bietet zum einen die Möglichkeit, die Zahnbürste mehrfarbig zu gestalten. Zum anderen hat die Verwendung von zwei oder mehr Komponenten meist einen funktionalen Hintergrund. Bei der Zahnbürste wird im Bereich des Kopfes eine Hartkomponente verwendet, die für eine hohe Steifigkeit sorgt und eine gute Griffigkeit gewährleistet. Am Übergang zwischen Kopf und Griff wird dagegen häufig eine Weichkomponente, bestehend aus einem thermoplastischen Elastomer, eingesetzt. Die Weichkomponente soll für eine gewisse Nachgiebigkeit des Bürstenkopfes sorgen und damit die Verletzungsgefahr verringern.

Hohlkörper durch Blasformen

Neben dem Spritzgussverfahren gehört das Hohlkörperblasen den wichtigsten Verarbeitungsverfahren von Thermoplasten. Inspiriert ist es vom lange zuvor bekannten Glasblasen.

Für das Blasformen geeignete Thermoplaste sind rar und bis in die 1930er Jahre kam nur Cellulosenitrat infrage. Die Anwendung beschränkte sich zunächst auf technische Teile oder Spielzeug.[72] So konnten Babyrasseln oder Tierfiguren mit diesem Verfahren in großer Menge und Formenvielfalt hergestellt werden. Puppen aus Cellulosenitrat waren im Vergleich zu den empfindlichen Modellen mit Köpfen und Gliedmaßen aus Biskuitporzellan wesentlich leichter, bruchsicherer und preiswerter. Unter dem Markennamen *Schildkröt* stellte die Rheinische Gummi- und Celluloid-Fabrik (RGCF) in Mannheim schon ab 1896 Puppen im Blasformverfahren her. Man legte Röhren aus Celluloid in Formen aus Bronze, die erhitzt und unter hohem Druck geschlossen wurden. Dann blies man heißen Wasserdampf in die Form, sodass der Kunststoff weich wurde und sich wie eine Haut an das Innere der Form anschmiegte. Nach dem Abkühlen wurde die Form geöffnet und man erhielt einen Puppenrohling, der nur noch an den Nähten von überschüssigem Material gesäubert werden musste.[73] Bei der Stehpuppe wurden Kopf, Körper und Beine in einem Arbeitsgang im Blasformverfahren hergestellt, lediglich die beweglichen Arme mussten nachträglich montiert werden.

Das Pressblasen erlaubte einen immensen Formenreichtum und ebnete der industriellen Massenherstellung den Weg. Die Puppen aus dem neuen Material wa-

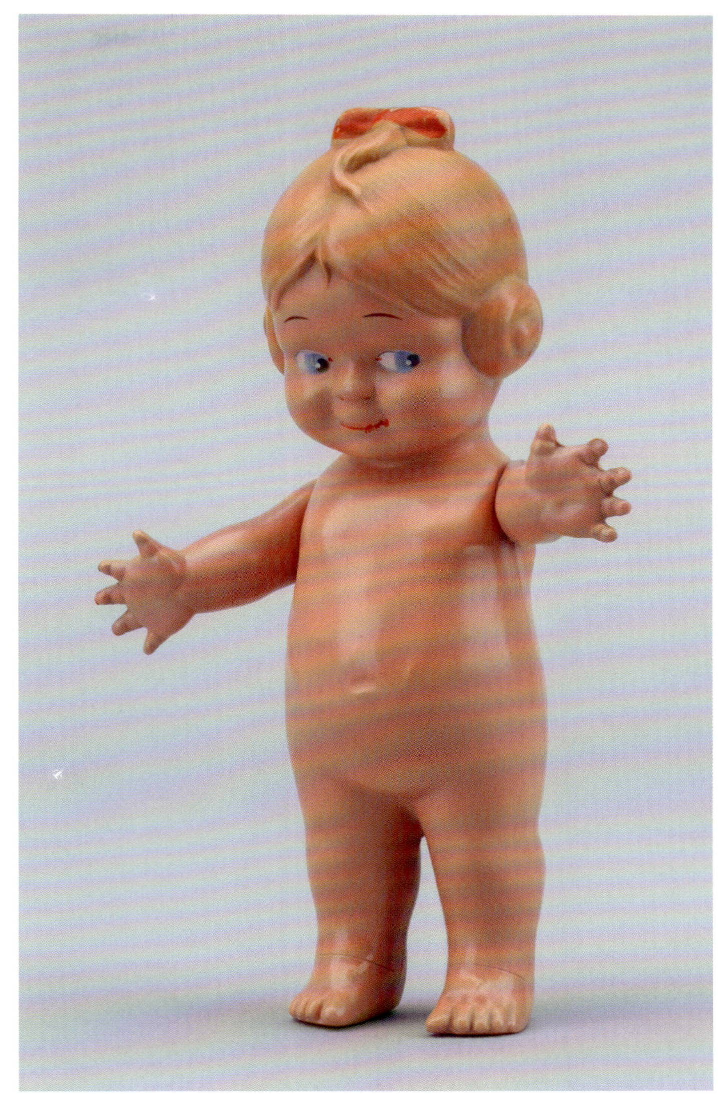

Standpuppe *Mädi*, Cellulosenitrat
Hersteller: Schildkröt Rheinische Gummi- und Celluloid-Fabrik
Mannheim, Bundesrepublik Deutschland
1953

ren abwaschbar und wurden explizit als unzerbrechlich beworben. So stieg die RGCF schnell zum Marktführer für Spielwaren aus Celluloid auf. In den wirtschaftlich schwierigen Zeiten nach dem Ersten Weltkrieg produzierte das Unternehmen neben den klassischen Puppenmodellen mit beweglichen Köpfen und Gliedmaßen eine Reihe an bemalten Standpüppchen. Ihre Herstellung war unkompliziert: Man fertigte eine Vorder- und eine Rückseite, die miteinander verklebt wurden. Unterschiedliche Farben des Materials und die Bemalung ermöglichten die Produktion zahlreicher Variationen.[74]

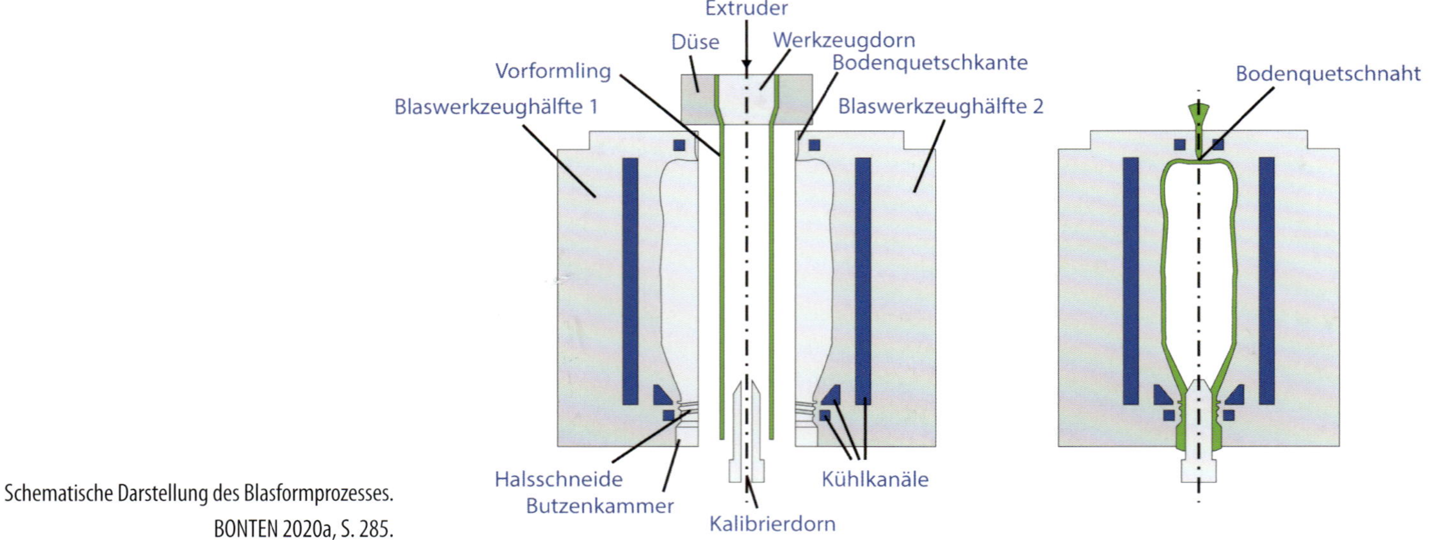

Schematische Darstellung des Blasformprozesses.
BONTEN 2020a, S. 285.

Extrusionsblasformen von Thermoplasten

Mit dem Aufkommen der modernen Thermoplaste seit den 1930er Jahren, vor allem von Polyethylen und Polypropylen sowie Weich-PVC, erschlossen sich ganz neue Anwendungen für die Herstellung von Hohlkörpern aus Kunststoff durch Blasformen. Das spiegelt sich nicht zuletzt im rasanten Anstieg der Anzahl an Patenten und Maschinen wider – sowohl in den USA als auch in Europa.[75]

Der zuvor beschriebene Prozess zur Herstellung von Hohlkörpern ähnelte eher der Metallumformung. Erst 1949 wurde er von den Brüdern Hagen weiterentwickelt, die die erste Extrusionsblasformmaschine vorstellten.[76] Extrusionsblasformen ist ein Verfahren zur Erzeugung von Hohlkörpern aus thermoplastischen Kunststoffen, bei dem der Kunststoff in Granulatform mittels eines Extruders aufgeschmolzen und einer Düse zugeführt wird, die einen schlauchförmigen Vorformling ausbildet. Der Vorformling wird anschließend vom zweiteiligen Formwerkzeug umschlossen. Im nächsten Schritt wird er mittels Druckluft durch einen sogenannten Blasdorn aufgeblasen, sodass er sich auf die Innenkontur des Werkzeugs legt und sie abformt. Nachdem das Material ausreichend abgekühlt ist, öffnet sich das Werkzeug und das Bauteil kann entnommen werden. Die Grafik zeigt eine Schnittdarstellung der Form mit dem Vorformling im Inneren links und dem geformten Hohlkörper rechts.

Ein charakteristisches Merkmal mittels Extrusionsblasformen hergestellter Hohlkörper ist die sogenannte Quetschnaht. Diese entsteht, indem der Vorformling von dem sich schließenden Werkzeug abgequetscht wird (siehe Seite 113).

Die Spielzeugente aus Polyethylen entstand mit diesem Verfahren in einer zweiteiligen Form, in der jeweils zwei Exemplare in einem Arbeitsgang gefertigt wurden.

Blasfähiges Polyethylen stand in Europa etwa ab 1950 in ausreichender Menge für die industrielle Massenproduktion zur Verfügung.[77] Die weit fortgeschrittene amerikanische Technik zur Herstellung von Flaschen aus Kunststoff war allerdings auf wenige Anwender beschränkt. In Deutschland hatte man nach dem Zweiten Weltkrieg keinen Zugang zum nötigen Know-how, sodass man eigene Wege bei der Entwicklung von Maschinen für das Hohlkörperblasen gehen musste. Das nun bereits hoch entwickelte Extrusionsblasformen konnte hier der Ausgangspunkt sein. Im Gegensatz zum Spritzblasen (US8180), das in den USA vorherrschte, erlaubte es eine größere Bandbreite in Bezug auf die Form und die Größe der Werkstücke.[78] Die Flasche aus säurebeständigem Polyethylen für die chemische Industrie, die 1950 von den Kautex-Werken in Bonn hergestellt wurde, ist ein Beispiel für das damals größenmäßig im Blasformverfahren maximal Machbare. Im privaten Bereich fanden kleinere Exemplare Verwendung.

Mit der Entwicklung des hochmolekularen Polyethylens Anfang der 1970er Jahre konnten noch einmal neue Standards im Bereich technischer Anwendungen für große im Blasformverfahren erzeugte Gegenstände erreicht

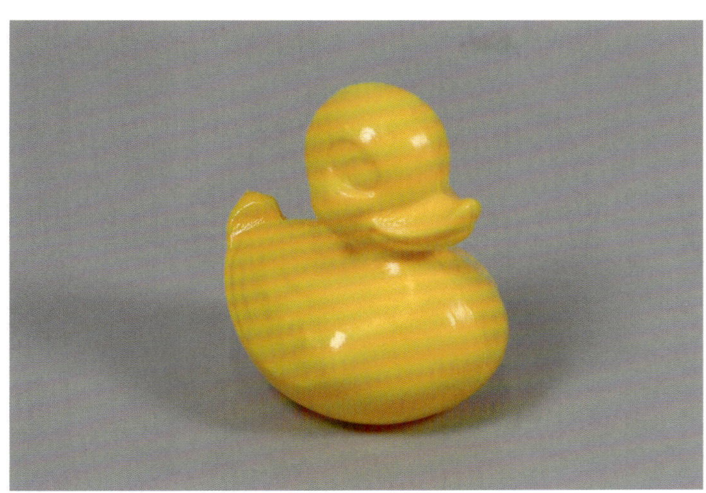

Spielzeugente
Polyethylen (PE)
Hersteller: Melk Spielwaren
Deutschland
2015

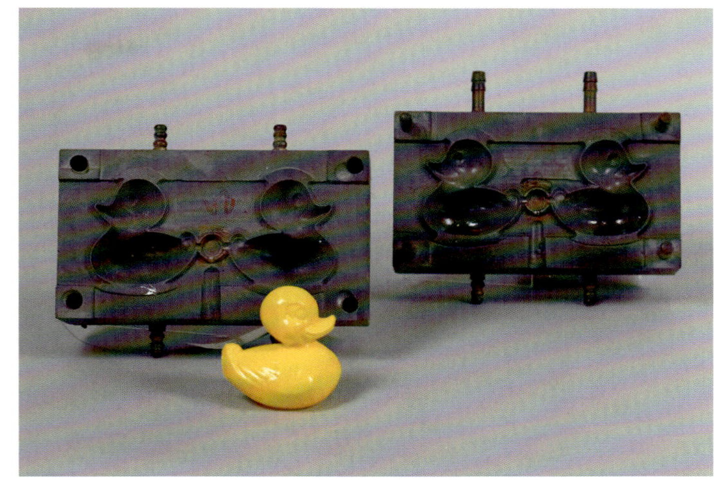

Formwerkzeug für Extrusionsblasformen
Stahl
Auftraggeber: Wilhelm Melk Spielwarenfabrik
Egelsbach, Bundesrepublik Deutschland
um 1960
LVR-Industriemuseum Oberhausen

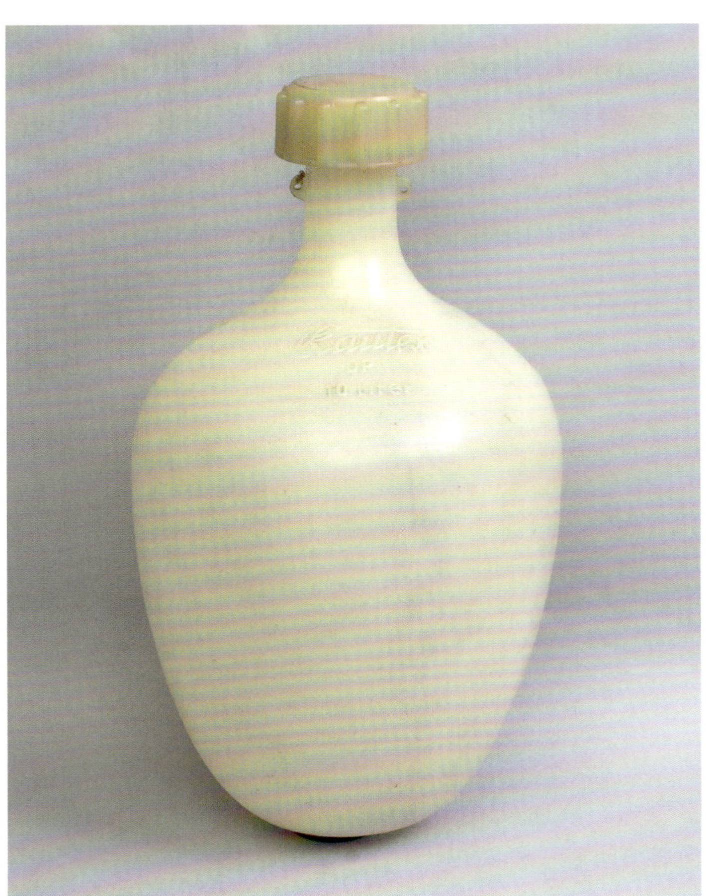

10-Liter-Flasche, Säureflasche
Polyethylen LD
Hersteller: Kautex Werke Reinhold Hagen GmbH
Bonn, Bundesrepublik Deutschland
1950

Formwerkzeug zur Herstellung der 10-Liter-Flasche der Kautex Werke

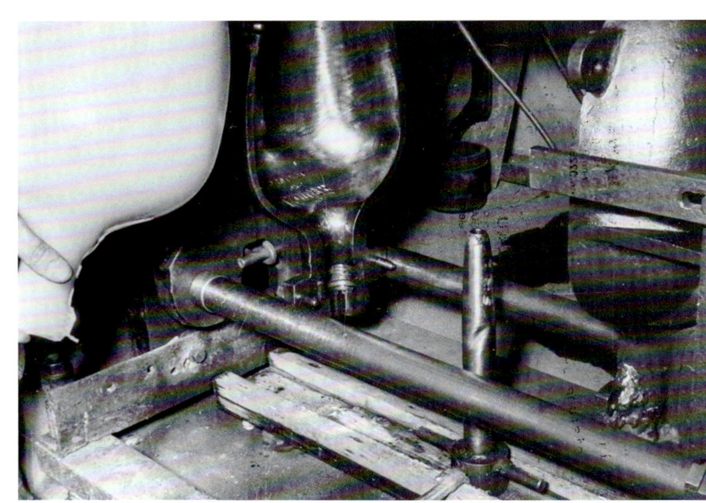

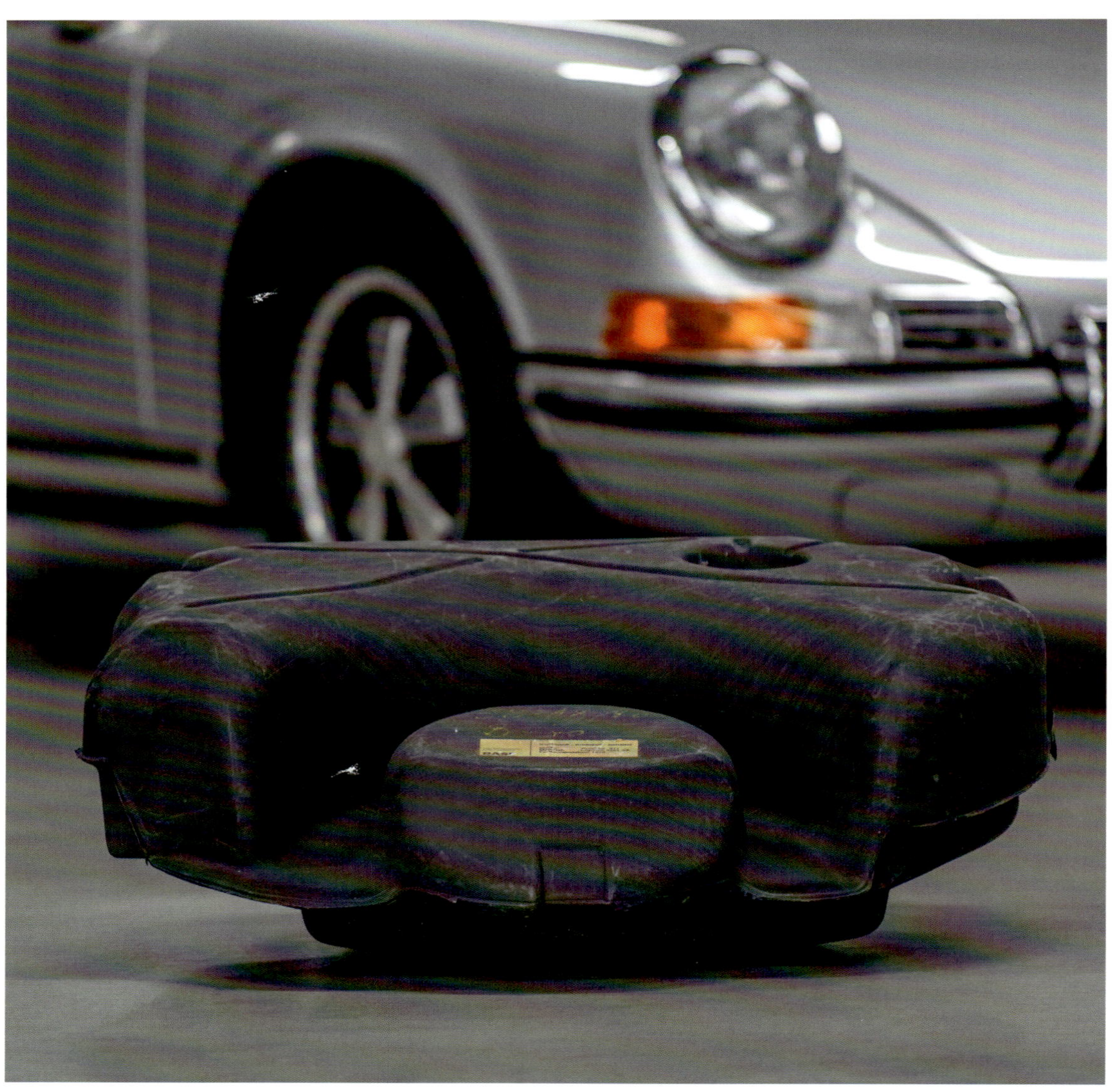

Tank für *Porsche 911*
Polyethylen HD
Hersteller: K. Kurz Hessentol KG
Ludwigshafen, Bundesrepublik Deutschland
1970

werden. Ein Beispiel ist einer der ersten Kraftstoffbehälter aus Kunststoff, der Tank für den Porsche 911, der mit dem von der BASF AG entwickelten hochmolekularen Polyethylen *Lupolen* hergestellt wurde.

An diesem Beispiel zeigt sich einmal mehr die Wechselwirkung zwischen Verarbeitungstechnik und Werkstoff. Für das pulvrige hochmolekulare Polyethylen mussten die MaschinenbauerInnen über neue Konzepte nachdenken, wollten sie die Substanz in der gewünschten Form verarbeiten können. Die besonderen Erfordernisse verhalfen jedoch neuen Standards zum Durchbruch, von denen die bisherigen Techniken ebenfalls profitieren konnten.[79] Blasgeformte Tanks sind heute Standard im modernen Automobilbau. Um die zahlreichen Sicher-

heits- und Umweltvorschriften zu erfüllen, weisen sie eine erhebliche Komplexität auf. Um die Diffusion von flüchtigen Kohlenwasserstoffen zu verhindern, werden sogenannte Mehrschichttanks eingesetzt. Diese bestehen neben dem Grundmaterial (in der Regel Polyethylen) aus Sperrschichten, die eine Diffusion von flüchtigen chemischen Verbindungen im Kraftstoff verhindern sollen.

Ein bekannter Designklassiker, der mittels Extrusionsblasformen hergestellt wird, ist das seit 1972 produzierte *Bobby-Car*.[80] Das Chassis dieses Kinderautos entsteht in einem Arbeitsgang als Hohlkörper, was den Vorteil hat, dass es leicht ist und keine Nahtstellen, Schrauben oder Klammern benötigt, die stets eine gewisse Verletzungsgefahr bergen.

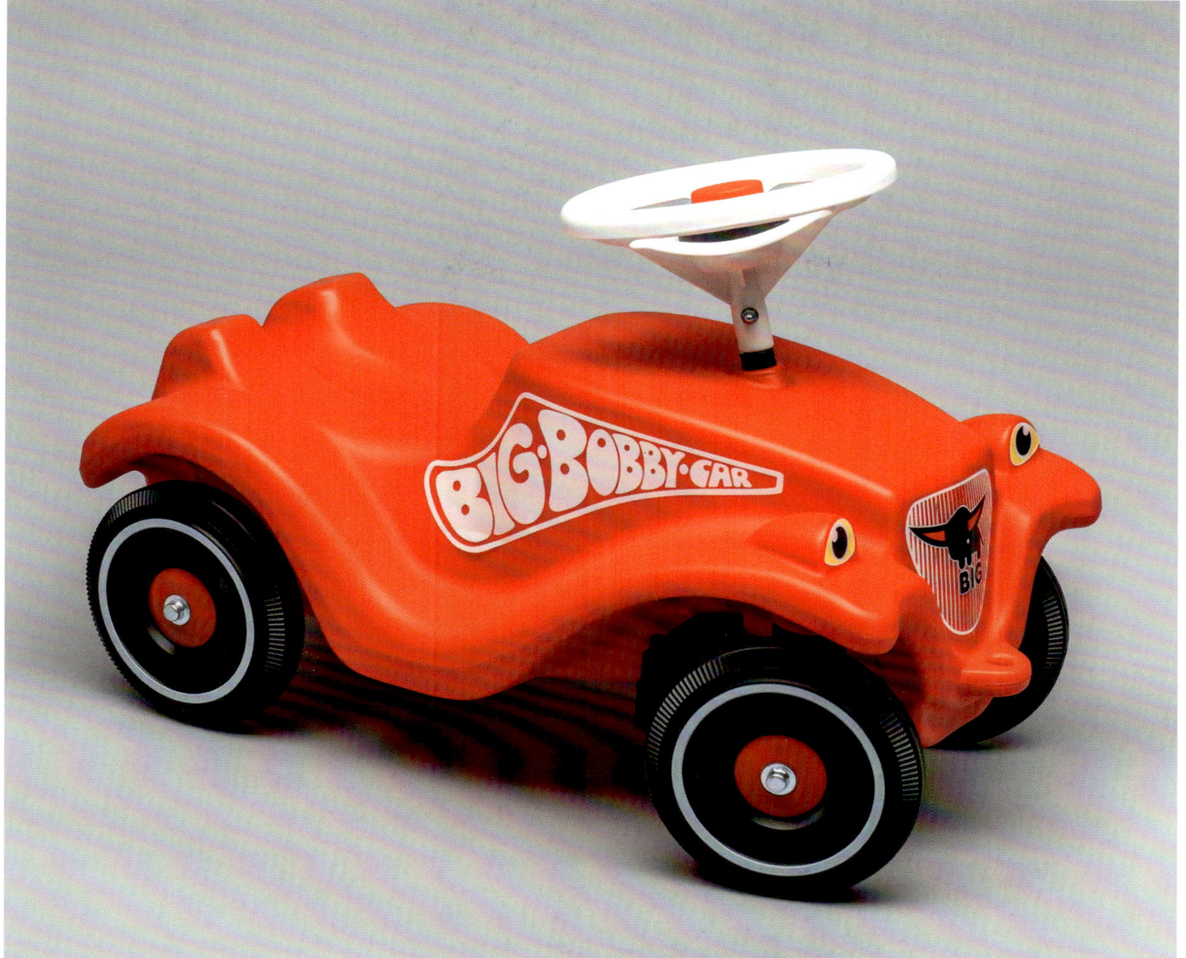

Rutschauto *Bobby-Car*
Polyethylen (PE), Elastomer, Metall
Entwurf: 1971
Hersteller: BIG Spielwarenfabrik GmbH & Co. KG,
Simba-Dickie-Group
Fürth, Bundesrepublik Deutschland
2015

Formen ohne Formwerkzeug

Die bisher vorgestellten Verfahren zur Formung von Kunststoffen waren immer abhängig von Formwerkzeugen aus Metall. In der Anschaffung relativ teuer, können diese sich nur amortisieren, wenn eine ausreichend hohe Stückzahl von Kunststoffteilen mit ihnen gefertigt werden kann. Individualisierte Stücke in kleinen Auflagen sind so kaum vorstellbar.

Seit etwa den 1990er Jahren entwickeln sich technische Verfahren zur Verarbeitung von Kunststoffen, die eine stärkere Individualisierung von Produktionsprozessen ermöglichen, da sie nicht auf Formwerkzeuge im herkömmlichen Sinne angewiesen sind. Diese additiven Verfahren werden meist unter dem Begriff des 3D-Drucks subsumiert, obwohl es sich um unterschiedliche Techniken handelt.

3D-Druck – Stereolithografie

Bei der Herstellung von Kunststoffprodukten sind die Investitionskosten für das Formwerkzeug sehr hoch. Das Interesse daran, Kunststoffe auf andere Art in Form zu bringen, war dementsprechend groß. Die digitale Revolution in der Industriegesellschaft der 1990er Jahre versprach eine Lösung.[81] Die Entwicklungen in der Mikroelektronik führten zu immer leistungsfähigeren Mikroprozessoren, die große Datenmengen in kürzester Zeit verarbeiten können.[82] Die Fertigung erfolgt nicht mehr auf Grundlage von Zeichnungen auf Papier, sondern mithilfe sogenannter CAD-Dateien (CAD für Computer Aided Design)[83] in digitaler Form.

Ein Schädelmodell aus dem Jahr 1998 ist ein Beispiel für ein Produkt, das im 3D-Druckverfahren entstand.[84] Das medizinische Modell stammt vom CP-Centrum für

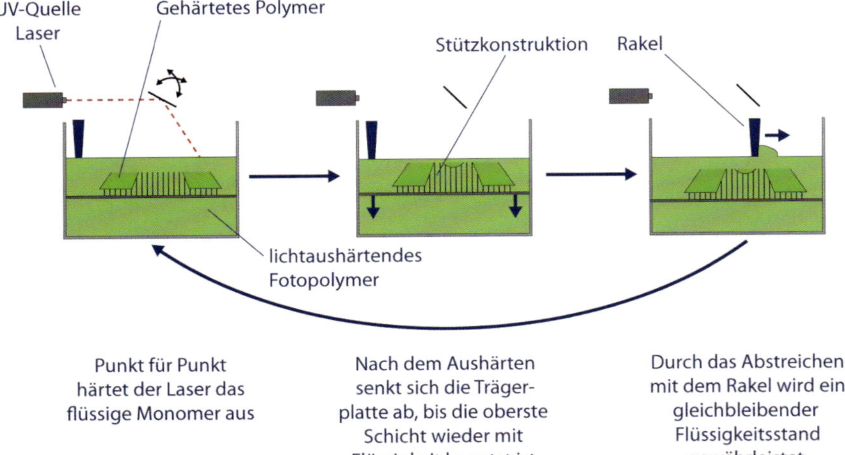

Prinzip der Stereolithographie.
BONTEN 2020a, S. 436.

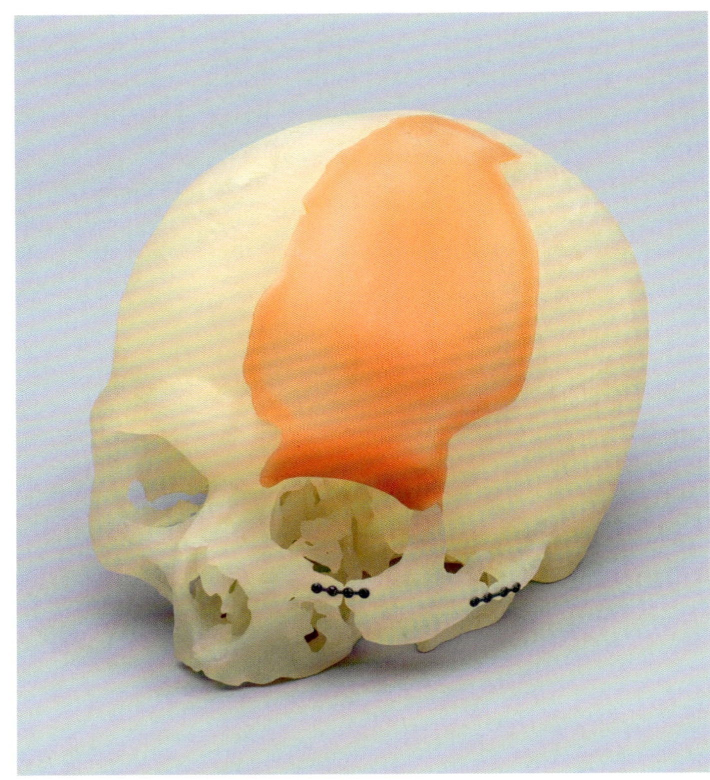

Schädelmodell zur Operationsvorbereitung
Acrylat
Hersteller: CP-Centrum für Prototypenbau
Erkelenz, Deutschland
1998

Prototypenbau in Erkelenz und wurde zur Anpassung eines Implantats und zur Operationsplanung gefertigt. Der Schädel zeigt zwei Frakturen und ein ca. 5 × 15 cm großes rosafarbenes Implantat, das sich fast über die gesamte linke Schädeldecke erstreckt.

Mit Ausnahme des Implantats entstand das Schädelmodell mittels der sogenannten Stereolithografie. Von Chuck Hull 1984 zum Patent angemeldet, handelt es sich um das älteste additive Fertigungsverfahren[85] und zeichnet sich dadurch aus, dass das herzustellende Objekt in einem Bad aus flüssigen, lichtempfindlichen Basismonomeren mittels Laser in dünnen Schichten ausgehärtet wird. Nach jeder ausgehärteten Schicht senkt sich die Bauplattform weiter in das Harzbecken ab. Nachdem der Schichtaufbau abgeschlossen ist, wird das Objekt in einem Nachvernetzungsofen vollständig ausgehärtet.[86] Bei dem verwendeten Kunststoff handelt es sich um ein speziell für medizinische Modelle entwickeltes Acrylat-Duromer.[87, 88]

Herstellungsbedingt ergeben sich an 3D-gedruckten Objekten Spuren, die – sofern sie nicht durch die Nachbearbeitung[89] entfernt oder verdeckt werden – Hinweise auf den Fertigungsprozess liefern. Beim Schädelmodell ist die treppenförmige Struktur in Aufbaurichtung der Kunststoffschichten deutlich zu erkennen.

Das Verfahren zeichnet sich unter den additiven Fertigungsverfahren durch eine hohe Präzision aus. Bauteile, die mittels Stereolithografie erzeugt wurden, sind zwar vergleichsweise spröde. Aufgrund der hohen Genauigkeit ist das Verfahren aber prädestiniert für reine Anschau-

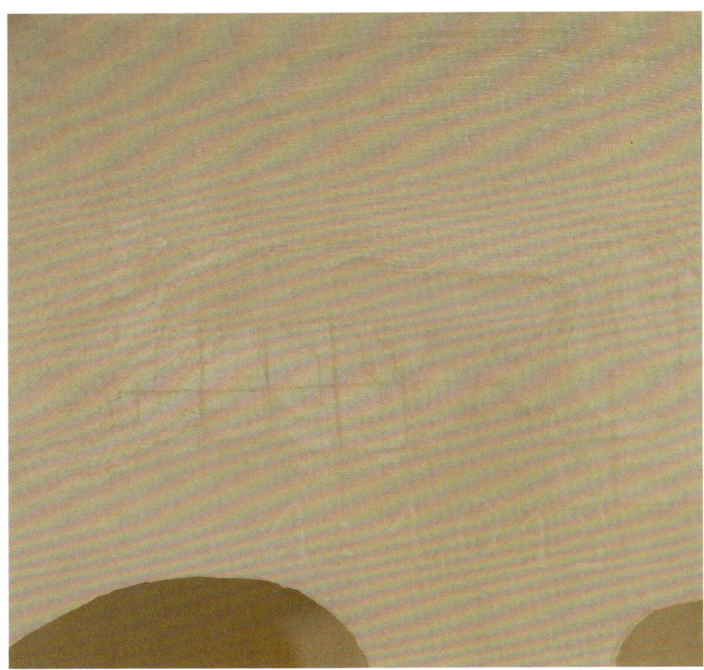

Treppenförmige Struktur auf der Oberseite des Schädelmodells

ungsobjekte, beispielsweise in der Architektur oder Medizin. Gerade in der Medizintechnik hat sich der 3D-Druck stark verbreitet. Anhand der Scandaten (z.B. CT- oder MRT-Daten) von PatientInnen können passgenaue Implantate entstehen. Originalgetreue Modelle geben ChirurgInnen die Gelegenheit, geplante Eingriffe zu üben.

Die 3D-Drucktechniken bieten auf dem Gebiet des Designs viele Vorzüge. Vor allem lassen sie bislang nicht umsetzbare Formen zu, beispielsweise den organisch geformten Prototypen eines 3D-gedruckten Hockers aus dem Jahr 2019.

Der 47 cm hohe Hocker wurde von Marco Mattia Cristofori entworfen und aus dem Kunststoff Polylactid gefertigt. Die linienartige Struktur der Oberfläche gibt Auskunft über das Herstellungsverfahren im Strangablegeverfahren, auch unter dem Markennamen *Fused Deposition Modeling* (FDM) bekannt. FDM wurde 1989 von Scott Crump patentiert[90] und zeichnet sich durch die Verwendung eines Kunststoff-Filaments aus – lange Kunststoffdrähte mit einem Durchmesser von ein bis drei Millimeter, die wie ihre Vorbilder aus Metall auf Rollen konfektioniert geliefert werden. Beim Produktionsprozess werden sie in einer Düse aufgeschmolzen und anschließend als Strang Schicht für Schicht auf der Bauplattform abgelegt. Der Verlauf der einzelnen Stränge kann an der linierten Oberflächenstruktur des Objekts abgelesen werden. Eines der Ziele des Designers war es, eine Stützkonstruktion überflüssig zu machen, weshalb jede einzelne Schicht eine eigene Form aufweist,[91] was dem Stuhl ein organisches Aussehen verleiht. Der Querschnitt wiederholt sich auf keiner Ebene und erhöht die Steifigkeit des Hockers. Scharfe Kanten würden der vom Sitzenden ausgehenden Krafteinwirkung weniger gut standhalten und Schwachpunkte bilden.

Der Druckvorgang des Hockers dauert 26 Stunden, was ein Vielfaches der Herstellungszeit eines ähnlich großen spritzgegossenen Hockers ist. Diese Tatsache ist einer der Gründe, warum der Stuhl ein Prototyp ist und sich nicht für die Massenproduktion eignet. Der Prozess kann nicht beschleunigt werden, da er an die thermischen Eigenschaften der zu verarbeitenden Thermoplaste gebunden ist. Der Vorteil ist allerdings, dass das Design durch computergestützte Software leicht individualisiert werden kann.

Die Vorteile der individuellen Anpassung an Kundenwünsche durch die Technologie des 3D-Drucks spielten

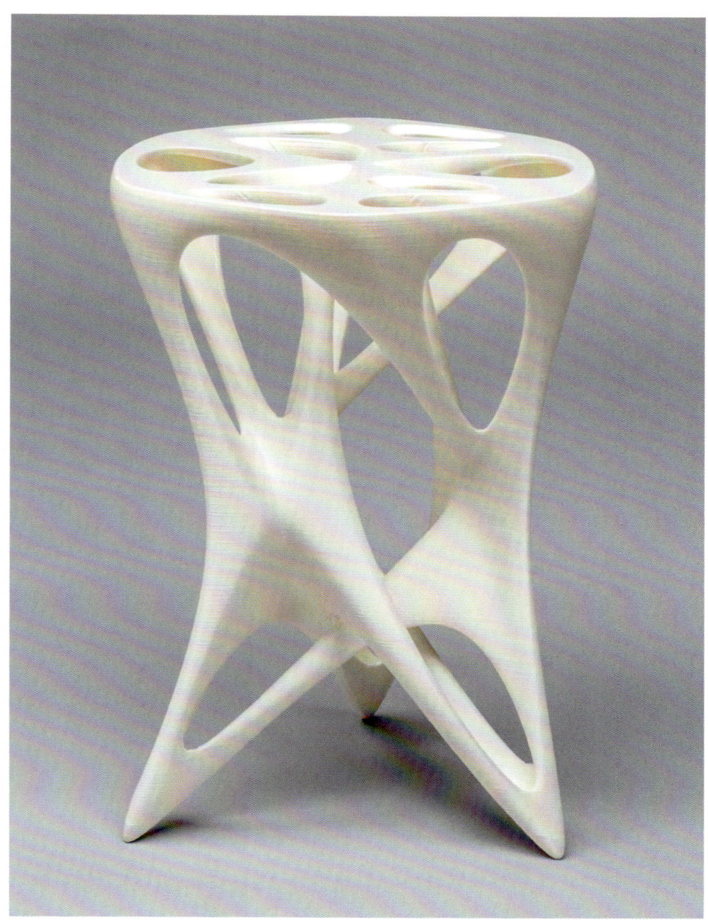

Hocker *Terra*
Polylactid (PLA)
Entwurf: Marco Mattia Cristofori
Hersteller: BigRep GmbH
Berlin, Deutschland
2019

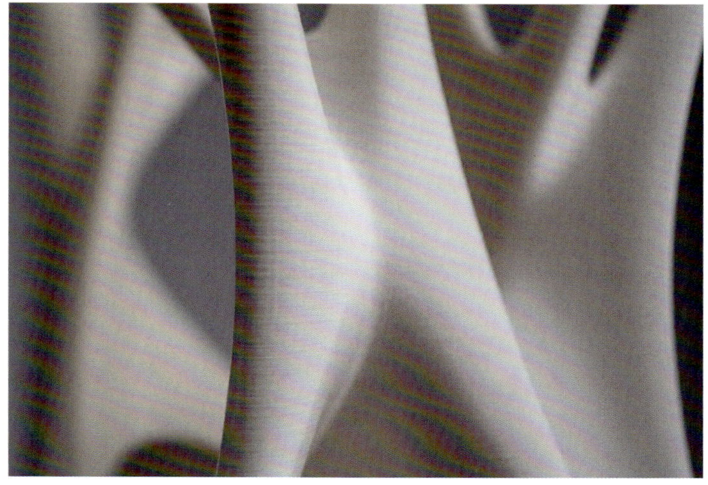

Sichtbarer Linienverlauf der Kunststoffstränge.

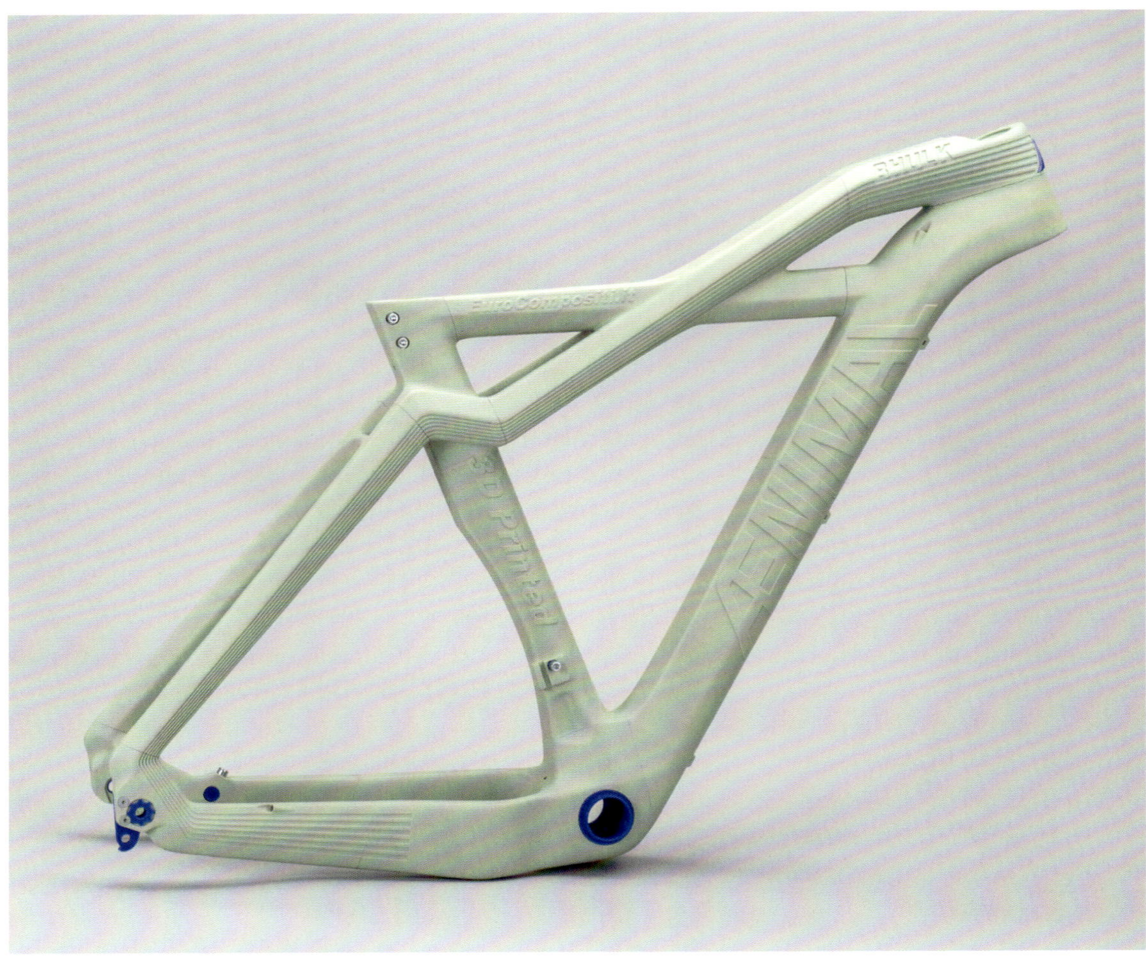

Fahrradrahmen *Aenimal Bhulk*
Polylactid (PLA)
Entwurf: Marco Genovese Hersteller: Eurocompositi
Padua, Italien
2015

auch bei der Entwicklung 3D-gedruckter Fahrradrahmen eine wichtige Rolle. So kann das Design des Rahmens in der digitalen Datei individuell auf den Fahrer oder die Fahrerin zugeschnitten werden. Der 3D-gedruckte Mountainbike-Rahmen der Firma Eurocompositi wurde von Marco Genovese entworfen und, wie der Hocker, im Strangablegeverfahren hergestellt. Der Rahmen besteht aus insgesamt zehn Einzelteilen, die miteinander verklebt wurden. Eine innere gitterartige Struktur gibt dem Rahmen die notwendige Steifigkeit bei gleichzeitiger Leichtigkeit.

Bei der Entwicklung des Rahmens stand aber nicht nur die individualisierbare Herstellung im Vordergrund, sondern auch eine möglichst „grüne", klimafreundliche Produktion, was mit dazu beigetragen hat, dass der Fahrradrahmen 2015 mit dem Award der deutschen Fahrradmesse *EuroBike* ausgezeichnet wurde.[92] Der verwendete 3D-Drucker wurde mit Solarstrom betrieben und der

Kunststoff Polylactid als kompostierbares und recycelbares Polymer ausgewählt. Laut Hersteller und der Aufschrift „Recycled material" wurde auch recyceltes und recyclefähiges Polylactid zur Herstellung verwendet.[93]

Polylactid – oder umgangssprachlich auch Polymilchsäure – ist ein nicht natürlich vorkommender Polyester und wird in einem mehrstufigen Verfahren aus Stärke oder Zucker hergestellt. Die Abkürzung PLA stammt vom englischen Wort *polylactic acid*. Der Name Polymilchsäure geht darauf zurück, dass der Rohstoff Zucker oder Stärke zunächst zu Milchsäure fermentiert und diese dann zu PLA polymerisiert wird.[94] Unter bestimmten Umweltbedingungen ist PLA biologisch abbaubar, meist können diese Bedingungen allerdings nur in industriellen Kompostieranlagen erreicht werden. Der aus nachwachsenden Rohstoffen hergestellte Kunststoff wird z.B. zur Erzeugung von Joghurtbechern eingesetzt. Ein Nachteil ist die Anfälligkeit des Materials für Abbau infolge von Feuchtigkeitseinwirkung, was eine Herausforderung für die dauerhafte Erhaltung von Objekten aus PLA mit sich bringt.[95] Auch die Verwendung von recyceltem Material hat enorme Auswirkungen auf die Stabilität und das Langzeitverhalten des gefertigten Objektes. Damit das Polymer gedruckt werden kann, wird es geschmolzen. Es erfährt also, ebenso wie andere Thermoplasten, eine Vorschädigung durch die einwirkende Hitze. Wird nun bereits einmal verarbeitetes Material wieder und wieder eingeschmolzen, wächst entsprechend die thermische Schädigung, die die Materialeigenschaften beeinträchtigt.

Bei Fahrradrahmen gibt es weiterhin Bestrebungen, den 3D-Druck zur Herstellung individueller Lösungen zu nutzen. Vielfach wird jedoch auf das Material Metall zurückgegriffen, das ebenfalls 3D-gedruckt werden kann.[96]

Die langen Produktionszeiten dürften allerdings hier ebenfalls Grund dafür sein, dass sich das Verfahren bisher größtenteils auf die Produktion von Prototypen beschränkt. Genau darin liegt aber die Stärke der 3D-Drucktechnik: Sie ermöglicht, einen am Computer konstruierten Prototypen über Nacht zu drucken, um daran bereits am nächsten Tag weiterarbeiten zu können. Somit beschleunigt und rationalisiert die Digitalisierung die Produktentstehung ganz unabhängig davon, ob das spätere Produkt spritzgegossen oder 3D-gedruckt wird.

Anmerkungen

[1] BRAUN 2013, S. 71f.
[2] BREUER 2007, S. 168.
[3] BRAUN 2017, S. 45f.
[4] BAUR et al. 2013. S. 325.
[5] Diese Feststellung traf auch ein Bericht des britischen Geheimdienstes von 1946, der sich mit der deutschen Konsumgüterproduktion vor 1945 befasst: „[...] there is just the same copying of forms, the same thoughtless styling, the same ‚novelty' appeal." SUDROW 2012, S. 171.
[6] BAKELITE HANDBUCH 1937, Abschnitt VII, S. 1.
[7] SCHOLTEN 2019, 2, S. 209.
[8] SCHOLTEN 2019, S. 27.
[9] Unter Strom 2012, S. 12–18.
[10] Typisch für diese Haltung war der Prozess der Gestaltung bei Siemens, Siemens Industrial Design, S. 77–79.
[11] DEDERICHS 2008, S. 27.
[12] LATTERMANN 2003.
[13] TURNWALD 1941, S. 92.
[14] Vgl. z.B. TURNWALD 1941; AMES 1990, S. 223.
[15] Venditor Verkaufsprogramm 1938, S. 17. Die abgebildete Schale ist mit „Modell Turnwald" auf der Unterseite gekennzeichnet (LVR-Industriemuseum, Oberhausen, Inv. Nr. RZ 18/109).
[16] TURNWALD 1941, S. 91.
[17] MEINERS 2021, S. 47–54.
[18] JOHANNABER, MICHAELI 2004, S.29. US-Patent 133229
[19] SONNTAG 1985, S. 155f.
[20] WAENTIG 2004, S. 144.
[21] KÄUFER 1968, S. 111.
[22] JOHANNABER, MICHAELI 2004, S. 12.
[23] SONNTAG 1985, S. 159–165
[24] KÄUFER 1968, S. 109.
[25] JOHANNABER, MICHAELI 2004, S. 29.
[26] JOHANNABER, MICHAELI 2004, S. 17.
[27] JOHANNABER, MICHAELI 2004, S. 42f.
[28] FACHVERBAND KONSUM-KUNSTSTOFFWAREN IM GKV 1966, S. 66.
[29] Zwischen 1891 und etwa 1945 mit der Kennzeichnung „D.R.G.M" (Deutsches Reichs-Gebrauchsmuster). Einige Jahre nach dem Zweiten Weltkrieg dann „D.B.G.M" (Deutsches Bundes-Gebrauchsmuster).
[30] BRAUN 2013, S. 232.
[31] ABTS 2016, S. 110.
[32] WAENTIG 2004, S. 287.
[33] Hostalen-Funkwerbung, 21.01.1964, R-Nummer: 9926, Regensburger Archiv für Werbeforschung.
[34] Andere Objekte aus der Sammlung mit verschraubten Griffen: K-2019-00111; K-2011-0065; K-2019-00216; K-2019-00113; K-2019-00487.
[35] BRACHERT 2002, S. 264.
[36] HAUSHALTSWARENKATALOG GERDA INTERNATIONAL O.J., S. 25.
[37] HAUSHALTSWARENKATALOG GERDA 1974.
[38] WILSON 2014, S. 200.
[39] WILSON 2014, S. 224.
[40] GERBER 2015, S. 97; 130.
[41] STEDELIJK 2001, S. 10.
[42] STEDELIJK 2001, S. 14.
[43] STEDELIJK 2001, S. 19.
[44] STEDELIJK 2001, S. 11.
[45] SELLE 1997.
[46] Form 1973, S. 88; Form 1978, S. 95.
[47] HEBEY 2002, S. 140.
[48] FORM 1973, S. 88.
[49] THIEMLER 2005, S. 34.
[50] FORM 1978, S. 95.
[51] FORM 1979, S. 93.
[52] MDR PANORAMA 2020.
[53] RAT FÜR FORMGEBUNG 1984, S. 17.
[54] FORM 1984, S. 97.
[55] Krups – Wikipediaartikel (25.05.2021).
[56] Group SEB – Wikipediaartikel (25.05.2021).
[57] POLSTER 2005, S. 410.

58 SCHNEIDER et al. 2009, S. 113.

59 DEUTSCHE WARENKUNDE 1961, Blatt 244.

60 HESSLER 2001, S. 126–135; GERBER 2015, S. 127.

61 Heßler zeigt diese Mechanismen auch am Beispiel der Fa. Vorwerk, die erst nach 1929 Staubsauger herstellte, nachdem die Nachfrage für Grammophonmotoren eingebrochen war. HESSLER 2001, S. 130F.

62 OESTEREICH 2000, S. 169F.; 174.

63 Konzipiert für die Kunststoffmesse K 1952 in Düsseldorf. Es finden sich beispielsweise einige Produkte der Dynamit Nobel aus den 1930er Jahren, siehe VENDITOR 1938.

64 OESTEREICH 2000, S. 174–176

65 OESTEREICH 2000, S. 177; BREUER 2007,2, 178F.

66 SCHNEIDER 2012, S. 419.

67 GODAU, POLSTER 2000, S. 194F.; SCHNEIDER et al. 2009, S. 112F.

68 OESTEREICH 2000, S. 181; zuletzt in den VDI-Nachrichten.

69 SCHNEIDER 2012, S. 424.

70 RAT FÜR FORMGEBUNG 1984, S. 10F.

71 Modern Plastics Encyclopedia 1949, S. 774; Modern Plastics Encyclopedia 1950, S. 221.

72 HOLZMANN 1985, S. 206.

73 CIESLIK, CIESLIK 1986, S. 28F.

74 CIESLIK, CIESLIK 1986, S. 146F.

75 HOLZMANN 1985, S. 207–211.

76 THIELEN et al., S. 10. Patent: DE971333

77 HOLZMANN 1985, S. 208.

78 HOLZMANN 1985, S. 209F.

79 HOLZMANN 1985, S. 220F.

80 SCHEPERS 2016.

81 SCHNEIDER et al. 2005, S. 182.

82 WIMMER 1989, S. 327.

83 CAD steht für *Computer-Aided Design*.

84 „Sich allgemein durchsetzende generische Bezeichnung für alle Schichtbauverfahren. Ersetzt zunehmend im täglichen Sprachgebrauch die genormten Bezeichnungen „Additive Manufacturing" und „Generative Fertigungsverfahren". GEBHARDT 2014, S. 167.

85 United States Patent 4 575 330, Mar. 11, 1986, Charles W. Hull.

86 GEBHARDT 2013, S. 58.

87 DIEKNEITE 2016, unveröffentlichte Dokumentation, TH Köln, S. 11.

88 Das gegossene Implantat wiederum besteht aus einem implantierfähigen Autopolymerisat auf Basis von Methacrylat-Copolymerisaten.

89 z.B. durch Nachbehandlungen wie dem Sandstrahlen, Polieren, Beflocken oder Lackieren.

90 Patent: US5121329

91 CRISTOFORI, 12.08.2021.

92 SCHEPERS 2016, S. 36.

93 AENIMAL.IT 2021.

94 BAUR et al. 2013, S. 655.

95 COON et al. 2016, S. 13.

96 Beispiele 3D gedruckter Metallrahmen für Fahrräder: Atherton Bikes; Empire Cyclees & Renishaw; Urwahn Bikes; Volkswagen x Kinazo electric bike, 3D printed Arc Bike II.

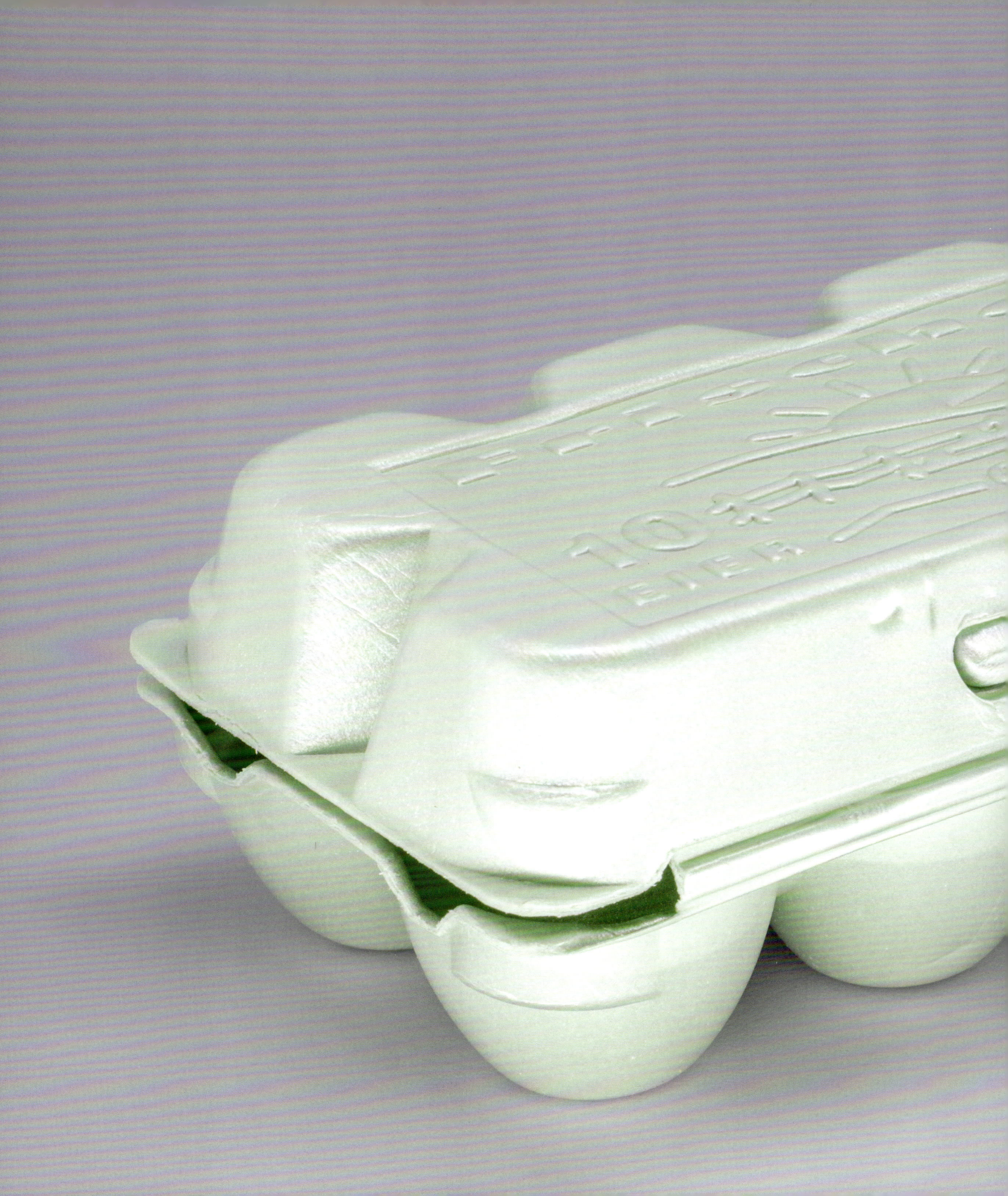
10
EIER

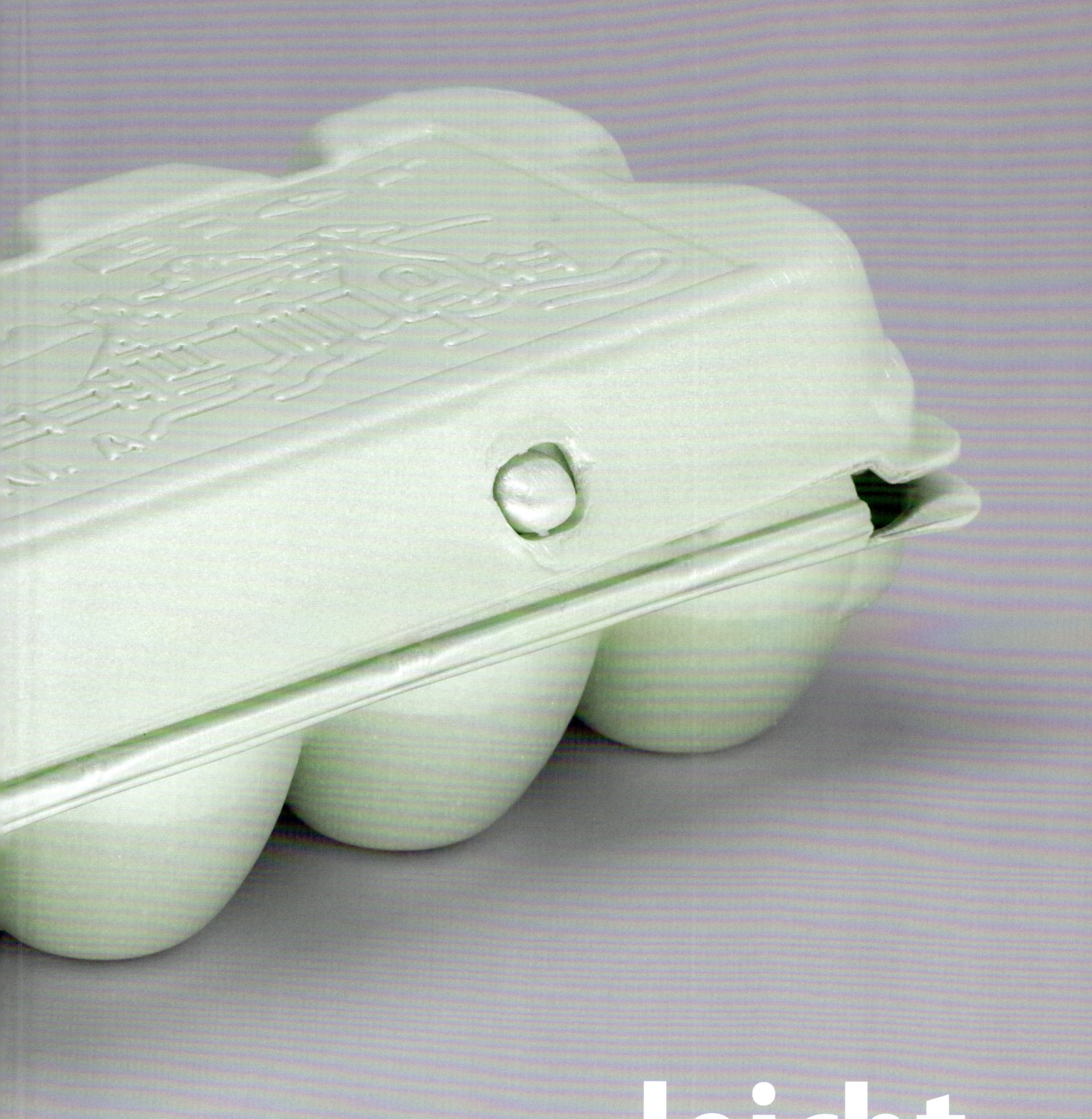

leicht

3.2 | leicht

Für das Erfassen des Gewichts eines Gegenstands wird der Bewegungssinn eingesetzt. Er ist dem Tastsinn untergeordnet und liefert über Muskeln und Sehnen Informationen über die statischen und dynamischen Eigenschaften des Gegenstands. So wird mithilfe dieser Empfindung das Gewicht abgeschätzt.[1] Die individuelle Einschätzung von Gewicht beruht auf Erfahrungen und Vergleichen. So erwarten wir, dass ein Stein in Zusammenhang mit seiner Größe ein bestimmtes Gewicht aufweist. Ist dies nicht der Fall, kommt es zur Irritation und dem Eindruck, dass mit dem Stein etwas „nicht stimmt".

Unsere Erfahrung führt demnach zu einer gewissen Erwartungshaltung gegenüber dem Gewicht verschiedener Materialien oder Gegenstände. Interessant ist, dass die Wahrnehmung des tatsächlichen Gewichts durch andere Eigenschaften wie Form, Farbe, Oberflächenbeschaffenheit etc. beeinflusst werden kann. Die Farbe scheint hierbei eine besondere Funktion zu erfüllen: Ein dunkler Gegenstand wird bei objektiv gleicher Form und gleichem Gewicht als schwerer und kleiner wahrgenommen als ein heller Gegenstand.[2] Man spricht von sogenannten Verbundwirkungen von Gestaltungsmitteln.[3] Helle Farben werden mit geringerem Gewicht assoziiert.[4]

Das geringe Gewicht bzw. die geringere Dichte ist eine der herausragenden Eigenschaften von Kunststoffen. Unter bestimmten Bedingungen können Kunststoffe bei gleicher Festigkeit leichter sein als andere Materialien wie z.B. Metalle. Dies ist in vielen Lebensbereichen von Vorteil im Hinblick auf Komfort, Sicherheit, Mobilität, Ökonomie und Ökologie. Eine mit Kunststoffgläsern versehene Brille ist im Vergleich zu Brillen mit mineralischen Gläsern leichter und hat dadurch einen höheren Tragekomfort, allerdings zulasten einer größeren Kratzempfindlichkeit. In Bezug auf die Sicherheit bietet Kunststoff den Vorteil, bruchfester zu sein als Glas, daher werden beim Sport überwiegend Kunststoffbrillen getragen, um die Verletzungsgefahr zu minimieren. Kunststoffe erlauben u.a. gegenüber Metall enorme Gewichtseinsparungen beim Automobil-, Flugzeug- und Eisenbahnbau, was eine hohe Energieeinsparung und folglich mehr Reichweite bedeutet und somit aus ökonomischer und ökologischer Sicht sinnvoll ist.

Die Verarbeitungs- und Materialkosten sind vergleichsweise gering, daher sind günstige Massenprodukte häufig aus Kunststoff. Entsprechend assoziiert man das Material eher mit billiger, qualitätsarmer Ware, befördert auch durch das anfängliche Ersatzstoff-Image – und das geringe Gewicht. Je nach Verwendungszweck veranlasst ein höheres Gewicht tendenziell ein positiveres Qualitätsurteil: „Leichte Töpfe taugen nichts." Dieser Effekt kehrt sich um, sobald der Gegenstand ergonomisch oder ökologisch hohen Ansprüchen gerecht werden muss. So sollte ein Handrührgerät ein gewisses Gewicht nicht überschreiten und ergonomisch geformt sein, um längere Zeit bedient werden zu können.

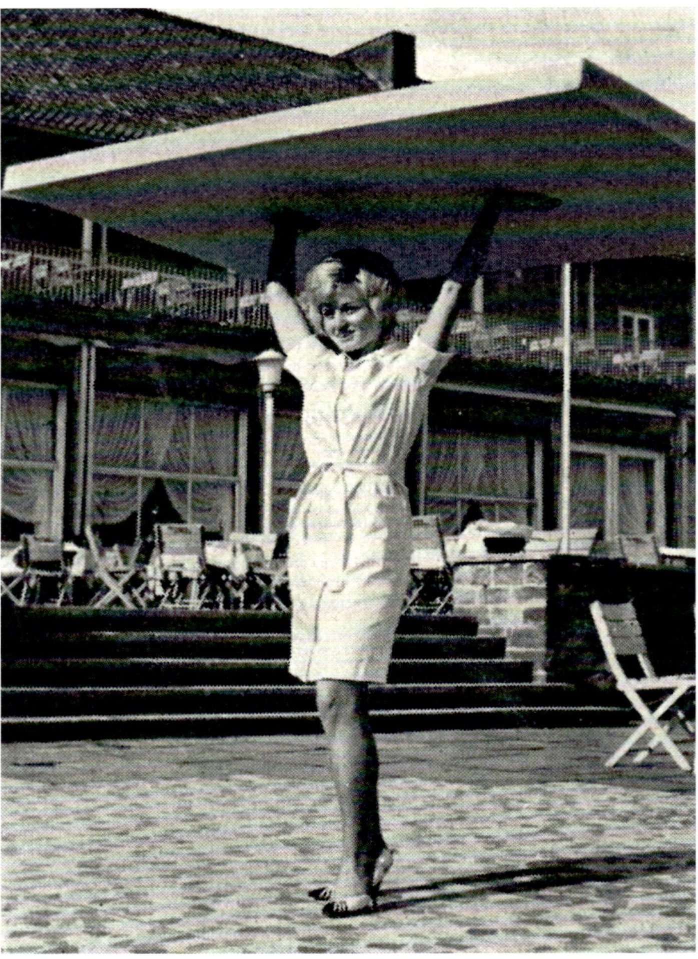

Zur Demonstration der Leichtigkeit von Kunststoffen im Bauwesen trägt eine Frau eine Polyvinylchlorid-Hartschaumplatte. Zeitschrift Kunststoffe, Bd. 54, Heft 7, 1964, S. 466.

Besonders nach dem Zweiten Weltkrieg und dem verstärkten Einzug der Kunststoffe in den Alltag versuchte die Industrie neben der stetigen Weiterentwicklung in der Zusammensetzung und Produktion der Kunststoffe durch gezielte Werbung das Image der Kunststoffe zu verbessern. Manchmal spielte das geringe Gewicht eine dezidierte Rolle. Kulturhistorisch bedeutete der Einzug der Kunststoffe in den Alltag über die praktische kostengünstige Formbarkeit und Leichtigkeit hinaus eine Befreiung von der Last und Schwere der Tradition. Kunststoffe wurden als neue und damit kulturell unbelastete Werkstoffe wahrgenommen.[5] Sie wurden zum Synonym für Aufschwung und Leichtigkeit und standen für einen modernen Lebensstil.

Was macht Kunststoffe leicht?

Der Einsatz von Kunststoffen ist in vielen Bereichen ein Schlüssel zur Gewichtsersparnis. Zu verdanken ist das der geringen Dichte (sogenanntes spezifisches Gewicht) der Kunststoffe im Vergleich zu metallischen und anderen Konstruktionswerkstoffen. So liegt die Dichte der meisten Kunststoffe zwischen 0,8 und 2 g/cm³, also in der Größenordnung der Dichte von Wasser (1 g/cm³), während z.B. die Dichte von legiertem Stahl mit 7,9 g/cm³ deutlich darüber liegt. Auch das spezifische Gewicht von hochfesten (und sehr teuren) Titanlegierungen (Ti-6Al-4V), die auf dem Gebiet der metallischen Werkstoffe als Leichtbauwerkstoff gelten, liegt mit 4,4 g/cm⁻³ noch um den Faktor zwei bis drei über jenem von Kunststoffen.[6]

Häufig ist jedoch nicht die Dichte allein das Kriterium für die Auswahl eines Werkstoffs, sondern die mechanischen Eigenschaften im Verhältnis zur Dichte. Daher werden meist sogenannte massenspezifische Größen verwendet, physikalische Größen, die auf die Masse bzw. Dichte eines Stoffs bezogen sind.

Die mechanischen Eigenschaften von Kunststoffen sind anderen Werkstoffklassen, z.B. Metall oder Keramik, häufig unterlegen. Dieser Nachteil bei Festigkeit und Steifigkeit kann teilweise mit konstruktiven Mitteln wie der Gestaltung der Produkte – beispielsweise durch höhere Wanddicke – ausgeglichen werden. An dieser Stelle sei an den Fahrradrahmen *Aenimal Bhulk* (Kapitel formbar) erinnert, dessen innere gitterartige Struktur die notwendige Steifigkeit bei gleichzeitiger Leichtigkeit gewährleistet.

Ein besonders großes Leichtbaupotenzial bieten Werkstoffverbunde aus Kunststoff und einem Faserwerkstoff. Die außerordentlichen Festigkeiten, die faserförmige Materialien bieten, lassen sich mit Kunststoffen kombinieren, indem ein Faserkunststoffverbund (FKV) oder Komposit genutzt wird.

Das Ziel, verschiedenartige Materialien zu einem Verbundwerkstoff zu kombinieren, ist an Beispiele aus der Natur angelehnt. Anhand eines Bambusstabs wird deutlich, wie eine faserförmige Mikrostruktur bei geringstem Gewicht zu einer ganz erheblichen Biegesteifigkeit führt. Es ist daher kaum verwunderlich, dass schon die Ägypter vor 3.000 Jahren Strohfasern zur Verstärkung (Armierung) von Lehmziegeln nutzten.[7] Das grundlegende Wirkprinzip des Komposits lässt sich mit Fasern als eigentlichem Träger der Festigkeit und Steifigkeit erklären. Das Matrixmaterial, also der Grundstoff, in den die Fasern eingebettet sind, dient dem Zweck, die Fasern in ihrer Position zu halten und vor äußeren Einflüssen zu schützen. Eine moderne Anwendung von Komposits findet sich z.B. in der Luftfahrt, bei der der Leichtbau eine wichtige Rolle spielt.

Ursprünglich stammt die Idee der Nutzung von Kunststoff-Verbundwerkstoffen aus dem frühen 20. Jahrhundert. 1916 reichte Robert Kemp ein Patent ein, das erstmals konkrete Ansatzpunkte zur Herstellung von „Struktur-Elementen" für den Flugzeugbau durch die Einbettung von Fasern wie Holzfasern oder Asbest in Kunststoff lieferte.[8] In dem Patent heißt es (aus dem Englischen übersetzt):

„Diese Kombination führt zu einem Material, das sich durch Leichtigkeit, Langlebigkeit und Festigkeit auszeichnet und extrem widerstandsfähig gegenüber chemischen Stoffen sowie praktisch feuer- und wasserfest ist."[9]

Wichtige Grundsteine, die die Entwicklung von Faserverbundwerkstoffen überhaupt erst ermöglichten, wurden bereits zuvor gelegt. So war das Patent von L. H. Baekeland (1863–1944) von 1907 über die Herstellungstechnik von Phenolharz wegweisend, da nun erstmals ein Werkstoff zur Verfügung stand, der sich hervorragend zur Einbettung von Fasern eignete.[10] Im Jahr 1933 entwickelte Charleton Ellis (1876–1941) ungesättigte Polyester, die sich unter anderem zur Einbettung von Fasern eigneten,

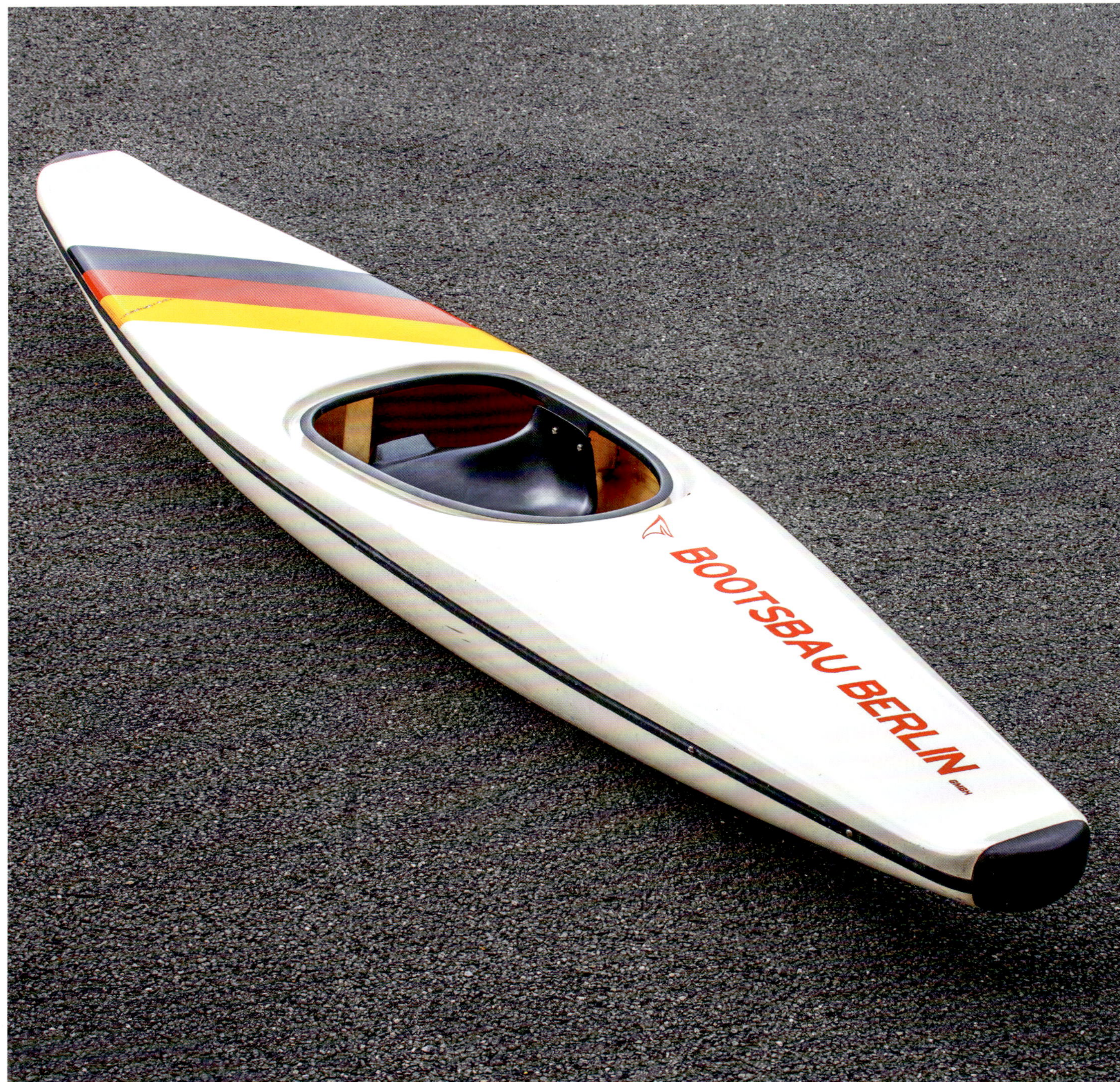

Kajak Typ 47
Glasfaserverstärktes Epoxidharz
Hersteller: Bootsbau Berlin GmbH
Berlin, Deutschland
1991

was sie widerstandsfähiger machte.[11] Nur zwei Jahre später wurden Glasfasern in den USA industriell hergestellt.[12]

Im Jahr 1942 entwickelte die US Rubber Company jene Komposite aus glasfaserverstärkten, ungesättigten Polyesterharzen, die sich für den Flugzeug-, Boots- und Automobilbau eigneten.[13] Die Entwicklung und Forschungstätigkeit auf dem Gebiet der glasfaserverstärkten Kunststoffe hing eng mit dem Kriegsgeschehen und der Suche nach leichten und robusten Werkstoffen für die Luftwaffe zusammen.[14] Zivile Anwendung fand das Material erst einige Jahre später. So entwickelten z.B. Ray und Charles Eames im Rahmen des internationalen Wettbewerbs *Low-Cost Furniture Design* im Jahr 1948 erste glasfaserverstärkte Sitzschalen.[15]

Glasfaserverstärkte Kunststoffe

Heute erfreuen sich glasfaserverstärkte Kunststoffe großer Beliebtheit; sie werden in industriellen Anwendungen ebenso eingesetzt wie im Freizeitbereich oder der Sportindustrie. Ein Beispiel für ein Boot, das aus einem glasfaserverstärkten Harz besteht, ist auf der Abbildung links zu sehen. Es handelt sich um ein Einer-Kajak, das im Jahr 1991 hergestellt wurde und sich heute in der Sammlung des Deutschen Kunststoff-Museums befindet.

Faserkunststoffverbunde lassen sich danach unterscheiden, ob lange (1–50 mm) oder endlose (>50 mm) Verstärkungsfasern eingesetzt werden.[16] Typischerweise werden heute Glas-, Kohlenstoff- oder Aramidfasern verwendet. Daneben gibt es noch eine Reihe von Naturfasern, die zur Verstärkung von Kunststoffen eingesetzt werden, darunter Flachs-, Sisal-, Hanf- oder Jutefasern.

Häufig wird bei Kunststoffen eine gezielte Verstärkung durch Fasern angestrebt. Die höchsten Festigkeiten und Steifigkeiten werden erreicht, wenn die Belastung parallel zur Faserlängsachse erfolgt. Deutlich geringer fallen die Werte für Festigkeiten und Steifigkeiten aus, wenn die Belastung senkrecht dazu angreift. Solche richtungsabhängigen Eigenschaften können erwünscht sein, wenn z.B. ein Bauteil entsprechend seiner zu erwartenden Belastung ausgelegt werden soll. Häufiger wählt man jedoch bei Strukturbauteilen einen lagenförmigen Aufbau, bei dem die Faserorientierung lagenabhängig variiert wird. Dadurch entstehen sogenannte quasi-isotrope mechanische Eigenschaften, d.h., das Material weist

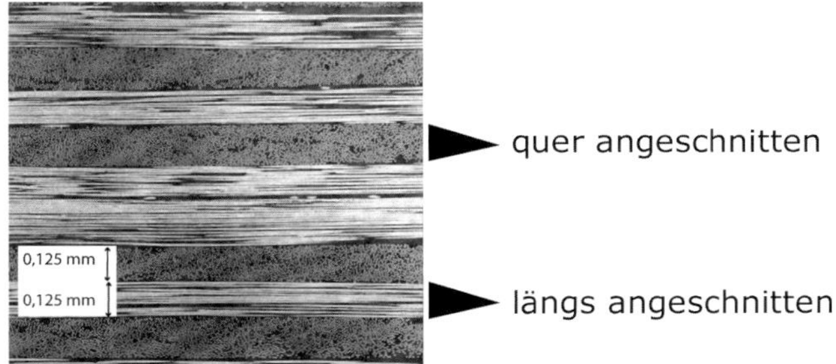

Mikroskopische Aufnahme eines Lagenaufbaus (Epoxid-Harz-Laminat) mit wechselnder Faserorientierung.

in allen Richtungen annähernd gleiche mechanische Eigenschaften auf. Die verschiedenen Lagen werden abwechselnd rechtwinklig (0°/90°) zueinander ausgerichtet, wie im mikroskopischen Querschnitt zu sehen. Das Schichtenpaket hat in seiner Gesamtheit keine richtungsabhängigen Eigenschaften mehr.

Endlos- oder langfaserverstärkte Laminate, von denen bislang die Rede war, werden oft mittels Pressverfahren hergestellt und basieren auf Duromeren als Matrixwerkstoff. Anders sieht dies bei kurzfaserverstärkten Kunststoffen aus. Diese enthalten, wie der Name bereits andeutet, kurze Fasern von meist unter einem Millimeter Länge. Aufgrund dieser geringen Länge fällt die Verstärkungswirkung im Vergleich zu den Endlos- und Langfasern zwar schwächer aus, es besteht aber die Möglichkeit, solche Fasern mittels Spritzgießen in Thermoplaste einzubetten. Aufgrund des Einsatzes von Thermoplasten als Matrixwerkstoff und der Möglichkeit, diese mittels Spritzgießen verarbeiten zu können, eignen sich kurzfaserverstärkte Thermoplaste hervorragend für die Massenfertigung, d.h. eine Fertigung von mehr als 100.000 Stück pro Jahr. Duromere Matrixwerkstoffe mit Endlos- oder Langfasern eignen sich aufgrund ihrer aufwendigeren Herstellung hingegen eher für kleine und mittelgroße Serien.

Schaumkunststoffe

Außer mit der Zugabe von Fasern, um die mechanischen Eigenschaften von Kunststoffbauteilen zu verstärken und in der Folge Masse einzusparen, können noch leichtere Bauteile durch Schaumstrukturen erzeugt werden. Dies sind Stoffe, die eine zelluläre Struktur aufweisen. Die einzelnen Zellen sind hohl und mit Luft gefüllt, das macht Schaumstoff besonders leicht. In der Natur fin-

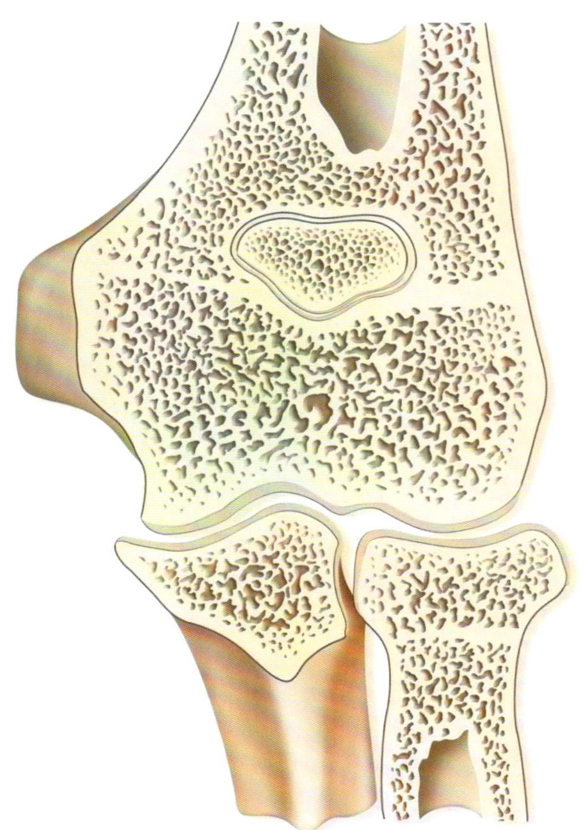

Schnittdarstellung eines Knochens zur Verdeutlichung der Spongiosa.

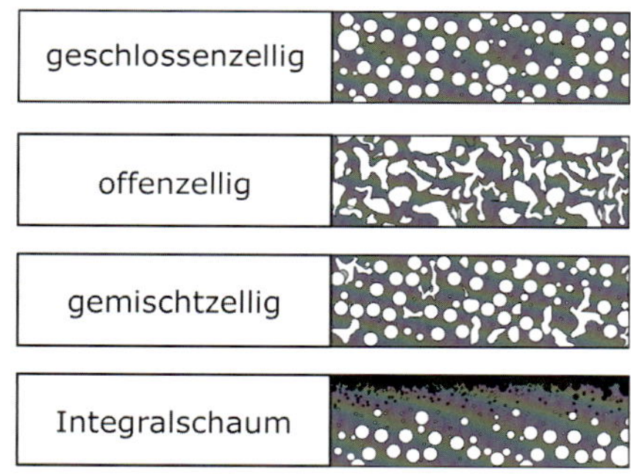

Grafische Darstellung unterschiedlicher Schaumstrukturen.

det sich eine Vielzahl von biologischen Vorbildern für Schäume (lat. Spongia), z.B. das Sponginskelett von Vertretern der Hornkieselschwämme. Bei seiner Verwendung als Badeschwamm steht weniger die Leichtigkeit als die Saugfähigkeit und Flexibilität im Vordergrund.

Anders sieht es bei der Spongiosa aus, einer Erscheinungsform von Knochensubstanz.

Hier erwies sich eine zelluläre, schaumartige Struktur evolutionär wegen der sehr guten Biegesteifigkeit bei gleichzeitig geringstem Gewicht als vorteilhaft. Auch auf dem Gebiet der Kunststoffe machte man sich dieses Prinzip zunutze. Zu den wohl bekanntesten Schaumstoffen zählen Polyurethan-Schaumstoffe sowie expandiertes Polystyrol, besser bekannt unter dem Handelsnamen *Styropor* (BASF).

Die von Otto Bayer (1902–1982) entwickelten Polyurethane wurden 1941 als Schaumstoff hergestellt.[17] Die Möglichkeit, Polystyrol durch Aufschäumen zu expandiertem Polystyrol (EPS) zu verarbeiten, wurde 1949 von Fritz Stastny (1908–1985) entdeckt und 1952 auf der Kunststoffmesse in Düsseldorf vorgestellt.[18] Heute ist EPS der wohl bekannteste Dämmstoff der Neuzeit und besteht lediglich aus 2 % Polystyrol und 98 % Luft.

Zum einen gibt es also mehrere Ausgangsstoffe zur Herstellung von Schäumen. Zum anderen differenziert man die Schaumstoffe anhand ihrer Zellstruktur, aus der sich unterschiedliche Eigenschaften ergeben. Für den Leichtbau kommen meist geschlossenzellige, offenzellige oder gemischtzellige Schaumstoffe zum Einsatz. Darüber hinaus gibt es die Kategorien der sprödharten, zähharten sowie weichelastischen Schaumstoffe, wobei die Klassifizierung aufgrund der Nachgiebigkeit und Rückstellung bei Druckbeanspruchung erfolgt. So ist eine Matratze den weichelastischen, ein Fahrradhelm hingegen den zähharten Schaumstoffen zuzuordnen. Ein für Leichtbauanwendungen bestens geeigneter gemischtzelliger Schaumstoff ist der Integralschaum. Er zeichnet sich dadurch aus, dass die Zellen im Kernbereich am größten sind und zum Rand hin kleiner werden. Die Außenhaut ist kompakt, um trotz des porösen Kerns eine hohe Steifigkeit und Festigkeit zu erzielen.

Doch auch ohne eine schaumartige Struktur oder den Zusatz von Fasern können Kunststoffe im Vergleich zu anderen Werkstoffen gewichtsparend eingesetzt werden. Ein Beispiel hierfür ist die PET-Flasche.

Verpacken – Glasersatz aus Kunststoff

Die PET-Flasche wurde bereits 1973 entwickelt, doch erst 1990 kam die erste PET-Mehrwegflasche auf den deutschen Markt.[19] Zwar gab es schon vor der Verwendung von Polyethylenterephthalat (PET) Flaschen aus thermoplastischem Kunststoff wie Polyethylen (PE) oder Polyvinylchlorid (PVC), doch erst dank PET stiegen die Produktionszahlen und ein regelrechter Boom der PET-Getränkeflasche setzte ein, sodass das Material sogar zum Namensgeber für die streckblasgeformten Kunststoffflaschen avancierte.

Ob auf dem Weg zur Arbeit oder in der Freizeit, ob auf Reisen oder beim Sport, ob mit Wasser, einem Softdrink, einem Milchprodukt oder Fruchtsaft gefüllt: Die PET-Flasche ist für viele Menschen ein ständiger Begleiter und spiegelt die Bedürfnisse von KonsumentInnen mit einem mobilen Lebensstil wider. Eine PET-Mehrwegflasche bringt nur ein Zehntel des Gewichts einer Mehrwegflasche aus Glas auf die Waage und übersteht in gefülltem Zustand einen Sturz aus rund zwei Metern Höhe. So ist es nicht verwunderlich, dass die Bedeutung der Kunststoffflaschen seit ihrer Erfindung stetig gewachsen ist.

Lange Zeit haftete der PET-Flasche allerdings ein Billigimage an und noch immer haben KonsumentInnen Bedenken gegenüber der Verwendung von PET-Flaschen. Das Vorhaben, Bier in Kunststoffflaschen abzufüllen, scheiterte lange an den schlechten Barriereeigenschaften der eingesetzten Kunststoffe gegenüber Gasen wie O_2 und CO_2.[20] Bei Sauerstoffaufnahme verdirbt Bier, was die Mindesthaltbarkeit auf zwei bis drei Wochen begrenzte. Mittlerweile hat sich das durch technologische und technische Entwicklungen verbessert, sodass nunmehr in Kunststoffflaschen abgefülltes Bier im Handel erhältlich ist. In Deutschland handelt es sich aber vornehmlich um kostengünstige Discounter-Eigenmarken, was eine nach wie vor bestehende Skepsis gegenüber dem Material in Verbindung mit alkoholischen Getränken vermuten lässt. Eine Umfrage aus dem Jahr 2004 ergab, dass im Gegensatz zur überwiegenden Akzeptanz von PET zur Abfüllung alkoholfreier Getränke 86,6 % der Befragten die Glasflasche zur Abfüllung von Bier bevorzugen.[21] Vereinzelt sind Vorbehalte auch im Hinblick auf nicht alkoholische Getränke in PET-Flaschen dokumentiert: Die Kohlensäure verflüchtige sich schneller als in Glasgebinden, der Inhalt werde schal, schmecke abgestanden und nach Plastik; zudem wurden ästhetische und hygienische Bedenken im Hinblick auf die Wiederverwendung von Mehrwegflaschen geäußert.[22] So spielen trotz praktischer Vorteile der PET-Flasche subjektive Empfindungen wie Geschmackserlebnis, Gewohnheit und Tradition eine Rolle bei der Verpackungswahl.

Die heutige Akzeptanz des Werkstoffs PET beruht auf den positiven Gebrauchseigenschaften, dem Kostenvorteil und auf dem – zumindest in Deutschland – mittlerweile optimierten Recyclingkreislauf, wenngleich die Ökobilanz einer PET-Flasche bis heute in Deutschland kontrovers diskutiert wird. Hohlkörper aus Kunststoff sind heute omnipräsent und dienen der Verpackung, Lagerung und dem Transport verschiedener Güter. Die heutige Alltäglichkeit, die der PET-Flasche anhaftet, lässt vergessen, dass die Technik zur Herstellung vor nicht allzu langer Zeit keineswegs alltäglich war und vor allem die Aufbewahrung kohlensäurehaltiger Getränke KunststoffingenieurInnen vor einige Herausforderungen stellte.

Vor dem Gebrauch von Kunststoffen als Verpackungsmaterial war Glas die handelsübliche Verpackung für Getränke und der erste Werkstoff, der durch die Blastechnik zum Hohlkörper geformt wurde.[23] Zum Formen von Glas sind Temperaturen von etwa 1.200 ˚C, also eine große Energiemenge, notwendig. Es gab schon früh die Bestrebung, Hohlkörper auch aus anderen Materialien zu formen. Bereits 1851 beschreibt eine Patentschrift Verbesserungen bei der Erzeugung von Hohlkörpern aus Guttapercha, einem Kautschukprodukt. Dessen

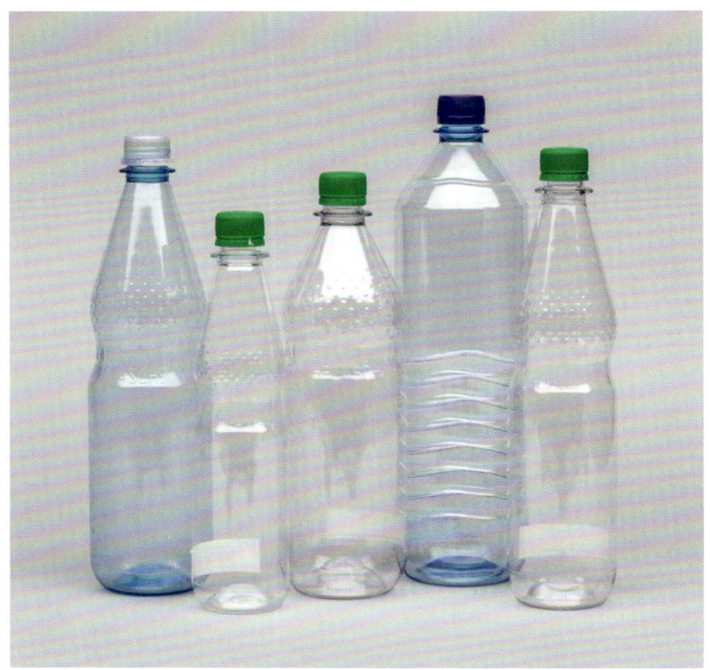

Verschieden geformte Flaschen aus Polyethylen.

Verarbeitung benötigt lediglich eine Temperatur von 65,5 °C.[24] Auch der Werkstoff Cellulosenitrat (CN) wurde mittels Blasformen zu Hohlkörpern in Form von Spielzeug (z.B. Puppen) oder Christbaumkugeln geformt.[25] Die Materialeigenschaften der Werkstoffe, z.B. die leichte Brennbarkeit von CN, und der damalige Stand der Maschinentechnik setzte der Herstellung von Hohlkörpern allerdings Grenzen. Erst nach den 1930er Jahren standen neue thermoplastische Materialien wie Polyethylen und Polyvinylchlorid zur Verfügung, die die Weiterentwicklung des Blasformens vorantrieben.[26] In den USA begann die Entwicklung der Blasformtechnologie für Kunststoff früher als in Europa und wurde dort vor allem von der Glasindustrie initiiert, die im Material Kunststoff eine Alternative für das zerbrechliche Glas sah.[27] In den USA entwickelte sich eine Gruppe sogenannter Kunststoffbläser, deren Verfahren und Techniken sich an der Verarbeitung von Glas orientierten.[28] In Europa fertigten die Kautex-Werke 1949 die erste Blasformmaschine.[29]

An Verpackungen, die in direktem Kontakt mit Lebensmitteln stehen, sogenannte Primärverpackungen, werden besonders hohe Ansprüche gestellt, so auch an das Material PET. Wie häufig bei neuen Kunststofftechnologien spielte auch bei der Erfindung der PET-Flasche die Weiterentwicklung der Maschinentechnik eine ebenso entscheidende Rolle wie jene des Materials.

In der Zeitschrift „Modern Plastics" schrieb James Bailey 1945, dass Kunststoffflaschen, betrachte man die Rohstoffkosten, bei gleichem Füllgewicht noch etwa vier- bis neunmal teurer seien als Glasflaschen, wobei sich die Schwankungen durch die jeweilige Wanddicke ergeben.[30] Ab Ende der 1950er Jahre sanken die PET-Rohstoffpreise, sodass PET auch zu Folien verarbeitet und unter Markennamen wie *Hostaphan*, *Melinex* und *Mylar* vertrieben wurde.[31] Es zeigte sich, dass eine biaxiale Verstreckung in Längs- und Querrichtung die mechanischen Eigenschaften des Werkstoffs erheblich verbesserte. Parallel dazu widmete sich der deutsche Maschinenbauer Heidenreich & Harbeck (heute SIG Corpoplast) der Entwicklung einer Hochleistungsblasmaschine zum Streckblasformen von Flaschen aus PVC.[32] 1969 stellte die Firma Kautex auf der Interpack[33] bereits die Herstellung von Flaschen aus PET mittels Spritzblasmaschine vor. Die Flaschen hatten allerdings herstellungsbedingt einen kugelförmigen Boden, sodass ein Sockel aus Polyethylen zur Standsicherung benötigt wurde.[34] Ein Patent

aus dem Jahr 1973 von DuPont dokumentiert die nächste Entwicklungsstufe: Flaschen, die ausschließlich aus PET bestehen.[35] Es dauerte noch bis Ende der 1980er Jahre, bis es möglich war, auch kohlensäurehaltige Getränke in PET-Flaschen abzufüllen.[36] Durch Änderungen im Produktionsprozess werden die Molekülketten des PET so geordnet und orientiert, dass sie nicht mehr durch den Druck der Kohlensäure verformt werden.

Die Vor- und Nachteile im Überblick: Gegenüber PVC zeigt PET materialtechnische Vorteile. So verfestigt sich PET schneller, was die Zykluszeit bei der Herstellung verkürzt. PET ist transparenter, hat einen höheren Oberflächenglanz und ist leichter als PVC, darüber hinaus benötigt PET keinen Zusatz von weichmachenden Phthalaten. Allerdings entsteht bei der Erzeugung von PET-Flaschen Acetaldehyd[37] als thermisches Abbauprodukt. Die oben erwähnten subjektiven Kritikpunkte haben jedoch durchaus ihre Berechtigung: Bei Migration von Acetaldehyd aus der PET-Flaschenwand in den Flascheninhalt kann es zu geruchlichen und geschmacklichen Beeinflussungen kommen.[38] Bemerkbar macht sich dies vor allem im nahezu geschmacksneutralen Mineralwasser durch einen süßlichen Geschmack. Im Gegensatz zu Glas ist PET nicht gasdicht. Das bedeutet, Kohlendioxid diffundiert langsam aus dem Flascheninhalt heraus. Daraus ergibt sich unter anderem die geringere Mindesthaltbarkeitsdauer von in PET-Flaschen abgefüllten Getränken.

Herstellung von PET-Flaschen mittels Vorformling

Hohlkörper aus Kunststoff können mittels mehrerer Verfahren erzeugt werden, von denen das schon erwähnte Blasformen vor allem durch hohen Produktausstoß hervorsticht.[39] Das Blasformen zählt zu den Urformverfahren wie Extrudieren oder Spritzgießen. Man unterscheidet zwischen Extrusionsblasformen und Streckblasformen. Hohlkörper, die durch Extrusionsblasformen entstanden sind, lassen sich durch eine Quetschnaht am Boden erkennen. Die so hergestellten Behälter eignen sich auf Grund der Schwachstelle der Quetschnaht nicht für Behälter, die unter Druck stehen, wie z.B. kohlensäurehaltige Getränke. Hierfür eignet sich das zweistufige Streckblasformen, zu erkennen sind durch Streckblasformen entstandene Produkte durch den Anspritzpunkt am

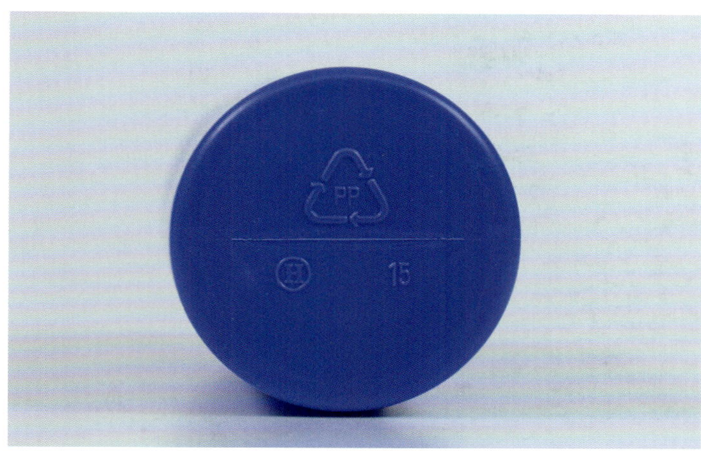
Quetschnaht am Boden einer Flasche aus Polypropylen.

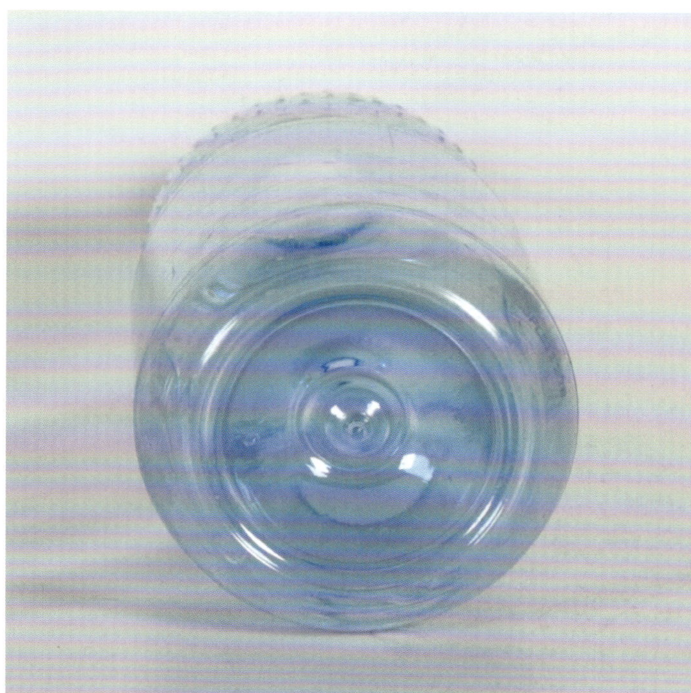
Anspritzpunkt am Boden der PET-Mehrwegflasche.

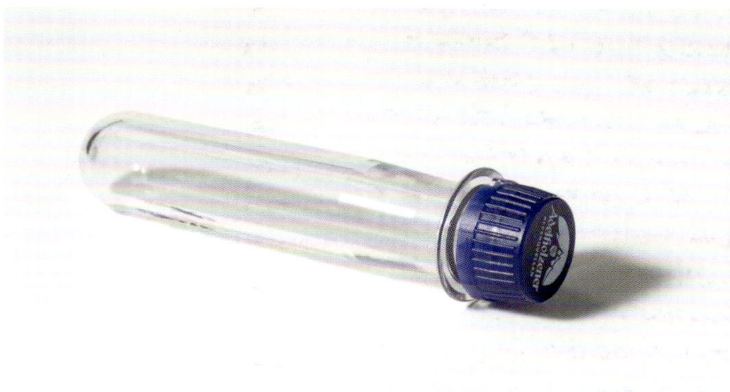
Vorformling einer Mehrwegflasche mit Schraubverschluss.

Boden. In einer ersten Stufe wird der Vorformling herge-stellt, in einer zweiten Stufe die Flasche ausgeformt.

Beim Vorformling von PET-Flaschen handelt es sich um ein einseitig offenes, spritzgegossenes Formteil, an dessen offener Seite bereits das Gewinde der späteren Flasche ausgeformt ist. Die Herstellung des Vorformlings und das Aufblasen zu einer PET-Flasche erfolgt in zwei getrennten Prozessen. Das Aufblasen des Vorformlings geschieht meist sogar beim Getränkeabfüller selbst, da die kleinen Vorformlinge leichter zu transportieren sind als bereits aufgeblasene Flaschen.

Die Herstellung einer PET-Flasche kann in vier Pha-sen gegliedert werden (siehe Prozessablauf auf der nächs-ten Seite):

1. Erzeugen eines Vorformlings im Spritzgussverfahren
2. Temperieren des Vorformlings im Formwerkzeug und Streckung der Länge nach (dabei Orientierung in Längsrichtung)
3. Blasformen des Vorformlings unter Druck, sodass das Material an die Wände des Formwerkzeugs gepresst wird (dabei Orientierung in Umfangsrichtung)
4. Abkühlung und Öffnung des Formwerkzeugs zur Entnahme der PET-Flasche

Formensprache – Glas vs. Kunststoff

Die Zeit der „hässlichen, ollen Plastikflaschen" sei längst vorüber, meinten Konsumentinnen bei einer kleinen (nicht repräsentativen) Befragung 1999 und äußerten sich damit eher wohlwollend über die Gestaltung der PET-Be-hältnisse. [40] Dennoch nehmen viele VerbraucherInnen Glas- im Vergleich zu Kunststoffflaschen in ihrer Anmu-tung und Haptik nach wie vor als höherwertig wahr. In gehobenen Hotels und Restaurants dürfte man deswegen eher Glas denn Kunststoff auf dem Tisch finden – obwohl die Verpackungsmittelindustrie mit fortschreitendem Einsatz von PET-Flaschen Marketingaspekte wie Design, Dekoration und Farbigkeit durchaus in den Blick fasst. [41]

Ein Design, das heute als Klassiker gilt, ist die soge-nannte Perlenflasche. [42] Diese Flasche für das Pfandsys-tem wurde zunächst nur aus Glas hergestellt und ging auf eine Ausschreibung zurück: Die Genossenschaft Deut-scher Brunnen eG (GDB) hatte in der Bundesrepublik zum Entwurf einer „Normflasche" aufgerufen.

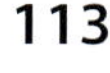

113

Blasprozess mit hoher Preform- und Formwandtemperatur, bis 160°C

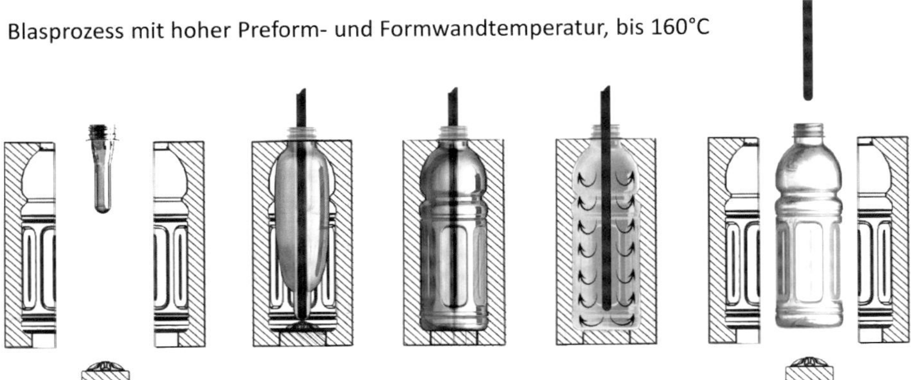

Prozessablauf beim Streckblasformen einer PET-Flasche.
Krones, aus: THIELEN et al. 2020, S. 150.

Man wollte sich mit einer zeitgemäßen, ansprechenden Gestaltung von der Konkurrenz abheben und versprach sich gleichzeitig durch die Einführung eines einheitlichen Vertriebs- und Pfandsystems einen wirtschaftlichen Vorteil gegenüber Wettbewerbern wie *Coca-Cola*.[43] Die Möglichkeit, die Normpfandflaschen bundesweit zurückgeben zu können, unabhängig davon, wo sie befüllt wurden, brachte logistisch enorme Vorteile mit sich. Für das Vorhaben beauftragte die GDB 1969 den Industrie-Designer Günter Kupetz (1925–2018), der bereits 1960 mit dem Entwurf einer Pril-Spülmittelflasche auf dem Gebiet des Kunststoff-Flaschendesigns Eindruck gemacht hatte.[44] Sein Auftrag lautete, eine leicht herzustellende, wiederbefüllbare 0,7-Liter-Mehrwegflasche aus Glas zu entwerfen. Dies war die Geburtsstunde der „Normbrunnenflasche", die ab 1971 in Produktion ging und bis heute unter anderem zur Abfüllung von Mineralwasser genutzt wird. Die 230 Perlen symbolisieren das Sprudeln bzw. Perlen des Wassers und prägen optisch sowie haptisch das Flaschendesign. Die schmale Taille ermöglicht einen guten Griff unabhängig von der Größe der greifenden Hand.

Die Verwendung eines Schraubverschlusses anstelle des bis dahin verbreiteten Bügelverschlusses ließ die automatische Abfüllung zu und brachte wirtschaftlich enorme Vorteile. Zwei unauffällige Verdickungsringe am oberen und unteren Rand des zylindrischen Flaschenteils dienen der Einschätzung, wie häufig die Mehrwegflasche wieder befüllt wurde. Bei der automatischen Reinigung und Abfüllung stoßen die Flaschen aneinander, sodass der Verdickungsrand bei mehrfach genutzten Flaschen durch das Aufrauen der Oberfläche die Transparenz verliert und breiter wird. Eine Wiederbefüllung ist bis zu 50-mal möglich; bei längerer Verwendung droht Glasbruch.

Das bis heute erfolgreiche Design wurde unter anderem 1982 mit dem Bundespreis *Gute Form* (heute: *Designpreis der Bundesrepublik Deutschland*) ausgezeichnet. Ende der 1990er Jahre wurde es auf die PET-Mehrwegflasche übertragen, allerdings mit abgewandelten Proportionen, was auf die geringere Wanddicke der Kunststoffvariante zurückgeht. Das Fassungsvermögen der PET-Flasche liegt bei 1 Liter statt 0,7 Liter. Ohne Inhalt bringt die Glasflasche 549 g auf die Waage, die PET-Flasche hingegen lediglich 65,7 g – eine Gewichtsersparnis von rund 88 %.[45] Die Wiederbefüllung der PET-Mehrwegflasche erfolgt 15- bis 25-mal, bevor die Flasche zu kleinen Flakes geschreddert und das Material recycelt wird.

Die Form der Glasflasche wurde also in Kunststoff übertragen, obwohl das neue Material wesentlich mehr Freiheiten bei der Gestaltung einräumt. Eine ebenfalls nahezu Eins-zu-eins-Übertragung vom Design einer Glasflasche in Kunststoff verwirklichte die Firma Hengstenberg. Die Glas- und Kunststoffflaschen zum Vertrieb von Speiseessig unterscheiden sich optisch nur wenig. Auch hier ist die PET-Flasche wegen der geringeren Wanddicke kleiner. Die Verpackung aus PET wiegt neunmal weniger als die Flasche aus Glas.

Lediglich bei der Gestaltung des Bodens weichen die Flaschen voneinander ab: Zur Erhöhung der Standsicherheit der leichten PET-Flasche ist der Boden mehrfach eingezogen. Das verlangt mehr Material, was wiederum dazu führt, dass der Boden mehr Gewicht hat und

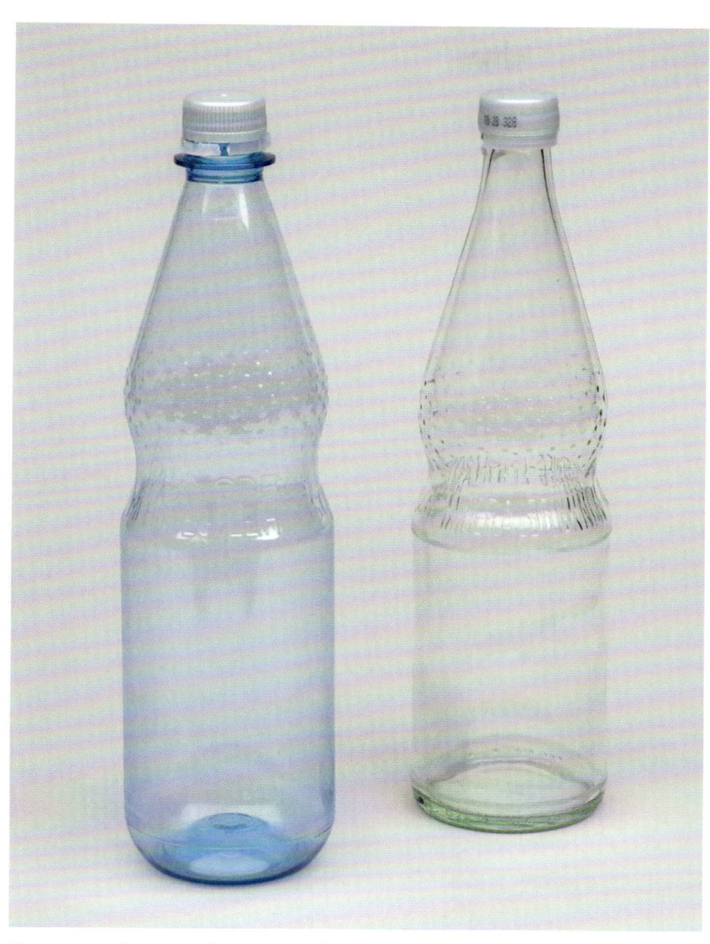

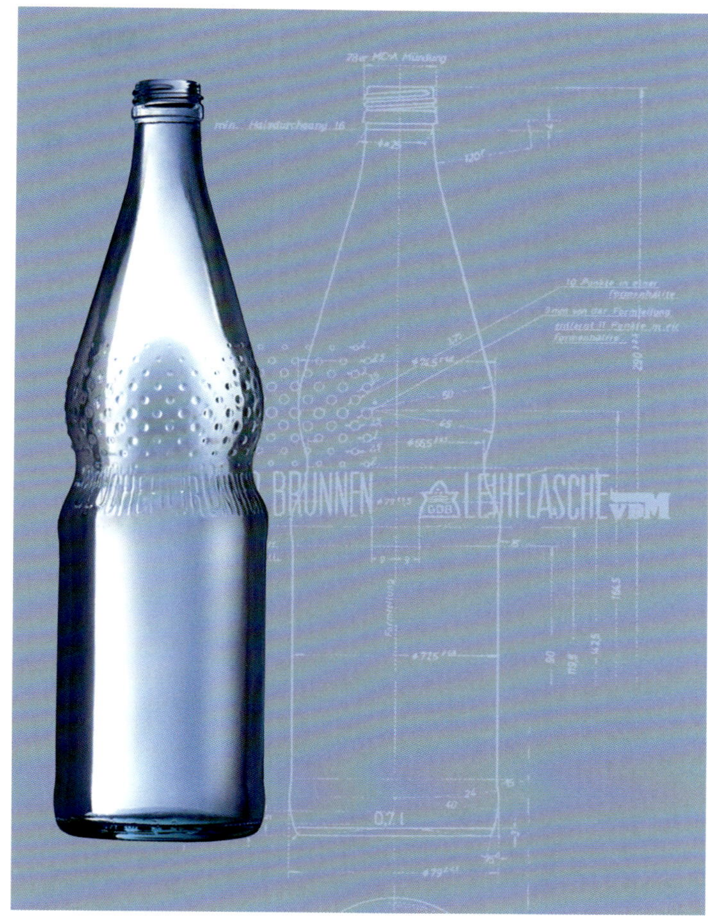

Gegenüberstellung einer Normbrunnenflasche aus Glas (rechts) und einer der Brunnenflasche nachempfundenen PET-Mehrwegflasche (links).

Perlenflasche mit Skizze.

Normbrunnenflasche (rechts)
Glas
Entwurf: Günter Kupetz, 1971
Hersteller: Genossenschaft Deutscher Brunnen
Deutschland
2000–2010

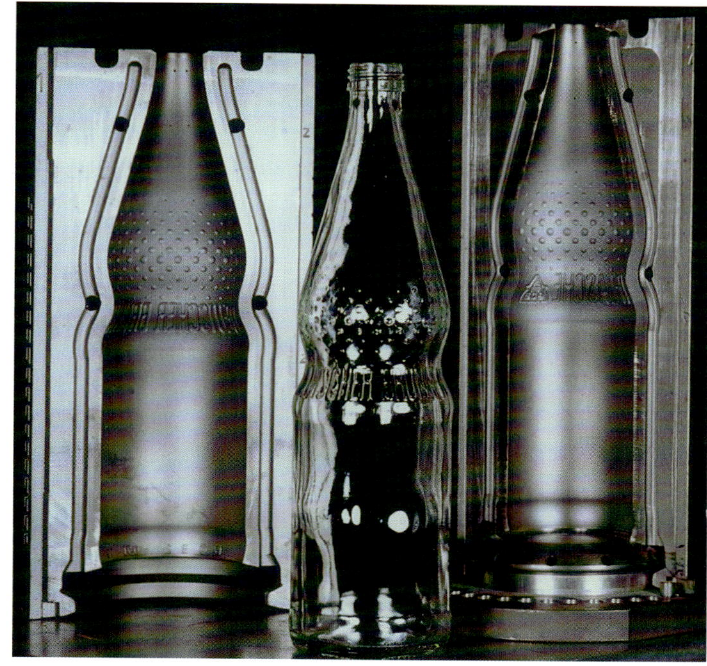

Formwerkzeughälften zur Herstellung einer Normbrunnenflasche aus Glas.

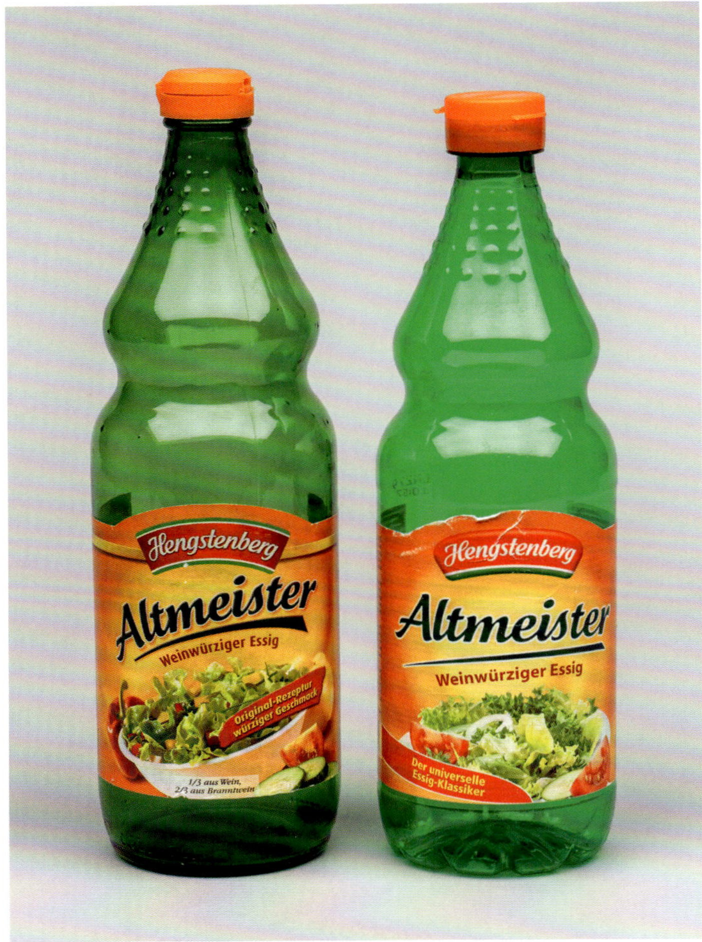

Zwei Essigflaschen *Hengstenberg Altmeister*
Glas (links), Polyethylenterephthalat (rechts)
Essigflaschen Hengstenberg Altmeister
Glas / PET
Hersteller: Hengstenberg GmbH & Co. KG
Esslingen, Deutschland
1993–2000

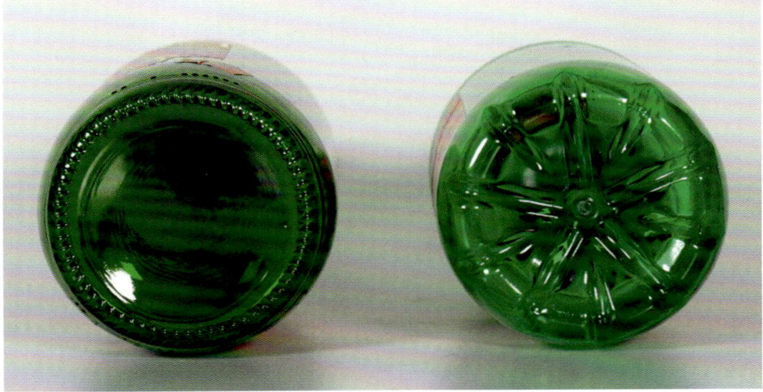

Gegenüberstellung der Böden der Flasche aus Glas (links) und aus Polyethylenterephthalat (rechts).

den Schwerpunkt der Flasche bildet, um auch im leeren Zustand Standfestigkeit zu gewährleisten.

Ungeachtet dieser beiden Beispiele für eine Formübertragung wird mittlerweile die volle Bandbreite der mit Kunststoff zu erreichenden Formensprache genutzt und an das Verbraucherverhalten angepasst. Flaschen für zu Hause unterscheiden sich von denen für unterwegs. Es gibt 0,33-Liter-PET-Einwegflaschen im Handel, die sich zum Mitnehmen in der Hand- oder Jackentasche eignen.[46] Die Verwendung von Kunststoff macht Entwürfe möglich, die sich mit dem Material Glas nicht massenproduzieren lassen. Ein Beispiel ist die Wasserflasche aus PET von Ross Lovegrove (*1958) von 1999. Eine der Anforderungen an die Produktion bestand darin, dass handelsübliche Vorformlinge verwendet werden können, die in ihrer späteren Form trotzdem klar von den Produkten anderer Hersteller abweichen.[47] Der Entwurf wurde zunächst auf Grundlage von Skizzen digital am Computer erstellt, bevor ein Modell aus einem Block Acrylglas herausgearbeitet wurde.[48] Nach Monaten der Entwicklung ging der ungewöhnliche Entwurf in die Massenproduktion.

Ein anderes Beispiel für ausgefallenes Flaschendesign ist die *Doppelflasche* von Gaetano Pesce (*1939), die er 1986 für Vittel Frankreich entworfen hat. Im Gegensatz zum Entwurf von Ross Lovegrove lag das Hauptaugenmerk auf einer möglichst platzsparenden Form, damit sich die Flaschen für den Transport gut stapeln lassen. Der Entwurf entstand im Rahmen eines Wettbewerbs, an dem neben Pesce sieben weitere Personen teilnahmen.[49] Allerdings wurde nicht PET, sondern PVC zur Herstellung verwendet.[50] Zwei identische Flaschen mit je 750 ml Inhalt können ohne Zwischenraum ineinandergesteckt werden, indem eine der beiden auf den Kopf gestellt wird. Die Detailgestaltung der zueinander ausgerichteten Flaschenwände erinnert in der Formgebung an die Oberfläche von Gestein und soll bei den BetrachterInnen die Assoziation von kühlem, frischem Quellwasser hervorrufen. Bei einer Verbraucherumfrage bewertete die Mehrheit das Flaschendesign als gelungen, einige betrachteten es sogar eher als Kunstwerk, sodass das Flaschendesign in Produktion ging.[51]

Neben all diesen Entwicklungen war jedoch die eigentliche Sensation der PET-Flasche das Gewichtsverhältnis von Produkt zu Verpackung: 1,5 Liter Getränk in nur 110 g Verpackung.

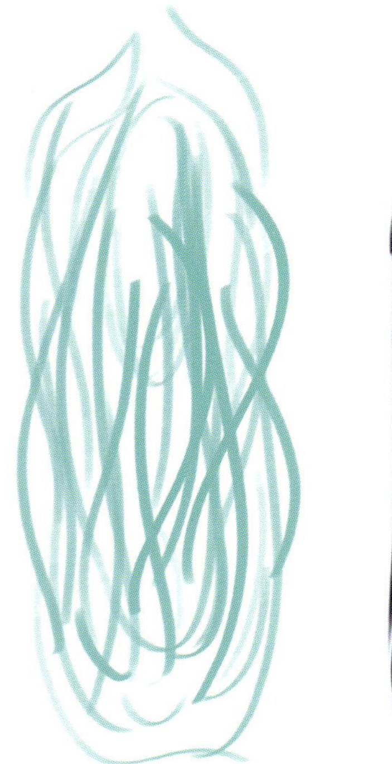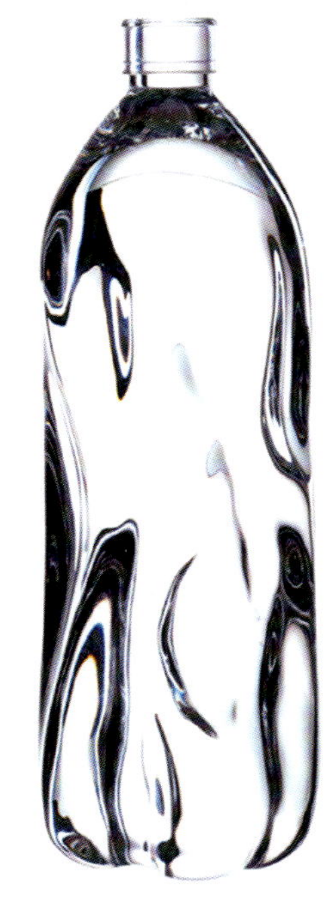

Skizze und Umsetzung der *Ty Nant* 500 ml Wasserflasche.
Entwurf: Ross Lovegrove,
Hersteller: Ty Nant Spring Water
1999–2001

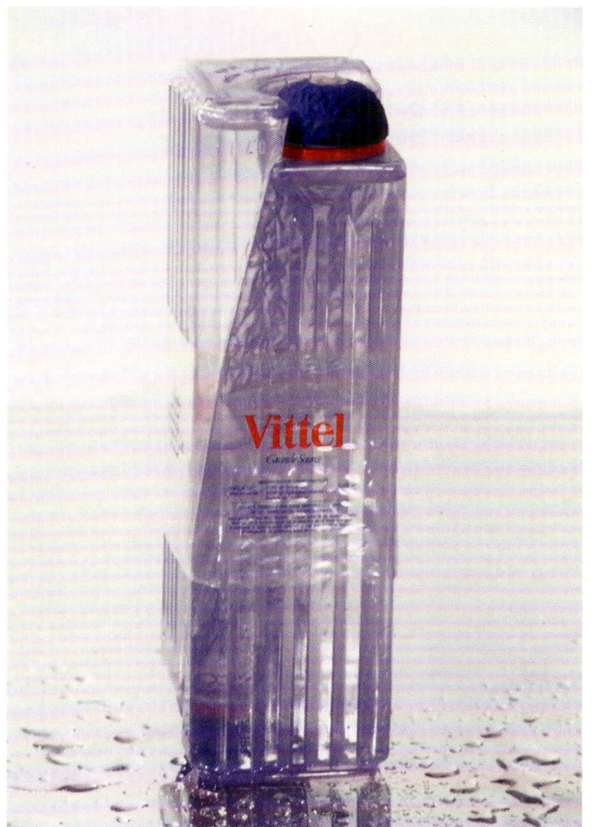

Ineinander gesteckte 750ml *Doppelflaschen,* Polyvinylchlorid. Entworfen von Gaetano Pesce für Vittel Frankreich, 1986–1989.

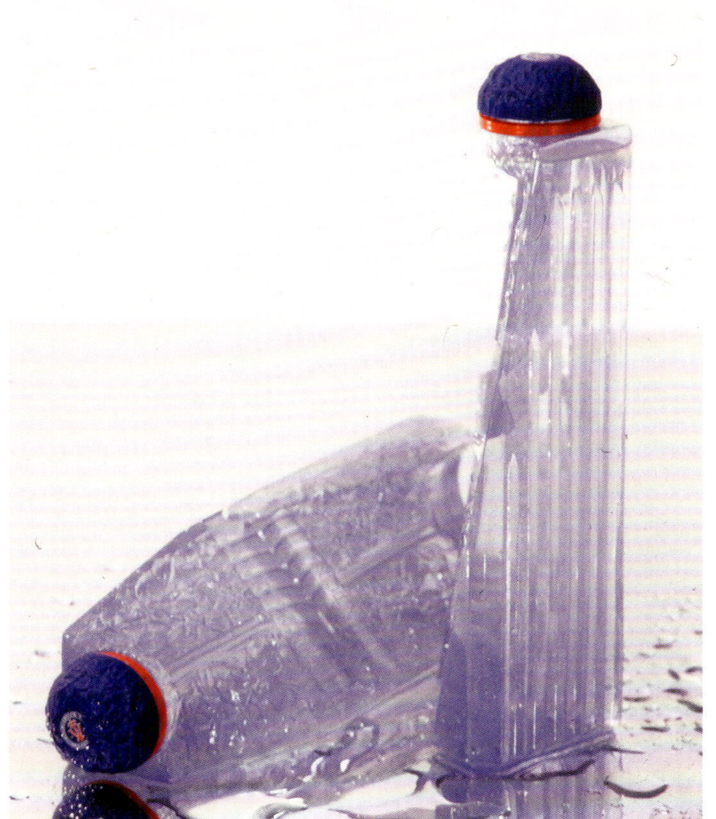

Voneinander getrennte Hälften der *Doppelflasche.*

Wertigkeit vs. Ressourcenverbrauch

Bereits bei der Einführung äußerten UmweltschützerInnen massive Kritik an den Einweg-Kunststoffflaschen aus PET. Seitdem haben weder ein Mehrwegsystem noch die Einführung des Einwegpfands 2003 die Diskussionen über die Frage der Nachhaltigkeit von Kunststoffflaschen zum Erliegen gebracht. Heute, in Zeiten des *marine litter*, also der zunehmenden Vermüllung der Weltmeere durch Plastik, ist die Debatte heftiger denn je.

Ohne an dieser Stelle im Detail auf die Umweltproblematik und Ökobilanz der PET-Flasche eingehen zu können, seien einige Aspekte kurz benannt. Ökologisch ist die PET-Flasche in Anbetracht der Herstellungs- und Transportkosten, der Umlaufzahl von Mehrwegflaschen und dem Recycling nicht als schlecht zu bewerten. In der Schweiz empfiehlt das Bundesamt für Umwelt die PET-Einwegflasche sogar. PET-Flaschen werden dort gesammelt, allerdings nicht über ein Pfandsystem, sondern in speziellen Sammelbehältern. Mehrwegflaschen gibt es dort nur aus Glas. Grundlage dieser Empfehlung ist die Ökobilanz, die 2014 von der Baseler Umweltberatung Carbotech erarbeitet wurde.[52]

Aufblasen – Kunststoff macht es möglich

Hohlkörper aus Kunststoff können zu flexiblen Objekten geformt werden, die man mit Luft oder Gas aufblasen kann. Solche Objekte – ein Luftballon, ein Fahrradschlauch – zeichnet ein im Verhältnis zum Gewicht sehr großes Volumen aus. Zudem haben luft- oder gasgefüllte Hohlkörper die Eigenschaft des Auftriebs. Schon in der Antike wurde erkannt, dass man den Auftrieb für Rettungsmittel und Schwimmhilfen nutzen kann. In den Kunststoffen fand sich eine Materialklasse für Hohlkörper, die es erlaubte, zuverlässiger Leben zu retten. Ein enorm erfolgreiches Beispiel sind aufblasbare Schwimmflügel oder Schwimmgurte aus geschäumtem Kunststoff.

Aufblasbare Schwimmflügel

1956 wäre die dreijährige Tochter von Bernhard Markwitz (1920–2000) fast ertrunken. Daraufhin arbeitete der Kaufmann und Erfinder an einem Hilfsmittel, das Kin-

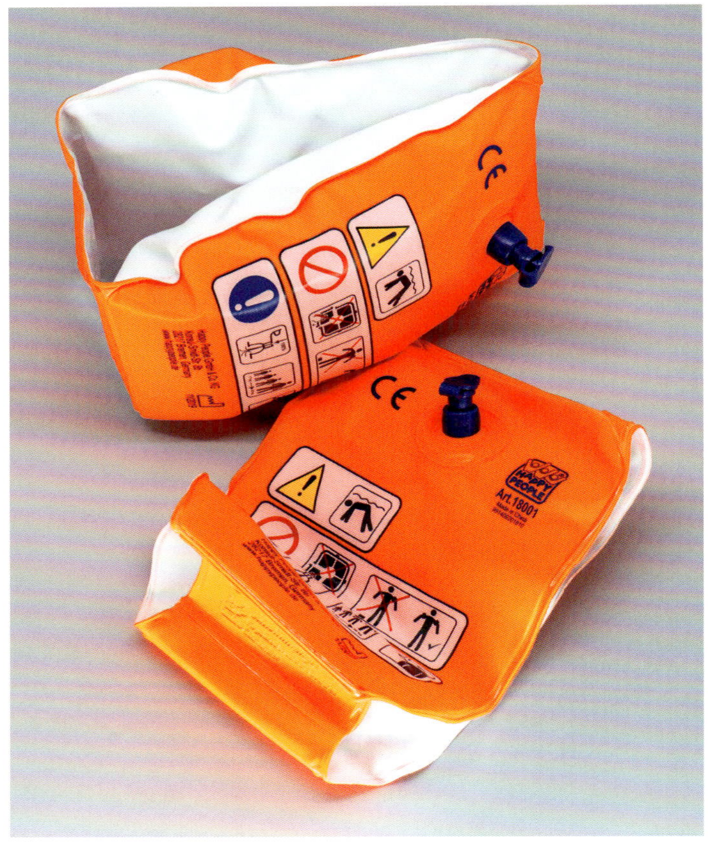

Schwimmflügel *BEMA*
Polyvinylchlorid (Weich-PVC)
Entwurf: Bernhard Marwitz, 1964
Hersteller: BEMA, Happy People GmbH & Co. KG
Bremen, Deutschland
2020–2021

dern und Erwachsenen das Schwimmenlernen erleichtern sollte. Markwitz war zwar keineswegs der Erste und auch nicht der Letzte, der sich mit dieser Aufgabe befasste, doch es war seine Idee, die weltweit Bekanntheit erlangte. Das Wort „Schwimmflügel" ist international so verbreitet wie „Kindergarten" oder „Autobahn".[53] Hilfsmittel zum Überwasserhalten werden in zwei Kategorien aufgeteilt. Die Schwimmhilfen sind ausschließlich zur Unterstützung des/der Schwimmenden gedacht. Rettungsmittel hingegen sollen gewährleisten, dass verunglückte, möglicherweise ohnmächtige, geschwächte oder verletzte Personen im Wasser überleben. Schwimmflügel sind Schwimmhilfen, keine Rettungsmittel.[54] Das bedeutet, die Schwimmenden benötigen bei vollem Bewusstsein genügend Bewegungsfreiheit, um die Bewegungsabläufe unterstützt lernen zu können.

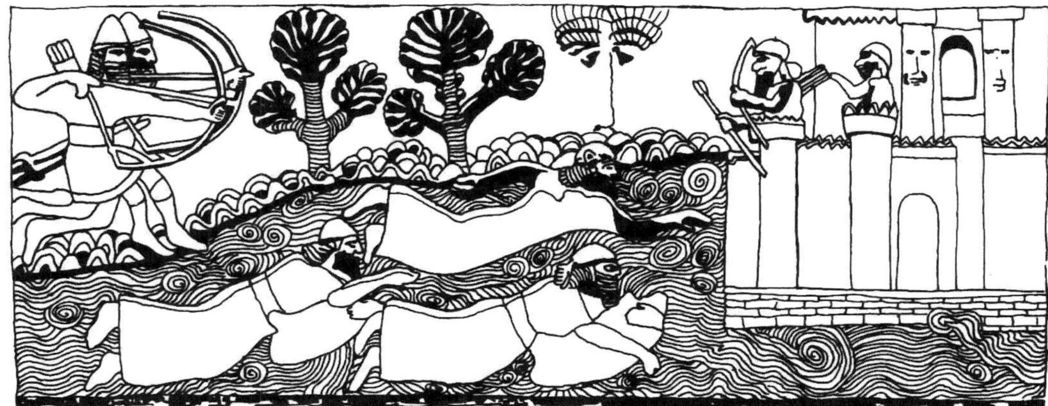

Aufblasbare Tierhaut in Nutzung als
Schwimmkissen, Assyrien.
GOETHE, LABAN 1988, S. 39.

Schwimm- und Rettungshilfen: ein Blick zurück

Einen mit Luft befüllten Hohlraum oder ein Gefäß zur Unterstützung beim Schwimmen zu nutzen, war keine Neuheit. Schon um 870 v. Chr. wurden in Assyrien Tiermägen und -häute aufgeblasen, zugeknotet und als eine Art Schwimmkissen genutzt.[55] Neben den mit Luft gefüllten existierten über Jahrhunderte hinweg mit Kork oder Fasern wie Kapok[56], mit Seegras oder Elch- und Hirschhaar gefüllte Hilfsmittel.[57] Ungeachtet ihres im Vergleich zu Luft geringeren Auftriebs wurden sie lange Zeit vor allem in Rettungsmitteln wie Westen oder Ringen eingesetzt.

Die luftgefüllten Schwimmhilfen stießen zunächst auf Skepsis. Die Sorge bestand, dass sie die Luft nicht dauerhaft halten könnten, generell leicht zu beschädigen und somit lebensgefährlich waren.

Ein Versuch, die Schwimmkörper langfristig wasser- und luftdicht zu machen, um eine dauerhaftere Nutzung zu gewährleisten, wurde im Mittelalter und der Renaissance, also am Übergang vom Mittelalter zur frühen Neuzeit, unternommen und bestand im zusätzlichen Beschichten von Häuten und Leder mit Wachs oder Teer.[58] Neue Möglichkeiten des Abdichtens ergaben sich infolge des Imports von Kautschuk aus Südamerika nach Europa ab Mitte des 18. Jahrhunderts. Charles Macintosh (1766–1843), schottischer Chemiker und Erfinder des wasserdichten Regenmantels, entwickelte 1826 aufblasbare Rettungshilfen aus Schichten von Leinen und Kautschuk, um sie dauerhaft an Bord von z.B. Dampfschiffen mitzuführen.[59] Ein Exemplar wog etwa zwölf bis dreizehn Unzen (etwa 400 g) und konnte ein Gewicht von ca. 20 kg

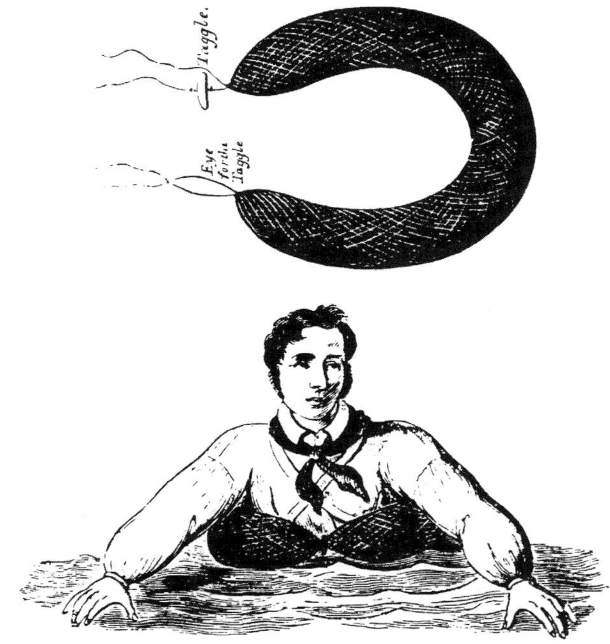

Ring mit Korkstückchen gefüllt, Großbritannien, um 1800.
GOETHE, LABAN 1988, S. 89.

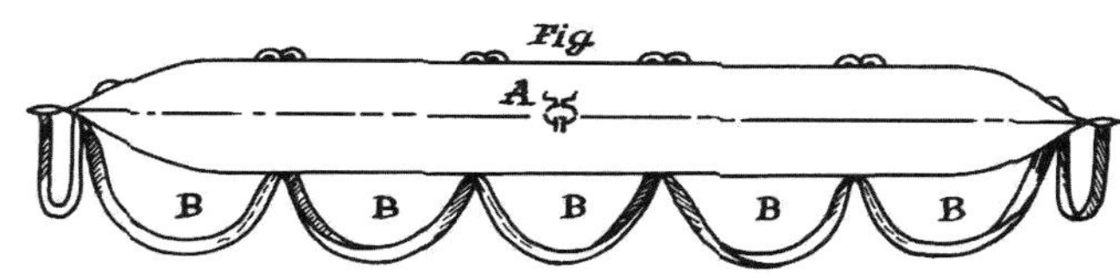

Kautschuk-Rettungshilfe, Macintosh, nachgezeichnet.
GOETHE, LABAN 1988, S. 94.

über Wasser halten. Die Rettungshilfe bestand aus einem durch ein Messingventil (A) aufblasbaren Schwimmkörper und daran befestigten, lose hängenden Schnüren (B). An den Schnüren konnten sich vom Ertrinken bedrohte Personen festhalten. Das „Glasgow Mechanics' Magazine" beschreibt, wie die Rettungshilfe als eine Art Schwimmweste benutzt werden kann, indem die Schnüre um den Körper gebunden werden.[60]

In der ersten Hälfte des 19. Jahrhunderts stachen viele Auswandererschiffe sowie Handels- und Frachtschiffe in See; in der zweiten Hälfte erfreuten sich dann Freizeitbetätigungen am und im Wasser einer wachsenden Beliebtheit. Entsprechend stieg der Bedarf an Rettungsmitteln und Schwimmhilfen. Zwischen 1855 und 1930 wurden etwa 1.000 Patente auf dem Gebiet angemeldet,[61] unter anderem für Wasserfahrräder, Rettungskisten und -koffer sowie andere Lösungen, die sich als wenig praktikabel erwiesen.[62]

Um 1900 waren luftgefüllte Ringe, Kissen oder Jacken aus Gummi oder Guttapercha neben solchen aus Kork weit verbreitet. Aufblasbare Lösungen erlaubten zwar die platzsparende Lagerung an Bord oder zu Hause, erforderten aber auch, dass der Auftrieb im Bedarfsfall erst erzeugt werden musste. Die Faser- und Korkrettungsmittel blieben aus diesem Grund noch lange für die Rettung oder den Schutz von in Seenot geratenen Personen etabliert; der geringere Auftrieb wurde in Anbetracht der schnelleren Einsatzmöglichkeit in Kauf genommen. Die aufblasbaren Varianten wurden so eher zum Hilfsmittel beim Schwimmenlernen.

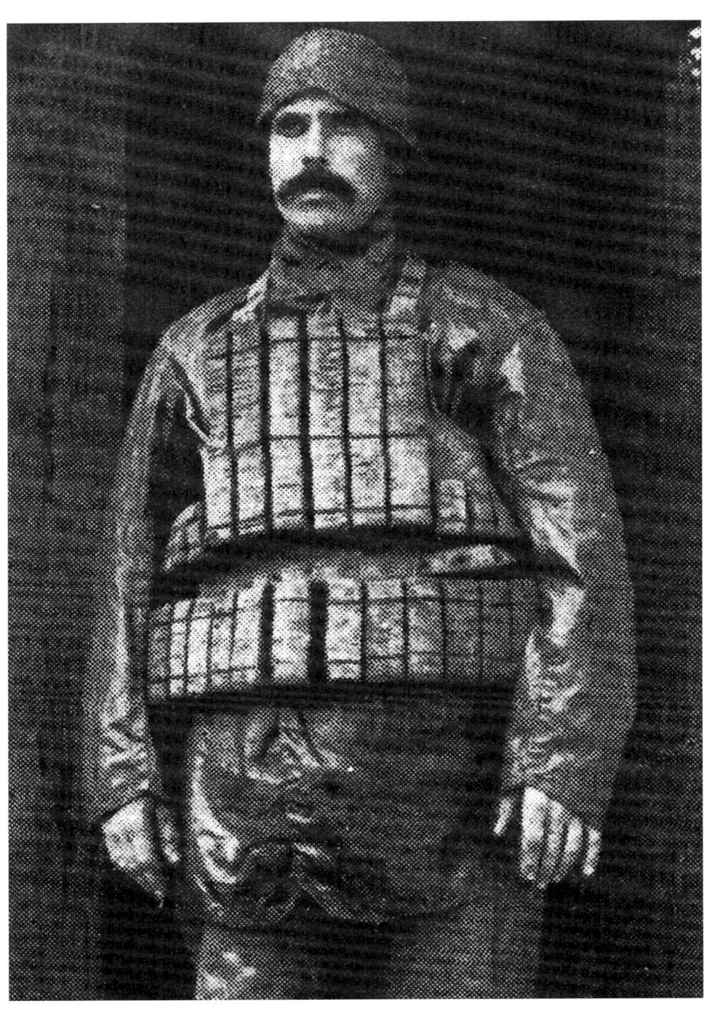

Rettungsweste aus Kork, Norwegen, 1900.
GOETHE, LABAN 1988, S. 138.

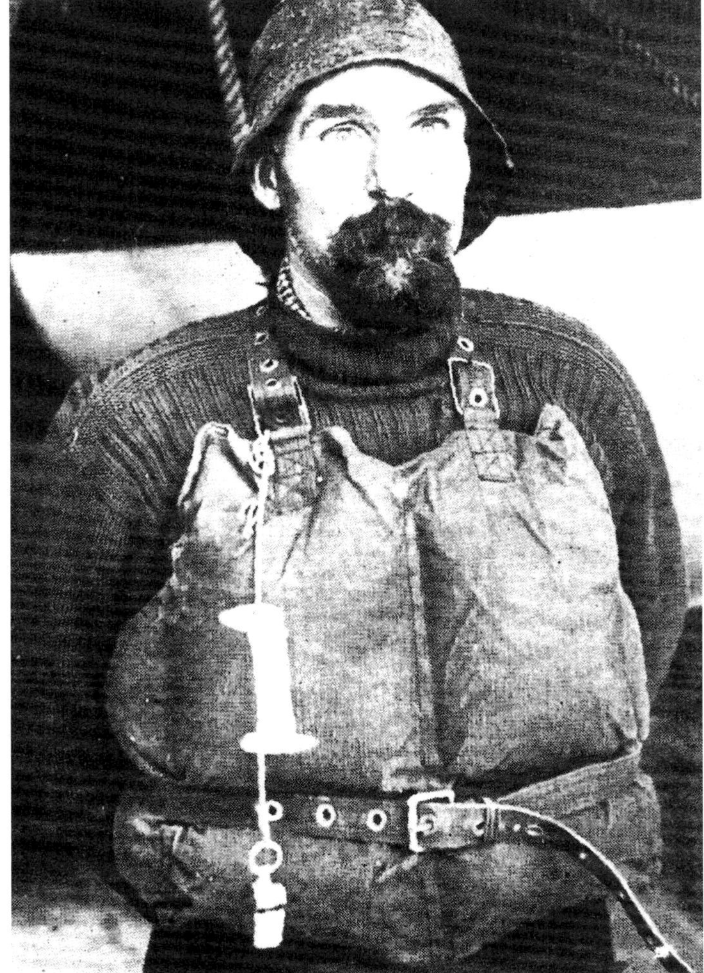

Rettungsweste aus Kapok, Deutschland, 1890.
GOETHE, LABAN 1988, S. 139.

BEMA® und die Schwimmflügel

Als Bernhard Markwitz eine Lösung suchte, um Kindern das Schwimmenlernen zu erleichtern, waren schon einige Schwimmhilfen, die um den Oberkörper oder die Arme gelegt wurden, bekannt. Markwitz sah aber einen entscheidenden Mangel:

„Die bisher bekanntgewordenen Oberarm-Schwimmringe konnten jedoch nicht befriedigen, weil sie durch die Schwimmbewegung zum Unterarm hin verschoben werden oder ganz vom Arm abgestreift wurden. Versuchte man, diesen Nachteil durch besonders fest und eng sitzende Schwimmringe zu vermeiden, so zeigte sich, daß die Blutzirkulation im Arm derart beeinträchtigt wurde, daß schon nach wenigen Minuten Gefühllosigkeit auftrat."[63]

Zunächst experimentierte er mit luftgefüllten Gummischläuchen von Kinderrollern.[64] Doch reichte das Luftvolumen der Schläuche nicht aus, um den Kindern genügend Auftrieb zu geben, außerdem beeinträchtige der vorgegebene geringe Durchmesser der Ringe den Kindern die Blutzirkulation an den Oberarmen. Die Schwimmhilfe musste also vergrößert und zugleich in eine andere Form gebracht werden.

Die Lösung bestand darin, den Teil des Ringes, der an der Oberarminnenseite anliegt, nicht aufblasbar zu gestalten. So wird das zu starke Zusammendrücken des Oberarms vermieden. Die entstandene nicht runde Form verhindert ein einfaches Abrutschen oder Abrollen des Rings.

Das Erzeugen einer solchen luftdichten Form gelang nur mit einem Material, das im Patent wie folgt beschrieben ist:

„Der Ring ist aus einer flexiblen, wasser- und luftdichten Folie geformt und besteht aus schweißbarem Kunststoff. Das Material kann dehnbar-elastisch sein, muss es aber nicht."[65]

Bei dem von Markwitz so charakterisierten Material handelt es sich um Polyvinylchlorid (PVC). Obwohl das Monomer Vinylchlorid bereits 1835 entdeckt wurde, kam es erst 1912 – durch Ivan Ostromislensky (1880–1939) in England und Fritz Klatte (1880–1934) in Deutschland –

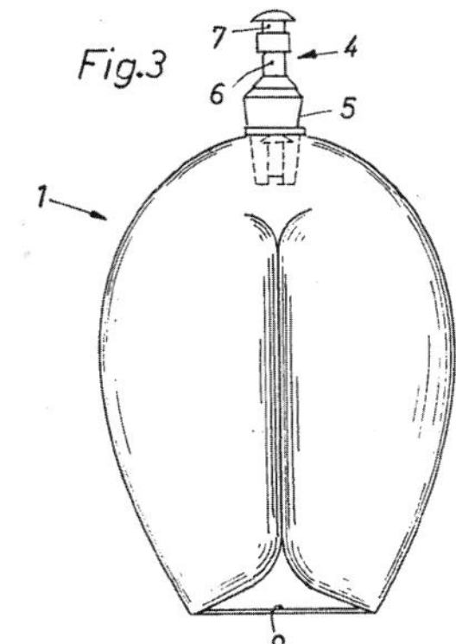

Zeichnung des aufgeblasenen Oberarm-Schwimmrings, 1964. Auslegeschrift 1245788, Fig. 3, 1964.

zur Polymerisation von PVC.[66] Ab ca. 1930 konnte PVC mithilfe von Additiven in Form von Weichmachern und Schmiermitteln großtechnisch in Bahnen als flexible Folie hergestellt werden.[67] Nach dem Zweiten Weltkrieg stieg die Produktion von Weich-PVC stark an. Es mangelte allerdings noch an einer entsprechenden Verarbeitungstechnik. Anfang der 1960er Jahre schließlich wurde das Hochfrequenzschweißen erfunden und dann großtechnisch eingesetzt.

Das Schweißen von Kunststoffen bedeutet immer, dass das thermoplastische Material lokal erhitzt wird, diese Bereiche so erweichen und sich mit weiteren erweichten Bereichen „verschmelzen" lassen. Die nötige Hitze kann auf unterschiedliche Weise produziert werden. So gibt es die Möglichkeit, Hitze durch Reibung oder durch elektrischen Strom zu generieren. Das Hochfrequenzschweißen gehört zu den Schweißvorgängen, die eine lokale Erwärmung des Materials durch innere Reibung hervorrufen. Eine hochfrequente Wechselspannung wird produziert und die Moleküle versuchen sich immer wieder nach dem angelegten Wechselfeld auszurichten; dabei entsteht effizient von innen heraus Wärme.[68] Es muss keine externe Wärme zugeführt werden. Die nach dem Abkühlen erstarrte Schweißnaht ist ausgesprochen belastbar, biegsam und flexibel und teilweise stärker als das umgebende Material. Mit dem Aufkommen dieser Technik konnte die Folie zu einem robusten Schlauch bzw. Kissen geformt werden, zudem konnte durch das Schweißen ein Ventil in die Folie gesetzt und diese luft- und wasserdicht abgeschlossen werden.

1964 präsentierte Bernhard Markwitz der Presse erste Prototypen, und zwar unter Beteiligung seiner Kinder im Schwimmbad Ohlsdorf bei Hamburg. Die Begeisterung blieb zunächst aus. Keiner wollte mit dem Erfinder ins Geschäft kommen und die Produktion starten. Wie ein glücklicher Zufall es wollte, gewann Markwitz im Lotto und konnte sich 1964 das Patent für seine Erfindung sichern.[69] Noch im gleichen Jahr gründete er sein Unternehmen BEMA, dessen Name sich aus den beiden Anfangsbuchstaben seines Vor- und Nachnamens zusammensetzt. Der Begriff „Schwimmflügel" ist in Deutschland von der Firma BEMA als Markenzeichen eingetragen.

In Australien kamen im Jahr 1964 beinahe zeitgleich die *Floaties* auf. Der Erfinder Klaus Maertin hatte aus den gleichen Beweggründen wie Markwitz mit der Entwicklung der Schwimmhilfen begonnen: Sein Sohn wäre fast im Meer ertrunken. Maertins Produkt beruht ebenfalls auf dem Luftkissenprinzip und wird an den Armen befestigt. Hauptsächlich wichen sie in ihrer Form von den BEMA-Flügeln ab. Die *Floaties* bestehen aus jeweils zwei hintereinander gereihten Luftkammern.

Trotz der anfänglichen Skepsis gegenüber den Kunststoff-Schwimmflügeln konnte Markwitz sein Produkt letztendlich erfolgreich auf dem Markt platzieren. Bis Mitte der 1990er Jahre wurden weltweit rund 150 Millionen der BEMA-Schwimmflügel verkauft, ungeachtet zahlreicher Nachahmerprodukte.[70] Obwohl BEMA kontinuierlich an Verbesserungen der Schwimmflügel interessiert war, änderte sich an deren Design kaum etwas. An technischen Neuerungen wurde jedoch stetig gearbeitet. So wurde 1971 ein weiteres Patent mit einigen Änderungen an den Flügeln angemeldet: Eine große Luftkammer

ist hier durch zwei kleinere ersetzt, die jeweils mit einem eigenen Ventil aufgeblasen werden können.

In der Patentschrift von 1971 wird das Material genauer beschrieben. Die Kunststofffolien sollen etwa eine Dicke von 0,2–0,3 mm haben. So sind sie mechanisch fest genug, verfügen aber auch über die erforderliche Flexibilität. Ganz besonders geeignet sind Kunststofffolien, die durch hochfrequenten elektrischen Strom schweißbar sind, wie das PVC.

Mit dem Konzept von zwei separaten Luftkammern kam ein Problem auf: Auf der Oberseite der Flügel bildete sich wegen der Außennähte eine teilweise scharfe V-förmige Kante. Die spitzen Ecken, die an der Stelle entstanden, wo sich die Kissen berühren, bargen vor allem in stark aufgeblasenem Zustand der Schwimmflügel ein erhöhtes Verletzungsrisiko. Die Kanten wurden daher im Gebrauchsmuster 1998 umgeklappt und die Schweißnaht abgerundet.[71]

Heute gibt es die Schwimmflügel von BEMA in vier Ausführungen, die sich nach Alter bzw. Gewicht der Schwimmenden richten. Die Schwimmkörper variieren also in der Größe bzw. dem Luftvolumen und dem daraus erfolgenden Auftrieb. Schwimmflügel für die Kleinsten halten 0–11 kg Körpergewicht über Wasser, die Größten über 60 kg. So ermöglichen Bernhard Markwitz´ Schwimmflügel beinahe jedem und jeder das sichere Plantschen und Schwimmenlernen mit Tragekomfort.

Das Angebot der Schwimm- und Auftriebshilfen bei BEMA entwickelte sich immer facettenreicher. Neben den Flügeln werden bis heute aufblasbare sowie steife Westen

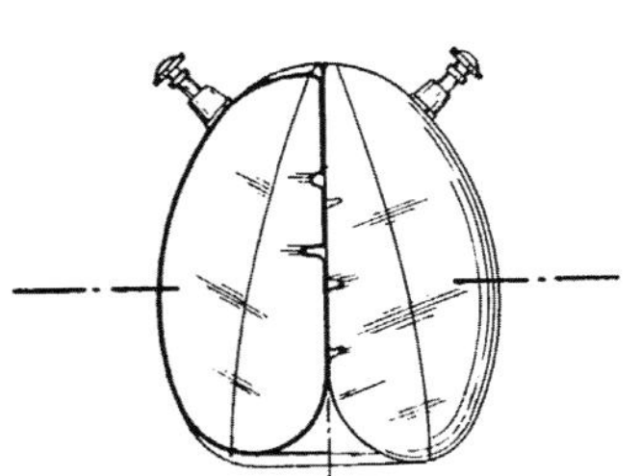

Zeichnung eines Schwimmflügels mit zwei getrennten Luftkammern.
Offenlegungsschrift 1207979, 1971.

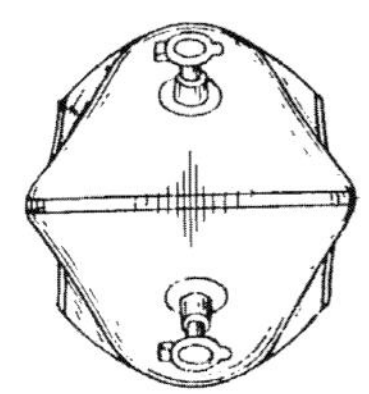

Zeichnung des aufgeblasenen Schwimmflügels.
Gebrauchsmuster DE 29800671 U1, 1998.

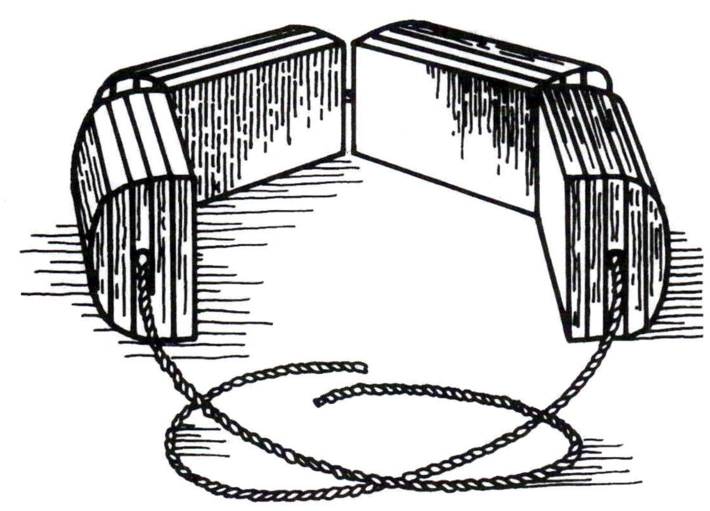

Schwimmgurt mit vier Auftriebskörpern aus Kork, Großbritannien, um 1878.
GOETHE, LABAN 1988, S. 104.

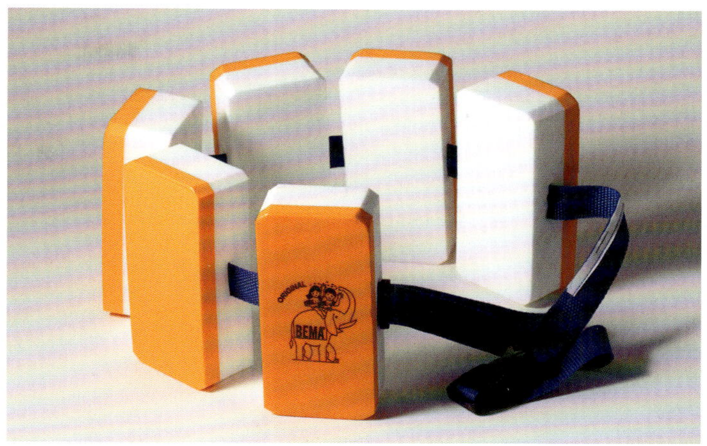

BEMA Schwimmlernhilfe mit sechs Auftriebskörpern
Ethylen-Vinylacetat (EVA)
Hersteller: BEMA, Happy People GmbH & Co. KG
Bremen, Deutschland
2022

und Bauchgurte mit Auftriebskörpern aus Schaumstoff hergestellt und erfolgreich vermarktet.[72] Hauptsächlich an den Schwimmgurten erkennt man, wie wenig sich am Prinzip der Rettungsmittel geändert hat. Die Materialauswahl hat sich allerdings im Vergleich zu den Schwimmgurten des vergangenen Jahrhunderts gewandelt. Fand zuvor Kork Verwendung, sind die Schwimmgurte heute aus Ethylen-Vinylacetat-Schaumstoff.

Ähnlich wie aufblasbare Körper weisen Schäume neben dem Auftrieb stoßabsorbierende Eigenschaften auf, was sich für den Schutz von Menschen sowie von Gegenständen nutzen lässt. Schaumstoff findet sich daher als leichter, günstiger, formbarer, isolierender Schutzpuffer nicht nur in Westen und Schwimmgurten, sondern auch in Fahrrad- und Motorradhelmen, in Autokindersitzen, in Sportgeräten und Fortbewegungsmitteln.

BEMA setzte bei der Entwicklung der Schwimmflügel auf das neue Material Weich-PVC. Die klassischen Rettungsmittel aus Feststoff wiesen jedoch Eigenschaften auf, die – selbst mit optimierten Lösungen – bei aufblasbaren Auftriebsmittel nicht gegeben waren. Für bestimmte Arbeiten oder Tätigkeiten braucht es Rettungsmittel, die einen dauerhaften Auftrieb gewährleisten, evtl. eine Steifigkeit aufweisen, Knochen und Organe schützen und vor allem nicht infolge einer Beschädigung plötzlich all ihre Auftriebskraft verlieren dürfen. Diese Anforderungen können von Feststoffwesten besser erfüllt werden als von aufblasbaren. So sind im gewerblichen

Bereich Feststoffwesten bei der Arbeit in Klär-, Offshore-Erdöl- oder Kaianlagen sowie bei der Nassbaggerei vorgeschrieben. Auch bei gefährlicheren Freizeitaktivitäten wie Wasserski, Surfen, Segeln oder bei Wildwasserfahrten sind die Feststoffwesten in Gebrauch.[73] Je nach Verwendungsgebiet variiert der Auftrieb stark und hat großen Einfluss auf das Volumen und die Größe der Weste.

Eine weitere Entwicklung stellen größere Rettungsinseln oder auch Rettungswesten für Passagiere von Schiffen oder Flugzeugen dar. Die Objekte müssen nicht mehr manuell aufgeblasen werden, sondern erhalten ihre Form durch luft- oder gasgefüllte Kapseln, die sich bei Kontakt mit Wasser in Sekundenschnelle öffnen. Ähnlich wie bei einem Airbag im PKW kann das Luftkissen platzsparend verstaut werden, im Notfall jedoch sofort seinen Zweck erfüllen. Erst das Material Weich-PVC und die belastbaren Schweißnähte ließen diese Bandbreite verschiedener Objektgruppen zu.

Die Möglichkeit, Folien fest, dauerhaft und belastbar miteinander zu verschweißen, führte Mitte der 1960er Jahre dazu, dass sie zu Schnittmustern geschnitten und später geschweißt wurden, um aufblasbare Gebilde zu kreieren. Die leichten Luftkissen dienen als Möbel und Hüpfburgen, sind aber nach wie vor auch auf dem Wasser zu finden, vor allem seit den 1990er Jahren als ausgefallene Schwimminseln.

In der Sammlung des Deutschen Kunststoff-Museums befinden sich neben der Schwimminsel und den

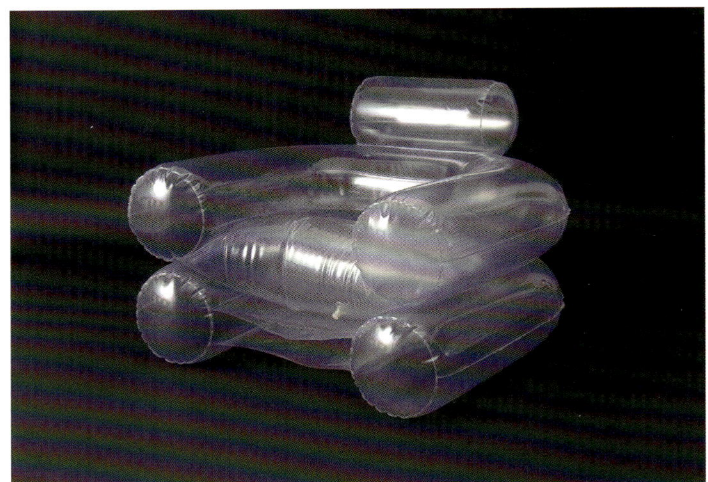

Sessel *Blow* aus Polyvinylchlorid, entworfen 1967 von Jonathan De Pas, Donato D'Urbino, Paolo Lomazzi, Carla Scolari für Zanotta
© Neue Sammlung München (A. Lorenzo)

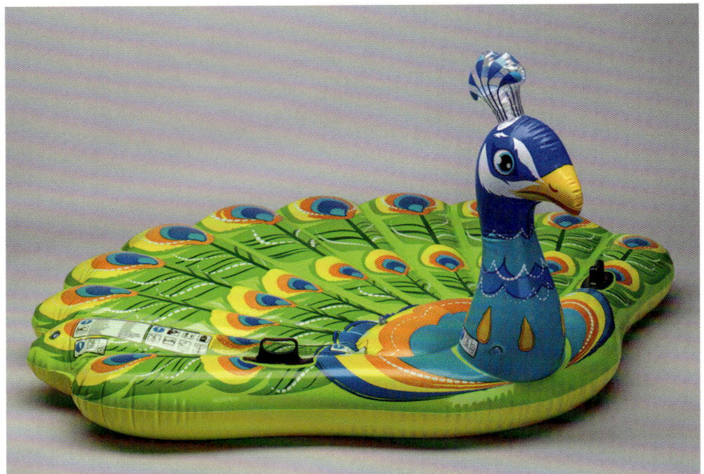

Schwimminsel *Peacock Intex 57250*
Polyvinylchlorid (Weich-PVC)
Hersteller: Intex Ltd.
Hongkong
2020–2021

Schwimmflügeln weitere Objekte aus oder mit Weich-PVC Folie. Dazu zählen z.B. Regenmäntel, Kühltaschen ummantelt mit Weich-PVC und Objekte mit Lederimitat, wie z.B. Koffer. Seit den 1950er Jahren gehört Weich-PVC zu den wirtschaftlich und technisch wichtigsten Kunststoffen, weshalb es nicht verwundert, dass das Material in Sammlungen in hoher Anzahl vertreten ist. Aus konservatorischer Sicht zählt der Werkstoff PVC und insbesondere mit Weichmachern modifiziertes PVC zu den schwierigen Kandidaten. Zu den häufigsten Alterungsphänomenen gehören Farbveränderungen, besonders bei transparentem Weich-PVC sind diese in Form von Vergilbung zu beobachten. Eine Migration, also ein „Auswandern" der im Kunststoff enthaltenen Weichmacher führt häufig zu einer klebrigen Oberfläche, die im Gegensatz zu den farblichen Veränderungen, aus konservatorischer Sicht ein größeres Problem darstellt.[74] Der Verlust von Weichmachern geht einher mit dem Verlust der Elastizität des Materials und führt letzten Endes zur Versprödung des Kunststoffs. Besonders an relativ dünnem Material, wie Weich-PVC-Folien geht dies nicht selten mit Rissen und Brüchen einher. In den meisten Fällen führt der Verlust der Elastizität auch zum Verlust der Funktionstüchtigkeit, was besonders bei aufblasbaren Objekten naheliegt. Kommt es in Folge der Versprödung zu Rissen oder Undichtigkeiten im Material können die Sammlungsobjekte nicht mehr mit Luft gefüllt gelagert werden. Eine luftlee-re Lagerung wiederum hat Knickfalten zur Folge, die sich langfristig im Material manifestieren. Eine Verklebung bzw. ein Schließen von Rissen ist, gerade bei aufblasbaren Objekten, nur durch einen nicht-reversiblen Eingriff möglich, müssen diese doch einem gewissen Luftdruck standhalten. Zu einem solchen Eingriff, gibt es bisher leider nur wenig Praxiserfahrungen und keine Langzeitstudien. Das Auftreten von „Lecks" betrifft jedoch nicht nur gealterte Objekte aus Weich-PVC-Folie. Dem aufblasbaren Sessel *Blow* wurde bereits beim Verkauf eine Luftpumpe und ein Reparaturset beigelegt.

Allerdings birgt das Material nicht nur für das Sammlungsgut aus Weich-PVC selbst ein gewisses Schadenspotential: durch die Alterung freigesetzte Degradationsprodukte, wie flüchtige Weichmacher, können sich schädigend auf umgebende Objekte auswirken. Im besten Fall sollten diese Objekte demnach von anderen Objekten separiert werden und nur unter Einhaltung von Sicherheitsvorkehrungen, wie dem Tragen von Handschuhen, gehandhabt werden.

Reisen mit Kunststoffen: Jedes Gramm zählt

Bis weit ins 18. Jahrhundert war das Reisen eine gefährliche und beschwerliche Angelegenheit. Ortswechsel wurden in der Regel nicht zum Vergnügen unternommen,

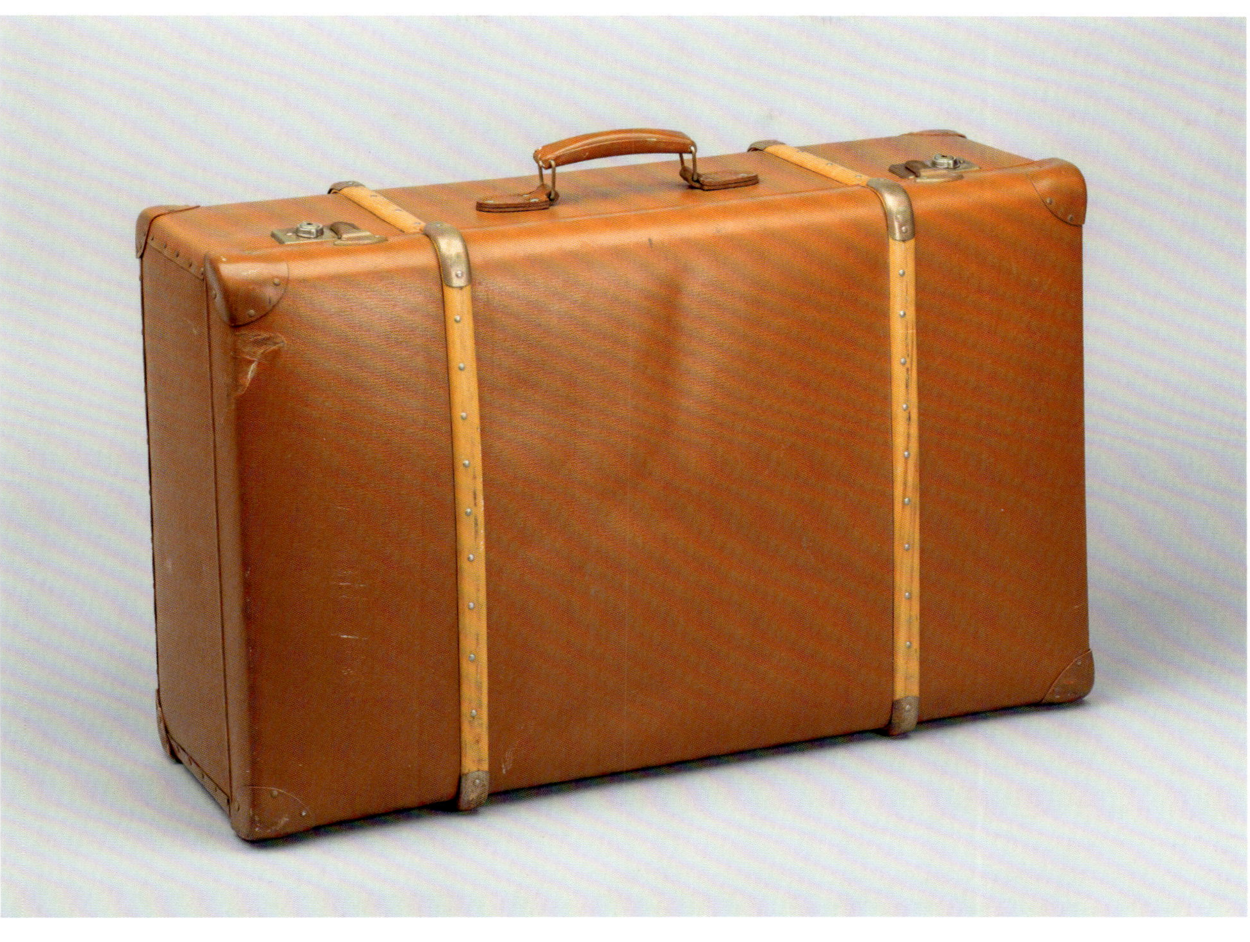

Reisekoffer
Vulkanfiber, Holz
1930–1950

sondern waren eine Notwendigkeit. Angehörige ärmerer Bevölkerungsschichten mussten meist zu Fuß reisen und konnten nicht viel Gepäck mit sich führen. Die Redensart „sein Bündel schnüren", Metapher für den Aufbruch, benennt das wichtigste Gepäckstück: ein großes Tuch, in das man die für die Reise nötigen Gegenstände einschlug. GesellInnen auf Wanderschaft verstauen ihre Habe bis heute in einem solchen Tuch.[75] Für den Transport mit Land- oder Wasserfahrzeugen war die hölzerne Truhe das Mittel der Wahl. Verschiedene technische Neuerungen – zunächst bessere Straßenverhältnisse und gefederte Kutschen, später Dampfschiffe und vor allem die Eisenbahn – machten seit dem 18. Jahrhundert Angehörige der Oberschicht mobiler als in der Zeit davor. Reisen dienten nun auch zunehmend der Bildung, der Geselligkeit oder der Gesundheit.[76]

Das Gewicht des Gepäcks spielte von Anfang an eine Rolle. Schon bei Postkutschen waren Gepäckstücke nur bis zu einem bestimmten Gewicht im Fahrpreis inbegriffen; mehr kostete extra.[77] So wurde schon für den Kutschenkoffer[78] eine Variante in Leichtbauweise entwickelt. Etwas kleiner als die Truhe aus Holz hatte der Kutschenkoffer einen gewölbten Klappdeckel und seitliche Ledergriffe. Aus Leder bestanden ebenfalls die Riemen, die den Koffer zusammenhalten sollten. Vorn am Deckel wurde ein Schloss angebracht, um den Inhalt vor Diebstahl zu schützen. Das Gerüst eines solchen Kutschenkoffers war aus geflochtenen Weidenruten gemacht und bespannt mit grobem Leinenstoff. Die Gepäckstücke wurden außen auf dem Dach, seitlich oder hinten an der Postkutsche verstaut, deswegen musste der Bezugsstoff mit Teerfarbe oder Lack vor der Witterung geschützt werden. Der gewölbte Deckel sollte das Wasser leichter abfließen lassen.[79] Mit der Nutzung des neuen Verkehrsmittels Eisenbahn kamen ab Mitte des 19. Jahrhunderts viele neue Koffertypen auf. Gleichzeitig wurde das Handwerk des Truhen- und Koffermachers, der meist Einzelstücke nach den individuellen Bedürfnissen seiner betuchten

Kundschaft anfertigte, im Zuge der industriellen Kofferherstellung überflüssig.[80]

Für den Transport in der Eisenbahn gab es keine Größen- oder Gewichtsbeschränkungen. Ausladende Gepäckstücke wurden in einem speziellen Waggon befördert, kleinere konnten die Reisenden im Abteil bei sich behalten. Dabei erwiesen sich flache Deckel als praktischer, konnte man hier die einzelnen Koffer doch übereinanderstapeln.[81] Man experimentierte weiterhin mit innovativen Lösungen, um das Eigengewicht zu reduzieren. So ließ sich die Firma Mädler aus Leipzig 1894 das „Rohrplattengewebe" patentieren. Das Geflecht aus Textilfasern, Holz und Schilfrohr war zugleich stabil und nachgiebig und wesentlich leichter als Holz.[82] In einer Anzeige von 1906 bewarb Mädler zudem Koffer aus „festgewalzter Pappe (Faserstoff)".[83] Möglicherweise handelte es sich um das schon seit 1859 bekannte Cellulosehydrat (Vulkanfiber, s. u.).[84]

Eine zukunftsweisende Entwicklung war Ende des 19. Jahrhunderts der Handkoffer. Er wurde fast ausschließlich aus Leder gefertigt und hatte die Gestalt einer flachen Truhe. Die Form erwies sich als sehr praktikabel: Man konnte mehrere Koffer übereinanderstapeln, sie einzeln ins Gepäcknetz legen oder auch hochkant abstellen.[85] Entscheidend war die Anbringung eines einzelnen Tragegriffs, an dem man den Koffer mit einer Hand fassen konnte. Dies war ein wesentlicher Vorteil gegenüber dem größeren Truhenkoffer mit seitlichen Handgriffen, der nur zu zweit bewegt werden konnte. Der Handkoffer avancierte zum gängigen Gepäckstück, das man auf der Reise immer bei sich behält, weil es Dinge enthält, die während der Reise benötigt werden.

Da Leder teuer war und recht zeitaufwendig genäht werden musste, setzten sich mit zunehmender Verbreitung des Reisens zu Beginn des 20. Jahrhunderts und vor allem nach 1918 neue, preiswertere Werkstoffe durch. Die Vulkanfiber ist an erster Stelle der leichten, strapazierfähigen und vergleichsweise einfach zu fertigenden Ersatzmaterialien zu nennen.

Vulkanfiber wird aus ungeleimten, mittels wässriger Zinkchloridlösung zu Hydratcellulose gequollenen Papierlagen erzeugt. Diese Papierbahnen werden auf große Walzen gewickelt und dann unter Druck und Hitze miteinander verpresst, sodass die einzelnen Lagen nicht mehr voneinander getrennt werden können.[86] Die auf diese Weise entstandenen bis zu 5 cm dicken Platten[87] können

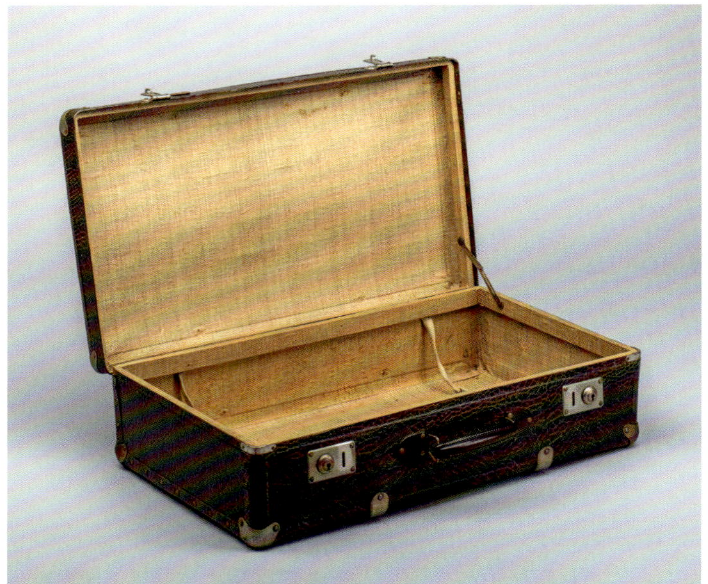

Reisekoffer
Vulkanfiber, Papier
1920–1940

bei Bedarf mithilfe eines Prägekalanders mit einer Narbe versehen werden, um dem Material die Anmutung von Leder zu verleihen.[88]

Zur Kofferherstellung wurden die Platten an den zu biegenden Stellen mittels heißem Wasserdampf verformt und mit kaltem Wasser abgeschreckt, um die Form zu fixieren.[89] Zur Stabilisierung wurden die Kanten der Deckel mit Holzleisten unterstützt. Dann mussten nur noch

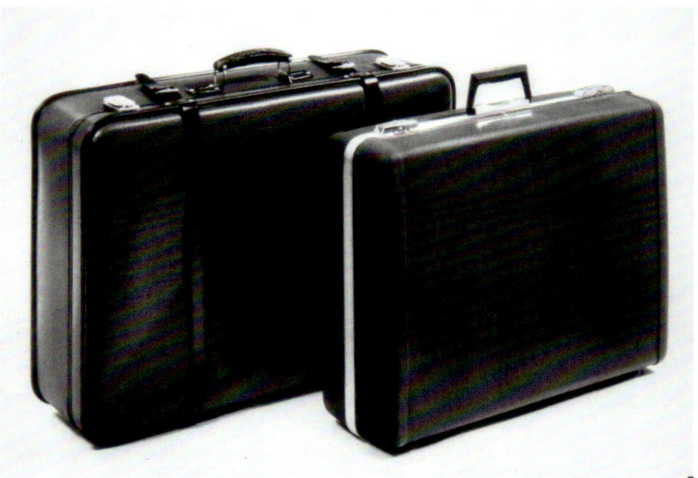

Koffer, links: Vulkanfiber, rechts: Polypropylen, Kleinbilddia
Arbeitsgemeinschaft Deutsche Kunststoff-Industrie
1966

die Beschläge, der Griff, Eck- und andere Außenverstärkungen angebracht werden. Innen wurde ein solcher Koffer mit bedrucktem Papier ausgekleidet, später kam gemusterte PVC-Folie als Futter zum Einsatz. Der Koffer aus Vulkanfiber blieb bis in die 1960er Jahre neben anderen Materialien durchaus zeitgemäß, wie eine Aufnahme aus der Beispielsammlung der Arbeitsgemeinschaft Deutsche Kunststoff-Industrie von 1966 zeigt.

Der Koffer aus Vulkanfiber stellt den Vorläufer der heutigen Hartschalenkoffer dar, doch auch für das eher vom klassischen Lederkoffer inspirierte sogenannte Weichgepäck lieferte Kunststoff Alternativen. Ein früher Kunststoff, der zur Imitation von Leder eingesetzt wurde, war Cellulosenitrat, das mit Füllstoffen wie Holz- oder Korkmehl vermengt wurde. Auf dieser Verfahrensweise beruhte u.a. die sich in den 1850er und 1860er Jahren entwickelnde Kunstlederindustrie.[90] Allerdings zeigte sich das Material ohne Zugabe von geeigneten Weichmachern als instabil und wurde schnell spröde. Abhilfe schaffte erst die maßgeblich im Zweiten Weltkrieg verbesserte Produktion von Kunstleder aus Weich-PVC.[91] Gepäckstücke aus diesem Material waren nicht nur preiswerter als die traditionellen Lederkoffer und weniger aufwendig in der Pflege und Reinigung der Oberfläche, sondern darüber hinaus auch leichter. Der abgebildete rote Handkoffer hat ein Gerüst und einen Griff aus Aluminium, innen ist er mit Kunstfasergewebe gefüttert. Die Falte im Deckel, die die Anpassung des Koffers je nach Kleidermenge erlaubt, findet sich schon zu Beginn des 20. Jahrhunderts bei jenem englischen Koffermodell, das als *Gladstone* bezeichnet wird.[92] Gewebe aus modernen Kunstfasern lösten auch außen die traditionellen Leinen- und Baumwollstoffe ab, die mit Lacken oder Gummierungen extra gegen Wasser hatten imprägniert werden müssen. In der DDR dominierte der Koffer *Dederon* – Handelsname für Polyamid – den Markt. Der Koffer zeichnete sich zwar durch geringes Eigengewicht aus, schützte den Inhalt aber kaum vor Stößen.[93]

127

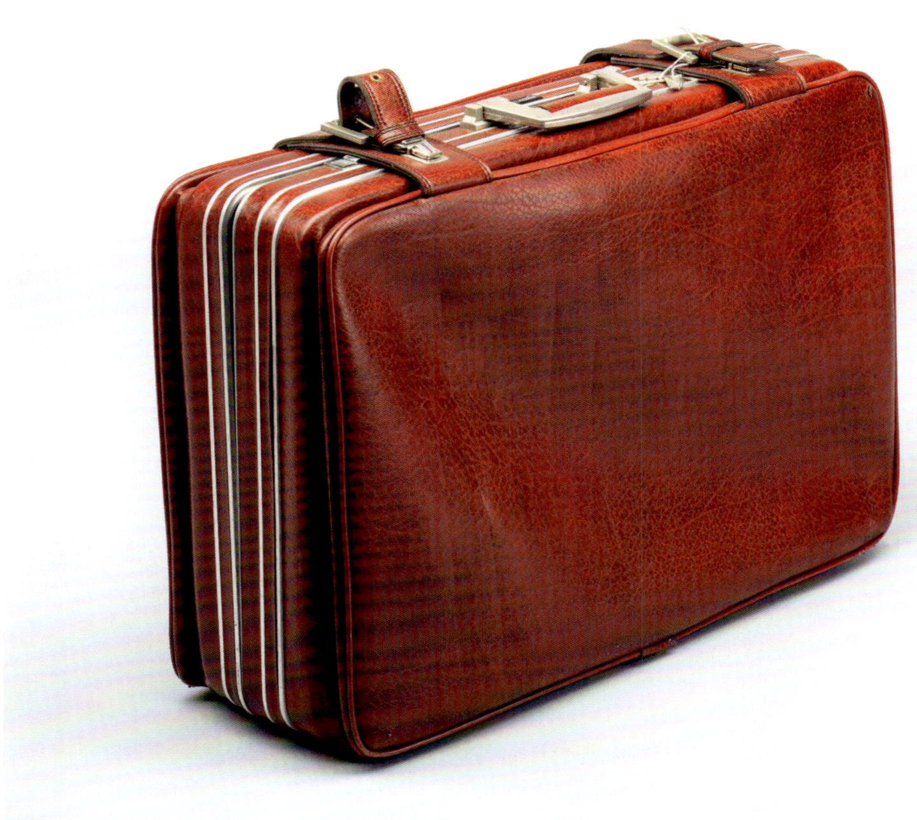

Reisekoffer
Polyvinylchlorid (Weich-PVC), Metall, Textil
Hersteller: Jetbag GmbH
Neumarkt, Bundesrepublik Deutschland
1977–1980

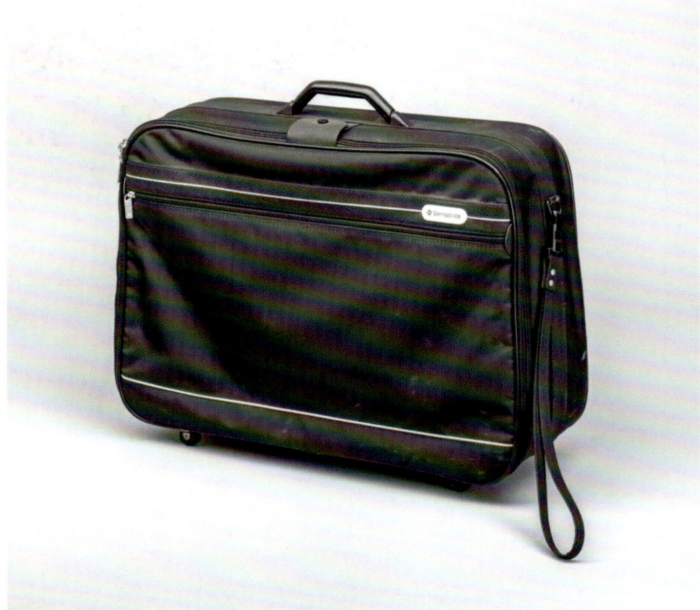

Koffer *Samsonite Teenager*
Polyamid (PA), Polyvinylchlorid (PVC) (?), Textil
Hersteller: Samsonite
Denver, USA
1965–1975

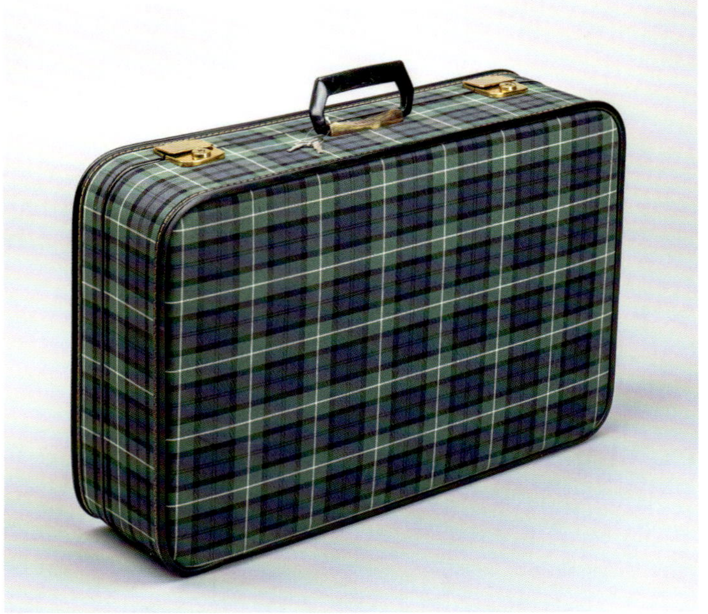

Reisekoffer der Linie *Stratoflex*
Polyvinylchlorid (PVC), Textil, Metall, Leder
Hersteller: Mädler
Offenbach am Main, Bundesrepublik Deutschland
1960–1970

Wesentlich mehr Komfort bot der Reisekoffer aus Polyamid des US-amerikanischen Kofferherstellers Samsonite aus Denver. Der Koffer aus der Linie *Teenager* besteht aus Gewebe und erhält innen Stabilität durch ein Skelett aus Kunststoffleisten. An der Oberseite ist der Griff mit einer innen angebrachten Kunststoffplatte verschraubt, sodass er sogar bei voller Beladung des Koffers nicht ausreißt. Der Boden ist mit vier Rollen ausgestattet, mit dem das Gepäckstück an einem Riemen, der seitlich in einer Öse festgemacht werden kann, kraftsparend gezogen werden kann. Diese Rollen sind noch relativ klein und eignen sich eher für glatte Oberflächen.

Während das Reisen mit der Eisenbahn entscheidend zur Entwicklung des Reisegepäcks beitrug, war der Einfluss des Automobils eher gering. Das Gepäck wurde am Wagen zunächst wie an der Kutsche außen angebracht, bevor der Kofferraum als Unterbringungsmöglichkeit für das Gepäck in die Karosserie integriert wurde. Die Formen des Koffers wurden kaum an das Automobil angepasst; das Konzept des für Bahnreisen entwickelten Handkoffers war für das Auto gleichermaßen geeignet.[94]

Der Handkoffer war auch das Gepäckstück, das die Entstehung des Massentourismus in der zweiten Hälfte des 20. Jahrhunderts begleitete. Im Unterschied zu den noch relativ schweren Lederkoffern im ersten Drittel des Jahrhunderts wurden nun möglichst leichte Materialkombinationen bevorzugt. Was dazu beigetragen haben dürfte: Konnte man bis in die 1930er Jahre noch die Dienste von Gepäckträgern am Bahnhof in Anspruch nehmen, musste man bei der organisierten Bus- oder Bahnreise seine Koffer selbst schleppen.[95]

Neue Ansprüche hinsichtlich hoher Strapazierfähigkeit bei geringem Gewicht stellten Flugreisen. Um Treibstoff zu sparen, erließen Fluggesellschaften Gewichtsbeschränkungen für das Reisegepäck. Um nicht am Inhalt sparen zu müssen, war es notwendig, das Eigengewicht des Koffers auf ein Minimum zu reduzieren, zugleich musste er aber stabil sein, um den Inhalt im Frachtraum des Flugzeugs oder beim Verladen am Flughafen optimal zu schützen.

Die Firma Mädler bot 1950 mit *Stratoflex* eine Fluggepäcklinie an, die in einer Anzeige wie folgt beschrieben ist: „Stahlharter, gebogener Sperrholzrahmen, wasserdichter und kratzfester Cordbezug, Deckel und Boden flexibel. Ecken und Einfaß aus Vollrindleder."[96] Die Firma Rimowa aus Köln setzte schon 1937 auf einen anderen Werkstoff,

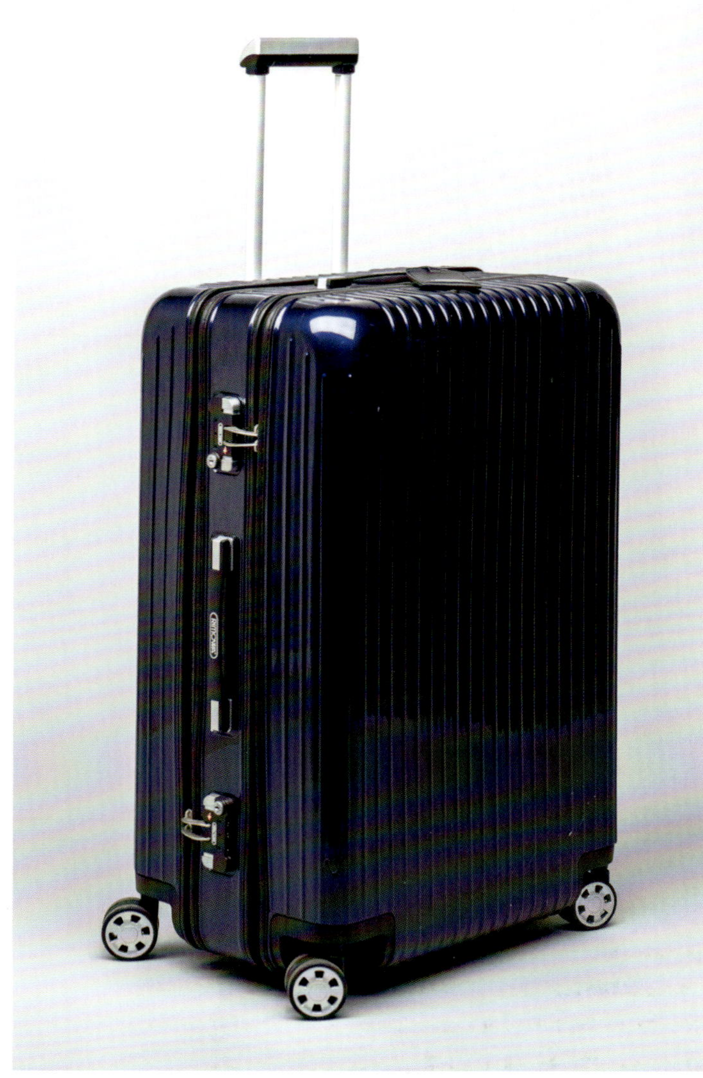

Reisekoffer *Tango*
Polycarbonat (PC), Polyamid (PA), Aluminium
Hersteller: Rimowa
Köln, Deutschland
2006

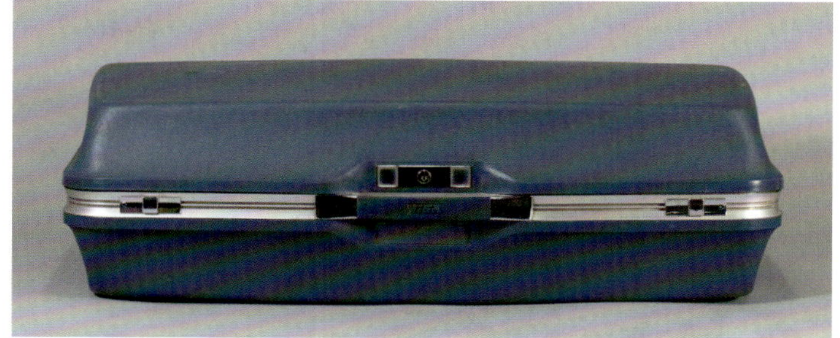

Hartschalenkoffer *Visa*
Polypropylen (PP), Metall, Textil
1985–1995

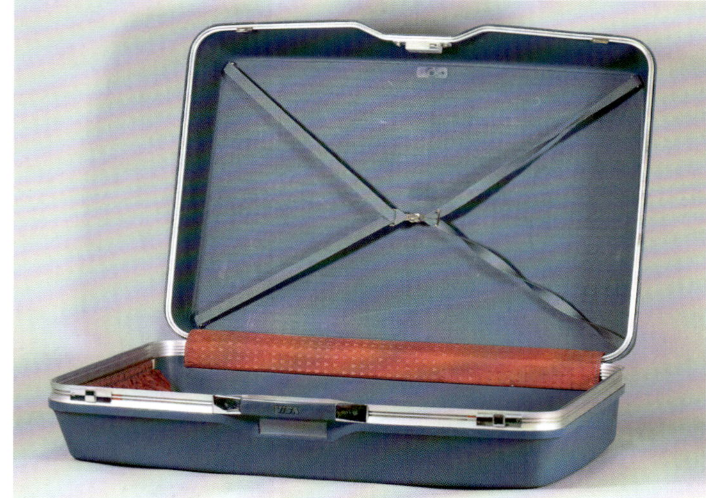

Blick ins Innere des Hartschalenkoffers Visa.

der einen extra leichten, aber stabilen Koffer versprach: Aluminium. Aus dem Flugzeugbau entlehnte man 1950 das Prinzip des durch Sicken[97] versteiften Aluminiumblechs und schuf so einen Designklassiker, der bis heute trotz seines hohen Preises treue AbnehmerInnen findet.[98]

Rimowa bietet seit 2000 auch Schalenkoffer mit einer Polycarbonatschale an, die in der markentypischen Rillenoptik gestaltet ist. Dadurch wird das Gewicht gegenüber Aluminium nochmals um ein Viertel reduziert. Die Vorteile des Materials bestätigte 2016 die Stiftung Waren-

test: Während die Aluminiumkoffer nur die Note „ausreichend" erhielten, erreichten die aus Polycarbonat ein „gut". 2008 bestanden zwei Drittel der verkauften Koffer von Rimowa aus Polycarbonat, seit einigen Jahren kehrt sich der Trend wieder um: 2013 hatten die Aluminiumkoffer wieder einen Anteil von 45 %.[99] Rimowa wirbt auf seiner Website mit dem zeitlosen Design der Linie *Original* seit 1950.[100] Der Alukoffer aus dieser Linie kostet 870 Euro (Stand 2021), das vergleichbare Modell mit der Schale aus Polycarbonat liegt bei lediglich 545 Euro (Stand 2021) und ist zudem in verschiedenen Farben lieferbar.[101] Liegen die Gründe für die Trendumkehr im nostalgischen Wert und der Materialästhetik des Aluminiums, das eher an die Anfänge der legendären Marke anknüpft und damit Exklusivität verspricht? Oder hat es mit der geringeren Wertigkeit zu tun, die Kunststoffen im direkten Vergleich mit anderen Werkstoffen zugesprochen wird?

Mädler übernahm 1953 das Prinzip des Schalenkoffers aus den USA. Der Koffer besteht aus zwei gleich großen Schalen, innen mit Fächern und einer Trennwand versehen. Verschlossen wird er mit Schnappschlössern, der Griff ist aus Kunststoff.[102] Die Hartschalen bestehen meist aus Polypropylen. Bei den frühen Beispielen wurden die Ränder, an denen die Hälften aufeinandertreffen, mit Aluminium versteift. Diese Grundform wurde nur wenig variiert, es gibt Ergänzungen wie Rollen an einer Seite und ausklappbare Griffe, an denen der Koffer dann gezogen werden kann. Ein Vorteil der Kunststoffschalen ist die unbeschränkte Freiheit bei der Farbwahl.

Der Trolley ist ein kleiner Handkoffer mit einem herausziehbaren Griff und Rollen, der bequem gezogen werden kann. Diese Koffer wurden für Geschäftsreisende entwickelt, die am Flughafen weder Zeit beim Aufgeben und Abholen des Gepäcks verlieren noch einen sperrigen Gepäckwagen nutzen wollen. Da beruflich Reisende oft nur ein bis zwei Tage unterwegs sind, braucht es nur einen kleinen Koffer, der als Handgepäck mit in die Kabine genommen werden kann. Zudem werden in den Trolleys oft wichtige Unterlagen oder auch Geräte wie Notebooks transportiert, die man nur ungern aus der Hand gibt. Da diese Dinge schwer sind, bot sich eine Vorrichtung zum Rollen an.[103] Eine ganz besonders wendige Variante erhielt 2011 den Pro K award des Fachverbandes für Kunststoff Konsumwaren im GKV.[104] An der Rückseite des kleinen Hartschalenkoffers ist ein zusammenklappbarer Tretroller integriert, mit dem man die oft weiten Wege im Terminal und außerhalb des Flughafens zügig zurücklegen kann.

Heute gibt es auch die großen Koffer für Urlaubsreisen als Rollkoffer mit zwei oder vier Rollen, wobei Koffer mit vier Rollen den Vorteil haben, dass sie beim Rollen nicht gekippt werden müssen. An ihre Haltbarkeit, Belastbarkeit und Witterungsbeständigkeit werden hohe Ansprüche gestellt,[105] die nur mit modernen Materialien zu verwirklichen sind: Langlebige Rollen mit der entsprechenden Befestigung am Koffer, die sich sogar auf holprigem Untergrund gut bewegen lassen und zudem die Ohren der Reisenden nicht überstrapazieren, benötigen Kunststoffe wie Polyamid oder Polyurethan. Keine andere Werkstoffklasse kann bei gleichem Komfort und gleicher Festigkeit gewährleisten, dass das Eigengewicht des Gepäcksstücks niedrig bleibt.

Eine wichtige technische Vereinfachung geht auf den Designer Peter Raacke (1928–2022) zurück. Er gestaltete

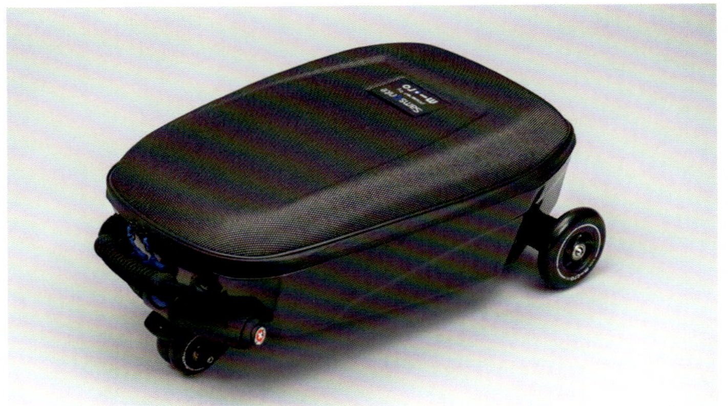

Hartschalenkoffer *Micro Travel Scooter*
Polypropylen (PP), Polyamid (PA)
Werksentwurf
Hersteller: Micro Mobility Systems GmbH; Samsonite Europe
Küsnacht, Schweiz
2010

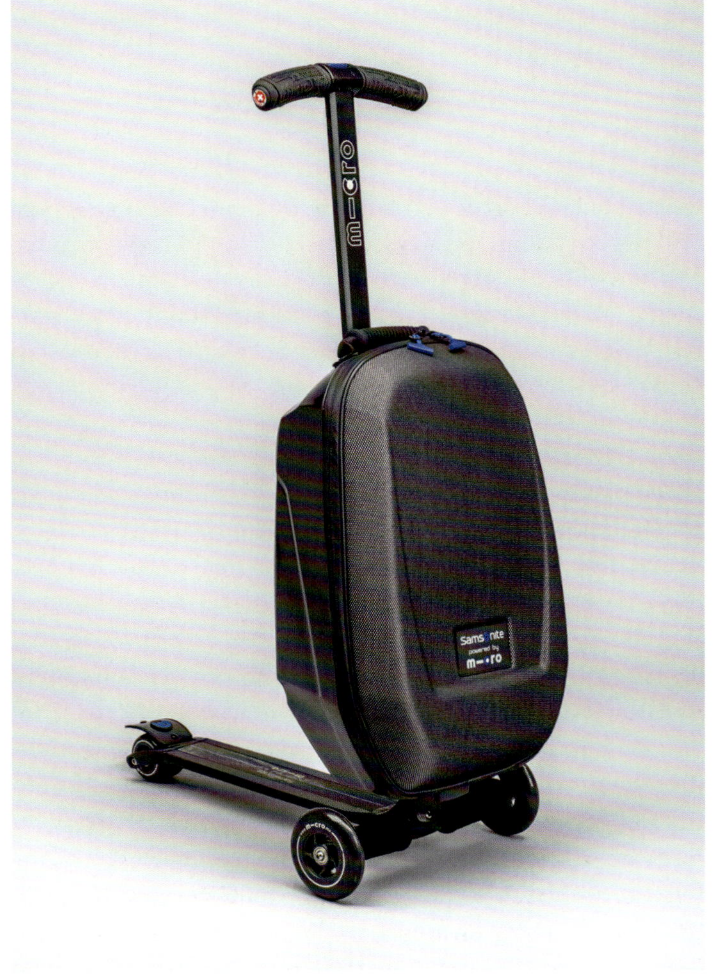

Mini Travel Scooter in seiner Funktion als Scooter mit Koffer.

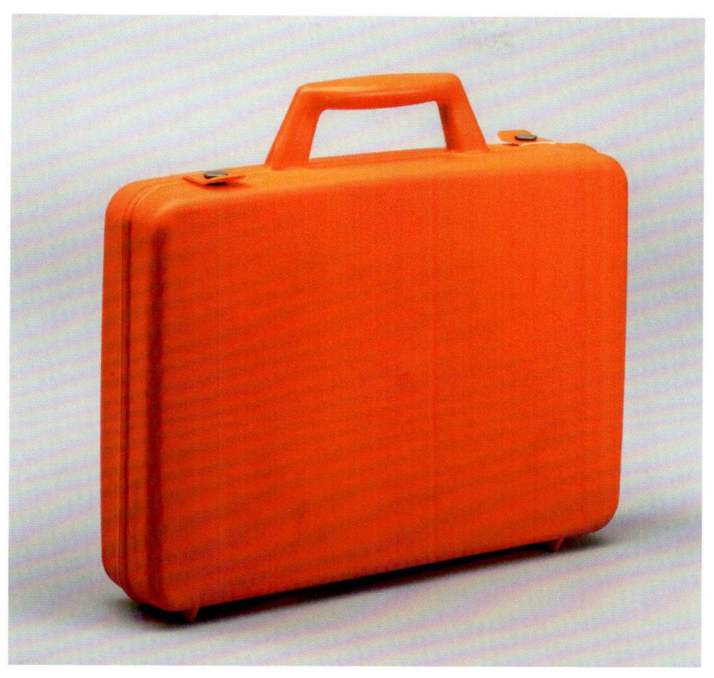

Werkzeugkoffer
Polypropylen (PP)
Entwurf: Peter Raacke, 1974
1975–1980

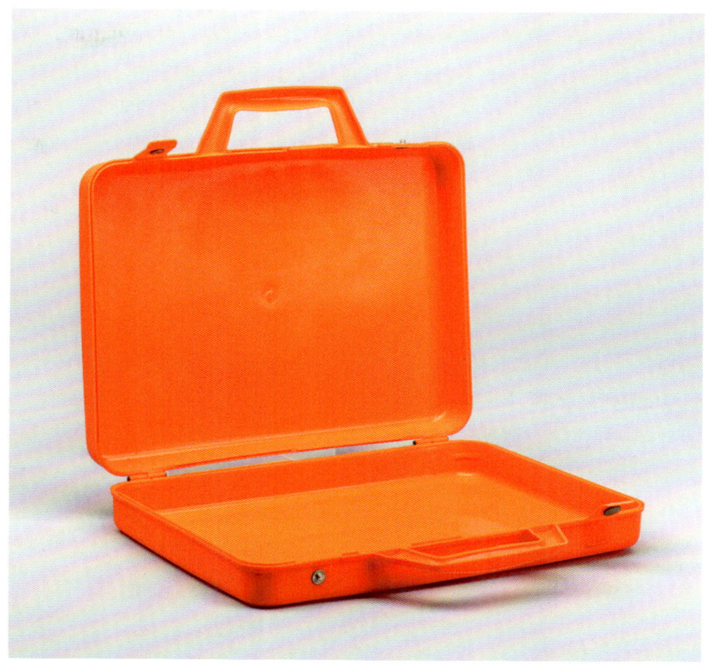

Koffer aufgeklappt mit sichtbar baugleichen Hartschalen.

einen flachen Schalenkoffer – ursprünglich als Werkzeugkoffer gedacht – aus zwei identischen Polypropylen-Scha-
len, die mit Folienscharnieren und Druckknöpfen zusammengehalten werden. Für die beiden Hälften des Griffs,
die jeweils an der Oberseite der Schalen angeschlossen
sind, ist ebenfalls keine zusätzliche Montage nötig, was
die serielle Massenfertigung des Koffers begünstigt.

Diese Gestaltung des Griffs kam vor allem für kleine
Elektrogeräte-Koffer infrage. Für große Handkoffer ist der
feststehende Griff, der nicht eingeklappt werden kann,
eher unpraktisch. Der kleine Handkoffer oder Beauty-
case der Firma Samsonite zeigt eine elaborierte Version
des in die Schale integrierten Griffs. Hier ist der Griff nur
an einer Schale angebracht und bietet durch seine ergonomische Form höheren Komfort beim Tragen.

Der Streifzug durch die Geschichte des Reisegepäcks
illustriert, dass der Einsatz von Kunststoffen, zählt man
die Koffer aus Vulkanfiber dazu, seit über hundert Jahren
dazu beiträgt, das Reisegepäck haltbarer, vor allem aber
leichter zu machen. In der zweiten Hälfte des 20. Jahrhunderts begleiteten erschwingliche, aus neuen Werkstoffen gefertigte Behälter zum Transport der Reiseutensilien
den entstehenden Massentourismus. Es gab und gibt Kof-

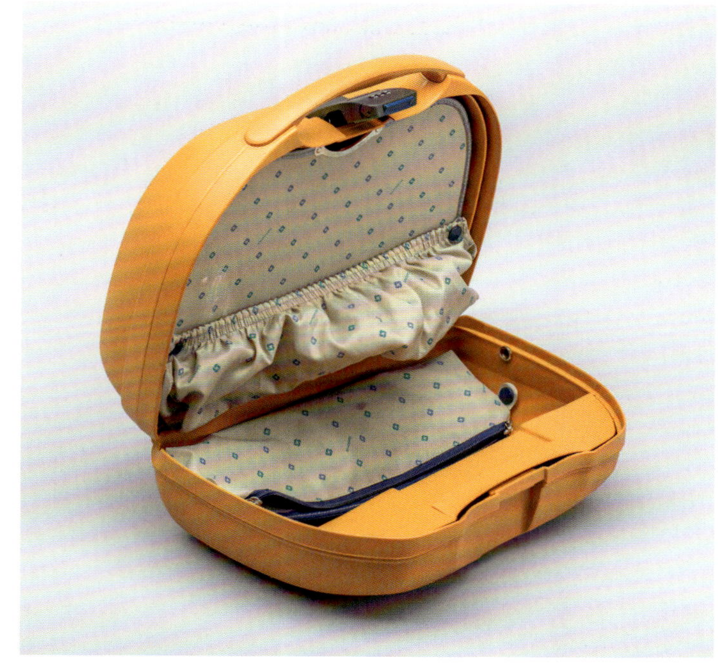

Kosmetikkoffer *Samsonite*
Polypropylen (PP), Textil
Hersteller: Samsonite Europe
Frankreich
1985–1995

fer für jeden Zweck und jeden Geldbeutel. Revolutionen bei der Gestaltung von Koffern vollzogen sich nicht, es handelte sich um eine stetige Entwicklung der vorhandenen Typen zu immer mehr Komfort und vor allem Gewichtsersparnis – realisierbar dank Kunststoffen.

Essen unterwegs

Es gibt viele Gründe dafür, dass die Nahrungsaufnahme des modernen Menschen häufig außerhalb der eigenen vier Wände stattfindet. Früher nahmen Bauern und Bäuerinnen ihre Verpflegung mit aufs Feld, wenn der Weg zum heimischen Herd zu lang war. Aber auch FabrikarbeiterInnen waren nicht in der Lage, an einem Werktag mittags am eigenen Tisch zu essen. Bis heute sind preiswerte Kantinen nicht überall vorhanden und der Gasthausbesuch in der Mittagspause ist eine eher kostspielige Alternative zum selbst zubereiteten Essen. Zudem gilt vielerorts die Maxime „Zeit ist Geld": Weder das Besorgen, noch die Zubereitung, geschweige denn der Konsum dürfen viel Zeit in Anspruch nehmen. Ein ganz anders gelagerter Fall ist das Essen außer Haus als Freizeitaktivität und soziales Ereignis: das Picknick. Seine Wurzeln gehen zurück auf einen Zeitvertreib von Adeligen. Das Essen in der Natur als Freizeitvergnügen ist nicht auf einen schnellen, unkomplizierten Verzehr ausgerichtet, sondern wird als Genuss mit entsprechend logistischem Aufwand zelebriert.

Zwischen diesen beiden Polen bewegt sich die Kulturgeschichte des Essens unterwegs, fernab des häuslichen Umfelds und der für die Zubereitung notwendigen Hilfsmittel. Es ist interessant, dass in der Literatur über die Kulturgeschichte des Essens unterwegs häufig sehr viel über die Speisen berichtet wird, jedoch nur wenig über den unverzichtbaren Transportbehälter, der das Essen außer Haus erst möglich macht. Dabei hat die Verfügbarkeit des Werkstoffs Kunststoff entscheidend zur Entwicklung von Henkelmännern, Brotdosen, Lunchboxes und Picknickgeschirr beigetragen.

Vom Henkelmann zur Lunchbox: das Mittagessen zum Mitnehmen

Ein durch die Industrialisierung verstärktes Phänomen ist die Auflösung der traditionellen häuslichen Mahlzei-

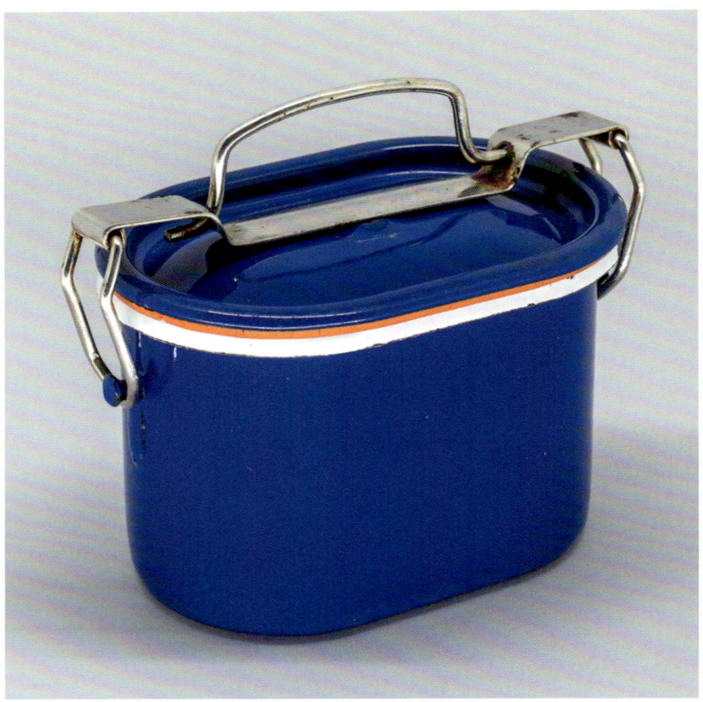

Henkelmann
Emailliertes Metall, Gummi
um 1955

tengemeinschaft. Es fand eine Trennung von Wohnen und Arbeiten statt; die berufstätigen Familienmitglieder waren tagsüber nicht zu Hause. Damit entfiel auch das gemeinsame warme Mittagessen.[106]

Klassiker unter den Behältnissen für die Mahlzeit „auf Arbeit" ist der Henkelmann, ein elliptisches Gefäß aus Metall, Blech oder Aluminium, manchmal emailliert, mit Stülpdeckel. Der Henkelmann wird mit einem Bügel fest verschlossen, damit der Inhalt nicht ausläuft. In diesen Bügel ist der namensgebende Tragegriff, der Henkel, integriert. Der Inhalt des Henkelmanns bestand meist aus einer dickflüssigen Suppe oder einem Gemüse der Saison vermischt mit Kartoffeln, dem „Untereinander". Die Speisen konnten entweder in einem Wasserbad in der Firmenkantine aufgewärmt werden oder die Ehefrau brachte das Essen mittags noch warm ans Fabriktor.[107] Die Blütezeit der Henkelmänner waren die 1950er und 1960er Jahre. Versuche, den klassischen Henkelmann aus Kunststoff herzustellen, mit einem Isoliervermögen und einer größeren Öffnung auszustatten und so gewissermaßen die Thermoskanne etwas zu erweitern, scheinen sich nicht wirklich durchgesetzt zu haben. Die hohe Form der Kanne jedenfalls eignet sich eher für einen

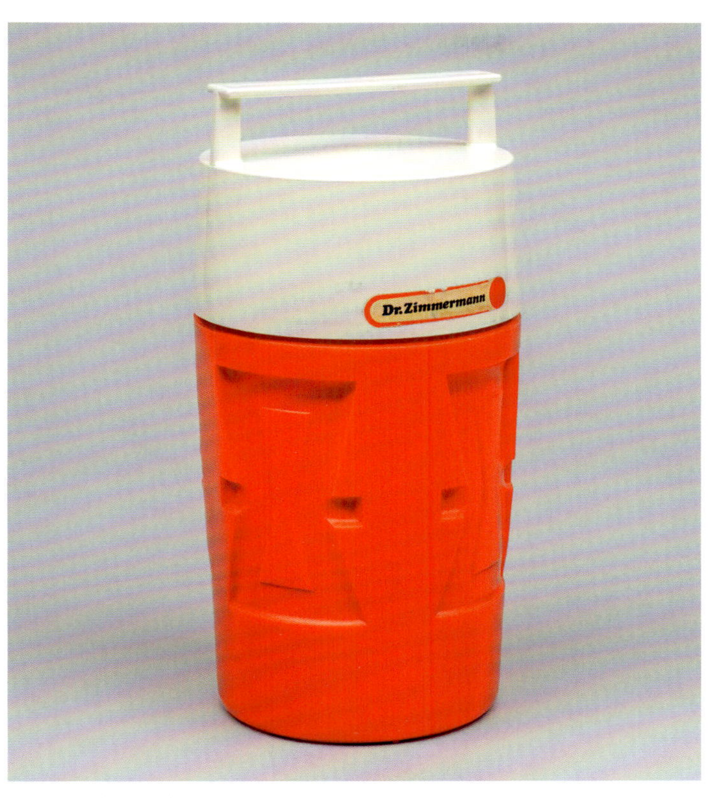

Thermosgefäß mit Glaseinsatz
Polystyrol, Polyamid
Hersteller: Rotpunkt, Dr. Anso Zimmermann GmbH
Niederaula, Bundesrepublik Deutschland
1965–1975

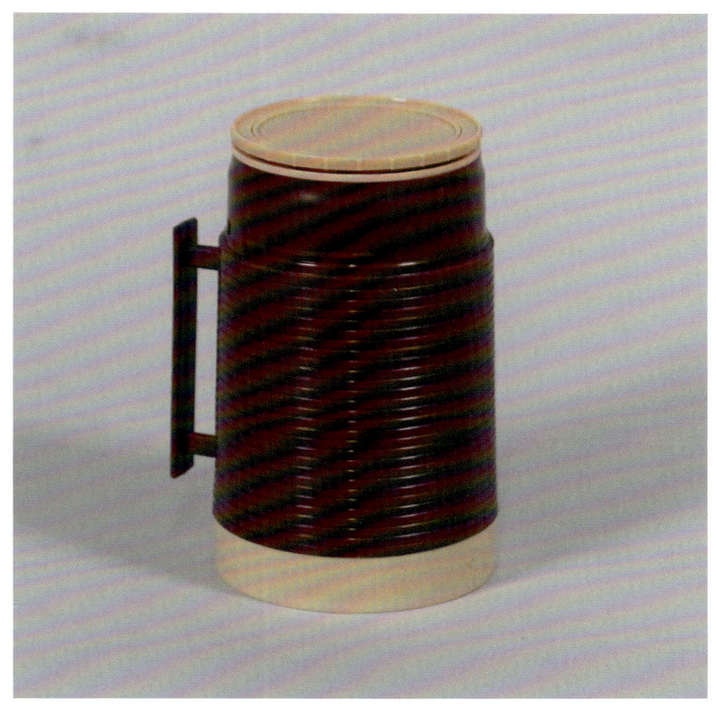

Thermosgefäß *Aladdin Super Food Flask*
Polyethylen (PE), Glas
Hersteller: Aladdin Industries Ltd.
Hartlepool, Großbritannien
1960–1970

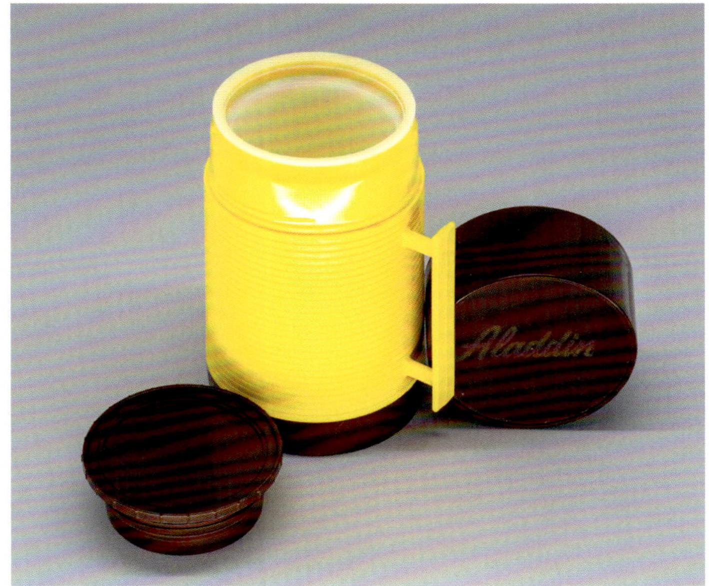

Thermosgefäß *Aladdin Super Food Flask*
Polyethylen (PE), Glas
Hersteller: Aladdin Industries Ltd.
Hartlepool, Großbritannie
1960–1970

flüssigen Inhalt zum Ausgießen, eine Mahlzeit wäre daraus schwerlich zu konsumieren.

Mit steigenden Einkommen und der Veränderung der Arbeitswelt, in der körperlich anstrengende Tätigkeiten in der Schwerindustrie immer mehr verschwanden, änderten sich auch die Ansprüche an das Essen während des Arbeitstages. Firmenkantinen und das breite Angebot an schnellem Essen für zwischendurch machen die von zu Hause mitgebrachte warme Mahlzeit entbehrlich. Doch ist eine kalte „Brotzeit" zum Mitnehmen nach wie vor verbreitet. Die wohl einfachste Form der Mahlzeit im Arbeitsleben, in der Schule oder im Kindergarten ist das Butterbrot. Morgens vor dem Aufbruch zur Arbeit muss es geschmiert und dann zum Arbeitsplatz mitgenommen werden, um in der Frühstücks- oder Mittagspause verzehrt zu werden. Bei der Verpackung der Pausenmahlzeit sind zwei Aspekte zu berücksichtigen: der Schutz vor Fettflecken auf den Gegenständen, die in derselben Tasche transportiert werden, und der Schutz des Brotes selbst vor dem Austrocknen oder Auseinanderfallen, damit es genießbar bleibt. Tüten aus gewachstem Papier oder Pergamin bieten zwar einen gewissen Schutz, sind für längere Transporte allerdings weniger geeignet. Es besteht die Gefahr, dass der Inhalt zerdrückt wird. Brotdosen aus Metall bieten hingegen Schutz vor dem Zerdrücken und dem Austrocknen. Korrosionsfester Edelstahl oder Aluminium sind aber teurer.

In den 1930er Jahren verbreiteten sich in Deutschland – unter anderem wegen der Einschränkungen bei der Verwendung von Metallen, die für die Rüstungsindustrie gebraucht wurden – mehr und mehr Brotdosen aus Phenoplasten.[108]

Es gibt Modelle mit Stülp- und mit Scharnierdeckeln. Die Variante mit dem an der Dose befestigten Deckel bietet den Vorteil, dass er nicht verloren geht oder verlegt werden kann. Der Werkstoff Phenoplast ist zwar bruchsicher und preiswert, aber für Lebensmittel nicht gut geeignet, da beim Kontakt mit Fett einzelne giftige Phenolmoleküle gelöst werden können, die zudem einen schlechten, stechenden Geschmack erzeugen.[109] Abhilfe schufen aus Aminoplasten gepresste Butterbrotdosen, die in der Anschaffung aber meist teurer waren. Die abgebildete Seite aus dem Katalog der Verkaufsgesellschaft Plastica von 1935 zeigt, dass die Frühstücksdosen aus *Resopal* (Harnstoff-Formaldehyd) deutlich teurer waren als die aus *Kerit* (Phenol-Formaldehyd).

Mit den modernen thermoplastischen Werkstoffen ging in der zweiten Hälfte des 20. Jahrhunderts eine bis dahin unbekannte Vielfalt einher. Vor allem Styrolkunst-

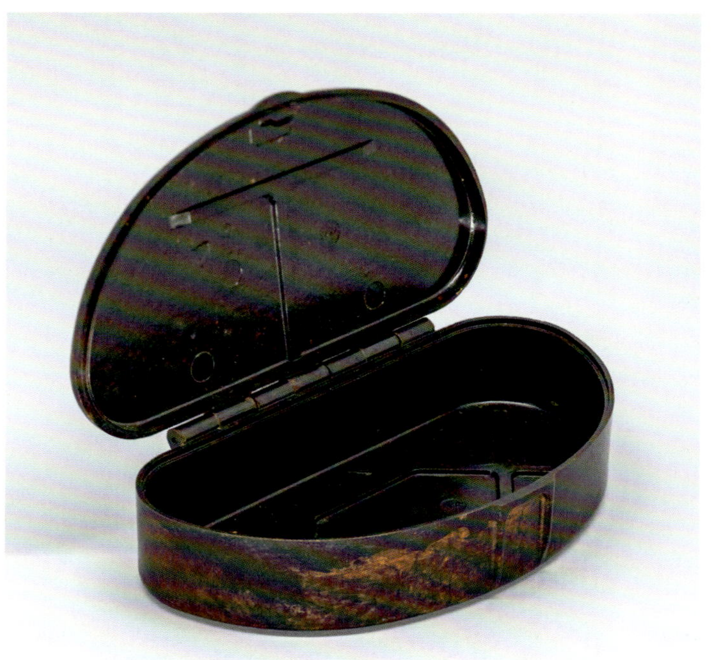

Brotdose mit Scharnierdeckel
Phenol-Formaldehyd mit Füllstoff
Hersteller: Bisterfeld & Stolting
Radevormwald, Deutschland
1937–1943

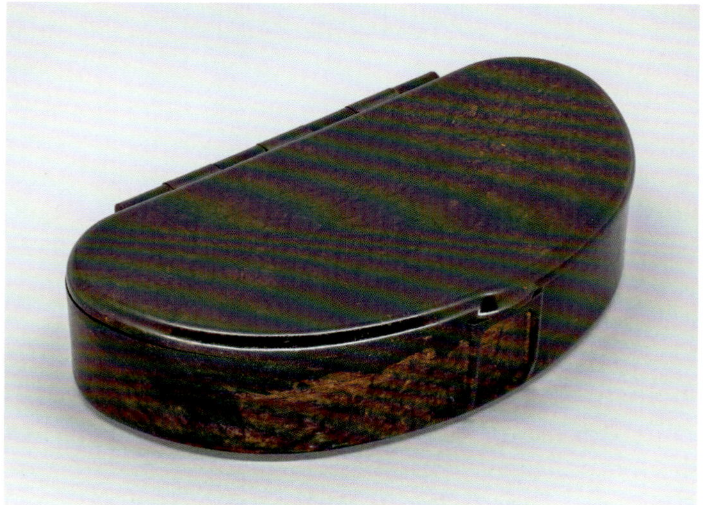

Brotdose mit Scharnierdeckel geschlossen.

Butterbrotdose
Aluminium
1930–1950

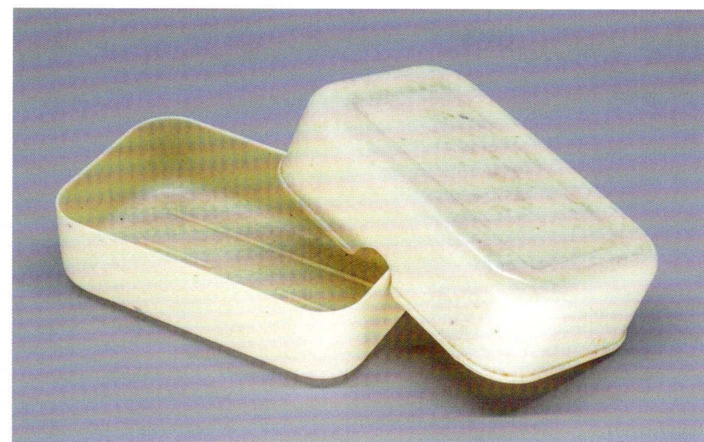

Brotdose
Harnstoff-Formaldehyd (UF)
Hersteller: BKP Berolina GmbH
Berlin-Staaken, Bundesrepublik Deutschland
um 1950

stoffe und Polyolefine boten Sicherheit für die Gesundheit und Geschmacksneutralität.[110] Dazu kam eine breite Farbpalette. Eher klassisch ist die rechteckige Dose mit Stülpdeckel aus Polystyrol (siehe Seite 136).

Eine entscheidende Neuerung erlaubte der Werkstoff Polypropylen. Sogenannte Filmscharniere können gleich beim Spritzgießen als Verbindung zwischen Deckel und Dose hergestellt werden, sodass eine nachträgliche Montage wegfällt. Typisch für diese Produkte ist die Serie der „Klickboxen", die die Firma Buchsteiner, ansässig in Gingen / Fils, seit den 1990er Jahren anbietet. Nicht nur Dose und Deckel sind durch ein Filmscharnier verbunden, auch die Verschlusslasche ist mittels eines Filmscharniers am Deckel angebracht. Auf der Innenseite befinden sich zwei Stege, die beim Schließen durch Druck auf die Lasche unter den vorkragenden Rand der Dose geklemmt werden und hörbar mit einem „Klick" einrasten.

Die Lunchbox von *Tupperware* verfügt ebenfalls über ein Scharnier zwischen Deckel und Dose sowie einen Klickverschluss. Die kleine, in den Deckel integrierte Dose, in der eine Salatsauce oder ein Dip getrennt vom sonstigen Inhalt mitgenommen werden kann, ist ein Indiz dafür, dass sich die Gewohnheiten hinsichtlich der Zwischenmahlzeit zum Mitnehmen gegen Ende des 20. Jahrhunderts änderten.

Das Butterbrot bekam Konkurrenz und die Vielfalt wurde größer. Heute werden auch geschnittenes Gemüse mit einem Dip oder Salate für eine gesündere Er-

Nr.	Artikel	Farben	Stückpreis RM. Kerit	Resopal
3146	**Picknickdose** mit Schraubdeckel speziell für Kaffee, Tee usw. 70⌀×40	K 22 R 3, 5, 7, 8	0,55	0,75
3147	**Picknickdose** mit Schraubdeckel ca. $^1/_4$ Pfd. Inhalt, 80⌀×40	K 9, 22 R 3, 5, 7, 8	0,85	1,25
3048	**Picknickdose** mit Schraubdeckel ca. $^1/_2$ Pfd. Inhalt, 105⌀×60	R 3, 5, 7, 8		1,85
3049	**Picknickdose** mit Schraubdeckel ca. $^3/_4$ Pfd. Inhalt, 125⌀×60	R 3, 5, 7, 8		2,10
3166	**Frühstücksbrotdose,** flach 168×105×38	K 22 R 3, 5, 7, 8	1,35	2,20
3066	**Frühstücksbrotdose,** hoch 168×105×50	K 22 R 3, 5, 7, 8	1,85	3,20
9652 P	**Vorratsdose** 180×146×77	R 5, 7, 8		4,75
9652 a P	dieselbe, bunt Resopal mit schwarzem Kerit-Deckel			3,95

Verkaufskatalog *Kerit/Resopal*
Papier
Hersteller: Plastica GmbH
Berlin, Deutschland
1935

nährung eingepackt. SchülerInnen bekommen jedoch immer noch oft ein belegtes Brot mit auf den Weg. Brotdosen für Kinder sind ein besonderer Fall: Sie müssen nicht nur den Inhalt schützen und in appetitlichem Zustand halten, sondern sollen auch zum Mitnehmen motivieren. Hier helfen leuchtende Farben, Verzierung mit beliebten Charakteren oder eine besondere Form, die eher an ein Spielzeug als an einen Gebrauchsgegenstand erinnert. Das Redesign eines DDR-Klassikers aus den 1970ern ist die Brotdose in Teddy-Form für Kindergartenkinder.

Die halbkreisförmige Dose ist mit Augen und Nase verziert und bildet den Kopf, zwei ohrenförmige Laschen

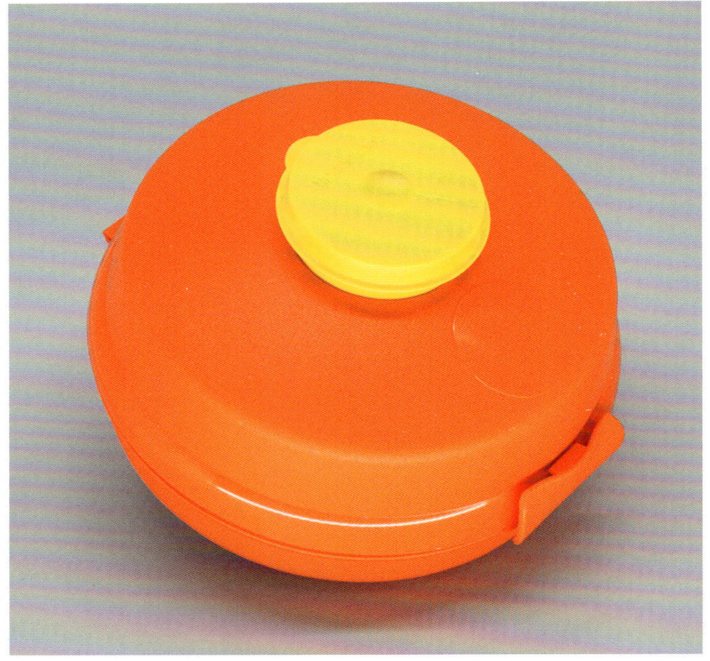

Brotdose
Polystyrol (PS)
1970–1990

Lunchbox
Polypropylen (PP)
Hersteller: Tupperware
Brüssel, Belgien
1985–1993

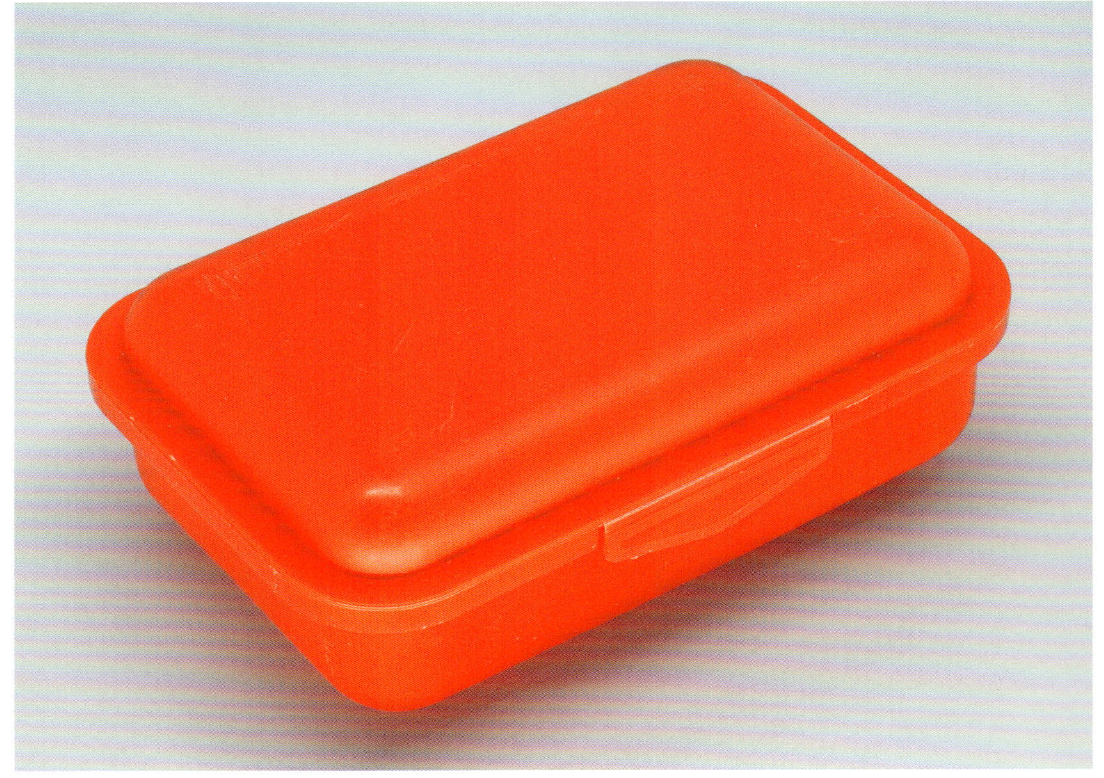

Brotdose *Klickbox*
Polypropylen (PP)
Entwurf: 1998
Hersteller: Buchsteiner GmbH & Co. KG
Gingen/Fils, Deutschland
2000–2010

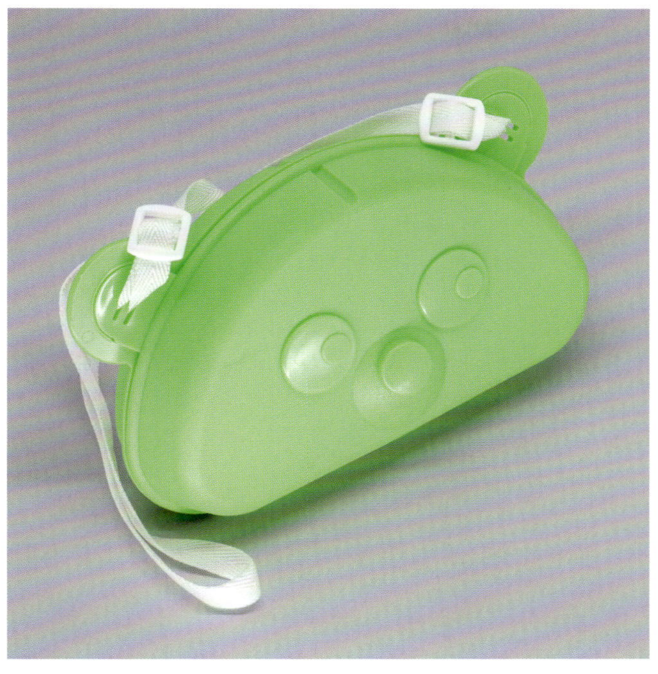

Kinderbrottasche
Polyethylen (PE), Polyvinylchlorid (PVC)
Hersteller: Sonja Plastic, Willibald Böhm GmbH
Wolkenstein, Bundesrepublik Deutschland
2005

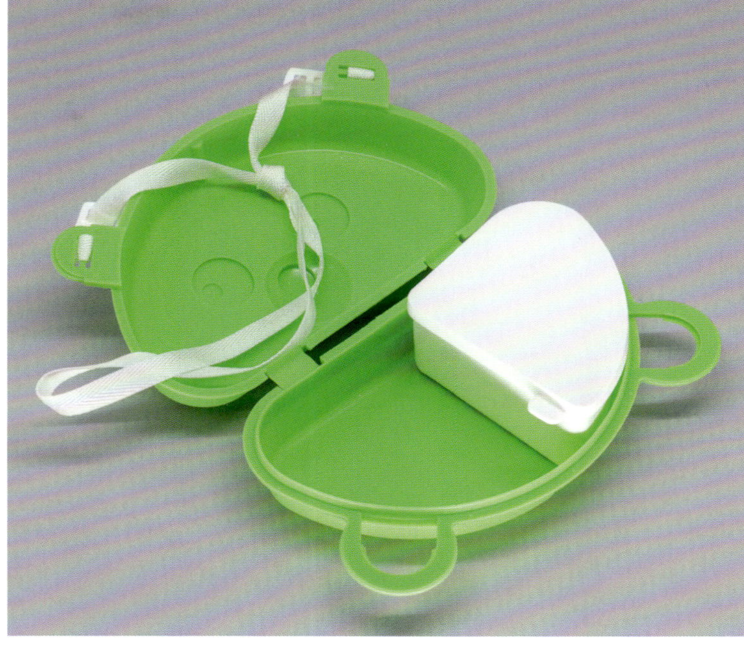

Kinderbrottasche mit Blick ins Innere.

ergänzen das Teddygesicht und dienen zur Aufhängung des Tragegurts. Außen eher verspielt, zeigt die Dose innen eine durchdachte Gestaltung. Die beiden Hälften sind durch zwei Scharniere verbunden, innen gibt es einen Extrabehälter mit Deckel, in dem (geschnittenes) Obst untergebracht werden kann, ohne dass die Feuchtigkeit ins Brot zieht.

Weniger durch eine innovative Funktionalität als die markante Form besticht die Brotdose der dänischen Firma *Lego* (siehe Seite 138). Deren wichtigstes Produkt sind die ikonischen Bausteine aus Acrylnitril-Butadien-Styrol, die seit der Einführung 1958 zu einem eigenen Spielzeuguniversum geworden sind.[111] Die quadratische Dose mit Stülpdeckel ist die vergrößerte Version eines sogenannten Vierers, einem der Grundbausteine des *Lego*-Systems, die nach der Anzahl der Verbindungsnoppen auf der Oberseite benannt sind. Der tief nach unten gezogene Stülpdeckel, den man nur mit beiden Händen öffnen kann, und die recht kantige Form machen das Objekt weniger zu einem praktischen Alltagsgegenstand denn zu einem Merchandise-Artikel für eingefleischte Fans. Eine Version aus Polypropylen mit Scharnierde-

ckel und Tragegurt von 2016 scheint eher den Anforderungen an ein Transportbehältnis für den Pausensnack zu entsprechen.

Internationale Einflüsse und gestiegene Ansprüche an die gesundheitsfördernde Wirkung der Ernährung verändern die Essgewohnheiten zunehmend. Das Butterbrot und das Eintopfgericht aus dem Henkelmann entsprechen nicht mehr dem Zeitgeist. Die kleine Lunchbox beruht auf dem Prinzip der *Tupperdose* mit einem fest schließenden Stülpdeckel (siehe Seite 138). Als Zusatznutzen ist in diesem Deckel ein Fach für Gabel und Löffel integriert, sodass beim Verzehr des mitgebrachten Snacks das geeignete Besteck gleich zur Hand ist.

Platz für ein ganzes Menü bietet die Lunchbox mit drei Fächern aus Silikonkautschuk (siehe Seite 138). Der Deckel mit den vier Verschlusslaschen garantiert nicht nur einen sicheren Transport, sondern integriert auch ein kleines Fach für Saucen. Das Material ist für die Mikrowelle geeignet, die Mahlzeit kann also direkt im Transportbehälter erwärmt werden. Nach Gebrauch lassen sich die Abteile aus Silikonkautschuk einfach zusammenfalten, was bei der Aufbewahrung viel Platz spart.

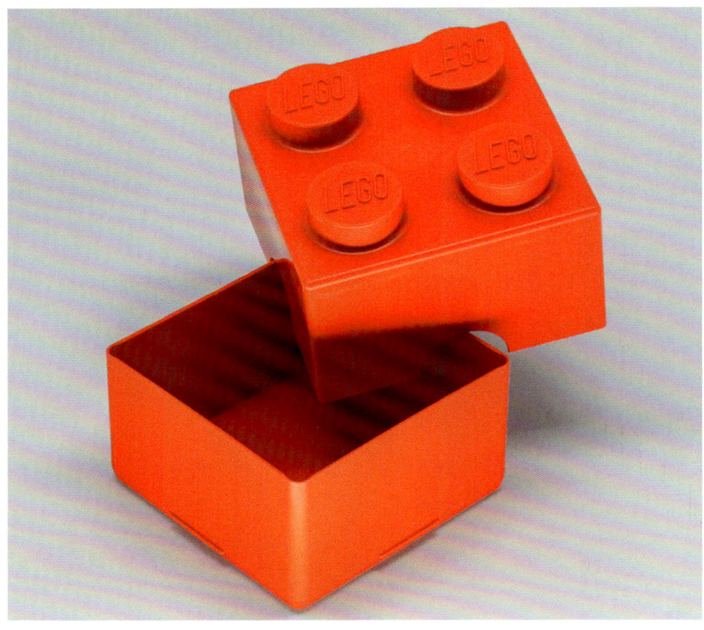

Brotdose in *Lego*-Form
Acrylnitril-Butadien-Styrol-Copolymer (?)
Entwurf: 1985
Hersteller: Lego-System AS
Billund, Dänemark
2009

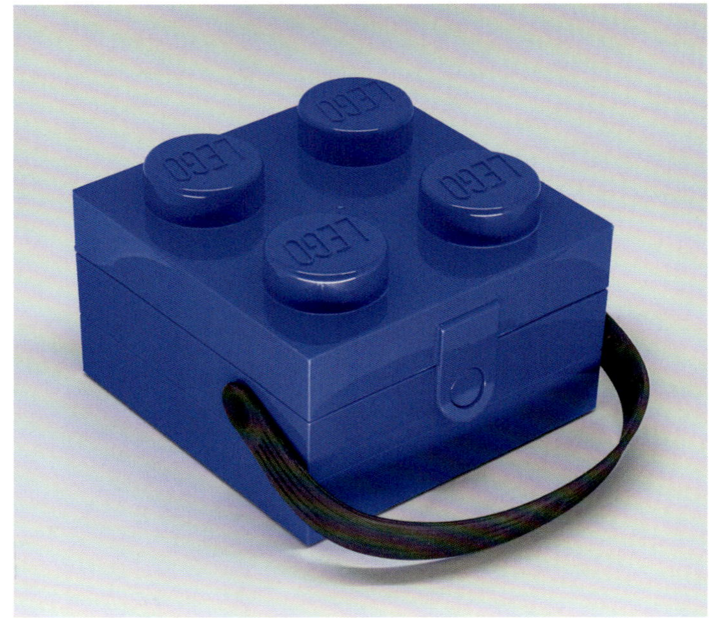

Box mit Tragegriff *Lego*
Polypropylen (PP), Elastomer
Auftraggeber: Lego Group
Polen
2016

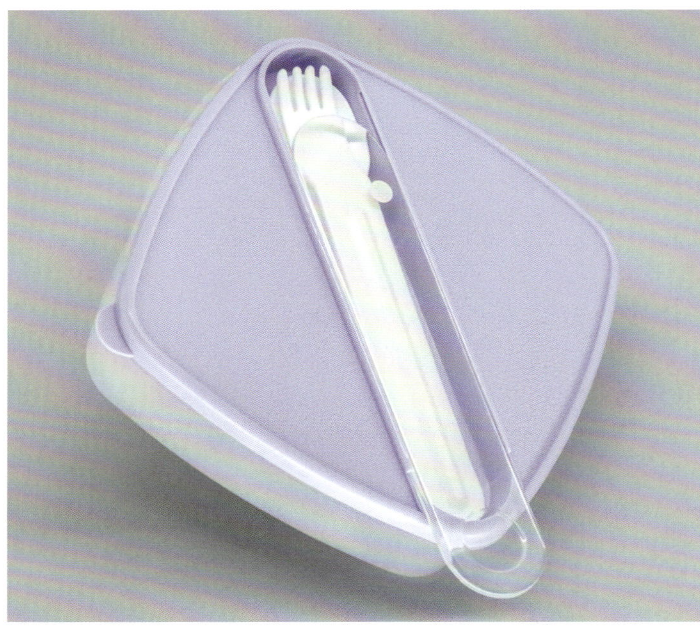

Lunchbox Elegance
Polypropylen (PP), Polystyrol (PS)
Hersteller: Elegance
Volksrepublik China
2004

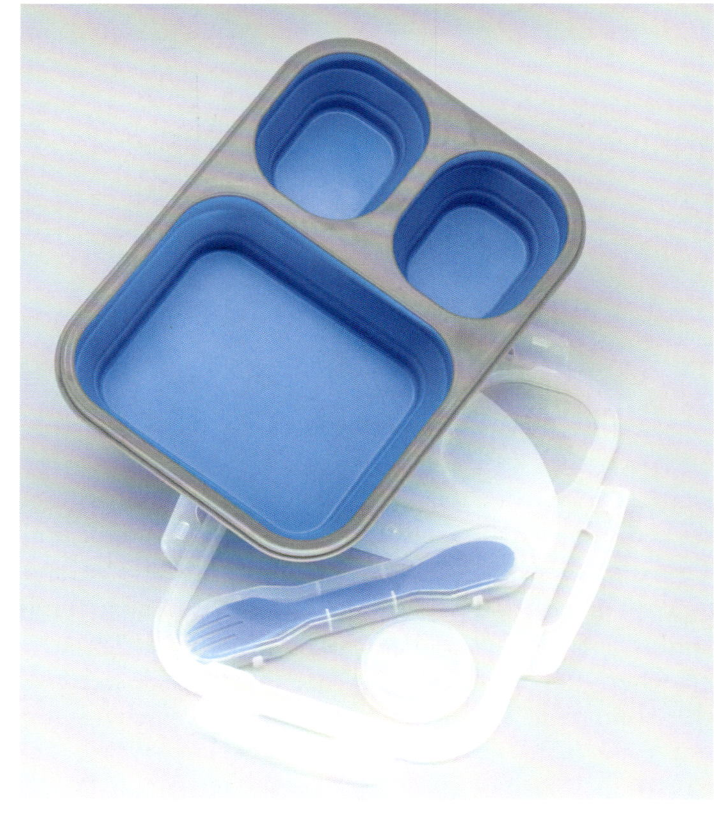
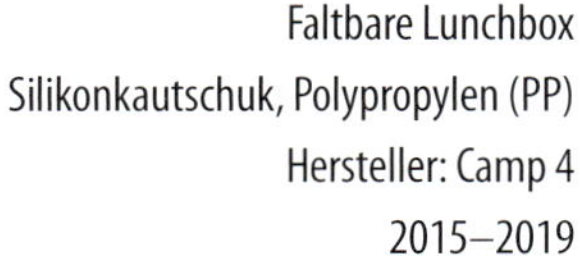

Faltbare Lunchbox
Silikonkautschuk, Polypropylen (PP)
Hersteller: Camp 4
2015–2019

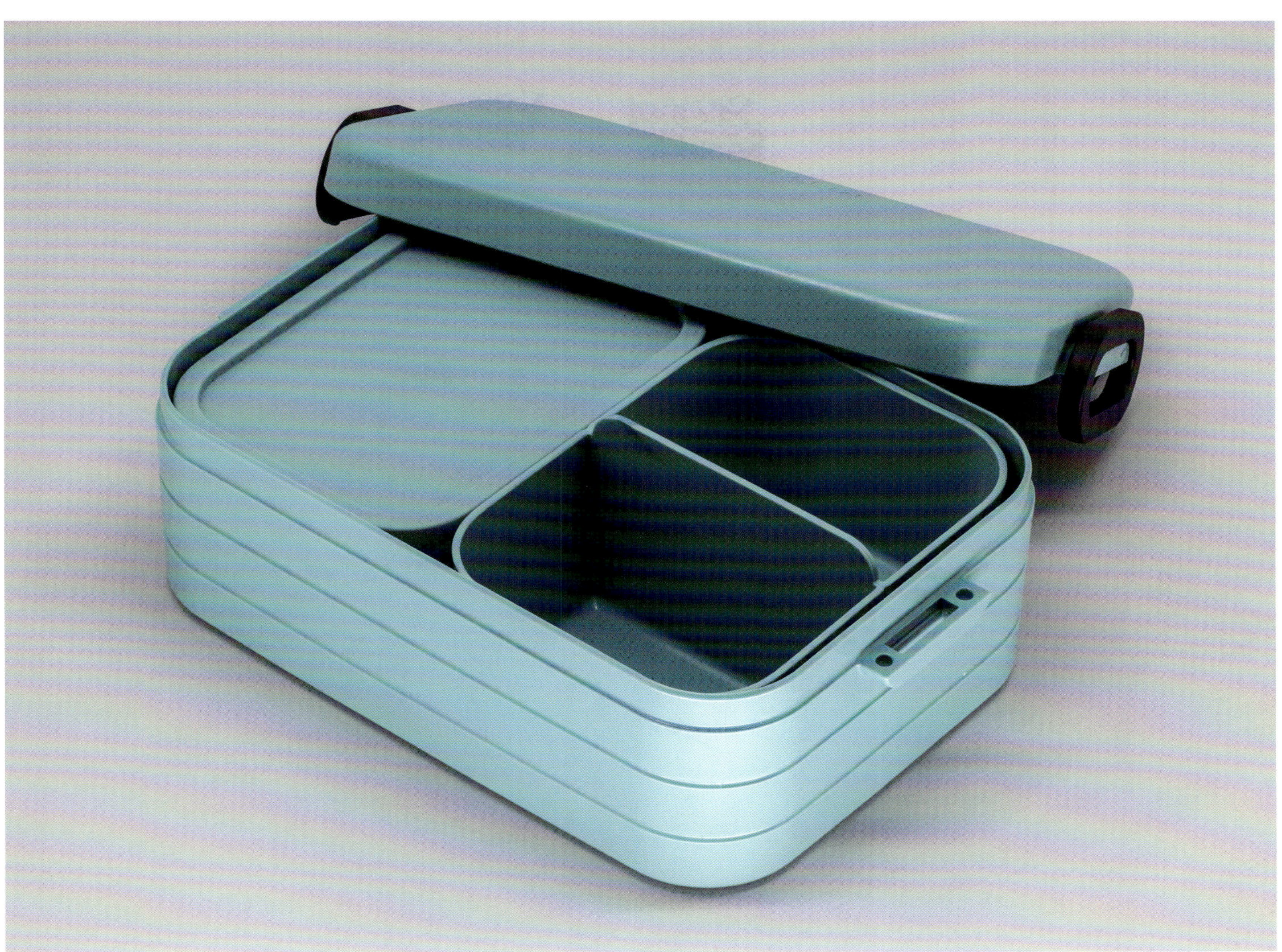

Lunchbox *Bento*
Polypropylen (PP), Elastomer
Hersteller: Mepal
Lochem, Niederlande
2021

An diesem Beispiel zeigt sich recht deutlich, wie stark Alltagsgegenstände von Zeitströmungen beeinflusst werden. War diese Box vor fünf bis sechs Jahren, als sie gekauft wurde, noch durchaus auf der Höhe der Zeit, findet man heute auf der Homepage des Anbieters Camp4 unter dem gleichen Namen nur noch Produkte aus Edelstahl, was eine Reaktion auf die kritische Einstellung mancher VerbraucherInnen gegenüber Kunststoffen sein könnte.[112] Die Globalisierung der Essgewohnheiten zeigt die Lunchbox des niederländischen Herstellers Mepal, die den Namen *Bento* trägt und auch formal an die japanische Tradition des Essens unterwegs, die *Bento-Box*, anknüpft. Sie ist in mehrere Fächer zur Aufnahme unterschiedlicher Lebensmittel unterteilt und mit einer kleinen Gabel ausgestattet.

Picknick

Ein besonderes Einsatzgebiet für Utensilien aus Kunststoff in der westlichen Esskultur ist das Picknick. Es war die Vorstellung von der Natur als Ort der Entspannung, die das

Essen unter freiem Himmel von der Notwendigkeit zum Vergnügen machte. Erst die zunehmende Urbanisierung und aufkommende Industrialisierung brachte einen Lebensstil hervor, bei dem das Verlassen der Stadt und der Ausflug in die Natur zum Freizeitvergnügen wurden. Man fuhr mit der Kutsche, später mit dem Automobil zum Ort des Freiluftmahls, im Gepäck: den Picknickkoffer. Im Inneren des Picknickkoffers waren die Utensilien für das Essen unter freiem Himmel mit einem durchdachten System wohlgeordnet und platzsparend untergebracht. Der Inhalt offenbart die elitäre Herkunft des Picknicks: Die mitgebrachten Speisen wurden mit Messer und Gabel verzehrt. Gehobene Tischmanieren wurden damit in die freie Natur transportiert. Ähnlich wie die geplante natürliche Landschaft des Englischen Gartens auf einem ritualisierten Rundgang genossen wird,[113] war das Picknick der inszenierte Naturgenuss für die Oberschicht.[114] Die Glanzzeit dieser Picknickkoffer liegt um 1900,[115] als eine

Spritztour mit dem Auto über die zwar schmalen, aber nicht durch den Großstadtverkehr verstopften Straßen zu den beliebten Beschäftigungen der BewohnerInnen der herrschaftlichen Landhäuser und ihrer Gäste gehörte.[116]

Noch stark an die noble Herkunft dieses Freizeitvergnügens erinnert der umfangreiche Picknickkoffer aus England. Er ist für vier Personen konzipiert und orientiert sich am Typus des Handkoffers, der Ende des 19. Jahrhunderts den Koffer in Truhenform ablöste.[117] Er besteht aus traditionellem Weidengeflecht mit Beschlägen aus Metall und Leder. Mit den Grundmaßen 54 cm × 36 cm eignete er sich nicht zum Mitführen auf einer Wanderung oder auf dem Fahrrad, sondern nur zum Transport mit dem Auto. Er wurde vom Londoner Nobelkaufhaus Harrods vertrieben, seine Bestimmung als Zubehör für die exklusive Automarke *Rolls Royce* entspringt wohl eher dem Reich der Legenden. Das traditionelle Porzellangeschirr und die Deckeldose aus Blech wurden durch Utensilien aus elfen-

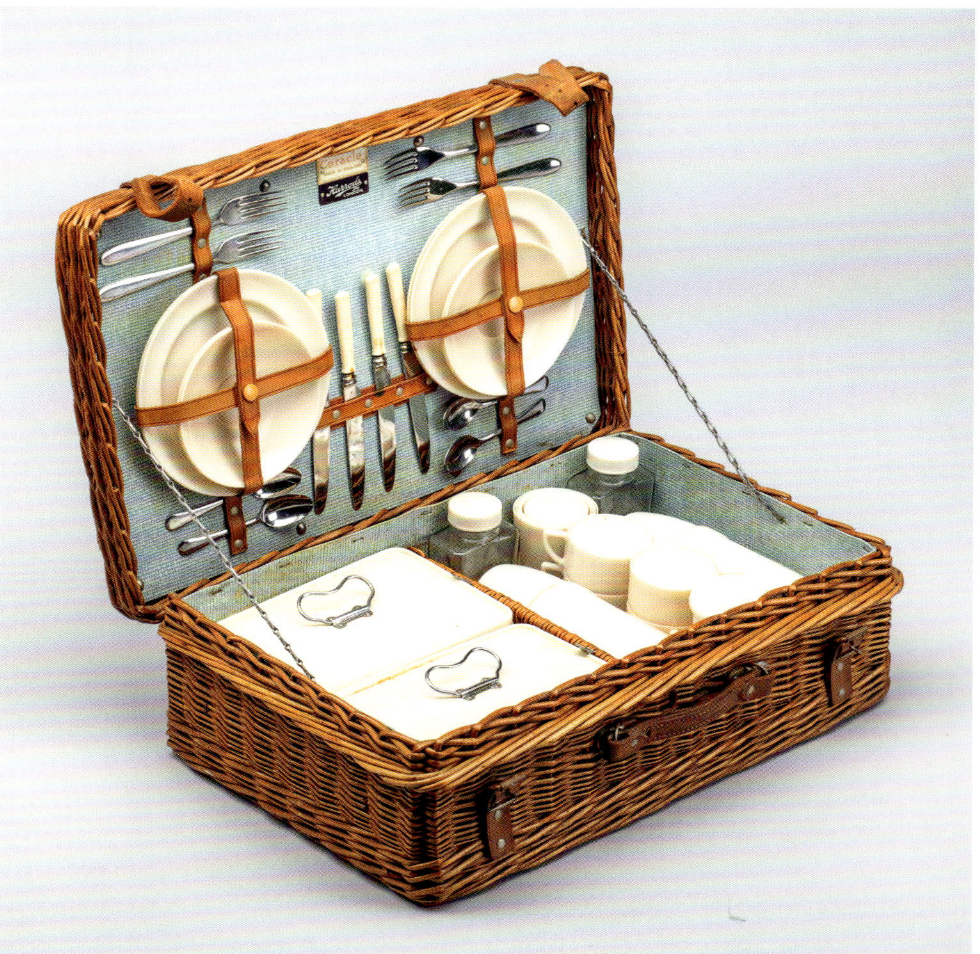

Picknick-Koffer
Harnstoff-Formaldehyd (UF), Weidengeflecht, Leder
Auftraggeber: Harrods Ltd.
Hersteller: Coracle, Thermos Limited
London, Großbritannien
1930–1950

beinfarbenem Harnstoff-Formaldehyd ersetzt. Der Einsatz von Kunststoff hat wesentlich zur Gewichtsersparnis und damit zur Handhabbarkeit des Koffers beigetragen.

Weniger exklusiv wirkt das deutsche Pendant aus den 1930er Jahren: der Wochenendkoffer *Parat 4* aus dem Sortiment der Venditor GmbH, der Vertriebsgesellschaft der Dynamit Nobel. Er besteht aus Vulkanfiber und enthält ein Geschirr aus Tassen samt Untertassen und Tellern aus Harnstoff-Formaldehyd in leuchtendem Orange. Vulkanfiber und Harnstoff-Formaldehyd waren Produkte der Troisdorfer Firma. Ergänzt wird das Service durch Schraubdeckeldosen sowie ursprünglich einer Thermosflasche für heiße Getränke. Das Besteck wurde noch ganz traditionell aus Metall gefertigt. Hülsen für gekochte Eier ermöglichen den Transport ohne Schalenbruch; dazu gehört natürlich auch der Salzstreuer.

Neben dem rechteckigen Koffer wurden nach 1945 noch ganz andere Formen entworfen, um Speisen und Geschirr zu transportieren. Das italienische Beispiel von Adele Boghetich für den Hersteller Selap besteht aus mehreren übereinander gestapelten Behältern, die sowohl Speisen als auch Teller, Tassen und Besteck aufnehmen (siehe Seite 142). Zusammengehalten wird das Ganze von einem Metallbügel, der oben als Tragegriff dient. Ob diese spezielle Lösung vom Henkelmann oder von den indischen Tiffin-Boxes inspiriert ist – die indischen Dabawallahs transportieren die Speisen ebenfalls seit jeher in übereinander gestapelten runden Behältern zum Bestimmungsort –, lässt sich nicht sagen.[118]

Die Vorteile moderner Kunststoffe kamen nun voll zum Tragen. Glas und Metall wurden durch Becher und Besteck aus Kunststoff ersetzt, sodass das Objekt immer leichter zu transportieren war. Eine besondere Variante sind kompakte Sets, die ein Sortiment an Geschirr und Besteck beinhalten, aber keinen Platz für Speisen bieten. Ein frühes Beispiel ist die „Sportkanne", die Christian

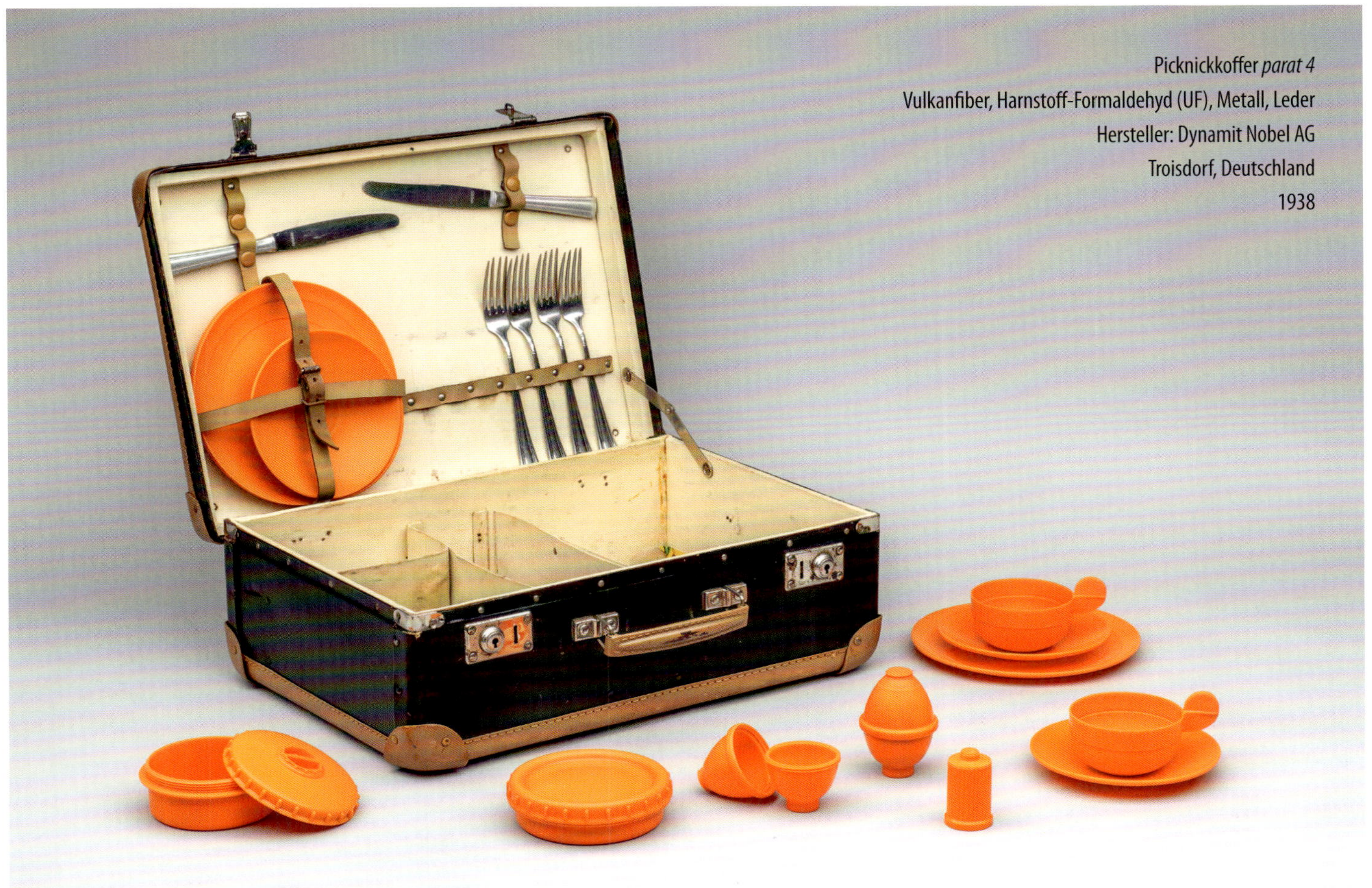

Picknickkoffer *parat 4*
Vulkanfiber, Harnstoff-Formaldehyd (UF), Metall, Leder
Hersteller: Dynamit Nobel AG
Troisdorf, Deutschland
1938

Dell (1893–1974) in den 1930er Jahren für die Hermann Römmler AG in Spremberg entwarf.[119] In dieser Kanne finden sechs Tassen samt Untertassen, Zuckerdose und Milchkännchen Platz.

Im *Pic Boll* von Carlo Viglino für Guzzini wird ein ganzes Menüservice samt Dessertschalen und Bechern in einer Kugelhülle mit Tragegriff integriert, die auch als Salatschüssel oder Obstschale genutzt werden kann.

Noch minimalistischer und in sich verschachtelter ist der japanische Entwurf *Twin Bird*. In einem knapp 30 cm langen, walzenförmigen Koffer von 11 cm Durchmesser sind vier Becher, vier rechteckige Teller samt

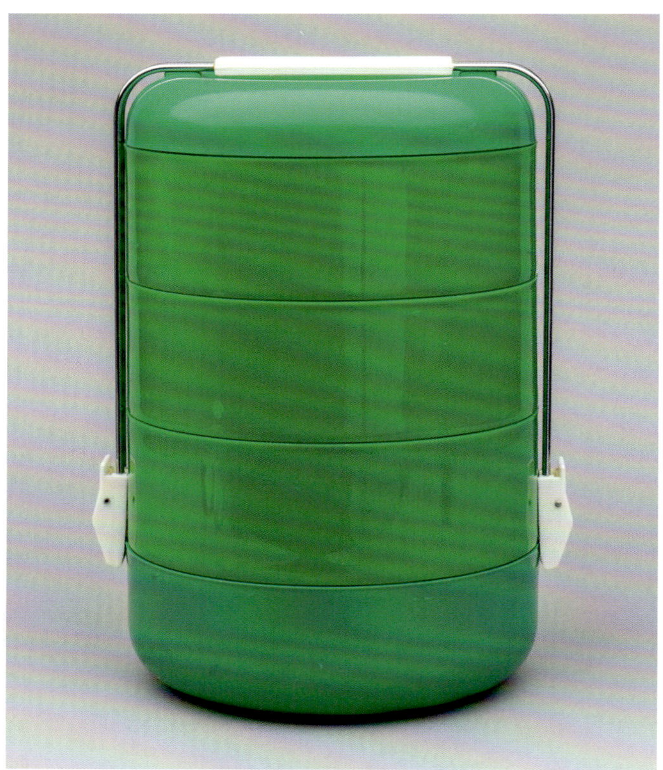

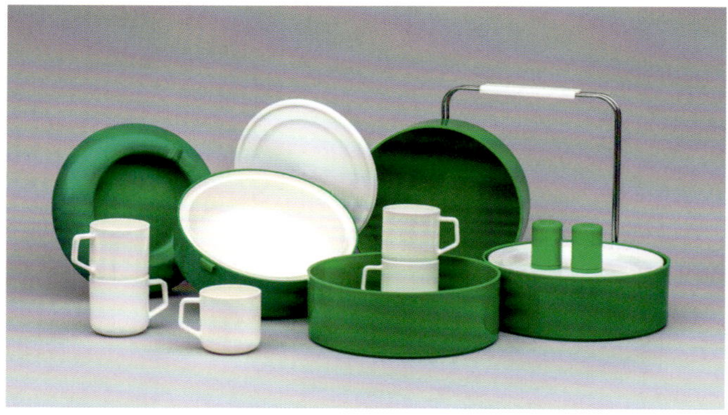

Picknickservice Adele
Polyethylen (PE), Polypropylen (PP), Metall
Entwurf: A. Boghetich
Hersteller: Selap Spa
Mailand, Italien
1965–1975

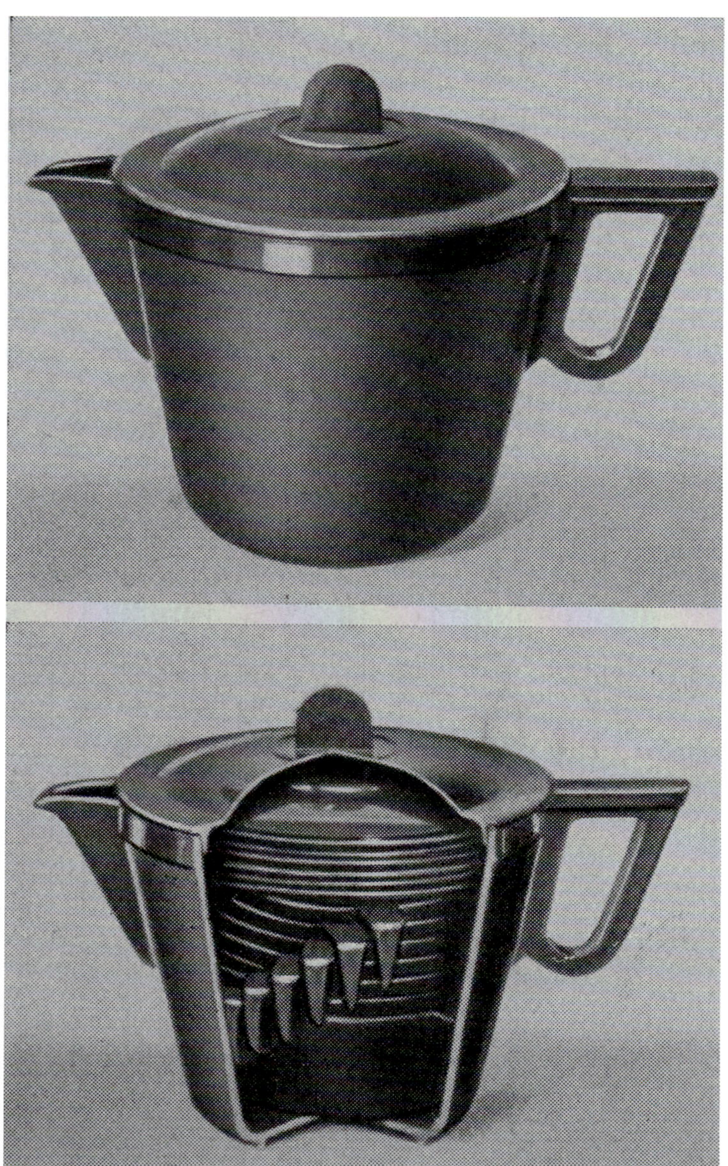

Sportkanne aus dem Katalog der Respopal/Kerit
Papier
Entwurf: Christian Dell
Hersteller: Hermann Römmler AG
Berlin, Deutschland
1935

Besteck für vier Personen und ein Dosenöffner untergebracht.[120]

Die überwiegende Anzahl von Behältnissen für das Picknick setzt ein zweites Behältnis voraus, in dem die zu verzehrenden Lebensmittel untergebracht werden. Kühlboxen aus Kunststoff, in denen Getränke kalt und Lebensmittel frisch und schmackhaft bleiben, gehören heute ebenso zur Ausstattung eines Picknicks. Dank stabiler Kunststoffe als Ummantelung und Kunststoffschäumen zur Isolierung ermöglichen diese mobilen Kühlschränke zumindest für begrenzte Zeit die Mitnahme verderblicher Speisen zum Picknick im Grünen (siehe Seite 144).

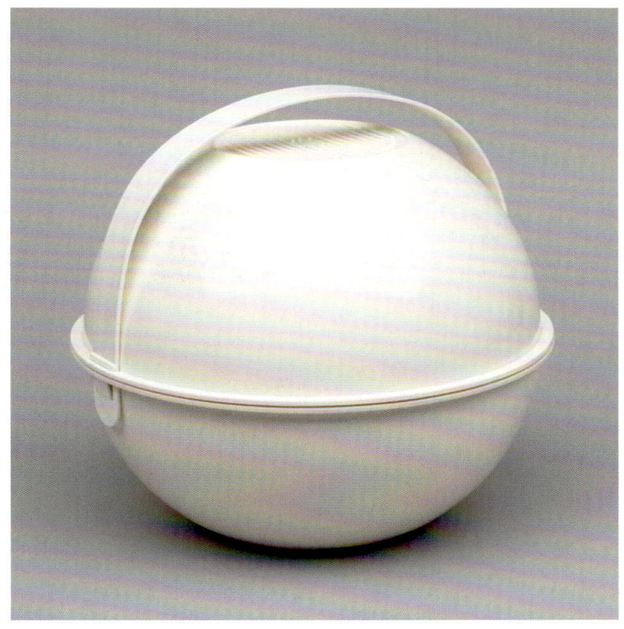

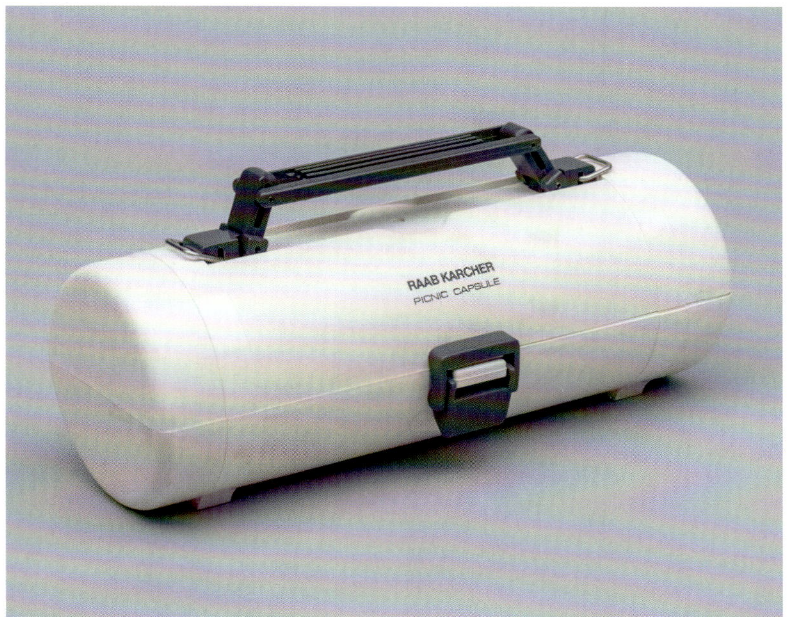

Picknickservice *Pic Boll* Polypropylen (PP), Polystyrol (PS)
Polymethymethacrylat (PMMA)
Entwurf: Carlo Viglino, 1968
Hersteller: Fratelli Guzzini Spa
Recanati, Italien
1976

Picknickkapsel *Twin Bird*
Polypropylen (PP), Styrol-Acrylnitril (SAN)
Werbegeschenk Raab Karcher
Hersteller: Twin Bird Industries Kabushiki Gaisha
Tsubame, Niigata, Japan
1972–1975

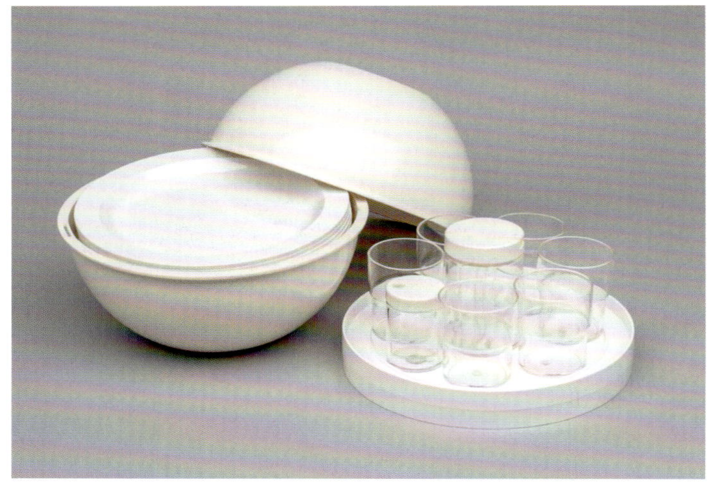

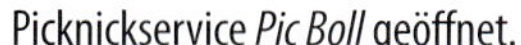

Picknickservice *Pic Boll* geöffnet.

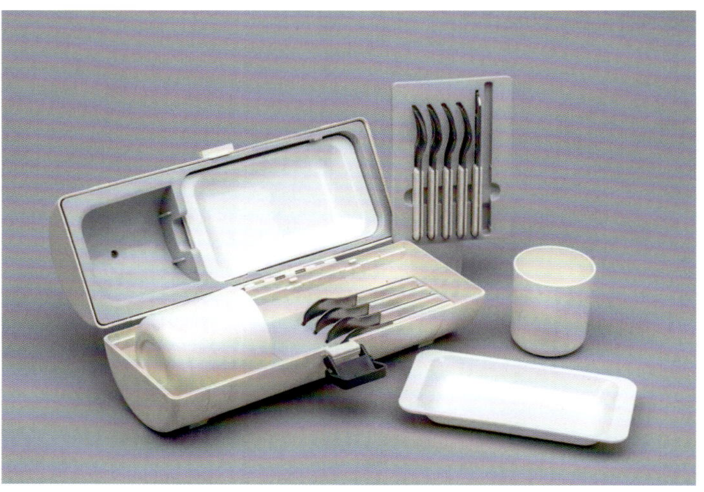

Blick ins Innere der Picknickkapsel *Twin Bird*.

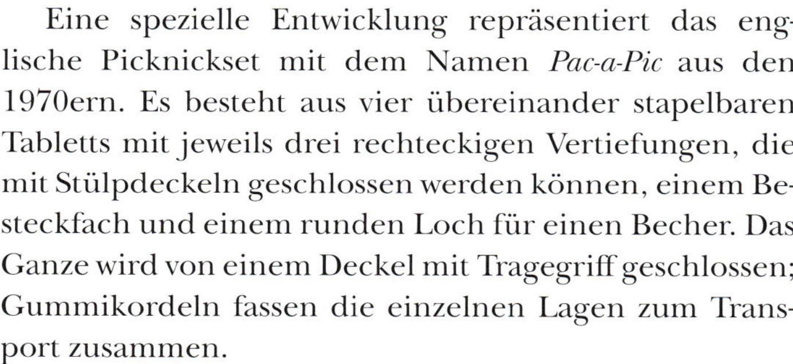

Kühltasche
Bedruckte Polyvinylchlorid-Folie, expandiertes Polystyrol (EPS)
Bundesrepublik Deutschland
um 1970

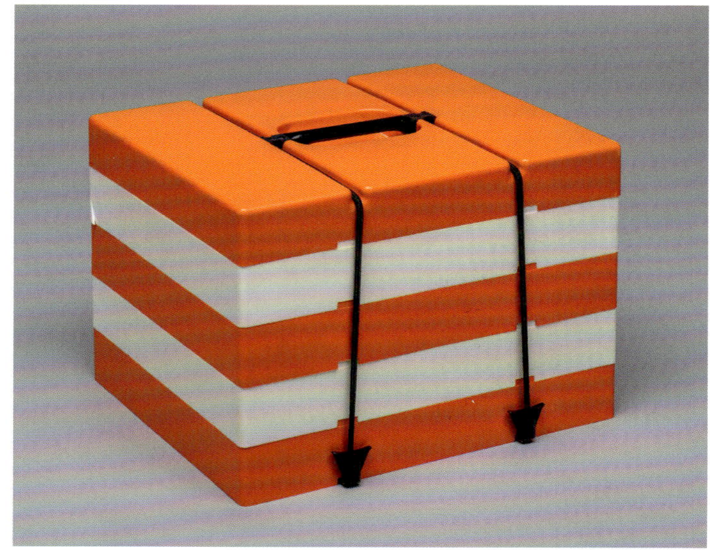

Picknickset *Pac-a-Pic*
Polyethylen (PE), Polystyrol (PS), Styrol-Acrylnitril (SAN)
Hersteller: Preci-Ware
Syston/Leicester, Großbritannien
1970–1980

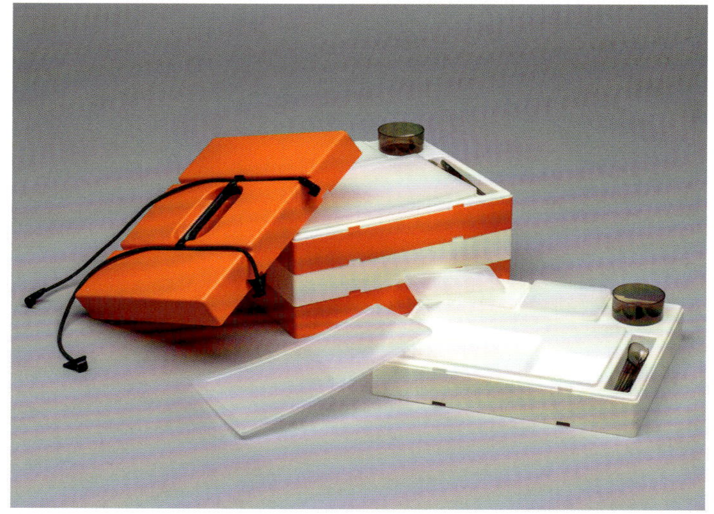

Inhalt des Picknicksets *Pac-a-Pic*.

144

Eine spezielle Entwicklung repräsentiert das englische Picknickset mit dem Namen *Pac-a-Pic* aus den 1970ern. Es besteht aus vier übereinander stapelbaren Tabletts mit jeweils drei rechteckigen Vertiefungen, die mit Stülpdeckeln geschlossen werden können, einem Besteckfach und einem runden Loch für einen Becher. Das Ganze wird von einem Deckel mit Tragegriff geschlossen; Gummikordeln fassen die einzelnen Lagen zum Transport zusammen.

Mit diesem Prinzip, bei dem die Speisen schon vor dem Transport fertig zum Verzehr auf dem Tablett für jeden Teilnehmer und jede Teilnehmerin des Picknicks angerichtet werden und dann mit Deckeln gesichert werden können, nähert sich das Picknick dem Convenience Food an. Auch das Catering für Flugreisen wird meist vorab auf Tabletts angerichtet und in gekühlten Containern ins Flugzeug geliefert, sodass am Ort des Verzehrs praktisch keine Arbeitsgänge zur Zubereitung mehr nötig sind außer einem eventuellen Aufwärmen der Speisen.

Das Picknick als individuelles Vergnügen für Müßiggänger bekommt so eher den Charakter eines durchrationalisierten Events zur Nahrungsaufnahme unterwegs. Es rückt dadurch in die Nähe der verschiedenen Formen des Essens außerhalb des häuslichen Umfelds, das durch die Entwicklung industrieller Arbeitsprozesse und von der Systemgastronomie bestimmt wird.

Zum Wegrennen: Fastfood – To-go – Convenience

Fastfood gab es schon im Römischen Reich sowie in China während der Han-Dynastie.[121] Im Zuge der flächendeckenden Verbreitung von Fastfood und des damit verbundenen Lebensstils in den USA etwa seit Mitte des 19. Jahrhunderts und in Teilen Europas in den 1950er Jahren kam Wegwerfgeschirr auf, das zu einem unver-

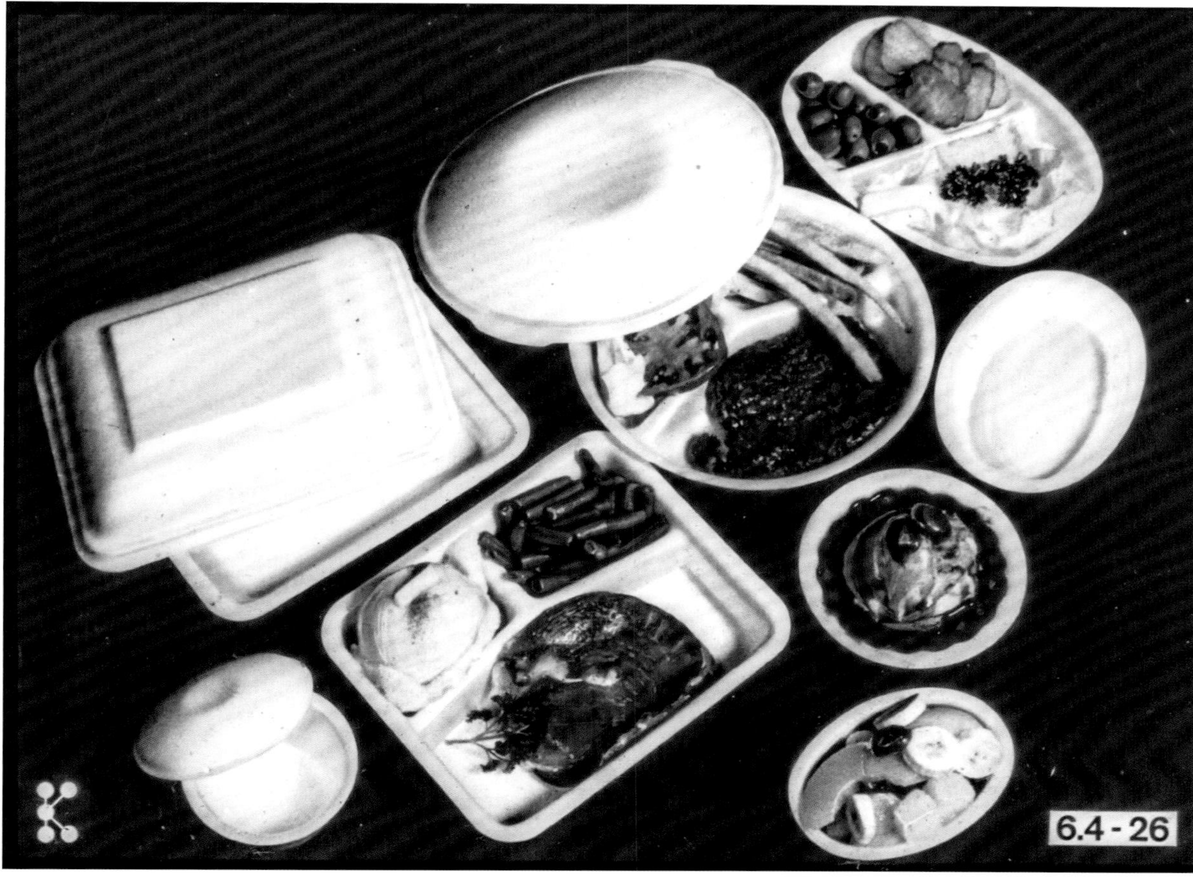

Einweg-Geschirr aus Expandiertem Polystyrol
Arbeitsgemeinschaft Kunststoffindustrie
Bundesrepublik Deutschland
1966

zichtbaren Requisit dieser Esskultur avancierte. Die leichten, preiswerten und scheinbar problemlos zu entsorgenden Kunststoffe spielten hier eine besondere Rolle.

Ein geradezu für diesen Zweck prädestiniertes Material war geschäumtes bzw. expandiertes Polystyrol (EPS), bekannter unter dem Handelsnamen *Styropor*. Das Material besteht zu 98 % aus Luft, ist daher leicht, hat isolierende Eigenschaften und eignet sich sowohl für das Warm- als auch das Kühlhalten von Speisen. Typisch für eine solche Anwendung ist der schmale zweiteilige Behälter zum Zusammenstecken, der wahrscheinlich ein Gefäß aus Glas schützen und gleichzeitig isolieren sollte (siehe Seite 146). In der Lebensmittelindustrie ist EPS seit seiner Erfindung im Einsatz, um empfindliches Gut zu schützen, gleichzeitig spart das geringe Eigengewicht Energie und damit Transportkosten. Für das „Menü to go" vom ostasiatischen Takeaway bis zum Döner Kebap bieten Schalen mit Klappdeckel aus EPS das optimale Transportmittel.

Für das Essen auf Reisen setzte sich seit den 1980er Jahren mehr und mehr das Einweggeschirr aus Polysty-

rol durch. Sogar in Zügen, für die in den 1960ern noch platzsparendes Stapelgeschirr aus Porzellan entworfen worden war, verbreitete sich der Einwegbecher. Besonders auf das Einsparen von Gewicht ist man allerdings beim Fliegen angewiesen. Der Goldrand an der Einwegtasse für die US-amerikanische Fluglinie Delta aus dem Jahr 1978 bewahrt die Erinnerung an die Exklusivität des Fliegens noch in einem Wegwerfartikel.

In den letzten dreißig Jahren verzeichnete die Industrie für Einwegverpackungen für die Takeaway-Gastronomie, vor allem bei Bechern für Heißgetränke sowie Menü- und Snackboxen, extreme Zuwächse.[122] Die verschiedenen Lösungen aus Kunststoffen haben einen Anteil am Gesamtvolumen der Lebensmittelverpackungen von etwa 28 %. Der Hauptanteil, ca. zwei Drittel, entfällt auf Lösungen aus Papier, Pappe und Karton.[123] Die Bewertung der Einweganwendungen in Bezug auf ihre Umweltbilanz ist nicht ganz einfach. Hier ist zwischen den verschiedenen Kunststoffen zu unterscheiden.

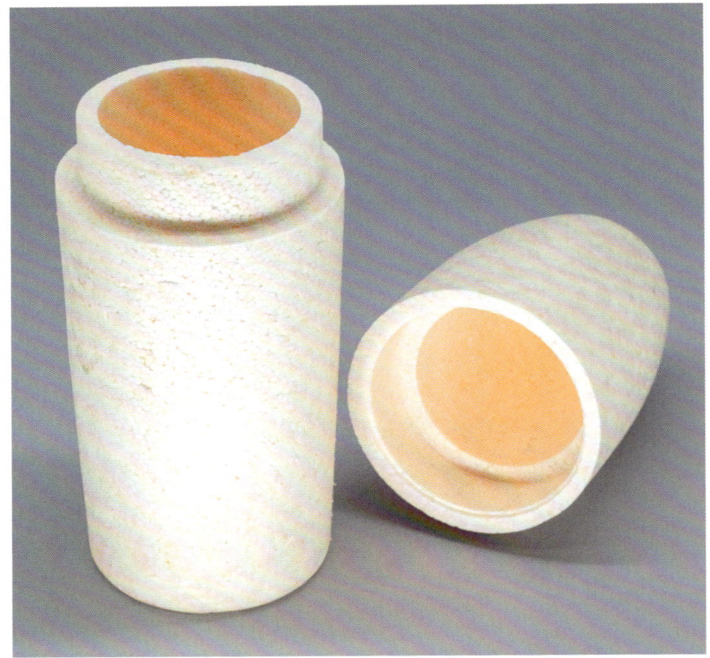

Isolierbehälter
Expandiertes Polystyrol (EPS)
Bundesrepublik Deutschland
1970–1980

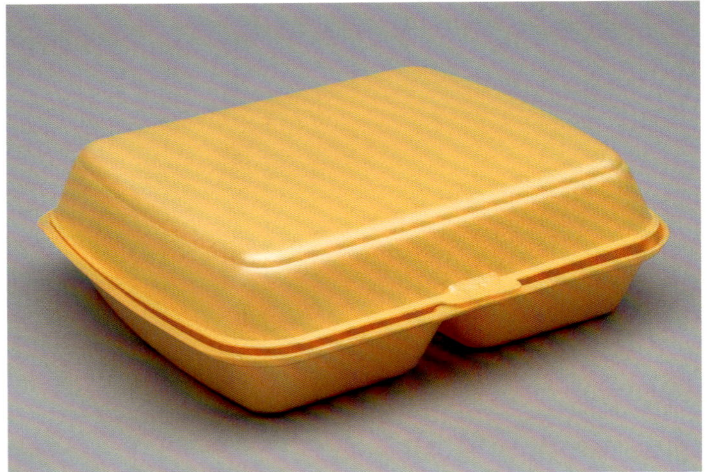

Imbiss-Schale mit Klappdeckel
Expandiertes Polystyrol (EPS)
Hersteller: Linpac Packaging
Ritterhude, Deutschland
2007

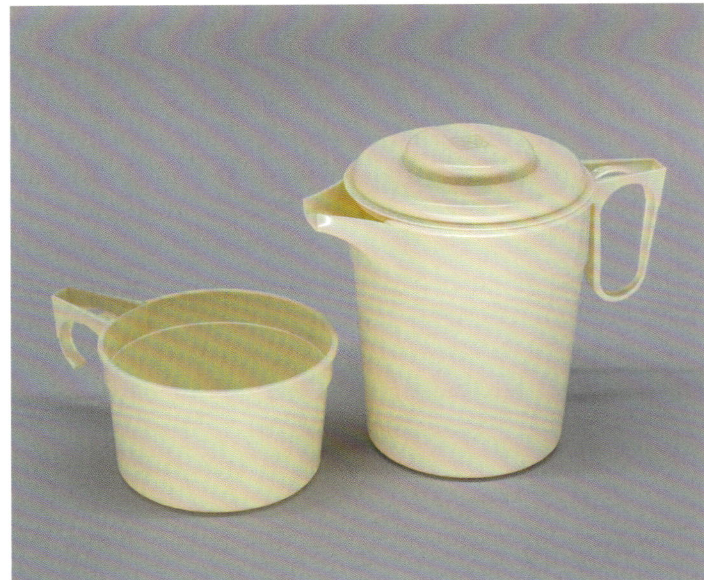

Einwegkännchen und Tasse DSG
Polystyrol (PS)
Auftraggeber: Deutsche Service-Gesellschaft der Bahn (DSG)
Hersteller: Bramlage GmbH
Lohne, Bundesrepublik Deutschland
1980–1994

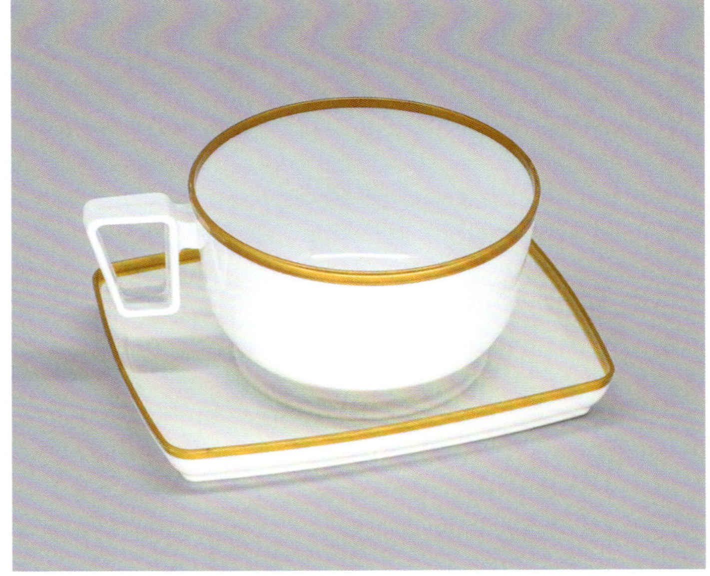

Einwegtasse für Fluggesellschaft
Polystyrol (PS)
Auftraggeber: Delta Airlines
Hersteller: Anchor Molding Plastics Inc.
Minneapolis, USA
1978

Mehrweg als Lösung?

Seit dem 3. Juli 2021 sind Einwegverpackungen und Besteck aus Kunststoff für Lebensmittel in der EU nicht mehr erlaubt und dürfen folglich nicht mehr produziert werden.[124] Ab 2023 verpflichtet die Bundesregierung Anbieter von Speisen und Getränken dazu, für die Mitnahme neben Einwegverpackungen aus nichtpolymeren Werkstoffen auch Mehrwegbehälter zur Verfügung zu stellen.[125] Davon ausgenommen sind kleine Betriebe, die ihren KundInnen die Speisen auch in mitgebrachte Behälter abfüllen dürfen. Der ökologische Nutzen dieser Maßnahme, die allein auf die Vermeidung von Kunststoff zielt, ist äußerst fraglich, da gastronomische Betriebe auf Behälter aus nicht recylebarem beschichtetem Papier oder gar auf energieintensivere Wegwerfschalen aus Aluminium zurückgreifen können.

Wiederverwendbare Becher aus Bambus für den heißen „Coffee to go" machten nach einer Untersuchung durch die Stiftung Warentest im Juli 2019 Schlagzeilen.[126] Der überwiegende Teil der zwölf getesteten Bambusbecher enthielt zu viele Schadstoffe oder die Produkte erwiesen sich als falsch deklariert. Die Bezeichnung „Bambusbecher" ist ohnehin irreführend, da es sich um aus Melamin-Formaldehyd und Bambusmehl gepresste Becher handelt, das Produkt also ebenfalls nicht ohne Kunststoff auskommt.

Betrachtet man die abgebildeten Beispiele so fragt man sich, wie es um die ökologische Unbedenklichkeit sowie Entsorgung der Deckel und der wärmeisolierenden Griffmanschetten aus Silikonkautschuk bestellt ist. Ähnlich verhält es sich mit dem Becher aus biobasiertem und biologisch abbaubarem Polylactid. Hier bestehen Deckel und Manschette ebenfalls aus Silikonkautschuk.

Gute Chancen werden dagegen Mehrwegsystemen mit Behältern aus Polypropylen eingeräumt, die in der Umweltbilanz punkten können. Schon bei zehn bis 15 Verwendungszyklen zeigt sich ein positiver Effekt auf die Ökobilanz im Verhältnis zur entsprechenden Anzahl von Einweganwendungen.[127]

Solche Behälter, die sich für den Mehrwegeinsatz eignen, sind bereits im Angebot. Seit Mitte 2020 ist die Firma Elasto mit ihrer Linie *REuse*, einem System von Behältern für verschiedene Zwecke, auf dem Markt: für die Mikrowelle oder das Gefrierfach geeignete Vorratsdosen, dreieckige Dosen für Sandwiches und Boxen mit

Klappdeckel in unterschiedlichen Größen für einen einzelnen Burger oder mit zwei Fächern, beispielsweise für ein Gericht mit Reis oder Nudeln.

Bisher setzt der Anbieter darauf, dass der Kunde seine eigene Box mitbringt und an der Theke befüllen lässt. Beim klassischen Gebrauch im Rahmen eines Mehrwegsystems genießen die KundInnen die Mahlzeit häufig direkt aus der Box, sodass das Besteck Spuren im Material hinterlässt, was nachfolgende BenutzerInnen nicht gern sehen. In der Praxis scheint dieses Problem jedoch gar nicht so gravierend zu sein. Ob ein Behälter mit Kratzern aussortiert wird, hängt von deren Anzahl und der Tiefe ab, das heißt, es wird nach Ansehnlichkeit entschieden. Dieser Fall scheint jedoch im Gesamtaufkommen der zurückgegebenen Behälter eher selten aufzutreten.[128]

Für das „Leben nach dem Gebrauch" ist seitens des Herstellers gesorgt. Wenn ein Produkt seinen Lebenszyklus durchlaufen hat, ist vorgesehen, dass der Kunde oder

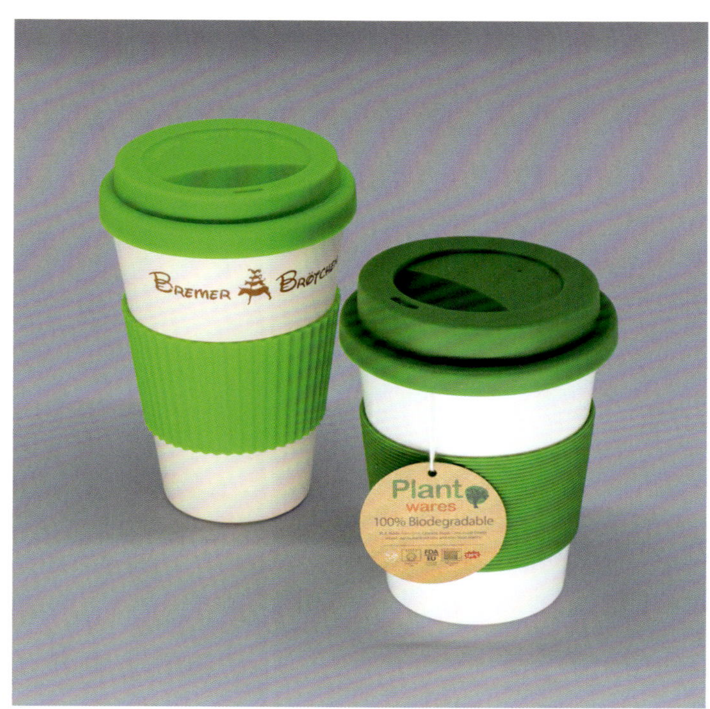

Mehrwegbecher
Links:
Melamin-Formaldehyd, Bambus,
Silikonkautschuk
Volksrepublik China
2019–2020

Rechts:
Polylactid (PLA), Silikonkautschuk
Hersteller: ecoplant
Großbritannien
2018–2019

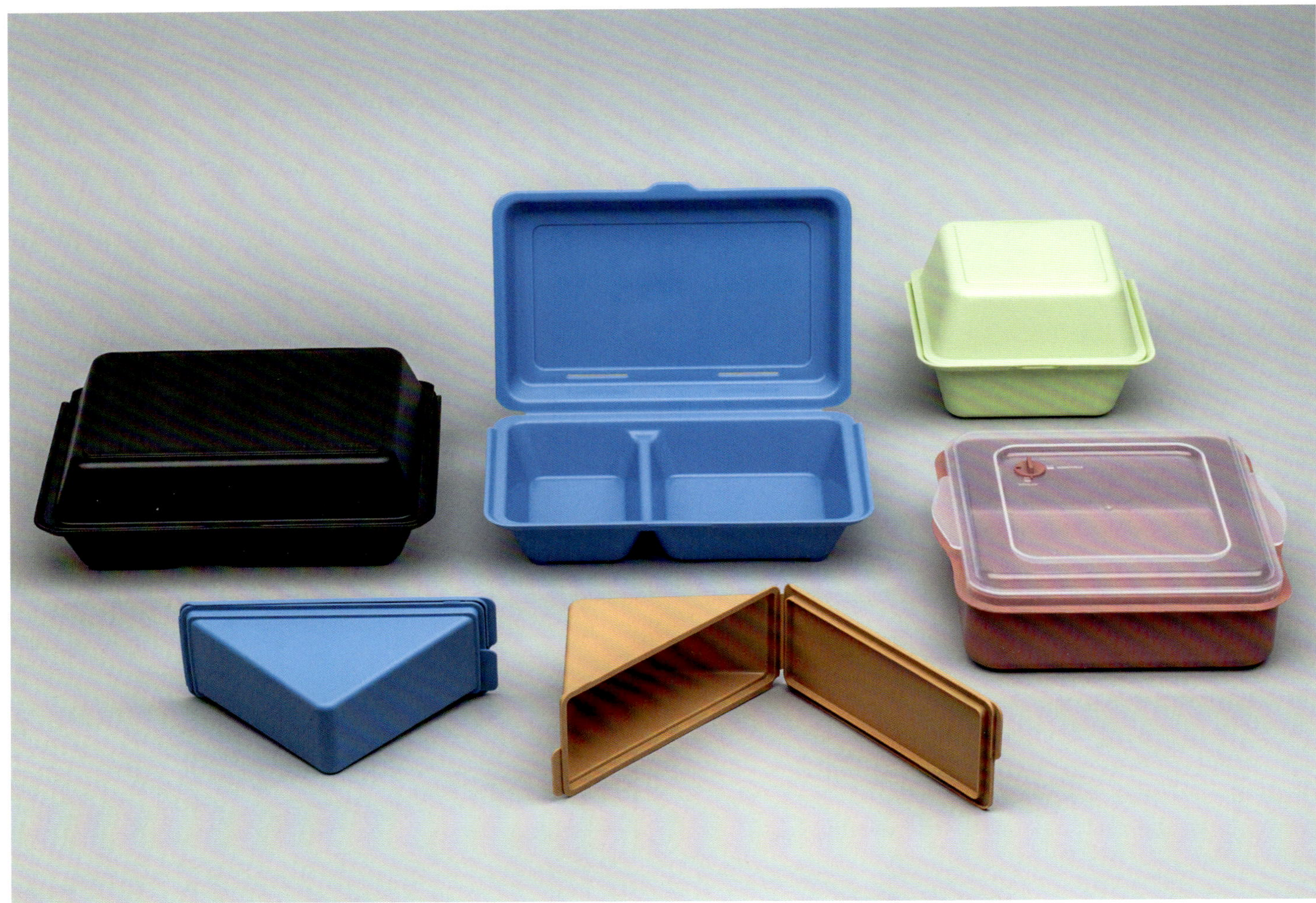

Verschiedene Behälter für das
Essen unterwegs, *Elasto REuse*
Polypropylen (PP)
Hersteller: Elasto Form KG
Sulzbach-Rosenberg, Deutschland
2020–2021

die Kundin es zurückgibt, damit es wieder zu Kunststoffgranulat verarbeitet werden kann. Dieses Granulat kann aus Hygienegründen nach heutigem Lebensmittelrecht nicht wieder für Lebensmittel verwendet werden, steht aber für Produkte im Non-Food-Bereich zur Verfügung. Ein Teil dieses Granulats wird an andere Verarbeiter verkauft, Elasto selbst verarbeitet es beispielsweise zu Sektkühlern.[129]

Der Einsatz von leichten, preiswerten Wegwerfverpackungen für das schnelle Essen unterwegs stellt auch eine hochentwickelte Gesellschaft wegen der anfallenden Abfallmengen vor ernsthafte Probleme. Dabei ist jedoch in Betracht zu ziehen, dass nicht die Verwendung von Kunststoff die Ursache des Problems ist, sondern ein bestimmter Lebensstil. In den Industrienationen wurde eine frühere Ausnahme – das schnelle Essen außer Haus, die Nahrungsaufnahme im Vorbeigehen – für viele Menschen zu einer nahezu täglichen Angewohnheit. Die flächendeckende Einführung von Mehrwegsystemen ist natürlich abhängig vom Angebot durch die Gastronomie sowie die Akzeptanz seitens der Kundschaft.[130] Bereits eingeführte Mehrwegsysteme in Deutschland[131] nutzen Behälter aus Polypropylen. Das heißt, Kunststoff ist nicht nur das Problem, sondern auch Teil der Lösung.

Behältnisse für Essen unterwegs als Sammlungsgut –
ein Widerspruch?

Als Fazit lässt sich feststellen, dass schon lange vor dem Siegeszug der Kunststoffe Lebensmittel transportiert wurden. Viele Formen für Behältnisse existierten in ihren Grundzügen schon, lediglich die Materialien waren andere, man denke an den Henkelmann oder die Brotdose aus Metall. Etwa ab 1920 eroberten Kunststoffe mehr und mehr den Verpackungssektor und ermöglichten es, die bisherigen Formen weiterzuentwickeln. Das geringe Gewicht bei gleichzeitig hoher Belastbarkeit ist ein entscheidender Grund, warum Kunststoffe für den Transport von Lebensmitteln heute unverzichtbar erscheinen. Die in der Sammlung des Deutschen Kunststoff-Museums vorhanden Objekte spiegeln die Entwicklung des „mobilen Essens" wider. Interessant ist die Verwendung verschiedener Kunststoffe mit unterschiedlichen Absichten der Nutzung. Hier sei erinnert an die Bandbreite von günstigen „Wegwerfartikeln" für den einmaligen Gebrauch aus expandiertem Polystyrol bis hin zu Mehrwegbehältnissen aus langlebigerem Polypropylen. Die Sammlung des Deutschen Kunststoff-Museums hat es sich zur Aufgabe gemacht genau diese Bandbreite darzustellen.

Bei der Arbeit mit der Sammlung werden die Unterschiede der Materialien deutlich: expandiertes Polystyrol ist wesentlich empfindlicher, bei unachtsamen Umgang können bereits bei leichtem Druck neben Brüchen irreversible Kratzer und Einkerbungen entstehen. Das wiederverwendbare Polypropylen ist im Vergleich weniger empfindlich und verträgt mehr Druck. Im Hinblick auf das Alterungsverhalten des jungen biobasierten und biologisch abbaubaren Polylactids ergibt sich weiterer Forschungsbedarf. Noch zeigen die Sammlungsobjekte des Deutschen Kunststoff-Museums aus also Polylactid keine Anzeichen einer fortschreitenden Alterung. Allerdings treten an Objekten anderer Museumssammlungen bereits Schäden auf, wie ein Vergilben und Verspröden des Materials. Eine restauratorische Studie zeigt die Anfälligkeit des Materials für hydrolytischen Abbau sehr deutlich.[132] Diese Abbaubarkeit ist bereits bei der Herstellung intendiert und wird RestauratorInnen zukünftig vermutlich vor Herausforderungen stellen. An Objekten aus der Sammlung des Vitra Design Museums, die zur Objektgruppe *Living Systems* von Jerszy Seymour (*1968) gehören, zeigen sich Abbaumechanismen, die

über eine Versprödung des Materials hinausgehen und nach dieser einsetzen: das Material fängt an sich zu verflüssigen und buchstäblich zu tropfen. So ist die Erhaltung der erst 2007 entstandenen Objekte eine Aufgabe, bei der auch MaterialwissenschaftlerInnen noch keine Lösungsansätze haben.

Ein Blick in die Zukunft – Bionisches Design

Im Ingenieurwesen versteht man unter lastpfadgerechtem Design eine Entwurfsmethode, bei der die Grundgestalt von Bauteilen entsprechend der einwirkenden Kräfte mit computerbasierten Verfahren berechnet wird. Das Ziel ist es, Material an Stellen zu reduzieren, an denen weniger Kraft übertragen werden muss. Angelehnt wird dieses Prinzip an Beispiele aus der Natur. So sind Bäume beispielsweise bestrebt, Spannungsspitzen im Stamm, die durch die Windlast entstehen, zu reduzieren, indem sie die Form und Gestalt des Stammes während des Wachstums anpassen. Die Übertragung dieses Prinzips auf technische Anwendungen ist auch unter dem Begriff „Topologieoptimierung" bekannt.

Die Topologieoptimierung findet in der Regel virtuell mit speziellen Computerprogrammen, sogenannten FEM-Programmen,[133] statt. Mit der Ausgangsgeometrie und mit den auf das Bauteil wirkenden Kräften werden mit einem Computerprogramm die Spannungen im Bauteil berechnet. Anhand verschiedener Kriterien wird nun Material an Stellen entfernt, an denen die Spannungen einen Grenzwert nicht überschreiten. In einem iterativen Vorgang wird der Spannungszustand erneut berechnet und ggf. Material entfernt. Ein Beispiel für ein topologisch optimiertes Produkt aus der Sammlung des Deutschen Kunststoffmuseums ist ein 2017 von Studierenden der TU Dresden konzipierter Hocker.

Anhand der Form und Geometrie des Sitzmöbels lässt sich nachvollziehen, wie Material in Bereichen reduziert wurde, durch die wenig Kraft geleitet wird. Es gibt kaum noch durchgehende Flächen, es bleibt nur noch eine netzartige Struktur übrig. Es stellt sich eine rotationssymmetrische Geometrie ein. Hergestellt wurde der Hocker, indem Fasermaterial in Beanspruchungsrichtung mit einer Stickmaschine auf ein Textil abgelegt wurde. Diese sogenannte Preform wurde anschließend ausgeschnitten und mit Matrixmaterial infiltriert.

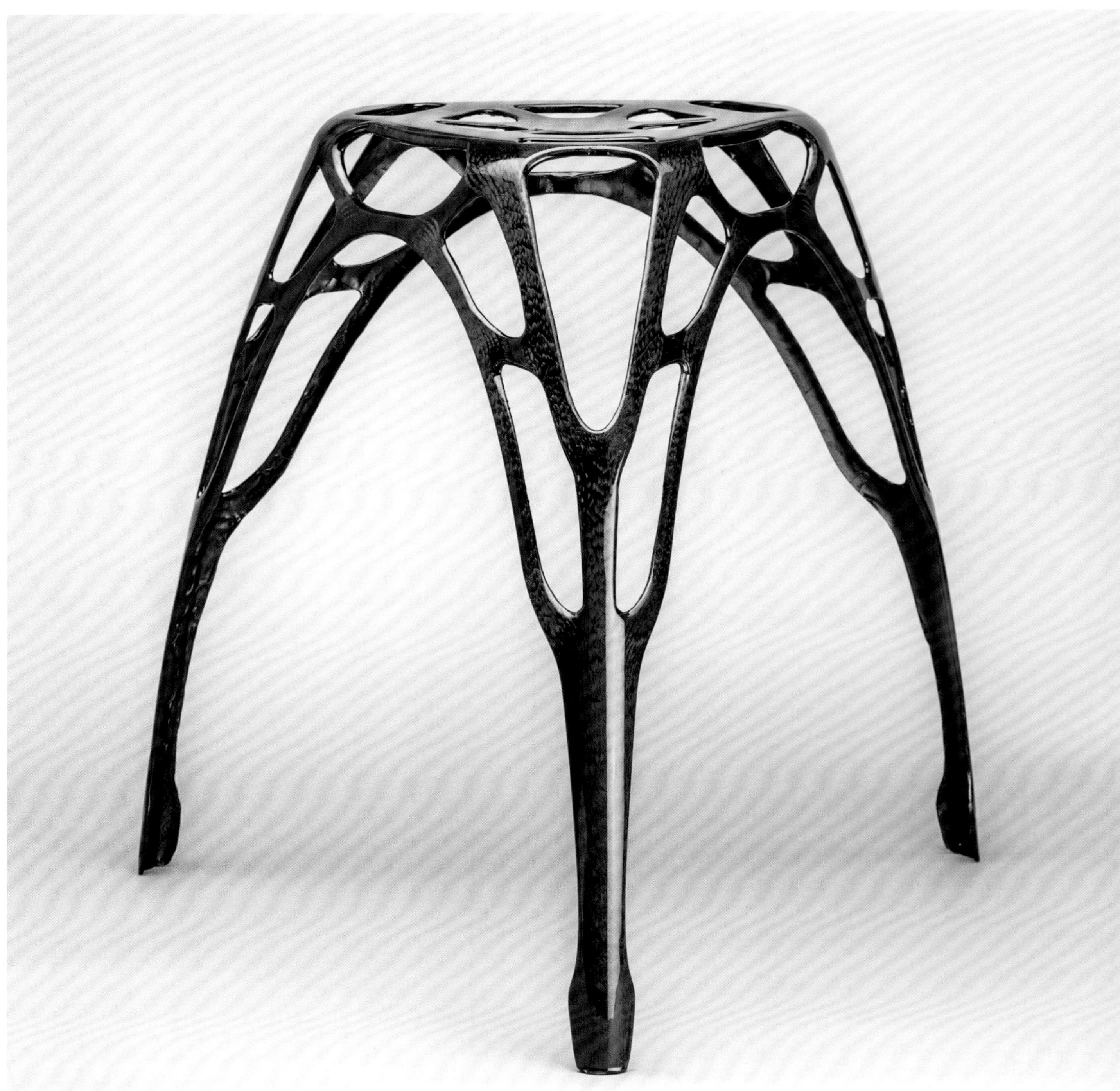

Hocker *L1*, Prototyp
Kohlenstofffaserverstärkter Kunststoff (CFK)
Entwurf: Designstudierende der TU Dresden, 2016
Hersteller: Leibniz-Institut für Polymerforschung
Dresden e.V.
Dresden, Deutschland
2017

Aus der geometrischen Komplexität solcher topologisch optimierter Strukturen wird deutlich, dass herkömmliche Fertigungsmethoden an ihre Grenzen kommen würden. Neben dem Legen bzw. Sticken von Endlosfasern, die später mit Duromermatrix umgossen und gepresst werden, bieten sich insbesondere Additive Fertigungsverfahren (3D-Druck) an, um solche bionischen Strukturen zu erzeugen. Im Ergebnis entsteht ein extrem leichtes Objekt, das nur etwa 650 g Gewicht auf die Waage bringt, gleichzeitig durch das besondere Design bis zu 200 kg tragen kann. So kann mit einem Minimum an Materialeinsatz und Gewicht ein Optimum an Leistung generiert werden.

Anmerkungen

[1]   MEYER 2001, S. 7.
[2]   MEYER 2001, S. 41.
[3]   MEYER 2001, S. 41.
[4]   STEINER 2011, S. 34f.
[5]   WAENTIG 2015, S. 55.
[6]   FRIEDRICH 2017, S. 347.
[7]   SCHROEDER 2013, S. 6.
[8]   PATENT US1435244A.
[9]   PATENT US1435244A, S. 2. Englischer Originaltext: „Such a combination results in material possessing properties of lightness, durability and strength, being extremely resistant to chemical agents, as well as for all practical purposes, fire and waterproof."
[10] PATENT US942699A.
[11] PATENT US1897977.
[12] VOIGT 2007, S. 9.
[13] VOIGT 2007, S. 9, nach STRASSER 1997a, S. 56; vgl. auch ABTS 2016, S. 19.
[14] WAENTIG 2004, S. 254.
[15] KAUFMANN 1950, S. 19ff.
[16] BONTEN 2016, S. 151.
[17] PATENT DE913474C.
[18] BONTEN 2016, S. 5.
[19] https://www.forum-pet.de/pet-vielfalt/ (01.06.2022).
[20] DÖRR 2003, S. 1.
[21] MARIENFELD 2004, S. 17.
[22] Lebensmittel Zeitung 1999, S. 3.
[23] THIELEN et al. 2020, S. 7.
[24] PATENT US8180A.
[25] HOLZMANN 1985, S. 206.
[26] THIELEN, GUST, HARTWIG 2020, S. 9.
[27] HOLZMANN 1985, S. 206.
[28] THIELEN et al. 2020, S. 10.
[29] THIELEN et al. 2020, S. 10.
[30] BAILEY 1945, S. 127; 133; 193; 200. Nach HOLZMANN 1985, S. 212.
[31] WAENTIG 2004, S. 258.
[32] THIELEN et al. 2020, S. 13.
[33] 5. Internationale Messe für Verpackungsmaschine, Verpackungsmittel und Süßwarenmaschinen. Vom 10. Bis 16. Mai 1969 in Düsseldorf.
[34] IKV – Institut für Kunststoffverarbeitung 2020, S. 178.
[35] PATENT US3733309A.
[36] https://www.forum-pet.de/material/pet-flasche/ (14.12.2021).
[37] Acetalaldehyd kommt natürlich im menschlichen Körper vor. Es ist als Aromastoff für Lebensmittel zugelassen, wurde allerdings in hoher Dosis von der WHO als krebserregend klassifiziert. Die gemessenen Werte in PET abgefüllten Flüssigkeiten sind sehr niedrig.
[38] WELLE 2007, S. 100.
[39] Andere Möglichkeiten sind z.B. das Spritzgießen zweier Halbschalen, die in einem zweiten Arbeitsschritt gefügt werden; das Rotationsformen, bei dem die Kunststoffschmelze in einem rotierenden Werkzeug an der Werkzeugwand erstarrt.
[40] Lebensmittel Zeitung 1999, S. 3.
[41] STOCK 2010, S. 98.
[42] BOTSCH 1999.
[43] https://www.kulturwest.de/inhalt/das-ding-im-alltag-1/ (22.12.2021).
[44] http://www.designlexikon.net/Designer/K/kupetzgunter.html (22.12.2021).
[45] Gewogen wurden die Flaschen ohne Inhalt, aber mit zugehörigem Kunststoffdeckel.
[46] https://www.about-drinks.com/ideal-fuer-unterwegs-gerolst einer-jetzt-auch-in–033-l-pet-einweg/ (14.12.2021).
[47] HEMPEL 2003, S. 28.
[48] FIELL 2009, S. 252.
[49] VANLAETHAM 1989, S. 90.
[50] VANLAETHAM 1989, S. 90.
[51] VANLAETHAM 1989, S. 90.
[52] https://www.zeit.de/zeit-magazin/2018/48/einwegflaschen-plastik-pet-recycling-umweltschutz-pfand-mehrwegflaschen/seite–2 (22.12.2021).
[53] *BEMA*-Schwimmflügel Produktflyer 2021.
[54] DIN EN 13138–1:2021–03.
[55] GOETHE, LABAN 1988, S. 39.
[56] Pflanzenwolle aus den Fruchtwandfasern des Kapokbaums (*Ceiba pentandra*). https://materialarchiv.ch/en/ma:material _530/?maapi:f_all_procedures=ma:procedure_dd0f21f0-0fbc-4c49-8462-aed73fafc65f (07.03.2022).
[57] GOETHE, LABAN 1988, S. 105.
[58] GOETHE, LABAN 1988, S. 80.
[59] GOETHE, LABAN 1988, S. 91.
[60] GOETHE, LABAN 1988, S. 91.
[61] GOETHE, LABAN 1988, S. 95.
[62] GOETHE, LABAN 1988, S. 95.
[63] OFFENLEGUNGSSCHRIFT 1245788.
[64] https://www.ndr.de/geschichte/koepfe/Wie-Bernhard-Markwitz-die-Schwimmfluegel-erfand,markwitz103.html (03.03.2022).
[65] AUSLEGESCHRIFT 1245788.
[66] PATENT GB6299; PATENT DE281687.

67 SHASHOUA 2001, S. 7.
68 POTENTE 2004, S. 203.
69 AUSLEGESCHRIFT 1245788; PATENT GB1055779.
70 https://www.ndr.de/geschichte/koepfe/Wie-Bernhard-Markwitz-die-Schwimmfluegel-erfand,markwitz103.html (03.03.2022).
71 GEBRAUCHSMUSTER DE29800671 U1.
72 https://bema-schwimmfluegel.de/produkte (03.03.2022).
73 Rettungswesten Fachverband Seenot-Rettungsmittel e.V.
74 SHASHOUA 2001, S. 41.
75 https://de.wikipedia.org/wiki/Wanderjahre (29.12.2021).
76 GIROUARD 1989, S. 230; BECHER 1990, S. 199.
77 MIHM 2001, S. 52.
78 Das deutsche „Koffer" leitet sich vom altfranzösischen Wort „coffre" ab. MIHM 2001, S. 9.
79 MIHM 2001, S. 51.
80 MIHM 2001, S. 40f.
81 MIHM 2001, S. 55.
82 MIHM 2001, S. 45.
83 MIHM 2001, S. 49.
84 BRAUN 2013, S. 138.
85 MIHM 2001, S. 55.
86 BECKER 1938, S. 83.
87 BRAUN 2013, S. 137f.
88 BECKER 1938, S. 84.
89 BRAUN 2013, S. 140.
90 KOESLING 1993, S. 123.
91 WAENTIG 2004, S. 242.
92 MIHM 2001, S. 53.
93 MIHM 2001, S. 97.
94 MIHM 2001, S. 57–59.
95 MIHM 2001, S. 95.
96 MIHM 2001, S. 45.
97 Sicken sind rinnenförmige Vertiefungen, die häufig der Versteifung von dünnwandigen Bauteilen gegenüber Verformungen oder Schwingungen dienen. https://de.wikipedia.org/wiki/Sicke (14.02.2022).
98 MIHM 2001, S. 96; https://de.wikipedia.org/wiki/Rimowa (29.12.2021).
99 https://de.wikipedia.org/wiki/Rimowa (29.12.2021). Leider gibt es keine Angaben zu den Gründen dieses Trends.
100 https://www.rimowa.com/de/de/original/ (29.12.2021).
101 https://www.rimowa.com/de/de/essential/ (29.12.2021).
102 MIHM 2001, S. 96.
103 MIHM 2001, S. 106–108.
104 Produkte des Jahres 2011, https://pro-k-award.de/micro-travel-scooter/ (02.03.2022).

105 Siehe Bericht der Stiftung Warentest zu Rollkoffern vom Frühjahr 2021: https://www.youtube.com/watch?v=XldgQqQO1Pc (29.12.2021).
106 BECHER 1990, S. 28; PRAHL, SETZWEIN 1999, S. 198.
107 WAGNER 1995, S. 47f.
108 Vgl. BRANDENBURGER 1938, S. 52–54.
109 Wikipediaartikel – Phenol (11.10.22)
110 Arbeitsgemeinschaft Deutsche Kunststoffindustrie: Kunststoffe im Alltag, 1966, S. 26.
111 HUMBERG 2008, S. 5.
112 https://www.camp4.de/eco-brotbox/#unternehmen (21.12.2021).
113 GIROUARD 1989, S. 250f.
114 MIHM 2001, S. 59–61.
115 MIHM 2001, S. 60.
116 GIROUARD 1989, S. 353.
117 MIHM 2001, S. 53.
118 HENKELMANN – Wikipediaartikel (08.06.2022); DABBAWALA – Wikipediaartikel (20.12.2021).
119 LATTERMANN 2006, S. 17.
120 TRÜMPLER, WAGNER 2017, S. 302.
121 206 v. Chr.–220 n. Chr., vgl. PACZENSKY, DÜNNEBIER 1999, S. 125f.
122 BEHRENDT, NEITZKE 2021, S. 3f.
123 BEHRENDT, NEITZKE 2021, S. 6.
124 Einwegkunststoffverbotsverordnung (EWKVerbotsV) vom 20. Januar 2021 (BGBl. I S. 95) § 3 Beschränkungen des Inverkehrbringens.
125 https://www.bundesregierung.de/breg-de/themen/nachhaltigkeitspolitik/einwegplastik-wird-verboten-1763390 (30.05.2022).
126 https://www.test.de/Bambusbecher-im-Test-Die-meisten-setzen-hohe-Mengen-an-Schadstoffen-frei-5496265-0/ (21.12.2021).
127 BEHRENDT, NEITZKE 2021, S. 51.
128 Ferdinand Schütze von Recup/Rebowl (E-Mail vom 19.01.2022) und Susanne Purschke vom LVR-Kantinenausschuss (E-Mail vom 17.01.2022) sei für entsprechende Auskünfte gedankt.
129 Telefonat vom 22.11.2021 mit Ellen Scheibl, Leitung Marketing & Kommunikation der elasto form KG in Sulzbach-Rosenberg.
130 BEHRENDT, NEITZKE 2021, S. 45–49.
131 https://www.vytal.org; https://www.rebowl.de (17.01.2022). Seit November 2021 bietet die Kantine des LVR in Köln auch die Mitnahme der Gerichte in einem Mehrwegbehälter aus Polypropylen an.
132 COON et al. 2016, S. 13.
133 FEM steht für Finite Element Methode.

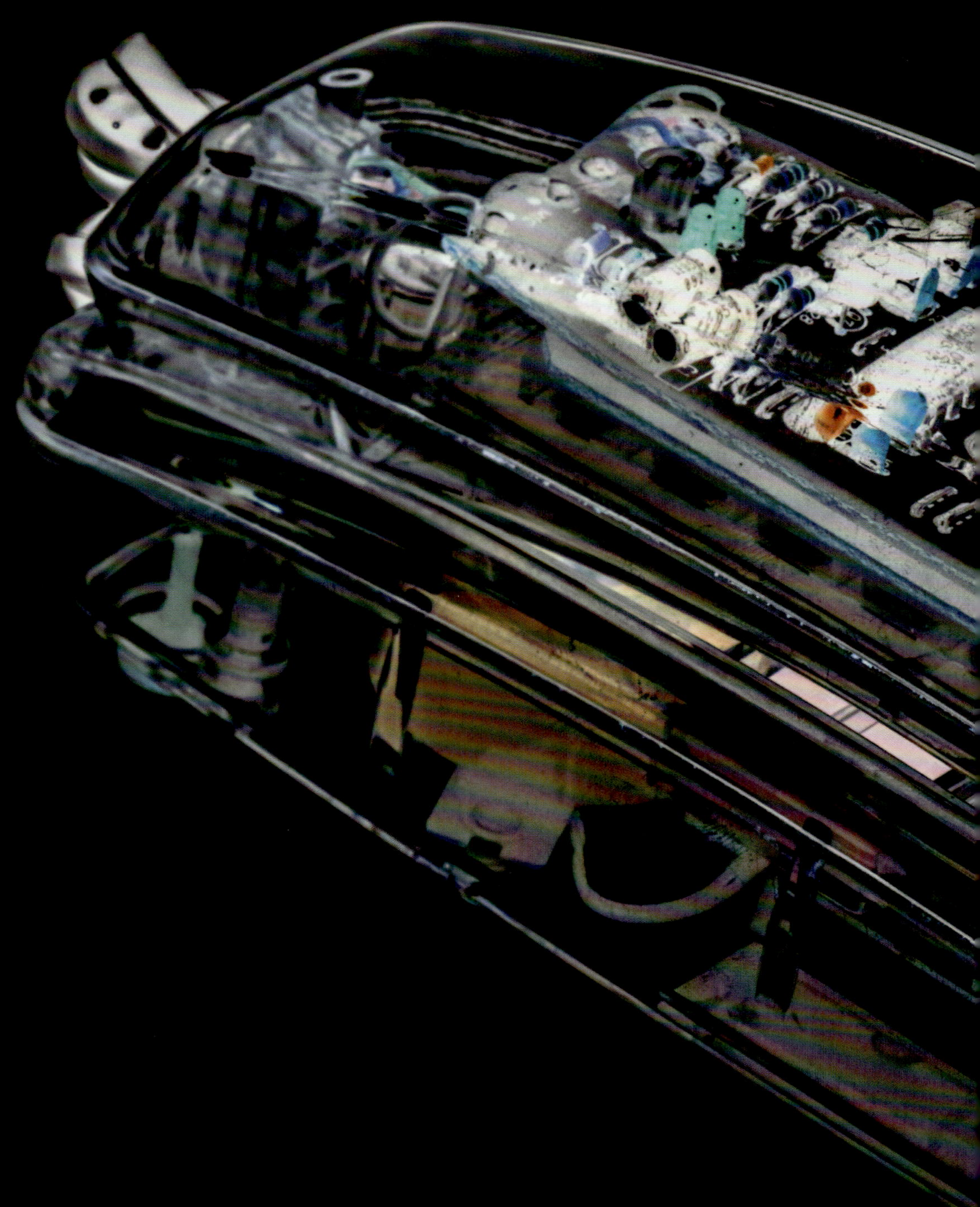

durchsichtig

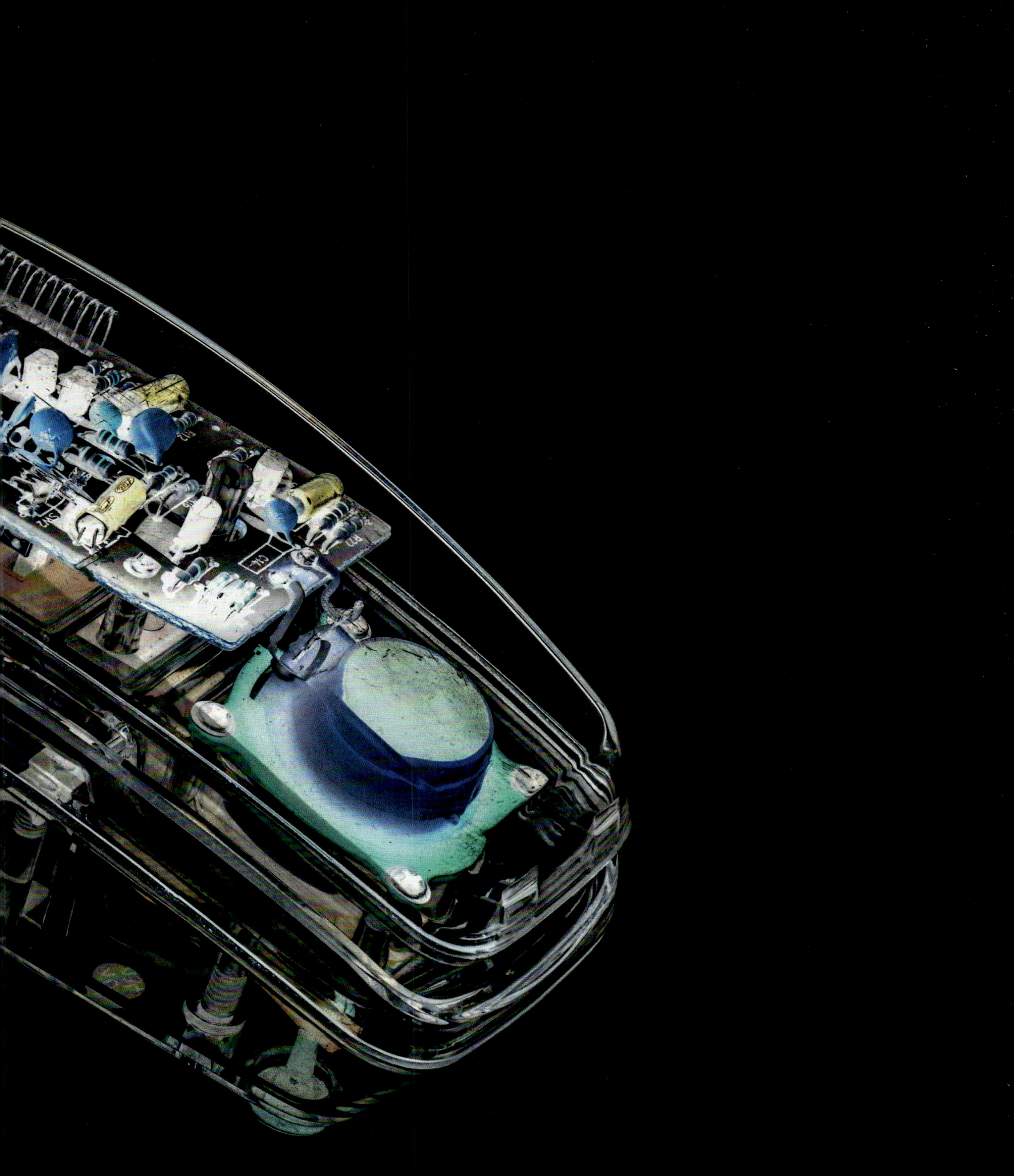

3.3 | durchsichtig

Durchsichtigkeit ist die physikalische Eigenschaft bestimmter Materialien, elektromagnetische Wellen, somit Licht und Strahlung hindurchzulassen.[1] Meist ist jedoch nur die Rede von dem für den Menschen sichtbaren Spektralbereich.

Durchsichtige Materialien sind transparent.[2] Durchscheinende Materialien hingegen transluzent[3], was heißt, dass die Lichtbrechung zu einem milchigen Eindruck führt. Das Zusammenspiel von Materialien und Licht veranlasst Kunst und Architektur, Technik, Optik und Medizin zu zahlreichen Anwendungen. Mit der jeweils materialspezifischen Eigenschaft der Transparenz lassen sich in und mit Gegenständen verschiedene Intentionen verfolgen. GestalterInnen, ArchitektInnen, KünstlerInnen und IndustriedesignerInnen nutzen die physikalischen Qualitäten transparenter Materialien, um mit gezielter Lichtregie und dem Schaffen von Blickbezügen ein Verschwimmen von innen und außen zu schaffen.[4] Je nach Materialklasse sind der transparenten Gestaltung kaum Grenzen gesetzt. Das bezieht sich auf Architektur, Kunsthandwerk, technische Gegenstände, auf Gehäuse von Geräten oder auf Gefäße und ihren Inhalt.

Neben der physikalischen Definition stehen philosophische und theologische Deutungen der Transparenz. Der deutsche Philosoph, Naturforscher und Theologe Albertus Magnus (ca. 1200–1280) zum Beispiel definiert die Transparenz als etwas, das zwar selbst unsichtbar sei, doch Licht sichtbar machen könne bzw. leuchte. Diese Definition ist keineswegs (nur) physikalisch, sondern theologisch, denn für den Gelehrten ist dies die passendste Definition der menschlichen Seele.[5] Transparenz steht für Reinheit und Ehrlichkeit, und dies bis heute.

Seit Jahrzehnten gewinnt die übertragene Begriffsverwendung im Kontext von Wirtschaft, Politik und Gesellschaft an Bedeutung.[6] Einerseits entstand mit dem Aufkommen der elektronischen und digitalen Kommunikation ein Bewusstsein für unsichtbare, unbekannte private Daten und Vorgänge.[7] Die Angst, dass alles für alle sichtbar und zugänglich wäre und man als „gläserner Mensch" komplett durchleuchtet und beurteilt werden könnte, verursachte Unbehagen. Transparenz im Sinne einer Offenlegung wird andererseits gefordert: Die demokratische Gesellschaft verlangt Transparenz bei politi-schen oder wirtschaftlichen Vorgängen; Politik und Wirtschaft behaupten dieser Forderung gerecht zu werden.[8] Der Trend zur Transparenz lässt sich an der enormen Menge an Veröffentlichungen, Reden und Seminaren zum Thema ablesen.[9] Bei der Recherche zum Stichwort stößt man auf sehr viel mehr Forschung zur Transparenz im übertragenen Sinne denn zur Materialeigenschaft. Doch steht Letzteres natürlich im Zentrum des Interesses, wenn wir über Kunststoffe sprechen, mit denen eine immense Erweiterung der Möglichkeiten einer transparenten Gestaltung verbunden ist.

Transparente Materialien und ihre Verwendung: historischer Überblick

Quarz und andere Mineralien

Natürliche transparente Materialien sind auf unserem Planeten sehr selten. Sie entstehen in tiefen Gesteinsschichten unter hohem Druck über Jahrmillionen. Hauptsächlich handelt es sich um Quarzkristalle. Älteste Zeugnisse der Bearbeitung von natürlichen Mineralien wie Bergkristall oder Obsidian stammen aus Ägypten des 4. Jahrtausends v. Chr. Die Funde wurden geschnitten, gebohrt, geschliffen, geschnitzt und daraus kleine Figuren, Prismen, Schmuckgegenstände und Gefäße mit durchscheinenden oder durchsichtigen Eigenschaften hergestellt.[10] Einem solchen, häufig nur durch Bergbau zu gewinnenden Material wurde ein hoher Wert beigemessen. Erst, als zwischen dem 1. und 8. Jahrhundert n. Chr. transparentes Glas geschaffen wurde, konnten die wertvollen Quarzkristalle ersetzt werden.[11]

Glas

Im Gegensatz zu Quarz ist Glas ein von Menschenhand geschaffenes Produkt aus natürlichen Mineralien. Hauptbestandteil ist Quarzsand, also Siliziumoxid, das wahrscheinlich im Zusammenhang mit dem Aufkommen des Hüttenwesens im Asien der Bronzezeit entdeckt wurde.[12] Lange war Glas jedoch aufgrund der Zusammensetzung

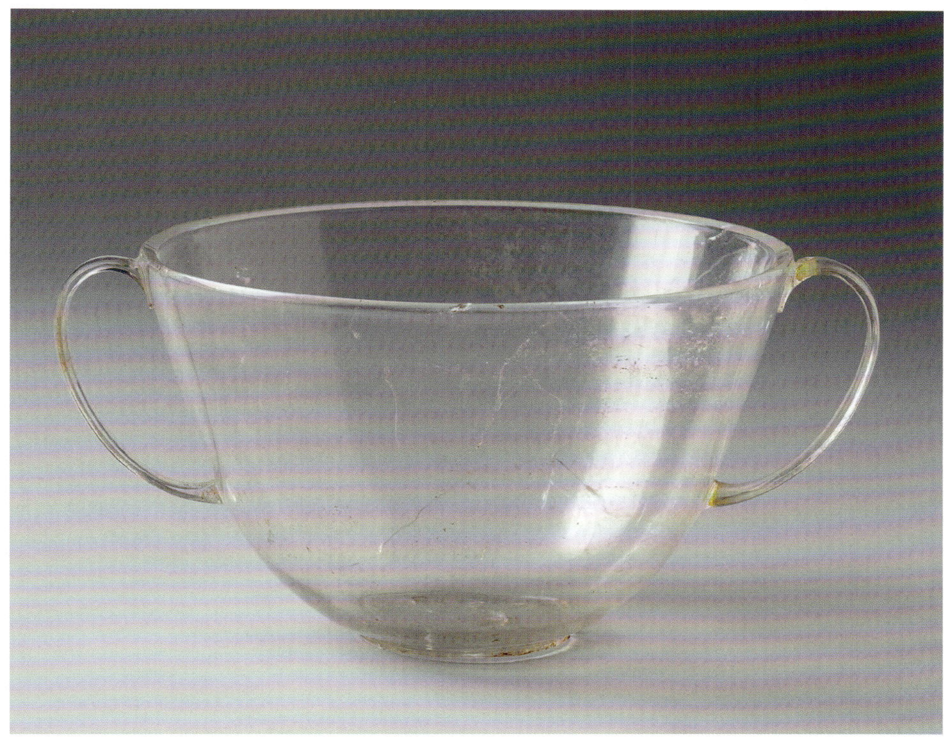

Doppelhenkelbecher aus
Bergkristall, erstes Jahrhundert n. Chr.
Der rechte Henkel wurde mit Kunststoff ersetzt.
Römisch-Germanisches Museum Köln
© rba_d052443

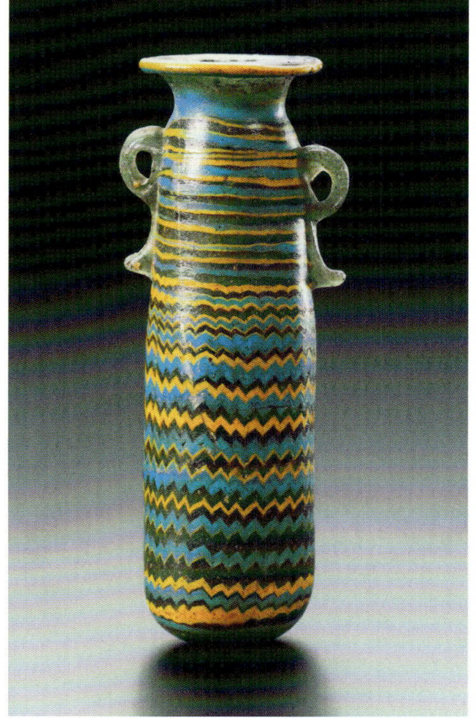

Salbgefäß *Alabastron* aus Glas, 5. Jahrhundert v. Chr.
© Landesmuseum Württemberg, Stuttgart.

der Rohstoffe verschieden bunt, durchscheinend gefärbt und keineswegs „farblos" und „glasklar".

Transparentes Glas war eher ein Zufallsprodukt. Ungefähr im 1. Jahrhundert v. Chr. entdeckte man, dass sich durch Zusetzen verschiedener Rohstoffe gezielt farbloses und klares Glas herstellen ließ.[13] Andere Quellen legen nahe, dass transparentes Glas bereits im 8. Jahrhundert v. Chr. in Assyrien erzeugt wurde.[14] Jedenfalls ging die Verarbeitung von Glas ursprünglich nicht mit dem Anspruch einher, transparente Objekte zu schaffen. Man zielte eher auf die formgebenden Eigenschaften ab und darauf, Gefäße und Schmuck mit verschiedenen Formgebungsmethoden zu gestalten.

Venedig entwickelte sich ab dem 11. Jahrhundert zu einem bedeutenden Zentrum der Glasherstellung und -verarbeitung. Seit dem 15. Jahrhundert konnte das Glas durch den Import von kalk- und natronhaltigen Pflanzenaschen so optimiert werden, dass es eine sehr hohe Qualität und Transparenz erhielt. Das „Cristallo" genannte Glas wurde in ganz Europa zu einem begehrten Produkt.[15]

Kristallglas

Ab 3000 v. Chr. begann man die Technik des Schneidens von Quarzen auf Glas zu übertragen, indem man aus dem zähflüssigen Material Blöcke goss und sie durch Abtragen ähnlich wie die natürlichen Kristalle bearbeitete.[16] Im späten Mittelalter und der beginnenden Neuzeit erfreute sich geschnittener Bergkristall an europäischen Höfen großer Beliebtheit.

Die Besonderheit von Kristallglas ist die Fähigkeit, eintretendes Licht zu reflektieren, zu brechen und vielfarbig aufzuspalten, was zur Entstehung von Prismen und Farbeffekten führt, die an Kristalle erinnern.[17] Demnach geht der Name des Werkstoffs nicht auf seine Struktur, sondern auf seine optische Wirkung zurück.[18]

Da das natürliche Rohmaterial wie Bergkristall oder Quarze nicht in ausreichender Menge zur Verfügung stand, es also selten und daher teuer wurde, stieg das Interesse an geschliffenem und geschnittenem Glas stark an. Um die wachsende Nachfrage im 18. Jahrhundert be-

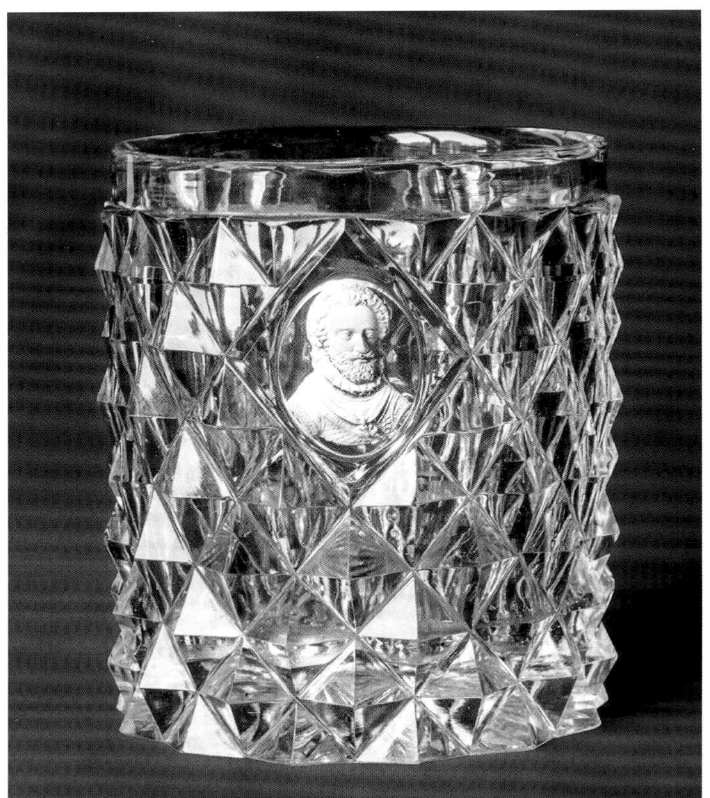

Becher aus Kristallglas,
1815–1830.
© Museum für Kunst und Gewerbe Hamburg.

Glas zu den frühen Vorläufern industriell verarbeiteter Werkstoffe. Fast alle auch heute noch angewandten Techniken der Ver- und Bearbeitung sowie der nachträglichen Veredelung von Glas wurden damals bereits praktiziert.

Betrachtet man die Transparenz als maßgebliches Attribut von Kristallen, Quarzen und Glas, so ist Glas einerseits das sprödeste[23] transparente Material. Dank der vielen Möglichkeiten der Verarbeitung und Formgebung ist es andererseits vielseitiger und rationeller herzustellen als Quarz- oder Kristallgegenstände. Das Bedürfnis, wertvolle natürliche Materialien günstig, leicht und in Massen zu imitieren, scheint in allen Kulturen vorzukommen. Kaum konnte man synthetisches transparentes Glas herstellen, wurde es als kostengünstige Alternative zu Quarz gesehen. Verschiedene Verarbeitungs- und Formgebungsmethoden ermöglichten es, unterschiedliche Formen und Objekte herzustellen und so edle Quarze rationell zu imitieren. Demnach wurde Glas dem Wunsch nach einem universellen Werkstoff gerecht, der nur wenige Beschränkungen bei der Formgebung aufwies und sich mit entsprechenden Rohstoffen klar und durchsichtig herstellen ließ.[24] Seine Zerbrechlichkeit begrenzte die Einsatzfelder von Glas allerdings.

Imitation transparenter Materialien mit Kunststoffen

Die Geschichte der Glasherstellung, seiner Ver- und Bearbeitung bis hin zu einer frühen industriellen Massenproduktion und die frühe Kunststoffgeschichte weisen Parallelen auf: Die formgebenden Methoden in der frühen Industrie der plastischen Massen glichen jenen der glasverarbeitenden Industrie, z.B. wandte man das Blasen oder Gießen an. Weder für Silikatglas noch für Kunststoffe war die Transparenz ausschlaggebender, initialer Anspruch an die Materialklasse. Ähnlich wie bei der Entwicklung von klarem Glas entstanden die durchscheinenden bis durchsichtigen Kunststoffe zunächst eher durch Zufall. Die Einsatzmöglichkeiten erschlossen sich erst nach und nach.

Einige der wichtigsten transparenten Kunststoffe werden im Folgenden erläutert. Grundsätzlich sei vorangestellt, dass nur Kunststoffe, die auf bestimmten Polymeren basieren, transparent sein können: Diese Polymere müssen strukturell amorph, also regellos sein; die ihnen zugegebenen Zusatzstoffe dürfen nur sehr, sehr klein sein

friedigen zu können, richtete man im Riesengebirge das erste mit Wasserkraft betriebene mechanische Schleifwerk ein.[19] Diese abtragende Bearbeitung der Glasblöcke war jedoch immer noch recht aufwendig, sodass im 19. Jahrhundert in Formen gepresste Kristallglasimitationen zur preiswerten Konkurrenz des von Hand bearbeiteten Materials wurden.[20]

Geblasenes Glas

Im Gefolge der Entwicklung der Technik des Glasblasens in Syrien im 1. Jahrhundert v. Chr. verbreiteten sich Glasgefäße über das ganze Römische Reich.[21] Mit dem Blasen in Negativformen entstanden erste, fast schon industriell rationalisierte Fertigungsmethoden für das Material, aus dem z.B. kleine figurierte Flaschen in Form von Köpfen oder Gladiatorenhelmen entstanden. Die handwerkliche Herausforderung lag hier weniger in Händen des Glasbläsers als denen des Formenmachers.[22] Damit gehört

oder müssen dieselbe Transparenz und somit den gleichen Brechungsindex wie das Polymer aufweisen. Nur so kann letztlich der gesamte Kunststoff transparent sein.[25]

Cellulosederivate

1868 erfand der Amerikaner John Wesley Hyatt (1837–1920) das Cellulosenitrat. Bei der Entwicklung des von ihm *Celluloid* genannten Materials zielte er nicht auf einen Glasersatz ab, sondern vornehmlich auf ein synthetisches Äquivalent für Elfenbein. Es erwies sich dabei, dass das Material aus Baumwollcellulose und dem Weichmacher Kampfer transluzent sowie transparent hergestellt werden konnte. Die Eigenschaft der Transparenz wurde zunächst nur für ein Produkt genutzt: als Trägermaterial für die Ende des 19. Jahrhunderts erfundene Technik der bewegten Bilder: den Film[26].

Cellulosenitrat ist extrem leicht entflammbar, sodass man es ab 1904 nach und nach durch das ebenfalls transparent herzustellende Celluloseacetat, den sogenannten „Sicherheitsfilm", ersetzte. Dieses Cellulosederivat wurde für den Film ebenfalls in Folien gegossen,[27] konnte allerdings auch in dickeren Platten produziert und z.B. zu Brillengestellen ausgesägt oder später zu Dosen oder Ähnlichem umgeformt werden.

Ab 1919 konnten die Cellulosederivate Cellulosenitrat und -acetat dank erhöhter Weichmacherverträglichkeit fließfähig gemacht werden.[28] Die aus Naturstoffen gewonnenen plastischen Massen und besonders Celluloseacetat näherten sich mit einem Brechungsindex[29] von 1,48 der Transparenz von Quarzglas (1,46) bereits stark an und konnten zusätzlich mit weiteren Vorteilen aufwarten: Sie waren weit weniger spröde, benötigten zur Formung, ob Ur- oder Umformung, niedrigere Temperaturen als Glas und waren darüber hinaus wesentlich leichter. Ein drittes Cellulosederivat ist das ab 1911 großtechnisch produzierte Cellulosehydrat, bekannt unter dem Markennamen *Cellophan*[30]. Meist wurde es zu Folien gegossen.[31] Ab den 1930er Jahren gewann das knisternde Folienmaterial enorm an Bedeutung und war bis in die 1950er das am häufigsten verwendete Material für Verpackungsfolien und Tüten für Lebensmittel und Galanteriewaren, also modische Accessoires.[32] Die glasklaren Folien wurden auch als Zellglas bezeichnet.[33] Sie werden noch heute für einige Verpackungen verwendet.

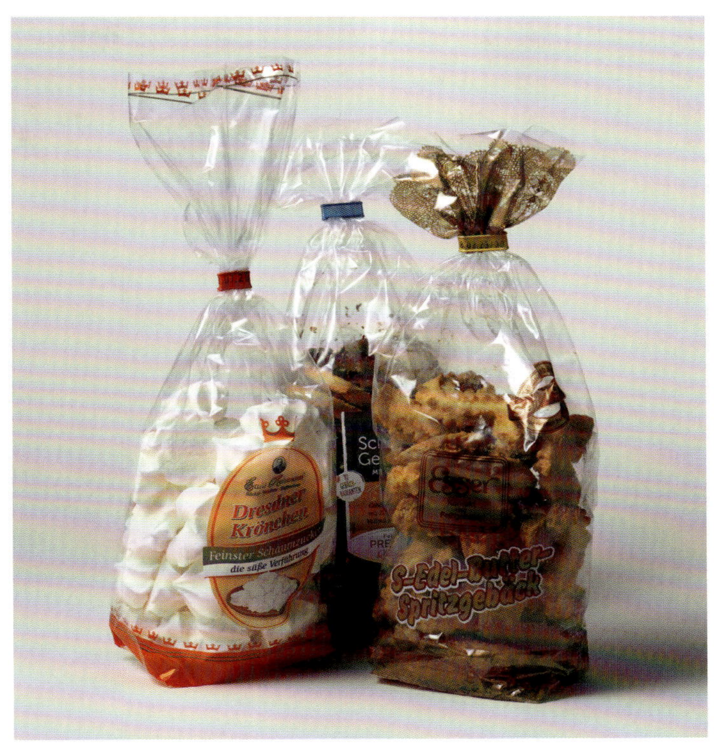

Verpackungsfolie aus Cellulosehydrat, 2022.

Die ersten transparenten Kunststoffe verbannten also in den 1910er und 1920er Jahren Glas vom Platz des einzigen, „synthetischen", transparenten Werkstoffs. Zeitgenössische Quellen zeugen von einer Überhöhung des Materials, dem man aufgrund seiner Eigenschaften regelrecht utopisch anmutendes Potenzial zusprach.[34] Lichtdurchlässigkeit bedeutete vormals immer Zerbrechlichkeit, stand nun aber für die Modernität des technischen Zeitalters.[35] Laszlo Moholy-Nagy (1895–1946), Künstler, Bauhauslehrer und Wegbereiter der Fotografie, der sich viel mit Licht befasste, stilisierte die Eigenschaft der Transparenz der neuen Materialien zum Ausdruck eines neuen geistigen, demokratischen Zeitalters.[36] Die transparenten Kunststoffe kamen dem Ideal einer materielosen Materie, der *materia prima*, nahe.[37]

Ein interessantes beispielhaftes Objekt aus den neuen transparenten Materialien entstand unter der Federführung des Präparators Franz Tschackert am Deutschen Hygienemuseum in Dresden:[38] ein lebensgroßes, dreidimensionales Menschenmodell, dessen Außenhülle aus dem transparenten Celluloseacetat mit dem Markennamen *Cellon* gefertigt war.[39] Die Haut ist durchsichtig und lässt den Blick in das detailliert gestaltete Körperinne-

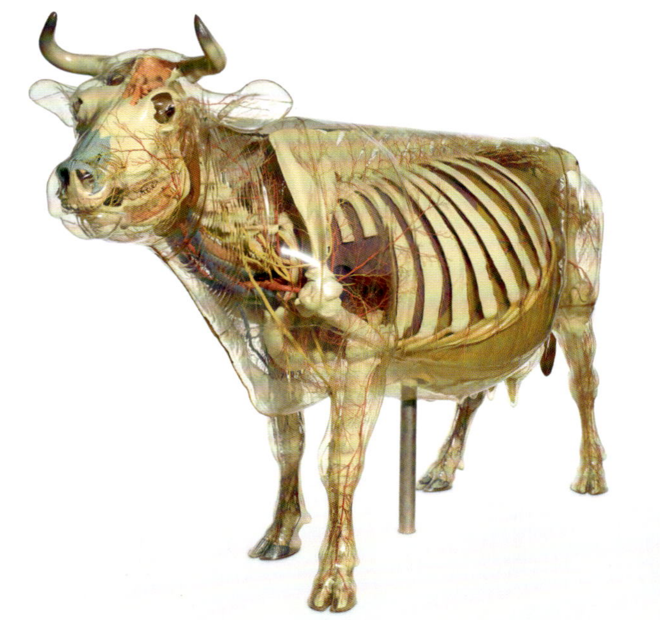

Gläserne Kuh aus Celluloseacetat (CA), 1982/83. Hergestellt durch das Deutsche Hygiene-Museum Dresden.
© Stiftung Deutsches Hygiene-Museum, Gunter Binsak

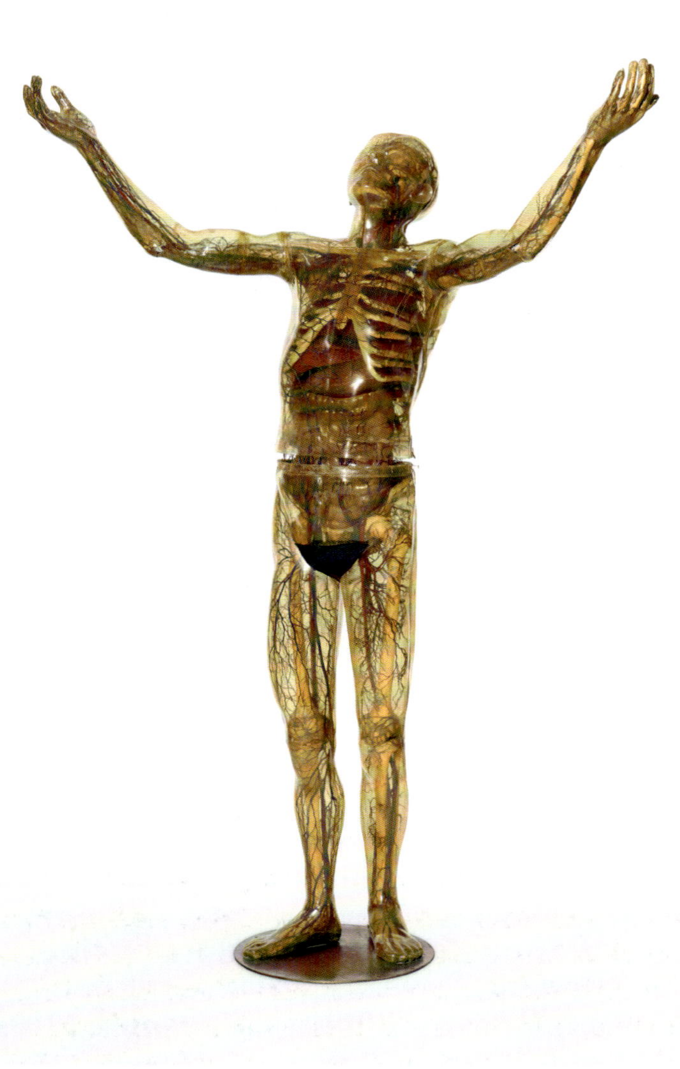

160

Gläserner Mensch aus Celluloseacetat (CA), 1935. Entworfen von Franz Tschackert und hergestellt durch das Deutsche Hygiene-Museum Dresden.
© Stiftung Deutsches Hygiene-Museum, Gunter Binsak

re, auf ein Aluminiumskelett sowie auf innere Organe, Blutgefäße und Nervenbahnen aus Celluloseacetat zu. Auf Knopfdruck leuchten einzelne Glühlämpchen im Inneren auf, die den BesucherInnen helfen die einzelnen Organe zu erkennen, zu verorten und so ein besseres Verständnis vom Aufbau des menschlichen Körpers zu erlangen. 1930 wurde der *Gläserne Mensch* erstmals der Fachwelt, der internationalen Presse und den BesucherInnen des Museums vorgestellt und galt als technische und wissenschaftliche Sensation.[40]

Das Anschauungsmodell erregte so viel Aufmerksamkeit, dass in der Werkstatt des Hygienemuseums auf Anfrage bis 1945 neun weitere Modelle, darunter 1935/36 erstmals das einer Frau, gefertigt und in mehreren Ausstellungen, zum Beispiel 1934 im Museum of Science in Buffalo und 1937 auf der Pariser Weltausstellung, präsentiert wurden.[41]

1949 bis 1990 entstanden für den Export viele weitere Modelle: 56 Männer, 68 Frauen, darunter eine Schwangere, sowie fünf Pferde und acht Kühe.

Mitte der 1980er Jahre kostete ein *Gläserner Mensch* etwa 40.000 DM bei einem Einsatz von 3.000 Arbeitsstunden.[42]

Transparente Polymere

Zwischen 1920 und 1939 kamen verschiedene neue Kunststoffe auf, die transparent und zugleich vielfältig formbar waren, und wurden zu Gegenständen des Alltags verarbeitet. Hauptsächlich Polystyrol, Polymethylmethacrylat (PMMA) und Polyvinylchlorid wiesen bereits in den 1930er Jahren ein großes Potenzial für diverse Anwendungsbereiche mit Anspruch an Transparenz auf.

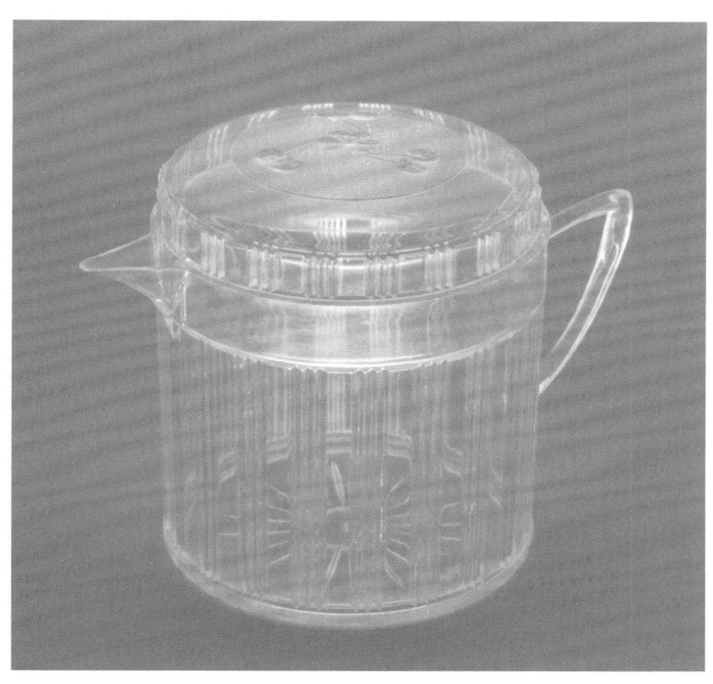

Milchkännchen,
Polystyro (PS)
Hersteller: CD
Bundesrepublik Deutschland
1950er Jahre

Polystyrol (PS)

1929 meldeten Hermann Mark (1895–1992) und K. Wulff vom I.G. Farbenwerk Ludwigshafen das Patent für Polystyrol an[43] woraufhin 1930 die großtechnische Produktion begann. Der glasklaren Erscheinung verdankt der Werkstoff den Beinamen *organic glas*.[44] Das transparente oder transluzente Polystyrol wurde für Reklametafeln, Deckel von Zahnpastatuben, Reißverschlüsse, Anstecknadeln und Besteckgegenstände wie Limonadenlöffel, Salatbesteck, Kännchen oder andere Gefäße in großer Stückzahl rasch für den Markt interessant.[45]

Polystyrol war und ist im Spritzgießverfahren zu verarbeiten, was mit entsprechenden Formwerkzeugen verschiedenste Geometrien diverser Gegenstände möglich macht. Das Material lässt sich wirtschaftlich nur in geringer Wanddicke herstellen, besitzt eine hohe Steifigkeit, jedoch eine geringe Dehnfähigkeit, was dazu führt, dass Polystyrolgegenstände bei geringer Krafteinwirkung spröde zerbrechen können.[46] Polystyrol zeichnet sich zudem durch seine hohe Oberflächengüte und die hohe

Lichtdurchlässigkeit aus.[47] Aufgrund seiner glasklaren Erscheinung in Kombination mit den geringen Wanddicken und dem geringen Gewicht wurde der Werkstoff in den 1930er Jahren als etwas Filigranes und Bemerkenswertes angesehen.[48] Im Nachkriegsdeutschland wurde das Material zum kostengünstigen Werkstoff für die Massenproduktion von dringend benötigten Geschirr- und Besteckgütern „in Glasoptik".[49]

Ab den 1960er Jahren wurden schlagfeste Varianten des Styrols durch Zugabe von Kautschuk bzw. Butadienkautschuk entwickelt. Diese sogenannten Copolymere verloren infolge der Kautschukbeigabe zwar ihre Transparenz, eigneten sich aber nun für eine Vielzahl von Anwendungen, für die reines Polystyrol zu spröde war.[50] Die Copolymere aus Styrol und Kautschukbestandteilen kamen z.B. in Gehäusen für elektrische Geräte zum Einsatz.

Polymethylmethacrylat (PMMA)

Die Chemiker Otto Röhm (1876–1939) und Otto Haas (1872–1960) meldeten am 9.8.1933 in Darmstadt das Acrylglas *Plexiglas®* unter der Registernummer 461639, altes Aktenzeichen R42462) als Warenzeichen an. 1934 begann man mit der Produktion. Zunächst wurde das Material in Platten gegossen. Anschließend ließ es sich unter Hitze auf viele Weisen biegen, ziehen, blasen, pressen und prägen.[51] Otto Röhm sprach auf der Hauptversammlung der Gesellschaft Deutscher Chemiker in München 1936 erstmals öffentlich über seine von ihm als „organisches Glas" bezeichnete Erfindung.[52] 36 Jahre, nachdem Polystyrol bereits diese Bezeichnung erhalten hatte, war der Wille, eine organische Imitation für Glas zu finden, offenbar ungebrochen.

Im Hintergrund steht der Kunststoff Polymethylmethacrylat (PMMA). Er weist eine ganze Reihe an erwünschten Eigenschaften auf: hohe Transparenz, Brillanz, Witterungsbeständigkeit, Formbarkeit, Bruchfestigkeit und ein geringes spezifisches Gewicht. Der Brechungsindex liegt bei 1,49.[53] Im Gegensatz zu Polystyrol ließ PMMA sich zunächst nicht spritzgießen, sondern musste gegossen werden. Deswegen konnte es nicht schnell zu kleinen Produkten, dafür (langsam) u.a. zu dicken Platten verarbeitet werden. Es hat eine weitaus geringere Lichtbrechung als Polystyrol oder Polycarbonat und kommt so der Brillanz und Transparenz von Quarz- und synthetischem Glas am nächsten.[54] Gegossene Acrylglasplatten wurden aus diesem Grund vorwiegend als Glasscheibenersatz und von Kunstschaffenden für Skulpturen und Ähnliches verwendet.[55] Später gelang es, PMMA durch Spritzgießen in Form der sogenannten Plexigum®-Spritzmasse zu verarbeiten. Seitdem sind der Anwendungsvielfalt kaum mehr Grenzen gesetzt.[56]

Wie beinahe alle Kunststoffe kam PMMA zunächst im Galanteriewarensektor in Form von Schmuck, Schnallen, Knöpfen und weiteren Modeaccessoires sowie Toilettenartikeln auf den Markt.[57] Die Gegenstände wurden auf Weltausstellungen, Messen und Lehrschauen präsentiert. 1936 erregte zum Beispiel eine „gläserne Geige"[58] aus PMMA auf der Berliner Schau „Deutschland" großes Aufsehen.[59]

Mit ihren Haushaltsartikeln, Schreib- und Zeichengeräten sowie Leuchten gewann Röhm & Haas 1937 auf der Weltausstellung in Paris die Goldmedaille für *Plexiglas*®.[60] So erschlossen sich auch weitere Anwendungsgebiete wie zum Beispiel gebogene Oberlichtscheiben für Omnibusse[61] und die „Verglasung" der Fenster des Zeppelinluftschiffs *Hindenburg*.[62]

Bereits ab 1936/1937 förderte der deutsche Staat die *Plexiglas*®-Entwicklung gezielt, ab 1938 spielte die Vorbereitung auf den Kriegsfall hierbei eine Rolle:[63] Andere Bereiche wie Musikinstrumente, Möbel und Galanteriewaren mussten nun zurückstehen.[64] Der Kunststoff von Röhm & Haas wurde mit seinen hervorragenden glasimitierenden und formgebenden Eigenschaften für kriegs-

wichtige Güter erprobt und teilweise eingesetzt.[65] Die geringe Kratzfestigkeit des Materials beschränkte allerdings die Einsatzfelder, so konnte es nicht als Frontscheibe eines Autos dienen, da Staub und Steine die Oberfläche der Scheibe sehr schnell stark getrübt hätten. Für Bugscheiben von Flugzeugen, die in hauptsächlich staubfreier Atmosphäre fliegen, war es jedoch sehr gut geeignet, zumal man wegen des geringeren Gewichts im Vergleich zu Glas enorm Treibstoff sparen und so die Reichweite des Flugzeugs erhöhen konnte.[66] Beispielsweise wurden die Heinkel HE 111 und die Junkers Ju 87B–2, die beide 1935 ihre Erstflüge hatten und einige Zeit im Spanischen Bürgerkrieg (1936–1939), sowie besonders im Zweiten Weltkrieg eingesetzt wurden, mit PMMA-Bugkanzeln ausgestattet.[67]

Zusätzlich fand das Material Verwendung für Visiere von Gasmasken.[68] Hierbei spielte die große Gewichtsersparnis (um etwa die Hälfte im Vergleich zu Glas[69]), die Schlagzähigkeit und der Sicherheitsglascharakter eine entscheidende Rolle.[70]

Ein Schritt zurück in die Zwischenkriegszeit: Mehr noch als im wirtschaftlich gebeutelten Europa wurde die Verheißung des neuen technischen Zeitalters in den USA zelebriert. Man nutzte die neuen transparenten Kunststoffe dort erstmals für völlig neue Anwendungen: Während man im vom Versailler Vertrag eingeschränkten Deutschland eher an die nützlichen Aspekte wie das Sicherheitsglas für Automobile dachte, waren in den USA der Fantasie kaum Grenzen gesetzt. PMMA, unter dem Markennamen *Lucite*[71] vertrieben, ermöglichte z.B. 1940 in New York City den Schneewittchentraum der Kosmetikunternehmerin Helena Rubinstein (1870–1965): ein Schlafzimmer mit teils beleuchteten, transparenten Möbeln aus Acrylglas.[72] Auch die Mode nutzte die Wirkung von Transparenz mit organischem Glas: Schuhe erhielten „gläserne" Absätze und „gläserne" Handtaschen sollten ihre Trägerinnen zu federleicht schwebenden Feenwesen machen.

Nach dem Zweiten Weltkrieg erweiterte sich auch in Deutschland der Anwendungsbereich und *Plexiglas*® kam aufgrund seiner guten Lichtstreuung für Leuchten, Lampenverkleidungen, Lichteinlasselemente, Reklame- und Hinweisbänder sowie weiterhin in Kunst und Architektur zum Einsatz.[73]

In Kunststoffhäusern, vornehmlich als Ferien- oder Skihütten konzipiert, wurden Fensterscheiben aus PMMA ab den 1960er Jahren verbaut, z.B. in Jean-Benjamin Manevals (1923–1986) glasfaserverstärktem Gebilde *Bulle Six*

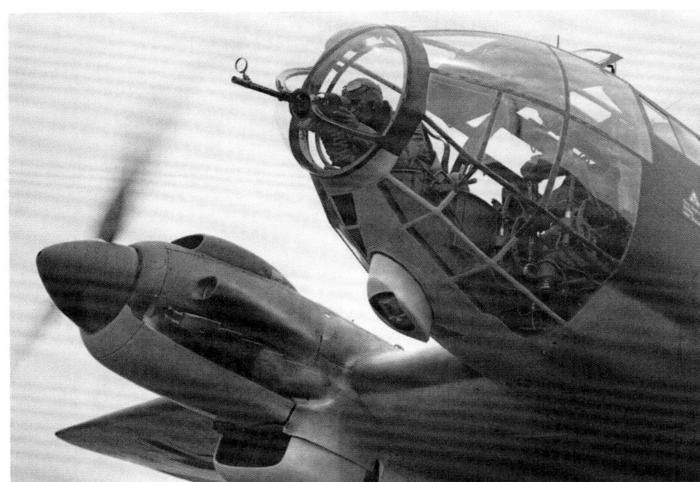

Bugkanzel der *Heinkel HE 111*, hergestellt von Röhm & Haas, ca. 1939/40
© Evonik Industries AG, Konzernarchiv

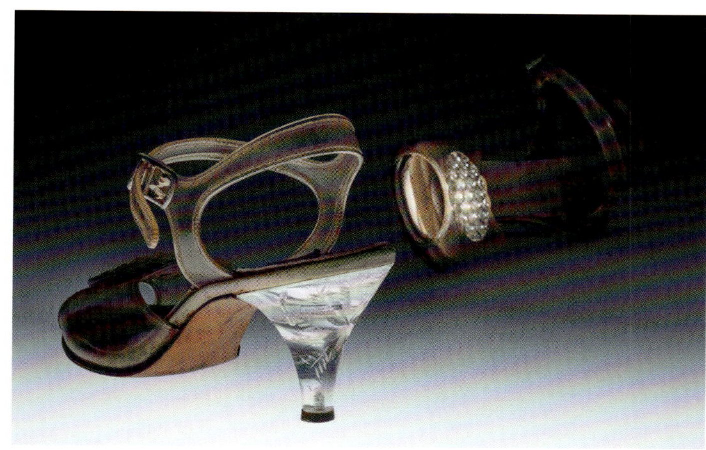

Sandalette mit Acrylabsatz
Polymethylmethacrylat (PMMA), Polyvinychlorid (PVC), Leder, Metall
um 1940

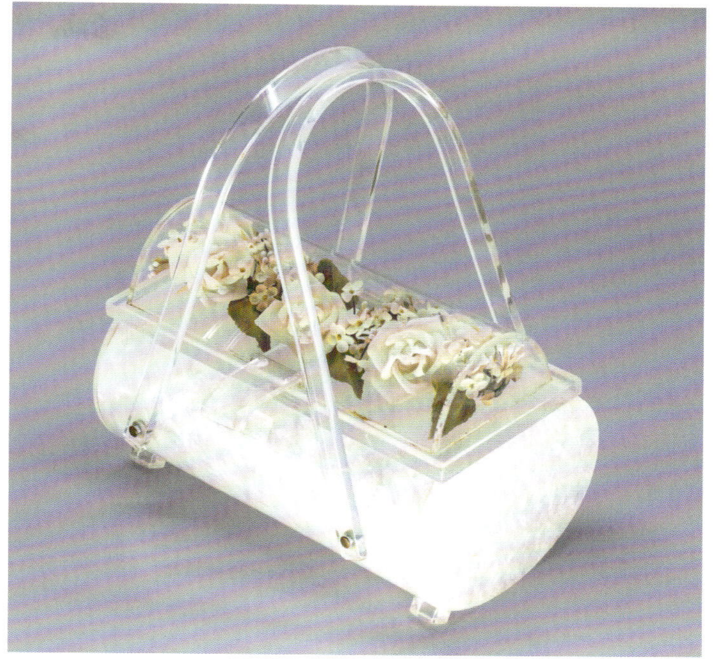

Handtasche mit Blumenimitation
Polymethylmethacrylat (PMMA)
um 1940

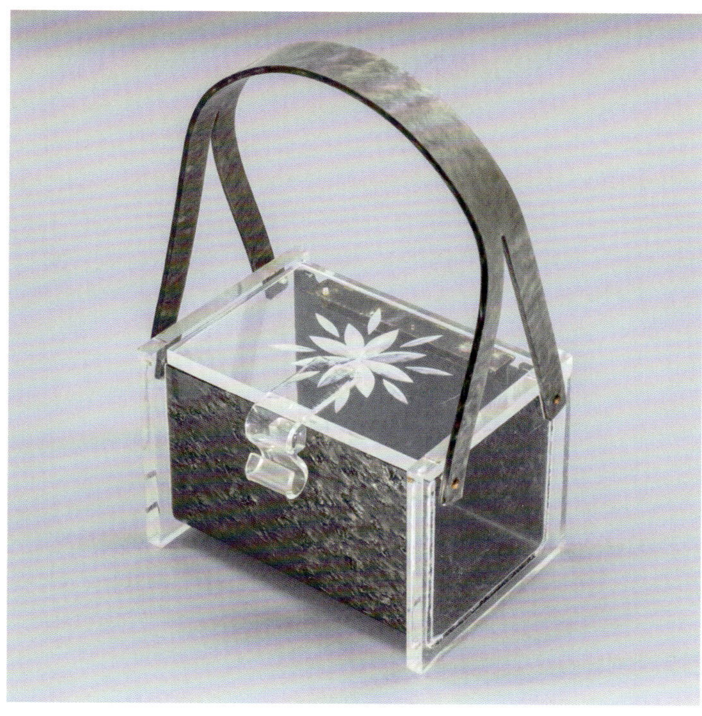

Handtasche
Polymethylmethacrylat (PMMA)
USA
um 1940

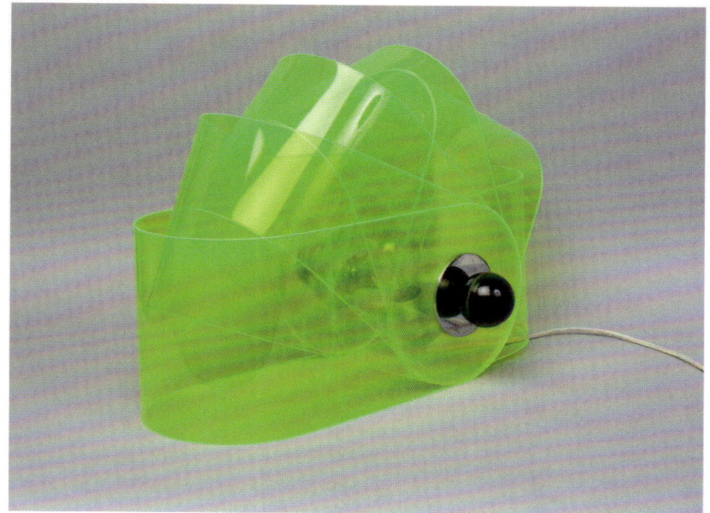

Tischlampe *Gherpe*
Polymethylmethacrylat (PMMA)
Entwurf: Superstudio, 1967
Hersteller: Poltrova Montale, Italien
2000

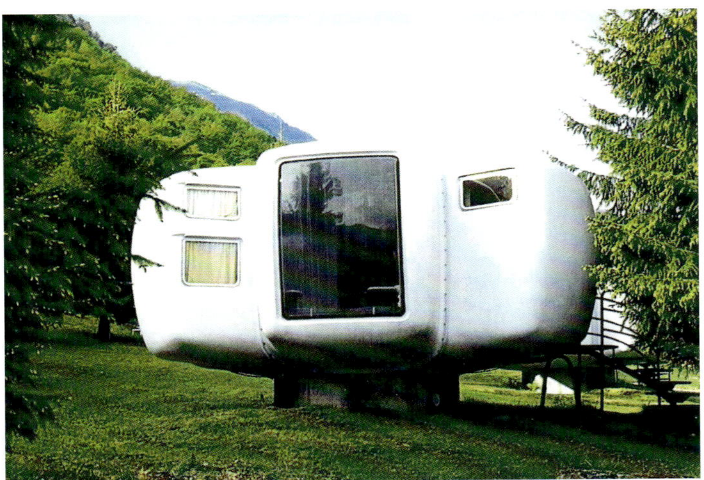

Kunststoffhaus Bulle *Six Coques* entworfen von Jean-Benjamin Maneval, 1964.
©Andreas Knitz

Coques, dessen verschieden große, gewölbte Fensterfronten mit PMMA „verglast" sind.[74]

2020 erlebte PMMA in Supermärkten, Arztpraxen, Fernseh- und Nachrichtensendungen, in der Schule oder am Arbeitsplatz als Schutzbarriere gegen das Corona-Virus eine Art Renaissance. Die Transparenz, das geringe Gewicht, die Bruchfestigkeit und die Möglichkeit, die Platten auf die verschiedensten Weisen zu montieren, machten es hierfür zu einem geeigneten Material. Es ist bezeichnend, dass die Kenntnis über den Kunststoff dennoch recht gering ist und er im Alltag eher wie Glas behandelt wird. Schnell zeichneten sich erste Schäden an den Schutzwänden ab, entstanden u.a. durch eine ungeeignete Aufhängung und ungeeignete Reinigungsmittel wie Glasreiniger oder kratzende Tücher und Schwämme. Spannungsrisse, matte Stellen und Kratzer sind die heute unübersehbaren Folgen. PMMA ist nicht so kratzfest und medienbeständig wie Glas und benötigt daher andere Behandlung in der Nutzung und Pflege.

Polyvinylchlorid (PVC)

Das transparent herstellbare Polyvinylchlorid besteht aus dem 1835 entdeckten monomeren Ausgangsstoff Vinylchlorid[75], welches 1912 durch Anlagerung von Chlorwasserstoff an Acetylen gebunden wurde. Die massenhafte Produktion von PVC durch Anlagerung von Chlorwasserstoff an Ethylen setzte jedoch erst Ende der 1920er Jahre in Deutschland (I.G. Farben) und den USA

(DuPont) ein. Der eigentlich harte, spröde thermoplastische Kunststoff mit relativ begrenztem Einsatzgebiet wurde ab 1935 mithilfe von Zusatzstoffen in Form von Stabilisatoren, Weichmachern, Farbmitteln, Füllstoffen oder weiteren Zusätzen wie Fungiziden, Antistatika[76] oder Flammschutzmitteln[77] in seinen Eigenschaften stark beeinflusst.[78] Als Hart-PVC[79] wird das Material in Form von Well- oder Trapezplatten als Bedachung an Stellen eingesetzt, wo keine Wärmedämmung erforderlich ist, wie zum Beispiel an Parkplätzen oder Tribünendächern. Jedoch ist das Material trotz Stabilisatoren bis heute nur bedingt für den Außenbereich geeignet, da der Kunststoff nicht UV- oder frostbeständig ist und sich die Transparenz recht schnell verschlechtern kann.[80] Ein Vorteil gegenüber PMMA ist die schwere Entflammbarkeit, sodass PVC-U-Platten in einigen Bereichen dem PMMA vorgezogen werden. Die guten mechanischen Eigenschaften und chemische Beständigkeit führen dazu, dass der Kunststoff vielseitig im chemischen Apparate- und Behälterbau eingesetzt wird.[81]

Mit Weichmachern versehen wird Hart-PVC zu Weich-PVC[82] (PVC-P) und kann ebenfalls transparent in Folienform hergestellt werden. Nach dem Zweiten Weltkrieg, speziell ab den 1960er Jahren, spielten transparente Kunststoffe in der Gestaltung als Symbol eines neuen, friedlichen, leichten und freien Lebensstils besonders in Westeuropa, den USA, Kanada und Australien eine große Rolle. Vor allem die Folien aus Weich-PVC machen mithilfe des Hochfrequenzschweißens transparente, luftgefüllte Gebilde möglich, bei denen die Grenze zwischen Ding und Nichtding, Möbel und Nichtmöbel bis zur Unkenntlichkeit verschwimmt.

Gestalterisch trat man nunmehr in die Phase des utopischen Designs ein, von dem Marcel Breuer (1902–1981) bereits in den 1920er Jahren geträumt hatte.[83] Ein Beispiel für utopisches Design ist der 1967 für *Zanotta* entworfene Sessel *Blow*[84]. Gestaltet wurde er von Jonathan De Pas (1932–1991), Donato D´Urbino (*1935), Paolo Lomazzi (*1936) und Carla Scolari (1937–2020) und war das erste kommerzielle, aufblasbare, aus einer PVC-Folie bestehende Möbel (siehe Kapitel leicht).[85]

Der vollkommen klare, aber auch bunt-transparente Sessel gehörte zu den schnelllebigen Modeerscheinungen dieser Zeit und war Ausdruck einer Strömung, die konventionelles Wohnen ablehnte. Derartige Möbel wurden daher tendenziell eher von jungen Menschen gekauft und geschätzt. In Kombination mit dem Material PVC-P lässt *Blow* Marcel Breuers Vision vom „Sitzen auf der Luftsäule" Realität werden.[86]

Polycarbonat (PC)

Nach dem Zweiten Weltkrieg wurden die großtechnische Produktion, Verarbeitung sowie die Einsatzgebiete für die bereits bekannten Kunststoffe erweitert sowie weitere Kunststoffe entwickelt und erforscht.

Der Kunststoff Polycarbonat gehört zu den Polyestern und ist einer der ersten Nachkriegskunststoffe. Er wurde erstmals 1953 von Hermann Schnell (1916–1999) im Bayer AG Werk in Krefeld Uerdingen entwickelt. 1959 kam der transparente Kunststoff unter dem Namen *Makrolon*[87] trotz anfänglicher Bedenken wegen der hohen Produktionskosten auf den Markt. Etwa zur gleichen Zeit entwickelte General Electric in den USA ein chemisch gleiches Produkt mit dem Namen *Lexan*, das erst 1973 auf den Markt kam.[88]

Polycarbonat entwickelte sich ab 1971 in der Baubranche in Form von hochfesten Massiv- und Stegplatten zum beliebten Material für Scheiben von Gewächshäusern, Wintergärten oder Überdachungen von Sportarenen und Bahnhofshallen.[89] Dabei spielten ein relativ geringer Brechungsindex von 1,58[90] – ähnlich dem Quarzglas (1,45) und dem Fensterglas (1,52) –, die hohe Transparenz, die Dimensionsbeständigkeit und das geringe Gewicht (im Vergleich zu Glas) eine entscheidende Rolle.

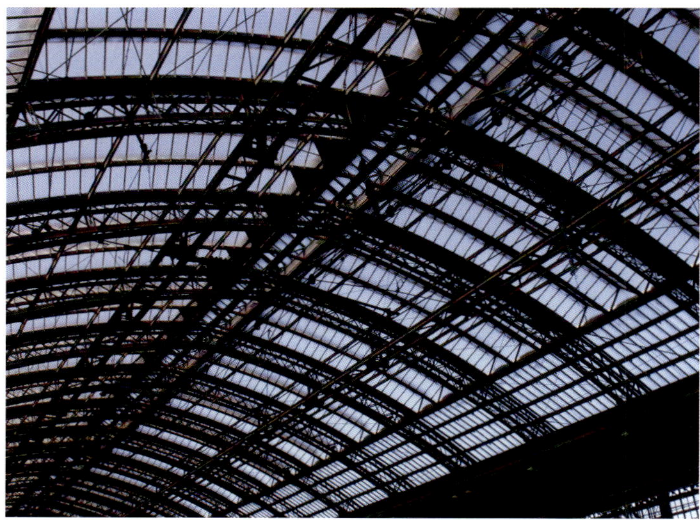

Dach des Kölner Hauptbahnhofs aus Metall und Polycarbonat, 1986.

1986 wurde z.B. die 14.000m² große Dachfläche des 1894 fertiggestellten Kölner Hauptbahnhofs mit 3–4mm dicken Polycarbonatplatten versehen, um die Stahlkonstruktion des Hallendachs zu entlasten.[91]

Polycarbonat besitzt eine höhere Dehnfähigkeit und dadurch höhere Schlagzähigkeit als PMMA. Aus dem Grund hat Polycarbonat das Acrylglas in einigen Bereichen der Architektur und Optik ersetzt. Bis in die 1960er bestanden z.B. Optiken für Ampeln und Signalleuchten aus PMMA, doch nahm Polycarbonat nach und nach dessen Stelle ein.[92] Die wichtigste Anwendung für Polycarbonat hat jedoch nur bedingt etwas mit der Transparenz des Materials zu tun: CDs, DVDs und Blu-ray Discs sind aus diesem Stoff gemacht.[93]

Transparente Copolymere

Neben den strukturell regellosen (amorphen), transparent herzustellenden Polymeren kommen seit den 1960er Jahren immer mehr Copolymere oder *Blends*, Mischungen verschiedener Polymere, auf. Dabei entstehen auch Mischungen aus transparent herzustellenden Kunststoffen. Zu diesen gehören etwa Styrol-Acryl-Copolymere wie das transparente Styrol-Acrylnitril (SAN). Andere Copolymere aus Styrol und Acryl wie das Acrylnitril-Butadien-Styrol (ABS, 1948) oder Acrylnitril-Styrol-Acrylat (ASA, 1967)[94] verloren jedoch durch die Hinzugabe verschiedener Komponenten ihre Transparenz.

Thermoplastisch und transparent

Die oben beschriebenen transparenten Kunststoffe lassen sich mit unterschiedlichen Farbmitteln transluzent bis opak einfärben, was nicht bei allen Kunststoffen realisierbar ist. Bei den transparenten Kunststoffen handelt es sich um Thermoplaste. Die Verformbarkeit unter Hitze ähnelt der von Glas. Obwohl die zum Schmelzen notwendige Temperatur von Glas weitaus höher liegt als bei den Kunststoffen, kommen zur Verarbeitung ähnliche Methoden infrage, z.B. Pressen (Pressglas) und Blasformen. Außerdem sind die Kunststoffe im Durchschnitt leichter als Glasobjekte und weniger zerbrechlich.

Die einzelnen Kunststoffwerkstoffe unterscheiden sich jedoch teilweise stark voneinander, z.B. in Schmelztemperatur, Festigkeit, Zähigkeit oder Lichtbrechung.[95] Diese Eigenschaften wirken sich spürbar auf die Eigenschaften des fertigen Werkstücks aus und bestimmen so, für welche transparenten Zwecke sie eingesetzt werden können.

Duroplastisch und transparent

Außer den transparenten thermoplastischen (schmelzbaren) Kunststoffen können auch Duromere[96] transparent sein. Bei solchen Duromeren handelt es sich hauptsächlich um Gießharze, die ohne anorganische Füllstoffe auskommen. Diese sehr dünnflüssigen Gießharze können nur schwer im Spritzgießverfahren verarbeitet werden und werden meist zu Platten oder Formen gegossen.[97] Ein großer Vorteil der transparenten Duromere ist, dass sie schlecht brennen und bei Hitze nicht schmelzen oder abtropfen. Klarsichtharze wie Epoxidharz, Polyesterharz und Vinylesterharz finden daher Anwendung in verschiedenen Bereichen, z.B. als Einbettungsmaterial für Einschlusspräparate in der Biologie oder für Präparate in der Analytik. Außerdem werden Bauteile und empfindliche Komponenten von technischen Geräten wie Computerchips teilweise mit Gießharzen umschlossen, um sie vor Schmutz, Staub und Feuchtigkeit zu schützen, aber auch, um Komponenten zu fixieren, vor Vibration zu schützen oder zu isolieren.[98]

Obstreibe, Kristall- und Butterdose: Styrol als Glasersatz

Polystyrol war einer der ersten Kunststoffe, der Glas und Keramik in der Küche oder am Esstisch ersetzte. Der Kunststoff imitiert dabei beinahe alle Varianten der historischen Kristall- bzw. Glasgestaltung: Vom geschliffenen Kristall über mundgeblasenes Glas zum Kristall- oder Pressglas kann die Optik in Kunststoff nachempfunden werden.

Kunststoff versus Glas: das Beispiel Obstreiben

In der Sammlung des Deutschen Kunststoff-Museums findet sich eine Obstreibe aus transparentem Polystyrol. Die Reibe ist eine längliche, flache Schale mit mittig leicht erhöhtem Boden.

Der Boden ist mit Noppen versehen, sodass eine Fläche zum Raspeln oder Reiben von Obst und Gemüse entsteht. Am leicht geschwungenen, flachen Handgriff lässt sich die Reibe während der Benutzung festhalten. Unter dem Griff findet sich eine kleine kreisrunde Gussmarke,

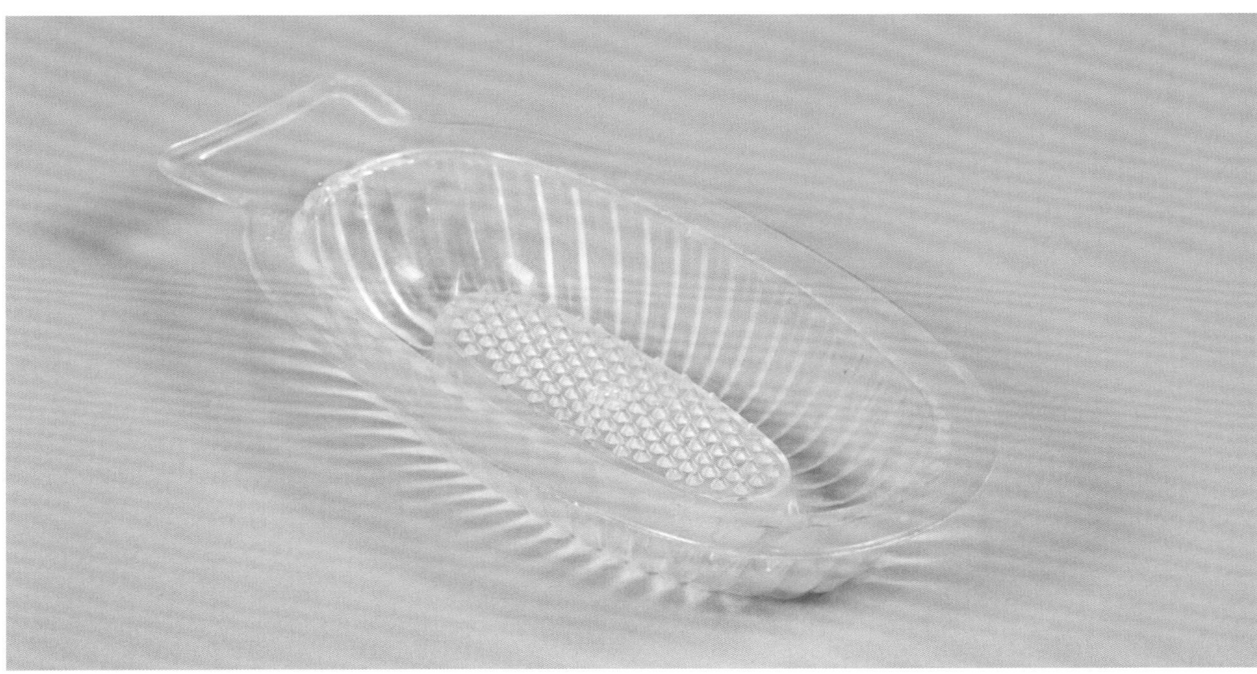

Obstreibe
Polystyrol (PS)
Hersteller: CD

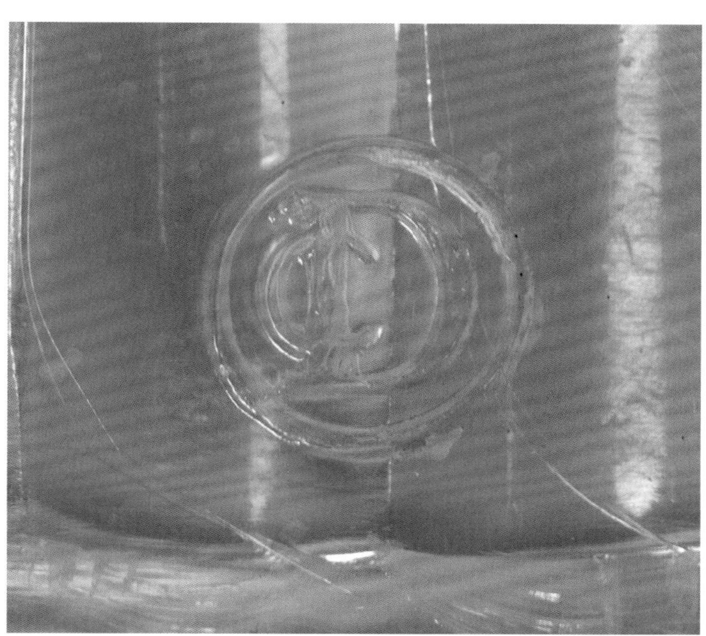

Prägemarke „CD" auf der Obstreibe.

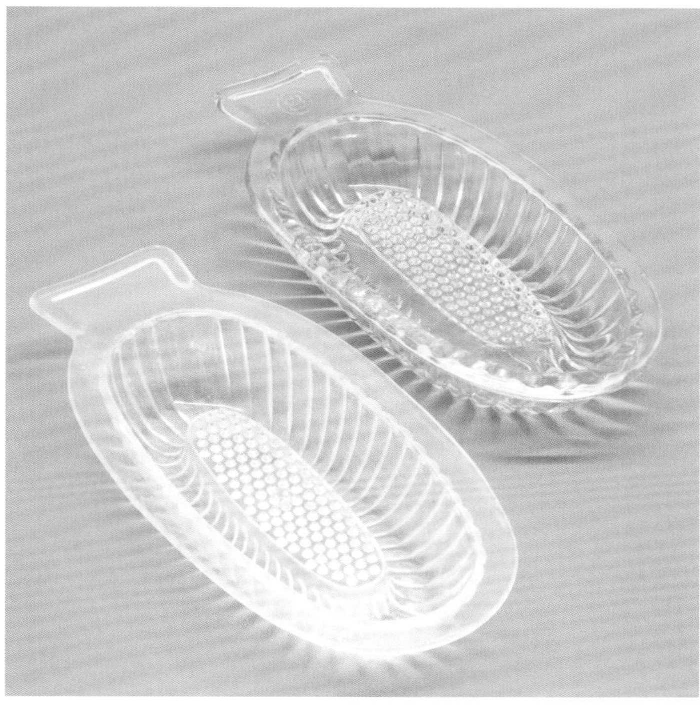

Obstreibe links
Polystyrol (PS)
Hersteller: CD

Obstreibe rechts
Glas
Hersteller: Glasfabrik Funke & Becker
Oberhausen, Bundesrepublik Deutschland

die einen Hinweis auf die Herkunft geben könnte: ein großes „D", in das ein kleineres „C" geschoben ist.

Der Hersteller konnte noch nicht identifiziert werden. Es befinden sich jedoch einige andere Haushaltsgegenstände in der Sammlung, die dasselbe Signet aufweisen und den Zusatz „West. Germany" tragen. Daraus lässt sich folgern, dass es sich um einen bundesrepublikanischen Verarbeiter handeln muss. Der Hersteller war aber offensichtlich auch schon vor 1945 aktiv, da eines der Objekte zusätzlich mit der Marke „DRGM" (Deutsches Reichs-Gebrauchsmuster) gekennzeichnet ist.[99] Diese Indizien reichen leider nicht für eine Antwort auf die Frage aus, ob es sich bei dem Objekt um ein sehr frühes, aus den 1930er Jahren stammendes Beispiel eines Gegenstandes aus Polystyrol handelt oder eher um ein Produkt aus den 1950ern.

Die Form geht auf ein Vorbild aus Pressglas zurück, das hier mit einer geringen Abweichung der Wanddicken fast eins zu eins in Kunststoff nachgebildet wurde.

Die Vorlage stammt aus der Oberhausener Glasfabrik Funke & Becker, die 1879 gegründet wurde und bis 1979 bestand. Die wirtschaftlich erfolgreichste Phase des Unternehmens war von 1927 bis 1938. Seit den 1920er Jahren erfreuten sich ihre erschwinglichen Produkte aus Pressglas großer Beliebtheit.[100] Die Obstreibe erschien im Musterbuch von 1937 und wurde in drei verschiedenen Größen angeboten.[101] Bei dem hier besprochenen Modell handelt es sich um die kleine, 19 cm lange Variante.[102]

Das Exemplar aus Polystyrol ist bis auf die Wanddicke in Form und Abmessungen mit dem gläsernen identisch. Die Übereinstimmungen könnten auf einen bislang ungeklärten Zusammenhang zwischen Glasfabrik und Kunststoffverarbeiter hindeuten.

Spätere Reiben aus Kunststoff mit ähnlicher Funktion sind einfacher, meist aus opakem Material und weniger dekorativ gestaltet, wie die Reibe der Marke *Gerda Plastic* mit einem rechteckigen Gefäß und funktional gestaltetem Handgriff zeigt.[103]

Die Marke auf dem Boden der Reibe zeigt den Schriftzug bzw. das Signet der Firma. Dieses Modell erschien 1953 im Katalog der *Gerda Plastic* und wurde als Neuheit beworben. So hat sich die Gestaltung des Objekts in zwanzig Jahren zu einer schlichteren, selbstständigeren Form entwickelt.

Die Beliebtheit von Kunststoff für solche Anwendungen lässt sich leicht erklären. Neben den niedrigeren Verkaufspreisen spielten sicher das geringe Gewicht und die

Wird die Obstreibe aus Polystyrol so verwendet wie vorgesehen, entstehen Spuren, die an einem Exemplar aus Glas nicht in dem Maße auftreten würden. Selbst bei pfleglicher Behandlung des Kunststoffs schlägt sich die Nutzung in einer leichten Vergilbung, einer Trübung und einer stumpfen Oberfläche nieder. Offensichtlich kann die Optik von Glas für bestimmte Anwendungen und Objekte mit Kunststoffen imitiert werden; mit der Härte und Medienbeständigkeit[105] von Glas kann Kunststoff hingegen nicht gleichziehen.

Die Gestaltung der aus transparentem Polystyrol gefertigten Haushaltswaren lehnte sich bis zur Entwicklung einer eigenen Formensprache für Kunststoffgegenstände an jene von Glasgegenständen an. Die vergleichbaren Formgebungsmöglichkeiten legten eine ähnliche Formensprache der Objekte nahe, die optische Eigenschaft der Transparenz verstärkt die Verwandtschaft zwischen den Objekten aus Glas und Kunststoff noch.

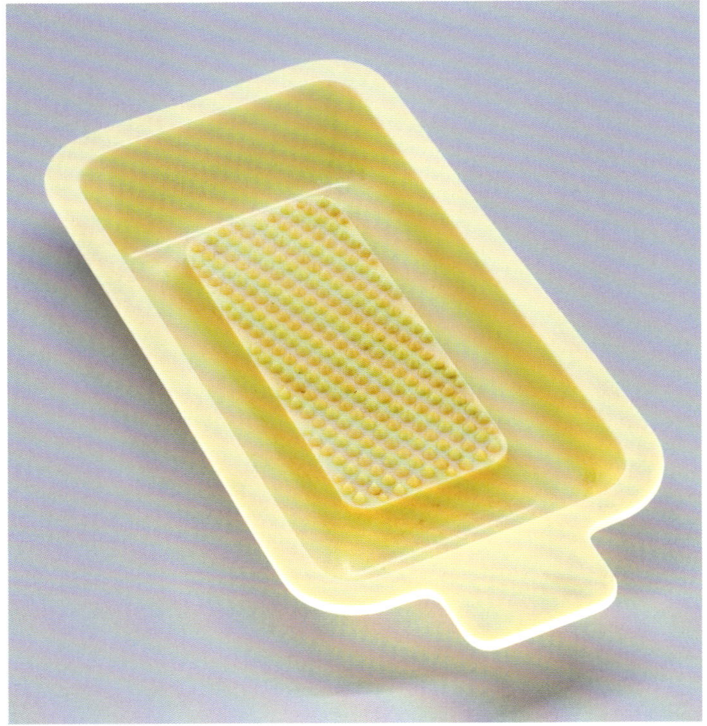

Obstreibe
Harnstoff-Formaldehyd (UF)
Hersteller: Gerda Plastic, Gerdes & Co.
Schwelm, Bundesrepublik Deutschland
Ca. 1953

Kristallglas und seine Imitation: Kristalldosen

In der Sammlung des Deutschen Kunststoff-Museums befinden sich drei runde Behältnisse in verschiedenen Farben, bestehend aus Unterteil und Deckel.

Die Dosen sind im Stil geschliffenem oder gepresstem Kristallglas nachempfunden. Die Transparenz vermittelt den BetrachterInnen eine Ahnung vom Inhalt, ohne den Deckel zu heben. Allerdings wird die Transparenz durch die allseitige Strukturierung der Außenflächen gemindert.

Die Gestalt der Dosen erinnert an geschliffenes Glas, doch ist nur eine der drei Dosen farblos gehalten. Die beiden anderen weisen eine rosa- bzw. türkisfarbene transparente Färbung auf, wie sie auch in echtem Kristallglas denkbar wäre.

Die Dosen geben keinerlei Hinweis auf einen Verarbeiter, ein Presswerk oder Gestalter in Form von Gussmarken wie Firmenzeichen preis, was die Recherche hierzu erschwert. Eine zeitliche und räumliche Einordnung der Dosen ist nur stilistisch möglich. Wie bei so vielen Kunststoffobjekten der Alltagskultur handelt es sich um anonymes Design.

Größe, Gestaltung und Farbigkeit legen nahe, dass die Dosen als ansprechende Verpackungsdosen mit Inhalt verkauft wurden. Ähnlich gestaltete und verzierte Verpackungsdosen kamen nach dem Zweiten Weltkrieg

hohe Bruchfestigkeit im Vergleich zu Glas eine Rolle, sodass sich die Reiben aus Kunststoff im täglichen Einsatz durchsetzen konnten. Weniger erfreulich war die Eintrübung der glasartigen Brillanz durch Kratzer und die Einwirkung von Obstsäure, die das Objekt schnell unansehnlich machte. Derartige Beeinträchtigungen waren der Herstellerseite sehr wohl bewusst und den Produkten wurde nur eine recht begrenzte Lebensdauer eingeräumt. Um die Nutzungsdauer zu verlängern, versuchte man die NutzerInnen über den Umgang und die Pflege von Kunststoffprodukten im Haushalt aufzuklären. So heißt es in der Broschüre „Hausrat aus Plastic" von 1959 zur Alterung von Haushaltsgegenständen aus Polystyrol:

> „Nach drei- bis vierjähriger Benutzung kann ein Stück freilich auch einmal dann erblinden, wenn es sorgfältig und korrekt behandelt wurde, aber täglich benutzt, vielleicht auch oft mit heißen Flüssigkeiten in Verbindung gebracht wurde. Hier liegt dann eine natürliche Abnutzung durch Gebrauch vor."[104]

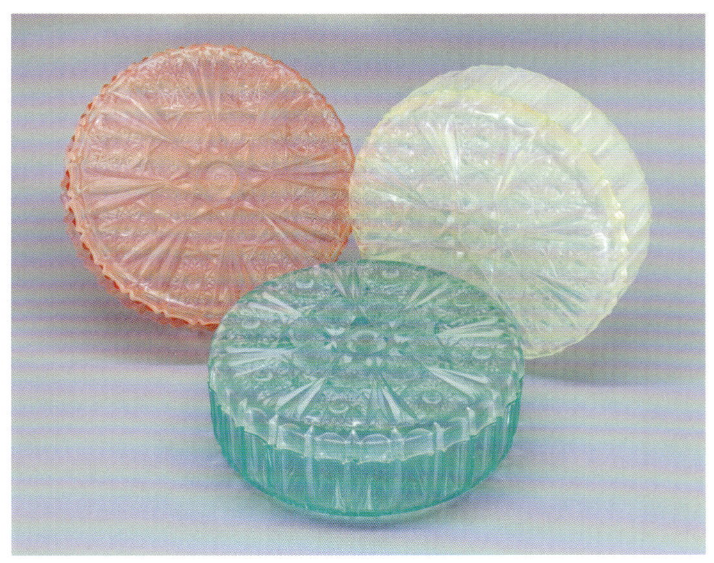

Drei Dosen
Polystyrol (PS)

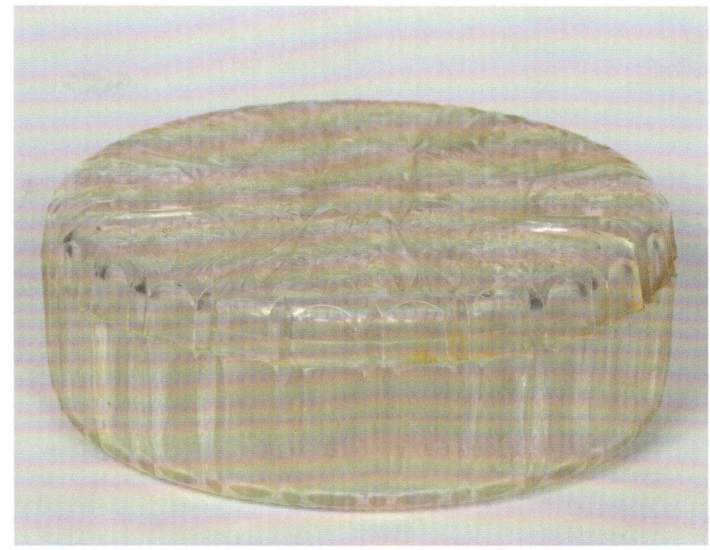

Dose, transparent
Polystyrol (PS)

mit der massenhaften Verarbeitung von Kunststoffformmassen und Fortschritten in der Spritzgießechnik vermehrt auf.[106] Sie waren nicht nur als Verkaufsverpackung gedacht, sondern als ein nach dem Verzehr der Erstbefüllung wiederverwendbares Gefäß. Vorläufer sind etwa Blechdosen aus dem 19. Jahrhundert. Bis heute gibt es solche Keksdosen aus Blech, die nach dem Verzehr der Kekse einer Zweitverwendung zugeführt werden und zum Beispiel der Aufbewahrung von Nähzubehör dienen. Ähnlich verhält es sich später mit den schmuckvollen Kunststoffdosen bzw. -verpackungen. Neben den wiederverwendbaren Dosen für Drops, Konfekt oder Bonbons gab es z.B. Flaschen für Kindervitamintropfen, die an einem kleinen Kunststoffboot befestigt waren. Nach dem Entfernen bzw. Verwenden der Flasche konnte das Bötchen zum Spielen mit in die Badewanne genommen werden. Diese wieder- bzw. weiterverwendbaren Verpackungen wurden an die jeweilige Zielgruppe angepasst und entsprechend gestaltet und vermarktet.[107]

Die drei oben gezeigten Dosen bestehen aus Polystyrol[108]. Jede von ihnen lässt einen relativ großen Anspritzpunkt[109] erkennen, das spricht für die, für das Material übliche Herstellung im Spritzgießverfahren. Auch die einen Schliff imitierende Gestaltung der Außenflächen der Objekte verrät bei genauer Betrachtung und dem Vergleich der drei unterschiedlich eingefärbten Dosen, dass die „Schliffe" bereits in der Spritzgießform angelegt waren. Alle Dosen haben an der gleichen Stelle eine Art

Kerbe, die sich als entsprechende Erhöhung bereits in der Form befunden haben muss.

Alle drei Dosen wurden offensichtlich in dieselbe Form gespritzt. Auch eine fadenförmige Erhöhung, die an allen drei Dosen zu verzeichnen ist, bestätigt die Annahme: Die Dosen wurden im Spritzgießverfahren hergestellt und nicht wie bei Glas oder Kristall durch Materialabnahme geschliffen bzw. geschnitzt.

Die Verwendung von Polystyrol bot und bietet gegenüber Glas Vor- und Nachteile. Obwohl Polystyrol hinsichtlich der optischen Eigenschaften nicht mit dem Kristallglas konkurrieren kann – es erzeugt bei der Betrachtung keine besonderen Farbeffekte –, sind die hier gezeigten Dosen dem Kristallglas in der Gestaltung nachempfunden. Die höhere Empfindlichkeit des Kunststoffs gegenüber bestimmten Stoffen und Lösungsmitteln, die zum Teil in gängigen Reinigungsmitteln enthalten sind, ist ein klarer Nachteil gegenüber Glas. Die Frauen, die zum damaligen Zeitpunkt meist noch allein für den Haushalt zuständig waren, mussten den Umgang mit und die Pflege von Kunststoffartikeln erst erlernen. Die geringere Haltbarkeit des Polystyrols im Vergleich zu Kristallglas ist ein weiterer Nachteil. Überdauert das Kristallglas mitunter Generationen, kommt es bei Polystyrol oft schon nach kurzer Zeit zu einem Vergilben des Materials. Angesichts immer schneller wechselnder Trends war dies für die VerbraucherInnen jedoch vielleicht ein zu vernachlässigender Faktor. Für die weite Verbreitung und den hohen

169

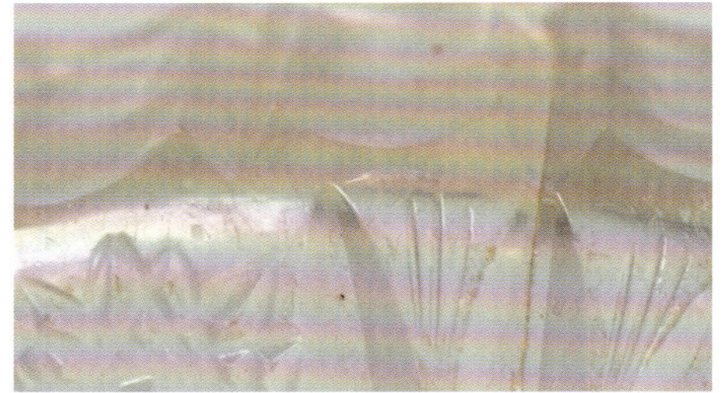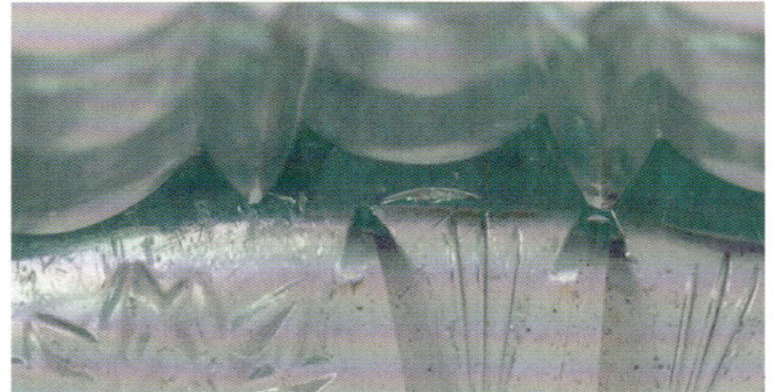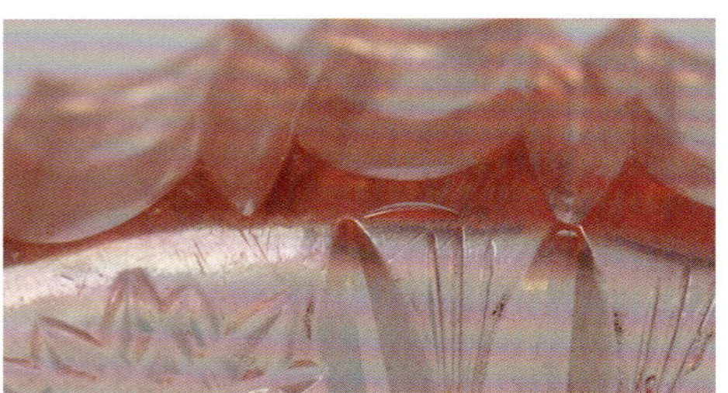

Vergleich der Kerbe an allen drei Dosen.

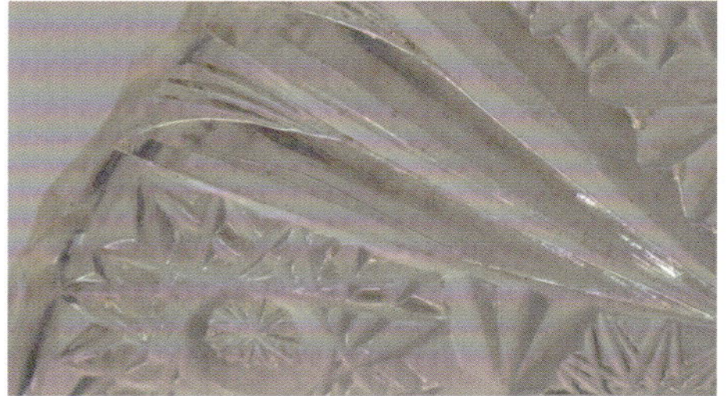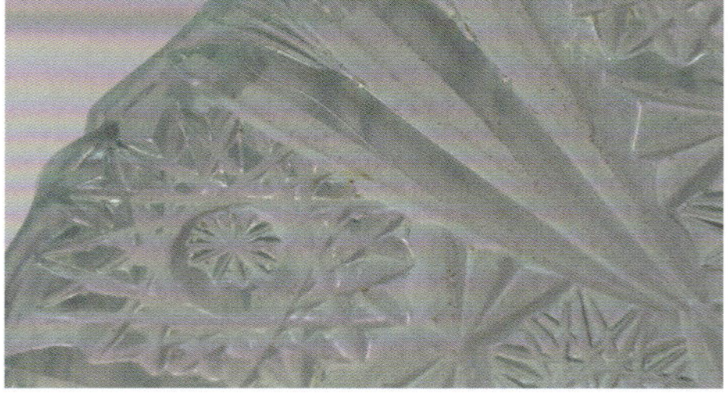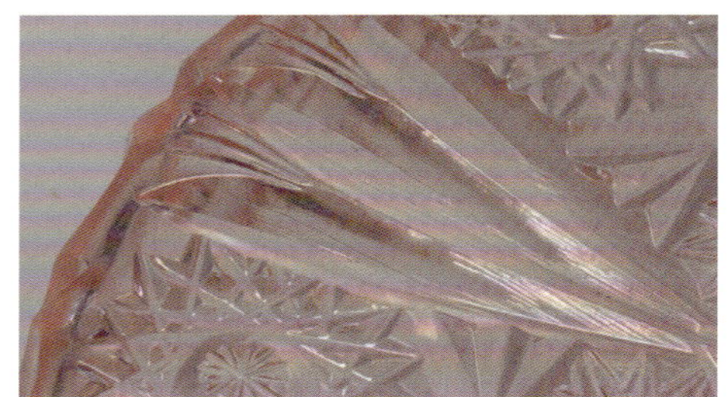

Vergleich der fadenförmigen Erhöhungen in den Vertiefungen der drei Dosen.

Absatz von Alltagsgegenständen aus Polystyrol spielen das geringe Gewicht und die höhere Bruchfestigkeit im Vergleich zu Glas vermutlich eine wichtigere Rolle.

Die Entwicklung vom geschnittenen Bergkristall über das wertvolle, da aufwendig bearbeitete Glas bis hin zum im Spritzgießverfahren massenweise hergestellten Objekt aus Polystyrol mit einem an geschnittenes Glas erinnernden Dekor scheint symptomatisch für den historischen Wandel einer handwerklich geprägten zu einer industriellen Massen- und Dingkultur.

Das Gefäß aus Bergkristall zeichnet sich durch die zeitintensive Bearbeitung eines wertvollen Materials aus. Transparentes, farbloses Glas als Ersatz für den natürlichen Quarzkristall war allerdings bis in die frühe Neuzeit ebenso selten – und im Grunde ebenso aufwendig herzustellen, wenngleich die Rohstoffe nicht so kostbar waren. Beim spritzgegossenen Kunststoff ist weder das Material ausgesprochen selten und teuer, noch erfordert das Spritzgießen spezielle handwerkliche Fähigkeiten. Die besonderen Leistungen werden hier vor der Produktion des Einzelobjekts erbracht: beim Entwurf und der teils handwerklichen Herstellung der Form. Vor allem bei Betrachtung der Entwürfe nach 1945, als Kunststoffe zu einem Massenprodukt avancierten, fragt sich allerdings, welche Mechanismen im Zusammenspiel zwischen Gestaltenden, Verarbeitenden, Handel und VerbraucherInnen zu solch konservativen Formfindungen des imitierten geschliffenen Kristallglases in Kunststoff geführt haben.

Neben den werkstoffbedingten Eigenschaften von Kristallglas und Polystyrol ist der Preis ein sehr deutliches Unterscheidungsmerkmal der beiden Werkstoffe. Mit dem Mittel der Werbung steigert die Industrie die Konsumwünsche der VerbraucherInnen seit den 1950er Jahren und vermittelt den Eindruck, dass der Besitz bestimmter Konsum- bzw. Luxusgüter die Zugehörigkeit zu einem bestimmten Milieu sichert. Hatte die Gesellschaft nach 1945 noch mit den Nachwirkungen des Krieges zu kämpfen, wuchs in den 1950ern der Wunsch nach Lebensgenuss und einem leichteren Alltag, dessen Erfüllung, so die Verheißung, durch Konsum erkauft werden konnte.[110] Preiswerte Imitationen wertvoller Objekte passten zu diesem Zeitgeist, sodass Unternehmen versuchten, Luxusgüter durch die Übertragung der Form und Wirkung zu Gegenständen des täglichen Gebrauchs zu machen.[111]

Butterkonsum und -aufbewahrung im Zeitalter der Kunststoffe

Ein Teller und eine Haube aus der Sammlung des Deutschen Kunststoff-Museums lassen sich anhand ihrer speziellen Form als Butterdose identifizieren.

Das Utensil ist für die geschützte Aufbewahrung und das Servieren von Butter bestimmt. Es weist keinerlei Hinweise in Form von Gussmarken auf. Recherchen zu GestalterIn und HerstellerIn, weiteren Ensembleteilen, Vermarktung oder Produktionszahlen erweisen sich daher als ebenso schwierig wie eine genaue Datierung. Eine ungefähre zeitliche Einordnung lässt sich nur anhand des Materials und der Formgebung vornehmen – ob das Objekt jedoch vor oder nach dem Zweiten Weltkrieg entstand, ist bei solch einem anonymen Design nicht zu sagen.

Wie die zuvor besprochene Reibe und die drei Dosen wurde die Butterdose mittels Spritzgießverfahren aus Polystyrol gefertigt. Haube und Teller bestehen jeweils aus einem Guss. Die Griffe an den Seiten des Untertellers und auf der Haube sind in der Optik eines gedrehten Taus gestaltet. Auf dem Teller verläuft dieses Element über die Griffe und an den Längsseiten an der Außenkante entlang. So wirkt es, als läge der Teller in einem flachen, passgenauen Weidenkorb. Der Deckel ist als offener Hohlkörper ausgeführt und läuft an den Seitenwänden zum Griff hin konisch zu, sodass er leichter aus der Spritzgießform zu entnehmen ist. Die Seiten der Haube sind in Abständen von einem Zentimeter senkrecht gewellt. So entsteht bei geschlossener Haube der Eindruck eines großen Tuchs, das über einen unsichtbaren Tisch gelegt wurde und Falten wirft.

Der elfenbeinfarbene Griff auf der Haube ist das einzige Element, das nicht durchsichtig ist und zudem in einem separaten Arbeitsschritt gefertigt und anschließend an die Haube geklebt wurde. Um die Stellen, an denen der Griff auf die Haube geklebt wurde, lässt sich eine Farbalterung feststellen, die nur dort vorherrscht.

Die Anbringung des Griffs erforderte also einen zusätzlichen Arbeitsschritt, der je nach verwendetem Klebstoff auch zu Schäden führen kann. Diese Beobachtung legt nahe, dass die Verwendung von Schiebern beim Spritzgießen noch nicht besonders üblich oder für ein günstiges Objekt wie die Butterdose finanziell nicht rentabel gewesen war. Gestalterisch hebt sich das gedrehte Tau, das den Griff und das umlaufende Band um den Teller bildet, von der sonst eher schlicht gehaltenen Form ab.

Teller und Haube weisen einige Gebrauchsspuren auf, die die intendierte Nutzung des Objekts bezeugen. So zeigen die halbkugelförmigen Standfüße des Tellers starken Abrieb. Offenbar wurde der Teller häufig über eine Tischfläche geschoben oder gezogen. Außerdem finden sich auf dem Teller tiefe Kratzer, die von Messern herstammen. Die Butter wurde also nicht nur streichend abgenommen, sondern auch vom Block abgeschnitten. Das nicht kratzfeste Polystyrol zeigt die Spuren dieser Benutzung sehr deutlich. Als Folge der Beschädigung der Oberfläche durch Messer sind die Kratzspuren teilweise dunkel verfärbt. Ohne weitere Untersuchung ist nicht zu klären, ob die Beschädigung der Oberfläche durch eine Alterung angestoßen wurde, die sich in Verfärbung äußert, oder ob Schmutz und Staub in die Kratzer gelangt sind. Außerdem wird bei Betrachtung der Haube klar, dass diese einige Male auf einen harten Untergrund gefallen sein muss. In zwei der vier Ecken der Haube sind Risse und Abplatzungen in unterschiedlicher Ausprä-

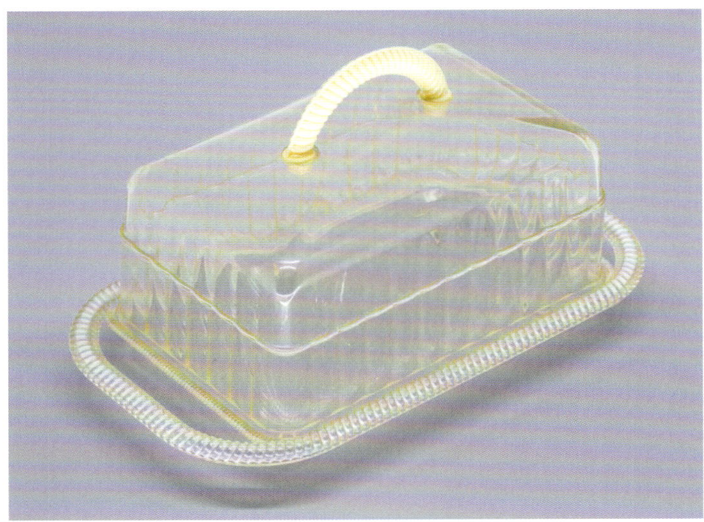

Butterdose
Polystyrol (PS)

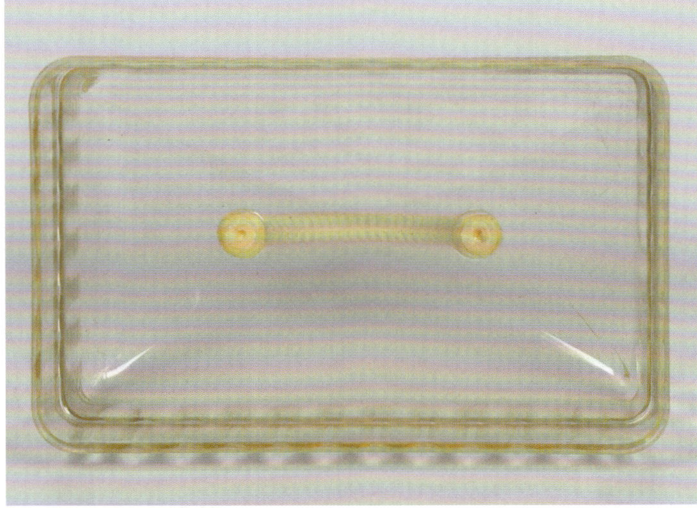

Klebe- oder Fügestelle des Griffs an der Haube.

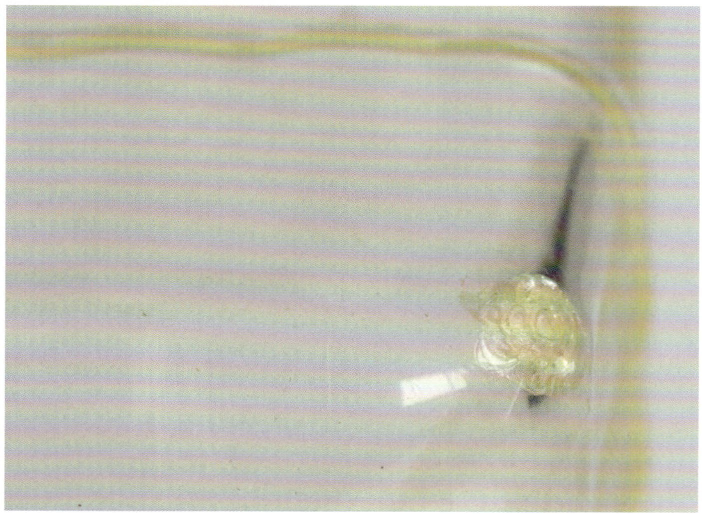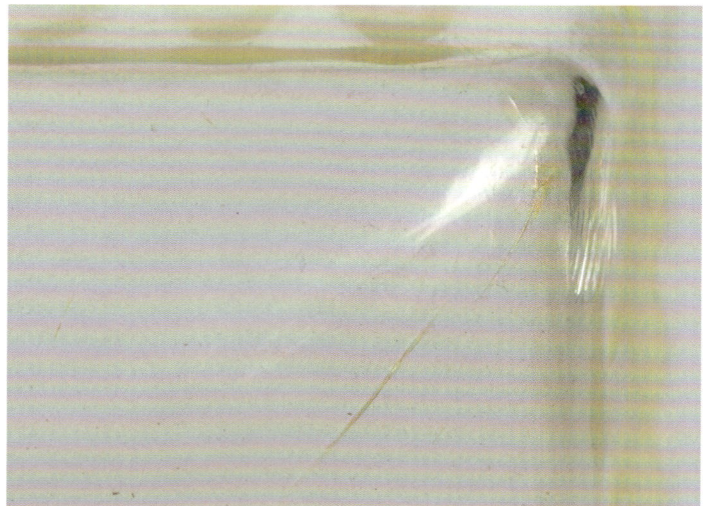

Sprünge in den Ecken der Haube.

gung zu erkennen. Solche Schäden sind bei Polystyrolgegenständen aufgrund der geringen Schlagzähigkeit des Materials nicht unüblich.

An den beschädigten Stellen ist der Kunststoff leicht gelblich verfärbt. Zum einen kann dafür die generelle UV-Empfindlichkeit des Kunststoffs verantwortlich gemacht werden. Zum anderen führt Feuchtigkeit, die aus der Luft oder zum Beispiel durch das Spülen an die beschädigten Stellen gelangt, dazu, dass der sonst klare Kunststoff an diesen Stellen trübe wird.

Die Notwendigkeit für ein spezielles Gefäß für Butter liegt in der Natur des Lebensmittels begründet: Die Butterdose soll die Haltbarkeit der Butter erhöhen und vor Fremdgerüchen und kleinen Tieren schützen. Frühe Butterdosen waren meist rund, aus Steinzeug gefertigt und ließen sich oft relativ dicht verschließen. Butterdosen sollten eine weitere Funktion erfüllen: im Winter die Butter trotz niedriger Temperaturen weich halten und im Sommer vor dem Schmelzen bewahren. Dieser Funktion trägt die sogenannte wassergekühlte oder „französische Butterdose" Rechnung. Aus Keramik oder Steinzeug gefertigt, verfügt sie über eine Kammer, in die Wasser gefüllt wird. Das Wasser sorgt dafür, dass die Butter unabhängig von der Außentemperatur ihre optimale, streichbare Konsistenz bewahrt.

Seit der Erfindung des Pressglases Anfang des 19. Jahrhunderts kommen vermehrt transparente Glasgefäße für Butter auf. Sie erlauben es, Menge und Zustand des Inhalts zu prüfen, ohne den Deckel heben zu müssen. Nach und nach verschwand die Form des Gefäßes und

das Behältnis wandelte sich zu einem Unterteller mit passender Haube. Grund hierfür ist vermutlich, dass das Abstreichen der Butter aus einem Gefäß mit einem Messer wegen der Gefäßwände vor allem bei geringem Füllstand umständlich ist. Außerdem entstehen weniger Verluste am kostbaren Inhalt, da keine Reste an den Wänden haften bleiben können. Der Begriff Butterdose wird für dieses Geschirrteil weiterhin verwendet, obwohl der Butterteller mit Haube streng genommen keine Dose mehr ist.

Der Einzug der elektrischen Kühlschränke in die Haushalte der 1950er Jahre[112] sorgte für eine dauerhafte Kühlung. Buttergefäße sollten sicherstellen, dass die Butter im Kühlschrank nicht zu hart und auf dem Tisch nicht zu schnell weich wird. Aus diesem Grund sind seit Aufkommen der Kühlsysteme die Teller der Butterdosen häufig aus Metall oder weisen bei Kunststoffen einen dickeren Boden auf.[113] Durch die temperaturleitenden bzw. isolierenden Eigenschaften der Materialien soll so die Streichfestigkeit der Butter gezielter gesteuert werden können.

Die rechteckige Form der Dose entspricht dem heutigen (deutschen) Standard. Die Entwicklung dieses Formats hängt eng mit der industriellen Revolution und der Einführung gehärteter pflanzlicher Fette, der Margarine, in der zweiten Hälfte des 19. Jahrhunderts zusammen.[114] Mit dem Aufkommen der Dampfmolkereien 1880 wurde die Butterherstellung industrialisiert und durch die künstliche Kühltechnik weiter optimiert. Da man begann, Mischungen von Butter und Margarine anzubieten, ergab sich die Notwendigkeit gesetzlicher Vorgaben zum Schutz der VerbraucherInnen. Schon 1897 wurde im Deutschen Reich ein Gesetz verabschiedet, das die Herstellung von Margarine und den Handel mit Butter, Käse und Schmalz regulierte. Der Handel wurde verpflichtet, Margarine deutlich zu kennzeichnen und nur in Würfelform zum Verkauf anzubieten.[115] Für Butter wurde eine andere Form vorgeschrieben, damit es keinerlei Verwechslungsgefahr für die KäuferInnen gab. Wurde Butter zuvor für den Eigenverbrauch häufig selbst hergestellt oder im Laden als lose Ware in gewünschter Menge in Papier verpackt, wurde sie im Kleinhandel nun in den durch die Butterverordnung vorgeschriebenen Standardgrößen dimensioniert und vertrieben.[116]

In der Butterverordnung von 1934 heißt es:

„Im Kleinhandel darf Markenbutter nur ausgeformt in Stücken zu 500 Gramm, 250, 125 Gramm und 62,5 Gramm [...] zum Verkauf vorrätig gehalten werden. Die Stücke müssen eine rechteckige Blockform und [...] folgende Größen aufweisen [...] Die Stücke zu 250 Gramm eine Länge von 100 Millimeter, eine Breite von 75 Millimeter, eine Höhe von 35 Millimeter, [...]."[117]

Mit dem Verschwinden der Tante-Emma-Läden in den 1950er und 1960er Jahren endete den Verkauf von Butter als lose Ware.[118] Das Aufkommen der Selbstbedienungsläden machte den Butterblock mit 250 g Gewicht in den obig genannten Maßen zum verkaufsüblichen Standard in Deutschland. Die Gestaltung der Butterdosen orientierte sich daran und passte sich an die Maße der Butterblöcke an. Butterdosen haben je nach Land und Konventionen unterschiedliche Maße und Formen: In den USA zum Beispiel ist ein „Stick of Butter" üblicherweise 211 Millimeter lang, 32 Millimeter breit und 127 Millimeter hoch.[119]

Heute kennen wir Butterdosen aus Porzellan, Glas, Edelstahl und Kunststoff. Die Eigenschaft der Transparenz spielt durchaus immer noch eine Rolle, sodass wenigstens die Haube häufig aus Kunststoff besteht.

Bei dem vorliegenden Sammlungsobjekt soll der aktuelle Zustand, so gut es geht, erhalten bleiben. Um weitere Verfärbung und Versprödung zu verhindern, sollte das Objekt vor Sonnenlicht und UV-Strahlung sowie vor Luftfeuchtigkeit und Nässe geschützt werden. Vor allem gilt es, den Eintrag von weiterem Staub und Schmutz in die bereits existierenden Risse zu verhindern. Die Parti-

kel nehmen Feuchtigkeit auf, legen sich wie eine feuchte Kompresse auf die offenen Risse im Gefüge und bringen so die schädliche Feuchtigkeit dort ein, wo sie am meisten Schaden anrichtet. Das Objekt sollte dunkel, kühl und unter einer alterungsbeständigen, antistatischen Schutzhaube gelagert werden.

Styrol, der perfekte Glasersatz?

Die vorgestellten Objekte zeigen auf vielen Ebenen, dass der Nachahmung von Glas durch Polystyrol Grenzen gesetzt sind.

Nach dem Zweiten Weltkrieg etablierten sich zusätzlich zum Privathaushalt in Flugzeugen und auf Schiffen, in Kantinen und beim Camping weitere Kunststoffe aufgrund ihrer Bruchfestigkeit und des geringen Eigengewichts als Ersatz für Glas- und Porzellangeschirr. Die Fülle an Geschirrteilen aus Kunststoffen, Glas und Porzellan machte einen Vergleich zwischen den verschiedenen Materialien sinnvoll. Im Fachmagazin „Fette, Seifen, Anstrichmittel" von 1959 wurde Kunststoffgeschirr aus Melamin-Formaldehyd, Harnstoff-Formaldehyd, Polyethylen und Polystyrol auf das jeweilige Verhalten bei wiederholtem Spülen per Hand und mit der noch neuen Spülmaschine sowie bei starker Beanspruchung geprüft.[120] Im Zuge dieses Warentests stellte sich heraus, dass Gegenstände aus Harnstoff-Formaldehyd und vor allem Polystyrol schon nach zehn Stunden simulierter intendierter Nutzung leichte bis merkliche Korrosion[121] erkennen ließen. Außerdem erwies sich Polystyrol als anfällig für mechanische Beanspruchung durch Gabel, Messer und Löffel, was sich in deutlich sichtbaren Kratzern, Einschnitten und Rillen äußerte.[122]

Ab den 1960er Jahren hielt ein Gerät Einzug in die ersten deutschen Küchen, das in Kombination mit Unwissenheit über die Materialität die Nutzungsdauer von Kunststoffgegenständen reduziert haben dürfte: die Spülmaschine.[123] Natürlich räumten die stolzen BesitzerInnen Porzellan, Glas, Kunststoff, Metalle und Silber in die Maschine. Jedoch fiel ihnen bei Acryl- oder Styrolprodukten bald auf, dass sich die Kunststoffutensilien beim schnellen, heißen maschinellen Spülen weniger robust verhielten als Porzellangeschirr. Der Warentest von 1959 zeigte, dass das Spülen in der Maschine bei Polystyrolgegenständen ähnlich wie bei Glas sowohl zu einem

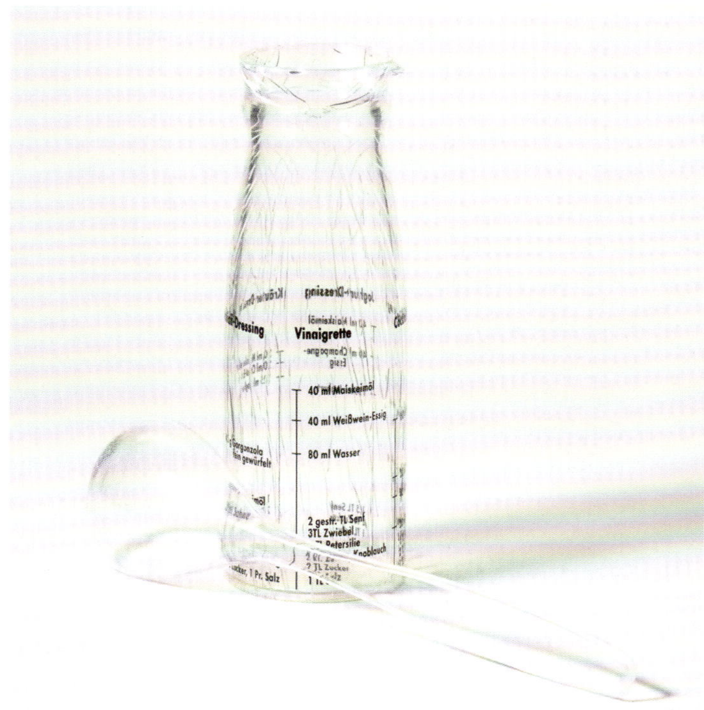

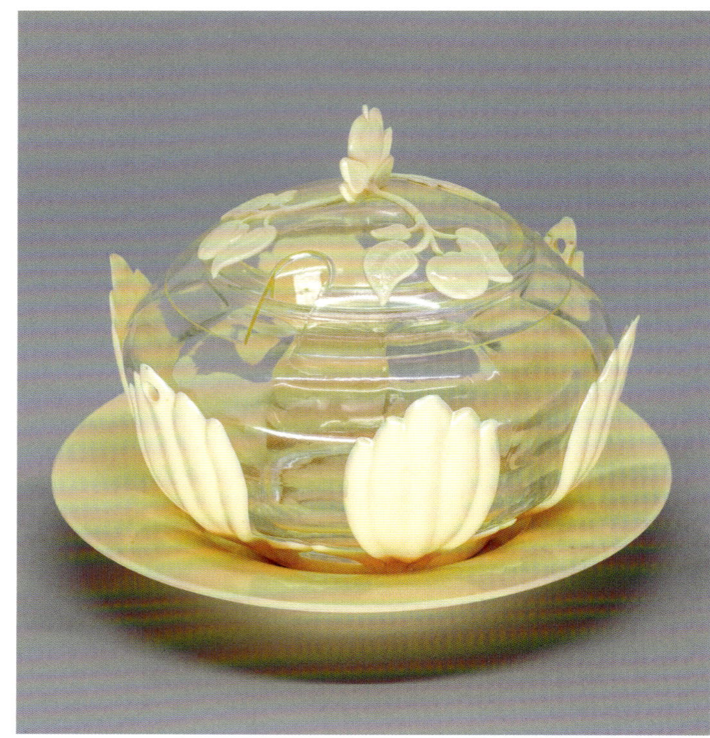

174 | Spannungsrisse an Gegenständen aus Polystyrol (PS) und Polymethylmethacrylat (PMMA).

Marmeladengefäß
Polystyrol (PS), Glas
Hersteller: Georg Kayser KG (?)
Süssen, Bundesrepublik Deutschland
um 1955

Stumpfwerden der Oberfläche als auch zu feinen Rissen führen konnte.[124]

In den 1970ern, als die Spülmaschine endgültig Einzug in viele westdeutsche Haushalte hielt, änderte sich an diesem Sachverhalt im Grunde nichts. Spritzgegossene Gegenstände aus Styrol und auch aus PMMA neigten zu Spannungsrissbildungen.[125] Infolge der langen Laufzeiten der Spülmaschine, hohen Wassertemperaturen von bis zu 90 °C und wegen des Einsatzes von Tensiden entstanden in verschiedenen Thermoplasten Risse im Material, u.a. entlang der beim Herstellungsprozess orientierten langen Molekülketten.[126] Die Risse sind meist an einer bestimmten Ausrichtung im Werkstück zu erkennen.

In den 1950er bis 1970er Jahren finden sich Behälter im Lebensmittelbereich, die aus Glas in Kombination mit Kunststoffen gestaltet waren. Ein typisches Beispiel dafür sind Gelee- und Butterdosen. Der Teil des Behältnisses, der mit den süßsauren Gelees oder geruchsempfindlicher Butter in Berührung kommt, ist aus Glas, Deckel oder Dekorelemente aus Kunststoff.

Zur Frage, ob die Verbreitung von Spülmaschinen und die gleichzeitige Unsicherheit über die Material-

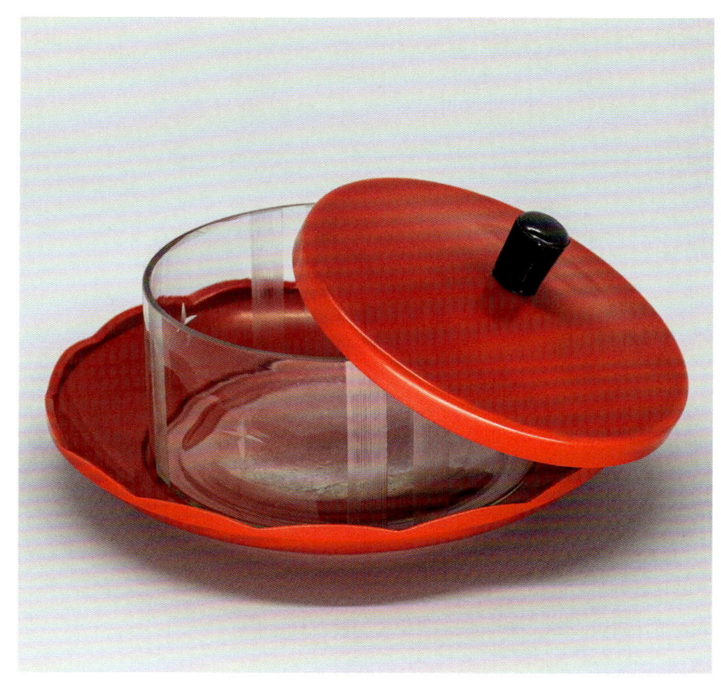

Buttergefäß
Harnstoff-Formaldehyd (UF), Glas

eigenschaften die allgemeine Verwendung von Gefäßen aus transparenten Kunststoffen behinderten, liegen keine Zahlen vor. Jedenfalls konnte Kunststoff ganz offensichtlich keine perfekte, allumfassende Imitation von Glas bieten.

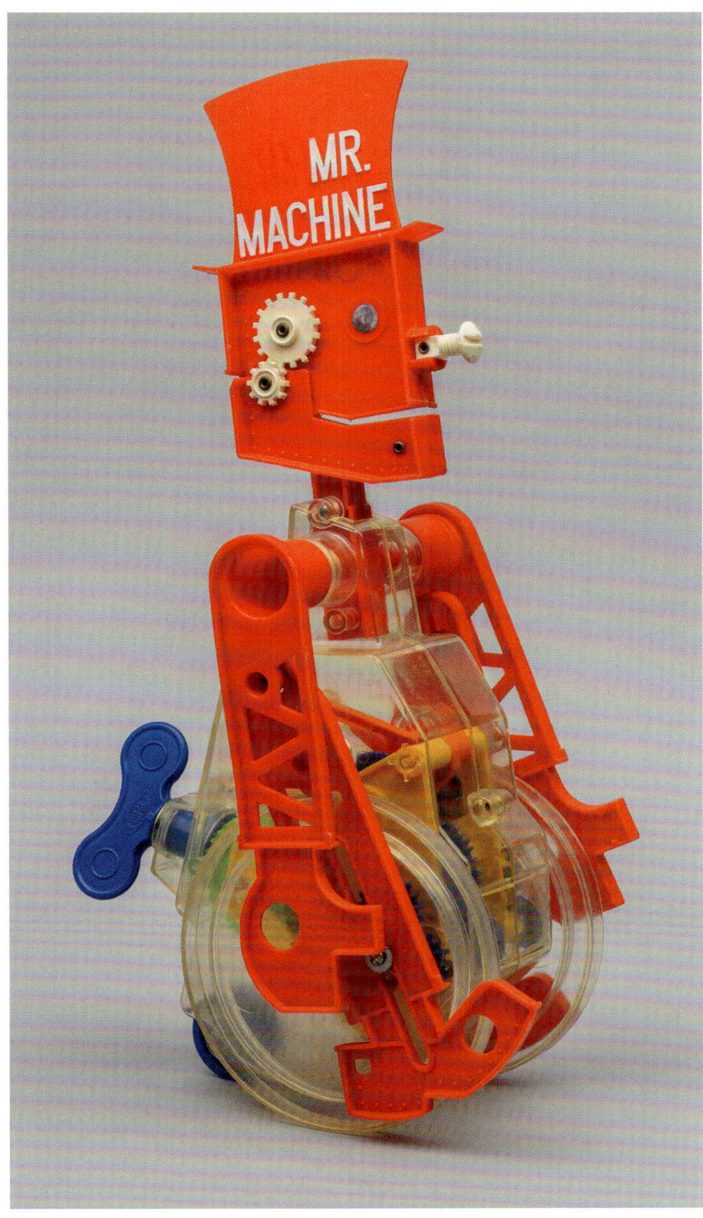

Spielzeugroboter *Mr. Machine*
Styrol-Kunststoff
Entwurf: Marvin Glass, Leo Kirpak, 1960
Hersteller: Ideal Toy Corporation
Hollis, New York, USA
um 1977

Die durchsichtige Hülle und Vorgänge im Inneren – Spielzeugroboter aus Kunststoff

Mit einem transparenten Material eine kaum wahrnehmbare Grenze zwischen innen und außen zu schaffen, kann mit unterschiedlichen Intentionen einher gehen: Zum einen – in Zusammenhang mit Nahrungsmitteln und Getränken – kann der Schutz vor schädigenden Einflüssen bei gleichzeitiger Möglichkeit der Betrachtung des Inhalts erwünscht sein. Zum anderen kann es darum gehen, wertvolle, seltene oder filigrane Gegenstände zu schützen und trotzdem sichtbar zu machen.

Ab Anfang des 13. Jahrhunderts verwendete vor allem die Kirche vermehrt transparente Materialien für Reliquiengefäße und Monstranzen. Ein zu verehrender Gegenstand, ob eine Reliquie oder die gewandelte Hostie, wurde in einem Gefäß oder Gehäuse aus Bergkristall, später auch aus Kristallglas, ausgestellt.[127] Die weltliche Entsprechung dieser Praxis fand sich in den Vorläufern des Museums, den Kunst- und Wunderkammern der europäischen Fürsten. Beispiele der Transparenz aus (späten) Wunderkammern sind etwa hochfiligrane, handwerklich bemerkenswerte Uhrwerke, die nicht in einem Uhrengehäuse versteckt sind, sondern deren Bewegungsmechanismen und Vorgänge durch eine Glashaube beobachtet werden können.[128] Empfindliche Mechaniken waren geschützt vor Schmutz und anderen Einflüssen, hauptsächlich wohl vor den Händen neugieriger Gäste, die nur zu gerne Zahnräder oder andere Elemente angefasst hätten. Auch Jahrhunderte nach den ersten „Skelettuhren" bleiben beobachtbare mechanische Abläufe ein für den Menschen spannendes Thema. Kunststoffe eröffneten hier neue Anwendungsgebiete.

Mr. Machine – der gläserne Roboter

In den 1940er und 1950er Jahren waren Blechroboter als Spielzeug überaus beliebt und die Produktion von bedrucktem, emailliertem oder lackiertem Blech recht günstig.[129] In den 1960er und 1970er Jahren kam Kunststoff zur Produktion von Spielzeugrobotern häufiger zum Einsatz und als die transparenten Kunststoffe stärker auf den Markt drängten, wurden natürlich auch transparente Bauteile für Spielzeuge gestaltet. In der Sammlung des Deutschen Kunststoff-Museums befinden sich zwei Exem-

175

plare des *Mr. Machine*, bei denen der Aspekt der Transparenz eine wesentliche Rolle in der Gestaltung spielt.

Der mechanische Roboter hielt 1960 Einzug in die Kinderzimmer. Dazu beigetragen hat unter anderem ein Werbespot im amerikanischen Fernsehen, der den aufziehbaren Roboter als „großartigstes Spielzeug, das du je gesehen hast" (*„greatest toy you've ever seen"*) anpries.

Die Roboter sind ca. 46 cm hoch und bestehen aus einer Vielzahl einzelner Komponenten. Mithilfe eines blauen Aufziehschlüssels können die im Inneren befindlichen Zahnräder und damit der ganze Roboter in Bewegung versetzt werden. Durch die transparente Hülle des Korpus können die bunten Zahnräder in Bewegung beobachtet werden.

Entwickelt wurde *Mr. Machine* vom Spielzeugentwickler Marvin Glass (1914–1974); Leo Kirpak (1910–1988) als ehemaliger Uhrmacher war der eigentliche Konstrukteur des Roboters.[130] Im Jahr 1960 verkaufte Glass seine patentierte Idee[131] zu *Mr. Machine* an die Ideal Toy Corporation[132]. Eine Neuauflage in modifizierter Form folgte 1977; den ursprünglich zerlegbaren *Mr. Machine* lieferte man nun bereits in zusammengebautem Zustand. Beide Roboter aus der Sammlung gehören zur zweiten, nicht zerlegbaren Generation, d.h. beide müssen nach 1977 produziert worden sein.[133] Anstatt einer klingelnden Glocke und einem „Geschwätz" spielte in der späteren Version eine Pfeife den Song „This Old Man".[134] 2004 brachte eine Firma namens Poof-Slinky den ursprünglichen *Mr. Machine* von 1960 in einer limitierten Auflage erneut auf den Markt. Sie nutze die originalen Spritzgießwerkzeuge und lieferte wie beim Original einen Kunststoffschlüssel mit, um *Mr. Machine*, wie im ursprünglichen Entwurf vorgesehen, auseinander- und zusammenzubauen. Diese Version ist angesichts des Verkaufspreises von 100 US-Dollar eher als Sammlerstück denn als Kinderspielzeug zu betrachten.

Bei genauer Betrachtung der einzelnen Elemente von *Mr. Machine* aus der Sammlung lassen sich Merkmale bestimmter Herstellungsverfahren erkennen. So zeigen die einzelnen Elemente des Spielzeugs meist punktförmige Erhebungen, die als Anspritzpunkte identifiziert auf das Spritzgießverfahren hinweisen. Diese Verarbeitungstechnologie machte in den 1950er Jahren rasante Fortschritte, sodass die Fertigung immer komplexerer Geometrien möglich wurde. Allerdings war die Fertigung von solch komplexen Hohlkörpern verfahrensbedingt noch nicht

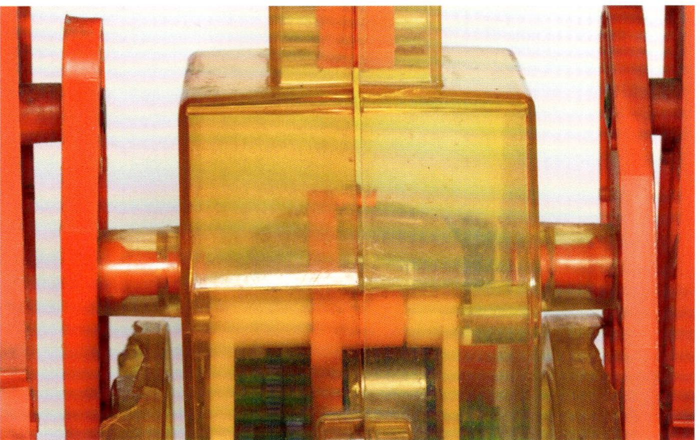

Verbindungsstelle der zwei zusammengefügten Korpusschalen des *Mr. Machine*.

möglich. Deshalb wurde der Korpus aus zwei schalenförmigen Bauteilen zusammengesetzt.

Verglichen mit anderen Robotern aus der Zeit, die mit blinkenden Leuchtaugen[135], Rauchentwicklung[136] und Schießmechanismen[137] aufwarten, wirkt *Mr. Machine* fast rückständig. Der Ofenrohrhut und Arme, die optisch an Stahlträger erinnern, lassen die BetrachterInnen eher an das vergangene 19. Jahrhundert denken als an zukunftsweisende Robotertechnologien. Auch der Aufziehmechanismus, durch den die Zahnräder im Inneren des Roboters in Bewegung gesetzt werden, stellt, verglichen mit batteriebetriebenen Robotern, eher einen Rückgriff auf vergangene Zeiten dar. Durch Aufziehen mit dem Schlüssel setzt sich *Mr. Machine* in Bewegung. Er läuft auf transparenten Kunststoffrädern; die gleichzeitig in Bewegung versetzten Arme und Beine schwingen mit, sodass es wirkt, als ginge er wie ein Mensch. Die Transparenz der Räder verschleiert, dass er eigentlich rollt. Somit zielt die Transparenz nicht nur auf die Sichtbarmachung des Innenlebens, sondern auch auf die Nicht-Sichtbarmachung der eigentlichen Konstruktion ab, um die Illusion vom menschenähnlichen Roboter zu wahren. Im Inneren wird das Herz durch eine kleine Pumpe imitiert, diese wiederum setzt eine Pfeife in Gang.[138] Der Name und das freundlich wirkende Gesicht geben *Mr. Machine* ebenfalls etwas Menschliches, ganz anders als viele seiner Roboter-Zeitgenossen, die durch ein gefährliches und futuristisches Äußeres faszinieren. In einer Broschüre wird *Mr. Machine* als moderner Roboter mit Persönlichkeit beworben, die man wegen des Lächelns und des nach oben gerichteten Daumens sofort als friedfertig identifiziert. Die Kopfbedeckung erinnert an einen anderen prominenten Zylinderträger in den USA: Uncle Sam, seit dem 19. Jahrhundert Symbolfigur der Vereinigten Staaten.[139]

Eine Besonderheit, die *Mr. Machine* von anderen Spielzeugrobotern abhebt, ist die ursprüngliche Konzeption als Bausatz aus 44 Einzelteilen, die man zusammensetzen und wieder auseinanderbauen konnte.[140] Allerdings verfügen die vorliegenden Exemplare aus der zweiten Generation nicht mehr über diese Möglichkeit. Man hielt vielleicht bereits 1977 die Gefahr für zu groß, dass Kinder kleine Einzelteile verschlucken könnten. Die zweite Besonderheit besteht im transparenten Design des Körpers, welches den Blick ins Innere zulässt. Da die Mechaniken in Bewegung und bei der Arbeit beobachtet werden konnten, war es den BetrachterInnen möglich, die Funktionsweisen und Aufgaben einzelner Elemente zu begreifen, Kraftübertragungen nachzuvollziehen und schließlich zu erfassen, wie Bewegungsabläufe zustande kommen. Diese Komponente übt einen besonderen Reiz auf die BetrachterInnen aus.

Die Idee zu *Mr. Machine*, so die Entstehungslegende, kam Marvin Glass bei einem Telefonat mit seiner Ex-Frau, in dem sie ihm erklärte, dass er sich aufgrund seiner stän-

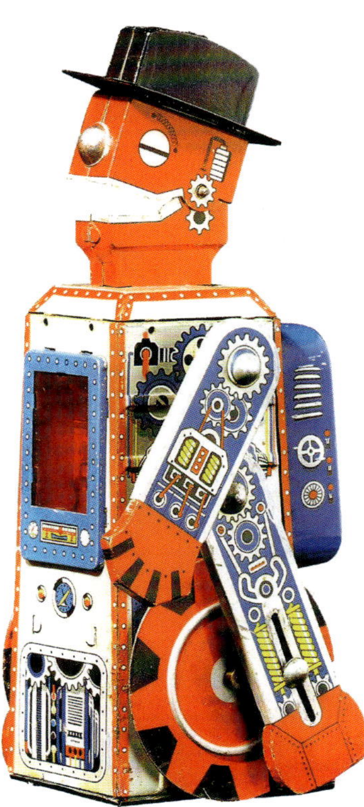
Blechroboter *Mego-Man*

digen Beschäftigung mit der Arbeit in eine Maschine verwandelt habe und einem kalten, unmenschlichen Automat gleiche.[141] Als direktes Vorbild von *Mr. Machine* gilt der japanische Blechroboter *Mego Man*[142] aus den 1950er Jahren.

Auch er läuft auf Rädern, was seinen Gang rhythmisch erscheinen lässt, hat ein lachendes, freundliches Gesicht und trägt einen Hut. Ein transparentes Fenster auf seiner Brust erlaubt hier ebenfalls den Blick ins Innere, macht allerdings nicht den Mechanismus, sondern lediglich eine blinkende Birne sichtbar.

Aus der Patentschrift geht hervor, dass *Mr. Machine* durch seinen transparenten Korpus und die Freilegung der mechanischen Vorgänge im Inneren zum mechanischen Verständnis der Kinder beitragen solle, und zwar „für einen sehr langen Zeitraum".[143] Bei einem Blick auf die beiden Exemplare von *Mr. Machine* wird allerdings deutlich, dass sich mit dem verwendeten Kunststoff dieses Versprechen, vermutlich wegen Veränderungen im molekularen Abbau, nur bedingt einhalten ließ. Einer der beiden *Mr. Machines* ist deutlich vergilbt.

Beim Vergleich der Spielzeugroboter aus der Sammlung zeigen sich diesbezüglich unterschiedliche Zustände der beiden Objekte, die im Folgenden genauer diskutiert werden.

Es ist unklar, welcher Kunststoff für *Mr. Machine* verwendet wurde. Mehrere FT-IR-Analysen ergeben eindeutig den Kunststoff ABS, doch ist dieser aufgrund seiner Kautschukbestandteile nicht transparent. Naheliegend wären noch die transparenten, chemisch zu ABS ähnlichen Werkstoffe Polystyrol (PS) oder Styrol-Acrylnitril (SAN), doch diesen beiden fehlt eine deutliche vom IR-Licht absorbierte „Bande" bei 900 1/cm, welche jedoch an der dem einen *Mr. Machine* entnommenen Probe enthalten ist.[144] In Literatur von 1971[145], also kurz vor der Produktion der beiden in der Sammlung befindlichen *Mr. Machine*, wird erstmals das sogenannte M-ABS erwähnt. Es handelt sich dabei um ein ABS mit Kautschukpartikeln, die so klein und fein verteilt sind, dass das sichtbare Licht nicht gebrochen wird und der Kunststoff somit trotzdem transparent bleibt. Es wäre bemerkenswert, wenn dieser damals sehr neue Werkstoff bereits für den *Mr. Machine* eingesetzt worden wäre.

Beide Kunststoffe, ABS und M-ABS, sind aufgrund der Butadienphase mit ungesättigten Monomereinheiten wesentlich empfindlicher gegenüber Bewitterung als an-

177

178 |

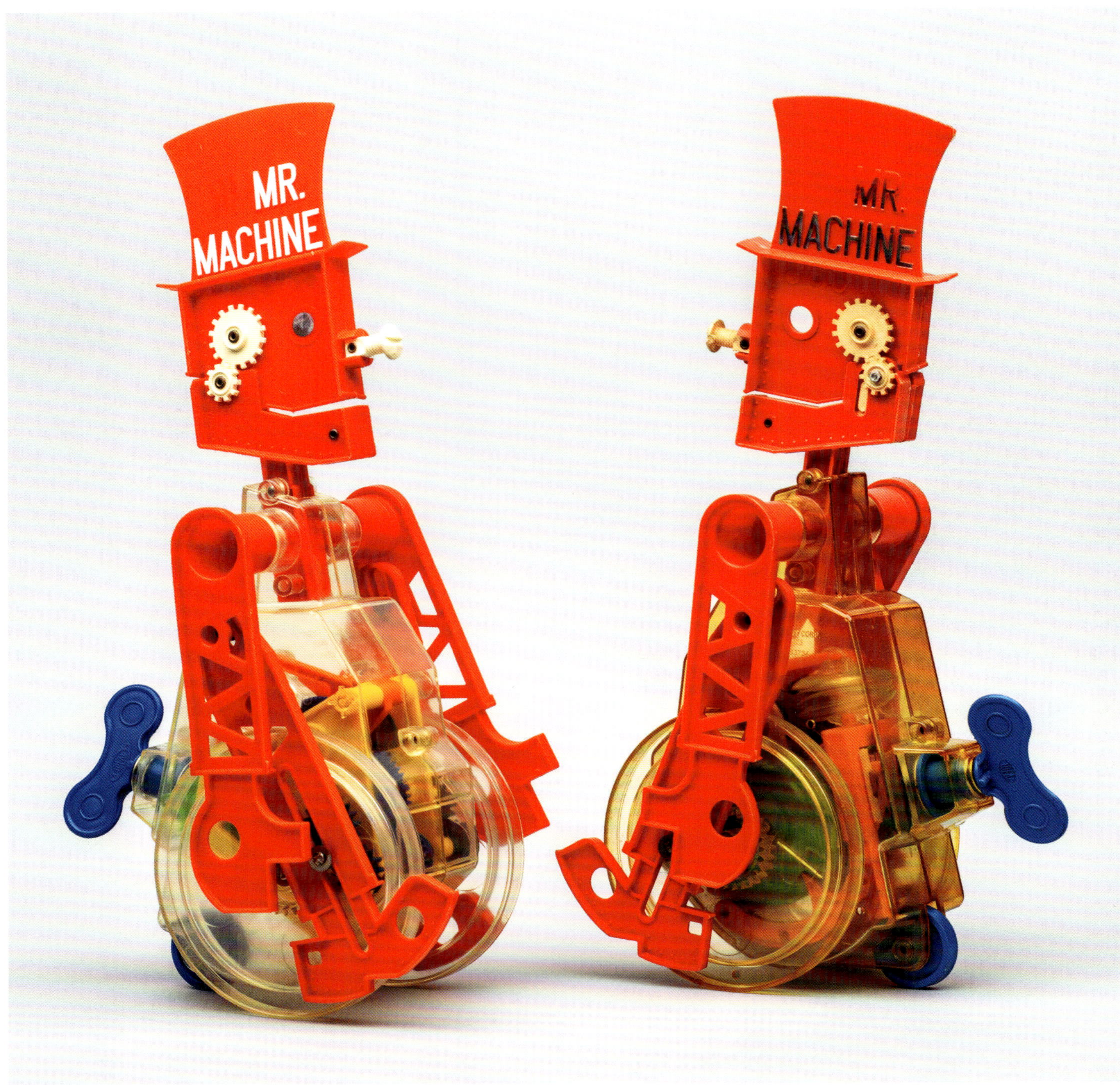

Gegenüberstellung der beiden Roboter mit sichtbar unterschiedlichen Erhaltungszuständen.

dere Styrol-basierte Kunststoffe.[146] Dabei treten Veränderungen der mechanischen Eigenschaften auch dann auf, wenn nicht speziell stabilisiertes Material[147] unter Lichtausschluss bei Raumtemperatur gelagert wird.[148] Erste visuelle Veränderungen durch Alterung äußern sich in einer Vergilbung des Materials, einhergehend mit einer Verschlechterung der mechanischen Eigenschaften.[149] Diese Veränderungen treten bei nicht eingefärbtem ABS und M-ABS schon nach kurzer Zeit in Erscheinung.

Während einer der beiden Roboter eine deutliche Vergilbung und Versprödung des transparenten Korpus aufweist, was die Sicht auf das Innenleben deutlich ver-

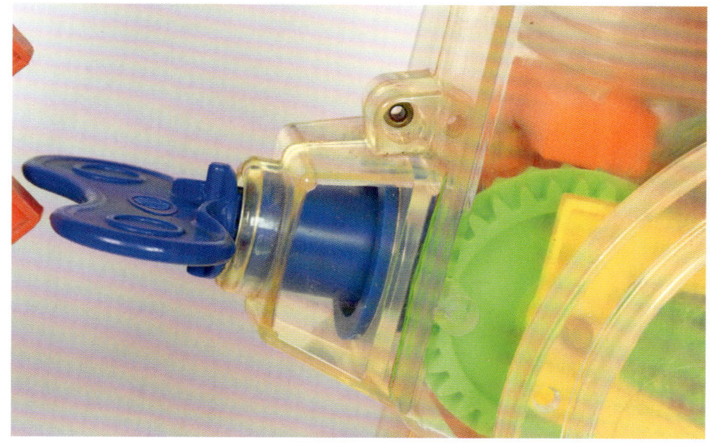 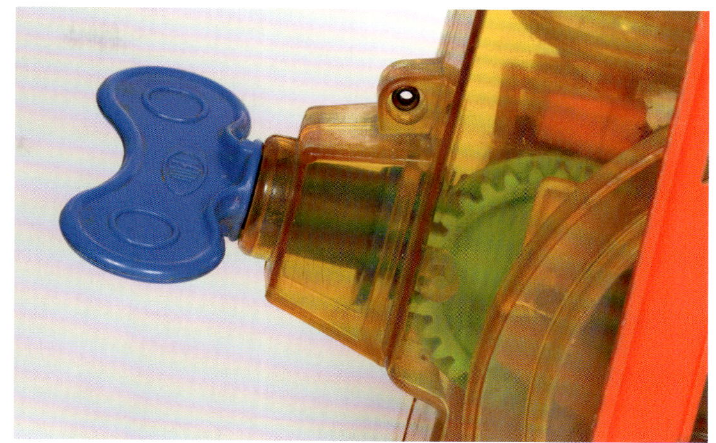

Aufziehmechanismus der beiden *Mr. Machine* im Vergleich.

schlechtert, scheinen diese Alterungsvorgänge bei dem anderen Exemplar weniger stark ausgeprägt. Hierbei spielt der Umgang mit dem Spielzeug im Laufe seines Daseins eine entscheidende Rolle. Besonders deutlich werden die Abweichungen bei der Betrachtung der transparenten Körper.

Beim Vergleich der beiden Objekte zeigt sich deutlich die bereits fortgeschrittene Alterung des in der links stehenden Abbildung rechten *Mr. Machine*. Am auffälligsten treten die Alterungserscheinungen wie gesagt am transparenten Korpus in Erscheinung, wobei auch die anderen Kunststoffteile im Vergleich zum linken Exemplar stärkere Schadensbilder zeigen.

So sind die roten Bauteile teils verblasst und die Oberfläche von Mikrorissen durchzogen. Ein Grund für die unterschiedlichen Zustände der beiden Spielzeugroboter liegt vermutlich in der Aufbewahrung. Das besser erhaltene Exemplar befindet sich schon seit 1992 im Museum, wohingegen über die Objektgeschichte des anderen Exemplars lediglich bekannt ist, dass es 2016 Teil der Sammlung des Deutschen Kunststoff-Museums wurde.

Anhand einiger Nutzungsspuren ist allerdings auch zu vermuten, dass das stärker geschädigte Objekt deutlich länger und/oder intensiver als Spielzeug in Benutzung war. Ein Indiz hierfür sind die Risse und Bruchstellen im Bereich der transparenten Räder, die auf eine nachlassende Stoßbeständigkeit des Kunststoffs hinweisen. Vermutlich wurde *Mr. Machine* vermehrt unachtsam auf die Räder, die gleichzeitig die Standflächen bilden, abgesetzt.

Ist der Kunststoff sichtbar gealtert, haben sich die mechanischen Eigenschaften bereits verschlechtert, und schon leichte Stöße können dazu führen, dass größere Brüche oder Risse entstehen. Ein weiterer Hinweis, der eine häufige oder lange Benutzung des Roboters bezeugt, ist der silberne Schriftzug auf dem Hut des vergilbten *Mr. Machine*, der auf der oberen Hälfte etwas abgerieben ist.

Es ist anzunehmen, dass NutzerInnen den Roboter öfter am Hut hochhoben und sich dadurch die Farbe auf dem Schriftzug mit der Zeit abrieb. Der vergilbte Roboter muss zudem länger bzw. häufiger gelaufen sein als der weniger vergilbte. Das lässt sich am Zustand der sichtba-

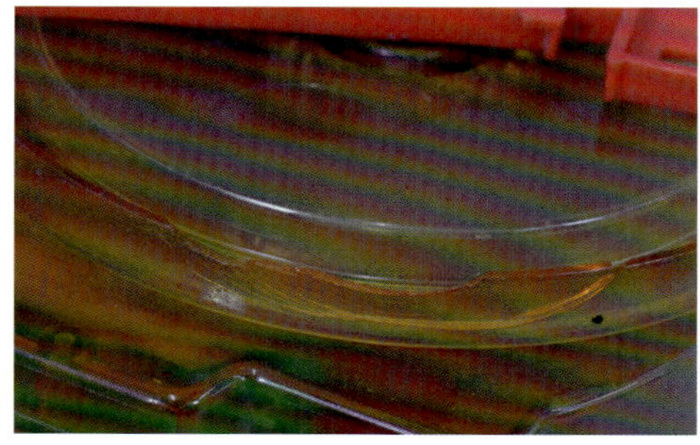 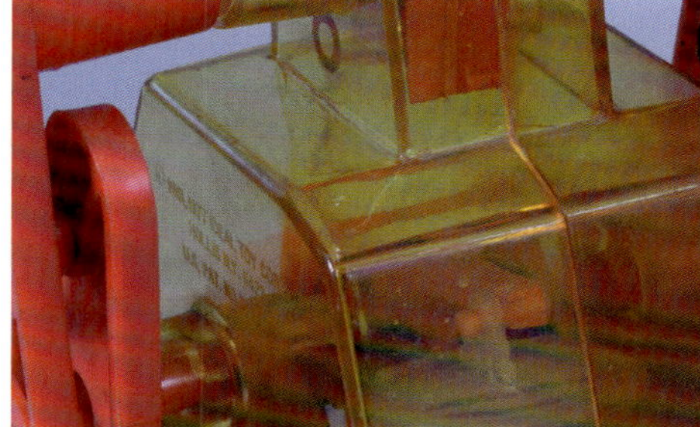 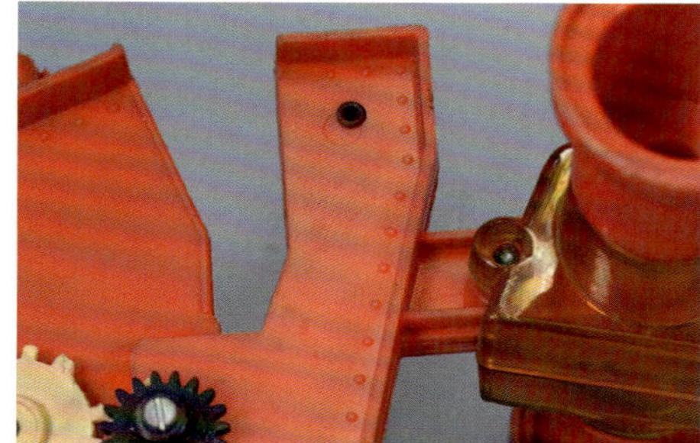

Brüche und Risse am stärker gealterten *Mr. Machine*.

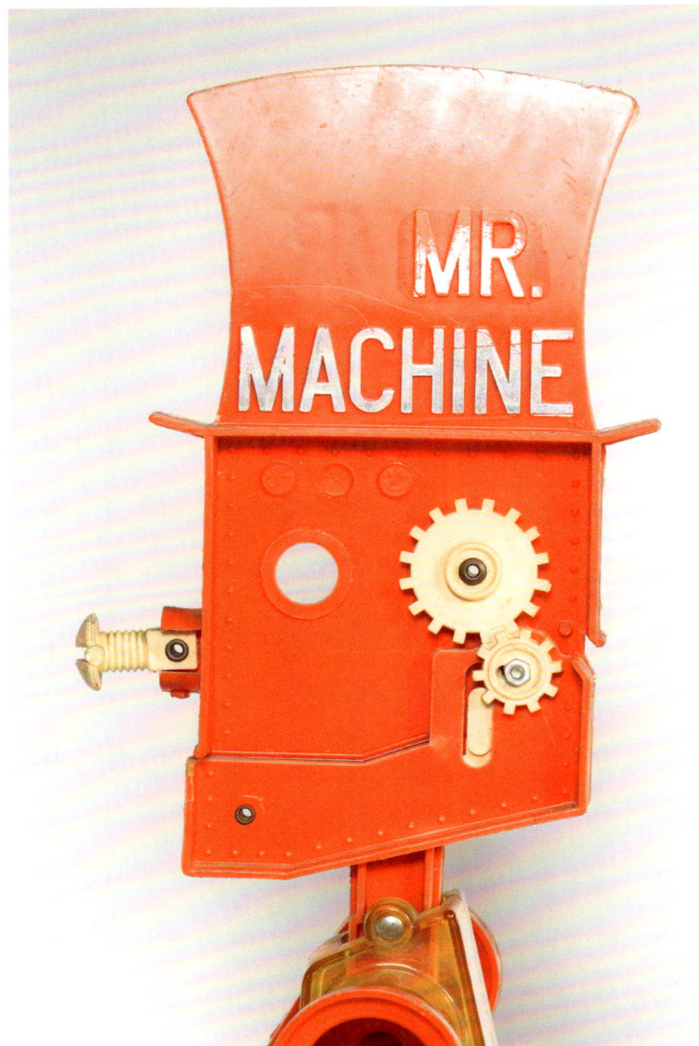

Abrieb am Schriftzug auf dem Hut des stärker gealterten *Mr. Machine*.

ren Zahnräder ablesen, die teilweise eine starke mechanische Abnutzung aufweisen.

Noch ist die Transparenz beider Objekte gegeben, wenngleich die Vergilbung die klare Sicht auf die mechanischen Vorgänge des einen Exemplars mindert. Doch stellt sich die Frage, wie lange der Korpus noch durchsichtig bleiben wird und ab wann das Objekt seinen Zweck, Kindern mechanische Vorgänge zu veranschaulichen, nicht mehr erfüllt. Im Zusammenhang mit der Sammlung, in der sich die Objekte befinden, stellen diese beiden Objekte gerade im Vergleich interessante Forschungsobjekte dar. Darüber hinaus führen sie uns die Vergänglichkeit der Kunststoffe und die Notwendigkeit einer materialgerechten Nutzung im Alltag sowie der Aufbewahrung im musealen Kontext vor Augen.

Der *Dux-Astroman* – Science Fiction made in Germany

Eine deutsche Entsprechung zum mechanischen *Mr. Machine* ist der *Dux-Astroman*, der 1959 in der Bundesrepublik auf den Markt kam.[150]

Der *Astroman* aus der Sammlung des Deutschen Kunststoff-Museums ist nicht mehr vollständig, es fehlt der auf dem Verpackungskarton zu erkennende transparente Helm mit Antenne auf dem Kopf.

Der *Astroman* wurde von dem Maschinenbauingenieur Lothar Stanetzki entwickelt und von der Firma Markes & Co. (Dux-Spielwaren) in Lüdenscheid gebaut und vertrieben.[151] Das Patent wurde im Februar 1959 beim Deutschen Patentamt angemeldet, jedoch erst sieben Jahre später, im Februar 1966, ausgegeben.[152] Dennoch kam der Roboter schon im November 1959 pünktlich zum Weihnachtsfest auf den Markt.[153] Angetrieben wurde der *Astroman* von zwei Elektromotoren der Firma Bühler aus Triberg im Schwarzwald.

In der Gestaltung wirkt der *Astroman* eher wie ein Versuch, den menschlichen Körper in geometrische Formen zu übertragen. Einzelne Glieder wie die Beine oder Arme scheinen Muskulatur anzudeuten. Und an den Außenseiten der aus scheibenförmigen Elementen gebildeten Hände sind sogar Finger angedeutet. Es erinnert an die Ansätze zur Geometrisierung des menschlichen Körpers bei Oskar Schlemmer und der von ihm betreuten Bauhausbühne.[154] Obwohl der Mund zu lächeln scheint, wirkt das Gesicht mit den roten, rautenförmigen Augen jedoch nicht unbedingt freundlich und menschlich.

Ein menschlicher Zug des Roboters *Astroman* ist jedoch, dass er offensichtlich eine Sauerstoffatmosphäre braucht, da sich sonst der transparente Astronautenhelm erübrigen würde. Die verlorene Antenne und der Kopfhörer suggerieren zudem eine Kommunikation und Steuerung von außen, z.B. durch einen Menschen. Insofern erscheint der *Astroman* nicht als eine selbstständig handelnde, künstliche oder gar außerirdische Intelligenz aufzutreten, sondern als ein von Menschen gemachtes und gesteuertes Werkzeug, das dort arbeitet, wo es den Menschen nicht möglich ist. Das deuten auch die Werbebroschüren mit Zeichnungen des *Astroman* in Aktion an: Er erledigt schwere Arbeiten auf fremden Planeten.

Die Gestaltung und Vermarktung von *Astroman* beziehen sich offensichtlich auf den Weltraum und das ferngesteuerte Arbeiten auf fremden Planeten. Im Hin-

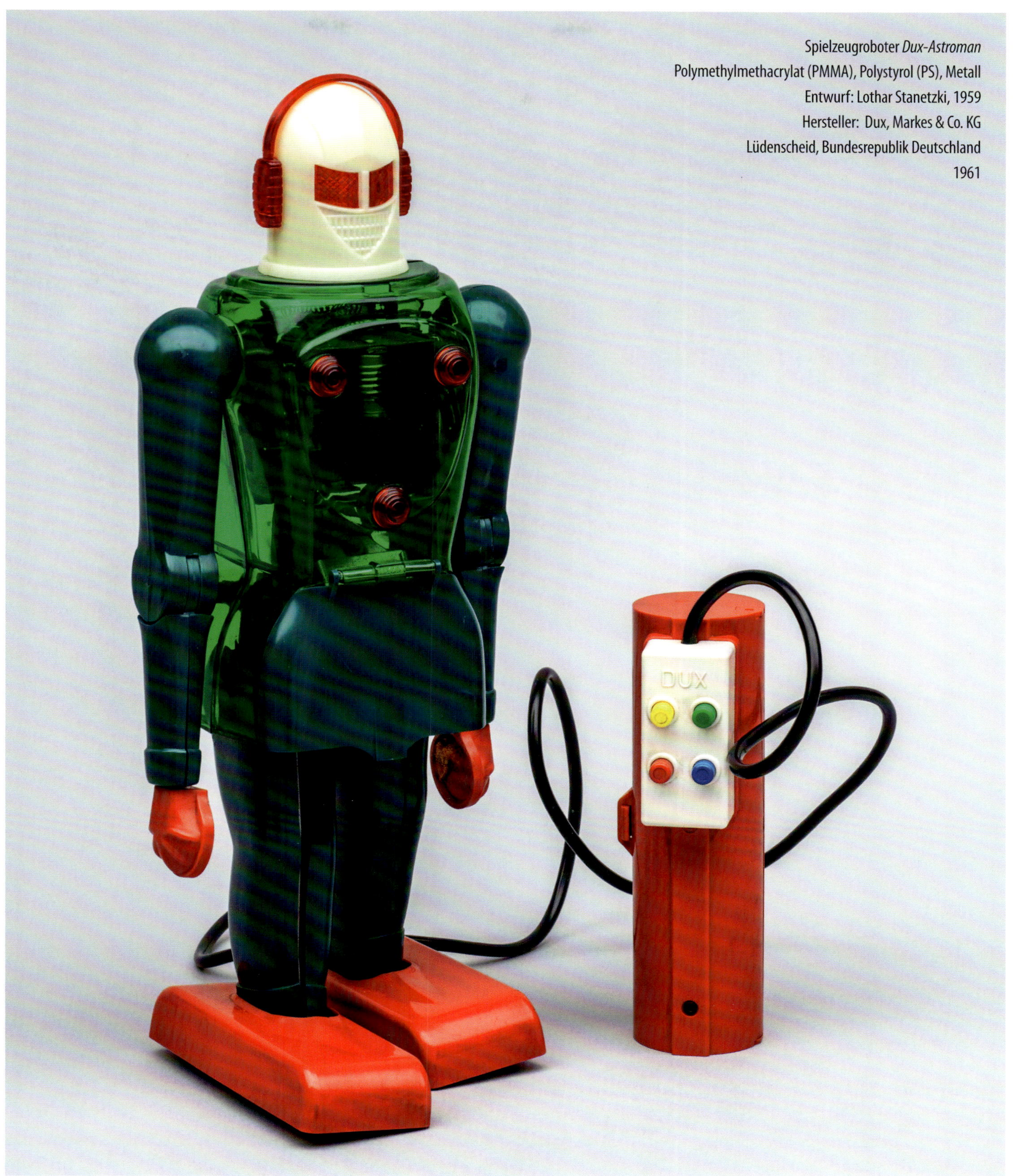

Spielzeugroboter *Dux-Astroman*
Polymethylmethacrylat (PMMA), Polystyrol (PS), Metall
Entwurf: Lothar Stanetzki, 1959
Hersteller: Dux, Markes & Co. KG
Lüdenscheid, Bundesrepublik Deutschland
1961

tergrund steht der sowjetisch-amerikanische Wettkampf um die Vorherrschaft im All. Die USA und die UdSSR arbeiteten in den 1950er Jahren unermüdlich daran, bei der bemannten Raumfahrt die Nase vorne zu haben. Diese Ambitionen, die 1957 mit dem ersten Sputnik-Satelliten, 1959 mit dem ersten Menschen im All und schließlich 1969 mit der Mondlandung in der Öffentlichkeit viel Aufmerksamkeit erhielten, gingen nicht

spurlos an der Film-, Musik- oder auch der Spielzeugkultur vorbei. In dieser Zeit, in der man noch kaum Vorstellungen über den Weltraum hatte, ließen sich fantasievolle Zukunftsvisionen in Form von Büchern, Filmen oder Spielzeugen schaffen.

Nicht nur in der Fantasie ist der *Astroman* von außen bzw. „remote" von der Erde aus zu steuern, auch in der Realität ist er auf die Stromversorgung und Lenkung von außen angewiesen. Mittels kabelgebundener Handsteuerung werden unter anderem die Füße des *Astroman* in Bewegung versetzt. In der Handsteuerung befinden sich zugleich die für den Antrieb benötigten Batterien. Die Füße sind überdimensional groß, damit die Standfestigkeit in der Fortbewegung gewährleistet ist. Zwei kleine Räder in jedem Fuß erlauben ein gleitendes Vorwärtsschreiten. Über das Steuerungselement wird auch der Oberkörper ferngesteuert. Der obere Elektromotor treibt die Arme an, die gehoben und gespreizt werden können, sodass der Roboter Gegenstände aufheben kann. Der untere Motor sorgt für die Bewegungen von

Illustration des Dux-Astroman.

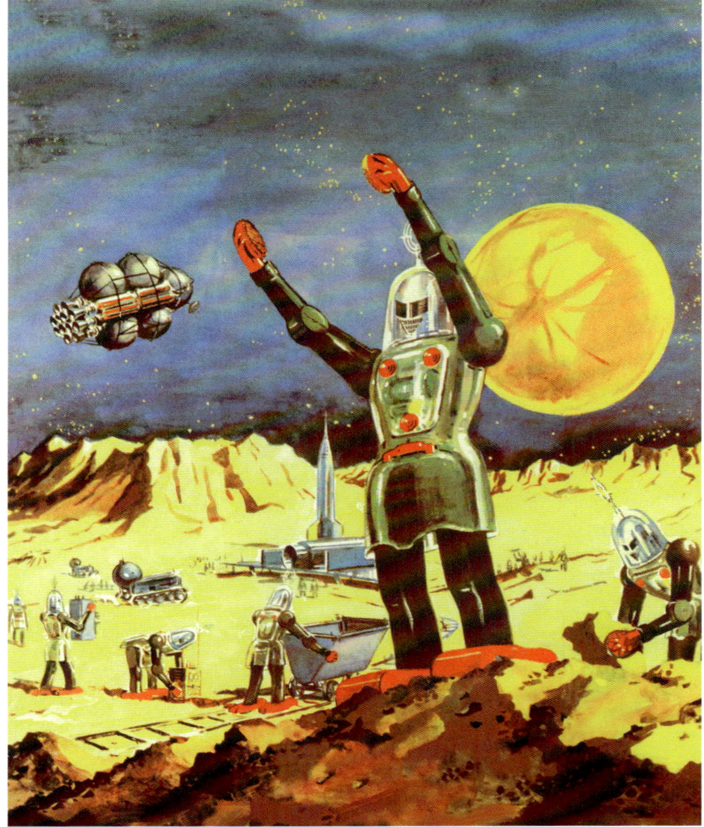

Illustration auf dem Verpackungskarton des Astroman.

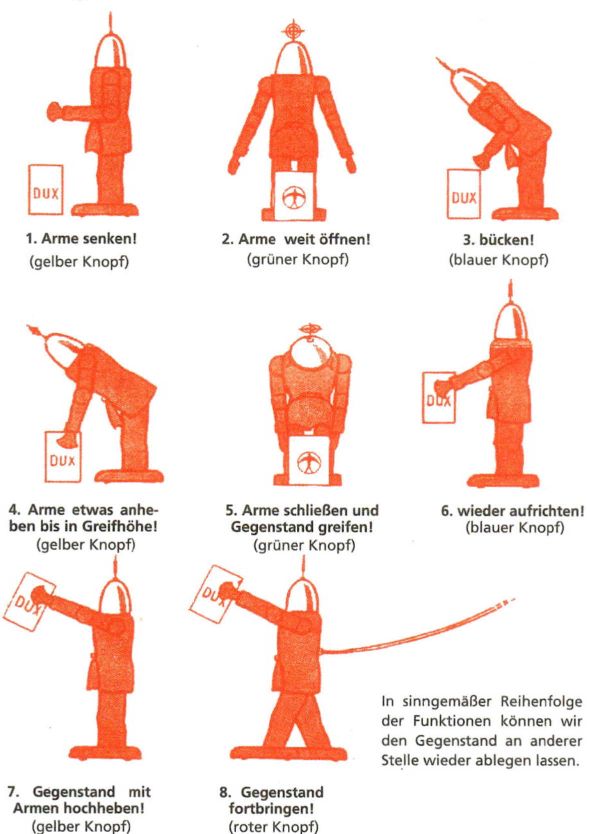

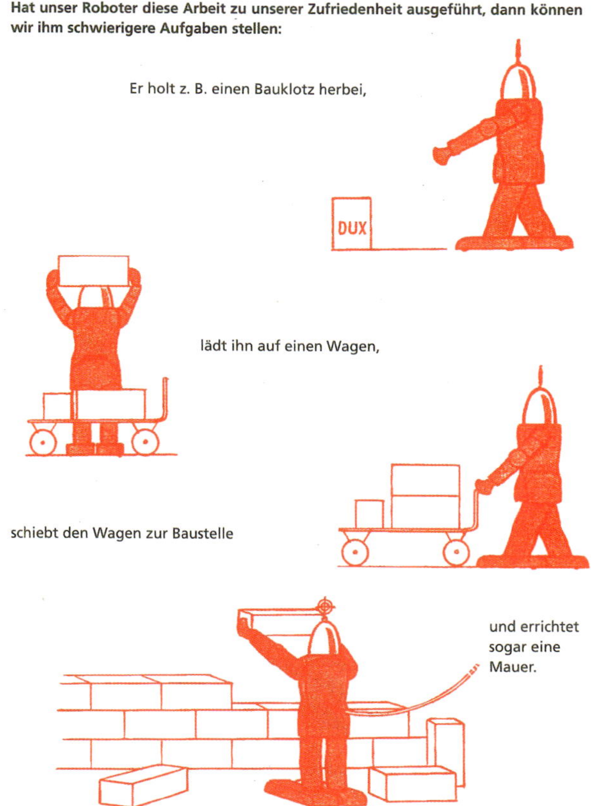

Bewegungsschemata des Roboters.

Beinen und Hüfte. Im Gegensatz zu *Mr. Machine* und den Modellen aus Fernost mit Batterieantrieb, die sich nur vorwärts bewegten, blinkten oder Geräusche machten, bot der *Astroman* viele Spieloptionen an. Er konnte Lasten aufnehmen und vorwärts tragen, auf einen Wagen laden, diesen schieben usw.

Da die Batterien und das Steuerelement außerhalb des Roboterkörpers liegen, konnte dieser wesentlich schlanker gestaltet werden als andere ferngesteuerte Roboter. Der Oberkörper besteht aus grüntransparentem PMMA. Dieses Bauteil legt sich wie ein steifes Hemd über den Torso und die Hüften des Roboters. Von allen Seiten kann durch die transparente Hülle ins Innere des *Astroman* geblickt werden. Zu sehen sind Verkabelungen, ein Motor und eine kleine Glühleuchte, die bei Bewegung des Roboters aufleuchtet.

Der für den Oberkörper verwendete Kunststoff zeichnet sich durch sehr gute optische Eigenschaften wie eine hohe Transparenz und geringe Doppelbrechung[155] aus. Zudem weist PMMA von Natur aus eine hohe inhärente Witterungsbeständigkeit[156] auf. PMMA lässt sich gut einfärben, was beim *Astroman* an den grün-transparenten Elementen zu sehen ist. Nachteile sind die geringe Zähigkeit, Empfindlichkeit für Spannungsrisse gegenüber vielen Reinigungsmitteln sowie die Kratzempfindlichkeit.[157] Der *Astroman* aus dem Deutschen Kunststoff-Museum weist bis auf das Fehlen des Helms und leichte Kratzer kaum Gebrauchsspuren oder Schäden auf.

In der Bedienungsanleitung wird explizit auf die Transparenz am Torso eingegangen: „Roboter haben ein kompliziertes Innenleben, und sie wollen mit technischem Verständnis behandelt werden."[158] Dieses techni-

len, der deutsche (männliche) Nachwuchs Interesse am Ingenieurwesen entwickeln.[159] Das transparente Acrylglas trug dazu bei, den Spielenden aufregende Hightech zu vermitteln.

Faszination Roboter – Technisches Verständnis durch Sichtbarkeit

Der Begriff „Roboter"[160] und die Vorstellung von Robotern als „Metallmenschen" verbreiteten sich wohl infolge des 1920 von Karel Čapek (1890–1938) verfassten Theaterstücks *R.U.R.* (Rossumovi Univerzálni Roboti). In dem Stück werden Roboter als maschinelle Arbeiter dargestellt, die im Dienst ihrer menschlichen Erfinder stehen. Am Ende steht die Zerstörung der Menschheit durch die Roboter, die gegen ihre Versklavung und für Autonomie kämpfen. Dieses Narrativ taucht in ähnlicher Form beispielsweise in *Metropolis* (1927), *2001 – Odyssee im Weltraum* (1968) und *Ex Machina* (2016) auf.[161] *Mr. Machine* und der *Dux-Astroman* wecken hingegen die Vorstellung eines freundlichen Umgangs zwischen Mensch und Roboter, die Isaac Asimovs 1942 formulierten „*Drei Gesetzen der Robotik*"[162] folgt. Demnach dürfen Roboter erstens keinem Menschen Schaden zufügen, müssen zweitens den Menschen gehorchen und dürfen drittens ihre eigene Existenz schützen, unter der Voraussetzung, dass damit nicht den ersten beiden Gesetzen zuwidergehandelt wird.

Der erste Aufziehroboter stammt aus der Mitte der 1930er Jahre, besteht aus Blech und trägt den Namen *Lilliput*.[163] Diese Roboter sind Spielzeuge, die Kriegern oder Kriegsmaschinen ähneln und noch die Ästhetik des Dampfmaschinenzeitalters vermitteln. Sie bewegen sich meist steif und langsam und sind merklich eher empathielose Tötungsmaschinen mit menschlichen körperlichen Merkmalen. Ende der 1940er Jahre und mit dem beginnenden Atomzeitalter kamen dann viele Spielzeuge auf den Markt, die das Thema atomare Strahlung oder Atomenergie als eine neue, zugleich bedrohliche und zukunftsweisende Technologie aufgriffen.

Mit dem Fortschreiten des Weltraumtechnologie und dem Wettlauf ins All in den 1950er und 1960er Jahren wurden Roboter seltener als von Menschen geschaffene Kriegs- oder Arbeitermaschinen dargestellt, sondern häufiger als außerirdische Wesen.[164] Diese Roboter kamen also aus fernen Galaxien und waren weniger beherrsch- und berechenbar als zuvor.[165] Mit dem Film

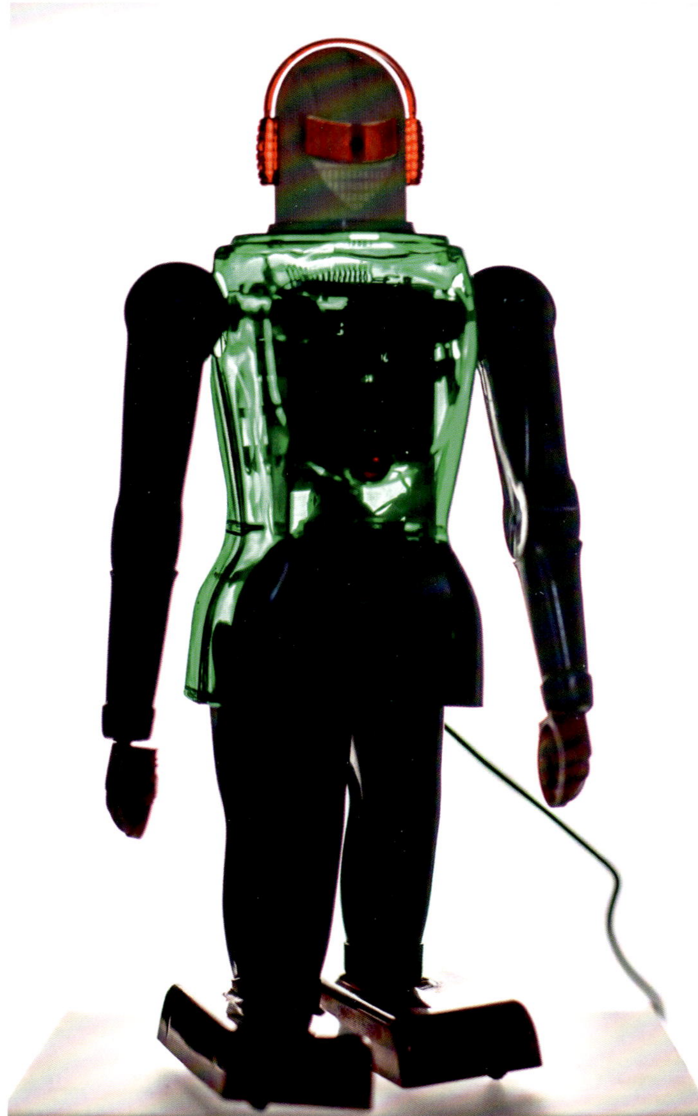

Durchleuchtung des transparenten Korpus mit dem darin liegenden Motor.

sche Verständnis soll durch die Sichtbarkeit der Technik gefördert werden. Anders als beim *Mr. Machine* können jedoch keine Funktionen einzelner Elemente nachvollzogen werden, da das Innenleben des Motors selbst dem Blick entzogen ist. Hingegen macht die transparente Hülle die Sicht frei auf eine Glühbirne, ein reines Dekorelement, das die Aufmerksamkeit noch mehr auf das Innere des Roboters lenkt und die Eigenschaft der Transparenz hervorhebt.

Der *Astroman* von Dux-Spielwaren reiht sich in eine Tradition technischen Spielzeugs in Deutschland ein. Schon in den 1920er und 1930er Jahren sollte mithilfe von Metallbaukästen, teilweise mit elektrischen Bautei-

Alarm im Weltall (1954) setzte eine Verbindung zum Kinofilm ein, was die Beliebtheit von Robotern weiter vorantrieb.[166] Die Spielzeuge wurden den Leinwandhelden nachempfunden und für viele Kinder und SammlerInnen zum Objekt der Begierde.[167]

Zu den ersten außerirdischen Robotern gesellten sich solche, die keinen eigenen Antrieb, weder Mission noch eigenen Willen hatten. Wie der *Dux-Astroman* sind sie ferngesteuerte Assistenten, die Aufgaben erledigen, die der Mensch nicht bewältigen kann oder will. Der Roboter muss keine Sympathie hervorrufen, denn er muss ausschließlich seine Arbeit auf anderen Planeten verrichten und kein netter Spielkamerad werden. Seine Erscheinung hat entsprechend wenig, was ihn sympathisch machen würde.

Mr. Machine nimmt in der Welt der Spielzeugroboter eine friedlichere Rolle ein, er scheint eine Mischung aus Mensch und Maschine zu verkörpern, jedoch keineswegs mit negativen Assoziationen. Sein freundliches Gesicht ist kaum mit denen seiner mechanischen Zeitgenossen zu vergleichen. Die transparente Hülle des freundlichen Roboters eröffnet den Blick ins Innere und macht die Maschinenteile bei der Arbeit beobachtbar. Der gewährte Einblick hilft nicht nur die Funktionsweise des Spielzeugs besser zu verstehen, sondern auch dabei, den Roboter für Menschen nahbarer zu machen, da er sein Maschinenwesen nicht verbirgt.

Mr. Machine und der *Astroman* zeigen sich beide eher als Vertreter einer pädagogischen Spielart von Spielzeugrobotern. Sollte *Mr. Machine* das grundlegende Verständnis des Kindes für Mechanik wecken, erforderte der *Astroman* schon ein gewisses Geschick in der Bedienung, um alle Möglichkeiten des Spielzeugs auszunutzen. Entsprechend unterschiedliche Bedeutung ist den transparenten Körpern der beiden Vertreter zuzuweisen: Bei *Mr. Machine* ist die Transparenz ein integraler Bestandteil des Konzepts, mechanische Vorgänge zu vermitteln. Die durchsichtigen Elemente des *Astromans* hingegen lassen kaum Erkenntnisse über die Funktionsweise des Roboters zu. Der grün schimmernde Oberkörper entfaltet seine ganze Brillanz erst, wenn die Leuchten eingeschaltet sind und einen Blick auf die beiden eingebauten Elektromotoren zulassen. Bei der Betrachtung des Innenlebens von *Astroman* entsteht weniger Verständnis der Funktionsweise des Spielzeugs denn eine gewisse Ehrfurcht vor der neuen Technik.

Das Bild vom mal beruhigenden, mal beängstigenden technologischen und menschlichen Fortschritt, den Roboter verkörpern, ist ab den 1950er Jahren eng mit den Kunststoffen verbunden. Zum einen, weil sich die Kunststoffe zur Herstellung verschieden bunter, transparenter, verchromter und geformter Gegenstände besser eignen als Blech, zum anderen, weil vor allem ab den späten 1950er und frühen 1960er Jahren der Kunststoff ein ähnlich utopisches, fortschrittliches und vom Menschen zu kontrollierendes Image hatte wie so mancher Roboter.

Intentionen transparenter Gehäuse in Mechanik und Elektronik – Transparente Telefone

Die Sichtbarmachung des Inhalts eines durch Mechanik oder Elektronik gesteuerten Geräts kann verschiedene Intentionen haben. Wohl am ältesten ist das Anliegen, komplizierte oder filigrane Handwerkskunst geschützt zur Schau zu stellen.[168] Das Können und die Kreativität des Schaffenden stehen im Mittelpunkt. So wurde schon im 16. Jahrhundert bei den sogenannten Skelettuhren mit aufwendig dekorativen, filigranen oder edlen Schmiedearbeiten im Innern auf ein verdeckendes Gehäuse verzichtet. Im 19. Jahrhundert, einhergehend mit einem gesteigerten Interesse an Fortschritt, Mechanik und Technik, wurden technische Neuerungen und Gerätschaften gerne von einer vorführenden Person auf Jahrmärkten einem neugierigen Publikum präsentiert. Die neuen Techniken und die kaum nachzuvollziehende Funktionsweise wirkten dabei auf die Schaulustigen eher einschüchternd und abschreckend. Die Vorführungen sollten hauptsächlich für Begeisterung, Verwunderung sowie für Respekt vor der Technik und der Industrie sorgen. Die Präsentierenden wirkten privilegiert und gelehrt.

Die sichtbaren komplizierten und teilweise kleinen Mechaniken verschiedener Gerätschaften erschienen dem normalen Menschen nicht handhabbar oder kontrollierbar.

Um komplizierte Technik einer breiten Nutzerschaft zugänglich zu machen, mussten die Bedienoptionen überschaubar werden. Vorgänge im Inneren zu verdecken, diente der Vereinfachung; eine Reduktion auf In- und Output ließ souveräne Handhabung bei minimalem Know-how zu.[169]

Ein Verständnis von und für die Technik, wie es mit dem oben beschriebenen Spielzeugroboter *Mr. Machine* generiert werden sollte, wurde für die Bedienung von Gerätschaften immer irrelevanter.[170] Die Gehäuse entwickelten sich im modernen Haushalt weiter und fügten sich ästhetisch, sensorisch, akustisch und symbolisch in die Wohnräume ein.[171] Wird heutzutage bei elektronischen Geräten der Inhalt des Gehäuses sichtbar gemacht, bedeutet dies keineswegs einen Erkenntnisgewinn über die Funktionsweise. Kabel und Platinen geben – im Gegensatz zu Zahnrädern – kaum Auskunft über Zweck und Funktionsweise einzelner Komponenten oder über die Abläufe im Gerät. Dessen ungeachtet finden sich in der Sammlung des Deutschen Kunststoff-

Museums einige Beispiele für elektronische Geräte mit transparentem Gehäuse.

Die Zurschaustellung von Technik: *Siemens FeTAp 752*

Der Siemens Fernsprechtischapparat *FeTAp 75* ist ein bekannter Telefonklassiker; ein Exemplar mit transparentem Gehäuse dürfte jedoch kaum jemandem vor Augen stehen.

1998 gelangte ein solches Objekt als Schenkung aus dem Siemens-Telefonwerk Bocholt in die Sammlung des Deutschen Kunststoff-Museums. Der 1975 von der Firma HAGENUK[172] hergestellte, transparent gestaltete Appa-

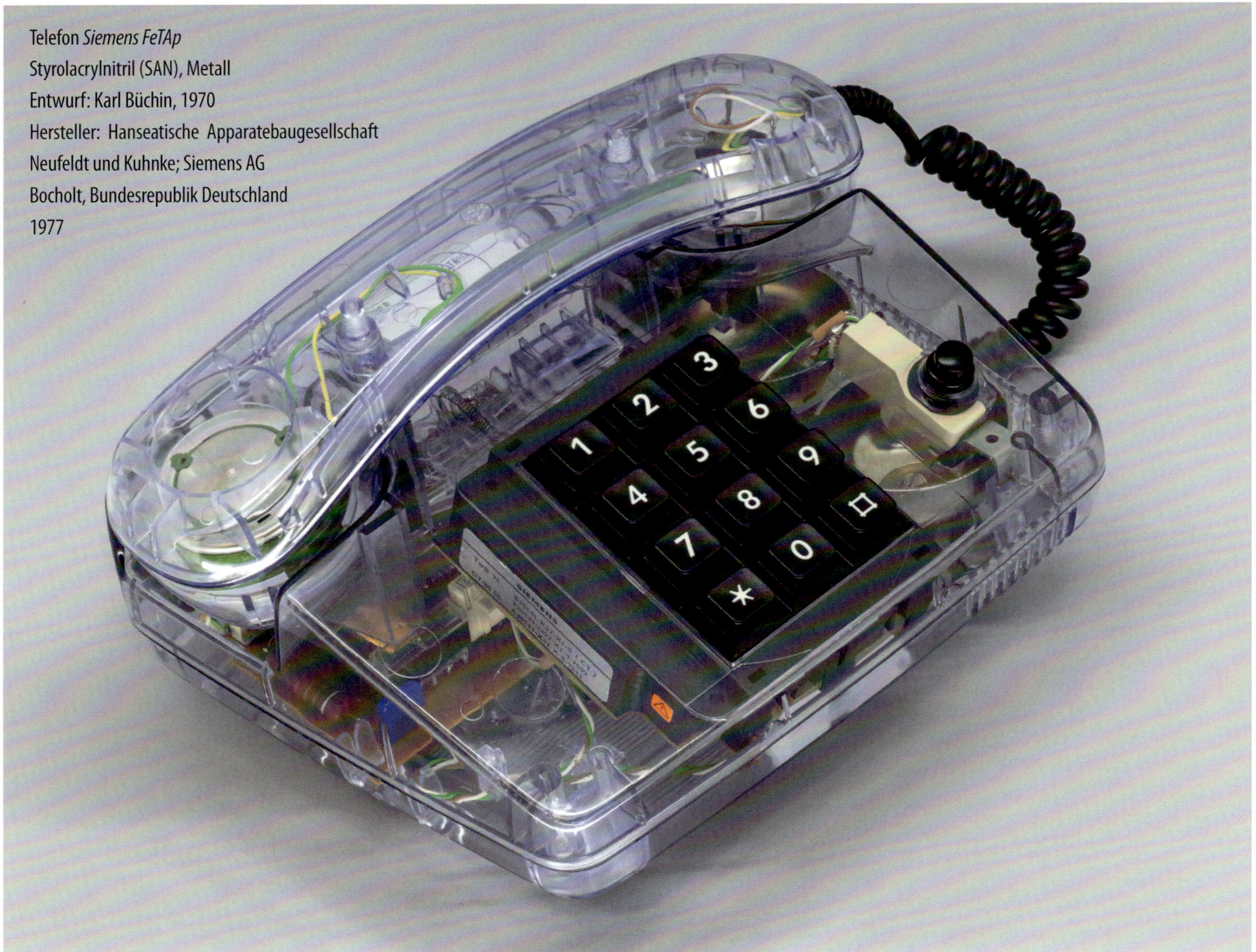

Telefon *Siemens FeTAp*
Styrolacrylnitril (SAN), Metall
Entwurf: Karl Büchin, 1970
Hersteller: Hanseatische Apparatebaugesellschaft
Neufeldt und Kuhnke; Siemens AG
Bocholt, Bundesrepublik Deutschland
1977

rat erlaubt den Blick auf die innenliegende Technik. Das Objekt hebt sich durch diese durchsichtige Hülle von den im Privatgebrauch üblichen Telefonen dieser Zeit und von vergleichbaren Telefonen der Siemensreihe ab. Die Telefone der *FeTAp*-Reihe waren in Deutschland weit verbreitet und sind in den verschiedenen Ausführungen bis heute beliebte Retroklassiker. Die Verbreitung in der Bundesrepublik lag hauptsächlich im Endgerätemonopol der Deutschen Post begründet.

Siemens – die Farb- und Formgestaltung im Endgerätemonopol

Die ersten Telefone wurden zunächst als Erweiterung des Telegrafennetzes genutzt: Man gab mit ihnen auf dem Telegrafenamt Telegramme fernmündlich auf. 1881 begann die Telegrafen Bau-Anstalt von Siemens & Halske das Telefonnetz auszubauen. Dies führte zur administrativen Angliederung des Telefons an das Telegrafenwesen und somit zur Eingliederung in das Postmonopol des Staates.[173]

Das Telefon diente hauptsächlich als Geschäftsmedium, bis es sich ab den 1920er Jahren auch als Medium zur mündlichen Kommunikation im Privaten etablierte. Seit 1919 konnte man Fernsprechtischapparate über die Post mieten. Es dauerte jedoch noch bis in die 1970er Jahre, bis man in Deutschland von einer flächendeckenden Versorgung der Privathaushalte mit Telefonapparaten und -leitungen sprechen konnte.[174] Die Versorgung der Haushalte übernahm bis 1989 die Deutsche Post als Monopolist auf dem Telekommunikations- und Postmarkt. Sie bestimmte die Nutzung der Netze, legte die Preise fest und gab Endgeräte gegen Mietzahlungen aus. Veränderungen an den Geräten vorzunehmen war ebenso verboten wie die Nutzung eigener Telefone, Faxgeräte oder später Modems. Dies führte dazu, dass bis zur Umsetzung des Poststrukturgesetzes 1989 und der Aufhebung des Endgerätemonopols diverse Hersteller mit ihren Produkten 30 Jahre lang den Endgerätemarkt dominierten.[175]

Bis 1960 handelte es sich bei den Telefongehäusen meist um schwarze Phenol-Formaldehyd-Gehäuse. Ab 1963, mit der Markteinführung des *FeTAp 61*, wurden die Gehäuse aus schlagfestem thermoplastischem Acrylnitril-Butadien-Styrol (ABS) hergestellt und vermietet, und zwar zunächst nur in „kieselgrau",[176] weswegen der Apparat bis heute den Spitznamen „graue Maus" trägt. War das Telefon bis in die 1960er in erster Linie mit männlichen Nutzern assoziiert, so wurde es nun zunehmend als ein „häusliches", „weibliches" Gerät wahrgenommen. Umso stärker stand die Farbigkeit bzw. „Nicht-Farbigkeit" des Apparats der aufkommenden Farbenvielfalt in der Mode und Einrichtung der späten 1960er und frühen 1970er Jahre entgegen. Die Deutsche Bundespost startete daher 1970 eine Umfrage zu Farbvorschlägen für Telefongehäuse. Die daraus entwickelten Gehäusefarben waren Ockergelb, Hellrotorange, Farngrün und Lachsrot.[177] Das Material ABS lässt sich leicht farbig-opak gestalten. So musste kein neuer Kunststoff gesucht werden, um die neue Farbigkeit zu ermöglichen und die Formen und Herstellungsverfahren der „grauen Maus" beizubehalten. In den späten 1970er und 1980er Jahren waren der farblichen Gestaltung der Telefongehäuse dann keine Grenzen mehr gesetzt; die Apparate waren in einer Vielzahl von Farben, ob monochrom oder marmoriert, zu mieten.[178]

Die Reihe *FeTAP 7* wurde ab 1977 produziert. Die Form geht auf ein Muster der DeTeWe (Deutsche Telephonwerke Berlin) nach einem Entwurf des Berliner Designers Karl Büchin (*1934) zurück.[179] Die 7er-Reihe ist die erste mit Tastenwahlblock statt Wählscheibe. Das Telefon war ebenfalls in verschiedensten Farben zu mieten. Aber: Über die gesamte Zeit des Endgerätemonopols der Deutschen Bundespost nicht für die EndverbraucherInnen in transparenter Form zu mieten oder zu erstehen, obwohl sie existierten.[180]

187 |

Die Funktion der Transparenz beim *FeTAp 75*

Das leicht bläulich schimmernde transparente Gehäuse des *FeTAp 75* lässt den Blick auf die Verkabelung, Platinen, die Glocke sowie den Lautsprecher und das Mikrofon im Hörer zu. Es findet wie eine Gegenüberstellung zeigt jedoch keine der Transparenz geschuldete spezielle Inszenierung der Technik durch farbige Gestaltung oder Ähnliches statt. Das *Siemens FeTAp* ist mit Schrauben verschlossen, nach dem Öffnen kann die Anordnung der Technik des transparenten Telefons mit der eines opaken Telefons verglichen werden.

So erkennt man, dass sich die Telefone im Aufbau nicht voneinander unterscheiden. Der Inhalt des Gehäuses ist exakt derselbe.

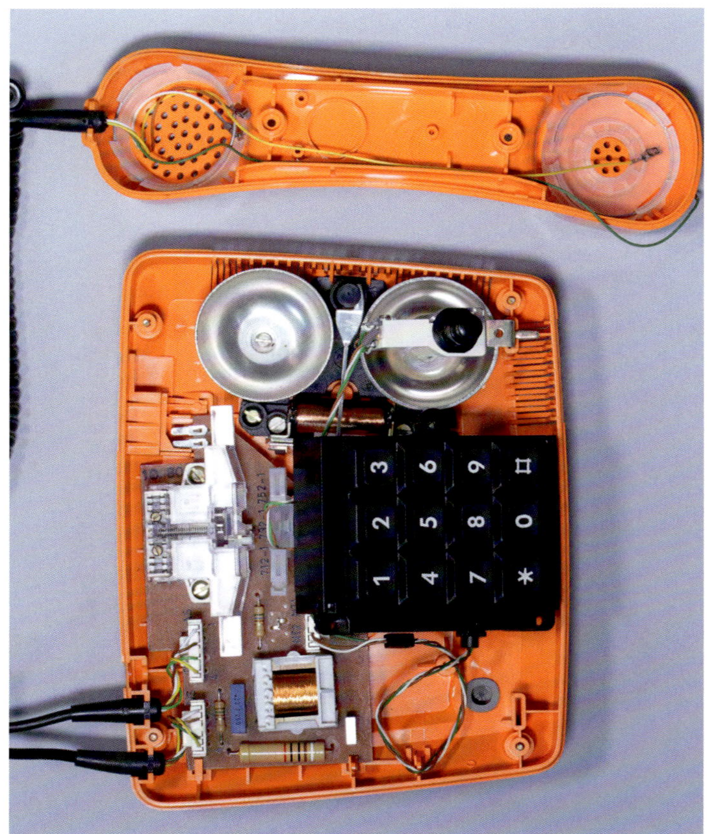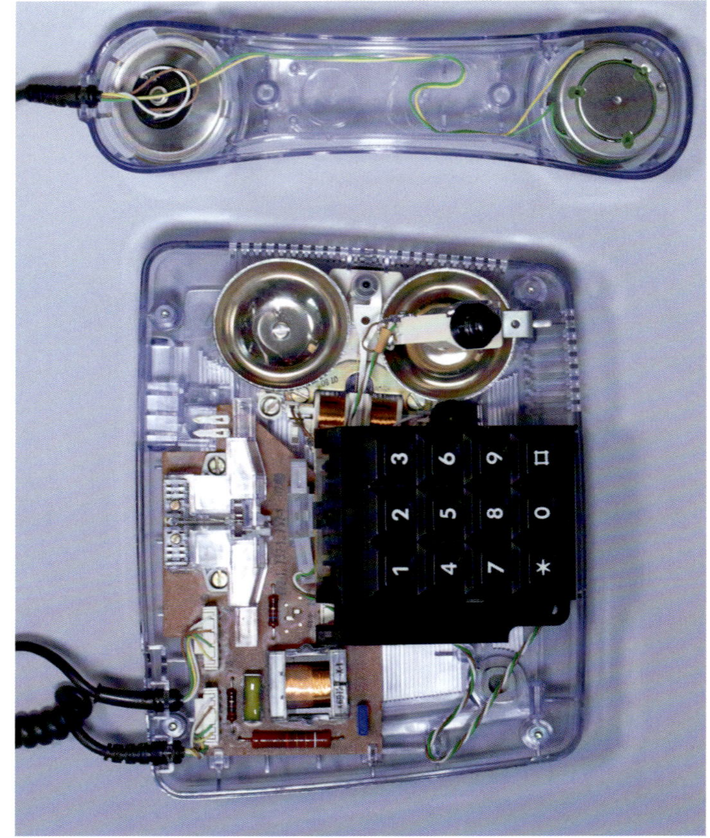

Vergleich des geöffneten opaken FeTAp mit dem transparenten FeTAp.

Das transparente Telefon weist kaum Gebrauchsspuren auf, es gibt weder Kratzer noch Oberflächenveränderungen an der Hör- und Sprechmuschel, die infolge eines wiederholten Abhebens und Auflegens des Hörers auf die Gabel zu erwarten wären. Weitere Spuren, die eine Nutzung des Geräts im Alltag bezeugen würden, fehlen ebenfalls. Dieser Befund in Kombination mit dem Wissen, dass transparente Ausführungen nicht gemietet werden konnten, lässt vermuten, dass es sich um ein Anschauungsobjekt für die Ausbildung von FernmeldetechnikerInnen, IngenieurInnen oder GestalterInnen handelt. Das Objekt ist somit ein nicht in großen Stückzahlen hergestelltes Sondermodell. Ähnlich seltene transparente Wählscheibentelefone finden sich im Museum für Kommunikation in Frankfurt am Main. Sie waren ebenso wenig massenweise für den Privatgebrauch produzierte Geräte, sondern dienten in der Ausbildung zur Veranschaulichung der Einzelkomponenten und dem technischen Aufbau. Ein weiteres Anwendungsfeld dürften Präsentationen auf Messen gewesen sein. Das Telefon hatte also die Funktion, die Technik der *FeTAp-Serie* repräsentativ zu zeigen.

Eine solche Zurschaustellung der Technik durch transparente Gehäuse fand natürlich schon früher statt, und zwar besonders ab den 1930er Jahren mit dem Aufkommen von PMMA und im Zusammenhang mit dem Fortschrittsglauben der Nationalsozialisten. Es entstanden einige Gegenstände mit PMMA-Gehäuse, die auf den sehr beliebten „Lehr- und Leistungsschauen" sowie auf „Reichs- und Gauausstellungen" präsentiert wurden.[181] Hervorzuheben ist hier als Beispiel der funktionstüchtige Kristallmotor *Verbus* von Bauer & Schaurte aus Neuss.[182]

Dieser wurde aus einem „Werkstoff von kristallreiner Klarheit" geschaffen, um die vielen im Motor arbeitenden Schrauben der Firma bei der Arbeit präsentieren zu können. Die Schrauben waren nach eigener Aussage kleiner und zugleich stabiler als die der Konkurrenz, wodurch der gesamte Motor kleiner und leichter gebaut werden konnte. Der Motor sollte verdeutlichen „welche enormen Summen durch die Verwendung der Verbus-Schrauben in der gesamten Industrie an Totgewicht und Kosten eingespart werden könnten."[183]

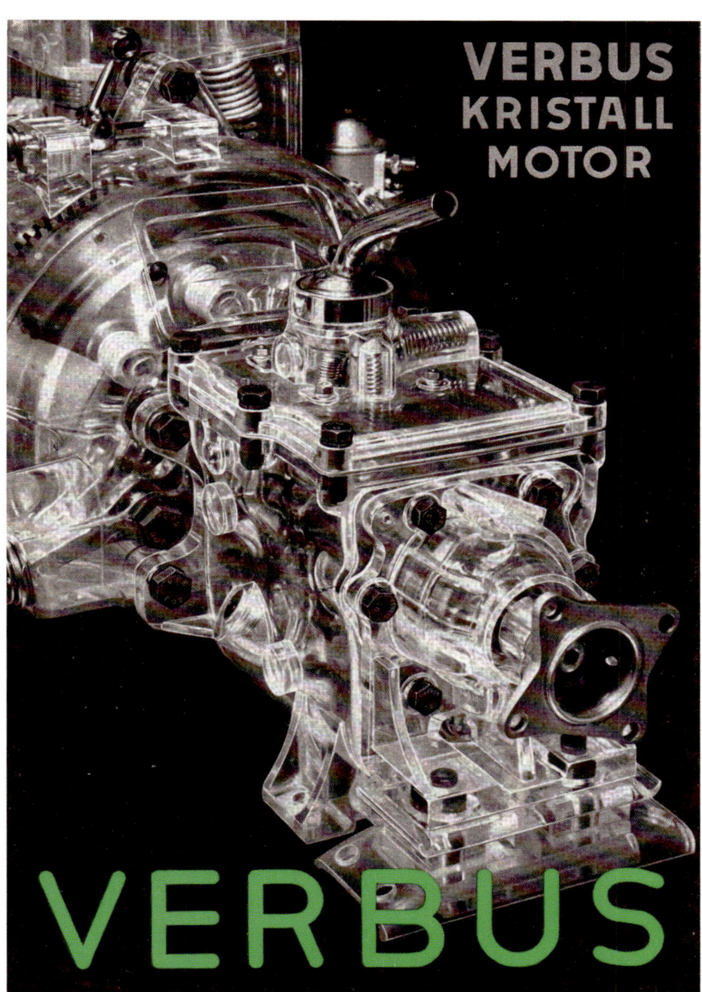

Broschüre zum Vorführmotor *Verbus-Kristall-Motor* von Bauer und Schaurte.

Außerdem brachte Opel den *Olympia* 1937 als Vorführmodell heraus, dessen selbsttragende Karosserie durch die komplett transparente Hülle des Autos betrachtet werden konnte.[184]

Als die transparenten Ausstellungs- und Museumsmodelle in den 1930er Jahren in Mode kamen, waren sie zunächst ein ausschließlich deutsches Phänomen. Das lag zum einen daran, dass der dazu geeignete Kunststoff aus Deutschland kam und sich in anderen Ländern erst etwas später durchsetzte. Zum anderen konnte mit den Modellen die Ideologie der Nationalsozialisten einer absoluten, modernen und leistungsorientierten Techniknutzung vermittelt werden.[185] Im Ausland wurde diese Mode, auch wegen ihres schon beinahe penetrant belehrenden Charakters als typisch deutsch angesehen.[186] Doch bei Telefonen scheint sie sich bis spät in die Nachkriegszeit gehalten zu haben. So finden sich im Museum

für Kommunikation in Frankfurt am Main neben den frühen transparenten Wählscheibentelefonen einige aus der Zeit zwischen 1950 und 1980. Beispiele transparenter Telefone kennen wir sowohl aus West- als auch aus Ostdeutschland.[187]

Die Materialität des *Siemens FeTAp*

Das transparente *Siemens FeTAp* reiht sich in diese Tradition ein und hat eher eine Schau- und Lehrfunktion. Eine Ästhetik für die breite Gesellschaft im Alltagsgebrauch zu schaffen, konnte schon deshalb kein primäres Ziel gewesen sein, weil dieses Telefon bis zur Beendigung des Endgerätemonopols, wie oben berichtet, kein alltäglicher Gebrauchsgegenstand war.

Der transparente Telefonapparat wurde auf seine Materialität hin untersucht, ausgehend von der Überlegung, dass der verwendete Kunststoff vermutlich ähnliche Verarbeitungsparameter aufweist wie das für die opaken Telefone verwendete ABS. Für die Produktion eines transparenten Telefons konnte dieselbe Herstellungsmethode, dieselben Formwerkzeuge und Einstellungen verwendet werden wie für die opaken Telefone. Es wäre wirtschaftlich nicht sinnvoll gewesen, auf neue Formwerkzeuge für eine Sonderreihe mit geringer Stückzahl zurückzugreifen.

Es ist also zu vermuten, dass es sich bei dem transparenten Kunststoff um ein Styrol-Acryl-Copolymer ähnlich dem ABS handeln muss. Eine Probe des Telefons wurde mittels FT-IR-Analyse untersucht. Das Ergebnis der Analyse legt nahe, dass es sich bei dem transparenten Kunststoff wahrscheinlich um Styrol-Acrylnitril (SAN) handelt. SAN ist wie ABS ein Copolymerisat aus Acrylat und Styrol. Beide Copolymere sind schlagfester als reines Polystyrol und eignen sich zur Verarbeitung zu Gehäusen. SAN verwendete man hauptsächlich für Haushaltswaren oder verschiedene Teile in der Elektroindustrie.[188]

SAN erhält aufgrund des Acrylnitrils eine leicht gelbliche Eigenfarbe.[189] Um diese zu überdecken, werden Blaupigmente beigesetzt, wodurch sich glasklare, bläulich schimmernde transparente Gegenstände herstellen lassen.[190] Diese Methode nennt sich laut Bonten *blue tinting* und ist am Siemenstelefon als leicht bläulicher Schimmer zu erkennen.

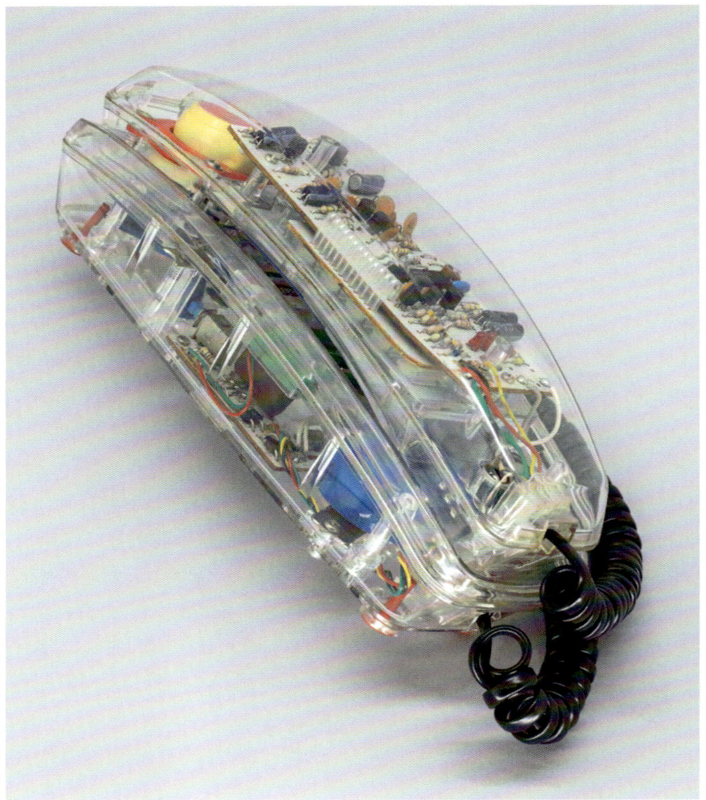

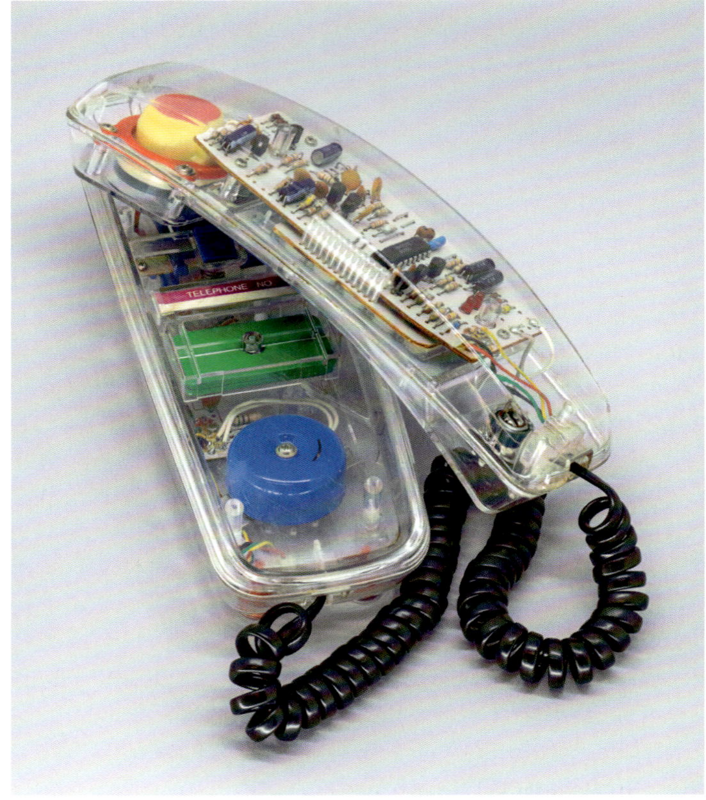

Leichte Kratzer und Gebrauchsspuren auf der Gabel und dem Hörer des Telefons.

Telefon *Inner Works*
Polycarbonat (PC)
Hersteller: LoneStar für AT&T
USA
1970–1980

Prestigeträchtige Inszenierung alltäglicher Technik: *Inner Works*

Inner Works – dieser Produktname umschreibt das Aussehen und die Absicht der Gestaltung dieses Telefons aus den USA der 1980er Jahre treffend. Das analoge Tastentelefon der Firma AT&T mit integrierter Tastatur im Hörer hebt sich durch das transparente Gehäuse von anderen Telefonen dieser Art ab. Den BetrachterInnen eröffnet sich der Blick auf ein farbenfroh gestaltetes Innenleben mit den funktional notwendigen elektronischen Bestandteilen. Auf diese Weise tragen die sonst nicht sichtbaren elektronischen Komponenten zur Ästhetik des Telefons bei. Die Außenhaut, sprich das Gehäuse, tritt zurück und löst sich nahezu auf. Das sichtbare Innere erinnert an eine künstlerische Assemblage, was modern und lebendig wirkt. Die Gestaltung erfolgte „von innen heraus": Die farbenfrohen Einzelteile wie Fußstopfen in Pink, eine blaue

Klingel sowie zwei rote Leuchtdioden, die beim Klingeln des Telefons ein Lichtsignal geben, sind in dieser Farbenpracht in Telefonen mit opakem Gehäuse nicht sichtbar und entsprechend dort nicht verbaut.

Es handelt sich um die Hervorhebung des technischen Fortschritts in einem Leben, das im Alltag doch immer von Routinen geprägt bleibt. Telefonieren bleibt Telefonieren, selbst wenn das Gerät, mit dem man es tut, aussieht wie ein technisches Wunderwerk.

Das transparente Telefon *Inner Works* war in den USA der 1980er Jahre keineswegs eine Randerscheinung, was auch mit der Unternehmensgeschichte des Produzenten zu tun hatte. Bell Systems nahm seit 1877 eine Monopolstellung unter den Telekommunikationskonzernen ein, was sich auf die Gestaltung der Endgeräte auswirkte. Aufgrund einer Klage wegen Monopolmissbrauchs willigte Bell 1982 ein, das Unternehmen aufzuspalten,[191] und wurde 1984 in acht kleinere Firmen geteilt. Die New York Times titelte: „Bell System Breakup Opens Era of Great Expectations and Great Concern".[192] Der Autor des Artikels bezeichnete das Telefonsystem als Autobahn des Informationszeitalters und äußerte sich besorgt darüber, dass die Auflösung des Großunternehmens zu Rückschlägen auf dem Gebiet der Forschung führen würde. Für die EndverbraucherInnen hatte die Aufspaltung von Bell zunächst nur die Folge, dass eine größere Auswahl an Netzanbietern und Telefongeräten zur Verfügung stand. Deswegen ist das Telefon *Inner Works* nur eines von vielen transparenten, nicht selten mit blinkenden Dioden oder Neonröhren ausgestatteten Telefonen, die ab Mitte der 1980er in die Wohnungen der AmerikanerInnen Einzug hielt.[193] Nahezu jeder Haushalt verfügte bereits über ein „normales" Telefon – es ging nun weniger um das Gerät selbst und die Möglichkeiten, die es mit sich brachte, als um die Form und Gestaltung sowie das Prestige: Man konnte zeigen, dass man sich solch ein ausgefallenes Design leisten konnte.

Das Gehäuse des Telefons besteht aus Polycarbonat. Dieser Kunststoff ist noch immer doppelt bis dreimal so teuer wie PMMA. Die Wahl des Materials mag bereits den guten Zustand des Gehäuses erklären: Das Telefon zeigt keine Anzeichen von vorzeitiger Alterung. Obwohl die Nutzung an einigen Stellen Spuren wie Kratzer und Abrieb hinterlassen hat, wirkt die Außenhaut des Telefons noch immer klar. Die glänzende Oberfläche sorgt jedoch allgemein für ein hochwertiges Erscheinungsbild.[194]

Transparenz und Transluzenz als Marketingstrategie – Die Swatch Group

Die 1983 gegründete Schweizer Swatch Group (Schweizerische Gesellschaft für Mikroelektronik und Uhrenindustrie AG) ist hauptsächlich für ihre bunten, teilweise schrill-poppigen Kunststoffuhren bekannt. Die ersten Uhrenentwürfe sollten den aufgrund der Quarz-Krise[195] (1970er und 1980er) schwächelnden Schweizer Markt für mechanische Uhren gegen die Konkurrenz aus Fernost stärken, die günstige und modische digitale Uhren auf den Markt brachte.[196] Die ab 1984 weltweit vermarkteten Kunststoffuhren mit Standardgröße und -form führten dazu, dass die Marke Swatch die Schweizer Uhrenindustrie nachhaltig veränderte und dank der Verwandlung eines funktionalen Objekts in ein Lifestyle-Produkt maßgeblich zu deren Rettung beitrug. Waren Schweizer Uhren zuvor ausschließlich wertvolle Präzisionsinstrumente aus teuren Materialien, gelang es der Swatch AG mit der Standardisierung der Kunststoff-Uhrenmodelle, diese

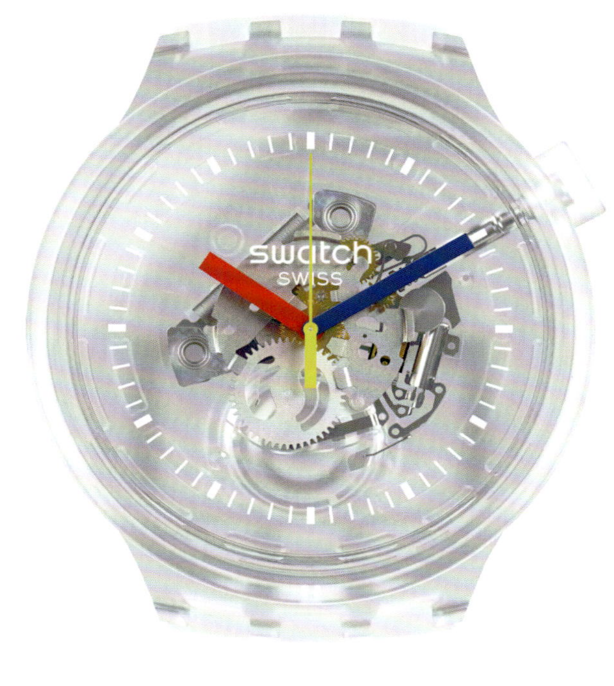

Armbanduhr *Jellyfish Big Bold* von Swatch, 1983.

komplett von Robotern zusammensetzen zu lassen. Eine *Swatch*-Uhr kostete 1983 in den USA 35 US-Dollar. Entsprechend steht der Name der Marke auch für schnelllebige, austauschbare Modeuhren – für die „Zweituhr", die *second watch*. Die Uhr aus Kunststoff wird als gängiges, austauschbares Accessoire verstanden.[197] Zum Image der kurzlebigen, trendigen Uhr trugen die halbjährlich wechselnden Kollektionen bei, die die Uhren bis heute teilweise zu begehrten Sammlerobjekten machen.

Swatch stellt sich als seit jeher eng mit der Kunst verbundenes Unternehmen dar, das moderne Kulturströmungen als Inspirationsquelle nutzt.[198] Dies äußert sich in limitierten Sonderserien, die zum Teil von KünstlerInnen, MusikerInnen und bekannten DesignerInnen gestaltet wurden und werden.[199] Das Design der Uhren nimmt, typisch für die 1980er und 1990er Jahre, einen „Eventcharakter" an, passend zu gesellschaftlichen Entwicklungen wie der zunehmenden Individualisierung sowie der Lifestyle- und Erlebnisausrichtung.[200] Die Zielgruppenorientierung schlägt sich deutlich in der Art der

Vermarktung nieder, zum Beispiel in Form von modernen, „hippen" TV-Clips und schrillen Werbeplakaten mit Unterstützung von zeitgenössischen Prominenten.

Die Gestaltung der Gehäuse aus transparentem Material setzte bei Swatch mit der *Jellyfish-Watch* 1983 ein.

Unter den bis 1992 auf den Markt gebrachten 500 Modellen finden sich weiterhin einige Uhren, deren Gehäuse teilweise aus buntem, transparentem Kunststoff bestehen. Die Silikon-Armbänder, aber auch die Rückseiten der Uhren sind teilweise durchsichtig, sodass das Uhrwerk mit seinen Zahnrädern sichtbar wird und die Uhren so den Kreis zu den Skelettuhren des 16. Jahrhunderts schließen.

Die Swatch-Telecom-Sparte und die Abkehr von den 1980ern

Der Versuch, Ende der 1980er, Anfang der 1990er Jahre einen Markentransfer auf andere Produktlinien zu etablieren, mündete darin, dass Swatch neben Armband- und Wanduhren auch Pager, Telefone, Anrufbeantworter und sogar Sonnenbrillen herstellte.[201] Die Diversifikationsstrategie sollte neue Umsätze und Deckungsbeiträge für Swatch ebenso wie für die Handelspartner schaffen und zusätzliches Konsumpotenzial bilden. Die Produkte waren jedoch nur in Maßen erfolgreich und wurden nach relativ kurzer Dauer wieder vom Markt genommen. Eine gewisse Sonderstellung nahm die Sparte Swatch Telecom ein, deren Produkte sich vergleichsweise lange halten konnten.

1988/1989 entwickelte Swatch mit dem italienischen Designbüro Italdesign unter dem bekannten Industriedesigner Giorgio Giugiaro (*1938) ein erstes Telefon.

Die Gestaltung der Form und Funktionsweise des Telefons wurde deutlich von Giugiaro bestimmt. Das farbige Design des Gehäuses, der Tasten und Kabel beziehen sich jedoch klar auf die Marke Swatch, ebenso wie die Vermarktung. Die Gestaltung des Telefons entspricht einer Designentwicklung der 1980er und frühen 1990er Jahre. Nach der formalen Üppigkeit der 1980er Jahre, die sich beispielsweise in den Entwürfen der italienischen Gruppe Memphis manifestierte, war eine Gegenbewegung nicht zu vermeiden. Es ist durchaus kein Zufall, dass mit dem Büro Giugiaros DesignerInnen beauftragt wurden, die Kompetenzen im technischen Bereich hatten – beispielsweise durch das Design von Autos oder der hochwertigen Kamera *Nikon F4*.[202]

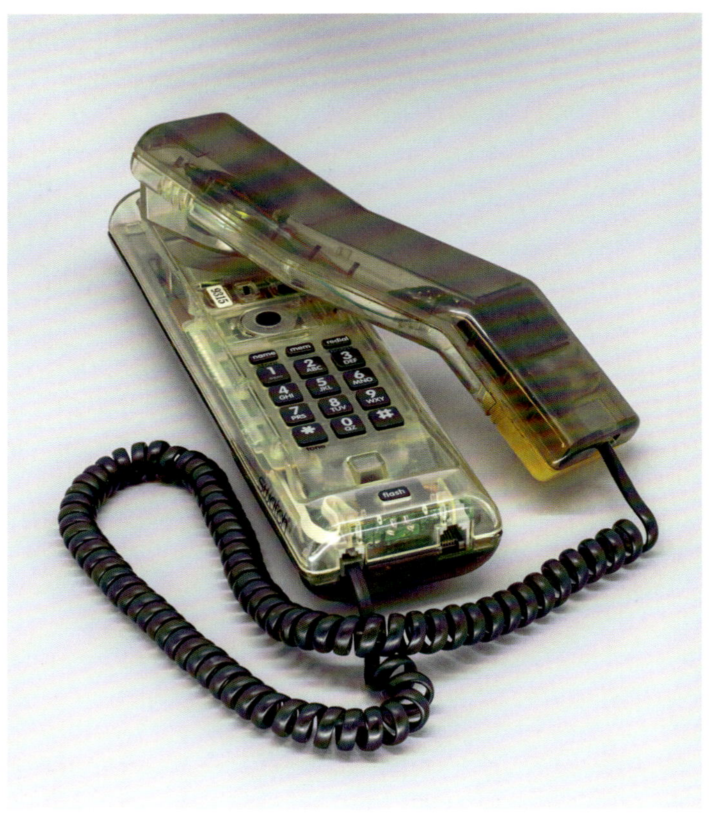

Telefon *Twinphone*
Polycarbonat (PC)
Entwurf: Giorgio Giugiaro, Italdesign, 1988
Hersteller: Swatch Telecom AG
Biel, Schweiz
1988–1995

Swatch Twintam – Schemenhafter Blick auf moderne Technik

Das *Swatch twintam* von 1992 ist ein Telefon, das aus einem Hörer und einer Basisstation besteht, die durch ein Kabel miteinander verbunden sind. Das Telefon verfügt über ein Kurzwahltelefonbuch mit bis zu 20 Speicherplätzen und einen Anrufbeantworter;[203] verpasste Nachrichten wurden auf einer Minikassette gespeichert und konnten abgehört, vor- und zurückgespult oder gelöscht werden. Die Kassette liegt hinter einer Klappe im Basisgehäuse verborgen.

Zunächst scheinen nur das Design, die Farbigkeit und der Umstand, dass ein Uhrenhersteller auch Telefone auf den Markt bringt, ungewöhnlich zu sein. Jedoch verfügt das *Twintam*, wie schon der Vorgänger, das *Twinphone*, zusätzlich über eine für diese Zeit bemerkenswerte Techno-

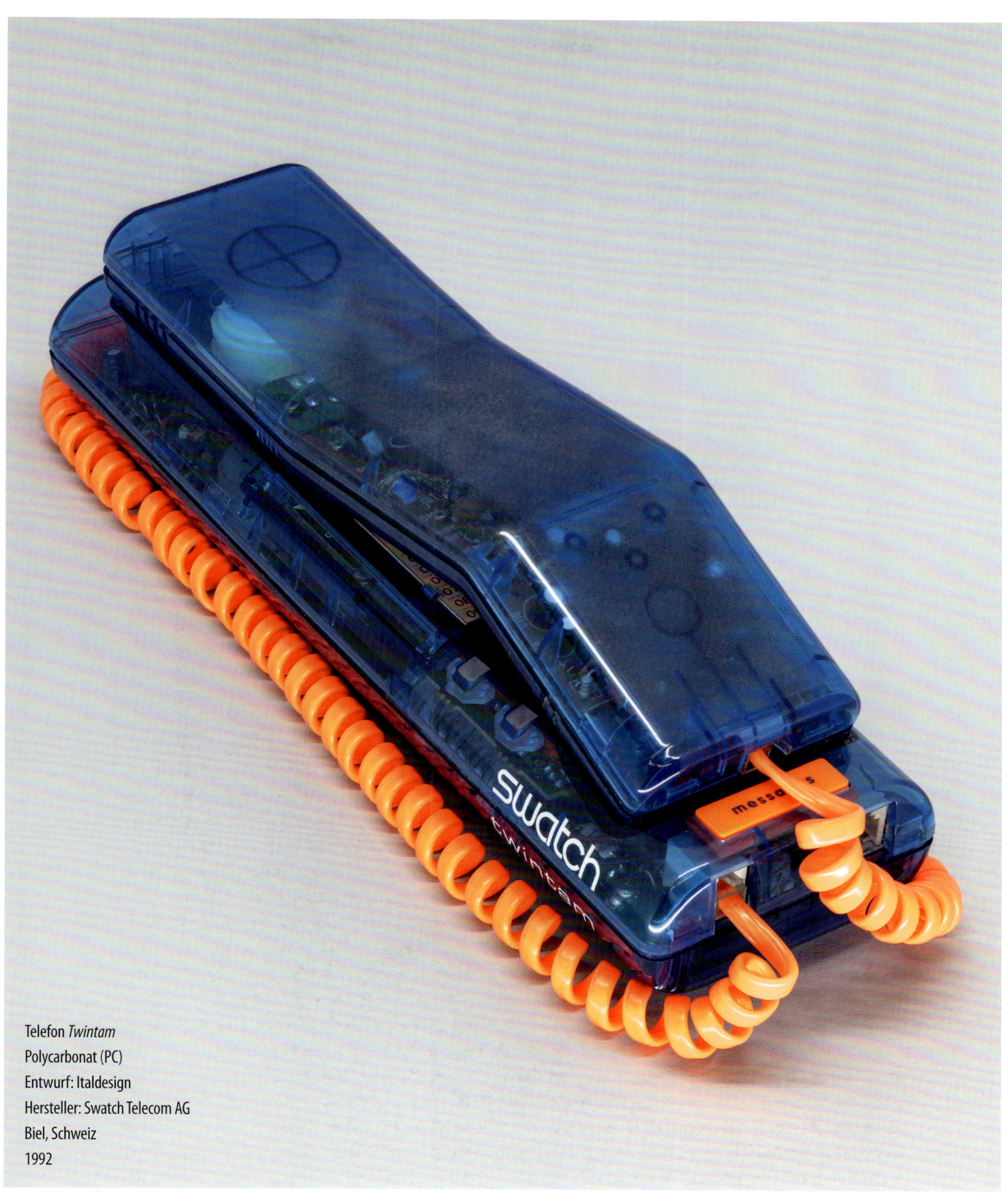

Telefon *Twintam*
Polycarbonat (PC)
Entwurf: Italdesign
Hersteller: Swatch Telecom AG
Biel, Schweiz
1992

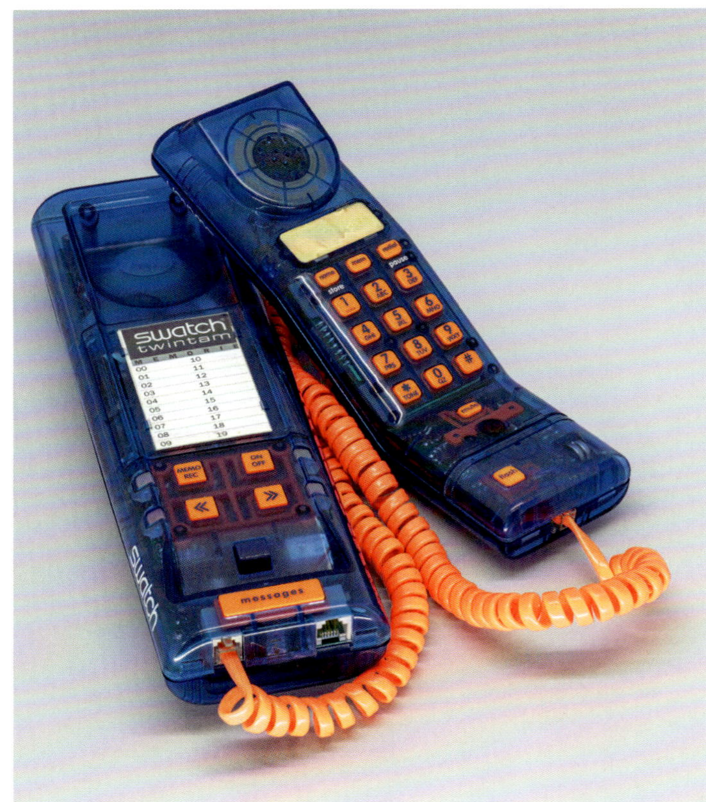

Kurzwahltelefonbuch auf der Basisstation des Telefons.

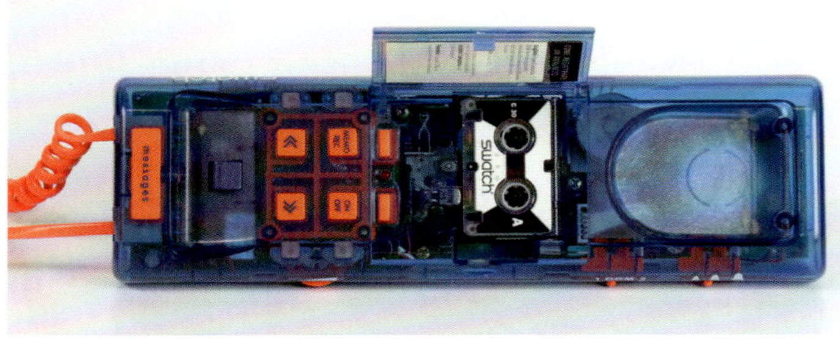

Minikassette in der Basisstation des Telefons.

logie: Das Telefon wurde als „1 Phone for 2, 2 Phones in 1"[204] konzipiert. Mittels Hörer und Basisgerät, welches als zweiter Hörer fungiert, können zwei Personen mit dem einem Gerät miteinander telefonieren und noch eine dritte Person von außen einbeziehen.

Die Nutzungsweise des Geräts ist so nicht mehr einfach zu erkennen: „Es befreit sich scheinbar rückstandslos von der in der industriellen Moderne etablierten Pflicht zur adäquaten Funktionsdarstellung über authentische Formen, Symboliken und rational formulierte Nutzungszusammenhänge."[205] Die unbefangene Herangehensweise zeigt sich im zusätzlichen Nutzen (zwei bzw.

drei Personen) genauso wie in der farbigen Gestaltung des *Twinphones*, der keine Grenzen gesetzt waren. Ungewöhnliche farbliche Kombinationen und Kontraste sowie farbige Transparenz sprachen eine junge, moderne Zielgruppe an.

Das hier vorliegende Objekt besteht aus blautransparentem PMMA und lässt so einen leicht getönten Durchblick auf das Innere des Apparats zu. In farblichem Kontrast dazu stehen die neonorangenen Knöpfe und Kabel. Der Farbkontrast lässt die Fixierungen und Anordnungen der orangenen Elemente unter dem Gehäuse besonders deutlich hervortreten. Die Technik im Innern des Geräts ist jedoch nur schemenhaft und partiell zu erkennen. Das liegt zum einen daran, dass die Technik sehr kompakt angeordnet ist und so Einzelteile nicht auszumachen sind, zum anderen erschwert die Tönung des Gehäuses eine klare Sicht auf das Innere. Kontraste, farbliche Unterschiede zwischen einzelnen technischen Komponenten sind kaum zu erkennen. Die größte durchgehende Fläche ist die Rückseite des Hörers. Um eine bessere Griffigkeit zu gewährleisten, wurde die Oberfläche jedoch aufgeraut. Auch deshalb ist bei heller eingefärbten *Twintam*-Telefonen keine verbesserte Durchsicht auf die innenliegende Technik möglich.

Das Gehäuse des Telefons weist einige typische Nutzungsspuren auf. Zum einen finden sich Kratzer an den Flächen der Hör- und Sprechmuschel sowie an den Stellen am Basisgerät, an denen die Muscheln aufliegen. Das Spurenbild legt nahe, dass das Telefon einige Zeit im Alltag genutzt und der Hörer folglich immer wieder abgenommen und aufgelegt wurde. Kratzer entstehen in der Oberfläche von PMMA sehr leicht, ebenso neigt es aufgrund seiner dielektrischen Eigenschaften zu starker elektrostatischer Aufladung, was dazu führt, dass der Kunststoff Staub aus der Umgebung anzieht. Kleine Partikel setzen sich in den schmalen Fugen zwischen den Gehäusehälften sowie in den Löchern der Hör- und Sprechmuschel ab. Staub ist ein hygroskopisches Materialgemenge, das Feuchtigkeit aus der Umgebung aufnimmt. Um eine Beschädigung des Materials zu verhindern, sollten die entsprechenden Stellen von Staub und Schmutz befreit und gesäubert werden. Durch die Fugen zwischen den Gehäusehälften der Basis und des Hörers ist bereits Staub und Schmutz in das Gerät gelangt und haben sich von Innen auf die PMMA-Oberfläche gelegt. Die Gehäusehälften lassen sich jedoch weder am Hörer noch an der Basisstation öffnen, ohne einen Schaden anzurichten, da die Hälften mit Schnappriegeln verschlossen sind. Es gilt also dafür zu sorgen, dass das Objekt vor weiterem Staub geschützt gelagert wird, sodass sich die Problematik der Feuchtigkeit im Staub nicht verschärft.

Benutzerillusion Transparenz

Mitte der 1920er Jahre wurde es üblich, elektrische oder elektronische Konsumgüter, deren Funktionsweise für die meisten BenutzerInnen nicht nachzuvollziehen waren, mit einem Gehäuse zu verhüllen und so übersichtlicher zu gestalten. Waren es zunächst nur einfache Kästen oder Boxen, in die die Technik verbaut wurde, so bestimmten später die Anordnung, Größe und notwendige Position der technischen Elemente die äußere Form. So wird durch das Gehäuse die Komplexität des inneren Funktionsraums verborgen, die Eingabe- und Ausgabemöglichkeiten wurden bewusst begrenzt, was die Technik für Nicht-Fachleute handhabbar macht.[206] Zu beobachten ist dies beispielsweise an Rundfunkgeräten.[207] Den BenutzerInnen präsentiert das Gerät eine Oberfläche, zu der Knöpfe, Schalter und Regler gehören. Ohne dass sie Einblick in das Innere und die Funktionsweise des Geräts haben, wird ihnen dadurch die Illusion vermittelt, das Gerät zu beherrschen und zu verstehen.[208]

Die Vorgänge im Innern werden vollkommen verhüllt, das Verständnis für die Funktionsweise wird minimiert und für die Bedienung des Geräts immer irrelevanter. So entwickelt sich das Gehäuse zur undurchdringlichen Barriere gegen ein Begreifen von außen.

Einige Geräte fordern jedoch eine bestimmte Art der Kontrolle des Innenraums bzw. über die Vorgänge im Innern eines Geräts. Es werden Durchbrechungen im Gehäuse geschaffen, durch die Vorgänge im Innern kontrolliert oder betrachtet werden können. Diese Sichtfenster sind zunächst Luken aus Metall, später aus Glas oder einem transparenten Kunststoff. Solche transparenten Durchbrechungen in sonst verschlossenen Gehäusen finden wir zum Beispiel bei Kassetten und Videokameras, bei Waschmaschinen und Backöfen. Die Möglichkeit, Vorgänge im Inneren eines Gerätes oder wie hier gezeigt ein Speichermedium zu beobachten, wenn auch nur partiell, gibt den BenutzerInnen das Gefühl von Kontrolle zurück.

Man ist nicht darauf angewiesen, dem Gerät und seiner einwandfreien Funktionstüchtigkeit zu vertrauen. Dieser Gedanke spielt zum Beispiel beim *Dux-Astroman* eine Rolle: Der grün-transparente Torso weckt vor allem mit der Glühbirne im Inneren den Anschein, als ob die einwandfreie Funktionstüchtigkeit des Roboters mit einem kurzen Blick auf die leuchtende Birne überprüft werden könnte und man so eine bestimmte Art der Kontrolle über das Gerät hätte.

195

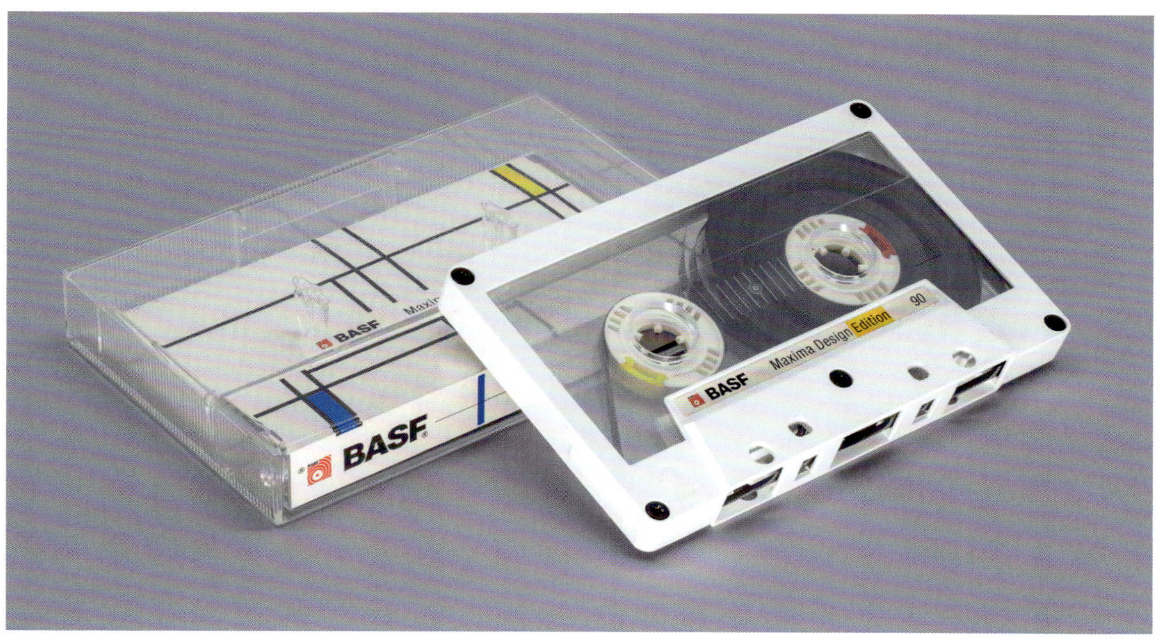

Leerkassette *Maxima Design Edition 90*
Polystyrol (PS), Polyethylenterephtalat (PET),
Polyoxymethylen (POM)
Hersteller: BASF AG
Deutschland
1990

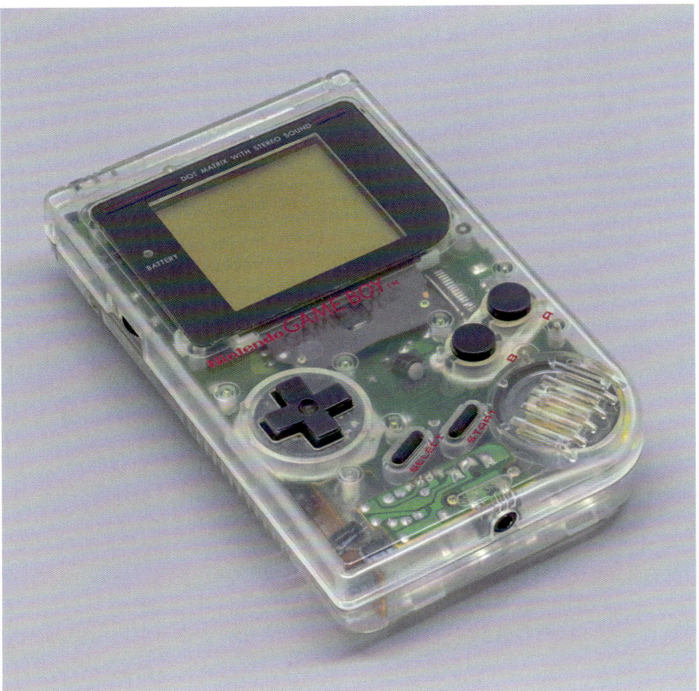

Spielekonsole *Game Boy*
Acrylnitril-Butadien-Styrol (ABS), Metall
Entwurf: 1989
Hersteller: Nintendo Co. Ltd. Kabushiki-gaisha
Kyoto, Japan
1989–1995

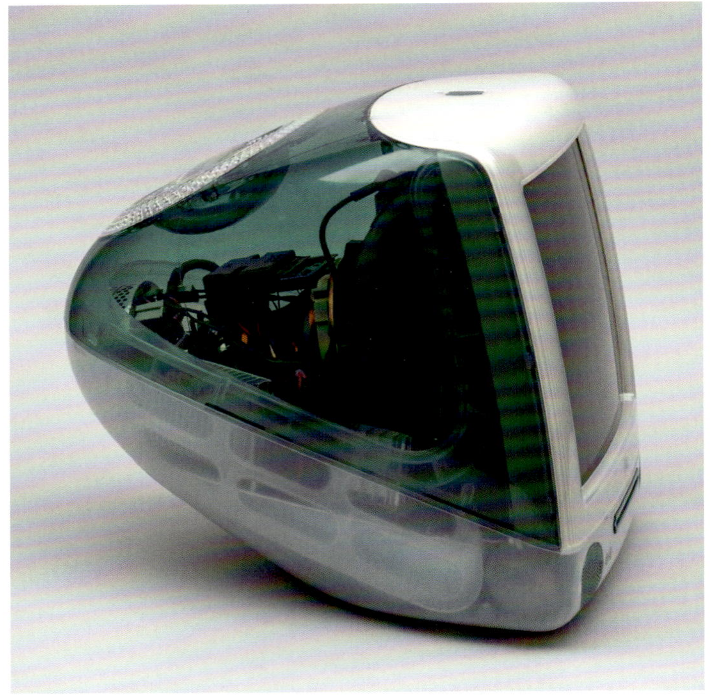

Computer *iMac G3*
Acrylnitril-Butadien-Styrol (ABS), Polycarbonat (PC)
Entwurf: Jonathan Ive
Hersteller: Apple Computer Inc.
Cupertino, USA
1998

Aber was wollten die Firmen Lonestar und Swatch mit der transparenten Gestaltung ihrer Telefone aussagen oder bewirken? Sollte den KundInnen Verantwortung, Kontrolle oder Handlungsfähigkeit zurückgegeben werden? Vermutlich geht die Gestaltung eher auf einen maßgeblichen Trend der 1980er Jahre zurück: Design wird zum prominenten Ausdrucksmittel der Kulturgesellschaft.[209] Es folgt nicht mehr dem Leitsatz „form follows function", vielmehr muss es überraschen und auffallen.[210] Längst ist Design zu einer Technik des Marketings geworden und bricht mit der Funktionsmoderne. Durch den hohen ästhetischen Aufwand, der mit dem Entwurf verbunden ist, hebt sich der Gegenstand von der Banalität der Objektwelt ab.[211] Dem steht entgegen, dass es sich bei den transparenten Telefonen der 1990er Jahre keineswegs um Raritäten handelt. Mitte der 1980er Jahre begann eine Vielzahl von Herstellern mit der Produktion von neuartigen Telefonen, viele der Geräte waren durchsichtig und blinkende Neonlichter leuchteten auf, wenn sie klingelten. Die kurze Innovationszeit von technischen Neuerungen zwangen Ge-

rätehersteller ständig nach neuen Lösungen bzw. Designs zu suchen. Das Design spielte als Verkaufsargument eine immer größere Rolle, schnelllebige Modeerscheinungen wurden aufgegriffen, während sich an dem tatsächlichen Produkt, seinem Aufbau oder seiner Funktionsweise nicht mehr viel änderte. Um einen Kaufanreiz zu schaffen und sich gegen Konkurrenten durchzusetzen, wählte man Gestaltungen, die auf die menschliche Neugier und Schaulust abzielten. Die KäuferInnen rechneten damit, dass ein komplexes, bunt blinkendes technisches Wunderwerk, das Elemente hervorhebt, die sonst verborgen sind, einen Vorteil für sie barg. Die Inszenierung der Technik geschah aus diesem Grund auf immer spektakulärere Weise, die nur oder besonders durch die Eigenschaften der Kunststoffe zu realisieren waren und sind.

Die Gestaltung des Telefons folgt demnach einem Trend, dessen Ursprünge weit zurückliegen. Sie beruht im Grunde auf dem Bestreben des Menschen, Dinge zu verstehen und Unsichtbares sichtbar zu machen. In der Konsumgesellschaft müssen jedoch immer wieder neue faszinierende Anreize geschaffen werden, so reichte es irgendwann nicht mehr aus, bunte bewegte Zahnräder zu sehen. Zusätzliche Elemente wie blinkende bunte Lichter, die für die Funktionalität nicht nötig waren, sollten die Faszination für die transparenten Gegenstände weiter erhalten.

Transparente Möbel wie Hocker, Stühle, Tische sowie neben dem *Twinphone* noch weitere elektrische Geräte mit transparenten Gehäusen kamen auf den Markt. Hier ging es nie darum, die Funktion für den Betrachtenden offenzulegen, vielmehr sollte ein jüngeres Publikum durch ästhetische Auffälligkeit und Unverwechselbarkeit angesprochen werden. Das Spektrum der Produkte erstreckt sich von einem *Game Boy* mit klarer Gehäusehülle, über den *iMac* von Apple, bis zur *Jellyfish*-Armbanduhr von Swatch.

Dahinter könnte zum Teil ein Paradigmenwechsel stehen: von handfesten Produkten der mechanischen Moderne zu immateriellen Systemen und Produkten der digitalen Postmoderne. Es ist in jedem Falle eine Zeit des Neubeginns. Der Designer Günter Horntrich (*1948) fand Anfang der 1990er Jahre klare Worte dafür:

„Die farbenprächtigen 80er-Jahre sind heute Geschichte und erscheinen uns im Rückblick billig und überladen. Es folgten – getreu dem rhythmischen Wechsel der Stile und Trends – die 90er-Jahre mit Askese, Purismus und Naturästhetik, Transparenz. „Weniger ist mehr" oder „weglassen und sichtbar machen" könnte für das kommende Jahrzehnt stehen."[212]

Die Globalisierung und Digitalisierung zeichnen sich als die bestimmenden Strömungen der Zukunft mit allen Vor- und Nachteilen ab. Die Gestaltung technischer Geräte mit transparenten Gehäusen wie Telefonen, Computern, Spielkonsolen oder sogar Rasierapparaten inszeniert Modernität mit dem Blick auf die allgegenwärtigen Mikroprozessoren.

In den 1980er und 1990er Jahren unterstützten transparente Materialien eine weitere Marketingstrategie, die sich branchenübergreifend beobachten ließ und die oben erwähnte menschliche Eigenschaft, Dinge verstehen zu wollen, aufgriff. Unter dem Stichwort *Clear Craze* kamen transparente Getränke[213] und Kosmetikprodukte auf den Markt.[214] Mit der Absicht, den VerbraucherInnen das Gefühl zu vermitteln, im wahrsten Sinne des Wortes „den Durchblick zu haben", wurden Produkte entwickelt, die ohne künstliche Farbstoffe auskamen. Es

wurde suggeriert, dass äußere Transparenz etwas mit tatsächlicher Reinheit und Klarheit, gar Ehrlichkeit sowie Verstehen des Inhalts zu tun hätte. Das transparente oder transluzente Kunststoffgehäuse der 1990er Jahre lässt sich hier einordnen. Es gehört gestalterisch in eine ähnliche Kategorie wie die im Kapitel formbar beschriebene Stromlinienform, die an elektrischen Haushaltsgeräten wie Haartrocknern und Handmixern sowie an Automobilen vor allem zwischen 1930 und 1955 zu finden sind. Sie haben dort keinen direkten, ausschließlich funktionalen erkennbaren Nutzen, suggerieren aber Effizienz, Leistungsfähigkeit und Modernität und vermitteln somit einen eher emotionalen Wert.

Nichts zu verstecken – Transparenz schafft Sicherheit

Bei den bisher vorgestellten Objekten handelt es sich um solche, bei denen der Inhalt in irgendeiner Art und Weise präsentiert, zur Schau gestellt, beurteilt oder bewundert werden soll. Doch finden sich transparente Gehäuse auch aus ganz anderen Gründen an elektrischen Geräten. Der Radiowecker und der CD-Player der niederländischen Firma Strijbosch, Teil der Sammlung des Deutschen Kunststoff-Museums, sind nicht frei auf dem Markt erhältlich sondern ausschließlich für die Verwendung in sicherheitsrelevanten Einrichtungen gedacht.

Sie werden ausschließlich an InsassInnen von Justizeinrichtungen vermietet. Neben den hier gezeigten Geräten finden sich im Angebot außerdem ein Wasserkocher, ein Ventilator, Kopfhörer, ein elektrischer Rasierer und ein Flachbildschirm. Alle Gehäuse der Geräte sind transparent.

Unterhaltungselektronik und andere elektronische Geräte, die in Justizvollzugsanstalten und anderen sicherheitssensiblen Einrichtungen verwendet werden, bergen das Risiko, dass unerwünschte Gegenstände eingeschmuggelt werden. Geräte mit opaken Gehäusen eignen sich, um Drogen oder gefährliche Utensilien in den Hohlräumen zu verstecken,[215] denn häufig lassen sich mit einfachen Hilfsmitteln Gehäusehälften öffnen und wieder schließen. Um die Sicherheit in solchen Einrichtungen zu erhöhen, gibt es je nach Bundesland verschiedene Ansätze. In den meisten werden elektronische Gegenstände versiegelt oder verplombt, um ein Öffnen zu verhindern.[216] In Justizvollzugsanstalten in Sachsen und Nordrhein-Westfalen finden sich jedoch auch transparente Geräte.

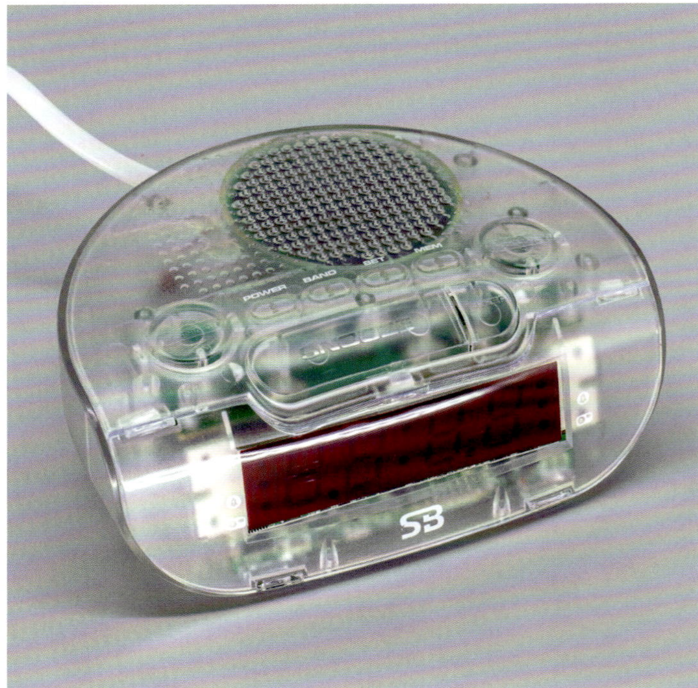

Radiowecker
Acrylnitril-Butadien-Styrol (M-ABS) (?), Polyvinylchlorid (PVC), Elastomer, Metall
Hersteller: Strijbosch GmbH
Nistelrode, Niederlande
2021

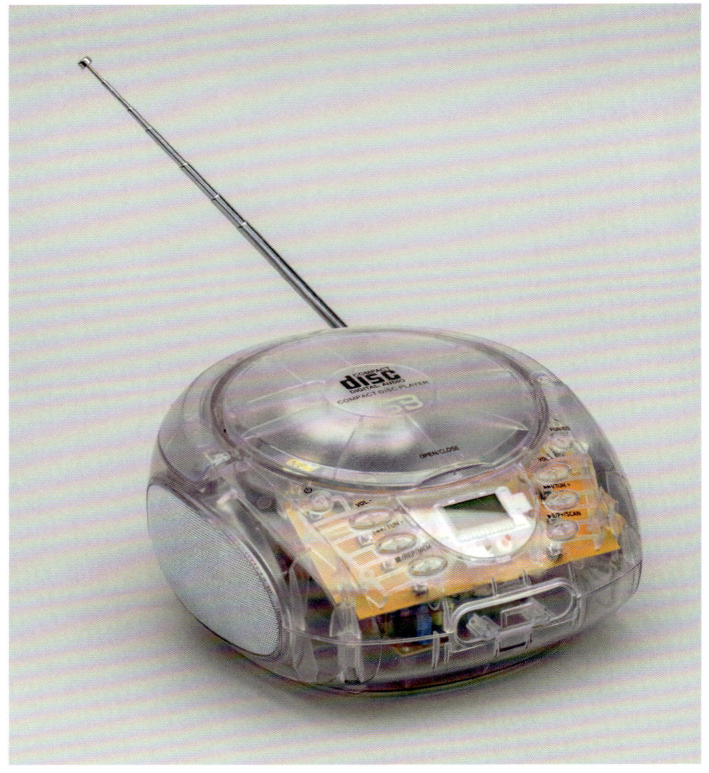

Radio/ CD-Player
Acrylnitril-Butadien-Styrol (M-ABS) (?), Polyvinylchlorid (PVC), Elastomer, Metall
Hersteller: Strijbosch GmbH
Nistelrode, Niederlande
2021

Die transparenten Geräte gehören zur *Serie 7000* der Strijbosch GmbH[217]. Sie sollen auf einen Blick erkennbar machen, ob sich etwas anderes als Elektronik im Innern befindet.[218] Anstatt also das Gehäuse durch Sicherheitsmechanismen komplett und dauerhaft zu verschließen, bleibt die Möglichkeit der Öffnung bestehen. Wegen des transparenten Gehäuses eignet sich das Gerät jedoch nicht mehr als Versteck. So entsteht hier durch die transparente Hülle paradoxerweise exakt derselbe Effekt wie bei einer absolut undurchdringlichen, nicht zu öffnenden Black Box. Nichts kann versteckt werden.

Durchsicht und Durchblick

Kunststoffe haben in Bezug auf die Transparenz in Kombination mit ihren weiteren Eigenschaften wie der Formbarkeit, Schlagzähigkeit und dem geringen spezifischen Gewicht Bahnbrechendes initiiert. Die Eigenschaften verschiedener Kunststoffe sind dabei dem uralten Werkstoff Glas auf mehreren Gebieten überlegen.

Durchsichtige Kunststoffplatten spielen als leichter, weniger zerbrechlicher Glasscheibenersatz an Bauwerken oder Verkehrsmitteln, ob Boot, Bus oder Flugzeug, eine Rolle. In anderer Form findet sich transparenter Kunststoff häufig als Schutzmaterial und wird in der Verpackungsindustrie verwendet. Im Alltag findet er breite Anwendung, beispielsweise an Gehäusen von elektronischen und mechanischen Geräten sowie Gefäßen und Utensilien im Haushalt. Ein wichtiger Bereich, der in diesem Kapitel nicht abgedeckt wurde, ist der medizinisch-technische. Auch hier ist Durchsicht oft unabdingbar – beispielsweise bei Spritzen, Schläuchen oder Infusionen, die zuvor aus Glas oder Metall bestanden und nach jeder Verwendung aufwendig sterilisiert werden mussten.[219] Somit gibt es eine Reihe an offensichtlichen Vorteilen von „Glasersatz" in Architektur, Haushalt oder Medizin.

Über das offensichtlich Praktische hinaus haftet der Transparenz aber bis heute etwas Faszinierendes an, was mit der übertragenen Bedeutung – Reinheit, Klarheit,

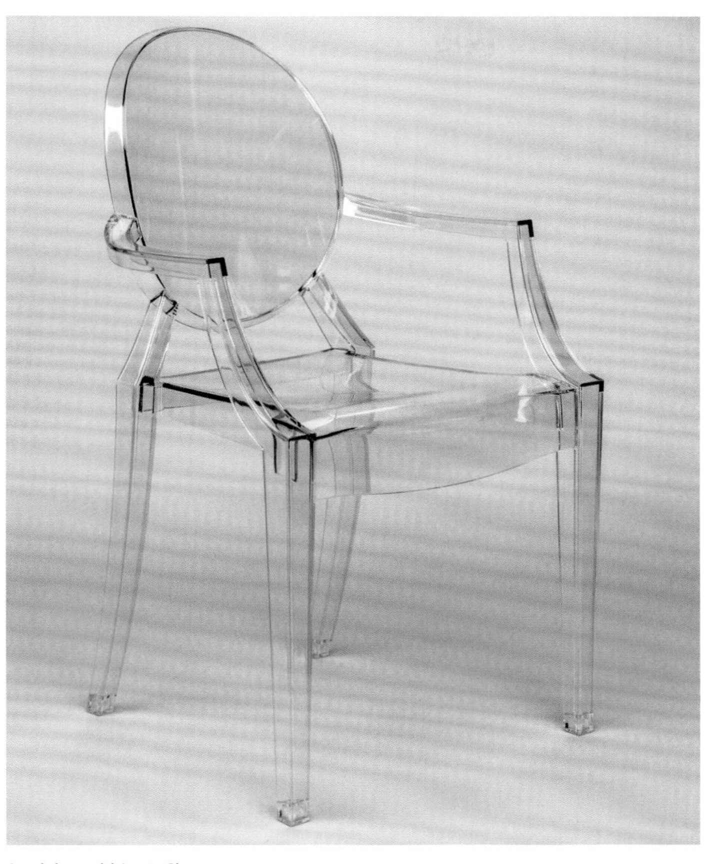

Armlehnstuhl *Louis Ghost*
Polycarbonat (PC)
Entwurf: Philippe Starck, 2002
Hersteller: Kartell S.p.a.
Noviglio, Italien
2020

Sauberkeit, Kontrolle, „den Durchblick haben" – zu tun hat. Mit einer entsprechenden symbolhaften Aufladung von transparenten Gegenständen werden diverse Zwecke verfolgt und namhafte DesignerInnen bedienen sich dieser Symbolwerte immer wieder zur Produktgestaltung.

Erwähnt sei ein Beispiel aus unserem Jahrhundert: der Stuhl *Louis Ghost* (Entwurf 2002) von Philippe Starck (* 1949) für Kartell. Die Form leitet sich von Sesseln der Epoche des Louis Seize (1754–1793) ab. Durch die Ausführung in transparentem Kunststoff wird die Substanz quasi unsichtbar. Trotz der historischen Konnotation findet eine extreme Auflösung in optischer wie materialwertiger und herstellungstechnischer Hinsicht statt: Ein industriell, aus preiswertem Material hergestelltes Objekt wird durch die Transparenz zum geisterhaften Relikt („Ghost") aus einer vergangenen Epoche. Starck selbst sagte hierzu:

> „In fact, I practically did not design the Louis Ghost chair, it came from the collective memory of the western world. It projected itself."[220]

Die Transparenz des Kunststoffs Polycarbonat sorgt dafür, dass der Stuhl den Eindruck vermittelt, tatsächlich gar nicht da zu sein, sondern sich verflüchtigen zu können wie ein Gespenst. Gleichzeitig wird hier Marcel Breuers Gedanke des „Sitzens auf der Luftsäule" wieder aufgenommen, der in den 1960er Jahren bereits durch den Stuhl *Blow* (siehe Kapitel leicht) aus PVC-P umgesetzt wurde.

Anmerkungen

[1] Transparenz (Physik) – Wikipediaartikel (20.05.2022)
[2] *trans* „[hin-]durch" und *parere* „sich zeigen, [er-]scheinen".
[3] *trans* „[hin-] durch" und *lux*, „Licht".
[4] JESKA 2008, S. 35.
[5] SCHNEIDER 2014, S. 8.
[6] SCHNEIDER 2014, S. 10.
[7] SCHNEIDER 2014, S. 8.
[8] Google-CEO Eric Schmidt behauptet 2010 in einem Interview mit der FAZ: „Openness is my religion." (13.05.2022).
[9] SCHNEIDER 2014, S. 8.
[10] SCHACK 1976, S. 11.
[11] LIERKE 1999, S. 68.
[12] WEISS 1966, S. 13–18; PATURI 1986, S. 16, 25; ABTS 2010, S. 1.
[13] SCHACK 1976, S. 12.
[14] WEISS 1966, S. 13–18; PATURI 1986, S. 16; 25.
[15] WEISS 1966, S. 96–101.

[16] GLOCKER 1992, S. 69.
[17] Kristallglas – Wikipediaartikel (22.05.2020).
[18] https://roempp.thieme.de/lexicon/RD-11-02174?searchterm=kristallglas&context=search (22.05.2020).
[19] PATURI 1986, S. 56.
[20] LIERKE 1999, S. 47.
[21] WEISS 1966, S. 30.
[22] WEISS 1966, S. 30; 37.
[23] Material mit geringer Dehnfähigkeit.
[24] BRAUN 2013, S. 65.
[25] BONTEN 2020a, S. 121
[26] Im Englischen meint *the film* eine dünne Folie. Cellulosenitrat wurde meist in sehr dünnen Folien verarbeitet. Das Trägermaterial wurde zum Namensgeber für die Bewegtbilder, die Kunstform, das Medium etc.
[27] WAENTIG 2004, S. 216.

[28] SCHÖNBORN 1992, S. 19.

[29] Der Brechungsindex von Gasen, flüssigen und festen Stoffen liegt in der Regel zwischen 1 und 2. Der Brechungsindex von Vakuum beträgt 1, der von Trinkwasser 1,333, der von Fensterglas in der Regel bei 1,52. Die Durchsichtigkeit all dieser Elemente ist also minimal unterschiedlich aber dennoch messbar.

[30] Markenname für Cellulosehydrat der Firma Kalle & Co. AG, Wiesbaden bzw. der Muttergesellschaft Hoechst AG, Frankfurt.

[31] KRÄTZ 1985, S. 22.

[32] STARK, WICHT 1998, S. 141.

[33] BRAUN 2013, S. 161–162.

[34] WAGNER 2006, S. 235.

[35] WAGNER 2006, S. 235.

[36] WAGNER 2006, S. 236.

[37] WAGNER 2006, S. 236.

[38] BIENHOLZ-RADTKE, RÖSSIGER 2022, S. 139.

[39] BIENHOLZ-RADTKE, RÖSSIGER 2022, S. 139.

[40] BIENHOLZ-RADTKE, RÖSSIGER 2022, S. 200.

[41] BIENHOLZ-RADTKE, RÖSSIGER 2022, S. 145.

[42] BIENHOLZ-RADTKE, LÖRZEL 2022, S. 29.

[43] OLBRICH 1985, S. 85.

[44] BRACHERT 2002, S. 62.

[45] BRACHERT 2002, S. 62.

[46] ABTS 2010, S. 92.

[47] ABTS 2010, S. 92.

[48] BRACHERT 2002, S. 63.

[49] BRACHERT 2002, 63.

[50] ABTS 2010, S. 93.

[51] BRACHERT 2002, S. 64.

[52] TROMMSDORFF 1976, S. 237.

[53] Nach DIN EN ISO 489:1999–08.

[54] https://www.kern.de/de/kunststofflexikon/brechungsindex (16.05.2022).

[55] TROMMSDORFF 1976, S. 137.

[56] TROMMSDORFF 1976, S. 246.

[57] BRACHERT 2022, S. 66.

[58] Vgl: TROMMSDORFF S. 239: DRP 649 388: Dr. Otto Röhm, v. 28.04.1935. „Ganz oder zum Teil aus Kunstharz bestehendes Musikinstrument".

[59] TROMMSDORFF 1976, S. 239.

[60] TROMMSDORFF 1976, S. 240.

[61] TROMMSDORFF 1976, S. 238.

[62] TROMMSDORFF 1976, S. 239.

[63] BRACHERT 2002, S. 65.

[64] TROMMSDORFF 1976, S. 241.

[65] TROMMSDORFF 1976, S. 240.

[66] VAUPEL 2011, S. 27.

[67] Heinkel He 111 – Wikipediaartikel (05.05.2022).

[68] Ebd.; MAIER 2017, S. 14. Die Kunststoffe 1939, S. 317.

[69] KALTENBACH 2012, S. 44.

[70] TROMMSDORFF 1976, S. 237.

[71] *Lucite* ist der Markenname der Firma Lucite Industries für eines seiner Polymethylmethacrylate. Die Lucite Industries gehört zur Mitsubishi Chemical Corporation.

[72] BUCHHOLZ 2007, S. 16; 26.

[73] TROMMSDORFF 1976, S. 241.

[74] http://strabic.fr/Nathalie-Bles-Reactiver-une-maison (27.06.2022).

[75] Vgl. WAENTIG 2004, S. 239: Von Henry Victor Regnault im Labor Justus von Liebigs in Gießen erstmals hergestellt.

[76] Mittel, die die elektrostatische Aufladung des Kunststoffs oder seiner Oberfläche verhindert.

[77] SHASHOUA 2001, S. 12.

[78] DOMININGHAUS 1998, S. 259.

[79] Hart-PVC oder auch PVC-U; U für *unplasticized*.

[80] KALTENBACH 2012, S. 46.

[81] https://ucpcdn.thyssenkrupp.com/_legacy/UCPthyssenkrupp BAMXPlastics/assets.files/plastics/downloadbereich/0750_ technische_kunststoffe_im_ueberblick.pdf (06.05.2021).

[82] Weich-PVC oder auch PVC-P, P für *plasticized*.

[83] BULK 2018, S. 58.

[84] Zanotta ist eine italienische Firma für Möbeldesign. 1954 gegründet trug sie maßgeblich zur Designentwicklung in den 1950er und 1960er Jahren bei.

[85] KATZ 1979, S. 78.

[86] https://www.seipp.com/sortiment/designikonen/breuer-marcel.html (28.06.2022).

[87] Vgl. SCHMIDT 2003, S. 22: 27. Mai 1954 Patentanmeldung; 02.05.1955 Anmeldung zur Wortmarke; Frühjahr 1959 erste Markteinführung.

[88] WAENTIG 2004, S. 256.

[89] BRAUN 2010, S. 255.

[90] Vgl. ISO 489.

[91] https://www.glaswelt.de/objekt-der-zeit/objekt-der-zeit-als-die-koelner-bahnhofshalle-entglast-wurde (24.05.2022).

[92] BRAUN 2010, S. 256.

[93] BRAUN 2010, S. 102.

[94] ABTS 2010, S. 93.

[95] Eine Übersicht über die Eigenschaften der verschiedenen Kunststoffe ist u.a. in ABTS 2010 zu finden.

[96] Duromere härten durch eine chemische Reaktion aus und sind nicht mehr schmelzbar.

[97] ABTS 2010, S. 80.

[98] ABTS 2010, S. 81.

[99] Ständer für Marmeladendose aus Polystyrol, Inv. Nr. K-2016-00835.

[100] KLEIN-WIELE 2019, S. 60.

[101] LVR-Industriemuseum, Oberhausen, Inv. Nr. rz 13/366.

[102] Obstreibe, Oberhausener Glasfabrik Funke & Becker; Sammlung des Deutschen Kunststoff-Museums, K–2019–00493.

[103] Gerdes & Co., Schwelm, Polystyrol, um 1955; Sammlung des Deutschen Kunststoff-Museums, K–2009–00570.

[104] EULER 1959, S. 49.

[105] Vgl. https://www.rampf-group.com/de/glossar/medienbestaendigkeit/ Beständigkeit des Kunststoffs gegenüber verschiedener Medien wie Säuren, Öle und z.B. Reinigungsmitteln.

[106] EICHENAUER 1994, S. 57.

[107] EICHENAUER 1994, S. 57.

[108] Analyse durch FTIR.

[109] Punkt, in dem der Anguss abgetrennt wird.

[110] BRACHERT 2002, S. 153.

[111] SUGGITT 1997, S. 118.

[112] GERBER 2015, S. 94.

[113] Butterdose – Wikipediaartikel (25.04.2022).

[114] Deutsches Reichsgesetzblatt Nr. 19 – Berlin, 22.02.1934, Teil I, S. 117, § 10 Ausgeformte Markenbutter https://alex.onb.ac.at/

cgi-content/alex?aid=dra&datum=1934&page=233&size=
45 (04.05.2022).

[115] PELZER, REITH 2001, S. 27. Für diese Margarinewürfel gab es im Handel dann auch die entsprechenden Dosen aus Kunststoff.

[116] Deutsches Reichsgesetzblatt Nr. 19 – Berlin, 22.02.1934, Teil I, S. 119, § 10. Ausgeformte Markenbutter https://alex.onb.ac.at/cgi-content/alex?aid=dra&datum=1934&page=233&size=45 (04.05.2022)

[117] Deutsches Reichsgesetzblatt Nr. 19 – Berlin, den 22.02.1934. Teil I, S. 119, § 10 Ausgeformte Markenbutter https://alex.onb.ac.at/cgi-content/alex?aid=dra&datum=1934&page=233&size=45 (04.05.2022). Bundesgesetzblatt, Jahrgang 1970, Teil I, S. 1290, § 14 Verpackung und Gewichte. https://www.bgbl.de/xaver/bgbl/start.xav?start=%2F%2F*%5B%40attr_id%3D%27bgbl170s1287.pdf%27%5D#__bgbl__%2F%2F*%5B%40attr_id%3D%27bgbl170s1287.pdf%27%5D__1651667590644 (04.05.2022).

[118] NAST 1997, S. 102.

[119] https://www.midwestfarmreport.com/2016/07/20/the-shape-of-your-butter/ (17.06.2022).

[120] KLING et al. 1959, S. 377f.

[121] Der Begriff der Korrosion beschreibt das Auflösen, Zersetzen oder Umwandeln von Metallen unter bestimmten Umgebungsbedingungen. Bei Kunststoffen wurde und wird der Begriff in einigen Bereichen ebenfalls verwendet. Allerdings treten bei Kunststoffen keine Korrosionsprozesse im eigentlichen Sinne auf. Daher ist der Begriff nicht präzise und fasst nur bestimmte Schadensphänomene wie Rissbildung, Quellung, Ausschwitzen oder Ausblühungen zusammen. Gemäß DIN 17135:2021, S. 23 (DIN wurde aus unbekannten Gründen zurückgezogen): Veränderung des Kunststoffes durch chemische Reaktion mit der Umgebung. Das Erscheinungsbild der Kunststoffkorrosion äußert sich durch Quellung, Verfärbung, Gewichtsänderung, Blasen- und Rissbildung. In seltenen Fällen kann auch eine Depolymerisation stattfinden. Die Korrosion fungiert auch in der DIN als Sammelbegriff für verschiedene Schadensphänomene mit unterschiedlichen Auslösern. Ende der 1950er Jahre schien dieses Wort noch passend, um verschiedene Schäden zusammenfassend zu beschreiben. In der heutigen Schadensanalyse von Kunststoffen wird das Wort jedoch nicht verwendet.

[122] KLING et al. 1959, S. 380.

[123] GERBER 2015, S. 69.

[124] KLING et al. 1959, S. 380.

[125] ABTS 2010, S. 92; 99.

[126] KURR 2014, S. 388.

[127] LEGNER 1989, S. 80; JUNGMANN 1949, S. 149–150.

[128] ZWECKBRONNER 2002, S. 123–124.

[129] MALONE 2010, S. 16.

[130] https://toytales.ca/mr-machine/ (25.04.2022).

[131] Das Patent für das Spielzeug wurde am 28.12.1959 angemeldet und am 28.08.1962 unter der Nummer 3050900 vom US-Patentoffice ausgegeben.

[132] Die Ideal Toy Company wurde gleichzeitig mit ihrer Erfindung des Teddybären von Morris und Rose Michtom 1907 in Brooklyn gegründet, besonderer Beliebtheit erfreuten sich die Puppen des Unternehmens. Anfang der 1970er Jahre gehörte die Firma zu den drei größten Spielzeugunternehmen der USA.

Noch heute existiert ein Teil des Unternehmens unter dem Namen Big Monster Toys.

[133] Eine Hochprägung auf dem transparenten Korpus enthält die Patent Nr. sowie die Jahreszahl 1977, was darauf schließen lässt, dass das Objekt nach 1977 gefertigt wurde.

[134] AUGUSTYN, HOFFMANN 2012, S. 74–75.

[135] z.B. *Blink-A-Gear*, Taiyo, Japan, späte 1950er Jahre. MALONE 2010, S. 35.

[136] z.B. *Smoking Robot*, Yonezawa, Japan, 1958. MALONE 2010, S. 30.

[137] z.B. *Super Space Giant*, Horikawa, Japan, 1960er Jahre. MALONE 2010, S. 36.

[138] Konnte am vorliegenden Objekt nicht nachvollzogen werden.

[139] Uncle Sam – Wikipediaartikel (28.05.2020).

[140] In der Neuauflage von 1977 wurde auf die Möglichkeit des Auf- und Auseinanderbauens des Roboters verzichtet, da die Gefahr des Verschluckens von Einzelteilen für Kleinkinder zu groß schien.

[141] DONOVAN 2017, S. 154.

[142] *Mego Man*, SY Toys, Japan, 1950er Jahre. MALONE 2010, S. 33.

[143] „A still further object of the invention is the provision of a toy of the type described which is of inexpensive construction, which has educational value in developing the mechanical skill of a child through assembly, disassembly and operation of the toy, and which will attract and main tain the attention of children over an extended period of time." Auszug aus der Patentschrift: U.S. Pat. No. 3763734, patented Aug. 28, 1962 United States Patent Office.

[144] FT-IR Analyse: IKT Stuttgart durchgeführt und interpretiert durch Adrian Geyer, Julia Dreier, Christian Bonten. Gerät: Typ Lumos der Firma Bruker FT-IR Spektrometer.

[145] BAUER et.al. 1971, S. 251–259.

[146] EHRENSTEIN, PONGRATZ 2007, S. 358.

[147] Ein Polymer oder Kunststoff, das/der nicht durch Zusatz von stabilisierenden Additiven vor bestimmten Alterungserscheinungen geschützt ist.

[148] Nach DOLEŽEL 1978, S. 163. Primärliteratur: Kirillova, E. I. u E. N. Matveeva: Plast. Massy 1969, No. 2, S. 62.

[149] DOLEŽEL 1978, S. 160f.

[150] http://blechroboter.de/info/duxastroman/index.html (18.05.2020).

[151] Diese und die folgenden Basisinformationen zu dem Blechroboter finden sich unter http://www.blechroboter.de/info/duxastroman/index.html (05.05.2020).

[152] Deutsches Patentamt: DE000001193846A (Departisnet) Aktenzeichen 1959 St 14726Ic/77f, Auslegeschrift 1193846; https://depatisnet.dpma.de/DepatisNet/ (10.05.2022).

[153] http://alphadrome.net/forums/ (05.05.2020).

[154] Bilder dazu: DROSTE 2013, S. 73; S. 244–251.

[155] Vgl. ABTS 2010, S. 102: Unter Doppelbrechung versteht man das Auftreten unterschiedlicher Brechzahlen aufgrund von Eigenspannungen und Ausrichtung der Makromoleküle.

[156] Ausgeprägte Resistenz gegenüber photooxidativem Abbau.

[157] ABTS 2010, S. 99.

[158] Zitat www.blechroboter.de (14.04.2020).

[159] LIENERT 2019, S. 170.

[160] Wortherkunft: „robota", tschechisch für „Fron- oder Zwangsarbeit".

[161] WIRTH 2017, S. 21.

[162] Isaac Asimov (1919–1992), Science-Fiction-Autor und Biochemieprofessor, formulierte 1942 die Robotergesetze in der Kurzgeschichte *Runaround*.

[163] MALONE 2010, S. 18; Folgendes S. 20.

[164] MALONE 2010, S. 12.

[165] MALONE 2010. S. 92.

[166] MALONE 2010, S. 16.

[167] WIRTH 2017, S. 52.

[168] WEBER 2017, S. 129.

[169] WEBER 2017, S. 115.

[170] WEBER 2017, S. 116.

[171] WEBER 2017, S. 120.

[172] Akronym aus Hanseatische Apparatenbaugesellschaft ehemals Neufeld und Kuhnke.

[173] MORAT, ZIEMER 2018, S. 367.

[174] MORAT, ZIEMER 2018, S. 367.

[175] 03.06.1989. Bekanntmachung der Neufassung des Gesetzes über Fernmeldeanlagen. § 1 Abs. 2 (3): „Zugelassene Endeinrichtungen darf jedermann im Rahmen der zur Gewährleistung eines ordnungsgemäßen Fernmeldeverkehrs festgelegten Bedingungen errichten und betreiben."

[176] https://de-academic.com/dic.nsf/dewiki/437733 (25.04.2022).

[177] https://de-academic.com/dic.nsf/dewiki/437733 (25.04.2022).

[178] https://de-academic.com/dic.nsf/dewiki/437733 (25.04.2022).

[179] HOESCH 2006, S. 335.

[180] https://de-academic.com/dic.nsf/dewiki/437733 (25.04.2022).

[181] VAUPEL 2011, S. 31.

[182] VAUPEL 2011, S. 28.

[183] Prospekt der Firma Verbus – Schrauben und Muttern, Bauer & Schaurte, Neuss 1950er.

[184] VAUPEL 2011, S. 28.

[185] VAUPEL 2011, S. 31.

[186] VAUPEL 2011, S. 30.

[187] Neben Telefonen der Firma Siemens auch von Telefonbau & Normalzeit GmbH (T&N), dem VEB Fernmeldewerk Nordhausen (FMN).

[188] ABTS 2010, S. 93.

[189] ABTS 2010, S. 93.

[190] ABTS 2010, S. 93.

[191] AT&T – Wikipediaartikel (15.06.2022).

[192] https://www.nytimes.com/1984/01/01/us/bell-system-breakup-opens-era-of-great-expectations-and-great-concern.html (15.06.2022).

[193] Zu den Telefonen gehören: Lenoxx Sound Ph–1400, Conairphone SW205, Unisonic 6900, Roxanne clear phone, Prophone TX–129.

[194] Leider liegen keine Informationen über das Vorleben des Gegenstandes vor. Er wurde über ein Internet-Auktionshaus von privat angekauft.

[195] Die Quarz-Krise, eine Krise der europäischen und amerikanischen Uhrenindustrie, wurde ausgelöst durch neuartige elektronische Uhren mit Quarztechnologie, die eine fast vollständige Verdrängung der mechanischen Uhren zur Folge hatte.

[196] https://www.swatchgroup.com/de/swatch-group/geschichte-der-swatch-group (17.06.2022).

[197] https://www.swatchgroup.com/de (25.02.2022).

[198] https://shop.swatch.com/de_de/collections/kuenstler-uhren-c111.html (25.02.2022).

[199] https://www.swatchgroup.com/de/services/archiv/2017/swatch-art (25.02.2022).

[200] RUMMEL 2000, S. 208.

[201] Swatch – Wikipediaartikel (17.06.2022).

[202] Giorgio Giugiaro – Wikipediaartikel; https://www.italdesign.it/ (28.05.2020).

[203] WEIHE 1997, S. 42.

[204] Bezeichnung auf dem Karton der *Twinphones*.

[205] RUMMEL 2000, S. 207.

[206] WEBER 2017, S. 116.

[207] FICKERS 2007, S. 201.

[208] FICKERS 2007, S. 208.

[209] SELLE 2007, S. 278.

[210] SELLE 2007, S. 278.

[211] SELLE 2007, S. 282.

[212] GNEGEL 2007, S. 29.

[213] u.a. Pepsi-Cola. Clear-Cola – Wikipediaartikel (15.06.2022).

[214] Clear Craze – Wikipediaartikel (19.05.2022).

[215] Dresdener Neuste Nachrichten: https://www.dnn.de/mitteldeutschland/keine-drogen-im-fernseher-jva-s-in-sachsen-fuehren-transparente-geraete-ein-EH7OKQ3BANAXRCLKK3EDVU566Y.html (30.05.2022).

[216] https://www.tagesspiegel.de/berlin/sicherheitsfirma-kuendigt-vertrag-haeftlinge-erhalten-keine-technische-geraete-mehr/25017736.html (20.05.2022).

[217] https://www.strijbosch.nl/ (03.06.2022).

[218] Strijbosch 7000 Serie. Maßgeschneiderte Produkte. Katalog 2021.

[219] Kunststoff-Museums-Verein e.V. 1995, S. 46.

[220] STORACE, HOLZWARTH 2012, S. 291.

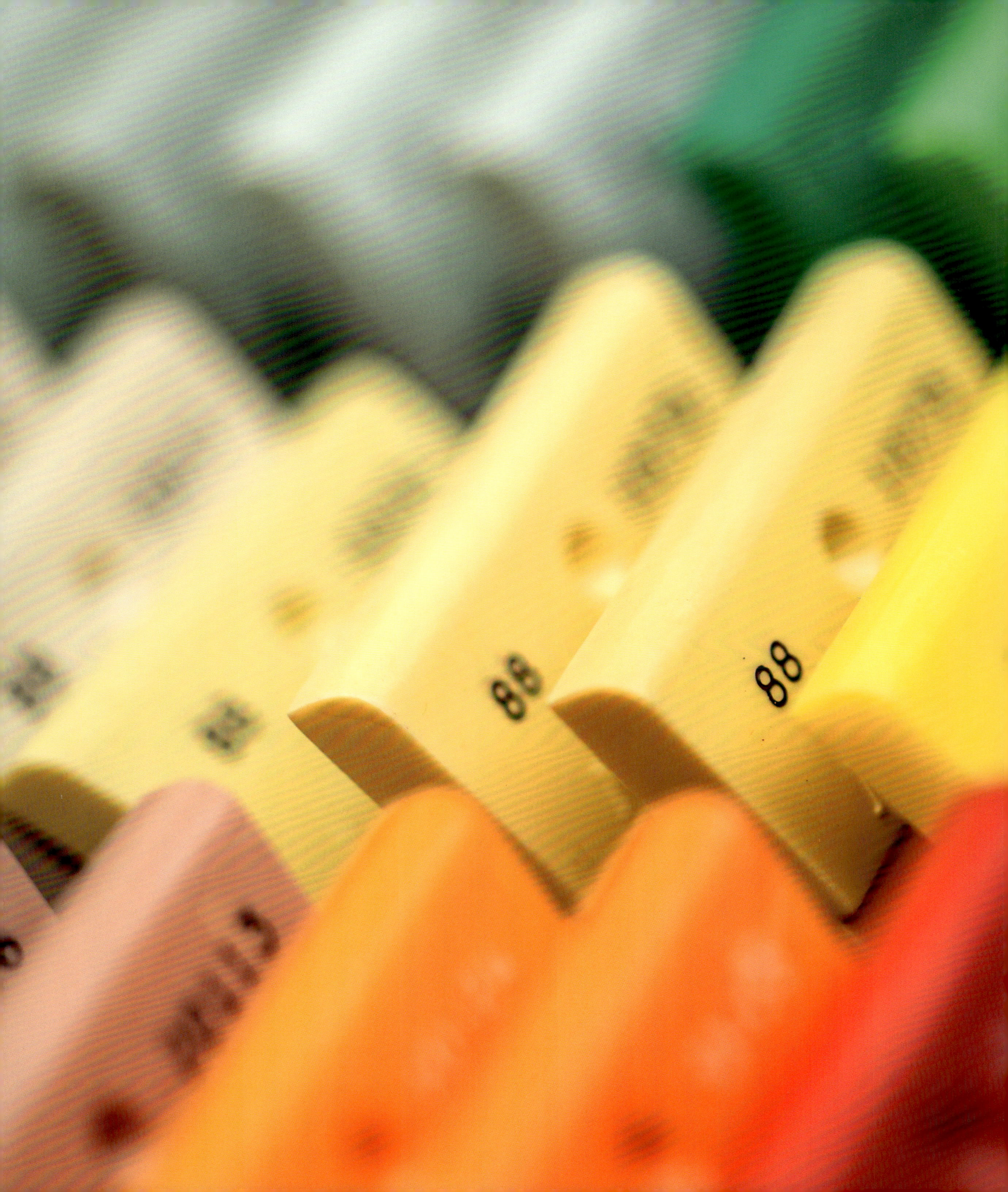

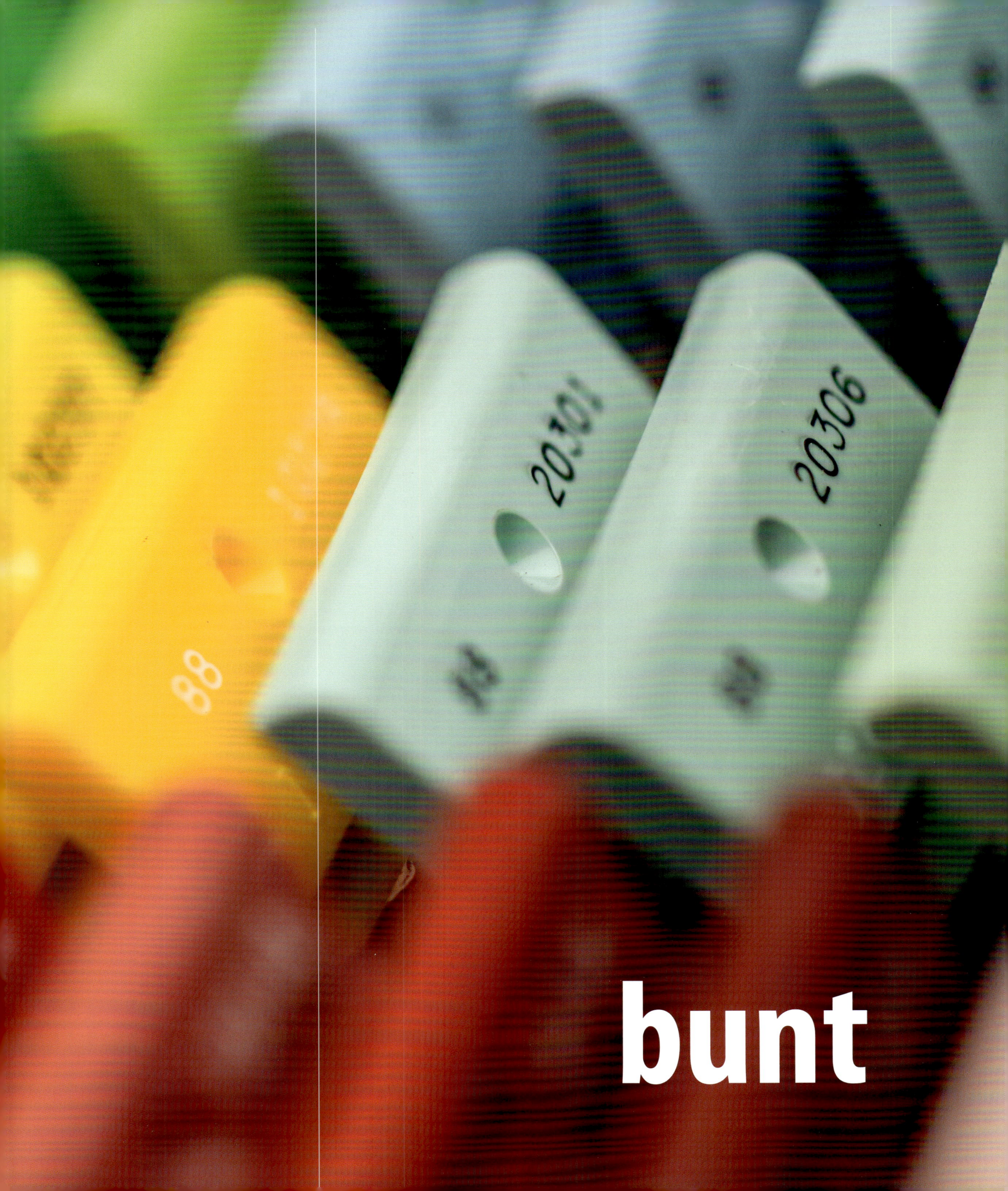
88
20306
bunt

3.4 | bunt

Farbe und farbige Gegenstände prägen seit jeher die Umwelt des Menschen und stehen im Zentrum seiner visuellen Wahrnehmung.[1] Man kennt heute zwar die physikalischen und physiologischen Voraussetzungen des Farbensehens, aber wir sind nicht in der Lage zu erklären, wie jedes Individuum eine Farbe erlebt. Es gibt hier eine Menge Variablen – wie die gerade herrschenden Lichtverhältnisse, die augenblickliche Stimmung, die Erfahrung und den kulturellen Hintergrund des Betrachters oder der Betrachterin.[2] Die abendländische Philosophie und Kunsttheorie ordnen deshalb die Farbe traditionell der Zeichnung unter. Sie gilt als etwas Subjektives, ein nicht wirklich notwendiges Element.[3]

Der subjektive Aspekt von Farbe lässt sich auch an umgangssprachlichen Farbbezeichnungen ablesen. „Knallrot“, „Giftgrün“ oder „Quietschbunt“ kann man kaum als objektive Beschreibungen bezeichnen, aber sie erzeugen dennoch bei jedem und jeder eine Vorstellung, wie diese Farben aussehen. Gängig und objektivierender sind Vergleiche mit Pflanzen, Tieren oder Mineralien wie Grasgrün, Fuchsrot oder Schwefelgelb. Wenn es um die Vermarktung von Produkten geht, ist der Fantasie der Anbieter keine Grenze gesetzt, um allein durch die Bezeichnung der Farbe bei den potenziellen KäuferInnen angenehme Gefühle und Assoziationen hervorzurufen, die zum Erwerb des Gegenstandes motivieren sollen. Die Leidenschaft für die Erfindung von Farbbezeichnungen ist übrigens kein Phänomen der Konsumgesellschaft des 20. Jahrhunderts, sie lässt sich schon im 18. Jahrhundert belegen.[4]

Bis Mitte des 19. Jahrhunderts, als der Siegeszug der synthetischen Farbmittel begann, waren leuchtende Farben nicht selbstverständlich. Mit der rasanten Entwicklung synthetischer Farben wurde Buntheit zum Allgemeingut und verfügbar. Heute sind wir daran gewöhnt, dass jede Farbe oder jede Farbschattierung zu haben ist.[5] Gerade für Kunststoffe steht eine unendliche Vielfalt von Farben und Mustern zur Verfügung.

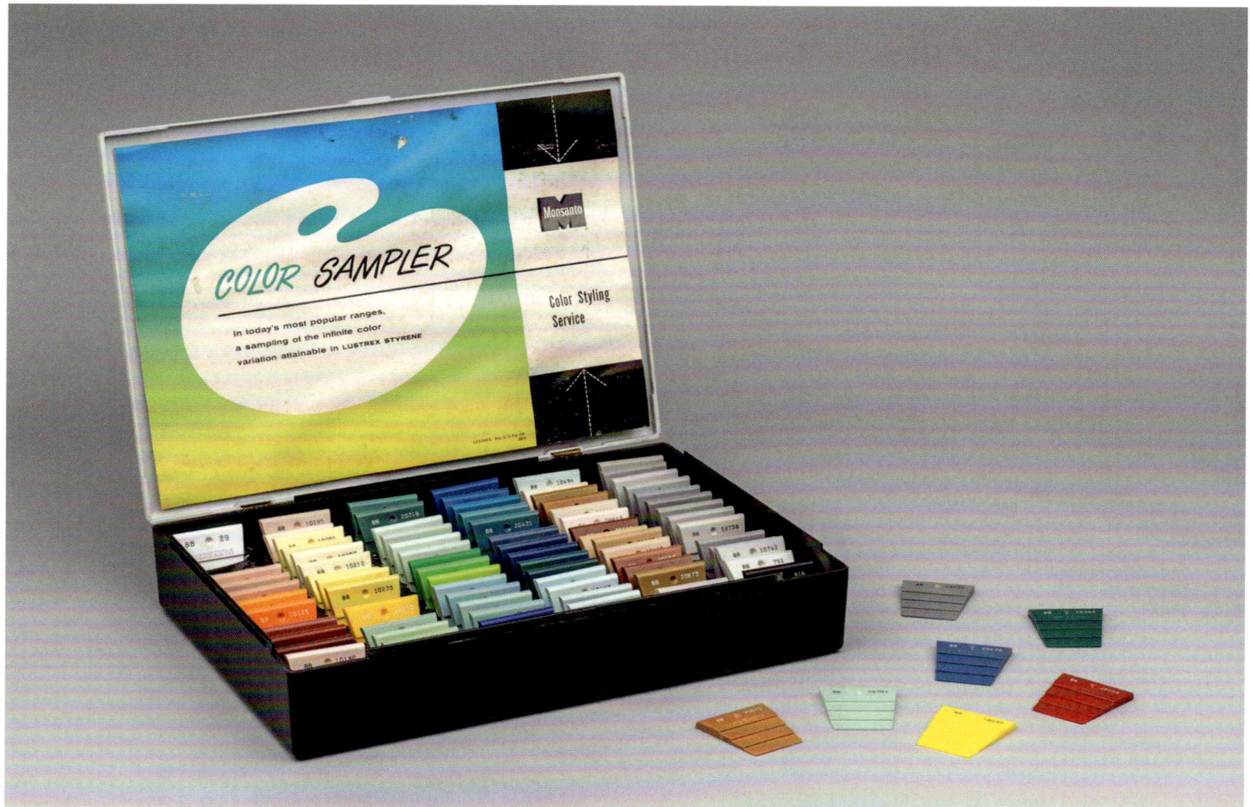

Kasten mit Farbmustern *Monsanto Lustrex*
Polystyrol (PS)
Hersteller: Monsanto Chemical Company,
Springfield, USA
1960–1970

Farbmittel – Pigmente – Farbstoffe

Synthetische Farben können als die älteren Geschwister der neuen vollsynthetischen Kunststoffe bezeichnet werden. Sie wurden ab Anfang des 20. Jahrhunderts zur Färbung von Kunststoffen eingesetzt.[6] Die Farben werden als Zusatzstoff Polymeren beigemischt.

Zunächst ist eine grundlegende definitorische Unterscheidung hilfreich:

Farbmittel werden gemäß ISO 18451 nach ihrer chemischen Zusammensetzung unterteilt: in organische – auf Kohlenstoff basierende – und anorganische – eben nicht auf Kohlenstoff basierende. Beide Kategorien von Farbmitteln enthalten jeweils Pigmente und Farbstoffe. *Pigmente* sind nicht im Anwendungsmedium, beispielsweise dem zu färbenden Kunststoff, gelöst, sondern erzeugen feinverteilt die Farbwirkung. Dagegen mischen sich die *Farbstoffe* auf molekularer Ebene mit dem Kunststoff. Für den Färbeprozess werden sie in einem Anwendungsmedium – Wasser oder einem anderen Lösungsmittel – gelöst.[7]

Pigmente

Pigmente sind Feststoffteilchen. Die ältesten bekannten natürlichen Farbpigmente wurden aus farbigen Erden gewonnen. Schon in der Steinzeit wurden sie für Höhlenmalereien verwendet. Vor allem gelber und roter Ocker, der seine Rotfärbung durch einen hohen Anteil von Eisenoxid erhält, kamen zum Einsatz. Wichtige Ocker-Abbaugebiete in Europa liegen in Südfrankreich und in der Toskana, wo die *Terra di Siena* – die „Erde von Siena" namensgebend für den Ocker-Farbton „Siena" wurde.[8]

Unter den natürlichen Pigmenten aus gemahlenen Mineralien war das kostspieligste sicher das Ultramarinblau, das aus dem Halbedelstein Lapislazuli gewonnen wurde, der nur in Afghanistan vorkommt.[9] Andere historische Pigmente wurden schon künstlich hergestellt. Seit der Antike bekannt ist Bleiweiß, Bleihydroxidkarbonat. Man setzte Streifen aus Blei Essigdämpfen aus. Dabei entstand ein weißer Belag, der als Farbmittel aufbereitet wurde. Entscheidender Nachteil: Bleiweiß ist giftig. Diese Tatsache hielt modebewusste Damen jedoch nicht davon ab, es in Schminke zu verwenden, um einen vornehm blassen Teint zu erzielen. Es wurde erst gegen Mitte des 19. Jahrhunderts durch das weniger giftige Zinkoxid, im 20. Jahrhundert dann durch Titandioxid abgelöst.[10] Viele historische Pigmente basieren auf toxischen Verbindungen. Farben aus Arsenverbindungen waren schon im alten Ägypten bekannt. Für leuchtendes Grün gewann man aus Kupfer die Farbe Grünspan – Kupferdiacetat, das älteste Pigment, von dem überliefert ist, dass es mittels künstlich herbeigeführter chemischer Reaktionen erzeugt wurde. Das berüchtigte „Schweinfurter Grün" vom Beginn des 19. Jahrhunderts gehört ebenfalls in diese Reihe und gilt als die giftigste Farbe, die je in der Kunst verwendet wurde.[11]

Die kleinste Einheit eines Pigments wird Primärpartikel genannt. Je nach Eigenschaften wie Kristallstruktur, Kristallmodifikation, Teilchengröße und Teilchengrößenverteilung rufen die Primärpartikel den Farbreiz hervor. Sie lagern sich aufgrund starker Kohäsionskräfte aneinander. Um einen homogenen Farbeindruck zu erzielen, müssen die Pigmente ausreichend verteilt sein.[12] Um sie in die Kunststoffmasse einzuarbeiten, werden heute Doppelschneckenextruder eingesetzt (siehe Kapitel formbar).

Organische Pigmente verfügen über eine hohe Brillanz und starke Farbkraft, haben aber oft eine schwache Deckwirkung, begrenzte Temperaturstabilität und häufig sehr unterschiedliche Wetter- sowie Lichtechtheit. Organische Pigmente kommen natürlich vor, können aber auch synthetisch hergestellt werden. Heutzutage werden natürliche organische Pigmente kaum noch verwendet.[13]

Anorganische Pigmente bieten eine sehr hohe Temperaturstabilität, gutes Deckvermögen, geringe Migrationsneigung sowie eine hohe Licht- und Wetterechtheit. Nachteilig sind dagegen ihre geringe Farbstärke und ihr hohes spezifisches Gewicht. Bei anorganischen Pigmenten wird zwischen natürlichen und synthetisch hergestellten Pigmenten unterschieden. Industriell hergestellte anorganische Pigmente werden aufgrund der stabileren Qualität und der höheren Reinheit natürlichen anorganischen Pigmenten vorgezogen.

Farbstoffe

Wie Pigmente lassen sich Farbstoffe ihrer Herkunft nach in natürliche und synthetische Farbstoffe einteilen. Farbstoffe waren in der Vergangenheit vor allem für das Färben von Textilien das Mittel der Wahl. Sie wurden oft aus Pflanzen oder Tieren gewonnen. Das intensivste Blau

Wäschekorb *2 Hands* mit fehlerhafter Färbung
Polypropylen (PP)
Entwurf: Konstantin Grcic, 1998
Authentics Artipresent GmbH
Holzgerlingen, Bundesrepublik Deutschland
1998

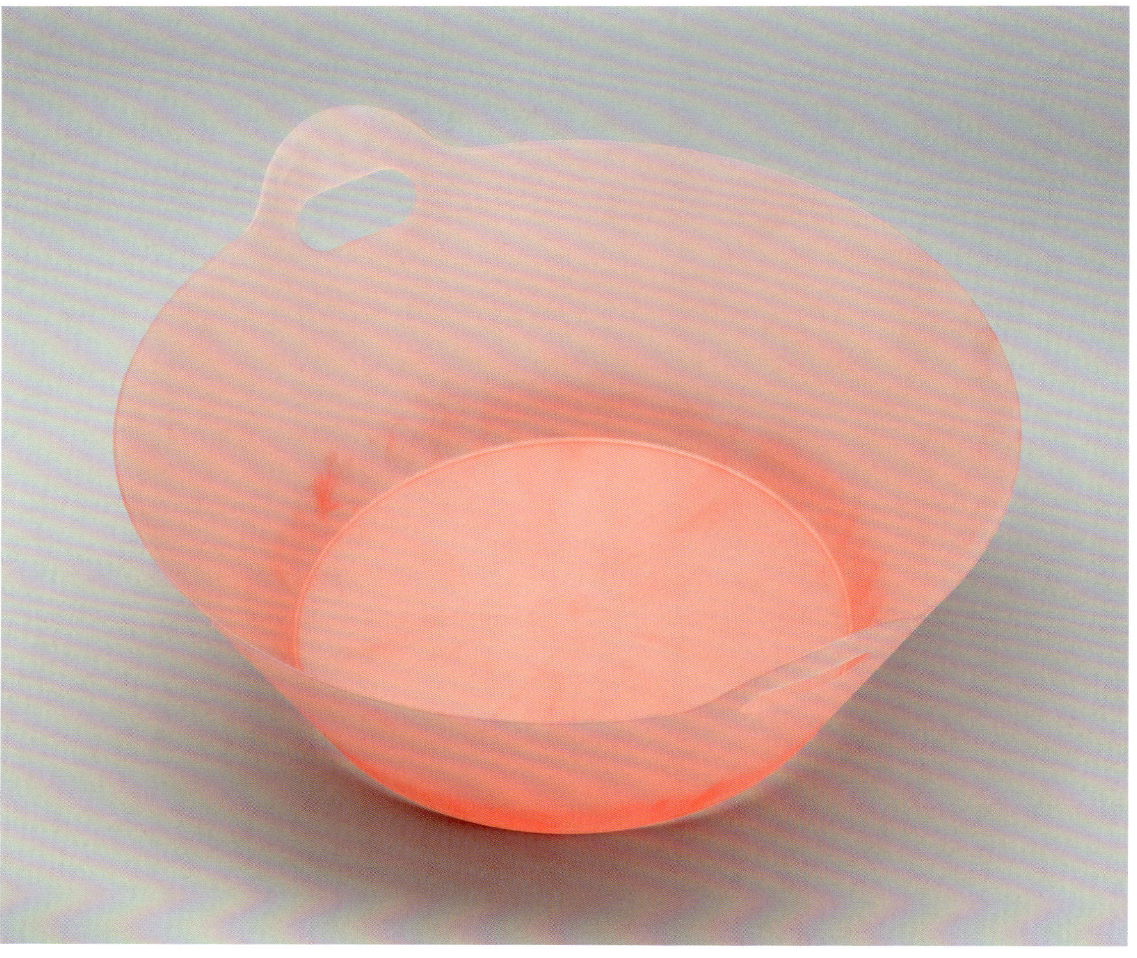

wird seit dem 3. vorchristlichen Jahrtausend aus einem Strauch gewonnen, der in heißem, feuchtem Klima gedeiht. Seine Blätter enthalten jedoch nur eine Vorstufe der Farbe, sodass ein aufwendiger Verarbeitungsprozess, in dem Urin eine wichtige Rolle spielt, zur Herstellung von Indigo notwendig ist. Die vor allem aus Indien importierte Farbe war zwar seit der Antike in Europa bekannt, aber extrem selten und kostspielig. Hier brachte im Mittelalter ein anderer Strauch, der Färberwaid, aus dessen Blättern ebenfalls in einem ähnlichen Verfahren ein blauer Farbstoff gewonnen werden kann, Thüringen, vor allem der Stadt Erfurt, enormen Wohlstand durch den Anbau und die Verarbeitung.[14] Scharlachrot ist ein Produkt aus Schildläusen und der blauviolette Purpur geht auf das Drüsensekret einer Stachelschnecke, die im östlichen Mittelmeer gesammelt wurde, zurück.[15]

Alle diese Grundstoffe haben gemeinsam, dass sie erst nach zahlreichen chemischen Prozessen, die über Jahr-

hunderte optimiert wurden, die gewünschte intensive Farbe ergeben.[16] Historisch gesehen sind künstliche Farbmittel also keine Erfindung des industriellen Zeitalters. Doch wurde infolge der Erfindung der synthetischen Farben auf der Basis der Steinkohlenteerchemie eine ungeahnte Farbenvielfalt, die zudem nicht von schwer zu beschaffenden Rohstoffen aus der Natur oder extrem gesundheitsschädlichen Verfahren abhängig war, verfügbar (siehe Kapitel Kunststoffland Deutschland).

Farbstoffe für die Einfärbung von Kunststoffen sind fast ausschließlich – wie die Kunststoffe – organische Substanzen, weil für die Löslichkeit eines Zusatz- oder Hilfsstoffs innerhalb eines Kunststoffs eine chemische Ähnlichkeit zuträglich ist.

Farbstoffe überzeugen durch hohe Farbstärke, gute Temperaturstabilität und vergleichsweise gute Witterungsbeständigkeit. Bedingt durch den molekularen Aufbau ist ihre Wetter- und Lichtechtheit im Vergleich zu den

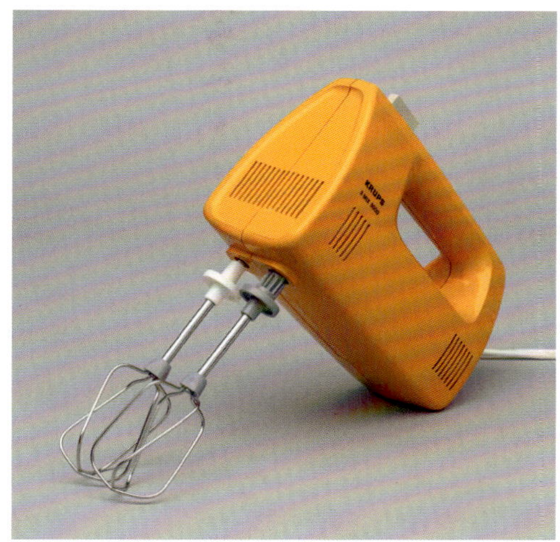

Elektrischer Handmixer *Krups 3Mix 3000*
Styrolkunststoff
Hersteller: Krups GmbH & Co. KG
Solingen, Bundesrepublik Deutschland
1978–1984

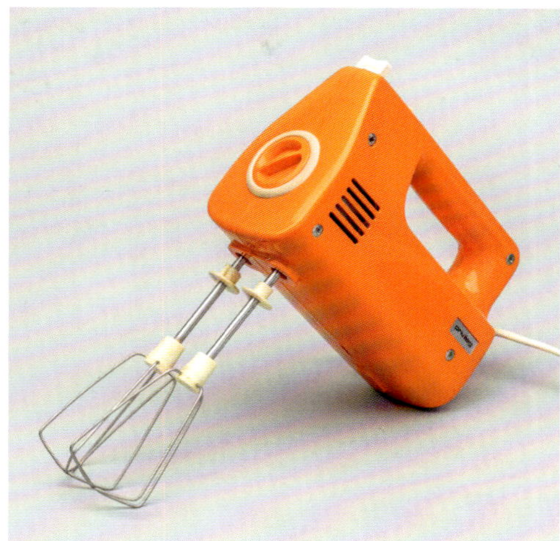

Elektrischer Handmixer *RG 28*
Styrolkunststoff
Entwurf: Kurt Boeser
Hersteller: VEB Elektrogerätewerk Suhl, Suhl
Deutsche Demokratische Republik
1979–1989

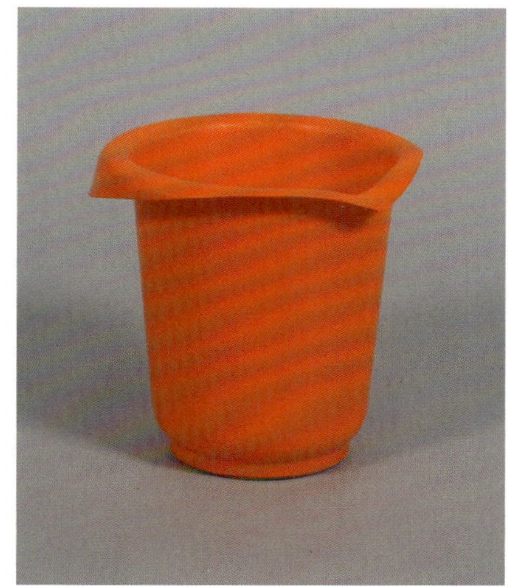

Rührbecher
Polyethylen (PE)
Hersteller: Rubbermaid GmbH
Dreieich, Bundesrepublik Deutschland
1970–1975

Pigmenten etwas geringer. Ein Nachteil ist zudem die Migrationsgefahr. Unter Migration versteht man die Wanderung eines Farbmittels aus einem damit eingefärbten Medium an die Oberfläche oder in ein anderes Material.[17]

Ein Beispiel für eine nicht gelungene Färbung ist der Wäschekorb aus Polypropylen. Auffallend ist die ungleichmäßige Verteilung der Farbe, vor allem am Übergang von der Wandung zum Boden zeigt sich ein dunklerer Bereich. Dass das nicht absichtlich passiert, belegen andere Wäschekörbe, die durchgefärbt verkauft wurden. Die fehlerhafte Farbe ist vermutlich auf eine verarbeitungsbedingt entstandene höhere Farbstoffkonzentration zurückzuführen. Die erhöhte Farbintensität ist radial verteilt über den gesamten Umfang des Wäschekorbs. Bei der zentrischen Anspritzung hat das Material immer einen ähnlich langen Fließweg, sodass die hier erkennbaren Farbunterschiede auf eine ungleichmäßige Verteilung des Farbstoffs zurückgehen müssen.

Farbwahrnehmung, Farbmetrik und Farbmessung

In der DIN 2033–1 wird Farbe definiert als „durch das Auge vermittelter Sinneseindruck", der es uns ermöglicht, zwischen zwei strukturlosen Flächen gleicher Helligkeit zu unterscheiden.[18] Die Farberscheinung beruht auf einer subjektiven Sinneserfahrung und ihre Wahrnehmung ist von unterschiedlichen Faktoren abhängig. Für die industrielle Massenproduktion ist es jedoch notwendig, Farben zu normieren und damit reproduzierbar zu machen, um das Produkt in der immer gleichen Farbe anbieten zu können. Angesichts der heutigen komplexen Produktionsvorgänge erweist sich die Normierung der Farben als unverzichtbar, beispielsweise wenn bei größeren Produkten die einzelnen Teile in verschiedenen Werken produziert werden.

In der vorindustriellen Zeit war die Farbsystematik eher Angelegenheit der bildenden Künste. Erst die fortschreitende Industrialisierung um 1900 machte eine numerische Farbeingabe ohne Farbvorlage möglich. In den 1920er Jahren wurden schließlich die physikalischen Grundlagen geschaffen, die auch die Basis für die heutigen Farbmessungen bilden.[19] Da es nicht möglich ist, Farbe durch eine physikalische Größe wie die Wellenlänge zu definieren, muss das menschliche Auge als „Messgerät" zugrunde gelegt werden. In erster Linie gilt es, Umstände zu schaffen, unter denen der Farbreiz auf das menschliche Auge gleich wirkt oder eben unterscheidbar ist.

Vor dem Aufkommen der ersten Farbmessgeräte in den 1950er Jahren erfolgte die Farbauswahl auf der Basis von Farbvorlagesystemen wie z.B. einem bedruckten Papier oder einem lackierten Blech.[20] Zu den bekanntesten

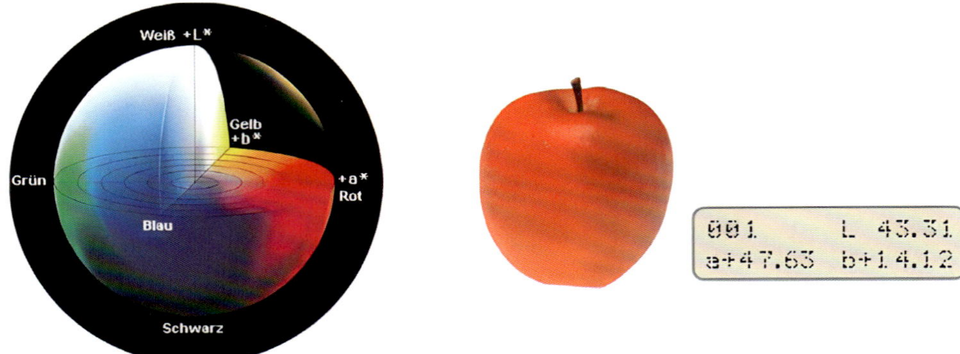

Verschiedene Darstellungsmöglichkeiten der Farbmessung eines Apfels. © Konica Minolta

Farbsystemen gehört die 1925 eingeführte RAL-Normierung (RAL: Reichsausschuss für Lieferbedingungen). Dieses Farbsystem umfasste ursprünglich 40 Farben, wurde aber stetig erweitert. Jeder Farbe des RAL-Farbsystems ist eine eindeutige Nummer zugeordnet, sodass sich die Farbe von Objekten präzise kommunizieren lässt. Beispielsweise erscheint die Definition der Farbe Orange zunächst einfach: Sie entsteht, wenn man die beiden Primärfarben Rot und Gelb mischt, die Komplementärfarbe ist Blau. Hier beginnen jedoch schon die Probleme: Ab wann wird ein dunkles Gelb zum Orange, wo verläuft die Grenze zum Rot?

Den Orangetönen werden dreizehn RAL-Farben zugeordnet.[21] Die Abbildungen der zwei Mixer und der Rührschüssel zeigen drei dieser Abstufungen, von links nach rechts: RAL 2007 (Leuchthell Orange), RAL 2005 (Leuchtorange) und RAL 2002 (Blutorange). Farbvorlagesysteme haben bis heute trotz technischer Messmethoden nicht an Bedeutung verloren, da sie immer noch als Datenbasis für die Einmessung benötigt werden.[22]

Um den Sinneseindruck Farbe erfassen zu können, müssen instrumentelle Messungen den physiologischen Voraussetzungen des menschlichen Auges angepasst werden. Das menschliche Auge ist in der Lage, Wellenlängen zwischen ca. 400 und 700 Nanometern zu erfassen. Dieser Bereich wird sichtbares Licht genannt. Das Auge verfügt nur über drei Arten von Farbrezeptoren, die den Farbeindruck erzeugen. Der Mensch ist nicht in der Lage die einzelnen Wellenlängen wahrzunehmen und daher Kombinationen mehrerer Spektralfarben nicht immer genau zu unterscheiden. Vielmehr kann es vorkommen, dass Farben als gleich wahrgenommen werden, obwohl sie aus verschiedenen Wellenlängen zusammengesetzt sind.[23] Dieses Phänomen wird als Farbvalenz bezeichnet.

Mathematisch muss das Resultat der instrumentellen Farbmessung so umgerechnet werden, dass die Zapfenabsorption des menschlichen Auges abgebildet werden kann. Die Abbildung erfolgt durch einen sogenannten Farbraum.

Farbmessungen werden meist mit einem Spektralphotometer vorgenommen, das sowohl den Farbton als auch die Farbstärke messen kann. Es misst mittels einer eigenen Lichtquelle, die gerichtetes und diffuses Licht aussenden kann. Für vergleichbare Messwerte muss das Licht normiert sein. Die Messwerte eines Spektralphotometers lassen sich als Spektralkurve oder als dreidimensionaler Farbraum visualisieren. Im zweiten Fall werden alle Farben mit einem eindeutigen Zahlenwert versehen und in einem dreidimensionalen Modell angeordnet.[24]

Die Abbildung zeigt das Ergebnis der Farbmessung eines Apfels in verschiedenen Modellen: rechts das Ergebnis in Zahlen, links die Umsetzung in den dreidimensionalen L*a*b*-Farbraum.[25] Dieser beschreibt alle wahrnehmbaren Farben und nutzt ein dreidimensionales Koordinatensystem, bei dem die Helligkeitswerte L* senkrecht auf der Farbebene (a*, b*) stehen. Die a-Koordinate gibt die Farbart und Farbintensität zwischen Grün und Rot, die b-Koordinate die Farbart und die Farbintensität zwischen Blau und Gelb an. Je größer die positiven a- und b-Werte und je kleiner die negativen a- und b-Werte sind, umso intensiver ist die Farbe.

Von der Imitation der Natur und darüber hinaus – gefärbtes Cellulosenitrat

In der Frühzeit der polymeren Werkstoffe spielte die Imitation natürlicher Materialien eine große Rolle. Zwar von

ChemikerInnen nicht zu den Kunststoffen gerechnet, da nicht vollsynthetisch, sondern aus modifizierter Cellulose hergestellt, steht das Cellulosenitrat (siehe Kapitel durchsichtig) – bekannter unter dem Handelsnamen *Celluloid* – dennoch am Anfang vieler Entwicklungen in der Verarbeitung und Anwendung von Kunststoffen. Zunächst als Ersatz für Elfenbein erfunden, erwies es sich als extrem wandelbares Material, mit dem sich zahlreiche natürliche Stoffe preiswert nachahmen ließen.[26]

Die Herstellung von Cellulosenitrat (CN) als Halbzeug und die weitere Verarbeitung zu Werkstücken setzte verstärkt ab 1872 ein und dauerte bis nach dem Zweiten Weltkrieg an. Die von den CN-Herstellern gelieferten Platten und Folien dienten der industriellen Produktion von klassischen Galanteriewaren: Knöpfe, Kämme, Bürsten, Haarklammern, Broschen, Besteckgriffe, Dosen und Dauerwäsche sind nur einige Beispiele. Außerdem wanderte das in vielfältigen Farben und Mustern gestaltete Material in die Spielzeug-, Sport- und Instrumentenindustrie. Für Messer, vor allem Rasier- und Taschenmesser, nutzte man gern die farbigen Nachahmungen von natürlichen Stoffen wie Horn, Schildpatt, Elfenbein oder Perlmutt, um den Griff zu verzieren und das Messer angenehmer in der Hand liegen zu lassen.[27]

Solche im Aussehen an natürliche Werkstoffe angelehnte Färbungen standen zunächst im Fokus. So schrieb Karl Micksch 1916 in der Zeitschrift „Kunststoffe" zum Färben von Kunststoffmassen:

„Um das Aussehen eines Kunstmasseerzeugnisses dem Original- oder Naturprodukt möglichst nahe zu bringen, ist eine Färbung durchaus notwendig."[28]

Vor allem für Haarschmuck wurden Elfenbein und das sogenannte Schildpatt aus dem Panzer von Meeresschildkröten gerne nachgeahmt. Während Schildpatt wie Horn spanabhebend verarbeitet werden muss, lässt sich CN aufgrund seiner thermoplastischen Eigenschaften und dem relativ niedrigen Schmelzpunkt viel leichter und schneller verarbeiten. Ein weiterer Vorteil neben dem Preis war die Tatsache, dass man die Verteilung der hellen und dunklen Stellen steuern konnte und so eine wesentlich gleichmäßigere Musterung im Vergleich zum natürlichen Produkt erzielen konnte. Das filigrane Rankenmuster des Zierkamms wäre in Schildpatt nur schwer umzusetzen gewesen. Tierschutzgründe sprachen ebenfalls für ein Ersatzprodukt, da die Schildplattgewinnung mit immensem Tierleid einherging.

Die Schildkröten wurden lebend über Feuer gehalten, damit sich die Platten des Panzers durch die Hitze lösen konnten. Theoretisch kann der Panzer nachwachsen, aber die meisten Tiere verendeten qualvoll an Infektionen der bei dem Prozess entstandenen Verletzungen, nachdem man sie zurück ins Meer geworfen hatte.[29]

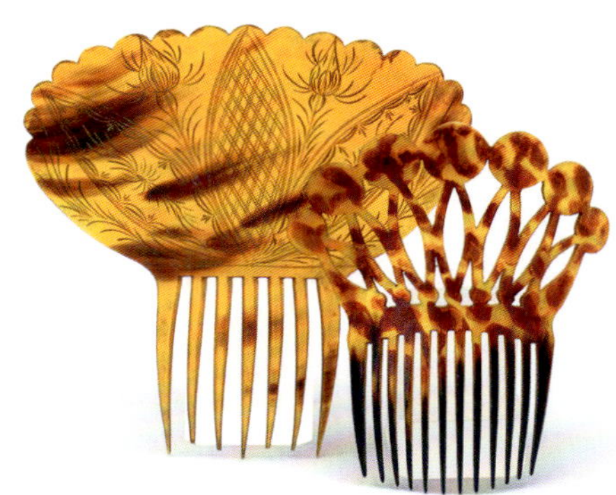

Zwei Zierkämme
Schildpatt
Ca. 1890–1910

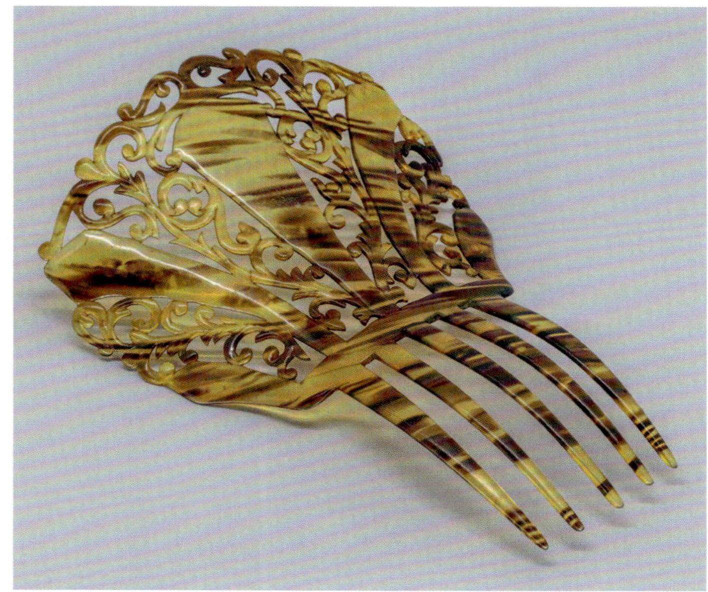

Zierkamm
Cellulosenitrat (CN)
Möglicherweise Frankreich
1900–1920

211

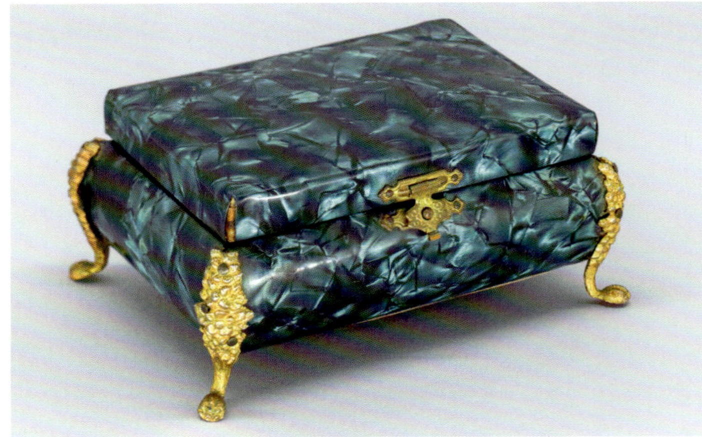

Schmuckkästchen
Cellulosenitrat (CN) auf Holzkern
1920–1950

Farben von Grün, Rosa, Violett bis hin zu Schwarz. Das Schmuckkästchen mit einem Überzug aus einer grün-blauen Folie zeigt dieses Übertreffen der Natur durch eine ungewöhnliche Färbung.

Es fanden aber nicht nur Farben Verwendung, die in der Natur keine direkten Vorbilder hatten, auch bei Mustern kam es zu Neuschöpfungen, da das Material der gestalterischen Fantasie kaum Grenzen setzte. Historische Musterbücher dokumentieren eine große Vielfalt leuchtender Farben, die zu unterschiedlichsten Mustern kombiniert wurden. Beimischungen von Metallpartikeln erhöhten die Variationsmöglichkeiten noch.

Cellulosenitrat lässt sich gut einfärben und zeigt eine unvergleichliche Farbbrillanz. Effektmischungen, die Perlmutt nachahmen sollten, erfreuten sich großer Beliebtheit. Um den typischen irisierenden Effekt zu erreichen, wurden in der Frühzeit echte Fischschuppen verwendet, später kamen auch Metallpartikel zum Einsatz. Die natürliche Palette von weiß über hellgrau bis dunkelgrau irisierendem Perlmutt wurde schnell erweitert zu perlmuttähnlichen Mustern in allen erdenklichen

Farbmittel für Cellulosenitrat

Ein Glücksfall sind die im Produktionsarchiv der Westdeutschen Celluloidwerke erhaltenen Rezepturen, in denen auch die verwendeten Farbmittel überliefert sind. Das Archiv umfasst 2.243 Proben von 1951 bis 1983.

Bereits im Jahr 1894 befand sich auf dem Areal des Unternehmens in Lank-Latum am Niederrhein eine „Celluloidfabrik". 1914 wurde sie im Zuge eines Eigentümerwechsels in Westdeutsche Celluloidwerke Lank-Latum umbenannt.[30] Über viele Generationen war die Fabrik

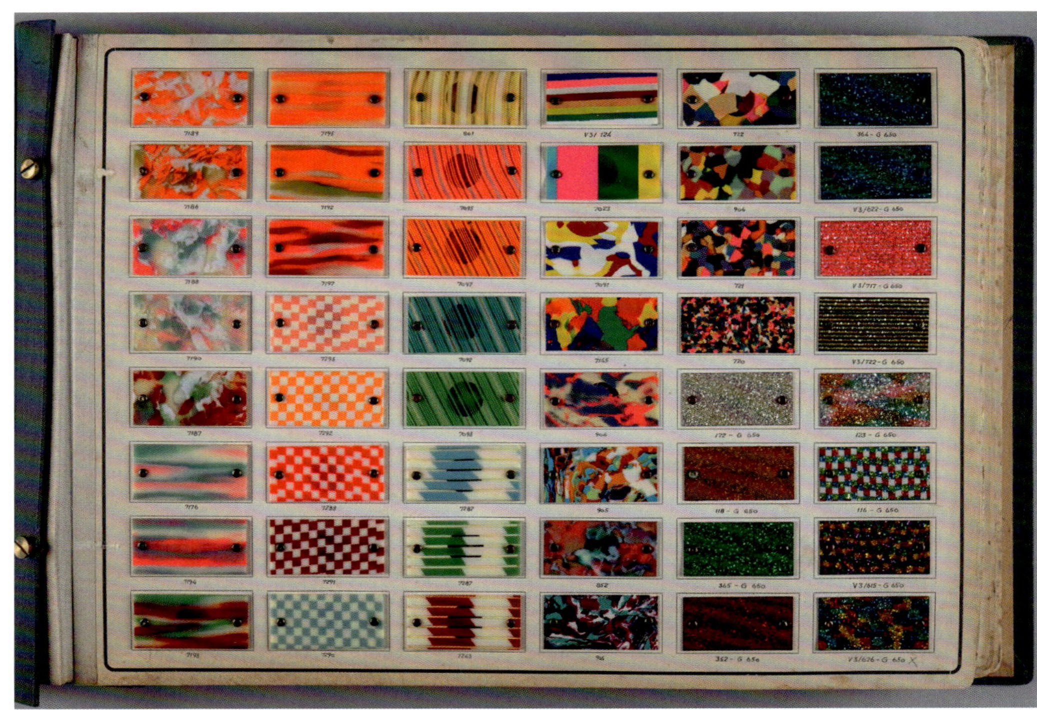

Seite aus Musterbuch mit verschiedenen
Effektmischungen aus CN
Cellulosenitrat (CN), Pappe
Deutschland
1940–1955

ein wichtiger Arbeitgeber und beschäftigte zeitweise bis zu 400 ArbeiterInnen.[31] Vertrieben wurden größtenteils Halbzeuge. Man stellte Platten bzw. Folien her und verkaufte sie an weiterverarbeitende Betriebe wie Kammfabriken, Instrumentenbauer oder Taschenmesserhersteller, und zwar auch über die Grenzen Europas hinaus, z.B. nach Pakistan. Einige wenige Endprodukte wie Schuhanzieher, Kämme und Spielzeugwindräder wurden als fertige Artikel unter der Schutzmarke *Lancos* vertrieben. Der Betrieb wurde 1983 eingestellt.[32] Historische Baupläne und Fotos der Gebäude und der Produktionsmaschinen sind wichtige Dokumente und zeugen von der Herstellung vor Ort. Das Bestreben der Denkmalpflege, das Celluloidwerk als Industriedenkmal in ein Museum zu überführen, konnte leider nicht realisiert werden, weshalb heute nur noch einige wenige Gebäude erhalten sind.

Effektmischungen und Muster

Das erhaltene Produktionsarchiv überliefert die Vielzahl der Farben und Muster, die in Lank-Latum hergestellt wurden. Ein ehemaliger Mitarbeiter berichtet, dass es sich bei über 50 % der Ware um Exportware handelte.[33]

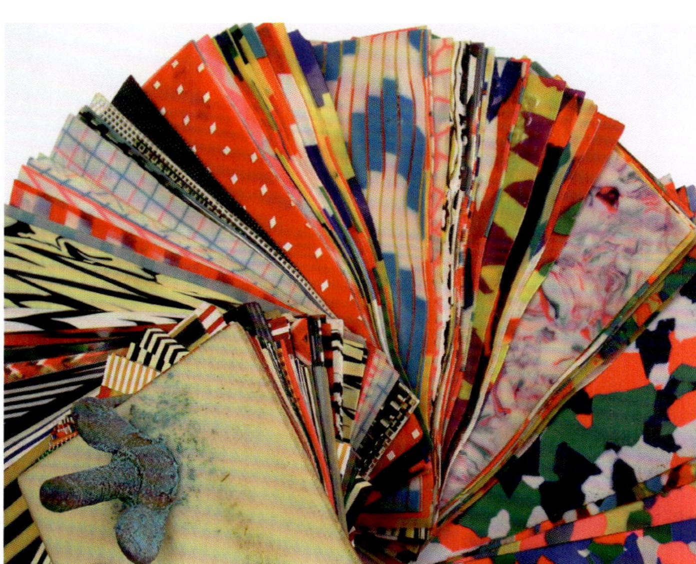

Farbfächer mit Effektmischungen
Cellulosenitrat (CN)
Hersteller: Westdeutsche Celluloidwerke
Lank-Latum, Bundesrepublik Deutschland
1951–1960

Anhand von Musterfächern konnten die KundInnen aus einem bereits bestehenden Sortiment an Mustern auswählen oder ein komplett neues Design in Auftrag geben.[34]

Neue Muster wurden zunächst in kleinem Maßstab auf Musterknetmaschinen, Musterwalzen und Musterblockpressen getestet.[35] Um den AbnehmerInnen einen Eindruck von den verfügbaren und möglichen Mustern, Farben und Effekten des Materials zu vermitteln, wurden Musterbücher oder -ketten als eine Art Katalog präsentiert.

Cellulosenitrat beginnt bei 60–70°C weich zu werden. Die relativ niedrige Verarbeitungstemperatur begünstigt die Herstellung von komplexen Mustern in verschiedenen Farben durch die Kombination von Platten oder Stücken, das wiederholte Schneiden von Blöcken, die zwischendurch immer wieder miteinander mittels Heißpressen verschmolzen werden können.

Die Färbung der CN-Masse galt als komplex und war dem Färbemeister vorbehalten. Zu jedem erzeugten Muster gibt es eine zugehörige Karteikarte, die aufschlüsselt, welche Farbmittelzusammensetzung für die Farbigkeit sorgte. Bei einigen Mustern, auch dem hier abgebildeten, gaben zusätzliche Notizen Hinweise für die jeweilige „Legetechnik" zur Erzeugung des Musters.

Taschenmesser mit bunten Griffschalen aus Cellulosenitrat

Für die Griffschalen von Taschenmessern wird diese Farbenvielfalt schon früh eingesetzt. Ein Messer aus der Sammlung des Deutschen Kunststoff-Museums zeigt eine Art Wabenmuster aus einer Kombination aus schwarzem Material und dunkelgrauem Perlmuttimitat.

Die Prägung auf einer Messerklinge verrät, dass das abgebildete Messer aus der „Klingenstadt" Solingen stammt. Solingen entwickelte sich seit dem Mittelalter zu einem Zentrum der Schwertfertigung und in weiterer Folge zu einem bedeutenden Standort für die Schneidwaren- und Besteckindustrie. Schon seit dem 17. Jahrhundert entstand eine hochspezialisierte Arbeitsteilung.[36] Das Zusammenspiel der Gewerke, die schiere Menge der in Solingen ansässigen Messer-, Schneidwaren- sowie Scherenfabriken und die qualitativ hochwertigen Produkte ließen die Herkunft aus der Stadt im Bergischen Land an sich schon zu einem Qualitätsmerkmal werden. Viele Nachahmer aus anderen Regionen versuchten, diese Reputation für sich zu nutzen und minderwertige

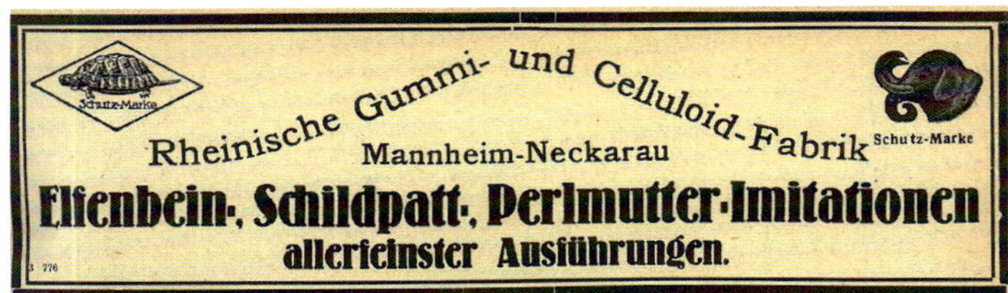

Anzeige der Rheinischen Gummi- und Celluloidfabrik
Zeitschrift *Messer & Schere*, 01.05.1926, S. 279.
© Stadtarchiv Solingen

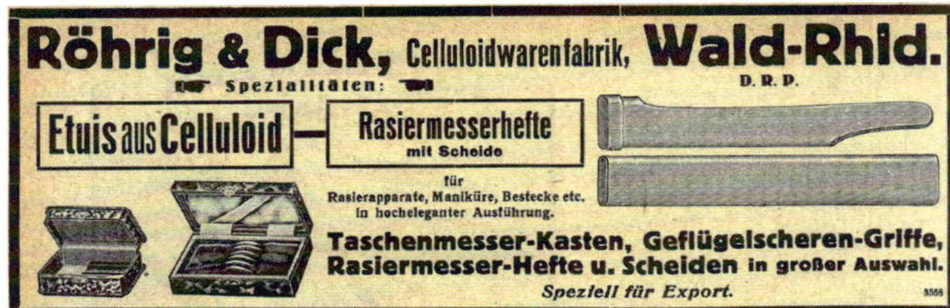

Anzeige der Fabrik Röhrig & Dick, Zeitschrift *Messer & Schere*, 01.08.1926, S. 474.
© Stadtarchiv Solingen

Ware unter dem Namen „Solingen" zu vertreiben. Als Reaktion darauf wurde der Name des Herkunftsorts 1938 in Zusammenhang mit Schneidwaren zum geschützten Begriff. Solingen ist damit die einzige Stadt der Welt, in der Produkte nur mit dem Städtenamen geschützt werden.[37]

In enger Verbindung zu den Schneidwarenproduzenten standen Gewerke, die Griffe oder Griffschalen für Messer und Taschenmesser aus Knochen, Horn, Perlmutt, Edelhölzern und ab Ende des 19. Jahrhunderts aus Celluloid herstellten. Die Verwendung von CN bei der Messerherstellung lässt sich durch Annoncen im Fachblatt „Messer und Schere" nachvollziehen.[38] Besonders in den 1920er und 1930er Jahren platzieren Hersteller von CN Anzeigen für ihre Produkte zur Herstellung von Messerheften und -schalen.

Die Rohstoffhersteller begnügten sich oft nicht damit, nur das Rohmaterial oder Halbzeuge anzubieten, sondern offerierten auch fertige Produkte, wie das Beispiel der Rheinischen Gummi- und Celluloid-Fabrik in Mannheim zeigt. Sie vertrieb Halbzeuge, aber verarbeitete sie – teils in verschiedenen Farben – zusätzlich zu Kämmen, Spielzeugen und Tischtennisbällen unter der Marke *Schildkröt*.[39]

Daneben gab es Verarbeiter von Cellulosenitrat, die sich auf Artikel für die Schneidwarenindustrie spezialisierten und so als Mittler zwischen den Herstellern des Rohmaterials und den Warenproduzenten fungierten.

Typisch für diese Mischung ist das Angebot der Fabrik Röhrig & Dick, das neben Messerheft-Rohlingen auch Etuis und Scheiden für Messer umfasste. Die Produzenten von Cellulosenitrat pflegten also schon früh einen engen Austausch mit der Taschenmesserindustrie, der sich in den 1920er und 1930er Jahren noch intensivierte.

Ab den 1960er Jahren veränderte sich der Markt für Solinger Taschenmesser, die häufig in Handarbeit entstanden. Günstige Massenimporte aus dem Ausland machten es für die Solinger Messerhersteller schwer, ihre Produkte für den deutschen Markt konkurrenzfähig zu halten. Man versuchte der Krise zu begegnen, indem man limitierte Editionen für den Export anbot, wo die Marke *Solingen* noch immer für Kunsthandwerk und Qualität stand. Besonders in den USA eröffnete sich ein großer Absatzmarkt. Taschenmesser als Kunstobjekte und Wertanlage hatten dort eine ähnliche Bedeutung wie Briefmarken oder Münzen für europäische SammlerInnen.[40]

Die Ätzung „NO PAIN NO GAIN" auf der Hauptklinge des gezeigten Messers, ergänzt um die Angabe zur limitierten Anzahl und dem Herstellungsjahr 1988, legt nahe, dass dieses Messer zu einer solchen Produktion für SammlerInnen gehört. Auch die Prägungen „Fight´n Rooster, Solingen" und „Frank Buster Celebrated Cutlery Germany" verweisen auf eine Solinger Fertigung für den ausländischen Markt.

Der Name Frank Buster geht auf einen amerikanischen Taschenmesservertrieb zurück, der 1975 einen Partner für die Herstellung qualitativ hochwertiger und limitierter Messer im Zentrum der Messerherstellung in Deutschland suchte. So kam er mit den Firmen Friedrich Olbertz und Söhne bzw. Carl August Meis aus Solingen in Kontakt. Beide Firmen hatten im späten 19. Jahrhundert mit der Herstellung von Taschenmessern begonnen. 1965 übernahm Meis den Standort von Olbertz samt Firmennamen und produzierte und vertrieb weiterhin Taschenmesser – im Inland unter dem Namen Carl Aug. Meis, im Ausland unter dem Namen Friedrich Olbertz.[41]

Frank Buster erkannte sofort die Vorteile für den amerikanischen Markt.

„The old tooling and handle variations that the German factory offered allowed Frank to contract an astounding variation of extremely high quality German manufactured knives."[42]

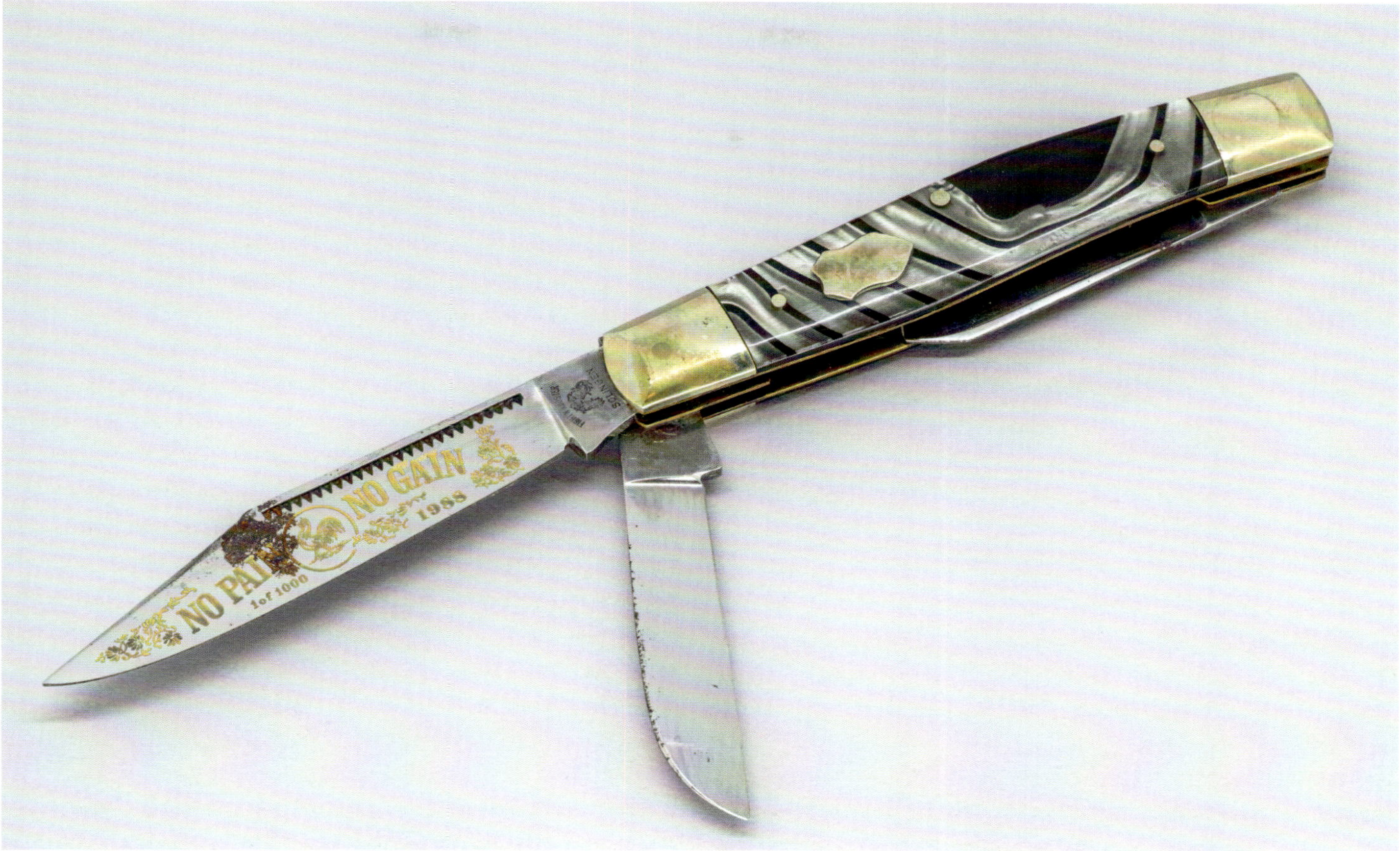

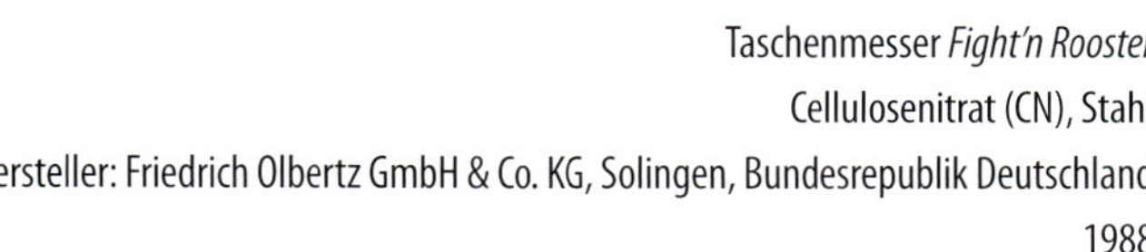

Taschenmesser *Fight'n Rooster*
Cellulosenitrat (CN), Stahl
Hersteller: Friedrich Olbertz GmbH & Co. KG, Solingen, Bundesrepublik Deutschland
1988

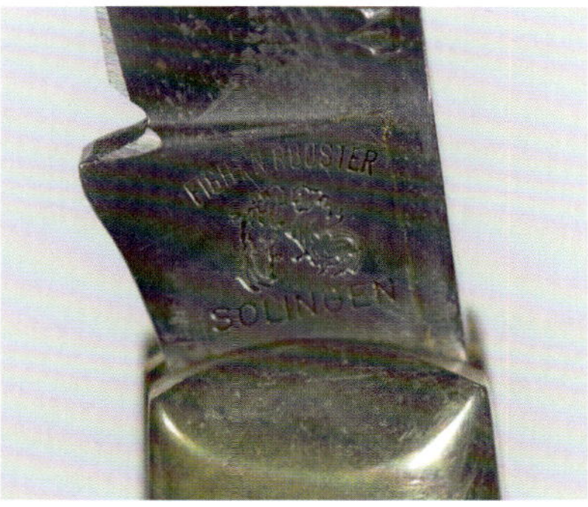

Unter der Marke *Fight'n Rooster* ließ Frank Buster von nun an limitierte Sammlermesser von Olbertz in verschieden gestalteten Ausführungen mit in der Farbe und Musterung oft sehr auffallenden Beschalungen aus Cellulosenitrat in Solingen produzieren.[43] Der eigentliche Hersteller wurde niemals auf den Messern vermerkt. Hier findet sich nur der amerikanische Auftraggeber und der Name der Stadt Solingen, was die Qualität der Verarbeitung bezeugen sollte.

Das besondere Muster der Griffschale mit der Kombination aus grauer Permutteffektmischung und Schwarz lässt sich als Produkt der Westdeutschen Celluloidwerke Lank-Latum identifizieren. Unter der laufenden Nummer 2105 findet sich dieses Muster samt der Beschreibung seiner Herstellung im Produktionsarchiv.

Mit schwarzem und einem einer natürlichen Muschelschale ähnlichen grauen Material wird ein Muster er-

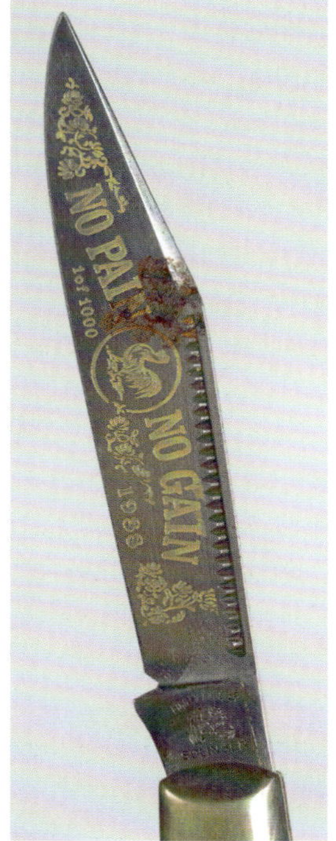

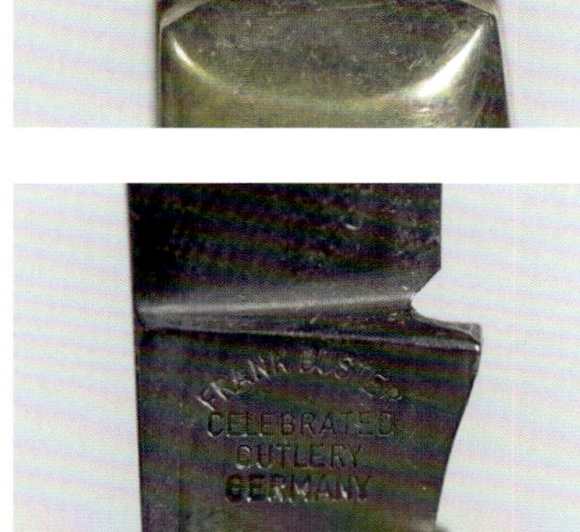

Details der Messerklinge.

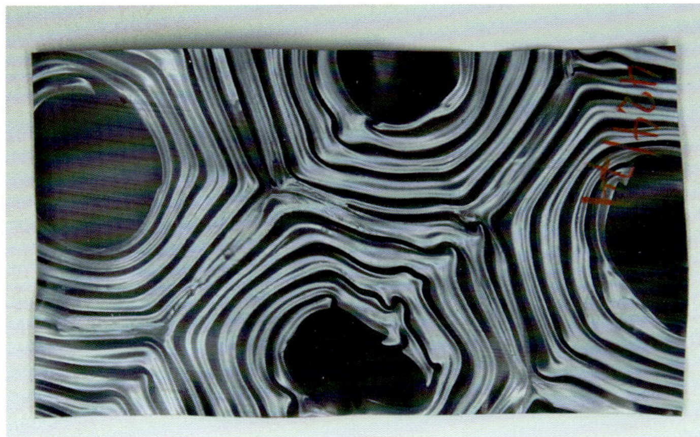

Produktionsmuster Nr. 2105
Cellulosenitrat (CN)
Hersteller: Westdeutsche Celluloidwerke
Lank-Latum, Bundesrepublik Deutschland
1974

Karteikarte mit Rezeptur zum Produktionsmuster Nr. 2105.

zeugt, das wie ein Schildkrötenpanzer mit sechseckigen Platten wirkt. Die abgerundeten Linien im Muster und die Unregelmäßigkeiten lassen es wie natürlich gewachsen wirken, obwohl den BetrachterInnen klar sein dürfte, dass es kein Perlmutt mit einem solchen Muster gibt bzw. keinen Schildkrötenpanzer in dieser Farbe. Auf der Griffschale des Messers sieht man nur einen Ausschnitt, sodass sich der Verfremdungseffekt noch verstärkt. Die außergewöhnliche Gestaltung erregt Aufmerksamkeit und signalisiert – genauso wie die gravierte Klinge mit der Aufschrift –, dass es sich nicht um einen Gegenstand des täglichen Gebrauchs handelt. Für die Handhabung spielt es keine Rolle, welche Farbe der Kunststoff

hat, auch die Erinnerung an den natürlichen Rohstoff, auf den für die Anfertigung von Griffschalen ursprünglich zurückgegriffen wurde, ist hier nicht mehr präsent. Das Objekt ist zum Anschauen gedacht, der praktische Gebrauch würde seinen Wert erheblich mindern.[44] Das „Habenwollen" und Besitzen ist der Zweck dieses Gegenstandes, nicht der Gebrauch. Damit ist das Taschenmesser ein typisches Produkt einer Konsumkultur, in der der Gegenstand seine Bedeutung aus dem Emotions- und Fiktionswert für das Individuum zieht.[45] Die Farbe und das ausgefallene Muster tragen dazu bei.

Das Taschenmesser ist ein exemplarisches Zeugnis für das Zusammenspiel verschiedener ehemals bedeutender Industriezweige im Rheinland. Produktionsstätte des Materials für die Griffschale waren die Westdeutschen Celluloidwerke Lank-Latum, der Schneidwarenhersteller kam aus der Klingenstadt Solingen. Es ist in Bezug auf das eingesetzte Cellulosenitrat ein Glücksfall, dass Rezeptur, Halbzeug und Endprodukt in der Sammlung erhalten sind.

Bisher konnten die im Produktionsarchiv der Westdeutschen Celluloidwerke dokumentierten Kundennamen nur in wenigen Fällen konkreten Firmen zugewiesen werden, sodass häufig unklar bleibt, ob es sich um Zwischenhändler für Halbzeuge handelt oder tatsächlich den Endkunden. Neben der Firma Carl August Meis bezogen die Solinger Taschenmesserhersteller Altenbach & Söhne und Robert Klaas Material direkt aus Lank-Latum.

Cellulosenitrat wurde ab den 1960er Jahren infolge der Weiterentwicklung der mechanischen sowie der gestalterischen und ästhetischen Eigenschaften anderer Kunststoffe mehr und mehr zum Nischenprodukt. Die neu auf den Markt kommenden Kunststoffe übernahmen die Muster- und Farboptionen des Cellulosenitrats, waren weniger leicht entflammbar und ebenso zu verarbeiten.

In den Rezepturen des Produktionsarchivs der Westdeutschen Celluloidwerke sind die eingesetzten Farbmittel festgehalten. Demnach kamen sowohl Pigmente als auch Farbstoffe mehrerer Hersteller, z.B. der BASF in Ludwigshafen, und besondere Effektmittel zum Einsatz. Die genaue Auswertung der Zusammensetzung der Farben hinsichtlich der erwähnten Farbmittel, ihrer Kombinationen und der Lieferanten über den dokumentierten Zeitraum von 32 Jahren steht noch aus. Sie wäre sicher hilfreich, um den Einfluss der verwendeten Farbmittel auf die Alterung des Materials besser einschätzen und damit Maßnahmen im Sinne der Präventiven Konservie-

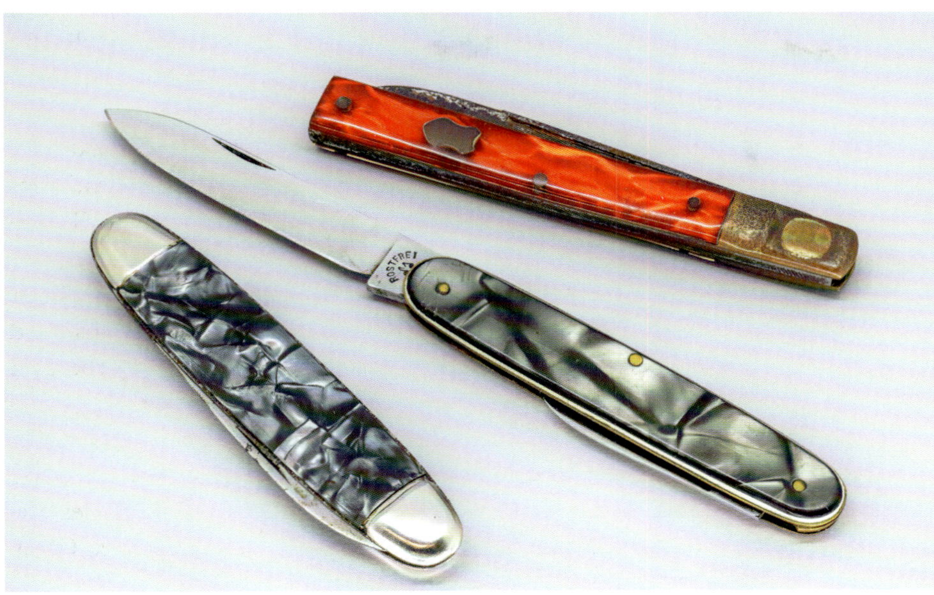

Drei Taschenmesser verschiedener Hersteller aus Solingen
Cellulosenitrat (CN), Stahl
Hersteller (von links): Altenbach & Söhne, Robert Klaas, Fr. Olbertz
Bundesrepublik Deutschland
1960–1981

rung planen zu können. Beispielsweise lässt sich an den Rezepturen ablesen, dass Zinkweiß (Zinkoxid) mehr und mehr von Titandioxid als Weißpigment abgelöst wurde. Da die Bayer AG 1957 mit der Produktion von Titandioxid im Werk Uerdingen begann und die Kapazitäten gerade zu der Zeit extrem erweiterte, wäre denkbar, dass die Celluloidwerke Titandioxid vom benachbarten Lieferanten bezogen haben.[46]

Vollsynthetische Kunststoffe in Farbe – Möglichkeiten und Grenzen von Pressmassen

Während die auf Naturstoffen basierenden Cellulosekunststoffe sich gut einfärben lassen und gerade das Cellulosenitrat eine hohe Farbbrillanz und unendliche Variationen bei der Mustererzeugung bietet, sind die Farbqualitäten des ersten vollsynthetischen Kunststoffs, des Phenol-Formaldehyds, stark eingeschränkt.

Nach dem Ersten Weltkrieg begann der Aufstieg der nicht mehr aufschmelzbaren Duromere wie das Phenol-Formaldehyd. Vor allem in Deutschland mit seiner hochentwickelten Verarbeitung von Derivaten aus Steinkohlenteer – schon ein entscheidender Faktor bei der Herstellung der Anilinfarben – erkannte man früh das Potenzial des Kunstharzes. 1910 gründeten die Rütgerswerke südlich von Berlin mit den Lizenzen von Leo Hendrik Baekeland (1863–1944) die Bakelite® Gesellschaft

mbH Erkner. Zwischen 1914 und 1916 entstand in Erkner eine eigenständige Fabrik mit einer Forschungsabteilung für die Anwendung.[47] 1938 wurde die Produktion durch die Errichtung eines zweiten Bakelit®werks in Erkner noch einmal erheblich ausgebaut.[48]

Die typische Farbpalette des PFs enthält Schwarz, Brauntöne, Dunkelrot, Dunkelgrün, oft auch meliert, z.B. Rot mit Schwarz. Blautöne fehlen. Die gedeckten Töne resultieren aus der Tatsache, dass das Ausgangsharz nicht farblos oder weiß ist, sondern eine relativ intensive Bernsteinfarbe aufweist,[49] was erklärt, warum es keine blauen Gegenstände gibt. Dazu kommt noch der relativ hohe Anteil an Füllstoffen in der Pressmasse, die je nach Art für eine helle Farbe nicht günstig sind. Ein typisches Beispiel ist der Gewehrkolben von 1940 (siehe Seite 218), auf dessen Oberfläche die Textilfasern, mit denen das Harz gefüllt war, deutlich zu erkennen sind.

Die fließfähigen, noch nicht ausgehärteten Pressmassen wurden fertig gemischt mit den Füllstoffen an den Verarbeiter geliefert und waren daher auch schon entsprechend eingefärbt, wie das Musterbuch von 1938 belegt[50] (siehe Seite 218). Die jeweiligen Farbtöne wurden mit Mischungen von Pigmenten realisiert. Solche Voreinfärbungen garantierten dem Kunststoffverarbeiter ein gleichbleibendes Ergebnis beim Farbton.

Vermutlich wären die vielen kleinen Presswerke, die in den 1930er bis 1950er Jahren Pressmassen verarbeiteten, mit der Herstellung eigener Farbmischungen

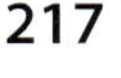

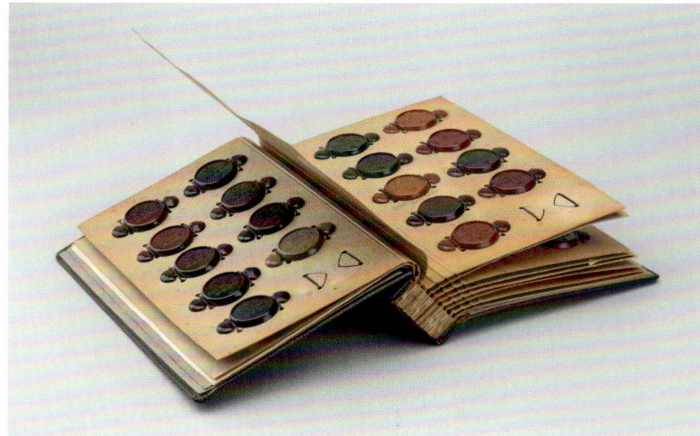

Musterbuch Bakelite®
Phenol-Formaldehyd (PF), Pappe
Hersteller: Bakelite® GmbH
Erkner, Deutschland
1938

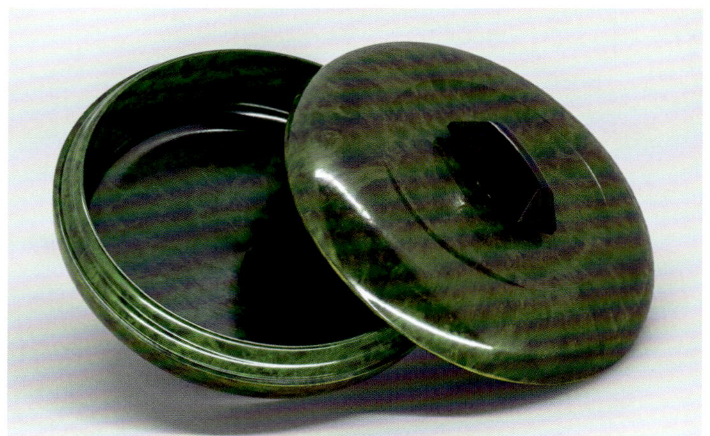

Runde Dose mit Schraubdeckel
Phenol-Formaldehyd (PF)
Hersteller: VCF Vynkier
Gent, Belgien
1930–1950

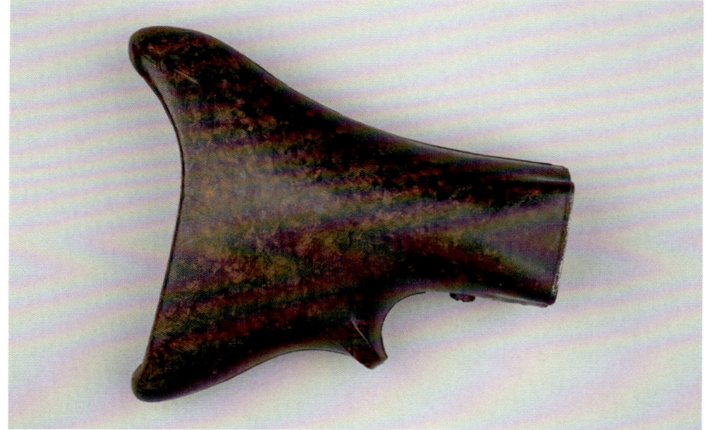

Gewehrkolben
Phenol-Formaldehyd (PF) mit Textilfasern gefüllt
Hersteller: Hermann Römmler und Schumann KG
Berlin, Deutschland
1940

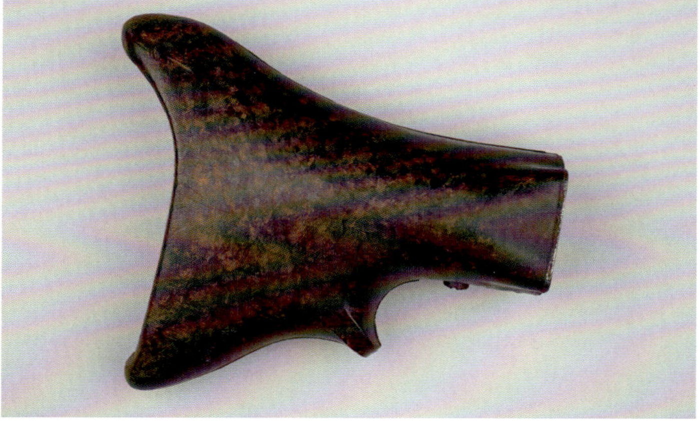

Tischradio
Phenol-Formaldehyd (PF), lackiert
Hersteller: Motorola Inc., Schaumburg/Illinois, USA 1940

überfordert gewesen.[51] Auch entspricht der eher düstere Eindruck, den Phenolpressteile heute vermitteln, wahrscheinlich nicht ganz der Farbigkeit, den diese Gegenstände zum Zeitpunkt der Herstellung hatten. Vor allem die Grüntöne zeigen sich wahrscheinlich unter Lichteinfluss anfällig für eine gelbliche oder bräunliche Verfärbung, sodass ursprünglich leuchtend grüne Gegenstände heute eher olivfarben oder gar völlig braun erscheinen. Nur an vor dem Licht geschützten Stellen ist die Originalfarbe noch erkennbar. Beispiel dafür ist die Dose, die außen olivgrün wirkt, aber innen noch das ursprüngliche Grün zeigt.

Während man sich in Europa meist mit den unbehandelten Oberflächen der Presslinge begnügte, wurde vor allem in den USA die eingeschränkte Farbpalette der Phenolharze durch Lackieren erweitert. Das Radio des Herstellers Motorola von 1940 zeigt diese Art der Gestaltung. Das ursprünglich braune Gehäuse aus Phenol-Formaldehyd wurde mit einem glänzenden grünen Lack, der an Autolackierungen erinnert, überzogen. Die

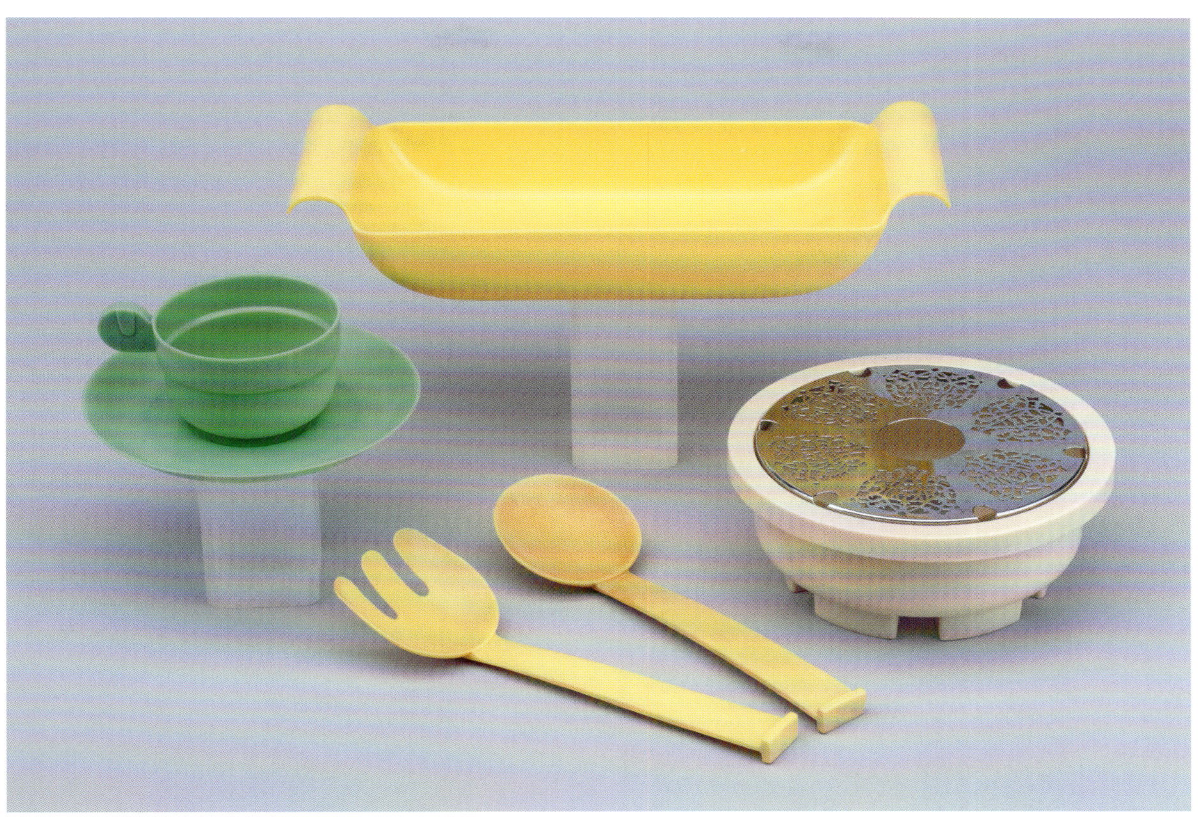

Verschiedene Haushaltsartikel aus *Pollopas*
Harnstoff-Formaldehyd (UF)
Hersteller: Dynamit Nobel AG
Troisdorf, Deutschland
1930er Jahre

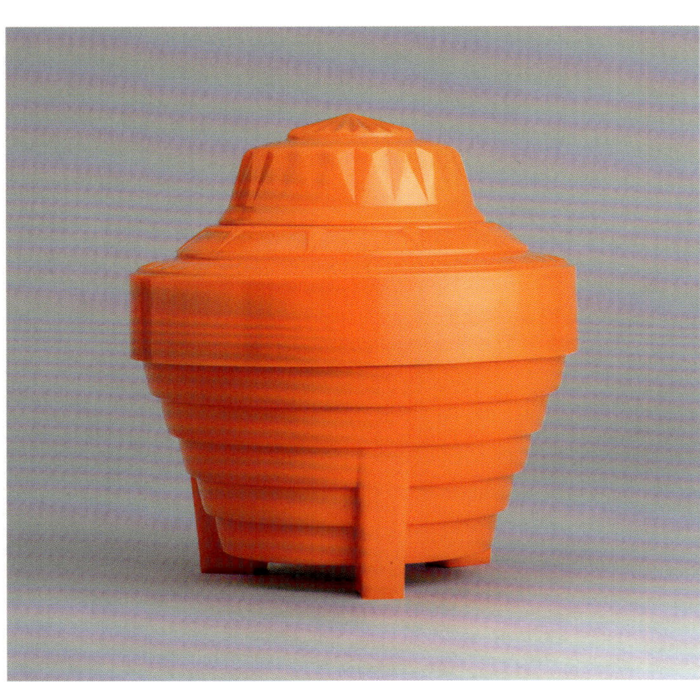

Tabakdose
Harnstoff-Formaldehyd (UF)
Hersteller: Dynamit Nobel AG
Troisdorf, Deutschland 1930er Jahre

halbrunde Skala mit dem nadelartigen Zeiger und dem großen Bedienknopf darüber sind golden metallisiert und erwecken so den Eindruck einer Autoarmatur.

Ein einheitlicher Überzug aus flüssigem Lack kann u.a. mit einem Pinsel aufgebracht werden. Eine Lackierung hat zunächst eine Schutzfunktion, kann aber auch die Oberflächenstruktur beeinflussen, indem sie ihr mehr Glanz verleiht.[52] Ein farbiger Lack schützt vor Umwelteinflüssen und oder mechanischen Beeinträchtigungen. Er kann die Grundfarbe eines Objekts völlig verändern. Auch heute noch gibt es lackierte Kunststoffprodukte, allerdings gilt der Lackierschritt als teuer. Bei Spritzgießteilen lautet die Faustregel: Eine Lackierung verdoppelt die Bauteilkosten.

Eine besondere Form der Beschichtung stellt das Metallisieren dar. Das Aufbringen einer dünnen metallischen Oberfläche erfolgt meistens durch Galvanisieren oder Bedampfen. Im Zusammenhang mit der farbigen Gestaltung spielt es vor allem eine Rolle, wenn der optische Eindruck eines metallischen Gegenstandes erzielt werden soll oder die völlige, farblich unveränderte Lichtreflexion benötigt wird, beispielsweise für Reflektoren.[53]

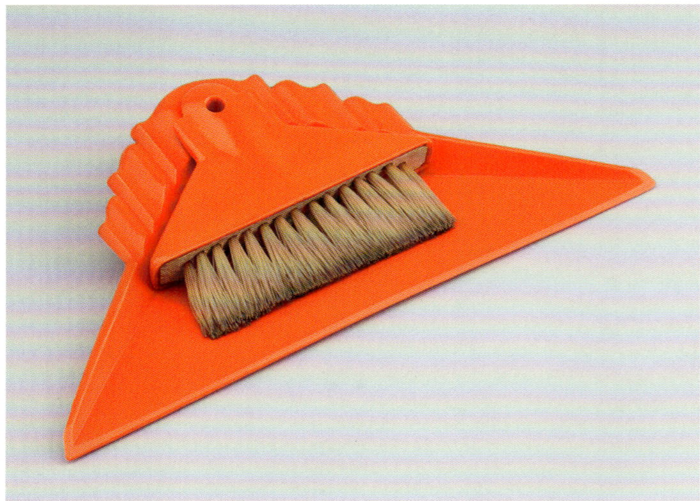

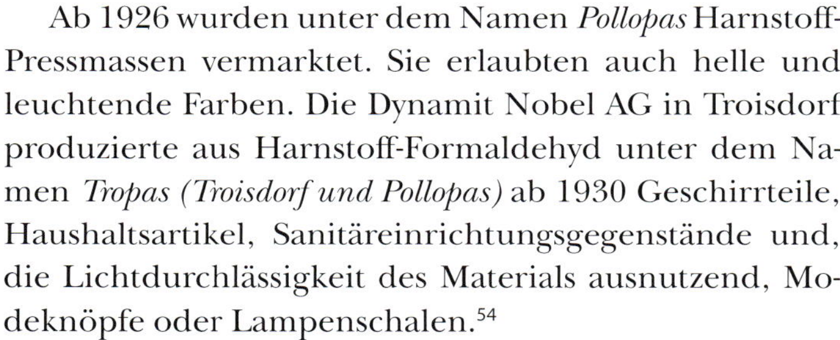

Tischbesenset
Harnstoff-Formaldehyd (UF)
Hersteller: Bebrit Preßstoffwerke GmbH, Bebra, Deutschland
1930–1939

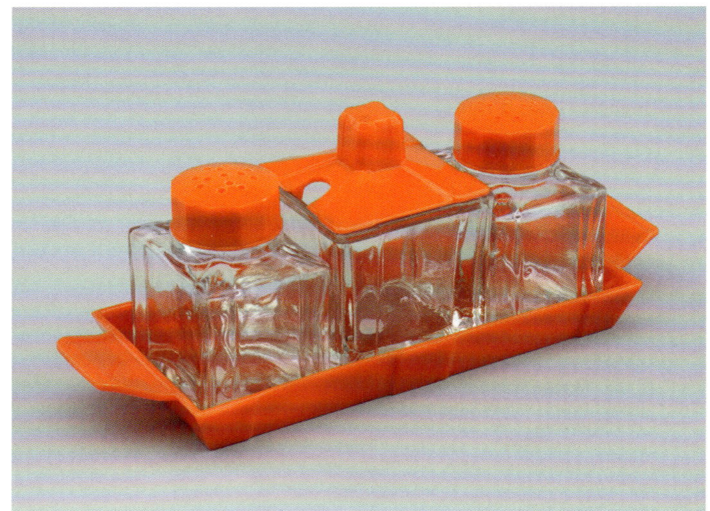

Menage
Harnstoff-Formaldehyd UF) Pressglas
Deutschland
um 1935

Ab 1926 wurden unter dem Namen *Pollopas* Harnstoff-Pressmassen vermarktet. Sie erlaubten auch helle und leuchtende Farben. Die Dynamit Nobel AG in Troisdorf produzierte aus Harnstoff-Formaldehyd unter dem Namen *Tropas (Troisdorf und Pollopas)* ab 1930 Geschirrteile, Haushaltsartikel, Sanitäreinrichtungsgegenstände und, die Lichtdurchlässigkeit des Materials ausnutzend, Modeknöpfe oder Lampenschalen.[54]

Die Produkte wurden erstmals 1931 auf der Leipziger Frühjahrsmesse einem breiten Publikum vorgestellt. Über Lizenzvergaben wurde das Material an mehreren Orten in Deutschland und Großbritannien zu Haushaltsartikeln verarbeitet. Die stabilen, leichten, bunten Artikel traten in den Wettbewerb mit Geschirrteilen aus Emaille, Metall, Holz, Glas oder Porzellan. *Pollopas* sollte also als neues Material verstanden werden und nicht als Ersatz für ein bereits existierendes.[55]

Dass man durchaus renommierte Entwerfer mit der Formgebung für Gegenstände aus dem neuen Material beauftragte und offenbar eine eigenständige Objektpalette im Sinn hatte, spricht ebenfalls dafür, dass man Kunststoffe als Material mit eigenem Charakter und eigener Wertigkeit etablieren wollte. Für die Dynamit Nobel AG entwarf Ludwig König (1891–1974) von der Kölner Werkschule.[56] Die Firma Hermann Römmler in Spremberg beschäftigte Christian Dell (1893–1974), der an der Städelschule in Frankfurt lehrte.[57] Bebrit in Bebra gab bei

Friedrich Adler (1878–1942) in Hamburg Entwürfe für Presslinge in Auftrag.[58] Wie bei den Phenol-Pressmassen wurden auch die Harnstoff-Pressmassen gleich vom Hersteller in fertigen Farben geliefert. Das Farbangebot war bei allen Anbietern auffallend ähnlich und beschränkte sich auf wenige helle Farben: hellgelb, hellgrün, hellblau, elfenbein, rosa und rot.[59] Das leuchtende Orange sticht heraus.

Im Gegensatz zu Produkten aus England und der frühen Produktion aus Troisdorf (siehe Kapitel formbar), die möglicherweise für den englischen Markt bestimmt war, zeigt sich hier vielleicht ein Effekt der Ästhetik des Bauhauses und des Funktionalismus im Deutschland der neuen Sachlichkeit in den 1920er und 1930er Jahren, die für eine klare Farbigkeit standen.[60] Die Forderung nach Materialgerechtigkeit führte eventuell auch dazu, dass man auf Lackierungen verzichtete. Ähnlich wie bei der Formgebung der Kunststoffprodukte im Sinne einer rationellen Fertigung scheint man sich auf eine standardisierte Farbpalette verständigt zu haben.

Moderne Thermoplasten: Aufbruch in unendliche Farbwelten

Mit der rasanten Entwicklung moderner thermoplastischer Werkstoffe, die zwar schon in den 1930er Jahren eingesetzt hatte, aber wegen der Einschränkungen wäh-

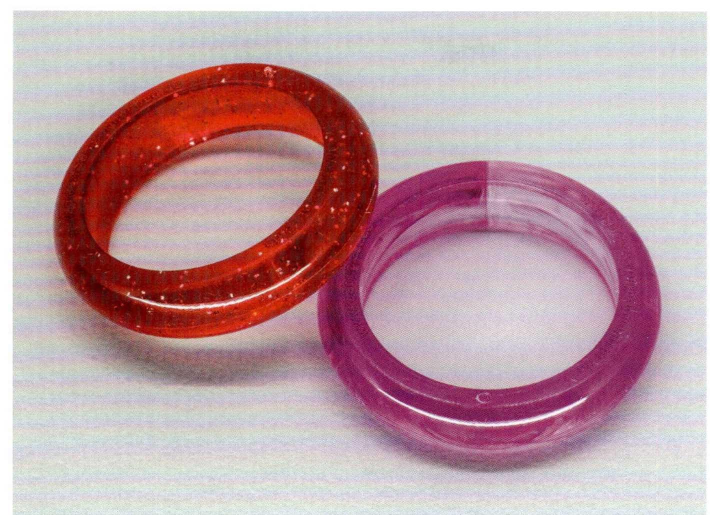

Ringe
Styrol-Acrylnitril (SAN)
Hersteller: Christmann Kunststofftechnik GmbH, Kierspe, Deutschland
2007

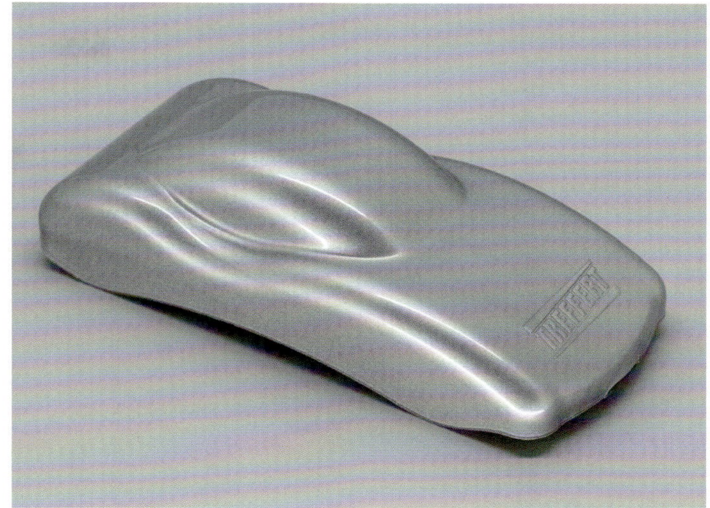

Farbmuster für Metallic-Effektpigment
Polycarbonat (PC)
Treffert GmbH & Co. KG, Bingen, Deutschland
2011

rend des Krieges erst in der Zeit nach 1945 Fahrt aufnehmen konnte, sind der Farbvielfalt kaum noch Grenzen gesetzt. Die Prozesse rund um das Einfärben von Kunststoffen sind heute als komplexe Vorgänge zu charakterisieren, an denen mehrere Industriezweige beteiligt sind, die eine Lieferkette bilden.

Am Anfang steht die chemische Industrie als Farbmittelerzeuger, die Pigmente und Farbstoffe in Pulverform bereitstellt. Um eine gute Farbqualität zu gewährleisten, müssen die Pulver dispergiert oder gemischt werden, was umfangreiche Spezialkenntnisse und eine hochentwickelte Ausrüstung erfordert. Kunststoffverarbeiter verfügen nur selten über die nötigen Ressourcen, sodass der Verarbeitungsschritt der Dispergierung oft bei Compoundeuren erfolgt. Farbcompounds, Pigmentmischungen, Farbkonzentrate oder Masterbatches werden dem Kunststoffverarbeiter in Granulatform zur Verfügung gestellt.[61]

Bei Pigmentmischungen wird der einzufärbende Kunststoff mit der Farbe versetzt. Solche Mischungen enthalten also bereits organische oder anorganische Pigmente in der Endkonzentration und können anschließend direkt zu einem fertigen Produkt verarbeitet werden. Auch die historischen Pressmassen aus Phenol- oder Harnstoff-Formaldehyd werden schon fertig in den verschiedenen Farben vom Hersteller direkt geliefert.[62] Die Verwendung von Pigmentmischungen garantiert dem Kunststoffverarbeiter ein gleichbleibendes Ergebnis

beim Farbton. Die Verantwortung für die Farbkonzentration liegt vollständig beim Compoundeur.

Farbkonzentrate oder Masterbatches sind Konzentrate in fester Kunststoffmatrix mit Gehalten an Farbmitteln, die höher sind als in der Endanwendung. Die Einfärbung wird erreicht, indem das Konzentrat während der Verarbeitung mit dem ungefärbten Material vermischt wird. Masterbatches werden sowohl für Pigmente als auch für Farbstoffe angewendet. Für den Hersteller des Endprodukts bietet diese Art der Einfärbung eine Reihe von Vorteilen. Zum einen kann der Verarbeiter beim Farbmittelgehalt selbst nachjustieren, zum anderen entstehen nur geringe Lagerungskosten.

Die Ringe wurden mit Masterbatches gefärbt. Sie entstanden zu Vorführzwecken. Die gewollt uneinheitliche Färbung ist vom Zufall geprägt. Man hat dem Grundmaterial – in diesem Fall SAN – ein andersfarbiges Masterbatch zugegeben und bewusst für eine schlechte Homogenisierung der Schmelze gesorgt, damit sich die Farbanteile nicht vollständig vermischen.

Besondere Einfärbungen ermöglichen Effektpigmente. Sie verleihen dem Material zusätzliche optische Eigenschaften wie winkelabhängige Farbton- oder Glanzänderungen.[63] Im Gegensatz zu herkömmlichen Pigmenten sind Effektpigmente plättchenförmig. Die Entstehung des Farbreizes beruht bei dieser Art der Pigmente auf gerichteter Reflexion und Interferenz. Unter Letzterem ist die Überlagerung zweier oder mehrerer Wellen zu verstehen. So lassen sich beispielsweise Metalleffekte erzeugen.

Ein Beispiel für die Anwendung von Effektpigmenten zeigt das Farbmuster aus Polycarbonat, das durch Spritzgießen hergestellt wurde. Das metallische Erscheinungsbild der Karosserie wurde durch Metallic-Effektpigmente erzeugt, die der Kunststoffschmelze zugegeben wurden. Phenol-Pressmassen Farbschlieren am unteren Rand um den Anspritzpunkt herum zeigen, dass die einströmende Schmelze in diesem Bereich zu einer uneinheitlichen Orientierung der plättchenförmigen Pigmente geführt hat.

Die Ära der Popkultur – Gefärbte Badezimmereinrichtungen aus PMMA

„Was orange ist, wirkt billig, denn es ist meist aus Plastik."[64]

Das überspitzte Urteil stammt von der Psychologin Eva Heller aus ihrem erstmals 1989 erschienenen Buch über Farbwirkung. Das Zitat dient als Einstieg in einige Überlegungen, was Farbe, deren Wirkung und Kunststoffe miteinander zu tun haben. Insgesamt ist das Thema Farbwirkung allerdings ein weiteres Feld, denn historisch und kulturell sind Farben sehr unterschiedlich kontextualisiert und konnotiert. Das angeblich „billig" wirkende Orange findet sich beispielsweise bei der Kleidung buddhistischer Mönche in Südostasien oder als Signalfarbe für Abfallentsorgung und Stadtreinigung[65] und in unzähligen anderen Kontexten mit völlig anderen Wirkungen auf die BetrachterInnen. Im Zusammenhang mit Kunststoffen wird im Folgenden ein Aspekt in den Fokus gerückt: Orange gilt als Farbe der 1970er Jahre und der Popkultur – in diesem Jahrzehnt scheint in der Rückschau alles orange zu sein.[66]

Tatsächlich sind die 1960er und 1970er Jahre durch eine Vielzahl von Farben und Farbexperimenten gekennzeichnet. Dabei haben die Möglichkeit, moderne Kunststoffe intensiv zu färben, und weite Verbreitung der aus diesem Material produzierten Objekte das Aussehen dieser experimentellen Ära maßgeblich geprägt. Ein Beispiel für den Versuch, traditionelle Wohn- und Farbkonventionen mithilfe farbiger Kunststoffe zu durchbrechen, stellen die Badausstattungen aus *Plexiglas*® dar, mit denen der Raum für die persönliche Hygiene revolutioniert werden sollte.

„Mut zur Farbe" – Das Bad als bunte Wohlfühloase

Während die einen im Badezimmer möglichst kurz verweilen und die Tätigkeiten der täglichen Hygiene eher als Notwendigkeit empfinden, betrachten die anderen das Bad als privaten Rückzugsort zur Entspannung. Obwohl das Bad – man denke an die luxuriösen Thermalbäder im alten Rom oder Helena Rubinsteins weitläufiges Badezimmer mit farbigen Fresken – vereinzelt viel Aufmerksamkeit erfuhr, verrichteten die DurchschnittsbürgerInnen, sobald sie ein eigenes Bad hatten,[67] ihre tägliche Hygieneroutine in einem weiß gekachelten, engen Raum mit wuchtigem Boiler und zu klein bemessener Badewanne. Die glasierten Kacheln und das sterile Weiß standen für Hygiene und Sauberkeit. Ab den späten 1960er Jahren gab es in der Bundesrepublik Bestrebungen, diese Entwicklung aufzubrechen und das Badezimmer in einen Entspannungsort umzufunktionieren.

Badausstattung *Brasil*

Zwischen 2012 und 2018 gelangten Teile von drei Badausstattungen aus den 1970er Jahren in die Sammlung des Deutschen Kunststoff-Museums. Ein vollständiges Ensemble aus Duschtasse, Waschtisch und Toilette ist ein Produkt der Firma Röhm & Haas aus dem Jahr 1972. Es war in einem Haus in Königswinter verbaut und konnte im Frühjahr 2016 noch im Originalzustand besichtigt werden. Die mit dem Verkauf des Hauses betraute Maklerin hatte die Idee, das Bad dem Museum anzubieten.

Nach der Inaugenscheinnahme des Ensembles aus Duschtasse, Waschbecken, Bidet und Toilette wurde es bis auf die Toilette, die aus hygienischen Gründen und wegen einer Beschädigung als nicht mehr ausstellbar angesehen wurde, in den Bestand der Sammlung überführt. Die Tatsache, dass sich das Ensemble in einem Bad zum Gästezimmer befand, das nicht ständig genutzt wurde, erklärt den relativ guten Erhaltungszustand. Unterlagen zum Einbau und Rechnungen aus dem Jahr 1972 waren noch erhalten und wurden ebenfalls archiviert. Demnach hatte der Waschtisch 485,- DM, die Duschwanne 450,- DM und das Bidet 480,- DM gekostet.

Das Ensemble ist in der Kombination der Röhm-Farben „Indischgelb" und „Rubinrot" zusammengestellt.

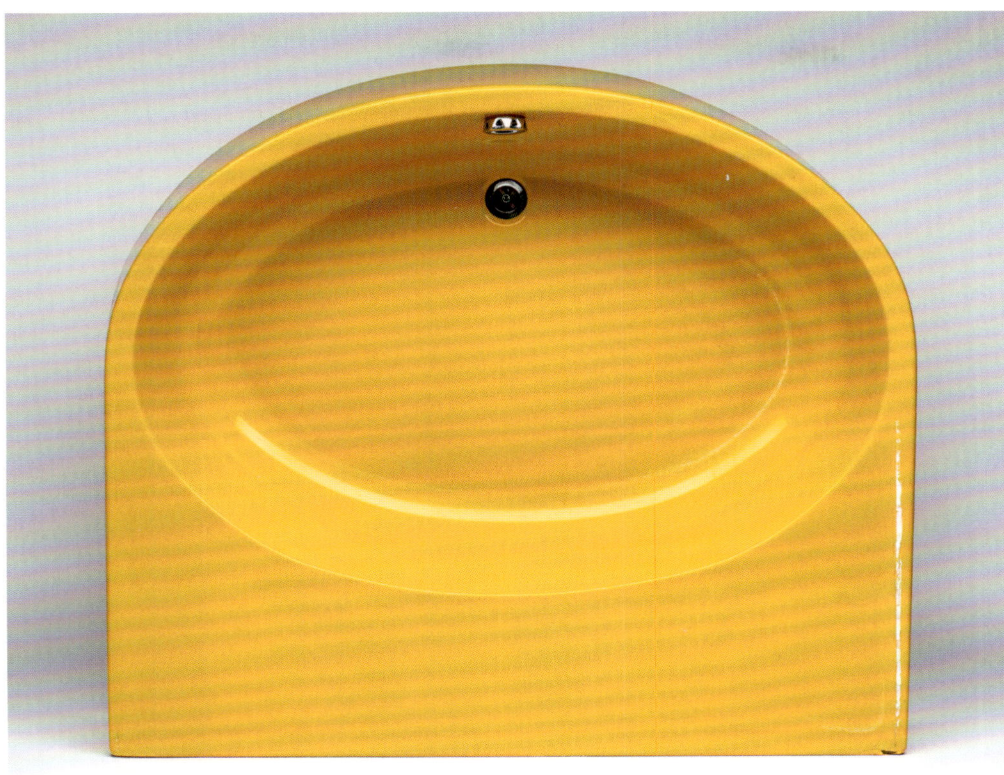

Duschtasse *Brasil*
Polymethylmethacrylat (PMMA)
Hersteller: Röhm GmbH Chemische Fabrik
Darmstadt, Bundesrepublik Deutschland
1972

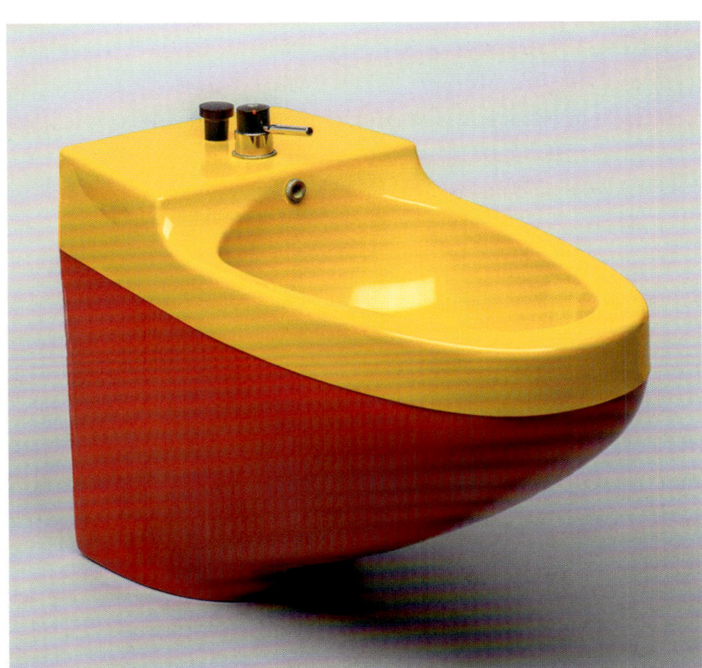

Bidet *Brasil*
Polymethylmethacrylat (PMMA)
Hersteller: Röhm GmbH Chemische Fabrik
Darmstadt, Bundesrepublik Deutschland
1972

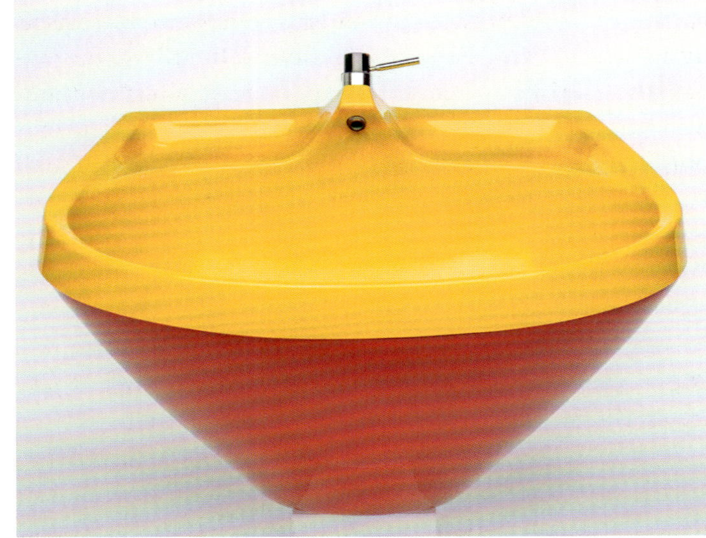

Waschtisch *Brasil*
Polymethylmethacrylat (PMMA)
Hersteller: Röhm GmbH Chemische Fabrik
Darmstadt, Bundesrepublik Deutschland
1972

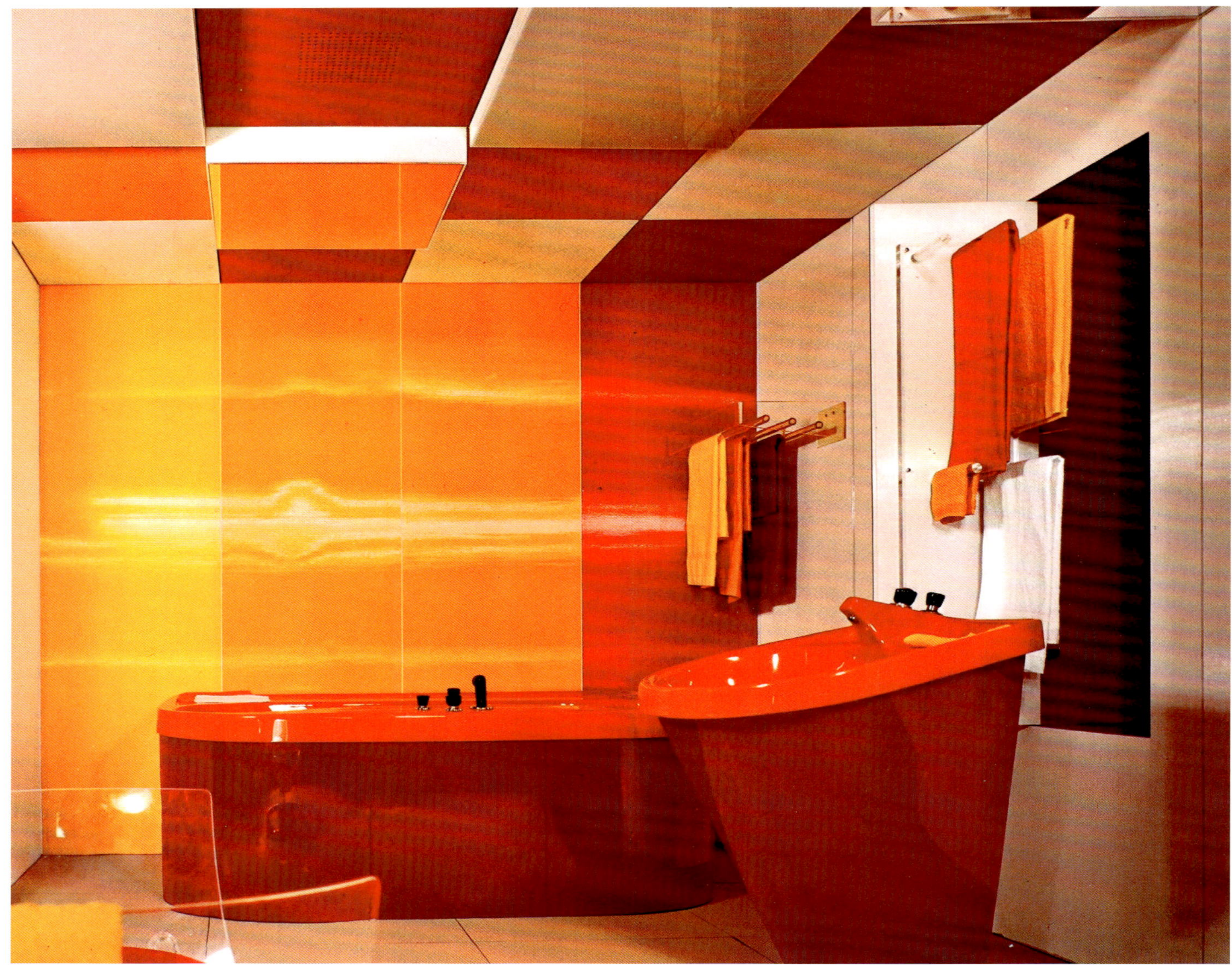

Badezimmer mit Elementen aus *Plexiglas*®
Werbebroschüre „Oase gefällig?", 1970.
© Konzernarchiv Evonik Industries AG

Betrachtet man die Einzelteile außerhalb ihres Kontextes, entsteht nicht auf Anhieb die Assoziation einer „Wohlfühloase". Zeitgenössische Werbeanzeigen vermitteln jedoch einen Eindruck von der Atmosphäre in der Gesamtkomposition.[68] Die Farbigkeit der angebotenen Badezimmerelemente reicht von Gelb, Rot, Türkis bis hin zu Orange. Sie heben sich damit deutlich von der typischen weißen Keramik ab, die bis heute den Badbereich dominiert. Auch zur Entstehungszeit der Bäder in den 1970er Jahren war die farbenfrohe Gestaltung im Badezimmer noch eine Ausnahme.

Das Badprogramm von Röhm & Haas

Die Firma Röhm & Haas, ein Unternehmen der chemischen Industrie, befasste sich ursprünglich nicht mit Artikeln für den Sanitärbereich. Einer der größten Erfolge der Firma war die Entwicklung des Kunststoffs Polymethylmethacrylat 1934, unter dem Markennamen *Plexiglas*® vertrieben und auch als Acrylglas bezeichnet.[69] Das Material überzeugte durch eine bisher unerreichte Transparenz, Brillanz, Witterungsbeständigkeit, Formbarkeit und Bruchfestigkeit. Das Material Acrylglas hat

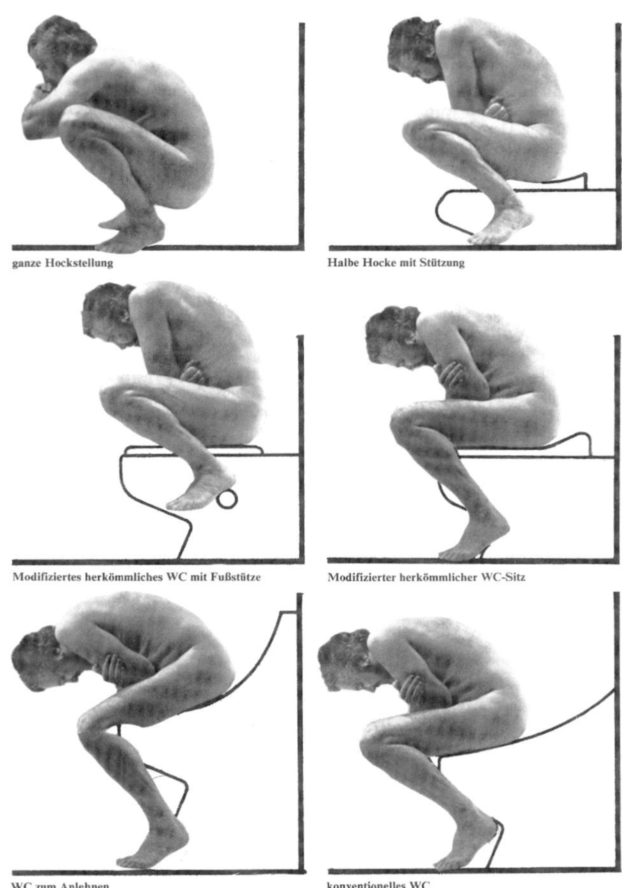

Bewegungsstudien zum Design des WCs. Mögliche Hock- und Sitzhaltung.
KIRA 1987, S. 103.

eine Lichtdurchlässigkeit von max. 92 % – ein Wert, der sonst nur von hochwertigem geschliffenem Kristallglas erreicht wird. Diese Eigenschaft ermöglicht die Herstellung von reinen Farben, die immer wieder exakt nachproduziert werden können.[70] Röhm & Haas begann zwar bereits kurz nach dem Zweiten Weltkrieg, Waschbecken aus Plexiglas® zu fertigen, doch waren diese vor allem für den eigenen Betrieb und die dortigen Waschräume und Büros vorgesehen.[71] In England bestanden bereits Mitte der 1960er Jahre 20 % aller hergestellten Badewannen aus Acrylglas. Diese Beobachtung und die guten eigenen Erfahrungen veranlassten Röhm & Haas, in die Entwicklung sanitärer Einrichtung zu investieren und „der Badekultur neue Impulse [zu] geben".[72]

Offenbar war das Thema „Badkultur" bis dahin stark vernachlässigt worden, wie ein Artikel im Magazin „Spiegel" von 1966 berichtete. Demnach war eine Gruppe amerikanischer ArchitektInnen zu dem Schluss gekommen, dass die Ausstattung von Badezimmern der westlichen Welt mindestens 40 Jahre hinter dem Stand der Entwicklungen zurückblieb. Den Grund für diesen Umstand vermutete Untersuchungsleiter Alexander Kira in der gesellschaftlichen Ächtung und Tabuisierung gewisser „einfacher und unvermeidlicher Körperfunktionen". So verlangten Hafenarbeiter wegen des Ausladens von WC-Becken eine „Genier-Zulage" von 20 %.[73] Im Rahmen ihrer siebenjährigen Forschungsarbeit untersuchte die Gruppe um Kira den meistfrequentierten Brauchraum des Haushalts und konzipierte auf der Grundlage von umfangreichen Bewegungsstudien und Umfragen ein „Traum-WC".[74]

Das Sanitärprogramm von Röhm & Haas zielte ebenfalls darauf ab, über die ausschließlich zweckgerichtete Benutzung des Bades hinauszugehen. Als Ort der Entspannung sollte man sich gerne allein oder gemeinsam mit der Familie im Badezimmer aufhalten. Einer firmeninternen Projektgruppe in Kooperation mit ArchitektInnen und DesignerInnen gelang es, materialgerechte Formen für Acrylglas zu finden und so das Potenzial des Materials Kunststoff voll auszuschöpfen.[75] Bis dahin waren die sanitären Kunststoffelemente in Form und Farbe traditionellen keramischen Vorbildern nachempfunden worden.

Um der breiten Bevölkerung die Investition in eine Wohlfühloase für zu Hause schmackhaft zu machen, musste man allerdings zuerst für ein neues „Badegefühl" werben.[76] Matthias Janssen, Leiter des Instituts für Industrielle Formgestaltung an der Technischen Universität Hannover, wurde beauftragt, ein Wohnbad zu entwickeln. Funktionsanalysen sollten die Beziehung zwischen Mensch und Raum optimieren. Ein Prototyp wurde zwei Jahre später auf der Bau '68 in München zum ersten Mal gezeigt. Der Raum wurde in einen mittigen Nassbereich mit einem ringsherum verlaufenden Trockenbereich aufgeteilt. Die organischen Formen sollten die NutzerInnen zum Verbleiben einladen und boten im Trockenbereich mit vorgesehener Phono-, Kosmetik-, Literatur- und Getränkenische ausreichend Möglichkeiten zum Zeitvertreib.

Das futuristisch anmutende runde Wohnbad, dessen Gestaltung an Science-Fiction-Fernsehserien wie „Raumpatrouille – Die phantastischen Abenteuer des Raumschiffes Orion" von 1966 oder Stanley Kubricks Kultfilm „2001: Odyssee im Weltraum" erinnert, war sicherlich die Hauptattraktion des Messestandes 1968.[77] Wegen seiner

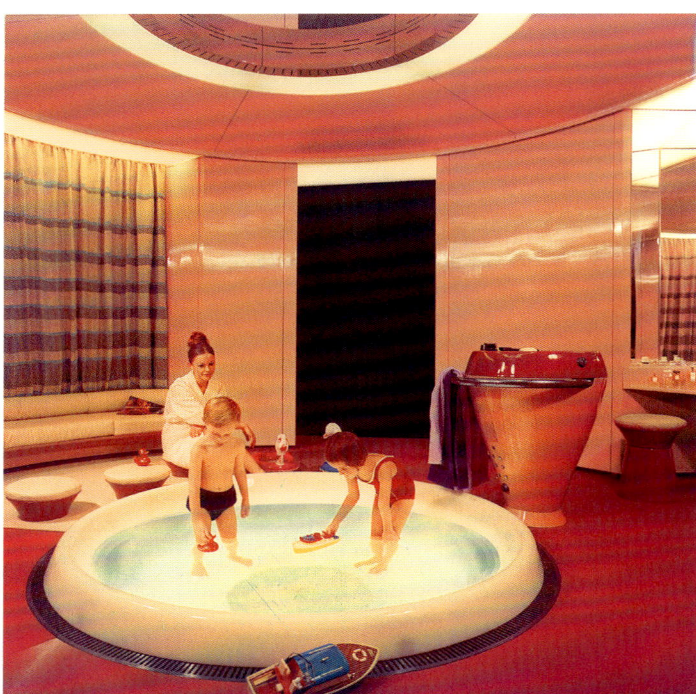

Prototyp *Wohnbad* auf der „Bau 68" in München.
© Evonik Industries AG, Konzernarchiv

Größe und des Verkaufspreises von 69.000,- DM war es nicht massentauglich und ging nicht in Serienproduktion.[78] Doch wurden sanitäre Einzelteile wie Waschbecken und Duschwannen ebenfalls auf der Messe ausgestellt. Sie waren nicht raumgebunden und konnten in nahezu jedem Badezimmer verbaut werden. Ein eigentlich unverzichtbares Einzelteil im Bad fehlte jedoch in der Produktpalette von Röhm & Haas: das Klosett. Da die Verrichtung der „Notdurft" nicht mit der Idee eines Wohnbades harmonierte, sollte es in einen separaten Raum ausgelagert werden. Vier Jahre später wurde dann doch ein Tiefspülklosett konzipiert, da man feststellte, dass sie „[...] ohne WC im Bad in der BRD nicht durchkamen".[79]

Die Gestaltung

Über die Gestaltung des Badezimmerprogramms von Röhm & Haas ist nicht viel mehr bekannt außer der Tatsache, dass Matthias Janssen mit der Entwicklung beauftragt wurde. Er war in der Hauptsache für Form, Farbgebung, Konzeption und Anordnung der Badelemente verantwortlich. Das zu verwendende Material stand natürlich fest.

Die Form der Objekte orientiert sich am organischen Design, das in den 1970er Jahren eine Renaissance erlebte und für das die Kunststoffe mit ihrer Formungsvielfalt geradezu prädestiniert waren. Die runden Formen im sogenannten *Soft-Edge-Design* im Badezimmer wirken sanft und lösen ein Gefühl der Behaglichkeit aus. Die Armaturen wurden möglichst mit Kunststoff umformt, sodass der kalte Werkstoff Metall zurücktrat. Die Verwendung des im Vergleich zu Keramik wesentlich nachgiebigeren Kunststoffs minimierte das Verletzungsrisiko im Bad.

Bemerkenswerter als die Form ist die farbige Gestaltung. In einem Katalog von 1970 forderte Röhm & Haas die LeserInnen auf: „Nur Mut zur Farbe ...".[80] Mit den sogenannten zwölf Hausfarben[81] ließ man der potenziellen Kundschaft auch kaum eine andere Wahl, als kräftige Farben für ein individuelles Bad auszuwählen. Die Farbpalette Ende der 1960er umfasste sehr ausdrucksstarke Farben, die im Badbereich ein Novum waren. Die zweiteiligen Badelemente erlaubten zusätzlich die Kombination von zwei Farben nach eigenem Geschmack.

Die Farbpalette spiegelt den Zeitgeist der ausgehenden 1960er Jahre wider. Die westliche Gesellschaft strebte ab den 1950er Jahren, befeuert durch das Wirtschaftswunder, eine Verbesserung der Lebensqualität an. Der wachsende Wohlstand und der zunehmende Massenkonsum in den 1960ern stießen allerdings Ende des Jahrzehnts bei einem Teil der jungen Generation auf Kritik. Der Protest gegen die Konsumgesellschaft wirkte sich auch auf das Design aus, wo neue ästhetische Ansätze aufkamen. Provokante Formen und ironische Brechungen der Tradition waren ihr Merkmal, vor allem wollte man die herkömmlichen Raumaufteilungen aufbrechen und damit die Nutzung des Wohnraums verändern.

Die Fortschritte auf dem Gebiet der Technik – sei es im Verkehrswesen, der Weltraumtechnik, der Kommunikation oder den Medien – regten Designer wie Verner Panton zu futuristischen Wohnutopien und Möbelentwürfen an.[82] Mondlandung, Science-Fiction, Pop- und Subkultur, Computertechnologie und neue Entwicklungen auf dem Gebiet der synthetischen Werkstoffe befeuerten die Phantasie von DesignerInnen und die Loslösung von Althergebrachtem.[83]

Die Veränderungen in der Farbgestaltung waren gerade auch in Küche und Bad revolutionär: Seit dem Ende des 19. Jahrhunderts hatten dort Weiß und Pastelltöne dominiert, die ein Gefühl von Sauberkeit und Hygiene

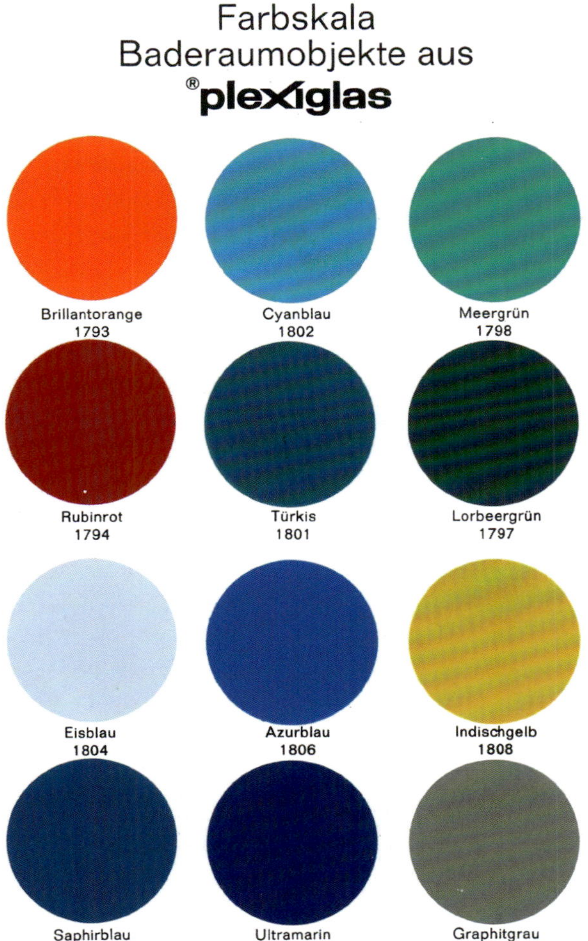

Farbpalette für das Badraumprogramm 1970.
© Evonik Industries AG, Konzernarchiv

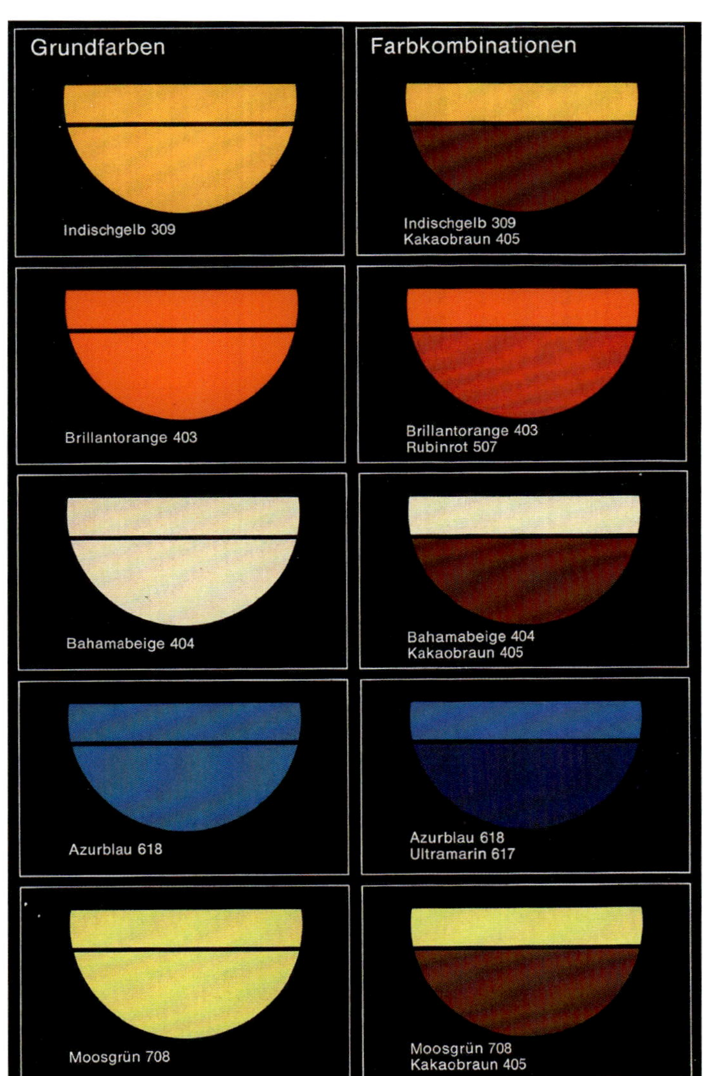

Farbpalette für das Badraumprogramm ab 1975.
© Evonik Industries AG, Konzernarchiv

vermitteln sollten. Weiß wurde – und wird häufig noch heute – für Produkte mit direktem Kontakt zum Körper verwendet.[84] Die Farbpalette von Röhm & Haas steht für eine radikale Abkehr von dieser Konvention: Weiße, kühle Keramik wurde abgelöst von bunter Kunststoffeinrichtung in neuer Form. Doch hatten es die knallig-bunten Sanitärelemente am Markt schwer. Die breite Kundschaft bevorzugte bei der Gestaltung des Bades Langfristigkeit, ungern mochte man bei einer solchen Entscheidung einem kurzfristigen Trend folgen. Eine kreative Farbgestaltung wird bei kurzlebigen, preiswerten Produkten eher akzeptiert als bei langlebigen, teuren.[85]

1974 passte Röhm & Haas daher die Farbpalette den Wünschen der potenziellen KäuferInnen nach den eher konventionellen Sanitärfarben der keramischen Vorgänger an.[86] Um Ordnung in die verschiedenen Typen der sanitären Elemente zu bringen, entstanden die beiden Serien *Italia* und *Brasil*. Die Kombination zweier Farbtöne als Option blieb erhalten. Die Farbpalette wurde 1975 um die deutlich unaufdringlicheren Farben Kakaobraun, Bahamabeige und Moosgrün erweitert. Die Farben „Cyanblau", „Meergrün", „Türkis", „Lorbeergrün", „Eisblau", „Saphierblau" und „Graphitgrau" wurden aus dem Sortiment genommen.

Zur Rationalisierung wurde die Farbvielfalt auf dem gesamten sanitären Markt beschränkt, um die Waren von Fliesen über Waschbecken bis hin zu Badewannen zu erschwinglichen Preisen anbieten zu können. Bei der Herstellung von Elementen aus Keramik ist die Farbkonstanz, trotz Verwendung anorganischer, farbbeständiger Farbstoffe eine Herausforderung. Kleine Unterschiede in der Brenntemperatur und -zeit können zu Abweichungen führen. Dagegen sind die Verarbeitungstemperaturen von Acrylglas vergleichsweise gering und führen üblicherweise nicht zu einer farblichen Veränderung der organischen Farbmittel.[87] Aus Gründen der Vereinheitlichung ermittelte der Bundesverband des Sanitär-Fachhandels, welche Farbtöne besonders häufig verlangt wurden, und kam zu folgendem Ergebnis: „Mandschugelb", „Bahamabeige", „Flieder", „Corallin", „Azurblau", „Kaspischgrün", „Azalee" und „Moosgrün".[88] Röhm & Haas entwickelten zu den VSI-Farben äquivalente Einfärbungen und machten so die Badezimmereinrichtung Ton in Ton, ob organisch oder anorganisch, möglich.

Das Material und die Technik

Ein entscheidender, ja sogar ausschlaggebender Aspekt bei der Konzeption des Badezimmers von Röhm & Haas war das Material.[89] Mit der Verwendung des leicht einzufärbenden und formbaren Kunststoffs Acrylglas sah man die Chance, der bisher dominierenden Keramik Konkurrenz zu machen. Der Werkstoff bietet als Baumaterial verschiedene Vorteile, beispielsweise sorgen die schlechten Eigenschaften als Wärmeleiter dafür, dass sich warmes Wasser im Bad langsamer abkühlt.

Die Konzeption des Wohnbades in neuen, Aufsehen erregenden Farben von Röhm & Haas scheint unter diesem Aspekt eher wie ein Vehikel, um im Zuge der Wohnutopien und Designrevolution der 1960er auch die Änderung der Materialkonventionen zu beschleunigen. Die Mentalität der breiten KäuferInnenschicht vor allem in Deutschland war aber solchen Experimenten doch abgeneigt, wie die weitere Entwicklung zeigt. Die Etablierung von Badelementen aus Kunststoff war auf lange Sicht nur teilweise erfolgreich. Deshalb sei hier ein wenig auf die Rolle von Kunststoff und seiner Verarbeitung im Bau, insbesondere im Sanitärbereich eingegangen.

Bereits in den späten 1930er Jahren fanden Kunststoffe im Bau in Form von Rohren und Fußbodenbelägen Verwendung.[90] Dennoch wurden Kunststoffe im Vergleich zum Kunstgewerbe und der Alltagskultur in der Architektur nur zögerlich angewendet. Eine Ursache für die Zurückhaltung mögen die ständig neuen Entwicklungen

und die kaum zu überblickende Materialvielfalt gewesen sein.[91] Besonders die Verarbeiter im Baubereich standen dem Material skeptisch gegenüber. Die Sicherheitsvorschriften waren den neuen Stoffen noch nicht angepasst, sodass Sorge bestand, die neuen synthetischen Werkstoffe könnten den hohen Anforderungen im Bau nicht gerecht werden.[92] Auch bei der Ausbildung von ArchitektInnen und IngenieurInnen kamen Kunststoffe als Baumaterial so gut wie nicht vor. Dem war sich Amtor Schwabe, Gründer des Instituts für Bauen mit Kunststoffen im Deutschen Architekten- und Ingenieurverband, bewusst. Mit seiner Publikation 1971 beabsichtigte er interessierten ArchitektInnen „[...] einen Überblick über die Kunststoffe im Bauwesen zu geben, der die Spanne zwischen Skepsis und Faszination mit Fakten ausfüllt und das Gesamtgebiet gleichsam mit skeptischer Faszination betrachtet."[93]

Galt das Bauen mit Kunststoffen, im Sinne eines kompletten „Kunststoffhauses" eher als eine Mode, die in den 1950er Jahre aufkam, in den 1960er Jahren alles beeinflusste und in den 1970er Jahren wieder verschwand,[94] stimmt das nur bedingt für den Einsatz von Kunststoffen am Bau. Bedachungen aus Kunststoff beispielsweise fanden großen Anklang, obwohl ArchitektInnen und BauherrInnen erst mit dem Material vertraut gemacht werden mussten.[95] Das bekannteste Beispiel ist das Olympiastadion in München, das 1972 fertiggestellt wurde und durch eine uneingefärbte transparente Bedachung in beeindruckendem Ausmaß bis heute fasziniert.

Im sanitären Ausbaubereich bot die Verwendung von Kunststoffen großes Potenzial, der Bereich galt als der arbeitsaufwendigste Teil von Bauten.[96] Die verschiedensten Gewerke mussten Hand in Hand arbeiten: Installation, Maurer- und Verputzarbeiten, Elektroinstallation, Tischlerei und Fliesenlegen. Hier bot die Verwendung von Kunststoff die Möglichkeit der Rationalisierung durch Vorfertigung der Teile. Gleichzeitig konnten durch die überwiegend maschinelle Fertigung Arbeitskräfte eingespart werden, was beim damals vorherrschenden Arbeitskräftemangel von Vorteil war. In Großbauten wie Krankenhäusern, Schulen und Wohnblocks versuchte man, die Bekanntheit und Praktikabilität des Werkstoffes zu vermitteln.[97] Hier sind die rund 1.600 sogenannten Nasszellen aus Kunststoff des Olympischen Dorfs in München beispielhaft.[98] Sie wurden seriell hergestellt und bei hoher Stückzahl ging eine enorme Preisersparnis mit ihnen einher.

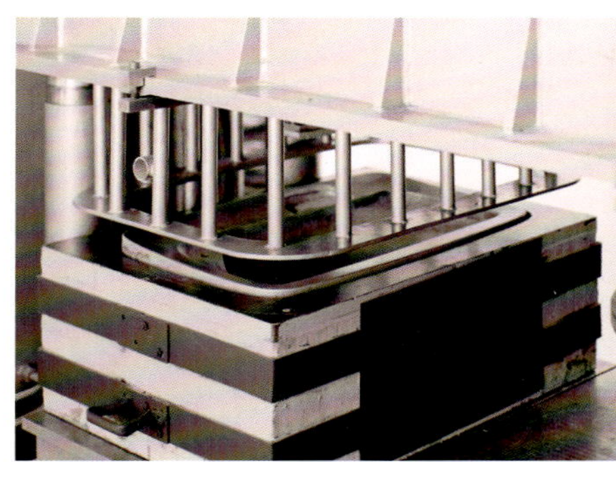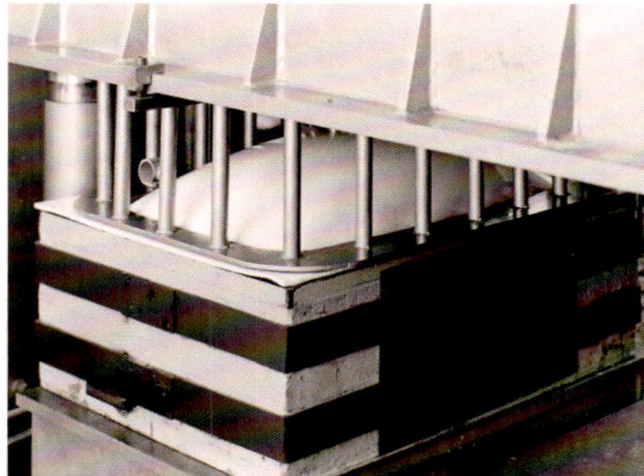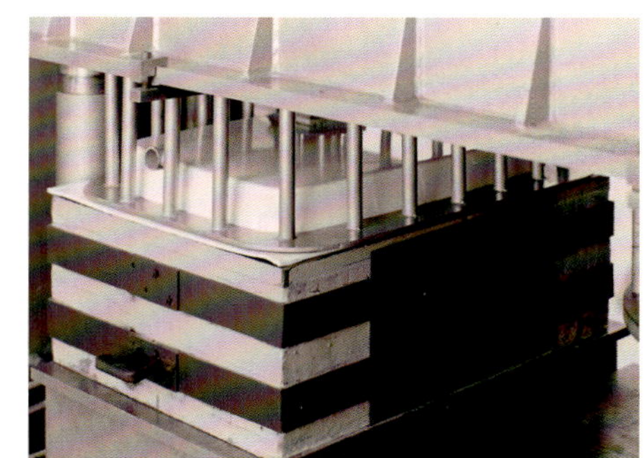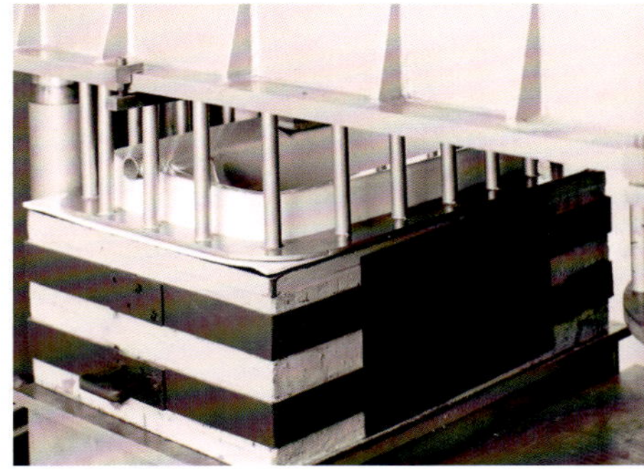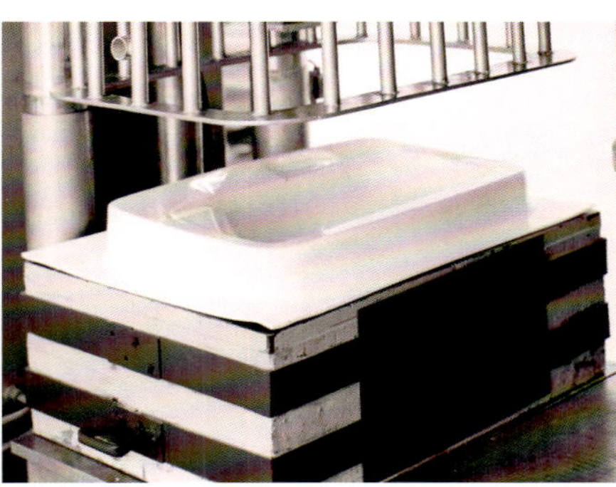

Arbeitsschritte beim Tiefziehen eines Waschtischs
© Evonik Industries AG, Konzernarchiv

229

Die Fertigung der Badelemente „[...] in einem Arbeitsgang und aus einem Werkstoff, der ihm Form, Farbe und Oberfläche zugleich gibt",[99] bot technisch und gestalterisch viele neue Möglichkeiten. Doch was genau prädestiniert gerade Acrylglas für die Verwendung im Badezimmer? In der Broschüre „Oase gefällig?" aus dem Jahr 1970 benannte Röhm & Haas die Vorteile des Materials und versuchte mit Vorurteilen aufzuräumen. Es wurde betont, dass das verwendete Röhm & Haas-Acrylglas gegenüber jenem von Wettbewerbern besondere Eigenschaften habe, wie Unempfindlichkeit gegenüber den im Haushalt vorkommenden Salzen, verdünnten Säuren und alkalischen Lösungen. Daher sei es alterungs- und witterungsbeständig und die Farben blieben über Jahre schön. Das Material sei durchgefärbt, es gebe also kein Abblättern oder Korrosion. Als schlechter Wärmeleiter bleibe das Wasser länger warm als in einer Metallwanne.

An anderer Stelle wurden schon 1959 ähnliche Vorzüge von Acrylglas für Badelemente aufgeführt. Neben der freien Formbarkeit und die Verfügbarkeit in vielen Farben gehörte dazu auch die hohe chemische Beständigkeit. Acrylglas-Badewannen zeigten sich bei der Anwendung von medizinischen Bädern sogar langlebiger als emaillierte Ausführungen.[100]

Das geringe Gewicht und die schnelle Montage bringen Kostenersparnis beim Transport und Minimierung der Arbeitskraft. Auch die Pflege und Reinigung stellt sich durch die glatte und porenfreie Oberfläche als un-

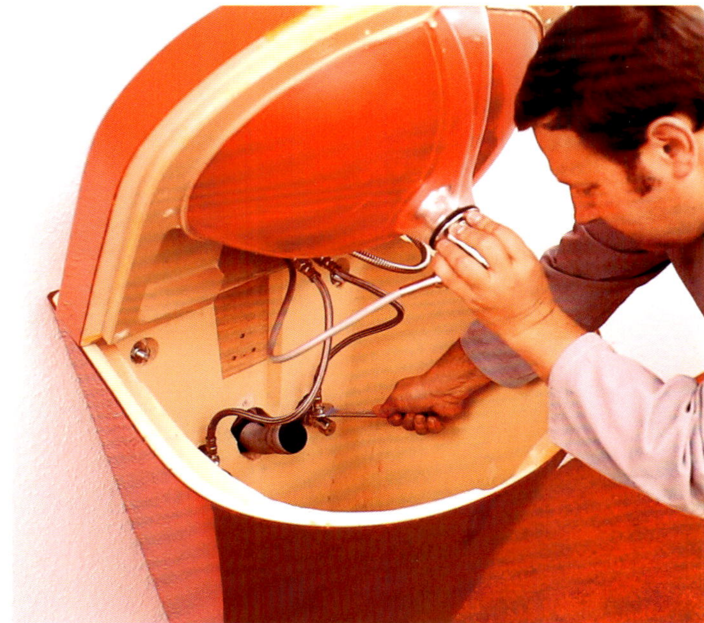

Installation eines Waschtischs.
© Evonik Industries AG, Konzernarchiv

kompliziert dar. Bei dem Einbau von Wandpaneelen aus Acrylglas ergeben sich weniger Fugen, in denen sich Schmutz und Schimmel sammeln könnten.

Ausgangsmaterial der Badelemente sind 8 mm dicke Acrylglasplatten, weshalb die Bäder auch als „8 mm-Bad" bezeichnet wurden.[101] Die Platten werden durch die Weiterverarbeitung mittels Thermoformen, das bedeutet unter Einsatz von Wärme, in die gewünschte Form gebracht. Das Formen von Plattenmaterial mittels Hitze oder Wärme wurde schon bei natürlichen Materialien angewendet und ist als Verfahren für thermoplastische Kunststoffe schon seit den Anfängen im 19. Jahrhundert bekannt.[102]

Die Konturgebung erfolgt in diesem Fall einseitig im Positiv-Formverfahren. Das Material wird über ein formgebendes Werkzeug verstreckt und verformt, die dem Werkzeug abgewandte Seite bildet am Ende die Sichtseite mit einer schönen ebenen Oberfläche, die dem Werkzeug zugewandte Seite ist maßgetreu.[103] Durch die Verstreckung unter Einsatz von Vakuum entsteht ein Bauteil mit Dicken zwischen 3,5 und 5,0 mm.[104]

Die Bildreihe auf Seite 229 illustriert schrittweise die Herstellung eines Waschbeckens durch Thermoformen mit pneumatischer Vorstreckung.

Mit dem Fertigungsverfahren kann sehr materialsparend gearbeitet werden, allerdings erfordert die geringe Wanddicke das Hinterschäumen des Kunststoffs mittels Polyurethan-Hartschaum, wie hier am Beispiel eines Waschtischs ersichtlich ist. Der Schaum verbindet sich mit dem thermogeformten Acrylglas, gibt zusätzliche Steifigkeit und hat gleichzeitig eine wärmeisolierende Wirkung.

Marketing

Es wurde sehr viel Aufwand in die Vermarktung der Sanitäreinrichtungen investiert. Ein wichtiger Punkt war dabei offensichtlich das Bestreben, Bedenken gegenüber der Kratzempfindlichkeit der Oberflächen zu zerstreuen. In nahezu allen gesichteten Broschüren und Werbematerialien von 1968 bis 1977 wird auf die Pflegeleichtigkeit und die Widerstandsfähigkeit des Materials hingewiesen. Eine Broschüre mit technischen Informationen zum Baderaum-Programm enthält sogar eine bebilderte Anleitung, wie man Oberflächenschäden, die durch eine brennende Zigarette entstanden sind, beheben kann.[105]

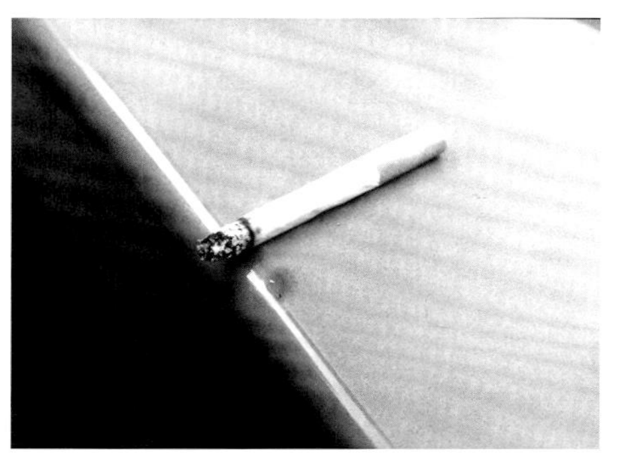
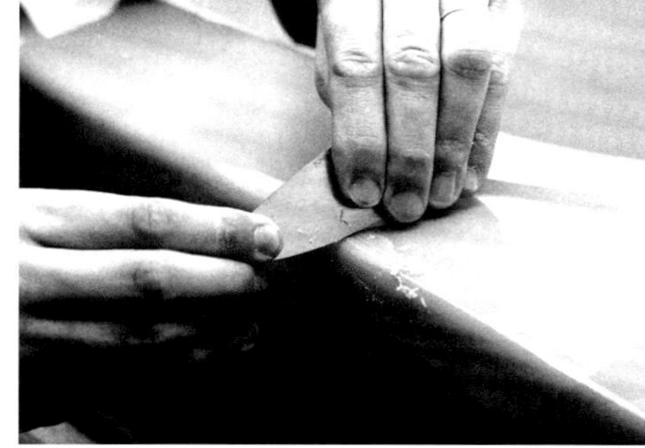
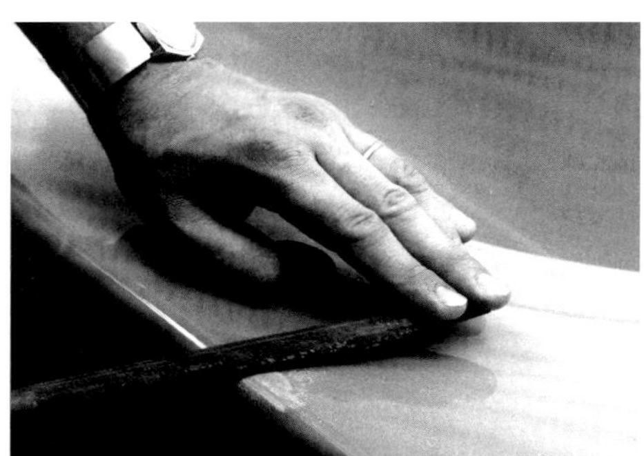
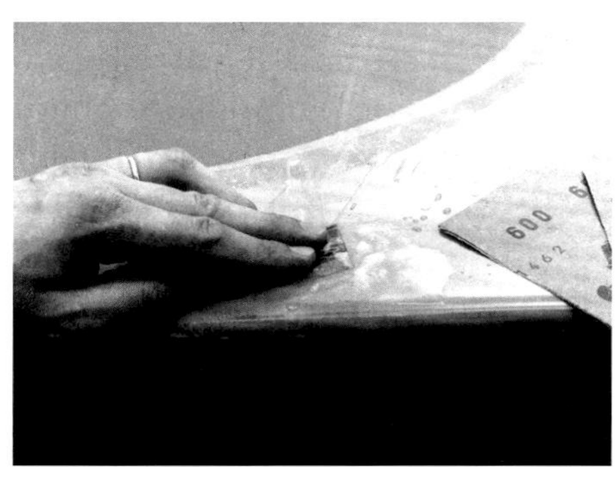
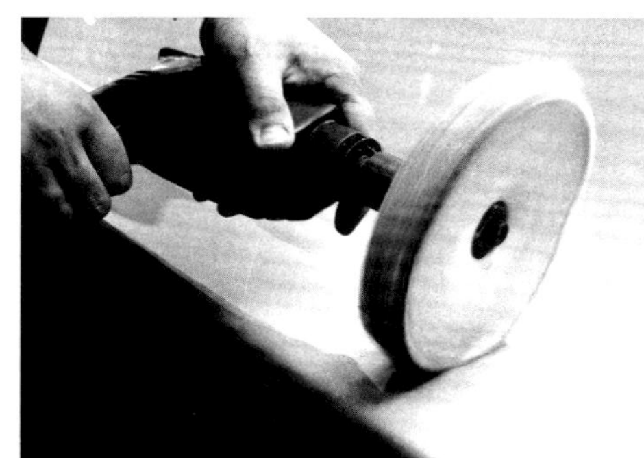
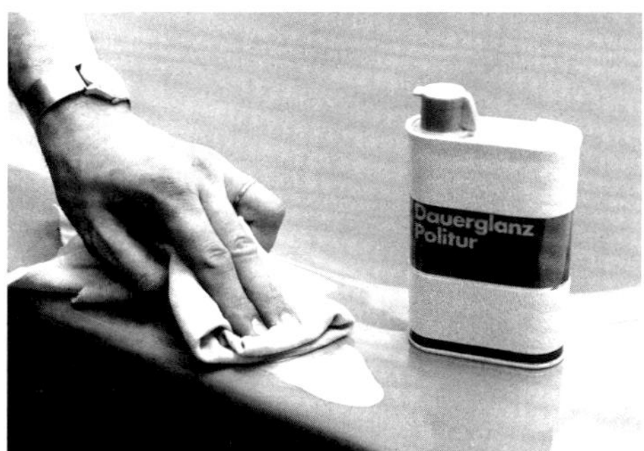

Anleitung für die Reparatur eines Oberflächenschadens.
© Evonik Industries AG, Konzernarchiv

„Bewußt haben wir weiche, verwaschene Farben ge-
mieden. Ja, wir haben sogar besonders kräftige gewählt, die Ihnen helfen, Ihrem Baderaum eine persönliche Note zu geben.

Von Azurblau bis Südseeorange – Farben für echte
Individualisten."[106]

Die Farbigkeit wurde immer als wichtiges Verkaufsargument gesehen. Röhm & Haas waren sich darüber im Klaren, dass die Entscheidung für ein knallbuntes Bad den
KäuferInnen Mut abverlangte. Man nutzte Fernseh- und
Rundfunkwerbung sowie Fachmessen für die Bekanntmachung und damit Verbreitung ihrer Neuentwicklun-
gen auf dem sanitären Sektor.[107] Auch ArchitektInnen
sollten von den Vorteilen und Möglichkeiten der sanitären Einrichtung mit Plexiglas®, dem Acrylglas von Röhm
& Haas, überzeugt werden. Für diese Zielgruppe wurden
die praktischen Vorteile betont: das geringe Gewicht und
die einfache Montage der Badelemente.

Das aufwendige Marketing mit bunt gedruckten
Broschüren konnte die Skepsis der potenziellen KäuferInnen nicht ausreichend mindern.[108] Im Jahr 1979 entschied sich Röhm & Haas, die Sorgen hinsichtlich des
Umgangs mit dem Material nicht weiterhin durch Aufklärung und stetige Wiederholung zu verringern, sondern
die Bedenken durch provokante Werbung ins Absurde
zu ziehen. Mit Fragen wie „Brauchen Sie eine Badewanne als Chemikalienbehälter oder zum Baden?" oder „Be-
suchen Sie eine Badewanne zum Nameneinritzen oder
zum Baden?" sollte den InteressentInnen ihre seitens des
Herstellers als übertrieben empfundene Skepsis genommen werden.

Der Umsatz, den Röhm & Haas durch den Sanitärbereich verbuchen konnte, stieg zwar ab 1969 erheblich,
deckte aber die Entwicklungskosten in den Verkaufsjah-
ren nicht.[109] Immerhin stieg zwischen 1969 und 1972 der
Jahresumsatz von 69.000 DM auf 1.131.000 DM.[110] Sicherlich erschwerte die Ölkrise 1972/73 die Herstellung
und den Vertrieb von Badelementen aus Kunststoff. Der
um das Dreifache gestiegene Erdölpreis trieb die Mate-
rial- und Herstellungskosten in die Höhe.[111] Die dadurch
bedingte unattraktive Preisgestaltung und psychologi-
sche Hemmnisse beim Gebrauch von Kunststoffwannen,
Waschbecken etc. setzten dem bunten Komplettbad aus
Acrylglas Grenzen. Röhm & Haas[112] zog sich 1977 aus der
Sanitärsparte zurück und verkaufte ihr Know-how an

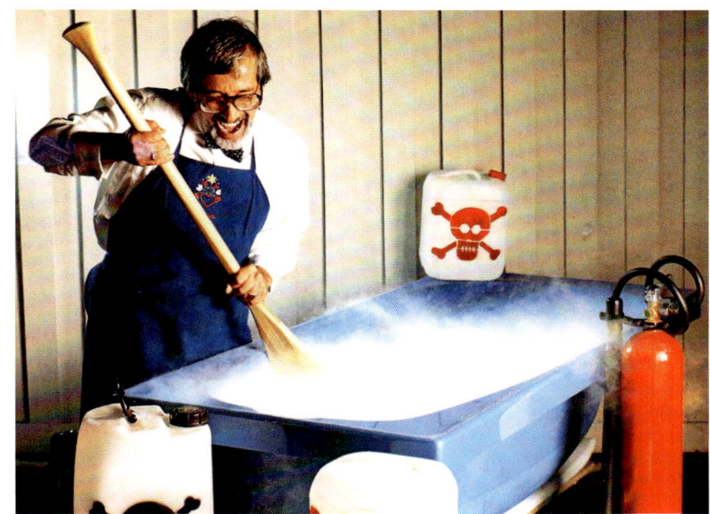

Werbung für Wannen aus *Plexiglas*®, 1979.
© Evonik Industries AG, Konzernarchiv

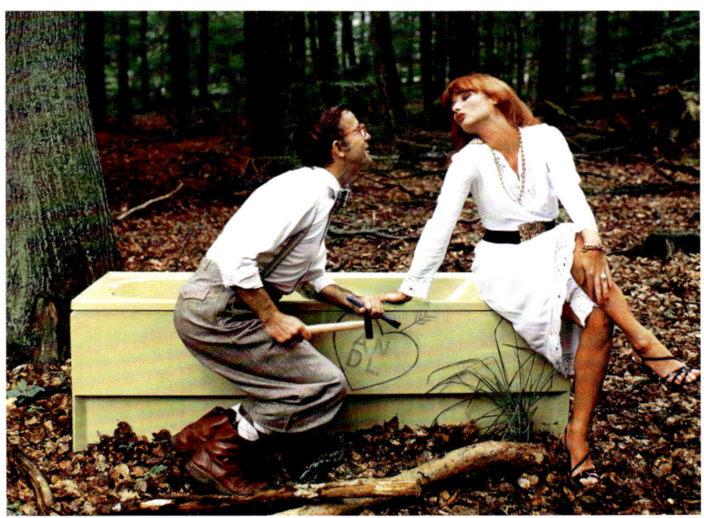

Werbung für Wannen aus *Plexiglas*®, 1979.
© Evonik Industries AG, Konzernarchiv

den holländischen Sanitärhersteller Wientjes.[113] Durch
den Verkauf von Acrylglas-Platten u.a. zur Badewannen-
produktion profitierte Röhm & Haas aber weiterhin vom
neu erschlossenen Sanitärbereich. Zwar war das Badezimmer mittlerweile von Luigi Colani (1928–2019), Dieter
Sieger (*1938), Matteo Thun (*1952) und anderen als
designwürdig erkannt worden, aber sie entwarfen viele
Grundausstattungselemente immer noch aus Keramik,
nicht aus Kunststoff. Nur im Falle der Badewannen über-
wogen die technischen und wirtschaftlichen Vorteile von
Kunststoff zur Umsetzung der komplexen Formen.[114] Allerdings haben Röhm & Haas die Entwicklung von Bade-

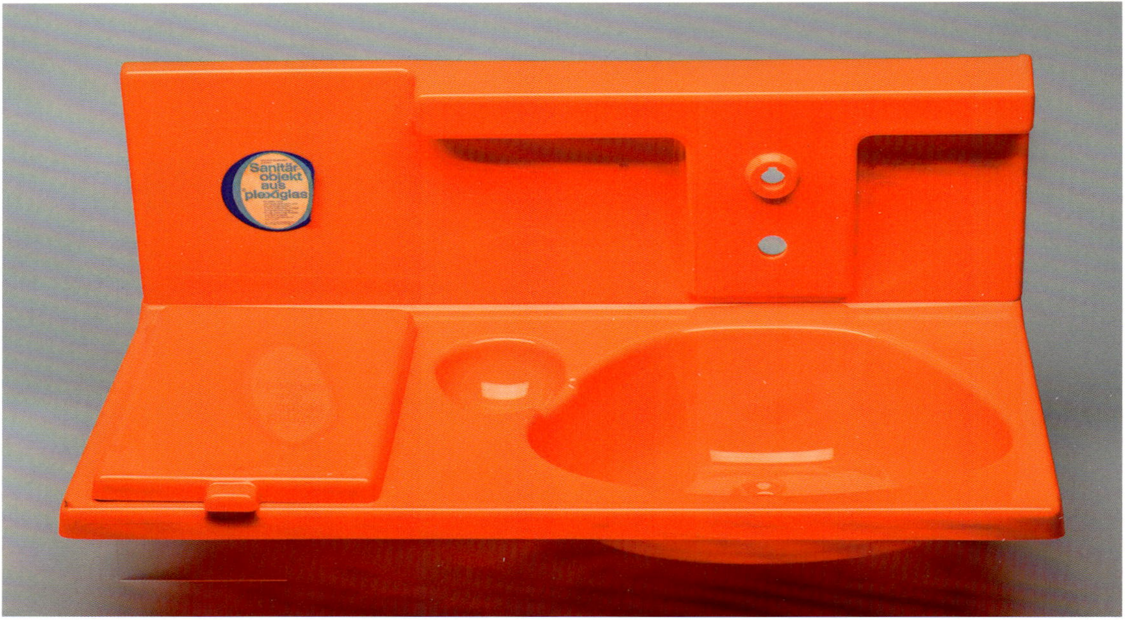

Waschtisch
Polymethylmethacrylat (PMMA)
Vertrieb: Ilse Möbelwerke GmbH
Uslar, Bundesrepublik Deutschland
1972–1975

lementen aus Acrylglas in Deutschland vorangetrieben und einen neuen Markt für das Material erschlossen. Trotz anfänglicher Zurückhaltung traditioneller Hersteller gab es 1975 bereits mehr als 60 Anbieter von Badraumobjekten aus Acrylglas auf der Internationalen Sanitär- und Heizungsmesse (ISH).[115]

Der orangefarbene Waschtisch mit passender Rückwand in der Sammlung illustriert, dass die Idee von Röhm & Haas, mehr Farbe ins Badezimmer zu bringen, von anderen Verarbeitern aufgegriffen wurde. Er wurde nie verbaut und gelangte als Dachbodenfund noch im Originalversandkarton in die Sammlung.[116] Nach den Angaben der Schenkerin wurde das Objekt in den frühen 1970er Jahren erworben. Der auf dem Karton angebrachte Absender waren die Ilse-Möbelwerke in Uslar. Neben dem klassischen Angebot von Einzelmöbeln stellten Ilse-Möbel in den 1960er und 1970er Jahren auch Systemmöbel aus Holz und Metall her, einen besonderen Fokus auf Kunststoff gab es nicht.[117] Leider ließ sich auch durch den Kontakt zu ehemaligen MitarbeiterInnen nicht klären, aus welchem Zusammenhang der Waschtisch stammt. Möglicherweise war er Teil eines Möbelprogramms „Diele und Bad" vom Anfang der 1970er Jahre. Dieses Projekt wurde aber nicht weiterverfolgt. Badmöbel wurden aus dem Sanitärfachhandel zugekauft.[118] Ein Aufkleber beglückwünscht die KäuferInnen zu einem „Sanitärobjekt aus Plexiglas" und verrät zugleich die Herstellerfirma des Materials: Röhm & Haas aus Darmstadt.

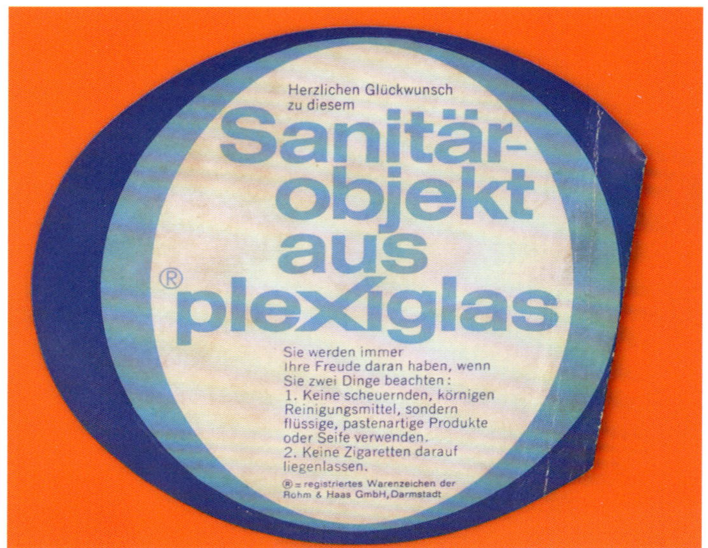

Aufkleber auf dem Waschtisch.

Farbige Kunststoffe zwischen Konvention und Mode

Orange = billig = Plastik?

Die von der Aufbruchstimmung der 1968er inspirierte Revolution der Wohnformen fand nicht statt. Auch das Wohnbad der Firma Röhm & Haas als Ausdruck eines Wunsches nach Veränderung scheiterte – ob es an der konservativen Haltung der deutschen DurchschnittsbürgerInnen lag oder an praktischen Erwägungen und finan-

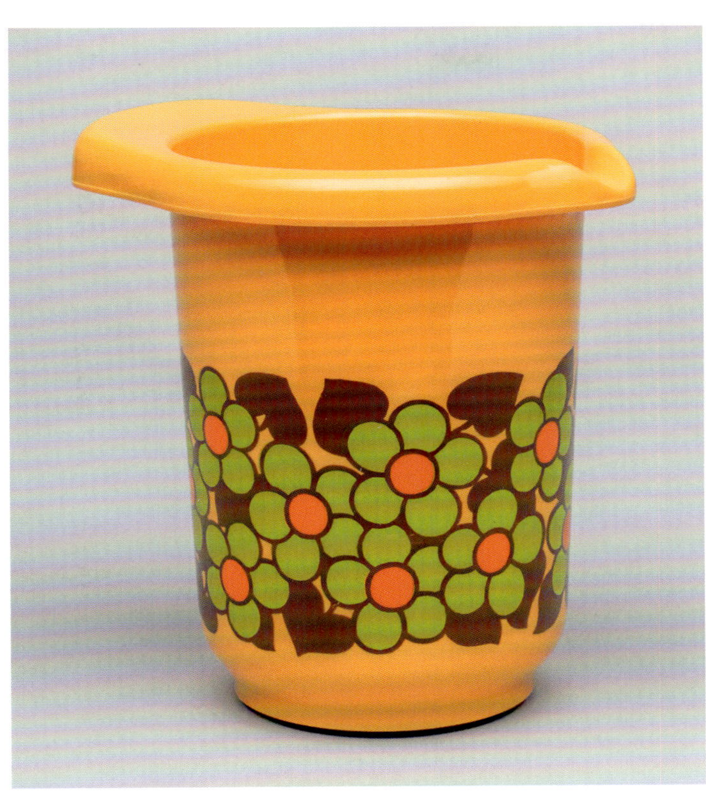

Rührbecher
Styrolkunststoff
Hersteller: Emsa-Werke Wulf GmbH
Emsdetten, Bundesrepublik Deutschland
um 1975

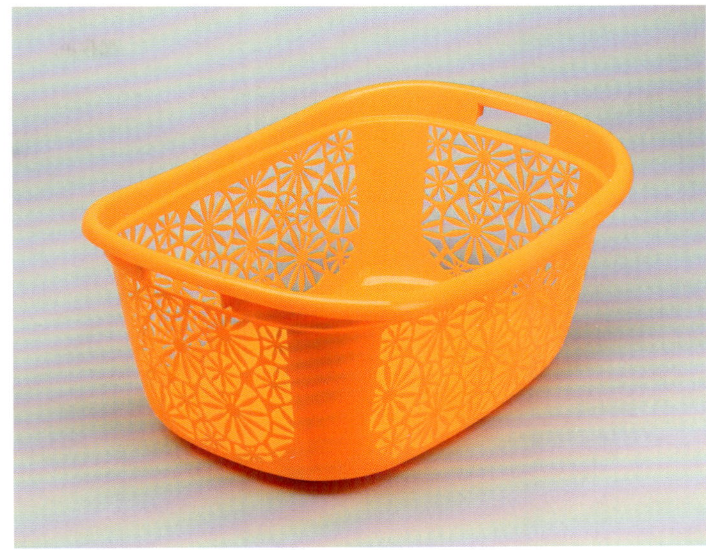

Wäschekorb
Polyethylen (PE)
Entwurf: Luigi Colani
Sulo GmbH
Herford, Bundesrepublik Deutschland
um 1975

ziellen Grenzen des sozialen Wohnungsbaus oder an noch ganz anderen Dingen, muss hier offenbleiben. Dennoch finden psychedelische Schockfarben mancher DesignerInnen und die leuchtenden Farben der Hippiebewegung den Weg in die Alltagskultur, sodass sich gerade das leuchtende Orange als Farbe des Jahrzehnts zwischen 1970 und 1979 ins kollektive Gedächtnis einschreiben konnte.

Der Rührbecher von Emsa zeigt den typischen Farbklang und die Gestaltung der Zeit in Gelb, Orange, Dunkelbraun und Olivgrün. Er scheint Hellers Aussage, dass die Farbe Orange in Kombination mit dem Material Plastik billig wirke, zu illustrieren. Er ist ein Massenprodukt, wenngleich das qualitativ hochwertige eines deutschen Markenherstellers. Solche Rührgefäße aus Kunststoff verbreiteten sich mit den elektrischen Handrührern und wurden aus verschiedenen Kunststoffen gefertigt. Eine Besonderheit dieses Bechers ist die zusätzliche Verzierung mit einem Blumenmuster, das wahrscheinlich durch Folientransferverfahren aufgebracht wurde.

Die Firma Sulo aus dem westfälischen Herford beauftragte das Enfant terrible des deutschen Designs, Luigi Colani, mit dem Entwurf für einen Wäschekorb aus Polyethylen. Das orange Material und die durchbrochene Wandung aus Blütenformen verweisen eindeutig auf die 1970er.

Niedrigpreisige Gegenstände des täglichen Ge- und Verbrauchs wurden eher in Trendfarben gestaltet als hochpreisige Waren, die für die längerfristige Nutzung angeschafft wurden. Für Alltagsgegenstände gelang es während der Popkulturära daher immerhin, einige Farbkonventionen aufzuweichen. Die Dominanz von Weiß und Pastellfarben im Küchenbereich verschwand und Küchenkleingeräte waren nun in Modefarben zu haben, wobei Dunkelbraun und Olivgrün weniger beliebt waren als leuchtendes Orange. Beispiele sind die Handmixer von Krups und des VEB Elektrogeräte Suhl. Auch in die Welt des Büros ziehen nun poppig bunte Geräte ein. Vorreiter sind hier sicher die von namhaften Designern gestalteten Rechenmaschinen und Schreibmaschinen des italienischen Herstellers Olivetti. Die leuchtenden Farben unterstreichen nur die innovative Qualität der Produkte, die Kunststoffe bewusst einsetzen, um Funktionalität und Ergonomie zu verbessern. So wird die Tas-

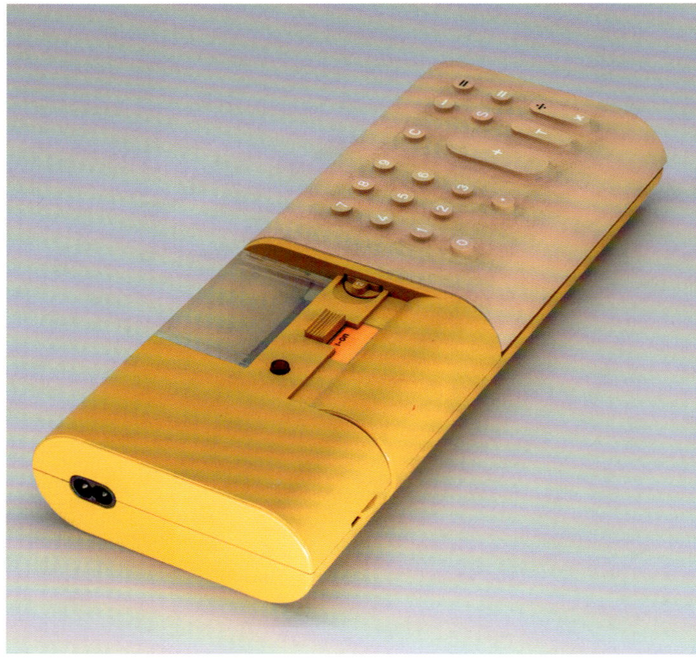

Tischrechner Divisumma 18
Acrylnitril-Butadien-Styrol (ABS), Elastomer
Entwurf: Mario Bellini
Hersteller: Olivetti Spa.
Ivrea, Italien
1973

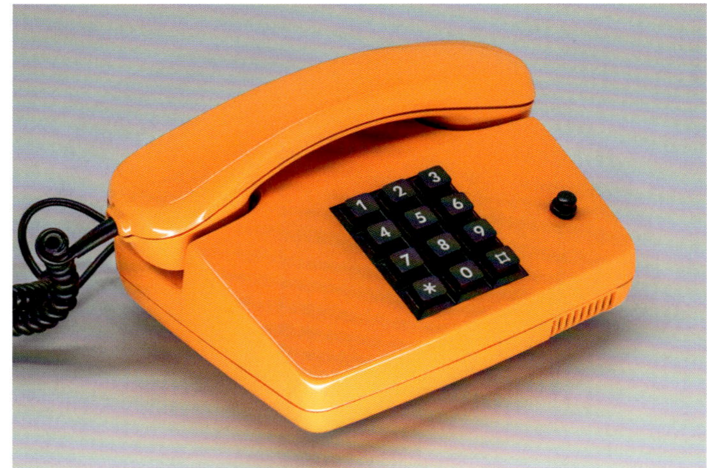

Tastentelefon *FeTAp*
Acrylnitril-Butadien-Styrol (ABS)
Entwurf: Karl Büchin
Hersteller: Siemens AG,
Bocholt, Bundesrepublik Deutschland
ab 1970

234

tatur der 1973 von Mario Bellini (* 1935) entworfenen Rechenmaschine mit einem Elastomer überzogen, um die Bedienung angenehmer zu gestalten.

Weitere Hersteller folgten dem Trend nach mehr Farbe im Büroalltag und Schreibmaschinen in der Modefarbe Orange kamen auf den Markt.[119]

Die Deutsche Bundespost als Monopolist erweiterte das Angebot der Mietapparate um Telefone mit farbigem Gehäuse. Das war ein Zugeständnis an die wachsende Zahl der Telefonanschlüsse in Privathaushalten. Die Menschen wollten in ihrer Wohnung gern einen Apparat haben, der eher ihrem Lebensgefühl entsprach als der graue Einheitsapparat von 1961. Die Deutsche Bundespost startete 1970 eine Umfrage zu Farbvorschlägen für Telefongehäuse. Dreizehn Farben und Farbtönungen standen zur Wahl, letztlich entschieden sich die TeilnehmerInnen an der Umfrage für „Ockergelb", „Hellrotorange", „Farngrün" und „Lachsrot". Der lachsrote Apparat erwies sich jedoch als Ladenhüter und entfiel. So setzten sich mit dem weiterhin vertriebenen „Kieselgrau" vier Farben dauerhaft durch.

Das seit 1963 verwendete opake Material ABS lässt sich leicht farbig gestalten. So musste kein neuer Kunststoff gesucht werden, um die Farbigkeit zu gewährleisten, und die teuren Spritzgießwerkzeuge konnten weiter genutzt werden. Ab 1977 löste der FeTAp – der Fernsprechtischapparat – der 7er-Reihe das Wählscheibentelefon nach und nach ab (siehe Kapitel durchsichtig); das leuchtende Orange wurde beibehalten.[120]

Ab der Nachkriegszeit eroberten Kunststoffe den Alltag, vor allem nach 1968 drangen sie verstärkt in Bereiche wie Haus und Wohnen vor, die bisher eher von traditionellen Werkstoffen beherrscht waren. Die vielfältige Farbpalette moderner Thermoplaste breitete sich dabei ebenso rasant aus und trug zur Banalisierung der durchaus als gesellschaftliche Veränderung gedachten Form- und Farbexperimente bei.

Die 1980er: „We fade to grey"

Der Titel des Popsongs der Band Visage aus dem Jahr 1980 wurde als Titel für dieses Kapitel gewählt, weil er den Umschwung in der allgemeinen Stimmung am Beginn des neuen Jahrzehnts beschreibt, der sich auch in einer Mode in Grauschattierungen ausdrückte und das Ende von Knallfarben mit sich brachte. Trends bewegen

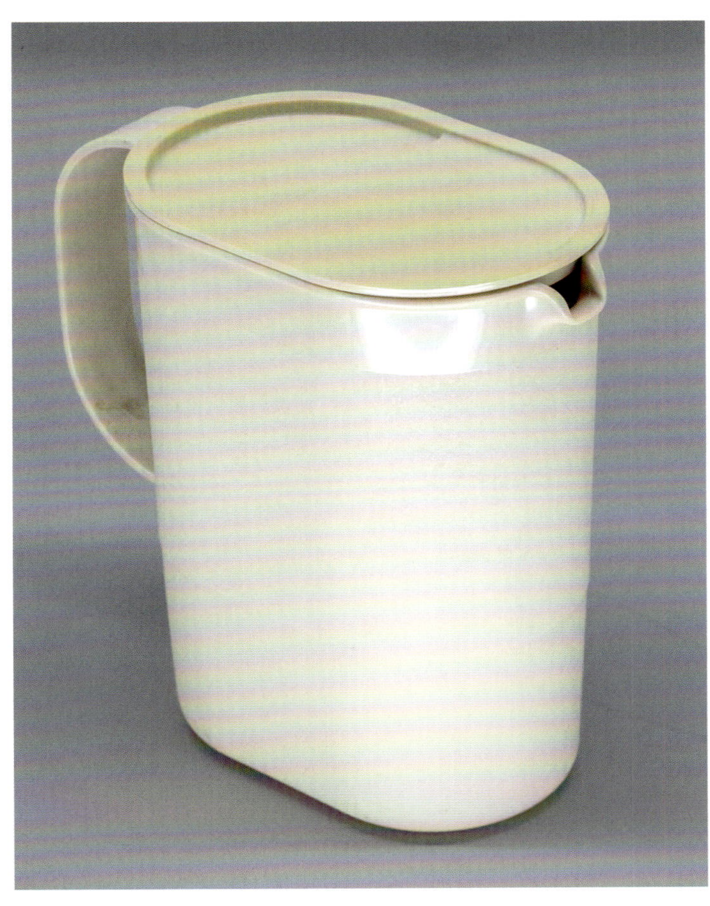

Kühlschrankkanne
Polypropylen (PP)
Hersteller: Tupperware Europe, Brüssel, Belgien
1983–1985

sich oft von einem Pol zum anderen: Die extrem bunte und formmutige Zeit der 1970er wurde von einer deutlich weniger farbigen Mode abgelöst. Für die Gestaltung von Gebrauchsgegenständen aus Kunststoff war das fröhliche „anything goes" der Popkultur nach den Ölpreisschocks endgültig vorbei. Die Kritik am Verbrauch von Kunststoff und das wachsende ökologische Bewusstsein – „Jute statt Plastik"[121] – hinterließen ihre Spuren: Kunststoffobjekte zeichneten sich nun durch Zurückhaltung aus. Vor allem das Orange der 1970er verschwand von der Bildfläche. Es scheint, als sei gerade diese auffällige Farbe dem Zeitgeist nicht mehr angemessen gewesen. Im Design entstanden postmoderne Gegenbewegungen, so in Italien die Gruppe „Memphis" um Ettore Sottsass (1917–2007).

In der Bundesrepublik Deutschland prägten vor allem junge DesignerInnen und ArchitektInnen, die gerade ihre Ausbildung durchlaufen hatten, das „Neue Deutsche Design" und positionierten sich betont antifunktional und gegen Massenfertigung.[122]

Die Trendwende findet ihren Ausdruck – auch jenseits der Designschulen – an Gebrauchsgegenständen aus Kunststoff, die plötzlich farbig sehr zurückhaltend gestaltet wurden. Das zeigt sich z.B. an den nicht sehr aufregenden Farben der Produkte von Tupperware wie der Kanne in hellgrauem opakem Polypropylen.

Bekannte Trends neu interpretiert – Die Rückkehr der Farbe

Neue Materialien, neue technische Möglichkeiten sowie die jungen DesignerInnen aus der Generation der BabyboomerInnen, die in den 1970ern aufgewachsen waren und vielleicht weniger Vorbehalte gegen Kunststoff hatten, führten zu einem von Berührungsängsten freieren Kunststoffdesign. Die überkritische Haltung zur industriellen Massenfertigung wurde von einer neuen Freude am Spiel mit Formen und Farben überlagert. Philipe Starck (*1949) kombinierte in seinen Entwürfen Polypropylen und Metall für Möbel, welche die italienische Firma Kartell ab 1989 produzierte. Starck propagierte Kunststoff als „edles Material", das auch preisgünstige Designprodukte ermögliche.[123]

Die Variationen bei Oberflächengestaltung, Farbigkeit und Transparenz, die Kunststoffe anboten, wurden in unterschiedlicher Weise genutzt. Bei der Thermoskanne *Basic*, die 1991 für den deutschen Hersteller alfi von Ross Lovegrove (* 1958)[124] entworfen wurde, ist die Durchsichtigkeit und hochglänzende Oberfläche des PMMA mit einer starken Farbe kombiniert. Darunter fällt der Blick auf den verspiegelten Glasbehälter, was dem Gegenstand eine irritierende und gleichzeitig edle Anmutung verleiht. Die Form selbst erinnert an klassische Wasserkrüge aus Keramik (siehe Seite 236). Das Durchscheinen des Materials enthält ein gewisses Element der Entgrenzung, indem es die eigentliche Form des Gegenstandes leicht verunklart.

Wegweisend war die Technik, Objekte aus Polypropylen mit einer seidenmatten, fein gekörnten Oberfläche zu versehen. Sie prägte sowohl die Ästhetik als auch die Haptik der Designobjekte aus Kunststoff in den 1990ern.[125]

1980 gründete Hansjerg Maier-Aichen (*1940) die authentics Artipresent GmbH. Das Konzept des Unter-

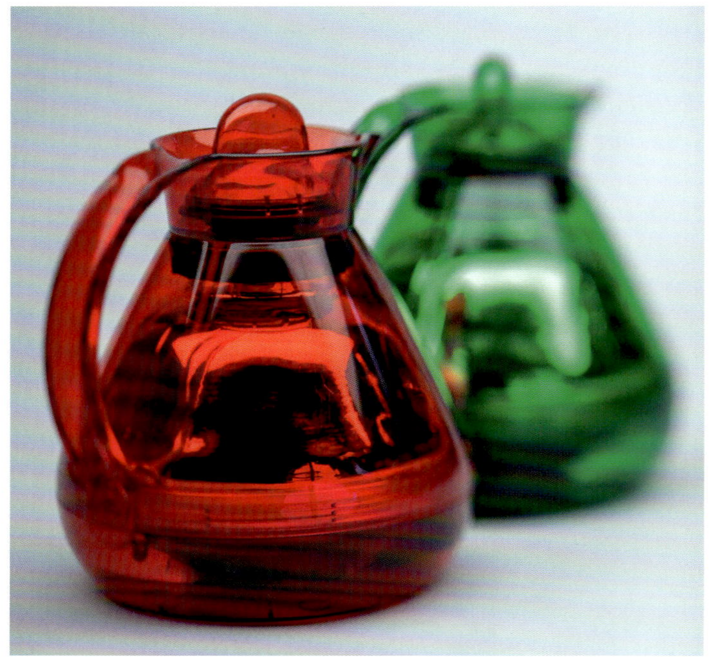

Thermoskannen *Basic*
Polymethylmethacrylat (PMMA)
Entwurf: Ross Lovegrove
Hersteller: Alfi Zitzmann GmbH
Wertheim, Bundesrepublik Deutschland
1991

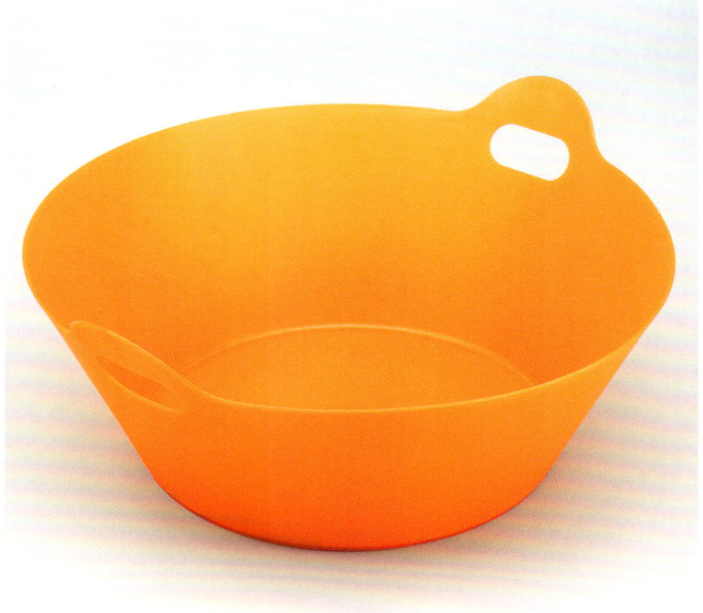

Wäschekorb *2 Hands*
Polypropylen (PP)
Entwurf: Konstantin Grcic, 1998
Authentics Artipresent GmbH
Holzgerlingen, Bundesrepublik Deutschland
1998

nehmens war, zeitgemäßen, gut gestalteten Hausrat preiswert anzubieten.[126] Die elegant, aber schlicht gehaltenen Produkte wurden von Maier-Aichen selbst, aber bald auch von anderen renommierten DesignerInnen oder Newcomern wie Konstantin Grcic (*1965) entworfen. Die Besonderheit dieser Produkte ist die Verwendung des recyclebaren Polypropylens in leuchtenden Farben mit einer satinierten Oberfläche. Dies wird erreicht, indem das Werkzeug in einem Ätzbad erodiert wird, sodass das Produkt die typische körnige Oberfläche erhält. Das sorgt zum einen für eine ansprechendere Optik, zum anderen sind Kratzer weniger auffällig und das Produkt bleibt länger ansehnlich.[127] Zum Markenzeichen der Transluzenz kam man Ende der 1980er aus Gründen der Wirtschaftlichkeit und zur Verbesserung der betrieblichen Ökobilanz. Man reduzierte die Wanddicken und setzte weniger Farbmittel ein. Dieses typische Erscheinungsbild und das Material ergaben trotz unterschiedlicher EntwerferInnen eine erkennbare Markenidentität.[128] Diese Gestaltung fand schnell Nachahmung: Farbige Haushaltsgegenstände aus tranzluzentem Poly-

propylen werden in der Folge von vielen Anbietern auf den Markt gebracht.

Den Wäschekorb *2Hands* entwarf Grcic 1995. Die Formgebung erscheint bestechend einfach: ein umgedrehter Kegelstumpf mit zwei Henkeln für die Grifflöcher. Dennoch mussten die Proportionen, Radien und die Neigung der Wand genau abgestimmt werden, um den ausgewogenen Eindruck zu erzielen. Auch die Gestaltung der Grifflöcher wurde akribisch durchdacht, damit der Gebrauchswert den Ansprüchen genügte.[129] In einem Interview betonte Grcic 1998, wie wichtig es sei, dass alle Details stimmen, bevor ein teures Spritzgießwerkzeug angefertigt werde, da dessen Entwicklungs- und Fertigungskosten nur durch hohe Stückzahlen amortisiert werden. Diese Perfektion vor der Herstellung des Werkzeuges stelle für ihn als Entwerfer eine besondere Herausforderung dar.[130] Bei der Farbwahl für die Produkte war Grcic nicht frei, er musste sich an der firmeneigenen Palette orientieren. Es wurden pro Jahr zwei neue Farben vorgestellt, wobei die Händler durch ihr Bestellverhalten bestimmten, was tatsächlich zum Verkauf angeboten wurde. 1998 dominierten frische, leuchtende Farben den Geschmack der Käufer, also auch wieder das Orange, das so ein Comeback erlebt.[131]

Die Marke *Tupperware* stand in der zweiten Hälfte des 20. Jahrhunderts für langlebige, hochwertige Haushaltswaren aus Polyethylen, aber nicht gerade für innovatives Design. Das Konzept, das der Firmengründer Earl S. Tupper von Anfang an etabliert hatte, ließ aus mehreren Gründen nicht zu, dass man ohne weiteres einer Mode folgte. Zum einen lag der Fokus auf einem optimierten Gebrauchswert und es gab die zeitlich unbeschränkte Garantie, dass fehlerhafte oder verschlissene Produkte ersetzt wurden. Produkte, die in den 1960ern konzipiert wurden, sind aufgrund des Prinzips der Langlebigkeit immer noch zu haben.[132]

Die abgebildete Tasse geht noch auf einen Entwurf von Tupper selbst aus der Anfangszeit der Firma zurück. Ebenso wie bei den Produkten der 1990er gewinnt das Objekt seinen Reiz aus dem leicht durchscheinenden Polyethylen, das sich über die Jahre erstaunlich gut erhalten hat. Es gehörte von Anfang an zur Firmenphilosophie, sich in der Form möglichst von modischen Trends frei zu machen.[133]

Anfangs waren die transluzenten Pastellfarben das Erkennungsmerkmal für die Produkte aus dem noch relativ neuen Werkstoff Polyethylen. Helle, pastellige Farben gehörten zur Mode der 1950er, aber in Verbindung mit leicht durchscheinendem Kunststoffmaterial erhielten sie zusätzlich eine innere Leuchtkraft, die von zeitgenössischen BeobachterInnen mit Halbedelsteinen verglichen wurde. Die Gestaltung war hier geeignet, den Objekten eine fast schon sakrale Aura zu verleihen.[134] Diese positive Assoziation nahm im Zuge einer gewissen Gewöhnung offensichtlich ab, im Laufe der 1960er und endgültig der 1970er Jahre spielte die Transluzenz kaum noch eine Rolle, die Farben wurden leuchtender und das Material oft opak. Die *Refrigerator Bowl*, eine sich nach unten verjüngende Schüssel mit Deckel, gehört zu einem der ersten Produkte von Tupper aus den 1950ern, das sich sehr lange im Sortiment gehalten hat, auch hier wurde die anfängliche Transluzenz zugunsten einer opaken Färbung aufgegeben.

Mit den neuen Designtendenzen der 1990er Jahre besann sich *Tupperware* wieder auf seine Ursprünge. Die Produktlinie *Junge Welle* präsentierte ganz im Trend der Zeit stark farbige Gegenstände aus Polypropylen mit der typischen feinkörnigen Oberfläche, die schon den Produkten von *authentics* zum Erfolg verholfen hatten.

AutorInnendesign und „cool Kitsch"

„Der coole Kitsch, wie man ihn nennen könnte, ist auch im Designshop zu Hause, wo er sich mit postmodernen Kunstübungen und Scherzen trifft, die sich über den Funktionalismus lustig machen [...]. Zu

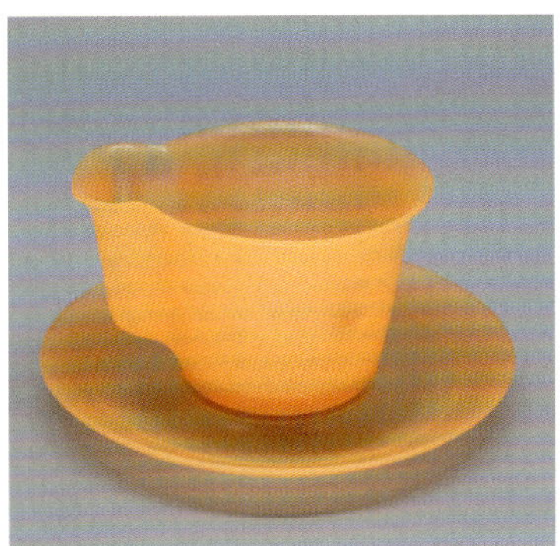

Tasse mit Untertasse
Polyethylen (PE)
Entwurf: Earl S. Tupper
Hersteller: Tupper Corporation
Farnumsville, USA
1951–1955

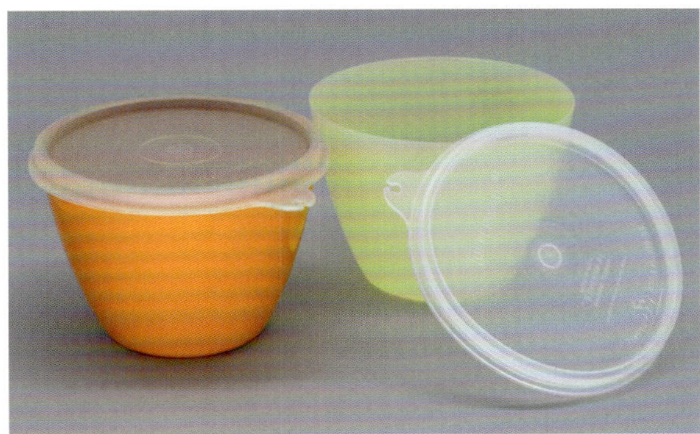

Schüsseln mit Deckel *Refrigerator Bowl*
Polyethylen (PE)
Hersteller: Tupper Corporation USA, Europe
1961–1970

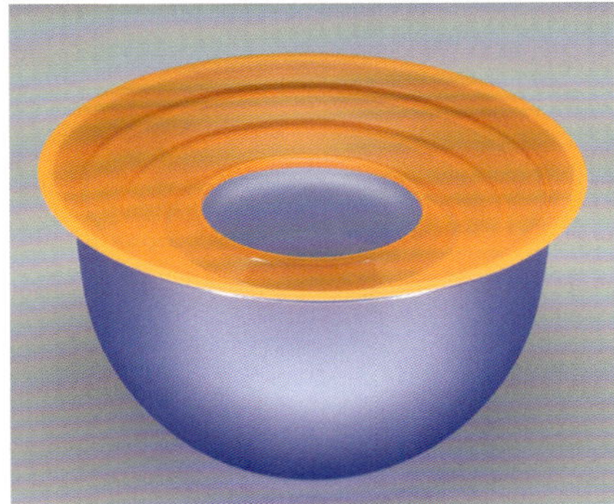

Schüssel mit Spritzschutz
Polypropylen (PP)
Hersteller: Tupper Europe
Brüssel, Belgien
1995

den Klischeematerialien, auf die man da allseits stößt, zählen neben glänzenden Metallen nicht zuletzt transparente und transluzente Kunststoffe."[135]

Die Entwicklungen Ende des 20. Jahrhunderts lassen sich im Überblick wie folgt charakterisieren: Es trat – ähnlich wie in der Architektur – ein neuer Typ DesignerIn in Erscheinung: der/die internationale/n StardesignerIn. Ihre Namen sind auch außerhalb von Fachkreisen bekannt. Die von einer solchen Berühmtheit gestalteten Produkte avancierten zu Statussymbolen. Ab den 1980ern und endgültig in den 1990ern rückten zudem Gegenstände des alltäglichen Gebrauchs in den Fokus der Gestaltenden, und zwar in Verbindung mit einer gewissen Rehabilitierung des Kunststoffs. In leuchtenden Farben gestaltete Objekte aus transluzenten Kunststoffen, die durch eine besondere Oberfläche auch eine angenehme Haptik boten, lösten die opaken Laminate und Materialkombinationen der 1980er ab. Es ist auffallend, dass die Designszene zwar international war, der Trend aber von deutschen Firmen wie *alfi*, *authentics* und *Koziol* mitbestimmt wurde, die die Entwürfe beauftragten. Eine neue Einfachheit wurde sowohl vom skandinavischen Design als auch von jungen NachwuchsdesignerInnen aus Großbritannien und Deutschland zelebriert.

Selbst das etwas altbackene Design von *Tupperware* konnte im Zuge dieses Trends neue AnhängerInnen gewinnen und fand sich sogar auf Designausstellungen wieder. Nicht alles kann als gelungen oder funktional bezeichnet werden und bei aller Einfachheit des Materials wirken die Formfindungen oft sehr bemüht, aber es gab eine Reihe an Erfolgsgeschichten auf dem Feld der Kunststoff- und hier vor allem der Polypropylenprodukte.

Zum Erfolg der Produkte haben die frischen Farben in oft ungewöhnlichen Kombinationen entscheidend beigetragen. Eine weitere Erklärung für die Beliebtheit des Polypropylens war sicher auch das gestiegene Bewusstsein für Nachhaltigkeit. Die 1990er waren die Zeit, in der Konzepte zum Recycling, über die in den 1980ern noch viel geredet wurde, tatsächlich realisiert wurden. Die Deutschen entwickelten sich seit der Einführung von Grünem Punkt und Gelbem Sack zu WeltmeisterInnen im Mülltrennen. Infolge der relativ hohen Ölpreise in den 1990ern wurde die Wiederverwertung vor allem von Verpackungsmüll auch wirtschaftlich interessant.

Die BIG Spielwarenfabrik brachte beispielsweise 1995 ihren Klassiker *Bobby Car* für Kleinkinder in einer Edition aus Kunststoff-Recyclat auf den Markt. Um das wiederverwendete dunkle Polyethylen aufzuwerten und kindgerechter zu machen, legte man eine *Art Collection* auf. Das

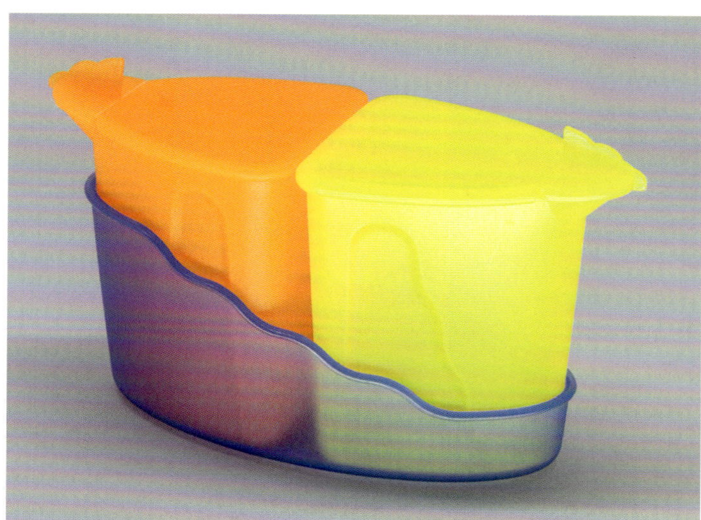

Kaffeeset für Zucker und Milch *Junge Welle*
Polypropylen (PP)
Hersteller: Tupper Europe
Brüssel, Belgien
1996–2000

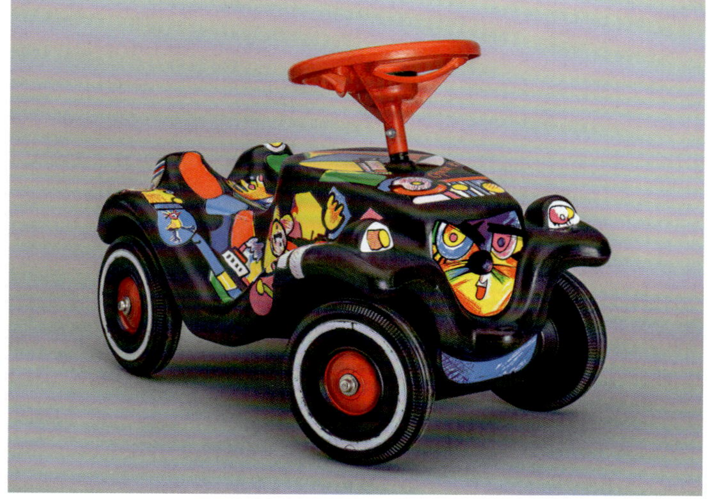

Rutschfahrzeug *Bobby-Car*, Edition Otmar Alt
Polyethylen-Recyclat, Polypropylen (PP), Elastomer, Metall
Entwurf: Otmar Alt, 1971
Hersteller: BIG Spielwarenfabrik GmbH & Co. KG, Ernst A. Bettag
Fürth, Bundesrepublik Deutschland
1994

in der Form unveränderte Modell des Kinderspielzeugs wurde durch die von namhaften KünstlerInnen entworfene Dekoration mit Aufklebern farbig gestaltet.[136]

Die Materialreduktion, die mit der Transluzenz des Polypropylens verbunden war, und die Möglichkeit, den Gegenstand nach Gebrauch wieder in den Materialkreislauf zu integrieren, da das Material sortenrein verarbeitet wurde, trug neben der edlen Optik sicher zur Akzeptanz dieser neuen Generation von Kunststoffprodukten bei.[137]

Keine Farbe ohne Weiß

Damit Weiß wirklich weiß aussieht, braucht es paradoxerweise eine Menge Farben, denn gerade das Fehlen von Farbe ist schwierig darstellbar. Weiße Wäsche bekommt nach mehrfachem Waschen einen Gelbstich. Deswegen setzte man schon im 18. Jahrhundert dem letzten Spülgang das sogenannte „Wäscheblau" zu. Der leichte Blaustich lässt das Weiß heller erscheinen. Heutigen Waschmitteln werden optische Aufheller zugegeben.

Ähnlich verhält es sich bei Gegenständen aus Kunststoff. Stark farbige Kunststoffgegenstände brauchen Weiß, damit die gewünschte Farbe ihre Leuchtkraft entfalten kann. Das gilt vor allem für im ursprünglichen Zustand farblose Kunststoffe.

In dem Musterbuch der BASF aus dem Jahr 1961 findet sich eine Gegenüberstellung von gefärbten, ursprünglich farblosen Kunststoffen: Ohne Zugabe von Weiß bleibt das Material durchsichtig, die Farbe aber lässt oft Leuchtkraft vermissen, wie der Vergleich mit dem Muster mit zusätzlichem „Titanweiß" – Titandioxid – zeigt.

Apple-Computer: Farbe setzt Trends

Schon seit dem Beginn der digitalen Ära pflegte der US-amerikanische Computerhersteller Apple das Image des innovativen Underdogs, der alles besser und smarter machte als der unflexible große Wettbewerber IBM, der zu Anfang das Geschäft sowohl mit Firmen- als auch Privatrechnern dominierte.[138] Nach der Jahrtausendwende leitete die Computerfirma Apple mit ihren weißen Geräten einen Trend in der IT-Branche ein.

Auf dem umkämpften Markt des Homecomputers hatten bislang die meisten Hersteller auf Leistungssteigerung und Preissenkung gesetzt, um ihre Produkte am Markt zu positionieren. Die ansprechende Gestaltung der Geräte war dem eher untergeordnet oder wurde sogar weitgehend ignoriert. Bis weit in die 1990er Jahre hinein spielten bei der Anschaffung eines Geräts in erster Linie die Rechnergeschwindigkeit und die Speicherkapazität eine Rolle. Die dazu nötige – meist graue – Kiste verschwand in der Regel unter dem Schreibtisch, wo sie nicht auffiel.[139] Viele der Computergehäuse sind – wenn sie denn aus Kunststoff sind – aus Acrylnitril-Butadien-Styrol (ABS), einem Werkstoff, der bereits für Telefongeräte hinlänglich bewiesen hatte, recht leicht in verschiedenen Farben – auch in Grau – einfärbbar zu sein.

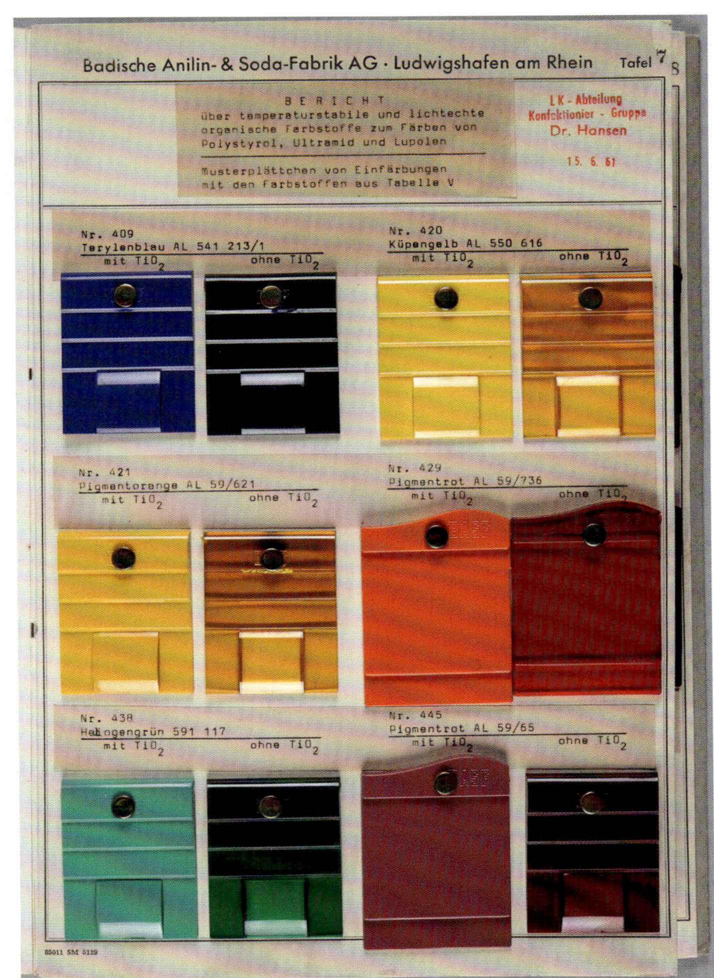

Musterbuch Polystyrol, *Ultramid, Lupolen*
Styrolkunststoff, Polyamid (PA), Polyethylen (PE)
Hersteller: BASF AG
Ludwigshafen, Bundesrepublik Deutschland
1961

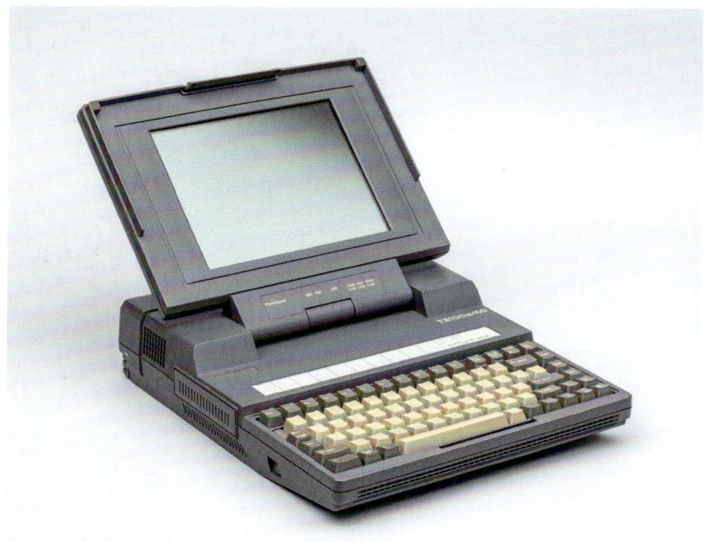

Notebook *Toshiba T 3100e/40*
Acrylnitril-Butadien-Styrol (ABS)
Hersteller: Toshiba Corporation
Tokio, Japan
1987

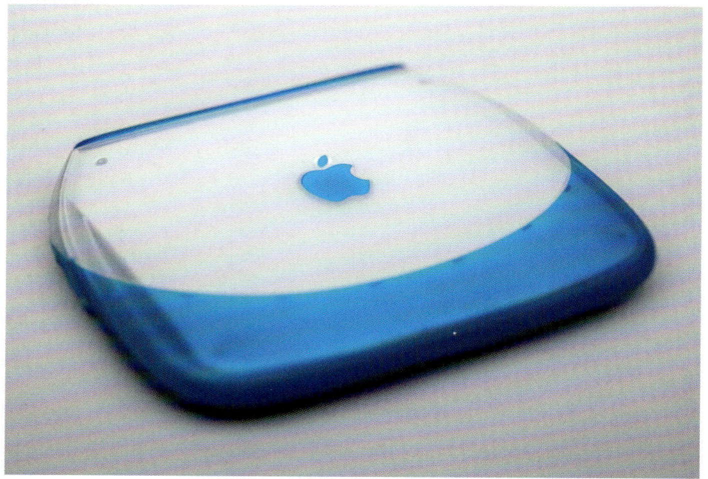

Notebook iBook Apple Clamshell
Polycarbonat (PC), Acrylnitril-Butadien-Styrol (ABS)
Entwurf: Jonathan Ive
Apple Computer Inc.
Cupertino, USA
1998–1999

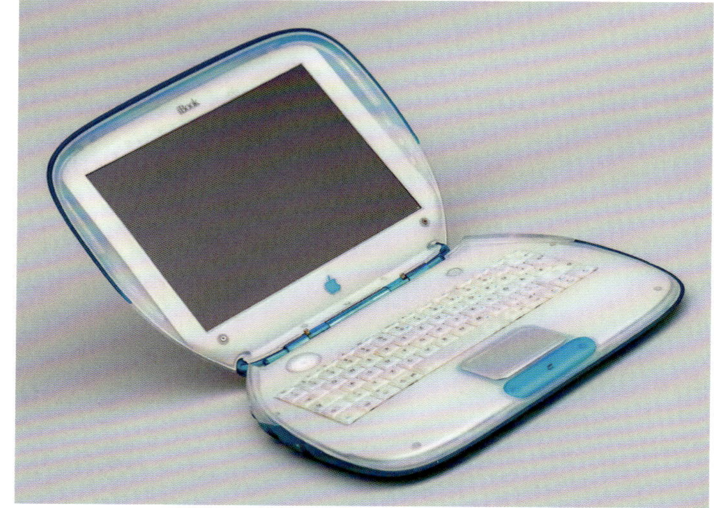

Notebook iBook
Polycarbonat (PC), Acrylnitril-Butadien-Styrol (ABS)
Entwurf: Jonathan Ive
Apple Computer Inc.
Cupertino, USA
1998–1999

Das Notebook des japanischen Herstellers Toshiba aus dem Jahr 1987 steht stellvertretend für die Art der Gestaltung der frühen Computer. Farbigkeit spielt bei diesem Gerät keine Rolle, das Grau des Gehäuses wirkt seriös, ist aber ästhetisch nicht besonders aufregend.

Bei Apple hingegen wurde von Anfang an versucht, das Aussehen der Geräte in ein Firmenkonzept zu integrieren, das den Rechner nicht nur als leistungsfähiges Instrument für den Arbeitsplatz, sondern als Hilfsmittel für alle etablieren wollte. Dazu gehörten Überlegungen, wie man die Hardware so optimieren konnte, dass Berührungsängste abgebaut und eine intuitive Bedienung ohne große Erklärungen möglich wurden.[140] 1984 wurde das Büro des bekannten deutschen Designers Hartmut Esslinger (* 1944) mit dem Entwurf eines Computers beauftragt. Das Kunststoffgehäuse fasste Rechner und Bildschirm in einem von den Dimensionen her vergleichsweise kleinen Gerät zusammen. Mit seiner Designauffassung, dass der Computer für zu Hause den Nutzenden keine Angst machen, sondern zu Diensten stehen sollte, gab Esslinger die Richtung für die Produkte von Apple vor.[141] Dazu gehörte, dass man beim Einschalten des Geräts von einer weichen Frauenstimme – offensichtlich eine Vorläuferin der Sprachassistentin „Siri" – mit „Hello User" begrüßt wurde. Aber: Trotz des bewusst gepflegten Ge-

gensatzes zu anderen Anbietern wiesen Apple Computer das typische Grau auf.

Der Aufstieg des Apple Computers zur Designikone begann 1997, nachdem der Brite Jonathan Ive (* 1967) die Leitung des Designteams bei Apple übernommen hatte.[142]

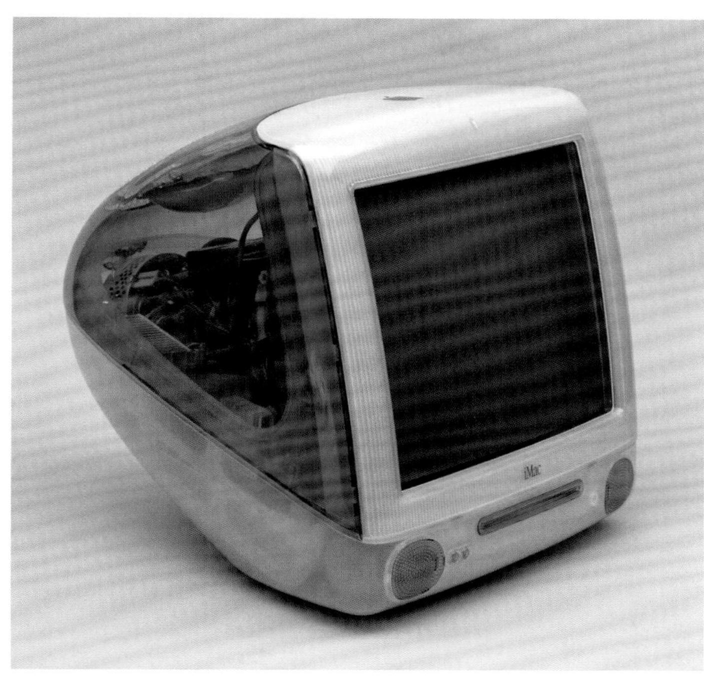

Computer *Apple iMac G3*
Polycarbonat (PC), Acrylnitril-Butadien-Styrol (ABS)
Entwurf: Jonathan Ive
Apple Computer Inc.
Cupertino, USA
1998

Am Anfang stehen der IMac und das IBook. Formal und farblich setzten die beiden Geräte ganz neue Akzente. Man versuchte nun auch optisch die Auffassung umzusetzen, dass es sich bei Computern um einen Einrichtungsgegenstand handelt, der individuelle Ansprüche der NutzerInnen erfüllen und diese emotional ansprechen sollte.

„Mehr und mehr entsteht eine Dichotomie zwischen scheinbar sachlicher, funktionalistischer Gestaltung und emotional aufgeladenem Branding, die zu einem ebenso emotionalisierten Verhältnis zwischen Gerät und Nutzer führt. Gestalterische Ideale wie Sachlichkeit, Langlebigkeit, Zeitlosigkeit, Geschmackssicherheit und modernste Technologie übertragen sich auf dessen Selbstbild."[143]

1999 kamen mit dem Desktopcomputer IMac G3 und dem Notebook IBook G3 völlig ungewohnte Farben und Formen in das bisher von technoiden Kisten dominierte Universum der Rechner im privaten Umfeld. Das Material lässt nicht nur das Licht durchscheinen, sondern ist

teilweise sogar durchsichtig gestaltet, sodass der Blick auf die Technik möglich wird (siehe Kapitel durchsichtig). Die auffallend kräftigen Farben wie Grasgrün, Türkis oder Blau prägten schon die Haushaltsgegenstände aus Kunststoff in den 1990er Jahren, aber die Kombination mit weißen Elementen bei Apple deutet schon auf die Produkte und Entwicklungen des kommenden Jahrtausends hin.

Der hier abgebildete IMac verzichtet bei der rückwärtigen Partie des Gehäuses auf die normalerweise satinierte Oberfläche und die Verkleidungen, die den Blick auf die Technik im Inneren verhindern.

Die weiße Phase

Im neuen Jahrtausend endete die verspielte Zeit der 1990er. Es gab eine Rückkehr zu einer puristischeren, reduzierteren Formensprache. Zusätzlich trennte man bis 2007 die Materialität nach Nutzergruppen: weißes Polycarbonat für Consumer Produkte (IMac, IBook), Gehäuse aus Aluminium für Profigeräte (PowerMac, PowerBook).[144] 2001 erschien das erste weiße Notebook in einem Gehäuse aus weißem, hochglänzendem Polycarbonat, das sich damit deutlich von den Produkten der Konkurrenz mit schwarzen, anthrazit- oder silberfarbenen und meist matten Oberflächen unterscheidet. Eine Besonderheit dieser ersten Edition in Weiß besteht darin, dass das transparente Polycarbonat von innen weiß lackiert ist. Die Wahl dieser im Herstellungsprozess relativ aufwendigen Technik des Lackierens dürfte ästhetische Gründe gehabt haben. Transparentes Polycarbonat hat immer einen schöneren Glanz als durchgefärbtes, da weiße Einfärbungen einen höheren Pigmentanteil erfordern. Es entsteht eine hochglänzende Oberfläche mit einem Effekt, der die Gehäusegrenzen optisch leicht verschwimmen lässt und noch an die mehrschichtige Optik der farbigen Vorgängermodelle erinnert. Aus verfahrenstechnischen Gründen wurde wahrscheinlich auf dieses Merkmal relativ schnell verzichtet, bedeutet doch das Lackieren einen zusätzlichen Arbeitsschritt, der Zeit kostet – die Farbe muss trocknen – und die Gefahr von Ausschuss in der Fertigung erhöht, da einerseits die Lackschicht fehlerhaft sein kann und zudem Polycarbonat empfindlich gegenüber Spannungsrissen ist, die bei dem Lackierprozess leicht auftreten können.[145]

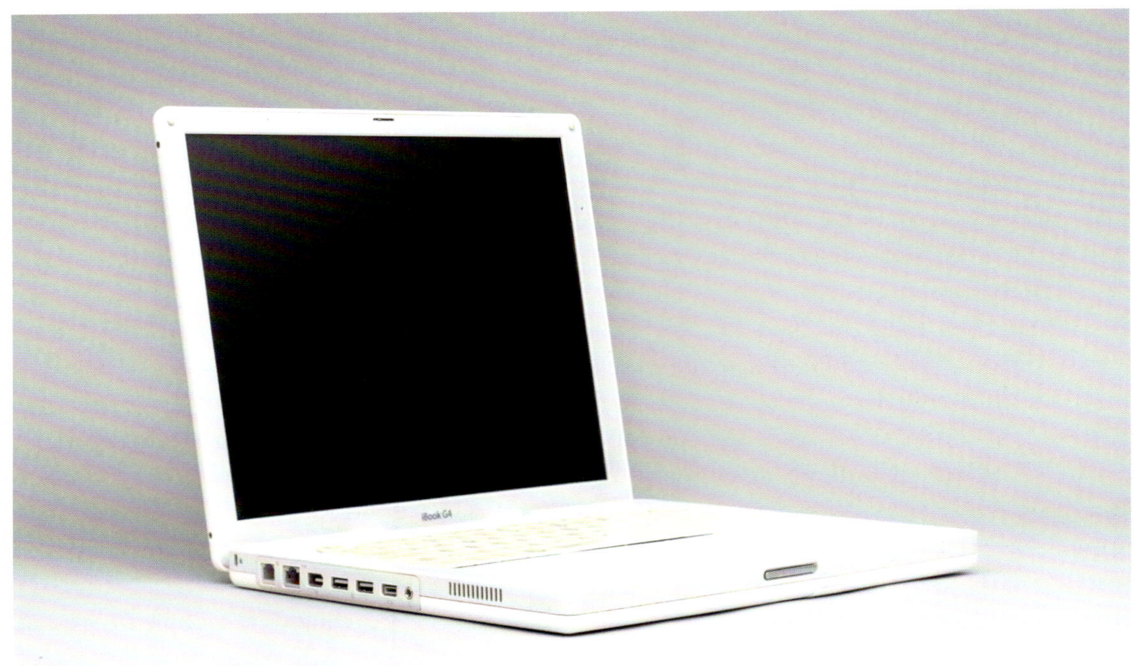

Notebook *iBook G4*
Polycarbonat (PC), Acrylnitril-Butadien-Styrol (ABS)
Entwurf: Jonathan Ive
Apple Computer Inc.
Cupertino, USA
2004

242 |

Das hier untersuchte Gerät aus dem Jahr 2003 gehört zur zweiten Generation, bei der der besondere Effekt der Kombination von transparentem Material und weißer Lackschicht schon aufgegeben wurde. Auffallend ist die Vergilbung der Tastatur, was auf die Verwendung von Acrylnitril-Butadien-Styrol (ABS) zurückzuführen ist. ABS ist wegen der Doppelbindung in der Molekülstruktur oxidationsempfindlich, sodass UV-Strahlung, Feuchtigkeit und Wärme fast unvermeidlich zum Vergilben führen. Dieser Effekt stellt sich offensichtlich auch bei den meist geschützten Tastaturen eines Notebooks ein.[146] Polycarbonat ist für Tastaturen weniger geeignet, da die Fertigung und die mechanische Beanspruchung einen schlagzäheren Werkstoff verlangen. Auch kann das Fingerfett bei Polycarbonat zu beschleunigten Spannungsrissen führen. Die meisten technischen Geräte wie Computer oder Mobiltelefone bestehen heute daher aus einem Blend aus Polycarbonat und ABS – Polycarbonat für eine schönere Oberfläche, ABS wegen der Schlagzähigkeit.

Die Wahl der Farbe, die zwar ausgesprochen elegant wirkt und den Geräten von Apple zu einem Alleinstellungsmerkmal verhalf, war nicht ohne Risiko. Weiß ist als Farbe für Alltagsgegenstände seit Anfang des 20. Jahr-

hunderts schon anders besetzt. Es wurde als besonders hygienisch im Haushalt propagiert und als „weiße Ware" werden Produkte bezeichnet, die eher in der Küche oder im Bad zu finden sind wie Kühlschränke oder Waschmaschinen.[147] Weiß für die Produkte der Computerindustrie durfte keine falschen Assoziationen hervorrufen: Anfang, Vollkommenheit, Wahrheit:[148] ja – Sauberkeit, Hygiene:[149] eher nein. Hierbei half die Oberflächengestaltung, denn der zusätzliche räumliche Effekt zusammen mit der

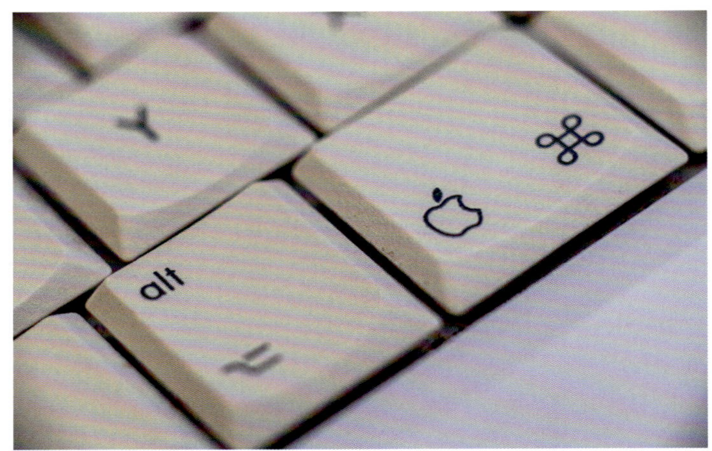

Detail der verfärbten Tastatur.

hochglänzenden Oberfläche des transparenten Polycarbonats des ersten weißen IBooks unterschied sich doch deutlich von den weißen Haushaltsgeräten. Ein weiteres Risiko bei weißen Geräten stellen Gebrauch und Alterung dar. Es sieht nichts so schäbig aus wie eine leicht angeschmutzte, ehemals weiße Vollkommenheit. Die metallisch-silbernen Oberflächen der Aluminiumgehäuse, die ab 2009 dominierten, bewegen sich weniger dicht an der ästhetischen Katastrophe.

Die Verwendung von Weiß legt aber auch einen Blick auf die traditionelle Farbsymbolik nahe. Weiß ist die Farbe des Lichts und des Anfangs und steht in vielen Kulturen für Göttlichkeit und Vollkommenheit, für Erleuchtung oder für Wissenschaft und Aufklärung. Schon das Apple-Logo, der angebissene Apfel, spielt mit einem biblischen Motiv. Als der Mensch vom Baum der Erkenntnis gegessen hat, muss er Verantwortung für sein eigenes Leben übernehmen.[150] Erwähnt sei zudem, dass manche NutzerInnen die Frage, warum sie Apple-Geräte verwenden, regelrecht zum Dogma erheben. Ein Notebook im puristischen Weiß gewinnt fast den Charakter eines Kultgegenstandes. Der Besitz des Produkts wird zum Unterscheidungsmerkmal, das über die Zugehörigkeit einer Elite Auskunft gibt. Interessant ist dabei der Aspekt, dass viele BesitzerInnen dieses Statussymbols sich vehement dagegen verwahren, es wegen seiner „Aura" gekauft zu haben. Sie verweisen vielmehr auf die technischen Vorzüge von Hard- und Software und betonen somit den Aspekt der Funktionalität.[151]

Die Farbgebung der Apple-Geräte war bei aller Ikonisierung der Funktionalität übrigens nicht vollkommen frei von ästhetischen Trends der Zeit. IMac und IBook in transluzentem Kunststoff griffen den Trend zu transparenten und farbigen Kunststoffen der 1990er auf. Darüber hinaus folgen die Entwürfe – schon der des ersten Mac, der den bezeichnenden Spitznamen „Mäusekino" führte – dem Kindchenschema. Das technische Gerät wird als Spaß- und Lifestyle-Objekt inszeniert, nicht als Arbeitsgerät.[152]

Zusätzliches Dekor für Kunststoffe

Die meisten der hier beschriebenen Kunststoffobjekte bestehen aus durchgefärbtem Material, doch gibt es darüber hinaus unendlich viele weitere Möglichkeiten.

Die meisten Methoden, um Kunststoffe nach dem Formen farblich zu gestalten, gehören zu den Beschichtungen (engl. *Coating*). Die gängigste ist das Lackieren. Sie hat zunächst eine Schutzfunktion, kann aber auch der Oberfläche mehr Glanz verleihen.[153] Ein farbiger Lack kann die Grundfarbe eines Objekts völlig verändern. Für das Radio von Motorola und das erste weiße Apple IBook wurden Lackierungen aus ästhetischen Gründen gewählt. Eine besondere Form der Beschichtung ist das Bemalen, das heißt, es werden mit verschiedenen Werkzeugen mehr oder weniger komplexe Motive mit Farbe in flüssigem Zustand auf einem Werkstück aufgebracht. Vor allem im Bereich der Haushaltsgegenstände werden auch Kunststoffobjekte ähnlich wie Keramik oder Porzellan von Hand dekoriert. Die Bandbreite reicht dabei von einfachen Tupfen bis zu aufwendigen figürlichen Motiven wie bei der einfachen Dose mit Stülpdeckel aus den 1920er Jahren, die mit dem Bild einer jungen Dame im Harlekinkostüm verziert wurde.

In der Herstellung muss beim Lackieren oder Bemalen auf die Trocknung geachtet werden. Zudem besteht bei einem Überzug immer die Gefahr, dass sich Teile lösen, beispielsweise durch mechanische Beanspruchung des Trägermaterials, was die Wirkung natürlich beeinträchtigt.

243

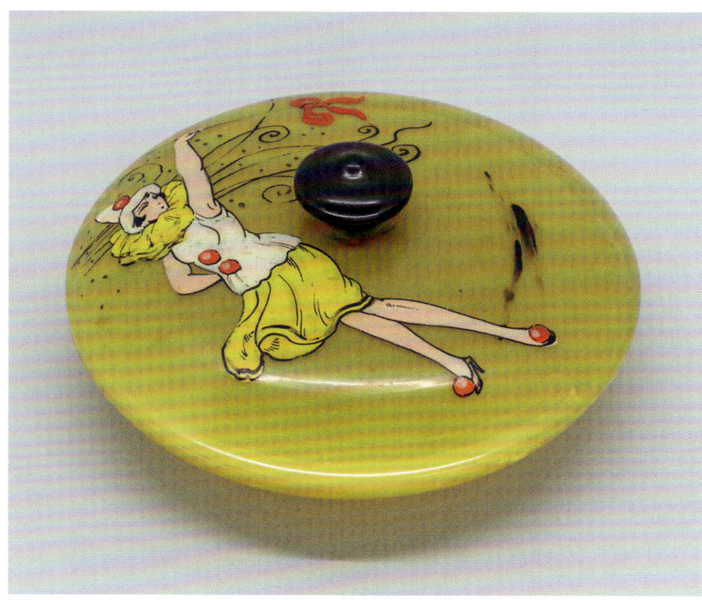

Dose mit Stülpdeckel
Cellulosenitrat (CN)
1920–1950

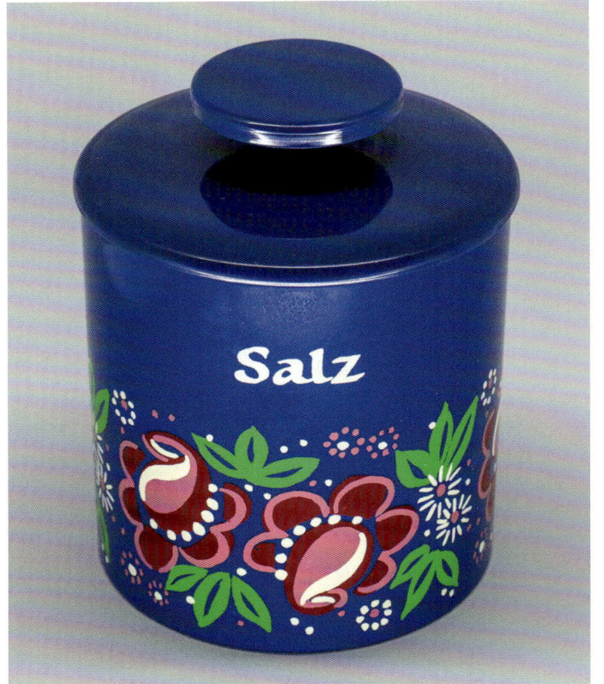

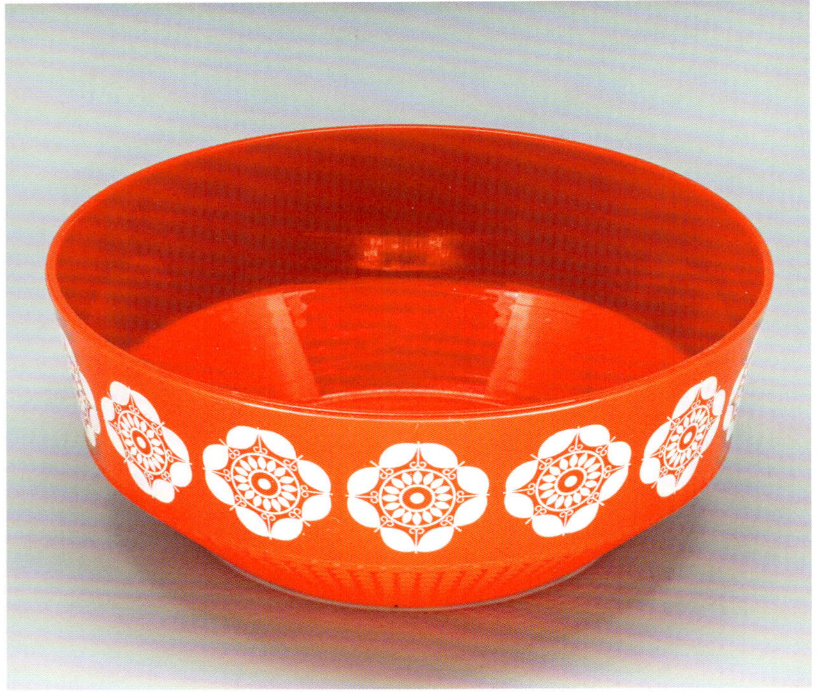

244

Vorratsdose *Rustika*
Polystyrol (PS), bedruckt
Hersteller: Vitri Plastic, Max Richter & Co.
Nieder-Ramstadt, Bundesrepublik Deutschland
1960–1970

Schüssel mit Foliendekor
Polystyrol (PS)
Hersteller: Buchsteiner GmbH & Co.KG
Gingen/Fils
Bundesrepublik Deutschland
1965–1975

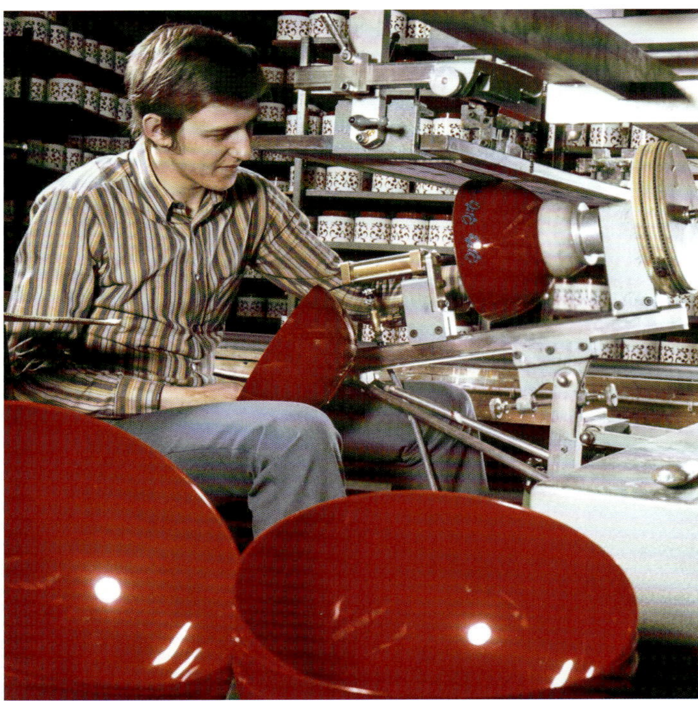

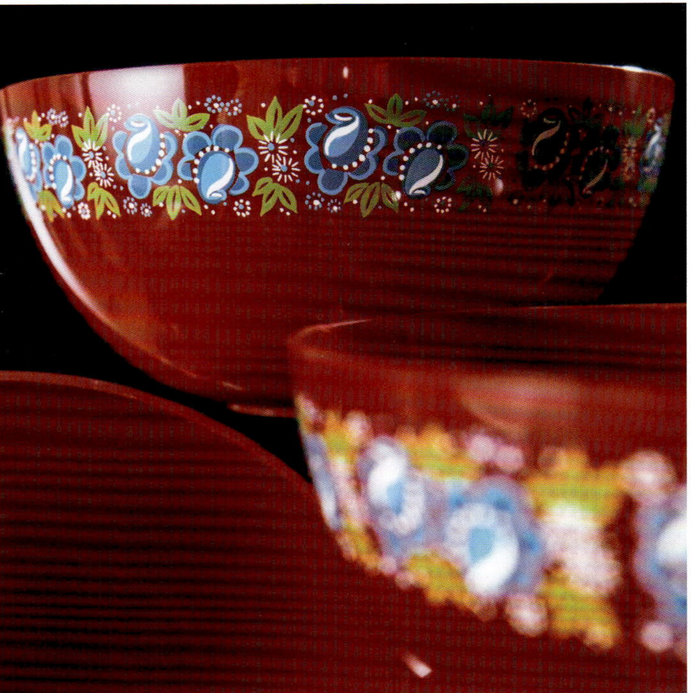

Bedrucken von Kunststoffobjekten aus der Serie *Rustika,* um 1970.

Das Bemalen von Hand ist ein relativ zeit- und arbeitsintensives Verfahren, das für kleine Auflagen oder hochpreisige Objekte geeignet scheint. Für die industrielle Fertigung sind eher automatisierte und standardisierte Abläufe üblich. Für plane Oberflächen wurden schon früh Drucktechniken eingesetzt. Die meisten Duromere und Thermoplaste können ohne Vorbehandlung bedruckt werden. Nur bei den Polyolefinen (Polyethylen und Polypropylen) sowie Polyoxymethylen besteht wegen ihrer unpolaren Oberflächen das Problem, dass sie für das Haften der Druckfarben vorbehandelt werden müssen.[154]

Die Gestaltung von dreidimensionalen Gegenständen mittels Druckverfahren ist natürlich komplizierter. Für Kunststoffformteile eignen sich vor allem der Sieb- und der Tampondruck.[155] Das an Bauernmalerei angelehnte Dekor der Vorratsdose aus Polystyrol entstand offensichtlich in mehreren Schritten, wobei jede Farbe einzeln im Rollensiebdruck aufgetragen wurde.

Ein gängiges Verfahren, Muster zusätzlich aufzubringen, ist der Folientransfer. Das Motiv befindet sich auf einer Trägerfolie und wird während des Dekorationsprozesses von dieser gelöst und auf das Objekt übertragen.[156] Gut geeignet ist besonders der Heißprägedruck, der seit den 1970er Jahren verstärkt angewandt wird. Die Farbfolie wird dabei von einem beheizten Stempel von der Trägerfolie abgenommen und dann dem Werkstück heiß aufgeprägt.[157]

Eine spezielle Form des Folientransfers für Kunststoffobjekte stellt die *In-Mould-Decoration* dar. Dabei werden die Trägerfolien mit dem Motiv in die Spritzgussform eingelegt, sodass sich die Farbe, während sich die Form mit Kunststoff füllt, an das Objekt anheftet und beim Öffnen der Form von der Folie löst. Für die Beschriftung und/oder Dekoration ist kein zweiter Arbeitsschritt nötig.[158] Das Verfahren wird vor allem in der Verpackungsindustrie, beispielsweise für Lebensmittel-, Kosmetik- oder Waschmittel, angewendet.

Grundsätzlich widerspricht das Bedürfnis nach einer zusätzlichen Dekoration des Gegenstandes der Logik der Massenproduktion von Kunststoffen – ist es doch gerade einer der entscheidenden Vorteile dieses Materials, dass es gleich mit der zweckdienlichen Oberfläche in jeder gewünschten Farbe die Fertigungsmaschine verlassen und nur mit einer minimalen Nachbehandlung, z.B. Entgraten, direkt eingesetzt oder verbaut werden kann.

Farbkonventionen und Zeitgeschmack

Im Laufe der Geschichte hat jede Kultur eigene Deutungen und Festlegungen der Funktion von Farben ausgebildet, die gesellschaftliche Konventionen geprägt haben. Eine entscheidende Rolle spielt bei solchen Festlegungen oft die Verfügbarkeit von Farbmitteln. Bis weit ins 19. Jahrhundert hinein waren leuchtende Farben meist den Herrschenden vorbehalten, da die Farbmittel selten und teuer waren. Im alten Rom war der aus der Purpurschnecke gewonnene Rotton dem Kaiser vorbehalten. Minister, hohe Beamte und Senatoren war ein purpurner Besatz am Gewand erlaubt.[159] In der italienischen Renaissance signalisierte der Anteil der in Ultramarin gehaltenen Flächen eines Gemäldes dem kundigen Betrachter, was sich der Auftraggeber des Malers leisten konnte oder wollte.[160] Farben können auszeichnen, aber auch stigmatisieren. In Kleiderordnungen wurde quasi per Dekret versucht, Abgrenzungen der Bevölkerungsgruppen auch durch die Farbe als Unterscheidungsmerkmal zu zementieren.[161]

245

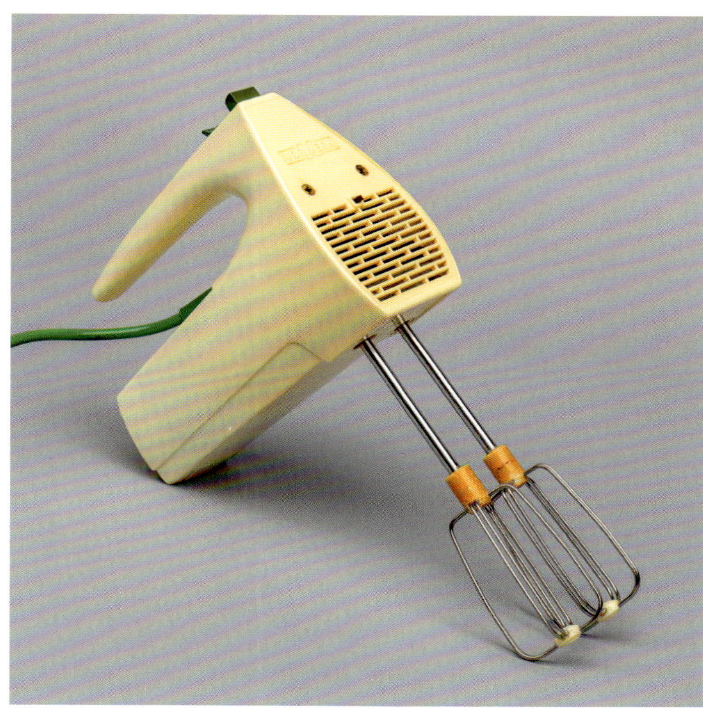

Elektrischer Handmixer in charakteristischen Vorwerkfarben
Acrylnitril-Butadien-Styrol (ABS), Polyvinylchlorid (PVC)
Hersteller: Vorwerk GmbH & Co. KG
Wuppertal, Bundesrepublik Deutschland
1965–1970

Mit der Erfindung der synthetischen Farben Mitte des 19. Jahrhunderts veränderten sich die Verfügbarkeit und der Gebrauch von Farben zunehmend. Das farbige Erscheinungsbild der Kleidung wechselt heutzutage mit jeder Saison, aber auch alle anderen Gebrauchsgegenstände bis hin zum Auto unterliegen bestimmten Trends. Modefarben mit zum Teil abenteuerlichen Benennungen gab es schon gegen Ende des 18. Jahrhunderts. So wurde in der 2. Hälfte des 18. Jahrhunderts in Frankreich die Modefarbe „Cheveux de la reine" lanciert, die von den aschblonden Haaren der jungen Königin Marie Antoinette inspiriert war.[162] Heute ist dieses Phänomen professionalisiert: Trendscouts und Farbberater versuchen, die bald angesagten Farben im Vorfeld zu ergründen.[163]

Es gibt aber immer noch gesellschaftliche Konventionen, die langlebiger und kulturell tiefer begründet sind als die Modefarbe. So gesteht man grelle Farbtöne eher jungen Menschen zu, gedecktere Farben werden älteren Menschen zugeordnet. Ähnliches gilt für die Seriosität: der Dresscode für bestimmte Berufsgruppen umfasst auch eine spezifische Farbigkeit.[164] In manchen Bereichen ist die Erkennbarkeit einer Gruppe zwingend notwendig, beispielsweise bei der Feuerwehr oder der Polizei, bei denen eine schnelle Identifizierung u.a. über einen Farbcode gewährleistet sein muss.[165] Die Nutzung ganz bestimmter Farben ist Teil der Markenidentität eines Unternehmens. Ein Beispiel ist das Wuppertaler Unternehmen Vorwerk, das für seine Produkte eine charakteristische Kombination aus Grün und Elfenbein nutzt, um sie erkennbar zu machen (siehe Seite 245).

Die Akzeptanz einer gewählten Farbe hängt von drei Faktoren ab: Erstens sollte die Farbe in ihrem Kontext verständlich sein. Bei Wasserhähnen hat sich für kaltes Wasser das Blau und für warmes das Rot eingebürgert. Eine andere Farbwahl zur Kennzeichnung würde die AnwenderInnen irritieren. Zweitens bestimmen das Material und seine Funktion, ob eine Farbwahl akzeptabel ist: Bei einigen Produkten werden bestimmte Farben als nicht angemessen oder sogar ekelerregend empfunden, besonders bei Lebensmitteln. Blaue Spaghetti oder rote Gurken werden als unnatürlich und daher nicht schmackhaft eingeschätzt. Drittens spielt die Verbrauchskomponente eine Rolle. Je preiswerter und kurzlebiger ein Produkt ist, umso eher wird eine unkonventionelle Farbgebung akzeptiert, da der Gegenstand schnell ausgetauscht werden kann. Je teurer und langlebiger und je

näher ein Produkt den VerbraucherInnen kommt, umso mehr wird eine von kurzlebigen Moden unabhängigere, klassische Farbgebung bevorzugt.[166]

Die Tendenz, die Natur nachzuahmen, ist bis heute stark. Im Produktionsarchiv der Westdeutschen Cellu-

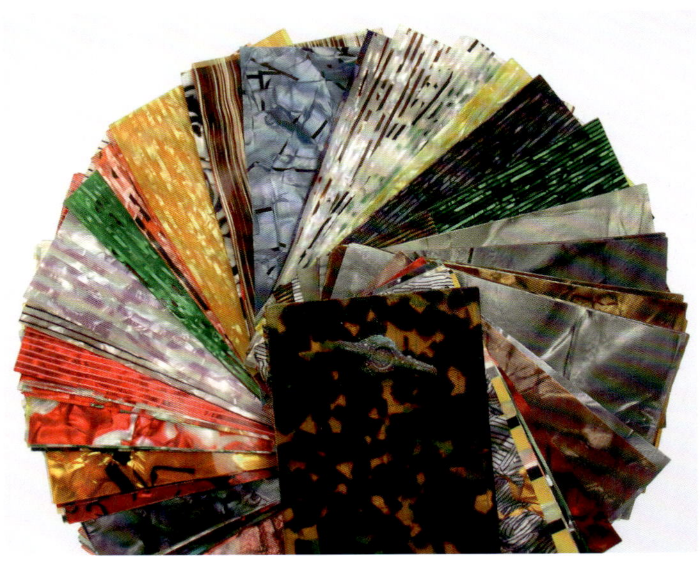

Farbfächer mit Effektmischungen zum Thema Perlmutt
Cellulosenitrat (CN)
Hersteller: Westdeutsche Celluloidwerke
Lank-Latum, Bundesrepublik Deutschland
1951–1960

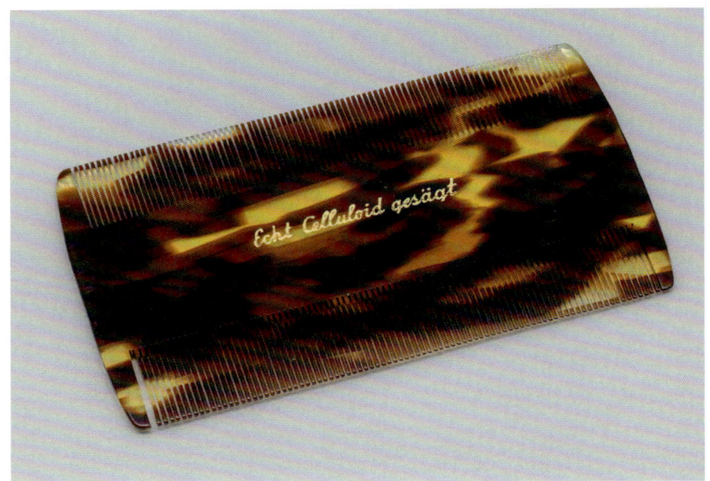

Staubkamm
Cellulosenitrat (CN)
Hersteller: Zillana
Lage, Bundesrepublik Deutschland
1990–1992

loidwerke und den Musterbüchern in der Sammlung sind alle möglichen Mustervariationen dokumentiert, es überwiegen jedoch jene Effektmischungen, die Naturstoffe nachahmen.

Schildpatt, Elfenbein, Brasilhorn oder Perlmutt waren häufig der Ausgangspunkt für auffallende Kreationen und gerade bei den Perlmuttmischungen wurden bald Farbspiele gefunden, die die Natur bei Weitem übertrafen. Bei bestimmten Gattungen wie Kämmen und Haarschmuck zeigt sich allerdings die Langlebigkeit der Konvention. Bei einem Fünftel der bisher in der Datenbank erfassten etwa 1.200 Rezepturen des Produktionsarchivs der Westdeutschen Celluloidwerke handelt es sich um Effektmischungen, die eine Variation des Themas „Schildpatt" sind. Man muss sich nur in den entsprechenden Abteilungen der Kaufhäuser oder Drogeriemärkte umsehen, um festzustellen, dass diese „natürliche" Färbung nach wie vor für Haarschmuck gefragt ist.

Daneben hat jede Zeit ihre spezifischen Farben, die vor allem die modische Kleidung bestimmen, aber auch die Gestaltung von anderen Gegenständen des täglichen Lebens prägen. Allein der Wechsel zu einer gerade aktuellen Farbe vermag ein Design aus einem anderen Jahrzehnt noch einmal zu aktualisieren. Das wird beispielsweise deutlich an den vier Haartrocknern der französischen Firma Moulinex. Die Formensprache der beiden Modelle entspricht den 1950ern und frühen 1960ern. Die Farbigkeit in Elfenbein und hellem Rosa passt auch in diese Zeit. Später wählte man für die Gehäuse ein leuchtendes Orange, um die Haartrockner an den Geschmack der 1970er anzupassen (siehe Seite 248). Für diese Vorgehensweise dürften wirtschaftliche Erwägungen die entscheidende Rolle gespielt haben, denn Werkzeuge für den Spritzguss sind teuer und müssen sich durch eine möglichst lange Laufzeit amortisieren. Es war wesentlich günstiger, das Produkt durch eine Farbanpassung zu aktualisieren, als es in zeitgemäßer Form komplett neu zu gestalten.

Die vorgestellten Objekte illustrieren also, dass die Farbwahl einerseits Konventionen folgt, die oft sehr dauerhaft sind, und andererseits kurzlebigen, zeitspezifischen Trends, die mehr oder weniger schnell durch das Gegenteil abgelöst werden, wenn man ihrer müde geworden ist.

Eine interessante zeitgenössische Entwicklung lässt sich bei Gebrauchsgegenständen aus Kunststoff, die im Lebensmittelbereich zum Einsatz kommen, beobachten.

Sie werden neuerdings in pastelligen, pudrigen Tönen angeboten (siehe Seite 248). Offensichtlich glaubt der Handel, dass leuchtende, intensive Farben als unnatürlich und vielleicht giftig empfunden werden. Obwohl damit keine Informationen über das Farbmittel an sich transportiert werden, verspricht man sich durch die zurückhaltende Färbung, dass die Bedenken der KäuferInnen gegenüber Kunststoffen gemindert werden. Das heißt, man geht davon aus, dass die weniger intensiven Farben mit natürlichen Farbmitteln oder „bio" assoziiert werden.

Die Verbindung von biobasiertem Polyethylen aus brasilianischem Zuckerrohr mit solchen den Anschein natürlicher Farbmittel erweckenden blassen Farben zeigt sich in dem kleinen Muldenkipper. Die farbigen Flächen sind mit kleinen Pünktchen durchsetzt, die vielleicht an Pflanzenteile erinnern sollen. In die gleiche Richtung geht auch die Oberfläche der Reifen beim Spielzeug, die wirkt, als würde das Material noch Reste von Pflanzenfasern enthalten. Kunststoff soll das Aussehen eines natürlich gewachsenen Materials erhalten.

Ob eine solche Strategie, die man wohl als „optisches Greenwashing" bezeichnen könnte, für mehr Verständnis und Wissen über das Thema „Werkstoff Kunststoff und Nachhaltigkeit" sorgt, sei dahingestellt.

247

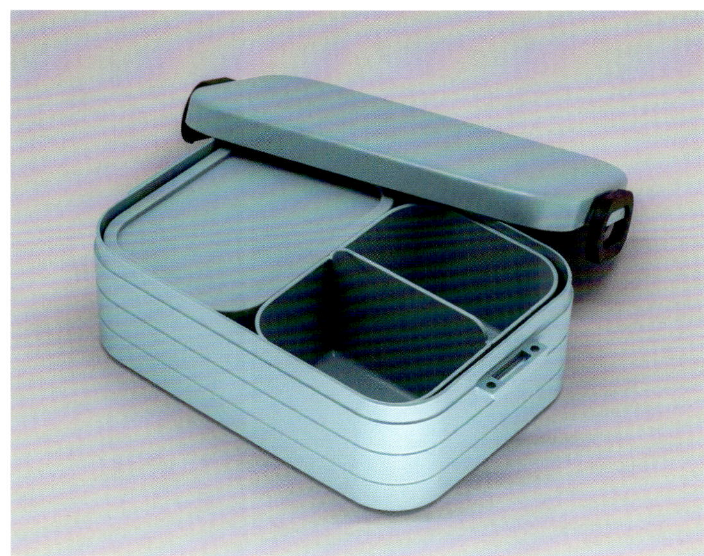

Lunchbox *Bento*
Polypropylen (PP), Elastomer
Hersteller: Mepal
Lochem, Niederlande
2021

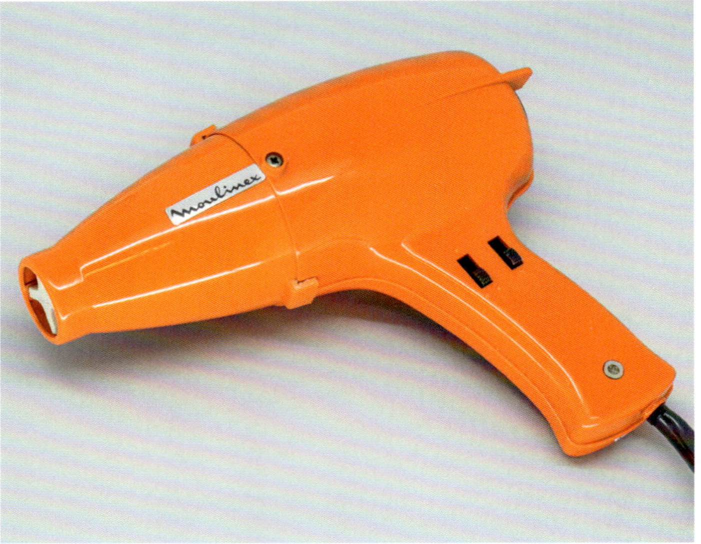

Haartrockner
Polystyrol (PS)
Hersteller: Moulinex S.A.
Alençon, Frankreich
um 1960

Haartrockner
Polystyrol (PS)
Hersteller: Moulinex S.A.
Alençon, Frankreich
1970er Jahre

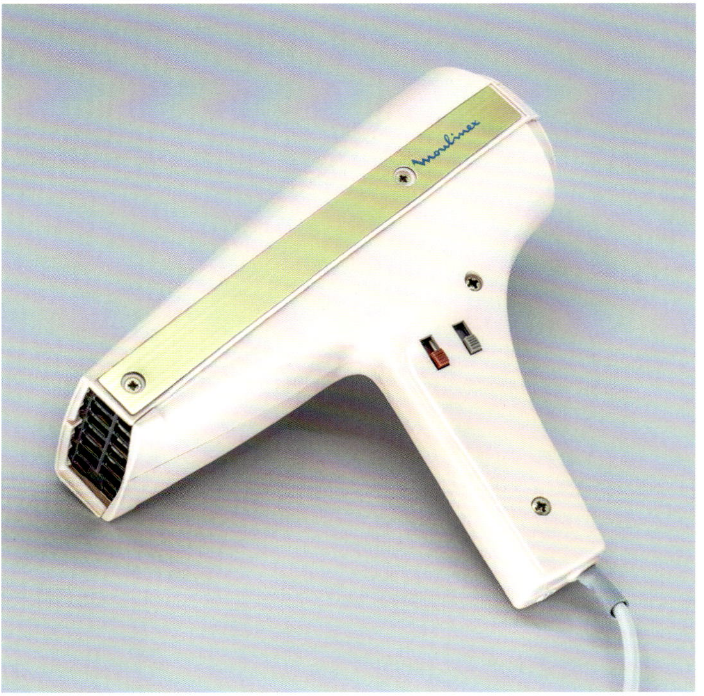

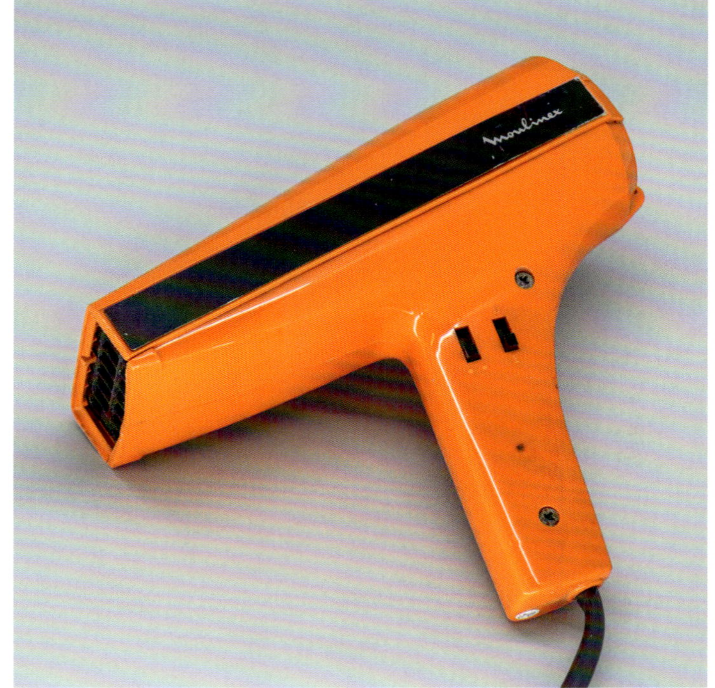

Haartrockner
Polystyrol (PS)
Hersteller: Moulinex S.A.
Alençon, Frankreich
um 1965

Haartrockner
Polystyrol (PS)
Hersteller: Moulinex S.A.
Alençon, Frankreich
1970er Jahre

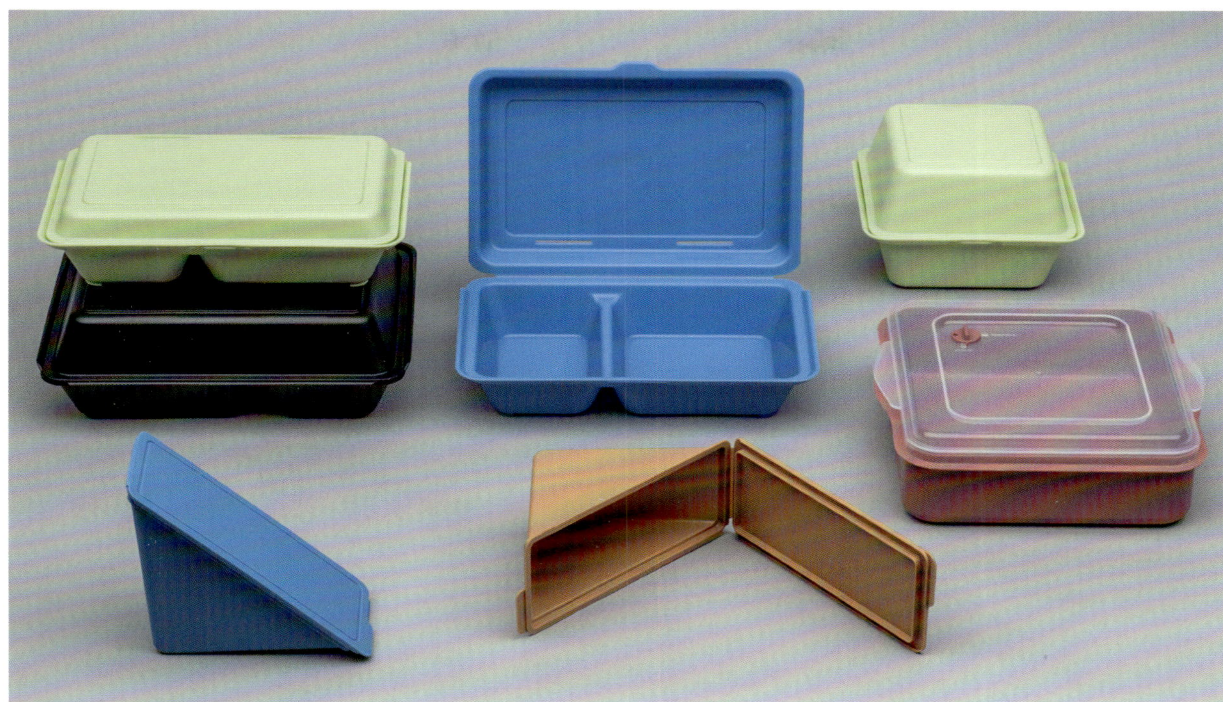

Verschiedene Behälter für das
Essen unterwegs, *Elasto REuse*
Polypropylen (PP)
Hersteller: Elasto Form KG
Sulzbach-Rosenberg, Deutschland
2020–2021

249 |

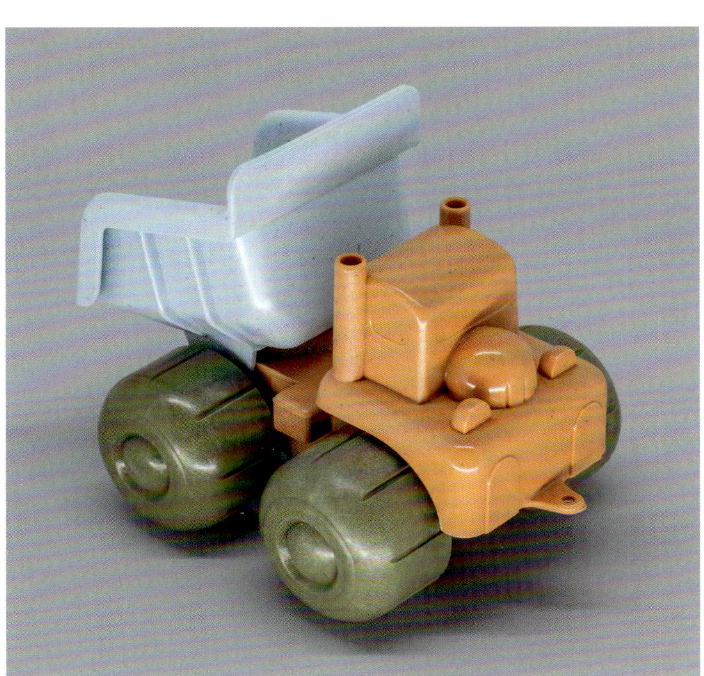

Spielzeugmuldenkipper
Polyethylen (PE), biobasiert
Hersteller: Dantoys AS
Hobro, Dänemark
2021

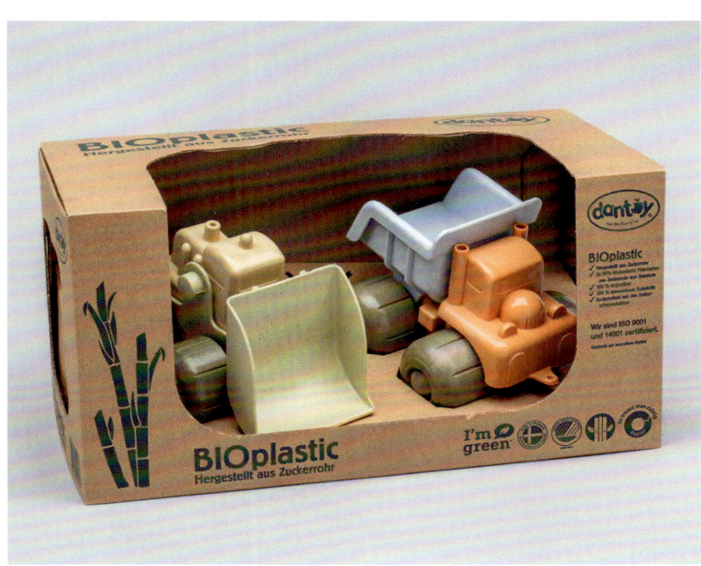

Spielzeug der Firma Dantoys mit Verpackung

Anmerkungen

1 BUETHER 2020, S. 54–57. Die Zapfen, die Sehzellen für die Farbwahrnehmung, sind beim Menschen im Zentrum der Netzhaut, dem Punkt, der für das schärfste Sehen verantwortlich ist, konzentriert. GEGENFURTNER (12.10.2020).

2 HELLER 2018, S. 13.

3 STEINBRENNER et al. 2011, S. 7f.

4 THURN 2007, S. 118.

5 Eine gute Zusammenfassung findet sich in LANG 2014; THURN 2007, S. 16–28.

6 BASTIAN, HOCHREIN 2018.

7 DIN EN ISO 18451–1:2019–09.

8 BRUNS 1997, S. 85f.

9 BUETHER 2020, S. 200.

10 BRUNS 1997, S. 195–197.

11 BRUNS 1997, S. 119–121.

12 BASTIAN, HOCHREIN 2018; MAIER, SCHILLER 2016.

13 MAIER, SCHILLER 2016.

14 BRUNS 1997, S. 144–147.

15 BRUNS 1997, S. 64–66, 172–175.

16 BRUNS 1997, S. 146.

17 DIN 53775, DIN EN 12877–1:2000–01.

18 DIN 5033–1:2017–10.

19 HUNTER, HAROLD 1987.

20 Zur Geschichte der Photometrie. In: *Labor aktuell* (2002), Nr. 1.

21 https://www.ralfarbpalette.de/ral-classic/orangetone (21.01.2022).

22 MAIER, SCHILLER 2016.

23 GEGEFURTNER (12.10.2020).

24 BASTIAN, HOCHREIN 2018.

25 L*a*b-Farbsystem, Konica Minolta Sensing.

26 Zur Erfindung und Entwicklung des Cellulosenitrats, BRAUN 2013, S. 148–160.

27 BEGASSE 1992, S. 11.

28 Micksch weiter: „Die nach verschiedenen Methoden und aus mannigfachen Ausgangsmaterialien gefertigten Kunstofferzeugnisse werden entweder im Stoffe selbst durch Beimengung von Erdfarben, Lackfarben und Anilinfarbstoffen oder durch die Behandlung der Oberfläche gefärbt." MIKSCH 1916, S. 235.

29 DUHME 2008, S. 10.

30 Gegründet von E. Degraide.

31 Zum Zeitpunkt der Firmenauflösung waren noch ca. 50 Personen angestellt. RADMACHER 1987, S. 182.

32 Die Westdeutsche Celluloidwerke Meerbusch Lank-Latum war die vorletzte Cellulosenitratfabrik in Deutschland. Die letzte, das VEB Eilenburger Celluloid-Werk (ECW) bei Leipzig, schloss 1991.

33 Interview mit Hans Niebels, geführt am 07.10.2020, Stadtarchiv Meerbusch. Hans Niebels (geb. 1938) begann im Jahr 1953 seine Ausbildung zum Schlosser bei den *Westdeutschen Celluloidwerken*, er arbeitete dort bis zur Schließung des Werks im Jahr 1983. Bereits sein Vater Heinrich Niebels (geb. 1907) begann seine Ausbildung als Schlosser bei den *Westdeutschen Celluloidwerken* und arbeitete dort bis zu seiner Rente im Jahr 1972. Bei krankheitsbedingten Ausfällen wurde Hans Niebels oft in den unterschiedlichsten Arbeitsbereichen zur Celluloid-

produktion eingesetzt; dies ermöglichte ihm einen umfangreichen Einblick in die Produktion und die verschiedenen Herstellungsschritte.

34 Interview mit Hans Niebels, geführt am 07.10.2020, Stadtarchiv Meerbusch.

35 Interview mit Hans Niebels, geführt am 07.10.2020, Stadtarchiv Meerbusch.

36 Messermacher, Scherenmacher und Besteckhersteller (Tafelmesser und Gabeln). https://www.schneidwaren-solingen.de/geschichte/Page1.html (18.12.2020).

37 BEERMANN 1993, S. 135; Artikel im Solinger Tageblatt vom 22.07.2018, https://www.solinger-tageblatt.de/solingen/solingen-geschuetzte-marke-seit–1938-10053957.html (10.06.2022).

38 Das Fachblatt hat im Laufe der Geschichte mehrfach seinen Titel geändert: 1891–1898: *Die Feile*, 1898–1910er: *Messer + Feile*, 1910er–1990er: *Messer + Schere*, ab den 1990er Jahren: Teil des Fachblatts *Der Büchsenmacher*.

39 BEGASSE 1992, S. 88.

40 https://www.pocketknives.de/%C3%9Cber-uns/Historie.html (18.12.2020). (18.12.2020).

41 https://www.pocketknives.de/%C3%9Cber-uns/Historie.html (18.12.2020).

42 https://www.allaboutpocketknives.com/catalog/fightn-rooster?sort=rating&order=DESC&page=3 (18.12.2020).

43 Das Deutsche Kunststoff-Museum besitzt in seiner Sammlung dreißig Messer aus dieser Produktion. https://www.deutsches-kunststoff-museum.de/sammlung/virtuelles-museum/k–1992–00717/ (30.06.2022).

44 Vergleichbar heute mit dem Sammeln von Marken-Sneakers in limitierten Auflagen, deren Wert durch das Tragen zerstört wird, dazu auch: ULLRICH 2014, S. 31.

45 ULLRICH 2014, S. 45–47.

46 Broschüre der Bayer AG zur Produktion von Titandioxid, Bayer Archiv, Sig. 115–3.5.

47 COLLIN 2009, S. 77.

48 COLLIN 2009, S. 160.

49 Farbenkarte der Bakelite® Gesellschaft Erkner von 1934, Inv. Nr. K–2009–00755.

50 Dazu auch: BAKELITE-HANDBUCH 1937, S. 1–4.

51 Eine Liste dieser Verarbeiter: BRANDENBURGER 1950, S. 42–49.

52 LANG 2014, S. 18–20; https://veredelungslexikon.htwk-leipzig.de/veredeln-durch-beschichten/lackieren/ (24.08.2020).

53 SCHWARZ et al. 1991, S. 233–235; BONTEN 2016, S. 379f.

54 BRANDENBURGER 1938, S. 60.

55 TROPAS-WAREN Preisliste No. 7, 1938, S. 3.

56 MEINERS 2021, S. 37.

57 LATTERMANN 2006, S. 14.

58 LEONHARDT 1994, S. 386.

59 TROPAS-WAREN Preisliste No. 7, 1938, S. 4; Preisliste der BAKELITE® von 1939 (K–2009–00811), S. 67; Katalog PLASTICA 1935, S. 2.

60 SELLE 1987, S. 121, 177.

61 MAIER, SCHILLLER 2016.

62 BAKELITE HANDBUCH 1937, S. 33–41.

63 PFAFF 2007.

64 HELLER 2018, S. 260.

65 BUETHER 2020, S. 253, 257.

66 BUETHER 2020, S. 255.

67 Das vollausgestattete Bad in der Wohnung gehörte erst ab den 1970er Jahren zum Standard. Vgl. RÖMERTHERMEN ZÜLPICH 2018, S. 10.

68 Werbebroschüre „Oase gefällig?", Darmstadt 1970, Röhm GmbH. Konzernarchiv Evonik Industries AG.

69 BRAUN 2013, S. 241f.

70 Baderaum-Programm, Technische Information 1972, S. 3, Konzernarchiv Evonik Industries AG.

71 Zusammenfassung der Entwicklung des Baderaumprogramms 1982, S. 119. Konzernarchiv Evonik Industries AG.

72 Zusammenfassung der Entwicklung des Baderaumprogramms 1982, S. 119. Konzernarchiv Evonik Industries AG.

73 „Zweckfreier Genuß", in: Der Spiegel 1966, Heft 32, S. 74.

74 KIRA 1977, S. 101–116

75 Werbebroschüre „Plexiglas gehört die Zukunft des Badezimmers", Darmstadt 1968, Röhm & Haas GmbH, S. 11.

76 Zusammenfassung der Entwicklung des Baderaumprogramms 1982, S. 119f. Konzernarchiv Evonik Industries AG.

77 „Muße im Nassen", in: Der Spiegel 1968, Heft 8, S. 154.

78 Im Preis enthalten war die Montage, nicht enthalten waren die Elektrogeräte.

79 FORM 63, III–1973, S. 42.

80 OASE 1970, o. S. (S. 9).

81 Zusammenfassung der Entwicklung des Baderaumprogramms 1982, S. 122. Konzernarchiv Evonik Industries AG.

82 Einer der bekanntesten Entwürfe von Panton ist sicherlich der als „Panton Chair" heute noch produzierte Stuhl aus Kunststoff, siehe Kapitel 2.1.

83 SCHEPERS 1998, S. 25, 28f.

84 GÜNTER 2000, S. 197.

85 MUCUNDORFEANU, BEDNARSZKY 2014, S. 33.

86 Baderaumprogramm 1982, S. 123. Konzernarchiv Evonik Industries AG.

87 SPEKTRUM 1974, 13, S. 51.

88 SPEKTRUM 1974, 13, S. 51.

89 OASE 1970, o. S. (S. 5).

90 SCHWABE 1971, S. 1.

91 SCHWABE 1971, S. 7.

92 ESCHENBURG 1964, S. 5.

93 SCHWABE 1971, S. 7.

94 GENZEL, VOIGT 2005, S. 1.

95 GENZEL, VOIGT 2005, S. 45.

96 KNAPPKE 1971, S. 40.

97 WAENTIG 2004, S. 57.

98 Zum Bau der Nasszellen wurde größtenteils Glasfaserverstärkter Kunststoff verwendet.

99 GENZEL, VOIGT 2005, S. 47.

100 SAECHTLING, SCHWABE 1959, S. 287.

101 SPEKTRUM 1974, Heft 12, S. 51.

102 Thermoformen – Wikipediaartikel (08.09.2022).

103 BONTEN 2016, S. 348.

104 Spektrum 1974, Heft 12, S. 51.

105 Baderaum-Programm, Technische Information 1972, S. 41f. Konzernarchiv Evonik Industries AG.

106 OASE 1970.

107 Ankündigungsschreiben von Röhm & Haas GmbH an Architekten, 1968. Konzernarchiv Evonik Industries AG.

108 Im Jahr 1972 wurde die Bildmappe „Wohnbäder par excellence" vom Werbefachverband im Internationalen Prospekt-Wettbewerb sogar mit einem Diplom für Fotografie ausgezeichnet. Vgl. https://corporate.evonik.com/de/bad-aus-dem-baukasten-25207.html (12.12.2020).

109 BADERAUMPROGRAMM 1982, S. 126.

110 Evonik Industries AG, Konzernarchiv Hanau, Bestand Röhm, Chronik der Röhm GmbH (bis 1970 Röhm & Haas GmbH) Chemische Fabrik Darmstadt, 1955–1982, Bd. 3, Teil 1, S. 122f.

111 GENZEL, VOIGT 2005, S. 17.

112 Mittlerweile vertrieben Röhm & Haas ihre Sanitärprodukte unter der am 1. Februar 1975 gegründeten Abteilung *Röhm Sanitär*.

113 Sanitärhersteller Wientjes in Roden übernahm die Serien PLEXMOBIL und ITALIA mit dazugehörigen Lizenzen der Schutzrechte. Den Verkauf übernahm die deutsche Tochtergesellschaft von Wientjes: Sanitrend.

114 SPEKTRUM 24, 1979, S. 46f.

115 BADERAUMPROGRAMM 1982, S. 123.

116 Letzterer wurde beim Depotbrand am 07.06.2016 zerstört.

117 https://www.vieco.de/de/landing/ilse-history (17.12.2020).

118 Email von Jürgen Sauthoff, Technischer Leiter der Firma Ilse 1976–2019, vom 22.08.2022; er verweist auch auf den Zusammenhang mit einem Programm für Hoteleinrichtungen und die Verbindung mit dem Versandhändler Montgomery in den USA, den Ilse mit Möbeln belieferte.

119 Eine elektrische Schreibmaschine in Orange kommt von der deutschen Traditionsfirma Triumph-Adler, K–2008–00007.

120 HOESCH 2006, S. 335.

121 1978 startete die GEPA, die erste von christlichen Entwicklungsorganisationen getragene Fairtrade-Organisation die Kampagne „Jute statt Plastik", um mit dem Ersatz von Kunststofftragetaschen durch die charakteristischen braunen Taschen aus Naturfasern die Anbauer in Bangladesh zu unterstützen. https://www.gepa.de/gepa/mission/wer-ist-die-gepa.html; https://www.deutschlandfunk.de/40-jahre-kampagne-jute-statt-plastik-bewusstsein-fuer.697.de.html?dram:article_id=414208 (18.12.2020).

122 HAUFFE 1994, S. 45–54.

123 STRASSER 1997c,3, S. 29.

124 SPARKE 2000, S. 84, 230f.

125 STRASSER 1997a, S. 29; GRCIC 1998, S. 48.

126 GODAU, POLSTER 2000, S. 116f.

127 GRCIC 1998, S. 48.

128 GODAU, POLSTER 2000, S. 116f.

129 GRCIC 1998, S. 49f.

130 GRCIC 1998, S. 55.

131 GRCIC 1998, S. 53.

132 ZEC 1992, S. 28–32.

133 „Jede Schüssel, die die Form verlässt, ist ganz, pur, perfekt, zeitlos, alterslos und unbefleckt. Schon die ersten Tupper-Krüge, -Tassen, -Becher und Schüsseln haben eine archetypische Form, die ohne aufwändige technische Spielereien in einer einzigen Form im Spritzgussverfahren hergestellt wurde. Die Entwürfe haben keine komplizierte Vorgeschichte, sondern sind zeitlos und jenseits aller Stilmoden. Tupper lieferte sei-

ne Produkte nackt, ohne Verzierungen, ohne Aufdrucke oder sonstigen Schnickschnack. Dieser Ansatz hat zum Erfolg beigetragen." BUCQUOYE 2005, S. 18.

[134] ZEC 1992, S. 25.

[135] SCHÖNHAMMER 2010, S. 111.

[136] Fachverband Kunststoff-Konsumwaren (Hg.), Siegerparade ´95. Produkte des Jahres 1995, Frankfurt/Main 1995, Bereich „Recycling".

[137] STRASSER 1997a, S. 31.

[138] WAGNER 2011, S. 34.

[139] WAGNER 2011, S. 31, 34f.; Torkar 2020, S. 19.

[140] TORKAR 2020, S.30, 33–35.

[141] WAGNER 2011, S. 35f; GODAU, POLSTER 2000, S. 186; Torkar 2020, S. 36.

[142] APPLE 2011, S. 12.

[143] TORKAR 2020, S. 31.

[144] TORKAR 2020, S. 50.

[145] TORKAR 2020, S. 53. Für die Hinweise zur Herstellung danke ich Norbert Mosbach, BASF Colors & Effects GmbH, Ludwigshafen (Telefonat am 09.12.2020); Plastics 2006.

[146] Mitteilung Norbert Mosbach (Telefonat am 09.12.2020).

[147] GÜNTER 2000, S. 141.

[148] BUETHER 2020, S. 140f.

[149] BUETHER 2020, S. 144f.

[150] WAGNER 2011, S. 34.

[151] SCHÖNHAMMER 2010, S. 115.

[152] SCHÖNHAMMER 2010, S. 113.

[153] LANG 2014, S. 18–20; https://veredelungslexikon.htwk-leipzig.de/veredeln-durch-beschichten/lackieren/ (24.08.2020).

[154] SCHWARZ et al. 1991, S. 236.

[155] SCHWARZ et al. 1991, S. 236f.; BONTEN 2016, S. 380f.

[156] https://veredelungslexikon.htwk-leipzig.de/veredeln-durch-fuegen/folientransfer/ (24.08.2020).

[157] SCHWARZ et al. 1991, S. 236.

[158] HOCHNER 1968, S. 1013; In-Mould Decoration – Wikipediaartikel (24.08.2020); https://kunststoff-institut-luedenscheid.de/kimw/f-gmbh/wp-content/uploads/2016/08/10_Librizzi_Folienhinterspritzen_KIMW-Fachtagung.pdf (25.08.2020).

[159] HELLER 2018, S. 167.

[160] BAXANDALL 1977, S. 20–22; 101–105.

[161] THURN 2007, S. 134f.

[162] THURN 2007, S. 118.

[163] THURN 2007, S. 118; Petra Schmidt, „Ich bin eine Fischerin". Interview mit Li Edelkoort, in: Form. Zeitschrift für Gestaltung 180 (4/2001), S. 54–58.

[164] THURN 2007, S. 88f., 141.

[165] Zu Kollektivfarben ausführlich: THURN 2007, S. 124–135, Kleiderordnung – Wikipediaartikel (12.10.2020).

[166] HELLER 2018, S. 42–44.

4 | Kunststoff im Museum

Lisa Burkart

Die weltweite Produktion von Kunststoffen ist in den letzten Jahrzehnten, wie im Kapitel 2 berichtet, stark gestiegen und die aus Kunststoffen hergestellten Produkte finden in den unterschiedlichsten Anwendungsgebieten Einsatz. Im Museum sind Kunststoffe inzwischen ebenfalls zahlreich vertreten, so z.B. im Bereich der modernen Ausstellungstechnik bei der Verwendung von Acrylglas-Hauben, Präsentationshilfen, Dichtungen aus elastomeren Kunststoffen, Bodenbelägen oder Gehäusen für Luftbefeuchter.

Vermehrt richten Museen ihr Augenmerk auch auf Kunststoffe als Sammlungsgut. In den letzten 150 Jahren ist eine Vielzahl an plastischen Massen und synthetischen Kunststoffen entstanden und hat zu einer Fülle an Gegenständen geführt. Im Laufe der Zeit etablierte sich das Material in unserer Kultur und nahm erheblichen Einfluss auf unsere kulturelle Identität. Sukzessive hielten Kunststoffgegenstände Einzug in die Museumssammlungen, wobei bei der Aufnahme von neuen Objekten selten die Materialität im Vordergrund steht. Vielmehr finden Objekte als Inhalts- und Bedeutungsträger ihren Platz im Museum, unabhängig davon, aus welchem Material sie bestehen.

Materialspezifische Sammlungen wie die des Deutschen Kunststoff-Museums sind eine Seltenheit. Das Ziel des Museums, die wissenschaftliche, technische, wirtschaftliche und kulturelle Bedeutung der Kunststoffe zu dokumentieren, zu erforschen und zu präsentieren, bedeutet u.a. eine Auseinandersetzung mit der Frage, was die moderne Dingkultur ausmacht und wie wir diese für nachfolgende Generationen erhalten können. Beispielsweise gehört es zur Aufgabe des Museums, die heute unbeliebten Wegwerf- und Einwegartikel in die Sammlung aufzunehmen, bevor sie infolge des am 3. Juli 2021 in Kraft getretenen Verbots von „Einwegplastikprodukten" in der EU aus unserem Alltag verschwunden sind.[1] Zwar mag die Vorstellung zunächst irritieren, einen in Massen produzierten Plastiklöffel mit einer Inventarnummer zu versehen und ihm einen Platz im Museumsdepot einzuräumen. Geschieht dies allerdings nicht, besteht die Gefahr, dass die europäische Wegwerfgesellschaft in Zukunft nicht mehr anhand von realen Objekten bezeugt werden kann und in Vergessenheit gerät. Vor dem Hintergrund stellen sich für die KuratorInnen und RestauratorInnen in Bezug auf Kunststoffobjekte Fragen wie die folgenden: Wie viele Exemplar von z.B. Einwegtrinkhalmen sollten aufgenommen werden? Wie können wir solche als „kurzlebig" produzierten Artikel möglichst lange erhalten? Welche Artikel und Produkte werden zukünftig noch Eingang in die Sammlungen finden? Worauf müssen wir uns in Sachen Kunststoffe vorbereiten?

Anmerkungen

[1] https://www.bundesregierung.de/breg-de/themen/nachha ltigkeitspolitik/einwegplastik-wird-verboten–1763390 (06.07.2022).

4.1 | Kunststoffe und die Dingkultur im 20. Jahrhundert

Uta Scholten

„‚Alte' Werkstoffe, an die wir von klein auf gewöhnt sind, wie Porzellan und Glas, Stahl und Kupfer, Aluminium und andere Metalle können wir nach Gewicht, Aussehen, Griff und Klang sozusagen ‚gefühlsmäßig' unterscheiden [...]. Bei den Kunststoffen fehlen den meisten von uns noch Gefühl und Erfahrung. Die kommende Generation, die schon mit der Milchflasche, dem Eßnäpfchen, der Babybadewanne und dem ersten Spielzeug ‚Kunststoffe' kennen und einstufen lernt, wird es in dieser Beziehung leichter haben."[1]

Diese Voraussage aus dem Jahr 1966 hat sich als Fehleinschätzung erwiesen. Inzwischen wächst nun schon die dritte, vielleicht sogar vierte Generation selbstverständlich mit Kunststoffen heran, aber das in dem Zitat vorhergesagte Urteilsvermögen hat sich nicht eingestellt. Fast jede/r hat eine Meinung, aber es gibt kaum wirkliches Wissen über diesen Werkstoff. Es findet sich einerseits eine vielleicht unbewusste Ignoranz, wie sehr Kunststoffe inzwischen unseren Alltag bestimmen, andererseits eine überkritische Einstellung, die Kunststoff – meist abwertend als „Plastik" bezeichnet – als Ursache aktueller Umweltprobleme sieht und ihn am liebsten komplett aus unserem Leben verbannen würde.

Objekte aus Kunststoff entziehen sich als industriell gefertigte Massenprodukte den überlieferten Kategorien zur Bewertung menschlicher Artefakte. Der Wert des verwendeten Materials, der Aufwand, der zur Herstellung betrieben werden muss, eventuell die Ausführung durch berühmte KünstlerInnen oder bekannte HandwerkerInnen werden miteinander in Beziehung gesetzt, um die Qualität eines Gegenstands zu beurteilen. Dabei kann sich die Verbindung mit einem mehr oder weniger berühmten Namen in der Ausführung einer objektiven Beurteilung entziehen. Das zeigt sich an der Auf- oder Abwertung von Marken. Hier begründet sich der Wert oft nicht mehr im Produkt selbst, sondern in externen Maßnahmen wie einer gezielten Werbekampagne.[2]

In Bezug auf Gegenstände aus Kunststoff sind die ersten beiden Kategorien durch die NutzerInnen schwer einzuschätzen.

Anzeige für *VisQueen* – Die Vision des komplett in Kunststoff verpackten Heims
Papier
Auftraggeber: Visking Corporation, Preston Division
USA
1948

Zwischen Marginalisierung und Auratisierung oder: Was macht der Joghurtbecher im Museum?

„Wohl sind Gebrauchsgüter keine Kunstgegenstände, sie werden auch nicht für Ausstellungen und Museen gemacht, sondern für den praktischen Nutzen."

Wilhelm Wagenfeld, 1958[3]

Seit dieser Feststellung des Designers Wilhelm Wagenfeld (1900–1990) unterlag die Musealisierung von Gegenständen des täglichen Gebrauchs einem Wandel. Die Beschäftigung mit der Historie aus der Perspektive der Dinge, mit denen sich Menschen in der Geschichte umgeben, ist eine wichtige Quelle zum Verständnis von Kulturen geworden.[4] Zur Überprüfbarkeit einer solchen materiellen Quelle gehört dann natürlich deren Aufbewahrung und Zugänglichkeit, eine Aufgabe, für die die Institution Museum prädestiniert ist.[5] Selbst der banalste Gebrauchsgegenstand kann wegen seiner Entstehungsgeschichte, seiner Formgebung oder seiner Nutzung unter Umständen ein besonderes, kulturell höchst aufgeladenes Objekt sein, das einer Untersuchung und Klärung wert ist. Insofern haben die Relikte des Alltagslebens inzwischen längst ihren Weg in museale Sammlungen gefunden.

Dennoch behält Wagenfelds Aussage ihre Gültigkeit, indem sie vor dem anderen Extrem warnt: der Stilisierung des Alltagsobjekts zur großen Kunst, weil es beispielsweise mit dem Etikett „Design" versehen wird. Diese Einordnung engt die Bedeutung des Gegenstandes weitgehend auf seine formale Gestaltung ein und damit auf den Prozess des Entwurfs. Andere wichtige Ebenen wie die Material-, Industrie- oder Alltagsgeschichte rücken in den Hintergrund, was dazu führen kann, dass relevante Objekte keinen Platz im Museum finden, weil sie ästhetischen Kriterien nicht genügen. Das würde wahrscheinlich für den Joghurtbecher gelten, der aber ein wichtiges Zeugnis der Alltagskultur in den westlichen Industrienationen seit der Mitte des 20. Jahrhunderts ist. Dieses Zeugnis würde also aus ästhetischen Gründen materiell nicht überleben, die Alltagskultur wäre nur noch aus schriftlichen oder bildlichen Quellen zu erschließen.

Auch Alltagskultur erleidet Kontextverluste

Ein grundsätzliches Problem ist die Überführung des Gegenstandes aus seinem ursprünglichen Daseinsraum und -zweck ins Museum (siehe Kapitel Kunststoff als Sammlungsgut – Methodik der Spurenlese). Zunächst erscheint die Problematik des Kontextverlusts bei Gegenständen des täglichen Gebrauchs ein zu vernachlässigender Faktor, da sie aufgrund der alltäglichen Erfahrung der BetrachterInnen selbsterklärend sind und entsprechend verortet werden. Aber gerade alltägliche Gegenstände und ihre Handhabung können sich unter Umständen sehr schnell ändern oder verschwinden, wenn Lebensweisen, Gewohnheiten oder technische Voraussetzungen sich wandeln. Oder sie werden bewusst aus dem Alltag verbannt, weil sie beispielsweise aus Erwägungen des Gesundheits- oder Umweltschutzes gesetzlich verboten werden. Recht aktuell ist das Verbot von Einwegverpackungen aus Kunststoff für die Take-away-Gastronomie.

An der Verpackung von Milch in Schläuchen aus Polyethylenfolien, die in den späten 1960ern aufkam, lässt sich ebenfalls der Erklärungsbedarf illustrieren, der aufgrund von geänderten Umständen – hier ist die Form der Verpackung betroffen – entsteht. Um zu verhindern, dass die Milch nach dem Öffnen ausläuft, muss der Inhalt entweder in ein anderes Gefäß umgefüllt oder der ganze Schlauch in ein Gefäß gestellt werden, um ihn in aufrechter Position zu stabilisieren. Solche Milchschlauchkannen oder -ständer aus Kunststoff wurden nur so lange gebraucht, wie diese Verpackungsform für Frischmilch vorherrschte. Sie verschwanden aus den Sortimenten der Haushaltswarengeschäfte, als sich die Verpackung in Kartons aus Verbundwerkstoffen durchsetzte.[6] Änderungen der materiellen Kultur im Alltäglichen sind Anlass für unterhaltsame Fernsehsendungen, in denen Kinder versuchen, sich den Gebrauch unbekannter Objekte wieder zu erschließen.[7] Das Wissen um die Bedienung von technischen Geräten kann innerhalb einer Generation verschwinden, man denke an Wählscheibentelefone oder mechanische Schreibmaschinen.

Angesichts solch schneller Kontextverluste allein im Zusammenhang mit dem Gebrauch fragt sich natürlich, wie man Alltagskultur dokumentieren sollte, um auch anderen möglichen Bedeutungszusammenhängen gerecht zu werden. Dazu gehören die in den vorangegangenen Kapiteln zur Spurenlese angesprochenen Felder wie

Material-, Produktions- oder auch Rezeptionsgeschichte. Je besser die Dokumentation der entsprechenden Fakten gelingt, umso geringer ist die Gefahr von Fehlinterpretationen aufgrund von Informationsmangel.

Relevanz – Was sammeln?

Ein zweites Problemfeld betrifft die Relevanz. Gerade im Überfluss der Dinge in der industrialisierten Konsumgesellschaft ist abzuwägen, was ins Museum gehört und was nicht – allein schon wegen begrenzter Kapazitäten. Hier ist Beschränkung durch ein schlüssiges Sammlungskonzept unumgänglich, um die Flut an Zeugnissen der materiellen Kultur noch bewältigen zu können.

Für die Sammlung des Deutschen Kunststoff-Museums ist die verbindende Klammer das Material. Es werden also Objekte aus und mit Kunststoff gesammelt, dazu alles, was mit der Verarbeitung dieses Werkstoffs, seiner Geschichte und Dokumentation zu tun hat.

Der Akt der Musealisierung an sich erweist sich schon als ein Prozess, der verschiedene Bedeutungsebenen erschließt. Die vorbildliche Gestaltung im Sinne eines gelungenen Designs steht nicht im Vordergrund. Gerade die Masse der unterschiedlichen Lösungen für ein Produkt verrät viel über das Umfeld, in dem sie entstanden sind. Beispiele dafür sind die Wäschekörbe und elektrischen Handmixer im Kapitel zur Formbarkeit. Solche Typologien des Gelungenen und weniger Gelungenen sind wichtig, um Dauerbrenner des Designs zu verstehen und besser einordnen zu können.

Die Dokumentation der individuellen Geschichte des konkreten Objekts stand im konkreten Fall für den Sammlungszusammenhang nicht im Vordergrund, da es um seinen Beispielcharakter für ein Produkt aus Kunststoff geht und erst danach um seinen Zeugnischarakter für eine Lebensgeschichte einer bestimmten Person.[8] Was nicht heißen soll, dass ein solcher Kontext nicht dokumentiert würde, wenn er vorliegt.

Interessant ist natürlich die Provenienz, wenn es sich um einen bestimmten Sammlungszusammenhang handelt. Es wurden verschiedene Konvolute in die Sammlung übernommen, die von SammlerInnen zusammengetragen wurden. Allein aus dieser Tatsache heraus ergeben sich interessante Fragen zum Stellenwert, den die Objekte für die sammelnde Person hatten, und zu deren persönlichen Beweggründen. So hat natürlich ein / e SammlerIn aus der Kunststoffbranche, der / die vielleicht selbst einen kunststoffverarbeitenden Betrieb besitzt oder bei einem Kunststofferzeuger gearbeitet hat, einen anderen Blick auf die Objekte als eine eher an der Designgeschichte interessierte Person. Hinzu kommen Faktoren wie der persönliche Hintergrund, die Ausbildung oder das Lebensalter, die die Vorlieben des sammelnden Individuums bestimmen. Ein besonderer Typ ist der / die RetterIn. Sein Antrieb, Kunststoffobjekte zusammenzutragen, ist zunächst keine eigene Expertise zum Material oder seiner Geschichte, sondern die Idee, dass es sich um ein in seiner Breite bewahrenswertes Kulturgut handelt, dessen Verschwinden einen Verlust für die Dokumentation der Kulturgeschichte bedeuten würde.

Die für die Musealisierung Zuständigen selbst werden ebenso wie die SammlerInnen von ihrem persönlichen Hintergrund beeinflusst, wenn sie über die Aufnahme eines Objekts in die Sammlung entscheiden. Das Konzept gibt hier nur den allgemeinen Handlungsrahmen vor. Sie müssen im Einzelfall entscheiden, ob ein Objekt für die Sammlung geeignet ist, anderswo schon vorhanden, in einem akzeptablen Zustand oder ob überhaupt sinnvoll in die Sammlung zu integrieren. Als konkretes Beispiel: Der Kunststoff-Museums-Verein als Träger des Deutschen Kunststoff-Museums war immer extrem zurückhaltend in Bezug auf die Aufnahme von Maschinen, die viel Platz im Depot beanspruchen und zudem wegen ihres Gewichts oft kompliziert zu handhaben sind. Ebenso wurde auf die Sammlung von Kunstwerken und Textilien aus Kunstfasern verzichtet, da man davon ausging, dass es bereits andere Museen mit diesen Schwerpunkten gab.[9]

In der Folge ist eine Sammlung entstanden, die sich den landläufigen Kategorisierungen in der Museumslandschaft entzieht. Sie umfasst Objekte, die als Industriedesign klassisch ihren Platz in einem Museum für angewandte Kunst finden, aber auch solche, die eher in einer alltagskulturellen Sammlung verortet werden können. Gleichzeitig spiegelt sie die Material-, Technik- und Industriegeschichte in Bezug auf die polymeren Werkstoffe. Der überwiegende Teil der Objekte stammt aus Deutschland, aber internationale Provenienzen erlauben einen Blick auf die Kunststoffkulturen anderer Länder. Kurz, es handelt sich um einen Bestand, der geeignet ist, viele unterschiedliche Untersuchungsansätze zuzulassen.

Erschließung und Rekontextualisierung

Jede Sammlung ist nur so gut wie ihre Erschließung. Das Deutsche Kunststoff-Museum war in der meisten Zeit seiner Existenz eine Institution ohne feste Ausstellung, sodass schon früh die Notwendigkeit der Inventarisierung und fotografischen Dokumentation mittels einer EDV-gestützten Datenbank in Angriff genommen wurde.

Angesichts der unzähligen niedrigpreisigen Alltagsgegenstände, die oft nicht beschriftet oder nur mit Buchstabenkombinationen oder Signets versehen sind, gleicht die Wiedereinordnung in einen zumindest ungefähren Kontext wie Entstehungszeit und vielleicht noch Herkunftsland einem Puzzle, in das man immer nur kleine Stücke an Information einfügen kann. Einige Bereiche und Epochen sind in der Literatur besser erforscht und publiziert als andere. Beispielsweise ist die Produktion von *Tupperware* recht gut untersucht und anhand des Ausstellungskatalogs von 2005 unkompliziert datierbar.[10] Zu bestimmten Materialien oder Herstellern erschließen Monographien das Thema.[11]

Die Spurenlese direkt am Gegenstand kann Aufschlüsse über Material und Verarbeitungstechnik geben, eine Kennzeichnung am Objekt hilft weiter, wenn man sie entschlüsseln kann. Zu diesem Zweck wurde eine Datenbank für Signets und Marken begonnen. Hilfreich sind auch historische Produktkataloge, Werbung oder Zeitschriften, die weitere Informationen verfügbar machen. Seit 2010 ist ein großer Teil der Objekte in Text und Bild in einem virtuellen Museum über die Homepage des Museums recherchierbar, was immer wieder zu Hinweisen und Ergänzungen von NutzerInnen führt. Ein Glücksfall ergab sich im Frühjahr 2022, als über diesen Weg das dozsa-farkas design team (dfdt) aus München auf die Sammlung aufmerksam wurde. Andras und Kinga Dozsa-Farkas entwarfen Anfang der 1970er Jahre Gegenstände für die Firma Johannes Buchsteiner und haben der Sammlung Beispiele zur Verfügung gestellt. Über den Kontakt konnten weitere in der Sammlung vorhandene Gegenstände dem Entwerferteam zugeordnet werden.

Die Zusammenschau vieler unterschiedlicher Kunststoffobjekte ruft jedoch auch ganz neue Fragen auf den Plan, die beispielsweise die Beziehungen von Kunststoffverarbeitern untereinander betreffen. Es gibt Indizien für die Weitergabe von Formwerkzeugen. Einige Geschirrteile, die von der Firma Bolta in Nürnberg wahrscheinlich Anfang der 1960er Jahre gefertigt wurden, tauchen im Verkaufsprogramm der Firma Vitri in Nieder-Ramstadt von 1969 auf.[12] Möglicherweise hatte die Firma Bolta, die sich nach dem Umzug in das neue Werk nach Diepersdorf 1964 mehr und mehr auf oberflächenbehandelte Spezialspritzgussteile für den Automobilbau und den Sanitärbereich verlegte,[13] die Formen für das Kaffeeservice, den Saftkrug und andere Teile aus dem Bereich des gedeckten Tischs an Vitri verkauft. Ebenso liegen Hinweise dafür vor, dass identische Gegenstände sowohl von Verarbeitern in der Bundesrepublik als auch in der DDR hergestellt wurden. Hier gibt es zwei Möglichkeiten: Entweder wurden diese Produkte in der DDR hergestellt und unter dem Namen des bundesdeutschen Verarbeiters vermarktet oder alte Werkzeuge, deren Benutzung sich für den westlichen Hersteller nicht mehr lohnte, wurden in die DDR verkauft.[14]

Wieviel Kunst braucht Kunststoff? Ingenieurdesign und künstlerische Gestaltung

Für einen fächerübergreifenden Blick auf die Sammlung gibt es noch viele zu klärende Fragen. Der Aspekt der Formfindung für Kunststoffgegenstände wurde bisher viel zu einseitig unter dem Blickwinkel der Kunst- bzw. Designgeschichte erforscht. Dabei liegt der Fokus auf dem Entwurf durch eine/n Kreative/n und weniger auf den besonderen Umständen, die die Entstehung in einem industriellen Produktionsprozess, der ökonomischen Zwängen folgen muss, mit sich bringt.[15]

Die 1920er und 1930er Jahre

In den 1920er und 1930er Jahren dominierte bei der Gestaltung konkreter Kunststoffteile der Werksentwurf, die Heranziehung eines professionell Gestaltenden blieb eher die Ausnahme. Wie eine solche Zusammenarbeit genau aussehen konnte, illustriert der Bericht des British Council of Design von 1946, der sich mit dem Zustand der Produktgestaltung in Deutschland beschäftigt und dabei auch den Prozess der Produktgestaltung bei der DAG in Troisdorf als speziell darstellt. Herausgehoben wird die enge Kooperation zwischen dem verpflichteten Künstler Ludwig König (1891–1974), dem Formenkonstrukteur sowie der Werbe- und der Vertriebsabteilung:

257

„Designs to meet the needs of the market, which are assessed by the Market Research Department of the Publicity Section [...], were evolved in the following way: Koenig was approached for a design and produced perspective sketches together with projection drawings, which he discussed with the chief tool-maker, the Werbefachman[n] [...] and Mr. Moroni [*Leiter der Verkaufsabteilung, U.S.*]. As a result of these friendly and co-operative discussions a prototype was made, and no alteration was ever undertaken without the approval of Prof. Koenig. He designed between 20 and 30 new articles each year (they carried a range of 600), and was consulted on articles not designed by him but the manufacture of which Venditor might wish to consider. They had no other designer, but he designed for other firms too."[16]

Ludwig König war Mitglied im Deutschen Werkbund und wurde 1930 von seinem ehemaligen Lehrer Richard Riemerschmid (1868–1957) als Professor an die Kölner

Werkschulen geholt. Wahrscheinlich wird die geografische Nähe den Konzern dazu bewogen haben, König mit Entwürfen zu beauftragen.[17] Auch Hermann Gretsch (1895–1950) war für die DAG tätig.[18]

Die Praxis, einen Künstler mit der Gestaltung von Produkten zu beauftragen, ist nicht ganz so einzigartig, wie es in dem britischen Bericht dargestellt wird. Die Römmler AG in Spremberg hatte 1929 Christian Dell (1893–1974), Leiter der Metallwerkstatt der Städelschen Kunstschule in Frankfurt am Main, verpflichtet, der neben Haushaltswaren auch eine Schreibtischlampe aus Phenol-Formaldehyd-Harz entwickelte.[19] Friedrich Adler (1878–1942) entwarf für die Bebrit Presstoffwerke GmbH in Bebra zwischen 1934 und 1939 zahlreiche Gegenstände.[20]

Man darf davon ausgehen, dass sich nur große Hersteller wie die DAG oder Römmler renommierte ExpertInnen für die Ästhetik leisten konnten. Die meist eher kleinen Presswerke in strukturschwachen Gebieten wie dem Sauerland oder dem Odenwald mit einer begrenzten Produktpalette begnügten sich aller Wahrscheinlichkeit nach mit Werksentwürfen. Die Verhältnisse in der Remscheider Betriebsstätte der Kunstharzpresserei Emil Lüttringhaus im Jahr 1989 dürften in der Hinsicht von jenen in den 1930er Jahren nur wenig abweichen.[21]

Auch Konzerne, die vor allem technische Geräte herstellten, beschäftigten GestalterInnen. Hier ist das Verhältnis von IngenieurIn und KünstlerIn noch einmal ein anderes. So bestand bei Siemens seit 1929 eine „Gruppe für Formberatung", die zunächst der Bauabteilung unterstand und später der Werbeabteilung zugeordnet wurde. Hier hatte die Technik bzw. der entwickelnde Ingenieur eindeutig den Vorrang, die Inanspruchnahme der Formberatung war nicht zwingend.[22] Der Hochbauingenieur Wilhelm Pruss (1897–1955) nahm eine wichtige Position in dieser Gruppe ein und äußerte zur Aufgabe:

> „Die technische Form wird in erster Linie durch die gestellte Aufgabe, also den Zweck und die Konstruktion bestimmt."[23]

Für die Gestaltung von Produkten, beispielsweise der Telefone, griff man auf fortschrittliche Methoden wie ergonomische Studien und Gipsmodelle im Maßstab 1:1 zurück, um die Geräte und deren Anwendung zu optimieren.[24] Trotz der dienenden Funktion, die die Formgestaltung bei Siemens hatte, sah Pruss sich selbst immer

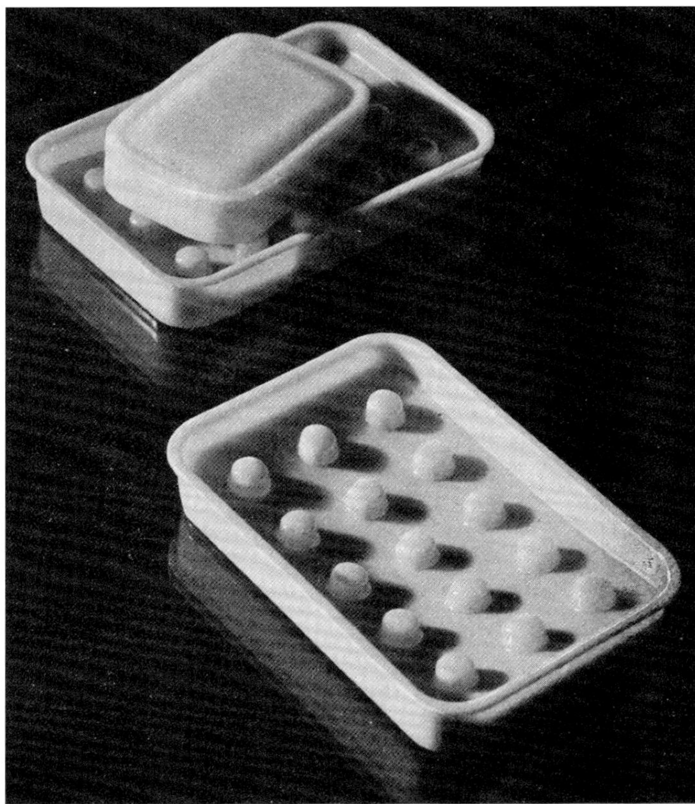

Seifendose aus Harnstoff-Formaldehyd (UF)
Entwurf von Hermann Gretsch 1938 für die DAG in Troisdorf.

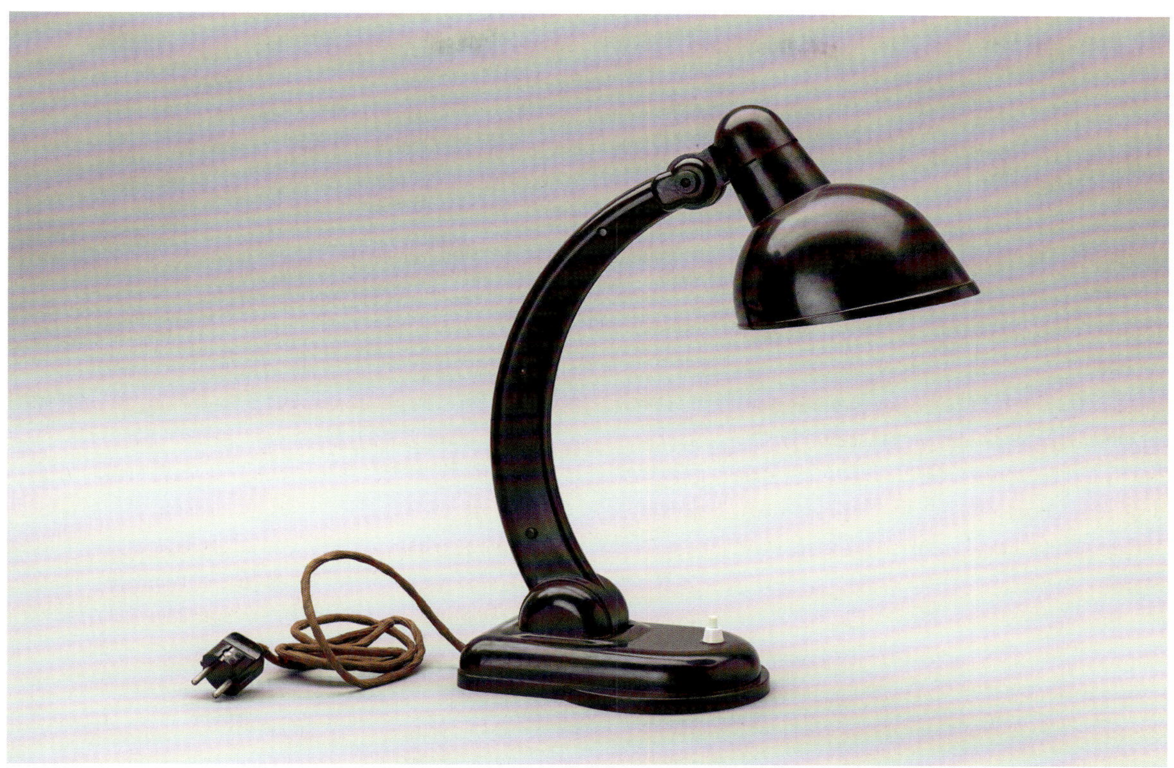

Schreibtischlampe
Phenol-Formaldehyd (PF)
Entwurf: Christian Dell
Pressteile: Hermann Römmler AG, Spremberg
Montage: Stotz Kontakt
Mannheim, Deutschland
1932

259

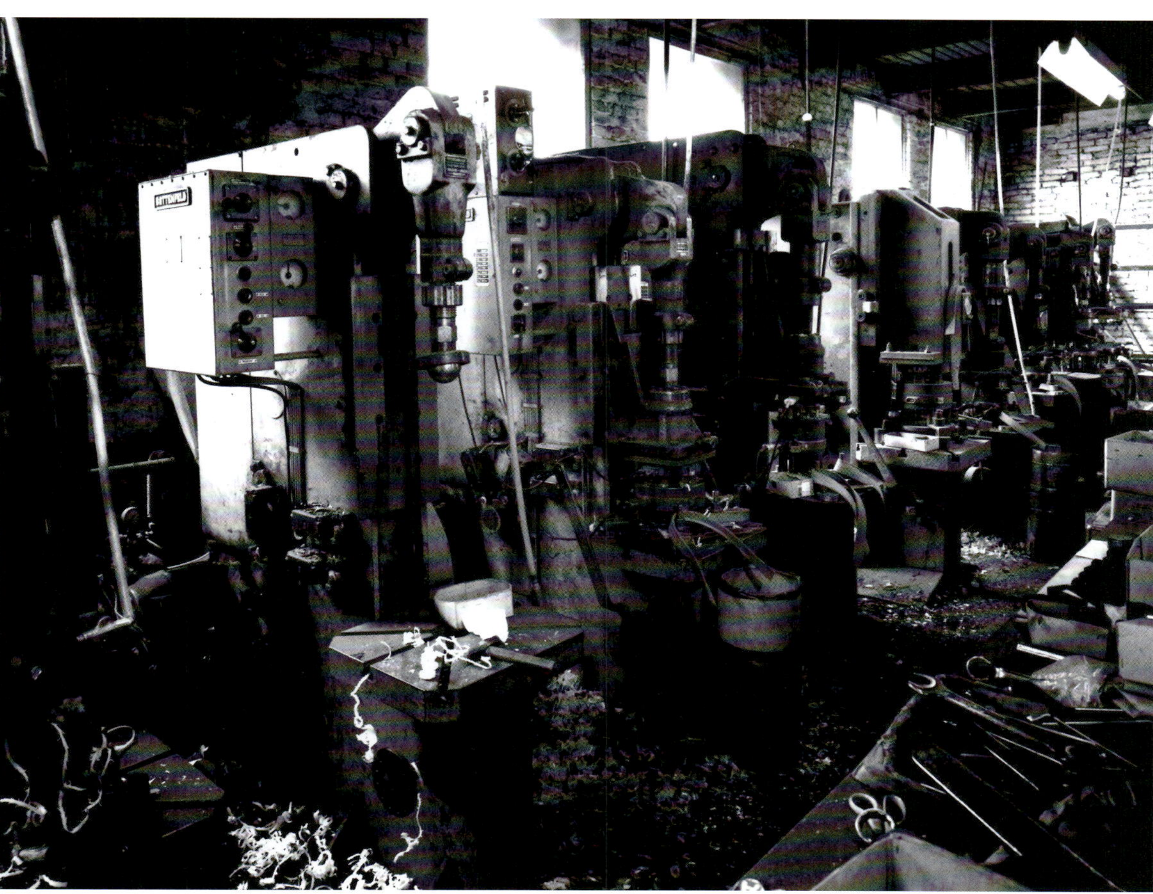

Betriebsstätte der Kunstharzpresserei
Emil Lüttringhaus in Remscheid 1989.
Verschiedene Pressen zur Herstellung von
Bauteilen aus Duromeren.

als Künstler, der bei der Formgestaltung nicht zuletzt auf die ästhetisch befriedigende Lösung hinarbeitete.[25]

Nach 1945 – Kunststoffe und „die gute Form"

Das Ringen um das Berufsfeld Industriedesign blieb nach dem Krieg in der Bundesrepublik weiter bestehen, weil man weniger die Zusammenarbeit von kaufmännisch, technisch und gestalterisch tätigen Personen im Blick hatte, die für ein marktfähiges Produkt geboten gewesen wäre, sondern ausschließlich die schöne Form.[26]

Vor dem Zweiten Weltkrieg hatten Kunststoffe, die gerade erst begannen, sich zum Massenphänomen zu entwickeln, für die der Moderne verpflichteten GestalterInnen des Deutschen Werkbunds oder des Bauhauses kaum Bedeutung. Im *Deutschen Warenbuch* des Werkbundes von 1915 wurden synthetische Stoffe – das betraf in dieser Zeit vor allem das Cellulosenitrat – als Nachahmungen von Naturstoffen abgelehnt.[27] Die Kritik an Kunststoffen als Imitation nahm im Nachkriegsdeutschland im Umfeld der Wiedergründung des Deutschen Werkbunds noch einmal Fahrt auf. Die an der traditionellen Auffassung von Material- und Werkgerechtigkeit geschulten WerkbundkünstlerInnen konnten sich nur schwer mit den Charakteristika von Kunststoffen anfreunden.[28] Der Aufschwung der Branche brachte natürlich tatsächlich viele in der Gestaltung nicht allzu gelungene Objekte in Umlauf. Ein Beispiel für ein solches „Kunststück" auf dem Esstisch ist die Marmeladen- oder Geleedose. Der Behälter aus Glas ruht in einer Art Gestell, das aus einem Ring aus Polystyrol mit sechs blatt- oder blütenähnlichen Ornamenten geformt wird. Zwei dieser Ornamente haben im oberen Bereich Löcher, was den Zweck des Gestells erklärt, denn hier befand sich vormals ein Henkel, der nicht erhalten ist. Der Deckel aus Polystyrol ist transparent. Um in der Mitte einen Griff zu formen, wurde ein Element aus elfenbeinfarbenem Material in Form einer Frucht, von der drei Äste jeweils mit Frucht und Blättern ausgehen, auf den Deckel aufgeschmolzen. Dieses Objekt ist wahrscheinlich nicht mit einem anderen Werkstoff zu realisieren, aber von einer gelungenen Gestaltung mit hohem Gebrauchswert kann man hier kaum sprechen.

Ästhetische Anforderungen außer Acht lassend, lässt sich das Objekt aus seiner Zeit heraus verstehen. Angesichts der eben erlebten Zerstörung und des Mangels, den viele Menschen erlebt hatten, spricht es die Sehnsucht nach etwas Heilem an. Durch den Kunststoff bekommt der Gebrauchsgegenstand etwas Verspieltes, eine Leichtigkeit, die in schwierigen Umständen wahrschein-

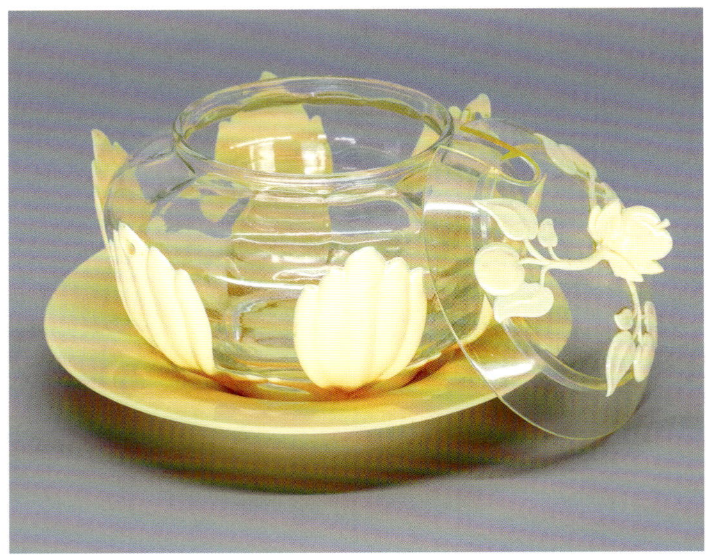

Marmeladengefäß
Polystyrol (PS), Glas
Hersteller: Georg Kayser KG (?)
Süssen, Bundesrepublik Deutschland
um 1955

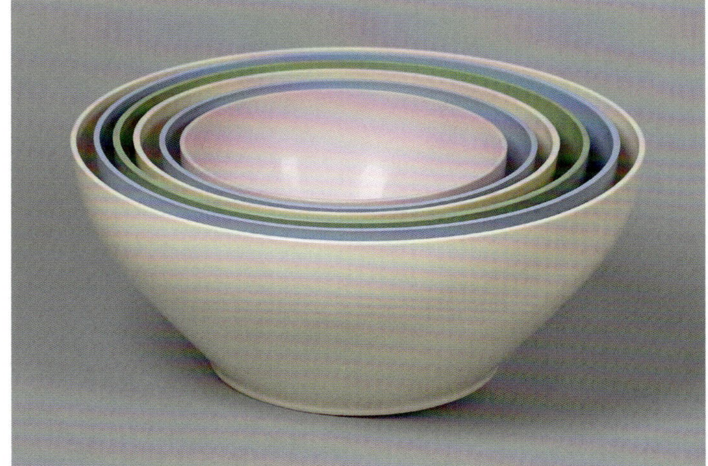

Schüsselsatz
Styrol-Acrylnitril (SAN)
Entwurf: Theodor Jacob
Hersteller: Helly-Erzeugnisse
Hanau, Bundesrepublik Deutschland
ab 1957

lich bitter notwendig war. Die Vorliebe für Produkte, die sich an der aus den USA importierten Stromlinienform orientierten, befriedigten hingegen den Wunsch nach glatten, sauberen Oberflächen, die Modernität und ein sorgloses Leben dank aktueller Technik signalisierten.[29]

Die Gestaltung nach US-amerikanischem Vorbild rief die VertreterInnen des Funktionalismus auf den Plan. Der neu gegründete Werkbund und der 1953 ins Leben gerufene Rat für Formgebung machten die Erziehung der BundesbürgerInnen in ästhetischen Belangen zur staatstragenden Aufgabe.[30] Es ging um die „gute Form".

Einige Kunststoffverarbeiter sahen sich ebenso in der Pflicht, den KonsumentInnen qualitativ hochwertige – auch im Hinblick auf die Ästhetik – Produkte anzubieten. Wie schon vor dem Krieg dominierten bei Gebrauchsgegenständen aus Kunststoff zunächst die Werksentwürfe. Gleichzeitig wurden GestalterInnen mit Entwürfen für die Kunststoffbranche beauftragt: Wilhelm Wagenfeld für Buchsteiner und Braun, Ernst Moeckl für Hünersdorff, Ernest Igel für Vitri usw. Ambitionierte Firmenchefs schufen selbst Entwürfe für ihre Produkte, denen Vorbildcharakter zugesprochen wurde: 1961 fand der Schüsselsatz

von Theodor Jacob für seine Firma Helly-Erzeugnisse Aufnahme in die „Deutsche Warenkunde".[31]

Herbert Müller, Inhaber der Göppinger Kaliko- und Kunstleder-Werke GmbH und Gründer der Göppinger Galerie in Frankfurt, bezeichnete im Vorwort zum Begleitkatalog der Ausstellung „kunststoff – gut geformt" die Suche nach einer kunststoffgerechten guten Form sogar als Kampf:

„Dieser Kampf um ‚Die gute Form der Kunststoffe' muß geführt und mit Erfolg geführt werden, weil, [...] die Kunststoffe dank ihrer vielfältigen Verformungsmöglichkeit besonderen Gefahren in der Gestaltung ausgesetzt sind."[32]

„Gute Form" und Aufklärung als Werbemaßnahme

Der Skepsis von FormgestalterInnen und vielleicht auch VerbraucherInnen versucht die Kunststoffbranche mit Aufklärung und Werbung zu begegnen. Schon die erste Kunststoffmesse in Düsseldorf 1952 war vor allem ein

261

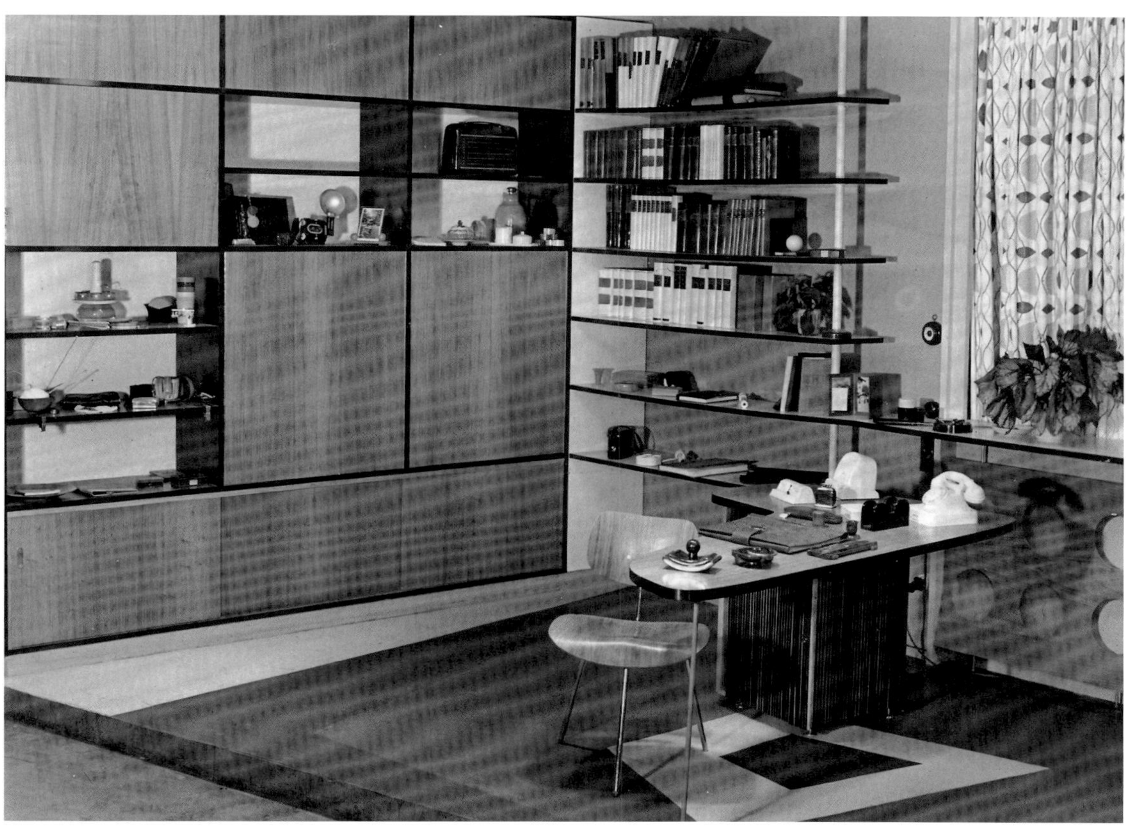

Aufnahme der Präsentation auf der K 52
Lehrschau Kunststoffe in Düsseldorf
Fotografie
1952

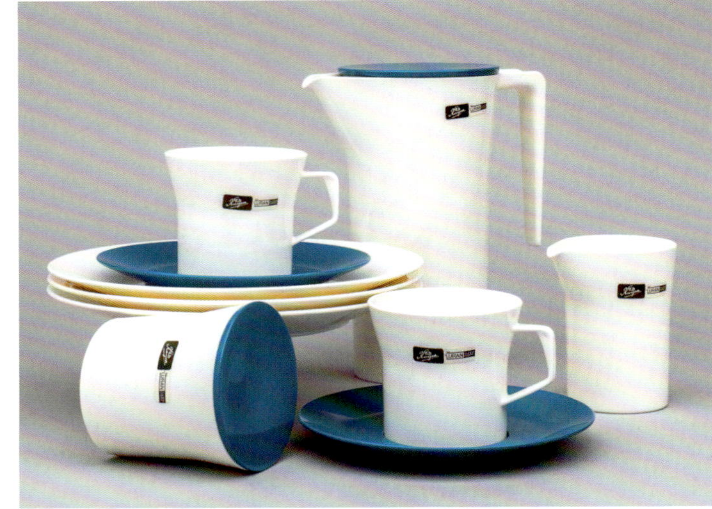

Kunststoff-Schule, Schuber: *Regenerierte Cellulose*
Verlag: Hans Pickardt, Wuppertal, Bundesrepublik Deutschland
1955

Kaffeegeschirr
Styrol-Acrylnitril (SAN)
Hersteller: Georg Kayser KG
Süssen, Bundesrepublik Deutschland
1960–1965

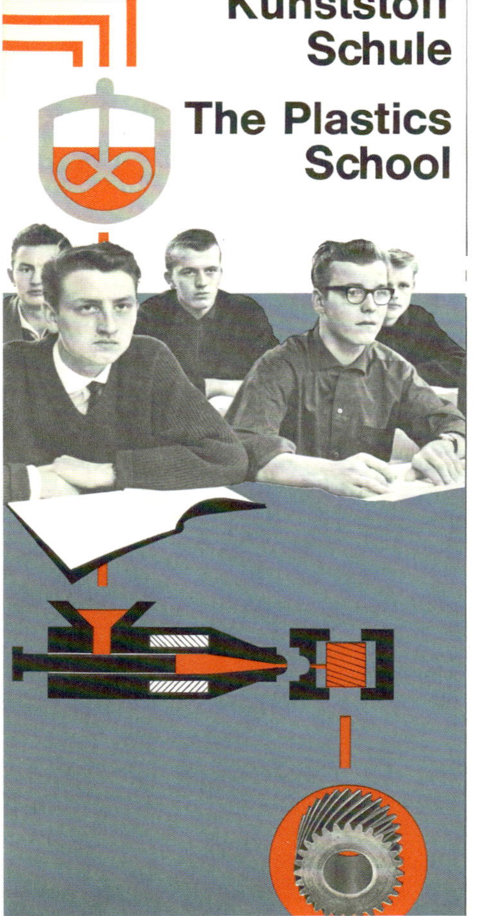

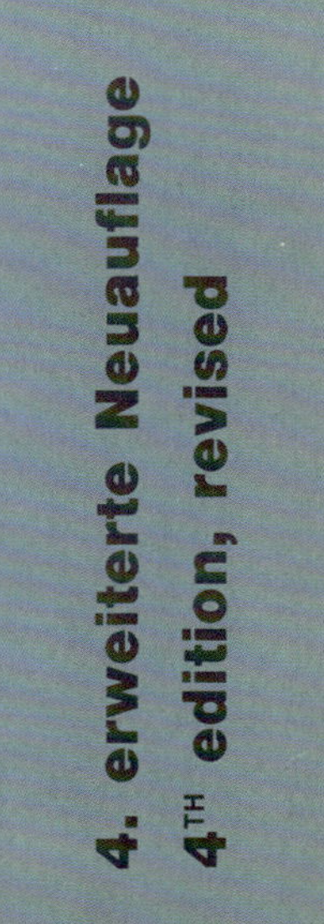

Werbeblatt für die „Kunststoff-Schule"
Pappe
Verlag: Hans Pickardt
Wuppertal, Bundesrepublik Deutschland
um 1960

Werben um die potenziellen KäuferInnen.[33] Die unter Federführung von Hansjürgen Saechtling konzipierte „Lehrschau Kunststoffe" sollte über das Material und seine Möglichkeiten aufklären. Neben technischen Informationen vermittelten mit modernen Produkten ausgestattete Räume einen Eindruck von der Bandbreite bei der Einrichtung mit Kunststoffen.

Broschüren zur Aufklärung des Einzelhandels und der EndverbraucherInnen[34] wurden herausgegeben. Produkte für Aus- und Weiterbildung wie die 1955 in einer ersten Auflage produzierte „Kunststoff-Schule", die als Mappenwerk die Nachfolge des Schaukastens „Deutsche Kunststoffe" von Hans Pickardt antrat, waren ebenfalls Teil der Aufklärung über Kunststoffe.

Einerseits kam hier, ähnlich wie bei der Formgebung, wieder der Erziehungsgedanke ins Spiel. Andererseits ging es mehr um die Eigenschaften von und den richtigen Umgang mit Gegenständen aus Kunststoff, um den Gebrauchswert zu erhalten und so die KonsumentInnen von der Qualität zu überzeugen. Die ansprechende Gestaltung im Sinne der „guten Form" ist doch eher ein Zusatznutzen.

Das Kaffeegeschirr der Firma Georg Kayser aus Styrolacrylnitril – ein Werkstoff, der von der BASF unter dem Markennamen *Luran* vermarktet wurde, illustriert exemplarisch die Verbindung einer ansprechenden modernen Gestaltung und Farbgebung im Sinne der „guten Form". Der Aufkleber auf jedem Teil verhieß zusätzlich Modernität und ein Material auf der Höhe der Zeit. Der bekannte Rohstofferzeuger wurde hier durch seine Markenidentität als chemischer Konzern von Weltrang zum Werbeträger und Garant für ein Qualitätsprodukt. Eine ähnliche Verbindung zwischen Endprodukt und Markenrohstoff bestand bei der Bayer AG und Polycarbonat – dem *Makrolon*. Diese gegenseitige positive Unterstützung zwischen Kunststofferzeuger und -verarbeiter löst sich spätestens nach der ersten Ölkrise und mit der wachsenden Kritik an der chemischen Industrie auf.

Kunststoffe als Gegenstand der Dingkritik

Die kritischen Auseinandersetzungen mit den Produkten der industriellen Massenfertigung reichen zurück bis ins 19. Jahrhundert. Ein spürbares Unbehagen kam auf angesichts der anonymen Entstehung „in einer Maschine", die den menschlichen Faktor beschränkte. Auch die allgemeine schnelle Verfügbarkeit war der traditionellen Dingkultur mit einer zumindest rudimentär nachvollziehbaren Entstehungsgeschichte fremd. Industriellen Produkten wurde Unpersönlichkeit vorgeworfen. Es setzte ein Diskurs zum Charakter von Dingen jenseits des Gebrauchszwecks ein.[35]

Dabei wurden die Dinge als in der Vergangenheit viel persönlicher gegenüber industriell hergestellten Objekten idealisiert. Handwerklich hergestellten Gegenständen des täglichen Lebens wurde aufgrund ihrer Entstehungsgeschichte sowie ihrer Nutzung – unter Umständen über Generationen hinweg – eine Aura zugeschrieben, die sie einzigartig machte.[36]

Aus Kunststoff gefertigte Produkte waren geradezu prädestiniert, um von kritischen Stimmen zu Exempeln einer neuen Unkultur der Objekte industriellen Ursprungs gemacht zu werden. Ihre scheinbare Entstehung aus dem Nichts, aus einem ungeformten, unbestimmten Pulver oder Granulat, das an der einen Seite der Maschine eingefüllt wird und auf der anderen als fertiges Produkt herausfällt, entzog sich dem Verständnis vom Entstehen eines Gegenstands im traditionellen Sinne. Schon die Herkunft des Rohmaterials war nicht mehr nachzuvollziehen, es handelte sich um das Produkt einer chemischen Fabrik, hervorgegangen aus kaum verständlichen Umwandlungsprozessen. Es war sogar die Rede von „Alchemie"[37] oder „Magie"[38], die Assoziationen zu einer undurchsichtigen Pseudowissenschaft hervorrufen.

Das kurze Essay, das der französische Philosoph und Schriftsteller Roland Barthes (1915–1980) im Jahr 1957 zum Thema „Plastik" verfasst hat, lässt sich in diese Tradition der Kritik am industriellen Produkt einreihen. Der brillant formulierte Text zeugt von einer Unkenntnis, die aus heutiger Sicht an Ignoranz grenzt, wird aber trotzdem bis heute gerne zitiert.[39] Ein Kritikpunkt, den nicht nur Barthes äußerte, machte er an Kunststoffen als Imitat fest. Im Essay ist sogar vom „Mythos der Imitation"[40] die Rede. Allerdings bezieht er sich auf eine historische Erscheinung, als hochpreisige Statussymbole, die eigentlich der herrschenden Elite vorbehalten waren, aus preiswerteren Rohstoffen in Funktion und Aussehen nachgeahmt wurden.[41]

Tatsächlich wurde die Rolle von Kunststoffen zur Herstellung von Imitaten spätestens mit dem Aufkommen der ersten vollsynthetischen Werkstoffe von viel wichtigeren Aspekten in den Hintergrund gedrängt. Ihre Funktion als Isolierstoffe für die sich entwickelnde Elektroindustrie und die aufkommende Telekommunikation Anfang des 20. Jahrhunderts hatte ihnen eindeutig einen eigenständigen Platz im Kreis der verfügbaren Materialien beschert, da sie für diese Zwecke wesentlich besser geeignet waren als bisher genutzte Werkstoffe. Wenn eine Obstreibe aus Pressglas, die an sich schon ein industrielles Produkt ist, in Polystyrol formal nachgeahmt wird, scheint es verfehlt, von einer Kultur der Imitation zu sprechen (siehe Kapitel durchsichtig). Weder der Hersteller noch die NutzerInnen dürften hier die Absicht einer Vortäuschung von Glas in Kunststoff im Sinn gehabt haben, weil schon das Vorbild aus dem traditionellen Werkstoff nicht als Statussymbol funktioniert haben kann. Die Übernahme von traditionellen Formen alltäglicher Gegenstände hängt hier eher damit zusammen, dass eben noch keine dem Werkstoff angemessene Formgebung vorhanden war oder man durch die vertraute Form das Wissen der NutzerInnen über den Gebrauch aktivieren wollte. Oder es wurde eine Gestaltung gesucht, die neben der Funktion einem gewissen Schmuckbedürfnis Rechnung tragen sollte. Es wird auch sicher niemand auf die Idee kommen, der Stuhl „Louis Ghost" von Philippe Starck wäre aus Glas gefertigt, obwohl er so aussieht (siehe Kapitel durchsichtig).

Die Berechtigung, im Zusammenhang mit Kunststoffen von Luxusgütern bzw. der Vortäuschung von Luxus durch Imitation zu sprechen, wäre ebenfalls zu hinterfragen.[42] Ist es Luxus, wenn sich viele KonsumentInnen preiswerte Gegenstände aus Kunststoff leisten können, die aussehen wie handwerklich gefertigte Einzelstücke einer Luxusmarke?[43]

Was für wen in welchen Lebensumständen Luxus ist, hängt stark von der individuellen Erfahrung ab. Ein preiswerter Kunststoffkanister für Wasser ist in Europa für wenige Euro zu haben und im Normalfall nicht zum Überleben notwendig, da Trinkwasser per Leitung bis in die Wohnung geliefert wird. Dagegen ertrinken in Afrika regelmäßig Menschen beim Wasserholen in Flüssen, weil sie ihren Kunststoffkanister, der für diesen Zweck am besten geeignet ist, nicht verlieren wollen. Dennoch ist der Kanister für den Menschen am Fluss kein Luxusgegenstand, sondern eine enorm wertvolle Ressource zum Überleben.

Die Definition von Luxus beginnt sich inzwischen vom eigentlichen Objekt und seinem tatsächlichen materiellen Wert zu lösen. Sie bezieht sich zunehmend auf das Bild, das die Marke transportiert und das sich auf die Besitzenden überträgt bzw. deren Selbstwahrnehmung prägt.[44] Das Unbehagen angesichts der Unpersönlichkeit industrieller Produkte ist heute nicht mehr präsent. Sie sind vom Hersteller mit Bedeutung im Sinne des Brandings fast schon überfrachtet und ihr Erwerb wird von Erwartungen, dass sie zu einem bestimmten Image beitragen können, begleitet.[45]

Zu diskutieren wäre eher die Rolle von Kunststoffen bei der Entwicklung des Massenkonsums und der in seinem Gefolge entstehenden Wegwerfmentalität. Hier stellt sich sehr wohl die Frage nach der Verfügbarkeit von Dingen und schnellem Ge- und Verbrauch. In der Kritik der Verwendung von Kunststoffen entsteht jedoch oft der Eindruck, dass Ursache und Wirkung miteinander verwechselt werden. Die Wegwerfgesellschaft bildete sich sicher nicht, weil es Kunststoffe gab. Objekte aus Kunststoff sind ein Symptom dieser Kultur von immer mehr, immer schneller und immer schneller verbraucht. Andererseits konnten sich viele Erscheinungen der Wegwerfgesellschaft durch die Verfügbarkeit eines preiswerten und leicht zu formenden Werkstoffs erst richtig entfalten.

Ein anschauliches Beispiel ist die „To-go"-Mentalität. Die Flut von Einwegverpackungen, die aus dem Bedürfnis nach dem schnellen Essen und Trinken unterwegs entsteht, steht der Forderung nach Nachhaltigkeit und Abfallvermeidung entgegen, aber der Verpackungsmüll aus Kunststoff oder anderen Materialien entsteht ja nicht als Selbstzweck, sondern infolge einer Lebensweise, die die effiziente Nahrungsaufnahme ohne Zeitverlust und Aufwand propagiert.

Anmerkungen

[1] Arbeitsgemeinschaft Deutsche Kunststoffindustrie: Kunststoffe im Alltag, 1966, S. 9.

[2] ULLRICH 2014, S. 18.

[3] Wilhelm Wagenfeld, Industrielle Formgebung, in: form 4 (1958), S. 2–4; zit. n. BRACHERT 2002, S. 142.

[4] DERIX et al. 2016, S. 391–395.

[5] BÖHME, LUDWIG 2012, S. 530–531.

[6] Milchschlauch – Wikipedia-Enzyklopädie (10.07.2022); https://www.spiegel.de/geschichte/wie-milchschlaeuche-vom-tetra pak-verdraengt-wurden-a–1064292.html (10.07.2022).

[7] Beispielsweise die Sendereihe im ZDF „Das war dann mal weg." https://www.zdf.de/dokumentation/zdfinfo-doku/das-war-dann-mal-weg–112.html (10.07. 2022).

[8] BÖHME, LUDWIG 2012, S. 532–533.

[9] KUNSTSTOFF-MUSEUMS-VEREIN 2007, S. 15, 20–23.

[10] TUPPERWARE 2005.

[11] Zu Resopal: ORIGINAL RESOPAL 2006; zu Plexiglas: BUCHHOLZ 2007, zur Firma Vitri Plastic: BRACHERT 2002.

[12] Vitri Verkaufsprogramm 1969, S. 7c, 12c, 15c, Inv. Nr. K–1990–00534.

[13] https://de.wikipedia.org/wiki/Bolta_Werke (24.06.2022); https://www.bolta.com/de/unternehmen/historie.html (24.06.2022).

[14] Das betrifft ein kleines Gewürzregal, das von Gerda Plastic in Schwelm (K-2009-00580) und in einer Version mit der Marke der VEB Presswerk Tambach (K-2020-00545) vorhanden ist, und einen kleinen Eiseimer mit Zange, einmal von der Firma Dupol in Dietzenbach (K-2016-00997) und der VEB Kunststoffverarbeitungsindustrie (ehemals Willbald Kimmel) in Sebnitz (K-2022-00051).

[15] So auch in der Dissertation von Kay Meiners zum Produktdesign aus *Pollopas*, die zwar auf die Problematik für die EntwerferIn-

[16] nen bei der Gestaltung von Pressteilen eingeht, aber nicht danach fragt, wie sie zu ihren Kenntnissen gelangt sind. MEINERS 2021, S. 45–54.

[16] SUDROW 2012, S. 170.

[17] Zur Tätigkeit von König zuletzt: MEINERS 2021.

[18] GRETSCH 1941, S. 10. In der Deutschen Warenkunde von 1939 ist ein Salatbesteck von Gretsch als Troisdorfer Produkt abgebildet, Blatt 1458.

[19] LATTERMANN 2006; BRACHERT 2002, S. 44–47; SCHOLTEN 2019, S. 217.

[20] LEONHARDT 1994, S. 391.

[21] Foto: P.A.D. Plastic Advertising Meinerzhagen. Der Kunststoff-Museums-Verein hat aus diesem Betrieb eine Handhebelpresse für Phenol-Formaldehyd von 1938 übernommen, die bis zu Beginn der 1990er dort im Einsatz war.

[22] WETCKE 2006, S. 78.

[23] WETCKE 2006, S. 80.

[24] WETCKE 2006, S. 82.

[25] WETCKE 2006, S. 81.

[26] GRONERT 2007, S. 87.

[27] BREUER 2007, S. 167.

[28] BREUER 2007, S. 169–171.

[29] BRACHERT 2002, S. 124.

[30] OESTEREICH 2000, S. 283–302; BRACHERT 2002, S. 127–131.

[31] Deutsche Warenkunde, Blatt 1 3/2.

[32] Dr. Herbert Müller im Vorwort zum Begleitkatalog der Ausstellung „Kunststoffe – gut geformt" in der göppinger galerie vom 09. bis 18.12.1960 und vom 03. bis 22.01.1961.

[33] BRACHERT 2002, S. 193f.

[34] EULER 1959, LEBEN MIT KUNSTSTOFFEN 1966.

[35] ULLRICH 2014, S. 21–24.

[36] MEURER, VINÇON 1983, S. 102–105.

[37] BARTHES 1957, S. 223.

[38] Der Titel des ersten Katalogs des Deutschen Kunststoff-Museums von 1986, „Magie einer alltäglichen Materie", bedient ebenfalls dieses Klischee.

[39] Zuletzt erlebt am 20.05.2019 als Einstimmung zu einer Podiumsdiskussion mit dem Titel „Zwischen Plastikwahn und Plastikvermeidung" im Rahmen der Reihe „Politischer Salon Essen" im Grillo Theater.

[40] BARTHES 1957, S. 224.

[41] Zur Rolle von Statussymbolen: ULLRICH 2014, S. 17–21.

[42] Zur Definition von Luxus: WIESING 2015, S. 118–120.

[43] REINICKE, BERGHAUS 2011, S. 15.

[44] ULLRICH 2014, S. 45–52.

[45] ULLRICH 2014, S. 25.

265

4.2 | Herausforderungen in der Erhaltung

Laura Bode, Lisa Burkart

Die schiere Anzahl unterschiedlicher plastischer Massen und Kunststoffe, die in den letzten 150 Jahren entstanden sind, haben zu einer ebenso großen Masse an unterschiedlichen Produkten geführt, die Zeugnisse unserer modernen Kultur sind. Diese Zeugnisse der Dingkultur für nachfolgende Generationen erfahrbar und erforschbar zu machen, ist Aufgabe musealer Sammlungen. Sie zu erhalten bzw. zu konservieren liegt in der Verantwortung von RestauratorInnen.

Die Erhaltung von traditionellen Werkstoffen wie Holz, Metall und Keramik beruht auf langer Erfahrung. Hingegen ist die Arbeit mit Kunststoffobjekten ein neues Beschäftigungsfeld und birgt bislang unbekannte Herausforderungen. Die Empfindlichkeit der jungen Materialklasse gegenüber bestimmten Umgebungseinflüssen ist zum Teil hoch, beispielsweise im Vergleich zu anorganischen Materialien (Metallen, Keramik). Immer häufiger lassen sich in Museen Zerfallsprozesse an Gegen-

ständen aus oder mit Kunststoffen beobachten, die sogar zum Verlust ganzer Objekte führen können. Hier gilt es allerdings zwischen verschiedenen Kunststoffen zu trennen, denn: Kunststoff ist nicht gleich Kunststoff.

Kunststoff ist nicht gleich Kunststoff

Die Sammlung des Deutschen Kunststoff-Museums umfasst eine enorme Bandbreite an Objekten. Obwohl das Sammlungskonzept des Museums vorsieht, sich auf den Werkstoff Kunststoff zu fokussieren, ist die Sammlung im Hinblick auf die Materialität extrem facettenreich. Die jeweils andere Zusammensetzung der Kunststoffwerkstoffe führt zu abweichenden physikalischen und chemischen Eigenschaften. Diese Eigenschaften bzw. der chemische Aufbau haben auch Unterschiede in der Beständigkeit der jeweiligen Kunststoffwerkstoffe zur Folge, was sich

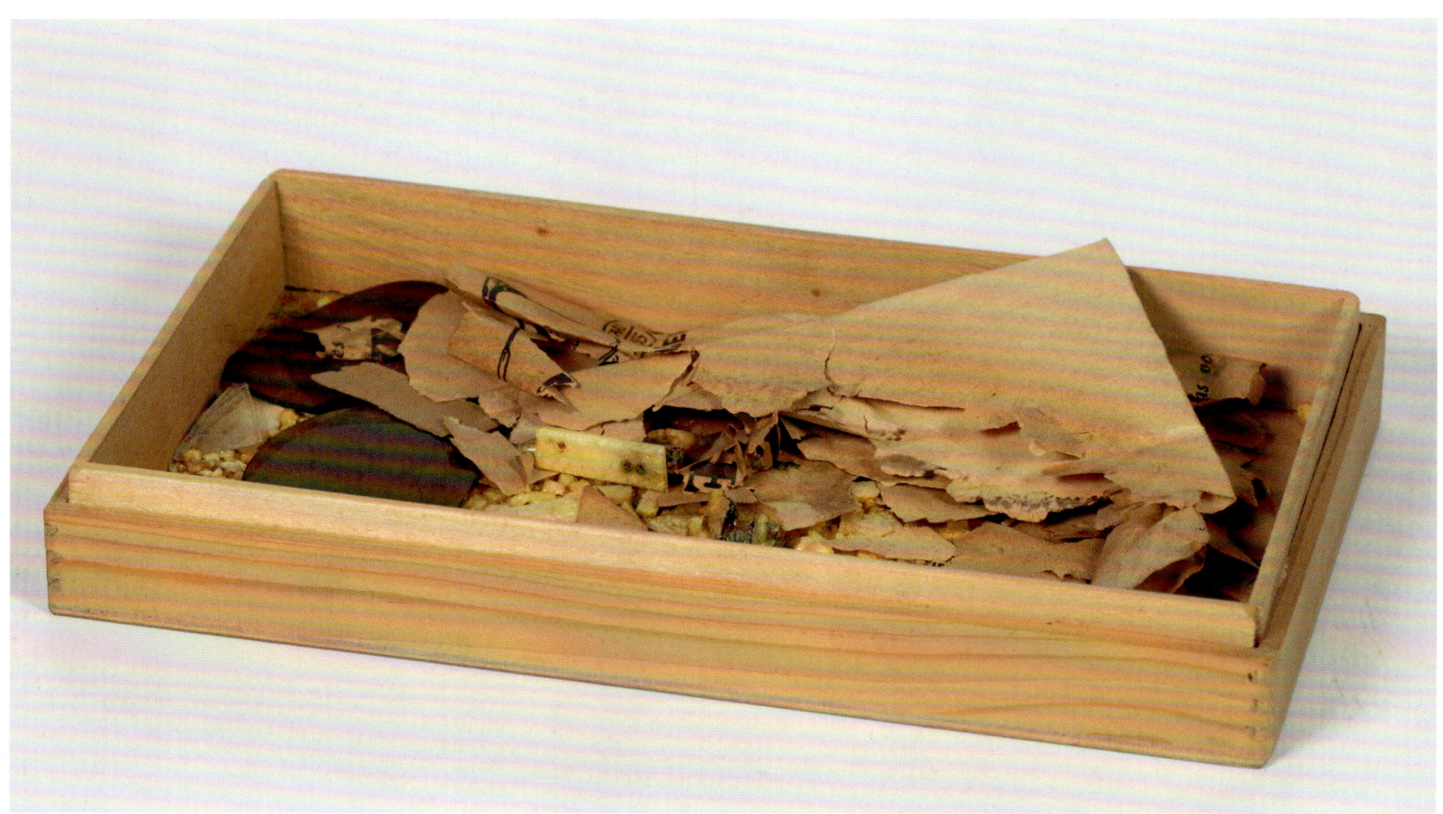

Degradiertes Brillengestell aus Cellulosenitrat in einer Zigarrenschachtel mit degradiertem Papier und korrodiertem Metall.
Sammlung Friederike Waentig

an den Objekten in Form von spezifischen Erhaltungszuständen und Schadensphänomenen abzeichnet.

Im Laufe der Zeit und mit fortschreitenden Erkenntnissen auf dem Gebiet der Polymerwissenschaften war es möglich, die Basis der Kunststoffe, die Polymere, für ihren jeweiligen Zweck „maßzuschneidern". Mit der Zeit verschob sich die Maßanfertigung auf die Zugabe und Auswahl von Additiven wie UV-Stabilisatoren, Weichmachern, Verstärkungsstoffen oder Pigmenten. Diese Vielfalt und Komplexität der möglichen Zusammensetzung lässt es nicht zu, ein allgemeingültiges Erhaltungskonzept für Kunststoffe auszusprechen.

So altert zum Beispiel ein Computergehäuse aus ABS anders als eine Eierschachtel aus expandiertem Polystyrol. Bei dem Computer handelt es sich um ein technisches Gerät, das für eine längere Nutzung vorgesehen ist. Die Eierschachtel wird üblicherweise nach einmaliger Nutzung weggeworfen. So bestimmt bereits der Verwendungszweck die Auswahl des Kunststoffwerkstoffs (des Polymers in Kombination mit den Additiven) vor der Herstellung und hat damit Einfluss auf das Alterungsverhalten.

Einige, vor allem frühe, Kunststoffe zeigen heute besonders starke Degradationserscheinungen und setzen während des chemischen Abbaus Nebenprodukte frei, die in der Nähe befindliche Objekte schädigen können (z.B. andere Kunststoffe, Metalle, Papier). Namentlich zählen zu diesen Kunststoffen Cellulosenitrat, Celluloseacetat, vulkanisierter Kautschuk, Polyvinylchlorid und Polyurethan. Bei ihrer Alterung kann unter Umständen Salpeter-, Essig-, Schwefel- bzw. Salzsäure ausgasen und zu Schäden an anderen Objekten führen.

Um das Gefährdungspotenzial zu minimieren, sollten Objekte aus den genannten Kunststoffen von der restlichen Sammlung separiert werden – die Identifizierung spielt also eine wichtige Rolle. Das gilt allerdings für alle Fälle gleichermaßen: Kunststoffe sind empfindlich gegenüber äußeren Einflüssen wie Sauerstoff, Licht, Luftfeuchte oder Temperatur und stellen individuelle Anforderungen an eine optimale Lagerung. Einer der ersten Schritte ist also herauszufinden, aus welchem Kunststoff – aus welchem Polymer und welchen Additiven – ein Objekt besteht. Es ist jedoch nicht jeder Sammlung möglich, eine/n spezialisierte/n RestauratorIn zu beschäftigen, um die Kunststoffe zu klassifizieren.

Zunehmend beschäftigt sich die Forschung in der Restaurierung mit dem modernen Material und entwickelt Methoden zur einfachen Erkennung der verschiedenen Kunststoffe.

Die Methode der Spurenlese bietet sogar Nicht-Fachleuten die Möglichkeit, viele Informationen über das jeweilige Objekt zu sammeln, den eigenen Erfahrungsschatz zu erweitern und die Identifizierung der Werkstoffe zu trainieren. Viele Objekte liefern bereits Indizien in Form von Beschriftungen, Stempeln oder Prägungen, die bei der Materialbestimmung helfen können. Sie können im besten Fall Ausgangspunkt sein für die Zuordnung zu einem Hersteller und für die Recherche nach Herstellungszeitraum, dem verwendeten Material und der Herstellungsmethode. Sind am Objekt keine so eindeutigen Hinweise vorhanden, kommt man mit einer eingehenden visuellen Betrachtung und zusätzlichen Kenntnissen weiter: Anhand der Entwicklungsgeschichte und mit dem Wissen um die damaligen „chemischen" Herstellungsmethoden der Kunststoffe und der kunststofftechnischen Herstellung der Objekte können bereits Materialien ein- oder ausgeschlossen werden. Konkrete Fragen an das Material können bei der Identifizierung helfen, beispielsweise: „Ist das Material durchsichtig oder opak? Ist der Kunststoff massiv oder geschäumt? Ist die Oberfläche glänzend oder matt?" Mit ausreichend Erfahrung auf dem Gebiet helfen die historische Einordnung, die Gestaltung (Farbe und Form), die Haptik, der Geruch etc. bei einer Eingrenzung des verwendeten Materials. Zudem sind manche auftretenden Schadensphänomene charakteristisch, so kann das Bruchbild Aufschluss über das Material geben. Ein Weißbruch zeigt, wie der Name schon sagt, weiße Kanten entlang des Bruchs und deutet auf das Material Hart-Polyvinylchlorid, Styrol-Butadien (SB) und Acrylnitril-Butadien-Styrol (ABS) hin. Andere Kunststoffe, z.B. Polymethylmethacrylat und Polystyrol, haben eine spröde und glasartige Bruchkante.[1]

Wenn die eingehende Betrachtung noch keine fundierte Aussage zulässt, helfen mikrochemische Tests Inhaltsstoffe nachzuweisen, die charakteristisch für bestimmte Kunststoffe sind. In den meisten Fällen setzen die Tests eine Probenentnahme voraus, das heißt, originale Substanz muss entnommen werden, was einen invasiven Eingriff bedeutet. Eine Probenentnahme sollte grundsätzlich im Verhältnis zum Nutzen der Erkenntnis stehen und nicht ohne Kenntnisse der Restaurierung und Konservierung erfolgen. Nicht immer sind die Tests eindeutig. Ihre Interpretation erfordert viel Erfahrung, zudem setzen sie den Umgang mit Chemikalien voraus und sind für Laien nicht zu empfehlen.

Um ein Material zweifelsfrei zu bestimmen und Aufschluss über Additive und Zusatzstoffe zu erhalten, reicht eine rein restauratorische Herangehensweise nicht aus. Spätestens hier beginnt die Zusammenarbeit mit Natur- oder MaterialwissenschaftlerInnen, die Erfahrungen auf dem Gebiet der Erhaltung des Kulturerbes haben und sich mit speziellen Analysetechniken auskennen. Voraussetzung zur Bestimmung ist eine gut geführte Datenbank mit ausreichenden Referenzen auch historischer Kunststoffe. Einige Analysemethoden verlangen ebenfalls eine Probenentnahme, die Entscheidung zur Entnahme sollte dabei stets im Sinne des Objekterhalts getroffen werden. Analysenkosten können mit mehreren hundert Euro verbunden sein, sodass die Methode meist nur bei einzelnen Objekten infrage kommt.

Dokumentation

Wie bereits erwähnt, lassen sich durch genaue Beobachtungen am Objekt, die Spurenlese, viele Informationen sammeln. Gerade im Hinblick auf die schnell voranschreitende Alterung einiger Kunststoffe sollten die Beobachtungen und Daten zu den Objekten in einer Datenbank gesammelt werden. Die Restaurierungswissenschaft spricht hier von der Dokumentation einzelner Objekte.

Das Erfassen einzelner Objekte mit allen recherchierten Informationen in einer Datenbank ist essenzieller Teil der konservatorischen und restauratorischen Arbeit und Grundlage für die Forschung. Dabei ist wichtig, dass die gesammelten Informationen denkbar präzise und verständlich formuliert werden, sodass sie über einen langen Zeitraum nachvollzogen und genutzt werden können. Eine gut geführte Datenbank ist für die wissenschaftliche Forschung sowie für die gesamtheitliche, langfristige Beobachtung und Erhaltung der Objekte unumgänglich – besonders im Hinblick auf die in Zukunft stetig steigende Anzahl an Kunststoffobjekten in Museumssammlungen.

Die erfassten Objekte sollten präzise beschrieben und fotografisch dokumentiert werden. Anhand dieser Informationen können bei Zustandsveränderungen Vergleiche zum Vorzustand gezogen werden, die wichtige Hinweise zum Degradationsprozess liefern. Auch hier ergeben sich in der Praxis einige Herausforderungen, vor allem im Hinblick auf die präzise Bezeichnung und Beschreibung der Objekte. Datenbanken werden von verschiedenen Personen mit unterschiedlichem Hintergrundwissen genutzt und befüllt. Fachfremde RegistrarInnen, DokumentarInnen und RestauratorInnen stehen ebenfalls vor der Aufgabe, Objekte aus Kunststoff in Datenbanken einzupflegen. Die Schwierigkeiten beginnen hierbei meist schon mit der Suche nach dem richtigen Vokabular. Häufig geht die Klassifizierung der Materialität nicht über den Begriff Kunststoff hinaus, was viel zu allgemein ist. Dies hat im KuWerKo-Projekt zu einer eingehenderen Beschäftigung mit der Terminologie für Kunststoffwerkstoffe geführt.

268

Terminologie für Kunststoffe

Die Dokumentation ist Grundlage erstens der Kommunikation in Bezug auf das Objekt und zweitens der Entwicklung einer Erhaltungsstrategie. Aus Kunststoff gefertigte Objekte verlangen Materialkenntnis hinsichtlich vieler Werkstoffe aus synthetischen Polymeren. Die Vielfalt der Eigenschaften wirft komplexe Fragen auf und verlangt die Einbindung verschiedener Experten. Fachleute aus Museen, der Industrie, der Denkmalpflege, aus dem Handwerk sowie den Geistes-, den Material- und den Naturwissenschaften gehören zu den AkteurInnen. Bisher haben sich innerhalb der jeweiligen Interessengruppen bzw. beteiligten Disziplinen[2] für gleiche oder ähnliche Beobachtungen mehr oder weniger festgelegte Begriffe etabliert, z.B. für Herstellungsfehler, Schäden und Alterungserscheinungen. Über die Disziplingrenzen hinaus stimmen sie jedoch häufig nicht überein.

Die Materialwissenschaften verfügen hier sicherlich über die umfassendste Terminologie[3] auf dem Gebiet der Kunststoffe. Die vergleichsweise junge Disziplin der Konservierung und Restaurierung von Kunststoff entlehnt ihre Begrifflichkeiten zum Teil aus dem Handwerk, der Industrie oder aus anderen restauratorischen Arbeitsfeldern. Ähnliches gilt für das Gebiet der Kunst- und Kulturwissenschaften, wo man ebenfalls auf das Vokabular ver-

schiedener Fachgebiete zurückgreift, ohne dass es einen feststehenden Fachwortschatz für Kunststofferzeugnisse gäbe. Bei einem Blick in Museumsdatenbanken bestätigt sich der Eindruck der Inkonsistenz. So finden sich für ein und denselben Kunststoff häufig verschiedene Schreibweisen. Im Fall von Cellulosenitrat werden z.B. Zelluloid oder auch Celluloid und Zellhorn synonym verwendet. Die inkonsistente Verwendung von chemischen Namen, Markennamen und umgangssprachlichen Begrifflichkeiten erschwert die Recherche in der Datenbank und führt womöglich zu einer fehlerhaften Einschätzung der Sammlung.

Im Herbst 2018 startete am Design Museum in Gent, Belgien, ein Projekt unter dem Titel „Know, Name and Assess your Plastics"[4] fast zeitgleich mit dem KuWerKo-Projekt. Das Projekt aus Gent hatte zum Ziel ein kontroliertes Vokabular in Form eines Thesaurus für Kunststoffmaterialien und Herstellungstechniken zu erarbeiten. Die Definition der Begrifflichkeiten soll die einheitliche Datenbankeingabe erleichtern und auch Nicht-ExpertInnen eine Hilfe sein, die richtigen Bezeichnungen zu verwenden. Hier entstanden Synergien zum KuWerKo-Projekt, die in einer enger Zusammenarbeit mit dem Design Museum Gent mündeten.[5] Der mithilfe der Materialwissenschaftler der Universität Stuttgart so entstandene Thesaurus ist auf Englisch und in Folge auf Niederländisch verfasst worden, die deutsche Übersetzung erfolgte im Rahmen des KuWerKo-Projektes.[6]

Abgesehen von der Datenbank ist es für die Kommunikation in einem interdisziplinären Forschungsprojekt unabdingbar, Begrifflichkeiten klar zu definieren, um Missverständnissen vorzubeugen. Besonders in Bezug auf Schadensphänomene ergaben sich im KuWerKo-Projekt terminologische Diskussionen. Kunststoffe im musealen Kontext zeigen zum Teil Schäden, die von der Industrie oder von Forschenden auf dem Gebiet nie untersucht worden sind, da sie erst nach der vorgesehenen Lebensdauer der Objekte auftreten. So wurde die Entwicklung einer bebilderten Terminologie zu rund 100 Kunststoffschäden Teil des Forschungsvorhabens.[7]

Restaurierung von Kunststoffen

Wie alle Materialien altern auch Kunststoffe im Laufe der Zeit. Sie bleichen aus, verkratzen, vergilben, verspröden, ermatten und zersetzen sich. Diese Alterungsprozesse und Alterungserscheinungen sind nicht reversibel. Dabei beginnt die Alterung nicht erst während des Gebrauchs; zu hohe Temperaturen oder zu hohe mechanische Beanspruchungen während der Herstellung können Alterungsmechanismen in Gang setzen. Eine „schlechte" Verarbeitung des Kunststoffs wird im Laufe der Zeit am Objekt durch verfrühte Degradation sichtbar. Hat die Degradation begonnen, ist es oft unmöglich, sie aufzuhalten oder gar umzukehren. Der makromolekulare Aufbau der Kunststoffe mit vergleichsweise schwachen zwischenmolekularen Bindungskräften führt zu ihrer tendenziell hohen Empfindlichkeit gegenüber Wärme, Licht und Sauerstoff. Weitere äußere Einflüsse wie mechanische Belastungen oder Kontakt mit Chemikalien schädigen das Material und wirken ebenfalls alterungsbeschleunigend.

Bei den meisten Kunststoffobjekten handelt es sich um industrielle Massenprodukte, die nicht für die Ewigkeit gemacht worden sind: Ihre intendierte Nutzungsdauer wird im musealen Kontext weit überschritten. Wieder muss zwischen den Kunststoffwerkstoffen differenziert werden: Einige, wie Phenol-Formaldehyd oder Melamin-Formaldehyd, zeigen sich über Jahrzehnte hinweg als mehr oder weniger stabil. Andere, z.B. Cellulosenitrat oder -acetat, altern sehr schnell und können bereits kurz nach dem Auftreten erster Degradationserscheinungen zerfallen.

Somit erfordert jedes Objekt eine individuelle Herangehensweise und ein individuelles Erhaltungskonzept. Im Mittelpunkt einer jeden Restaurierung steht die Bewahrung der originalen Substanz, der spezifischen Aussage, Authentizität und Bedeutung des Objekts. Grundlage ist die intensive Auseinandersetzung und Spurensuche mit und am Objekt, die einer Detektivarbeit gleicht (siehe Kapitel Kunststoff als Sammlungsgut – Methodik der Spurenlese). Erst nach einer eingehenden Untersuchung, Materialbestimmung, Dokumentation und Erarbeitung eines Konzeptes können aktive Maßnahmen zur Erhaltung in Erwägung gezogen werden.

Die Forschung auf dem Gebiet der Restaurierung moderner Materialien hat in den letzten Jahren gezeigt, dass restauratorisch akzeptable Lösungen existieren, etwa die Festigung, Ergänzung und Retusche von degradierenden Polyurethan-Weichschäumen. Auf dem Gebiet der Verklebung bestimmter Kunststoffe mit in der Restaurie-

rung erprobten Klebstoffen gibt es bereits viel Erfahrung, auf die zurückgegriffen werden kann. Es sind allerdings noch viele Fragen offen und der Forschungsbedarf, insbesondere im Hinblick auf das Langzeitverhalten, ist weiterhin hoch.

Jeder Eingriff am Material bedeutet eine Veränderung des Objektes. Bei der Restaurierung von Kunststoffen sind Restaurierungsmaßnahmen selten reversibel. Um der Notwendigkeit eines Eingriffs vorzubeugen, sollten daher in jedem Fall präventive Maßnahmen getroffen werden.

Präventive Konservierung

Nicht alle Sammlungen können spezialisierte RestauratorInnen beschäftigen, um die meist große Anzahl an Sammlungsstücken im Detail zu dokumentieren und zu analysieren. Doch gibt es allgemeine präventive Maßnahmen, die sich positiv auf die Lebensdauer der Objekte auswirken und verhältnismäßig leicht umzusetzen sind.

Das Augenmerk der Präventiven Konservierung liegt darauf, geeignete Umgebungsparameter zu schaffen und die Objekte bestmöglich vor Veränderungen zu schützen. Hieraus folgen Empfehlungen zu Lagerungs- und Ausstellungsbedingungen, die formuliert und umgesetzt werden.

Vermeidung von Kontamination und Separierung

Wie bereits erwähnt, gibt es Kunststoffe, deren Degradationsprodukte sich schädigend auf umgebende Objekte auswirken. Zum Schutz des Objektes und zum eigenen Schutz sollten beim Handling mit Kunststoffen stets Handschuhe getragen und regelmäßig gewechselt werden. Kunststoffe, von denen potenziell Gefahr ausgeht (CN, CA, vulkanisierter Kautschuk, PVC) sollten vom Rest der Sammlung separiert werden.

Schutz vor UV-Strahlung

Eine simple Maßnahme mit großer Wirkung ist der Schutz vor schädigender UV-Strahlung. So senkt das Anbringen eines UV-Schutzes vor Fenstern und Leuchtmitteln das Risiko von UV-Schäden bereits enorm. Eine Ausstellung im Freien sollte grundsätzlich untersagt werden.

Klimatische Umgebungsbedingungen

Generell sollten sowohl im Depot als auch während der Ausstellung stabile klimatische Bedingungen herrschen. Zu hohe Feuchtigkeit und zu hohe Temperaturen können die Degradation synthetischer Materialien beschleunigen. Generell sind ein regelmäßiger Luftaustausch im Depot und ein regelmäßiges Monitoring der aufgestellten Richtwerte zu empfehlen. Das Klima im Depot sowie die Belastung durch Staub und Gase sollte ebenfalls einer regelmäßigen Überprüfung unterzogen werden, sodass bei ungünstigen Werten oder zu großen Schwankungen Gegenmaßnahmen getroffen werden können.

Gerade im Kontext einer Ausstellung werden diese Empfehlungen nicht immer eingehalten, zum Teil ist dies auch nur schwer umsetzbar. Für empfindliche Objekte stellt eine Ausstellung ein erhöhtes Risiko dar, weshalb sie nicht über einen längeren Zeitraum ausstellungsfähig sind. Es gilt zu bedenken, dass entstandene Schäden nicht rückgängig gemacht werden können. Hier kann Abhilfe geschaffen werden, indem ein regelmäßiger Austausch durch „gleichwertige" Objekte erfolgt.

Wie unterschiedlich eine optimale Lagerung aussehen kann und wie individuell die Anforderungen der Kunststoffwerkstoffe sind, zeigt die Gegenüberstellung einer Wärmflasche aus Gummi (Fachbegriff: „Elastomer") mit einem Brillengestell aus Cellulosenitrat. Die Einwirkung von Sauerstoff führt zur oxidativen Alterung von Gummi. Man bemerkt mit der Zeit eine geringere Dehnfähigkeit („Versprödung") und im weiteren Verlauf kleine Risse, die in Brüche münden können. Nur eine sauerstoffarme Umgebung erlaubt die langfristige Konservierung dieses Materials und verlangsamt die Alterung erheblich. Mithilfe von schweißbaren Folien und Sauerstoffabsorbern ist eine sauerstoffarme Lagerung für einzelne Objekte realisierbar, was eine Versprödung des Materials verlangsamen kann.

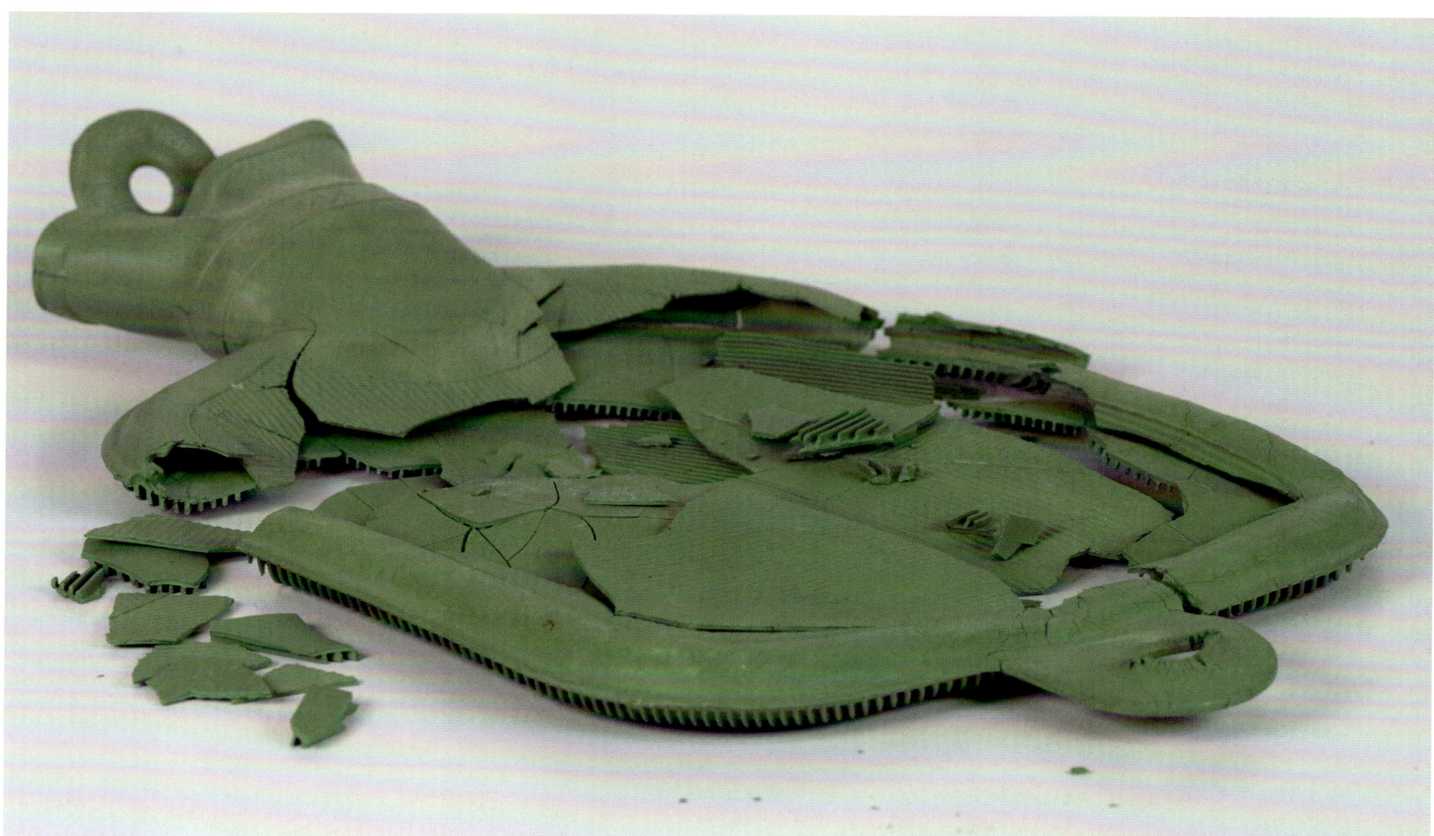

Brüchige Wärmflasche aus Gummi.
Sammlung Friederike Waentig

Der Werkstoff Cellulosenitrat hingegen bildet bei der Alterung nitrose Gase, die sich in Kontakt mit der Luftfeuchte in flüssiger Form als Säure auf der Oberfläche absetzen und hier zum Zerfall des Objektes führen. Eine hohe Luftwechselrate würde einen Abtransport der schädigenden Gase gewährleisten und zumindest einer beschleunigten Alterung entgegenwirken.

Dieses Beispiel verdeutlicht, dass die Anforderungen der Materialien völlig konträr sein können und wie verheerend es ist, wenn nicht differenziert wird. Nur durch ein umfassendes Verständnis der Objekte können materialspezifische Erhaltungsstrategien entwickelt werden. Hier besteht noch immenser Forschungsbedarf.

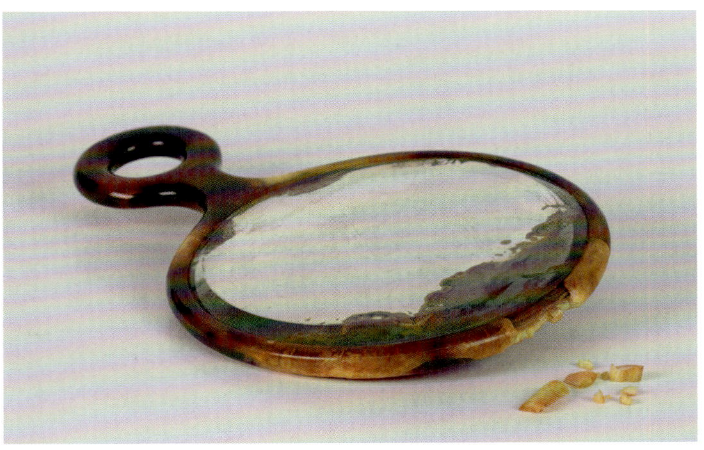

Handspiegel aus Cellulosenitrat.
Sammlung Friederike Waentig

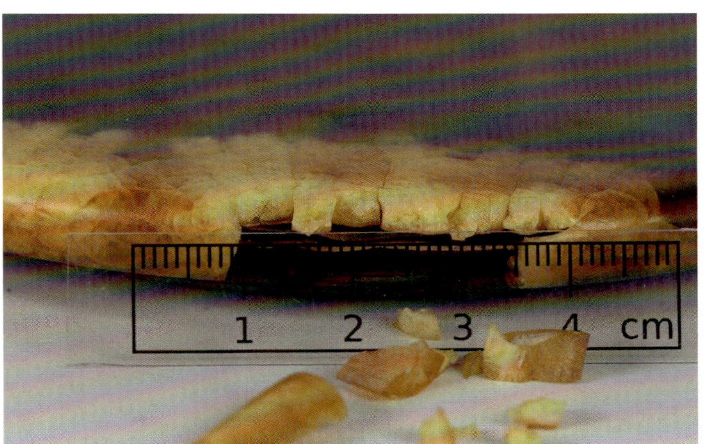

Detailfoto des Handspiegels mit fortschreitendem Zerfall.
Sammlung Friederike Waentig

Anmerkungen

[1] WAENTIG 2016, S. 133.

[2] Restaurierungswissenschaften, Material- und Technikwissenschaften sowie Kunst- und Kulturwissenschaften.

[3] Die Terminologie ist nach DIN der „Gesamtbestand der Begriffe und ihrer Bezeichnungen in einem Fachgebiet." DIN 2342:2022–07, S. 15.

[4] Know, Name and Assess your Plastics, https://www.designmuseumgent.be/en/collection/project/plastics (29.08.2022)

[5] Die Erarbeitung der Terminologie erfolgte mit der Unterstützung von Eline van der Velde und Hannah Hendrickx (beide Design Museum Gent), Griet Kuckelkoren (KIK-IRPA), Anna Laganá (Getty Conservation Institute) und Colin Wiliamson.

[6] Die Thesauri sind auf der Website des Design Museums Gent verfügbar: https://www.designmuseumgent.be/en/collection/project/plastics (29.08.2022)

[7] Die Erarbeitung der Terminologie erfolgte mit der Unterstützung des Instituts für Translation und Mehrsprachige Kommunikation der TH Köln. Die Veröffentlichung der Schadensterminologie wird via Open Access über die TH Köln erfolgen.

4.3 | Status quo und Fazit: Wo stehen wir heute und wo geht die Reise hin?

Laura Bode, Lisa Burkart, Julian Kattinger, Uta Scholten

Kunststoffe nehmen gegenüber anderen Werkstoffen in Museumssammlungen seit einigen Jahren an Bedeutung und Menge zu. Im Zuge dessen ergeben sich neue Fragestellungen zu den Objekten aus Kunststoff. Die Fragen wollen im musealen Kontext im Sinne der Erhaltung der Sammlungsobjekte und der kulturhistorischen sowie technologischen Forschung beantwortet werden.

KuWerKo hatte zum Ziel, den Werkstoff Kunststoff in all seinen Facetten zu betrachten und einzelne Objekte mithilfe der erlangten Informationen exemplarisch in ihren kulturhistorischen Kontext einzuordnen. Die materialspezifische Sammlung des Deutschen Kunststoff-Museums bot den ProjektmitarbeiterInnen eine ideale Forschungsgrundlage, um Antworten zu suchen. Ein wichtiger Bestandteil des Projekts war die interdisziplinäre Zusammenarbeit von MaterialwissenschaftlerInnen, KunsthistorikerInnen und RestauratorInnen. Als Methode wurde die Spurenlese gewählt, bei der das Objekt als Ausgangspunkt der Untersuchung im Fokus des Interesses steht.

Ausgewählt wurden Objekte, die eine oder mehrere folgender Eigenschaften der Kunststoffe repräsentieren: Formbarkeit, Leichtigkeit, Transparenz und Einfärbbarkeit.

Interdisziplinarität

Bei der Begutachtung der gesamten Sammlung sowie einzelner Objekte zu Beginn des Projekts wurden bereits die unterschiedlichen Betrachtungsweisen der jeweiligen Disziplinen deutlich. Vereinfacht formuliert: RestauratorInnen suchen und erkennen Nutzungsspuren und Schadensbilder sowie ihre Ursachen; KulturwissenschaftlerInnen betrachten Farb- und Formgebung sowie Herkunft, um das Objekt in einen historischen Kontext zu stellen; MaterialwissenschaftlerInnen betrachten und erkennen die Gründe für bestimmte Material- und Konstruktionsentscheidungen sowie Produktionsweisen. Einige der im Zuge der interdisziplinären Betrachtung gewonnenen Erkenntnisse wären durch eine singuläre Betrachtung nur einer Disziplin verborgen geblieben. Das fängt schon bei terminologischen Erkenntnissen an.

In der Zusammenarbeit zeigte sich, dass die Projektmitarbeitenden über keine gemeinsame Fachsprache verfügten, denn jede der beteiligten Disziplinen hat ihren eigenen historisch gewachsenen Fachwortschatz. Bei der Beschreibung und Analyse der Objekte kam es daher anfangs zu Missverständnissen, die es auszuräumen galt. Die Sprache als wichtigstes Kommunikationsmittel musste vereinheitlicht werden. Im Rahmen des KuWerKo-Projektes wurden deswegen abweichende Terminologien angeglichen. Begriffe und Bezeichnungen für die Materialien, die Produktionsmethoden und die Schäden sowie Fehler an der Substanz wurden einheitlich und verständlich für alle definiert. Bei der Einordnung, Erfassung und Dokumentation der Objekte spielte der gemeinsam genutzte Wortschatz, dem ein einheitliches Verständnis der Begriffe zugrunde lag, eine essenzielle Rolle. Dank der Auseinandersetzung mit der Terminologie der jeweils anderen Disziplinen und ihrer Berücksichtigung konnte das Verständnis für die fachfremden Herangehensweisen geschärft und mehr Genauigkeit bei der Verwendung bestimmter Begriffe erzielt werden.

Die interdisziplinäre Zusammenarbeit der drei Gebiete erbrachte jedoch nicht nur im Bereich der Terminologie lohnende Erkenntnisse über die Grenzen des eigenen Fachs hinaus.

Den RestauratorInnen und den Kultur-/KunstwissenschaftlerInnen half das kunststofftechnische Wissen über Gestaltung, Formgebung, Konstruktion sowie Aufbau dabei, die Objekte besser zu verstehen, und sie konnten bestimmte konstruktive Entscheidungen im Gestaltungsprozess leichter nachvollziehen. Frühe Kunststoffobjekte aus der ersten Hälfte des 20. Jahrhunderts sind beispielsweise noch sehr viel simpler konstruiert als heutige Objekte, die mit modernen, hochtechnisierten Formwerkzeugen gefertigt werden. Ohne Fachleute aus der Kunststofftechnik fehlt KulturhistorikerInnen und RestauratorInnen das Verständnis von aktuellen Entwicklungen und Möglichkeiten der Formgebung auf diesem Gebiet. Je jünger die musealisierten Objekte werden, desto wichtiger ist es demnach, eine Person aus der verarbeitenden Industrie einzubeziehen, um überhaupt die hochkomplexe Formgestaltung nachvollziehen zu können.

Die RestauratorInnen konnten außerdem sehr von der Erfahrung der KunststoffingenieurInnen profitieren, wenn es um die Analyse von Schäden an Bauteilen ging, und dadurch charakteristische Schadensbilder oder Produktionsfehler bestimmten Kunststoffen und Ursachen besser zuordnen.

Die KunststofftechnikerInnen hingegen haben im Zuge der intensiven Beschäftigung mit den historischen Kunststoffobjekten erkannt, wie wichtig der Blick in die Vergangenheit ist, um die Entwicklung der Branche, der Verfahrenstechniken oder der Materialwissenschaft an den Objekten im Museum nachzuvollziehen. So haben eingeschränkte Möglichkeiten in der Vergangenheit zu kreativen Lösungen in Konstruktion, Material oder Verarbeitung geführt. Solche Lösungen können, wenn sie heute nicht mehr relevant sind, ohne die historischen Objekte nicht mehr als Entwicklungsschritt in der Kunststofftechnik begriffen und erfahren werden. Die Beschäftigung mit den historischen Kunststoffen wie dem Celluloseacetat, das aktuell wieder produziert und als „grüner" Kunststoff vermarktet wird, führte bei den MaterialwissenschaftlerInnen zu mehr Verständnis hinsichtlich der Herstellung des Materials. So wurden in der Vergangenheit bereits umfangreiche Untersuchungen zur Verarbeitung von Celluloseacetat gemacht, auf die in der Gegenwart zurückgegriffen werden kann.

Insgesamt lässt sich sagen, dass die Zusammenarbeit dieser drei Disziplinen mit ihren jeweiligen Beobachtungsweisen, ihren Arbeitsmethoden und ihrem jeweils eigenen Verständnis von Kunststoffgegenständen immens dazu beigetragen hat, einzelne Objekte sowie ganze Objektgruppen und Phänomene in der Kunststoffgeschichte gesamtheitlich zu betrachten und sie auf mehreren Bedeutungsebenen besser zu verstehen und zu erforschen.

Bei ausreichender Quellenlage ließen sich die verschiedensten Aspekte rund um das Objekt miteinander verknüpfen und die gegenseitigen Bezüge klären. Zusammenhänge zwischen Gestaltung und Stand der Verarbeitungstechnik zur Entstehungszeit des Objekts konnten aufgezeigt werden. Regionale, kulturhistorische, konstruktions- und gestaltungstechnische Aspekte ließen sich mit sozialgeschichtlichen Gesichtspunkten – beispielsweise, welche Rolle sie in der Entwicklung der Konsumgesellschaft gespielt haben könnten – vereinen.

Dieses umfassende Verständnis von einzelnen Objekten oder Objektgruppen ist die Grundlage für die Deutung bestimmter Spuren an Gegenständen, die vor ihrer Musealisierung alltäglich in Gebrauch waren. Zusammenhänge zwischen bestimmten Schadensphänomenen und der Verarbeitungsmethode, dem Alter des Objekts oder einer individuellen, eventuell falschen Nutzung lassen sich so besser zuordnen und einschätzen. Die Erforschung einzelner Objekte und ihrer individuellen „Lebensgeschichte" wird in einem größeren Kontext möglich.

Allgemein gelang es mit der Interdisziplinarität, spezielles Wissen über die Werkstoffklasse Kunststoffe, die Verarbeitungstechnik, den Nutzungszweck und die Nutzung im Alltag zusammenzubringen. In der Folge konnten viele Verbindungen zwischen einzelnen Aspekten direkt am Objekt erkannt werden.

273

Spurenlese

Das Projekt sah vor, einzelne Objekte oder Objektgruppen der Sammlung des Deutschen Kunststoff-Museums gemeinsam zu betrachten und, immer ausgehend vom Objekt, Informationen über den kulturhistorischen, technologischen und materialwissenschaftlichen Kontext des Gegenstands zu gewinnen.

Dabei fiel schon bei der ersten Sichtung der Sammlung auf, dass es Objekte und Objektgruppen gibt, bei denen der Einstieg in die Spurenlese leichter ist, da schon Vorarbeit geleistet wurde. Die sogenannten Designklassiker – zum Beispiel der iMac oder der Panton Chair – sind Gegenstände, die auch für Nicht-ExpertInnen einer bestimmten Zeit oder Strömung zuzuordnen sind und aufgrund ihrer Bekanntheit immense Recherchemöglichkeiten bieten. Es liegt umgekehrt aber in der Natur der industriellen Serienproduktion, dass weniger berühmte Objekte kaum etwas über sich und ihren Kontext preisgeben.

Das betrifft die große Menge der anonymen Produkte. Das Wann, Wo und Wer ist in ihrem Falle selten einfach zu klären. Einige lassen sich anhand von Markensignets oder Prägungen am Werkstück bestimmten Firmen oder

Presswerken zuordnen, was die Recherche zu Kunststofflieferanten, GestalterInnen und konstruktiven Entscheidungen am Objekt, Vertriebsgebieten, Werbekatalogen oder zum öffentlichen Image des Gegenstands weiterführen kann.

Die kunststoffverarbeitende Industrie, die in Deutschland seit jeher hauptsächlich aus mittelständischen Betrieben besteht, war jedoch schon immer starken Veränderungen unterworfen. Entsprechende Folgen aus Firmenübernahmen und Umstrukturierungen oder der Verkauf von Formwerkzeugen können für viele in der Vergangenheit tätige verarbeitende Betriebe kaum mehr nachvollzogen werden, da manches schlecht dokumentiert bzw. erhalten wurde.

In einigen Fällen verspricht eine Prägung am Objekt allein keinen Erfolg für die weitere Recherche, z.B. bei der Obstreibe (siehe Kapitel durchsichtig), die zwar eine Prägung aufweist, diese jedoch bisher keiner Firma zugeordnet werden konnte. Ebenso stellt es sich bei dem anonymen Design der Butterdose (siehe Kapitel durchsichtig) dar, wo ebenso viele Punkte noch aufklärungsbedürftig sind, einschließlich zahlreicher entstehungsgeschichtlicher Sachverhalte. Daher können diese Objekte nur ungefähr in das historische Gefüge eingeordnet werden. Gerade bei den preiswerten Gegenständen des alltäglichen Gebrauchs bleibt die Rekontextualisierung vielfach unvollständig.

In der Kultur– und Kunstgeschichte bedient man sich oft der Interpretation von Formgebung, Gestalt und Dekor, um das Objekt in einem zeitlichen Kontext zu verorten. Bei Kunststoffgegenständen kann sich die Einordnung mithilfe der Stilgeschichte allerdings als tückisch erweisen. Formwerkzeuge wurden wegen ihrer immensen Investitionskosten sehr lange verwendet und auch weiterverkauft. So entstehen über lange Phasen hinweg Gegenstände, die möglicherweise nicht der zeitgenössischen Formgebung entsprechen. Selbst wenn die Gestalt eines Objektes suggeriert, es wäre einer bestimmten Epoche zugehörig, kann dies nie eindeutig belegt werden.

Materialien und Verarbeitungsmethoden liefern weitere Anhaltspunkte für eine zeitliche Einordnung. Oftmals lassen Form und Gestalt eines Objekts bereits Rückschlüsse auf das Herstellungsverfahren zu. Beispielsweise können bei geschlossenen Hohlkörpern die Verfahren Spritzgießen und Formpressen nahezu ausgeschlossen werden.

Am Objekt müssen Herstellungsspuren korrekt identifiziert und gedeutet werden. Handelt es sich um Auswerfermarkierungen, die auf ein Pressteil hinweisen, oder gibt es Anzeichen für ein Spritzgussverfahren? An welcher Stelle befinden sich Anspritzpunkte oder Auswerfermarkierungen und was kann man daraus für den Produktionsprozess schließen? Durch eine genaue Begutachtung der Formteile aus verschiedenen Entstehungszeiträumen konnten im Projekt die Fortschritte der Werkzeugtechnik verdeutlicht werden. Zum Beispiel erwies sich an den untersuchten Wäschewannen, dass im Laufe der Zeit die Werkzeuge zunehmend komplexer wurden.

Das verwendete Material spielte bei der gesamten Betrachtung der Objekte eine essenzielle Rolle, denn es bestimmte die Verarbeitungstechnik, die Möglichkeiten der Formgebung, den Einsatzzweck des Objekts und konnte ebenfalls zur zeitlichen Einordnung dienen. Bei der Analyse bestimmter Kunststoffe durch z.B. FT-IR-Spektroskopie gestaltete sich vor allem die Interpretation der erhaltenen Ergebnisse als schwierig. Dies war insbesondere dann der Fall, wenn es die in einem Kunststoff enthaltenen Additive, Farbmittel oder Füllstoffe zu klären galt. Sie sind lediglich in geringen Konzentrationen im Kunststoff enthalten und eine Mischung aus verschiedensten Stoffen ist schwer zu analysieren. Gezielte Fragen danach, ob ein spezieller Füllstoff nur in einer bestimmten Zeit Verwendung fand und ob dies als Datierungshilfe dienen könnte, lassen sich bislang nicht beantworten. Hier ist noch sehr viel mehr Grundlagenforschung zur Entwicklung einer breiteren und damit belastbareren Datenlage notwendig.

Dabei wäre eine präzise Materialbestimmung ein wichtiger Ausgangspunkt für die Planung von konservatorischen Maßnahmen bei der Lagerung und Präsentation von Kunststoffobjekten im Museum. Wenn diese Herausforderung schon für die Sammlung des Deutschen Kunststoff-Museums besteht, bei der die Materialbestimmung und -beschreibung immer ein wichtiges Anliegen bei der Erschließung der Sammlung ist, wie sieht es dann erst in Museumssammlungen aus, die nicht über die nötige Expertise verfügen? Verluste durch Unkenntnis dürften hier die unvermeidbare Folge sein.

Der oft unbefriedigende Zugang zu historischen Quellen stellte ein weiteres Hindernis für die Erforschung dieses Themas dar. Generell lässt sich sagen, dass die Recherche zur über 150 Jahre zurückreichenden Geschichte der kunststoffproduzierenden und -verarbeitenden Industrie in Bezug auf einzelne Objekte sich oft als äußerst herausfordernd erwies. Die fehlende Dokumentation und Aufarbeitung einer ganzen Branche führten dazu, dass bestimmte Fragestellungen nicht oder nur mit großem Aufwand verfolgt werden konnten. Die Forschungsdesiderate sind hier unzählig. In der Sammlung befindet sich zum Beispiel eine Reihe von Wäschekörben und -wannen aus Polyethylen aus den 1950er und frühen 1960er Jahren, die von Verarbeitern in der Region um die beiden Städte Kierspe und Meinerzhagen im Märkischen Kreis bzw. in Schwelm im benachbarten Ennepe-Ruhr-Kreis stammen. Es ist höchstwahrscheinlich kein Zufall, dass ein seit den 1950er Jahren führender Hersteller von Spritzgießmaschinen, die Firma Battenfeld, ebenfalls ihren Sitz in Meinerzhagen hat. Eine eingehendere Untersuchung einer möglichen „Sauerland Connection" könnte interessante Erkenntnisse im Hinblick auf die Wechselbeziehungen zwischen Maschinenbauern und Herstellern von Endprodukten liefern. Fehlende historische Archive in dem Bereich erschweren die Arbeit jedoch.

So blieb bei den ProjektmitarbeiterInnen im Zuge der Bearbeitung einzelner Objekte doch oft das Gefühl zurück, dass mehr Fragen entstanden, als beantwortet werden konnten.

Der Blick in die Zukunft

Das Deutsche Kunststoff-Museum sammelt nicht nur historische Kunststoffgegenstände, sondern auch solche, die aktuell in Gebrauch, modern bzw. zeitgenössisch sind. Die im KuWerKo-Projekt erlebten Herausforderungen bei der Erforschung der Sammlung und einzelner Objekte werden mit dem Sammeln von zeitgenössischen Kunststoffgegenständen zwangsläufig größer. Es kommt z.B. hinzu, dass die meisten modernen bzw. zeitgenössischen Kunststoffgegenstände im Ausland im Kontext komplexer globaler Handelsbeziehungen hergestellt werden. So wird es in Zukunft noch schwieriger, Verbindungen zwischen bestimmten Verarbeitern, Kunststoffproduzenten oder auch GestalterInnen aufzudecken. Auch die Materialbestimmung bzw. -analyse dürfte in Zukunft angesichts immer neuer Kunststoffe, Füllstoffe und Additive zunehmend komplex werden.

Aus werkstofflicher Sicht kommt man bei der Frage, wohin sich Kunststoffe und in der Folge die Sammlung des Deutschen Kunststoff-Museums weiterentwickeln, an den Stichworten Recycling und Bioabbaubarkeit nicht vorbei.

Der Einsatz von biobasierten Kunststoffen wird hauptsächlich als Beitrag zur Vermeidung von negativen Umwelteffekten konventioneller Kunststoffe gesehen. Zusätzlich können biobasierte Kunststoffe künftig zur Steigerung des Einsatzes landwirtschaftlich erzeugter Rohstoffe beitragen. Eine stetige Erhöhung der Recyclingquote wird ebenfalls als Schlüssel zu einem nachhaltigen Einsatz der Kunststoffe gesehen. Zukünftig sollte noch häufiger auf Kunststoffe zurückgegriffen werden, die sich gut in einen Rohstoffkreislauf einfügen lassen oder biobasiert sind. Dies sind zweifellos wichtige Bereiche, die teilweise noch von der Materialwissenschaft und Kunststofftechnik erforscht werden müssen, sich aber auch schon in der Anwendung befinden. Die entsprechenden Objekte werden ihren Weg in museale Sammlungen finden, wo ihre Erforschung und Erhaltung durch RestauratorInnen zur Priorität wird. Die Dauerhaftigkeit solcher Kunststoffe dürfte für museale Sammlungen in Zukunft zur größten Herausforderung werden.

Aus Sicht der Verarbeitungstechnik ist die additive Fertigung (3D-Druck) einer der wichtigsten aktuellen Trends. Dies zeigt sich nicht zuletzt an den im Projekt exemplarisch untersuchten 3D-gedruckten Objekten (siehe Kapitel formbar). Eine Entwicklung, die von der additiven Fertigung verstärkt vorangetrieben wird, ist die kundenindividuelle Massenproduktion – die Verknüpfung von Massenproduktion mit individuellen Produkten. Ziel ist es, noch individueller auf Kundenwünsche einzugehen. Beispiele für Anwendungen, in denen dies bereits Realität ist, reichen von Schmuck über Textilien bis hin zu Innenräumen von Kraftfahrzeugen.

Die Erhaltung und die Untersuchung der Objekte der kunststoffverarbeitenden Industrie werden also ebenso wie die Branche selbst immer komplexer und facettenreicher. Umso wichtiger ist, dass KulturwissenschaftlerInnen und RestauratorInnen eine enge Verbindung zu KunststofftechnikerInnen und IngenieurInnen halten, um eben diese aktuellen Entwicklungen mitzuverfolgen und zu dokumentieren. So können sie in der Zukunft bestimmte Fragen, die sie an zeitgenössische Museumsobjekte stellen, leichter beantworten.

Abschluss

Es ist zwar müßig zu spekulieren, wie die Welt heute ohne Kunststoffe aussähe, dennoch sei ein Gedankenspiel erlaubt: Wären sie im 19. Jahrhundert nicht als Alternativen zu natürlichen Materialien entstanden, wären Elefanten, Karettschildkröten, Wale und andere als Materiallieferanten betrachtete Lebewesen womöglich schon in der ersten Hälfte des 20. Jahrhunderts ausgestorben. Ohne Forschung und Entwicklung auf dem Gebiet der Kunststoffe wäre der Regenwald im Amazonas vermutlich nur noch eine blasse Erinnerung, weil er für Kautschukplantagen schon vor 70 Jahren komplett gerodet worden wäre.

Vielleicht wären viele für uns alltägliche Gegenstände und Gerätschaften extrem teure Luxusartikel für Privilegierte.

Tatsächlich sind Kunststoffe und ihre Vorläufer seit der zweiten Hälfte des 19. Jahrhunderts treue Begleiter des Menschen. Vor allem seit den 1930er Jahren prägen sie als Werkstoff unsere Kultur. Wie sich die Beziehung zwischen dem Menschen und der Materialklasse Kunststoffe entwickeln wird, dokumentiert das Deutsche Kunststoff-Museum anhand von einzelnen Objekten. Das Museum wird die weitere Entwicklung im Bereich der Kunststoffe und der Kunststoffindustrie auch in Zukunft begleiten und erforschen.

Wir sind gespannt, was noch auf uns zukommt!

5 | Glossar

Literatur

Wilbrand Woebcken (Hg.): Stoeckhert Kunststoff Lexikon. (9. Aufl.). München 1998

Christian Bonten: Kunststofftechnik – Einführung und Grundlagen. München 2020

VDI 4800: Ressourceneffizienz – Methodische Grundlagen, Prinzipien und Strategien. 2016

Glossar

Additive

Zusätze, die trotz ihrer untergeordneten Mengen die Eigenschaften der Kunststoffe wesentlich beeinflussen. Es wird unterschieden zwischen Verarbeitungsadditiven (z.B. Verarbeitungsstabilisatoren, Gleitmittel, Trennmittel, Beschleuniger, Initiatoren), welche die Verarbeitung der Formmasse zum Werkstück beeinflussen, und Gebrauchsadditiven (z.B. Antioxidantien, Farbstoffe, Antistatika, Flammschutzmittel), welche auf die Eigenschaften des fertigen Werkstücks im Gebrauch wirken.

Additive Fertigung/ 3D-Druck

3D-Druck ist ein geläufiger Oberbegriff für Fertigungsverfahren, bei denen Material Schicht für Schicht hinzufügend („additiv“) aufgetragen wird. Dadurch lassen sich Gegenstände ohne die Verwendung eines kostenintensiven Formwerkzeugs erzeugen, die teils mit Formwerkzeug auch nicht realisierbar wären. Ein Nachteil der verschiedenen 3D-Druckverfahren ist eine vergleichsweise geringe Fertigungsgeschwindigkeit, was dazu führt, dass diese Verfahren eher für die Herstellung von Prototypen oder kleinen Serien interessant sind.

Alterung

Kunststoffe altern in einer ganz ähnlichen Art wie andere organische Stoffe bzw. menschliches Gewebe. Sie äußert sich bei Kunststoffen z.B. in Form von Eigenschaftsveränderung wie Verfärbung, Rissbildung, Verhärtung, aber unter Umständen auch Geometrieänderung. Es lässt sich zwischen der chemischen Alterung und der physikalischen Alterung unterscheiden. Beispiele für die chemische Alterung ist ein Abbau der Polymerketten („Degradation“) hervorgerufen durch z.B. chemische Medien, Sauerstoffangriff oder UV-Strahlung. Beispiele für die physikalische Alterung sind Veränderungen der Werkstückgeometrie durch z.B. Wasseraufnahme oder Erwärmung. Auch das Herausmigrieren von Additiven ist eine physikalische Alterung, welche Eigenschaften oder Maße verändern kann.

Anguss und Anspritzpunkt

Beim Spritzgießen wird die Kunststoffschmelze von der Düse (dem Auslass) der Spritzgießmaschine über einen sog. Anguss in die Kavität (den Formteilhohlraum) des Werkstücks geleitet. Die Formmasse erstarrt dabei im Formwerkzeug, aber auch im Anguss bis hin zur Düse der Maschine. Der Anguss ist meist ein runder Schmelzekanal und kann – je nach zu füllender Werkstückgeometrie – „punkt“förmig, ringförmig oder auch balkenartig an das Werkstück angebunden werden.

Mit oder nach dem Auswerfen wird der erstarrte Anguss vom Werkstück getrennt und es verbleibt eine Markierung, die entweder punktförmig (sog. Anspritzpunkt), ringförmig (meist bei hülsenartigen Werkstücken) oder balkenartig (meist bei plattenartigen Werkstücken) ist.

Aushärten

Aushärten ist der irreversible Übergang vom flüssigen Monomer zum festen Duromer aufgrund chemischer Vernetzung. Einmal ausgehärtete Duromere lassen sich nicht wieder aufschmelzen. Man spricht hingegen bei abkühlenden Thermoplasten nicht vom Aushärten, sondern vom Erstarren. Thermoplaste lassen sich im Gegensatz zu Duromeren immer wieder aufschmelzen und erstarren.

"

Auswerfer

Vorrichtung in Press-, Spritzgieß- und Blasformwerkzeugen zum Ablösen des Formteils von Werkzeugwandungen und gegebenenfalls zum Auswerfen des Formteils aus dem geöffneten Werkzeug. Der Auswerfer kann als Ausdrückstift ausgebildet und am Objekt durch entsprechende, meist runde Abformung sichtbar sein.

Blends

Englischer Ausdruck für eine Mischung von zwei oder mehr polymeren Rohstoffen. Man sagt auch Polyblend, Polymerblends oder Polymerlegierung. Zweck der Mischung sind verbesserte Eigenschaften gegenüber denen der Ausgangspolymere.

Compoundieren / Aufbereitung

Das Compoundieren ist ein Schritt zur sogenannten Aufbereitung von Polymeren. Unter dem Begriff „Aufbereitung" werden in der Kunststofftechnik alle Verfahrensschritte zusammengefasst, die dazu dienen, aus einem Polymer durch Zugabe von Zusatzstoffen überhaupt erst einen verarbeitungsfähigen Kunststoff herzustellen bzw. auch dessen Gebrauchseigenschaften zu verbessern. Verfahrenstechnisch erfolgt die Zugabe und Einarbeitung von Zusatzstoffen meist durch sogenannte Doppelschneckenextruder oder Schneckenkneter.

Copolymere

Es handelt sich dabei um aus zwei oder mehreren verschiedenen Monomeren aufgebaute Polymere. Zweck der Synthese von Copolymeren sind verbesserte Eigenschaften.

Dehnung

Die Längenänderung eines Stücks Werkstoff unter Last bezogen auf seine ursprüngliche Länge ist die Dehnung in Prozent. Die maximale Dehnbarkeit ist die Dehnung eines Stücks Werkstoff oder eines Werkstückes bis zum Bruch.

Dimensionsbeständigkeit

Bezeichnet die Konstanz von Abmessungen z.B. an einem Formteil nach der Herstellung, unabhängig von Krafteinwirkungen. Beispiele sind Maßveränderungen aufgrund von Feuchteaufnahme oder -abnahme, von Temperaturzunahme („Wärmeausdehnung") oder -abnahme („Schwindung") und von Schrumpfen (durch z.B. Aus- oder Nachhärtung oder auch Orientierungsrückstellung).

Elastizität

In der Werkstoffmechanik ist Elastizität das Vermögen eines festen Stoffes zur Rückverformung nach Entfernung einer von außen wirkenden Kraft. Oft wird Elastizität fälschlich für den Begriff Dehnbarkeit verwendet.

Entformung

Unter Entformung versteht man die Entnahme des Formteils aus dem Formwerkzeug. Dies kann entweder händisch oder automatisch mit Hilfe von Auswerfern geschehen.

Extrusionsblasformen

Extrusionsblasformen, auch Blasformen genannt, ist ein Verfahren zur Erzeugung von Hohlkörpern aus thermoplastischen Kunststoffen. Kunststoff wird aufgeschmolzen und mittels Extruder einer Düse zugeführt, die einen schlauchförmigen Vorformling ausbildet. Der Vorformling wird anschließend vom zweiteiligen Formwerkzeug umschlossen und damit am Boden abgequetscht. Im nächsten Schritt wird er mittels Druckluft durch einen sogenannten Blasdorn aufgeblasen, sodass er sich auf die Innenkontur des Formwerkzeugs legt und diese abformt. Nachdem das Material ausreichend abgekühlt und erstarrt ist, öffnet sich das Werkzeug und das Werkstück kann entnommen werden. Werkstück, die aus diesem Verfahren hergestellt wurden, sind meist an der Quetschnaht am Boden erkennbar.

Farbmittel

Farbmittel ist der Sammelbegriff für alle farbgebenden löslichen oder unlöslichen Stoffe, also für sowohl Pigmente als auch Farbstoffe.

Farbstoff

Farbstoffe sind lösliche organische, synthetische oder natürliche Produkte, die vorwiegend zum Färben von wässrigen Flüssigkeiten, Kunststoffschmelzen, Tinten und Tuschen verwendet werden.

FEM (Finite Element Methode)

Die Finite Elemente Methode ist eine rechnergestützte Methode aus dem Bereich der Technikwissenschaften, um virtuelle Werkstückprüfungen durchzuführen. Ein Beispiel ist die Berechnung von Deformationen unter Einwirkung äußerer Kräfte.

Festigkeit

Die Festigkeit ist der Widerstand gegen Riss- oder Bruchbildung unter Krafteinwirkung. Sie ist nicht mit der Steifigkeit zu verwechseln.

Formpressen

Das Formpressen ist ein ursprüngliches Verfahren der Kunststoffverarbeitung. Es wird hauptsächlich für die Verarbeitung vernetzender Formmassen, d.h. Duromere und Elastomere, eingesetzt. Im ersten Prozessschritt wird die unvernetzte Formmasse in ein auf Reaktionstemperatur beheiztes Presswerkzeug eingebracht. Anschließend wird die Form geschlossen, sodass die erwärmte Formmasse in die Form fließt und diese ausfüllt. Nachdem das Formteil ausgehärtet ist, kann das Werkzeug geöffnet und das Formteil entnommen werden. Aus dem Prinzip der Entformung ergibt sich, dass das Formpressen lediglich Geometrien ohne sogenannte Hinterschneidungen (auch: Hinterschnitte) erlaubt, ansonsten wären sie nicht aus der Form herausnehmbar.

FT-IR-Spektroskopie

Die FT-IR-Spektroskopie (FT-IR für Fourier-Transform-Infrarot-Spektroskopie) ist ein Verfahren der Molekülspektroskopie und dient der Strukturaufklärung von unbekannten Werkstoffen sowie der halb-quantitativen Bestimmung von bekannten Substanzen. Verschiedene Moleküle oder Molekülteile werden verschieden durch IR-Strahlung angeregt bzw. von diesen „geschluckt". Daraus entstehen charakteristische Absorptionsbanden bei definierter Wellenlänge der IR-Strahlung, eine Art Fingerabdruck, der Aufschluss über die Zusammensetzung des untersuchten Werkstoffs gibt.

Hochfrequenzschweißen

Hochfrequenzschweißen ist ein Verfahren zum Schweißen von – meist folienartigen – Kunststoffen. Ein elektromagnetisches Wechselfeld, ähnlich einer Mikrowelle, erwärmt den thermoplastischen Werkstoff, bis er beginnt zu schmelzen. Dann wird er zusammengedrückt und bis zum Erkalten gehalten.

Kalander

Ein Kalander besteht aus drei oder mehreren polierten temperierten Stahlwalzen, die miteinander drehen. Eine Kunststoffmasse kann durch die Walzen geleitet werden und – je nach Spalt zwischen den Walzen – zu Folien und dünnen Platten „ausgerollt" werden. Das Kalandrieren wird meist bei Polyvinylchlorid eingesetzt.

Lichtbrechung

Tritt ein Lichtstrahl von einem transparenten Medium auf ein anderes Medium mit unterschiedlicher Dichte über, so wird es zum Teil reflektiert und zum Teil verändert es an der Grenze beider Stoffe seine Richtung. Diesen Vorgang nennt man Lichtbrechung.

Der Winkel, den der einfallende Lichtstrahl und das Einfallslot bilden, heißt Einfallswinkel. Der Winkel, den der gebrochene Lichtstrahl und das Einfallslot bilden, heißt Brechungswinkel.

Die dimensionslose Größe für die Lichtbrechung ist der Brechungsindex n, auch Brechzahl genannt. Der Sinus des Einfallswinkels geteilt durch den Sinus des Brechungswinkels ergibt den Brechungsindex (n = sin Einfallswinkel / sin Brechungswinkel).

Lichtechtheit

Unter Lichtechtheit versteht man die Beständigkeit von Farbmitteln unter Einwirkung von energiereicher Strahlung (z.B. UV-Strahlung). Chemische Medien können die Lichtechtheit ebenfalls beeinflussen.

Masterbatch

Masterbatches sind Gemische von Farbmitteln, oftmals von Farbpigmenten, die in hoher Konzentration in Polymere eingebunden sind. Sie bilden ein Konzentrat, welches während der Verarbeitung von Kunststoffen beigemischt werden können, um eine gewünschte gleichmäßig verteilte Einfärbung zu erhalten.

Matrix oder Matrixmaterial

Im Zusammenhang mit faserverstärkten Verbundwerkstoffen liegen im Matrixmaterial oder dem Matrixwerkstoff die Fasern eingebettet vor. Als Beispiel sei hier Polyester als Matrixmaterial bei vielen glasfaserverstärkten Kunststoffen genannt.

Mehrkomponenten-Spritzgießverfahren

Das Mehrkomponenten-Spritzgießverfahren stellt ein Sonderverfahren in der Spritzgießtechnik dar, dessen Besonderheit darin besteht, unterschiedliche thermoplastische Kunststoffe in einem Verarbeitungsschritt innerhalb eines Werkstücks zu kombinieren. Dies geschieht beispielsweise, indem zunächst in einem kleineren Formnest ein Vorspritzling erzeugt wird, an den oder um den in einem nächsten Prozessschritt in einem größeren Formnest weiterer Kunststoff aus einem anderen Kunststoff oder einer anderen Farbe angespritzt wird.

Pigmente

Pigmente sind organische oder anorganische bunte oder unbunte pulverförmige Farbmittel, die in Wasser, Lösungsmitteln oder Bindemitteln praktisch unlöslich sind. Pigmente führen zu deckender bis durchscheinender Färbung der Kunststoffwerkstücke.

Plastifizieren

Das Überführen einer Formmasse in einen hinreichend fließfähigen Zustand wird Plastifizieren genannt. Man unterscheidet zwischen dem Plastifizieren durch Zugabe weichmachender Substanzen (meist bei PVC) oder durch Temperatur mit Hilfe von Knetern, Extrudern, Spritzgießmaschinen oder Kalandern.

Ressourceneffizienz

Die Ressourceneffizienz ist nach VDI 4800 als Kenngröße definiert, die sich aus dem Verhältnis der verwendeten natürlichen Ressourcen (Energie, Wasser, Luft, Erdboden) zum fertigen Produkt ergibt. Ein erweiterter Ressourcenbegriff umfasst sowohl die natürlichen Ressourcen als auch die Produktionsmittel Material, Personal und Maschine.

Schäumen

Geschäumte Kunststoffe sind leichte Werkstoffe mit zelliger (offener oder geschlossener) Struktur. Schäume entstehen entweder mithilfe von bspw. Schaumbildnern (z.B. Treibmitteln) oder durch ein plötzliches Entspannen (Druck reduzieren) von Gasen oder Lösungsmitteln.

Schieber

Schieber sind bewegliche Konturelemente in Formwerkzeugen zum Entformen nicht in der Hauptentformungsrichtung liegender Hinterschneidungen.

Spritzgießverfahren

Das Spritzgießverfahren ist das wichtigste Verfahren der Fertigungstechnik für geformte Kunststoffteile. Ursprünglich für thermoplastische Kunststoffe entwickelt,

ist es heutzutage auch auf Duromere und Elastomere anwendbar. Es umfasst das Plastifizieren des pulvrigen oder granulierten Rohstoffs und seine Überführung unter hoher Geschwindigkeit und hohem Druck über eine Schnecke in die Werkzeughöhlung bzw. das Formwerkzeug. Dort erstarrt die Formmasse (bei Thermoplasten durch Kühlung, bei Duromeren und Elastomeren durch Vernetzen / Aushärten), sodass das Formteil ausgeworfen werden kann. Mit dieser Verarbeitungsmethode können in großer Stückzahl und schnell viele Einzelteile bzw. Werkstücke hergestellt werden.

Spritzstreckblasen

Ein Blasformverfahren, bei dem ein auf entsprechende Temperatur gebrachter spritzgegossener Vorformling aufgeblasen wird. Es werden hiermit meist behälterförmige Werkstücke gefertigt, die hohem Druck standhalten.

Steifigkeit

Die Steifigkeit eines Werkstoffs ist dessen Widerstand gegen Verformung. Ist die Verformung bei gleicher Last geringer, ist der Werkstoff steifer. Ist die Verformung bei gleicher Last größer, ist der Werkstoff nachgiebiger. Die Steifigkeit ist nicht mit der Festigkeit zu verwechseln.

Stereolithografie

Bei der Stereolithografie handelt es sich um das älteste aller 3D-Druck-Verfahren. Das Verfahren zeichnet sich unter den 3D-Druck-Verfahren durch eine hohe Präzision aus. Werstücke, die mittels Stereolithografie erzeugt wurden, sind vergleichsweise spröde (wenig dehnfähig). Aufgrund der hohen Genauigkeit ist das Verfahren jedoch prädestiniert für Anschauungsobjekte, beispielsweise in der Architektur oder Medizin. Das Verfahren zeichnet sich dadurch aus, dass das herzustellende Objekt in einem Bad aus flüssigen, lichtempfindlichen Basismonomeren mittels Laser in dünnen Schichten ausgehärtet wird. Nach jeder ausgehärteten Schicht senkt sich die Bauplattform, auf der das Objekt hergestellt wird, weiter in das Harzbecken ab. Nachdem der Schichtaufbau abgeschlossen ist, wird das Objekt in einem Nachvernetzungsofen vollständig ausgehärtet.

Strangablegeverfahren (FFF)

Beim Strangablegeverfahren, welches auch unter dem Kürzel FFF (für Fused Filament Fabrication) bekannt ist, handelt es sich um eines der am häufigsten eingesetzten 3D-Druck-Verfahren. Das Verfahren zeichnet sich durch seine Eignung für eine breite Palette von thermoplastischen Materialien aus. Bei der Herstellung eines Objekts führt ein Fördermechanismus ein Kunststoff-Filament in eine beheizte Düse ein, wo das Material geschmolzen und als Strang extrudiert wird. Ein Portal bewegt den Extruder in der horizontalen x-y-Ebene, während das Material auf die Bauplattform aufgetragen wird. Durch das Ablegen werden benachbarte Stränge in einem Schweißprozess miteinander verbunden. Dieser Prozess wird Schicht für Schicht wiederholt, bis das Objekt vollständig hergestellt ist.

Streckblasformen

Wie das Extrusionsblasformen dient auch das Streckblasformen der Herstellung von Hohlkörpern aus thermoplastischen Kunststoffen. In Abgrenzung zu ersterem Verfahren wird beim Streckblasformen zuerst ein Vorformling im Spritzgießprozess hergestellt und abgekühlt transportiert. In einem folgenden Verfahrensschritt wird er innerhalb einer Streckblasformmaschine erneut erwärmt und zu einem Hohlkörper aufgeblasen. Ein charakteristisches Merkmal der im Streckblasverfahren hergestellten Hohlkörper ist ein Anspritzpunkt am Gegenstand.

Umformung

Ist ein spanloses Verarbeitungsverfahren, bei dem Platten, Stäbe oder Rohre in eine gewünschte Form (Gestalt) gebracht werden. Dazu zählen Tiefziehen, Kanten, Warmformen, Schmieden, Prägen usw. Das Umformen erfordert also zunächst die Herstellung von Halbzeugen durch ein Urformverfahren.

Urformverfahren

Das Urformverfahren bezeichnet die Herstellung von festen Werkstücken oder Halbzeugen aus formlosen Stoffen wie zum Beispiel Schmelzen, Pulver oder Granulat.

Vorformling

Das zum Formen eines Hohlkörpers beim Blasformverfahren (Extrusionsblasformen oder Streckblasformen) erforderliche Zwischenprodukt (Halbzeug), das durch einen Urformvorgang hergestellt und im Blaswerkzeug zum Blasteil umgeformt wird.

Weichmacher (Plastifikatoren)

Dabei handelt es sich um Substanzen, die eine Weichmachung bewirken. Sie werden meist in Polyvinylchlorid (PVC) eingesetzt. Unterschieden wird zwischen innerer und äußerer Weichmachung. Die innere Weichmachung erfolgt durch die Polymerisation von weichen und harten Kunststoffen zu Mischpolymerisaten. Die äußere Weichmachung erfolgt durch das Zumischen von weichmachenden Substanzen, meist ölartige Flüssigkeiten, die mit den körnigen, vorwiegend aber pulverförmigen, harten Kunststoffen innig verknetet werden. Durch Menge und Art des Weichmachers oder Weichmachergemisches können Endprodukte von lederartig bis gummiartig weichem Zustand erreicht werden.

6 | Katalog der abgebildeten Objekte

Maßangaben jeweils in cm, Höhe × Breite × Tiefe.
Inventarnummern beginnend mit „K" sind Objekte aus
der Sammlung des Deutschen Kunststoff-Museums

Seite 22
K–2011–00008
Stuhl *Känguru*, Serie *Variopur*
Entwurf: Moeckl, Ernst
Entwurfsdatum; 1965–1968
VEB PCK (Petrochemisches Kombinat), Schwedt, Deutsche
Demokratische Republik
ab 1972
Polyurethan (PUR)
geschäumt
76,0 × 45,0 × 46,5

Seite 50
K–2016–00003
Schaukasten „Deutsche Kunststoffe"
Hans Pickardt, Wuppertal
Deutschland
um 1938
54,5 × 46,8 × 5,5

Seite 52
K–2009–00753
Werbebroschüre Bakelite® „Der Stoff der 1000 Möglichkeiten"
Bakelite® Gesellschaft GmbH, Erkner
Deutschland
1935
28,4 × 10,5 × 0,3

Seite 53
LVR-Industriemuseum, rz 18/179
Werbeblatt „Haushalt-Artikel aus deutschem Werkstoff"
Deutschland
1938
Johannes Buchsteiner, Gingen/Fils
Deutschland
Papier
29,9 × 21,0

Seite 55
K–2017–00008
Lehrschau Kunststoffe auf der K '52 in Düsseldorf

Konzeption: Sächtling, Hansjürgen
Fotografie: Bouserath, P., Sieglar
Bundesrepublik Deutschland
1952

Seite 64 oben
K–2002–00713
Teleskop-Trinkbecher
Perstop AB, Malmö
Schweden
1930–1940
Phenol-Formaldehyd (PF)
Pressteil
3,0 × 7,0 × 7,0

Seite 64 unten
K–2016–00855
Teleskop-Trinkbecher
1925–1930
Aluminium
6,4 × 6,7 × 6,7

Seite 66
K–1997–00981
Telefon *W28*
Siemens & Halske, Berlin
Entwurf: Siemens Gruppe für Formberatung
Entwurfsdatum: 1928
Deutschland
1928–1936
Phenol-Formaldehyd (PF), Metall
Pressteil
16,5 × 24,5 × 15,5

Seite 67
K–2019–00075
Thermoskanne
RWS - Rheinisch-Westfälische Sprengstoffwerke AG, Troisdorf
Deutschland
um 1931
Harnstoffformaldehyd (UF), Glas

Pressteil, teilweise spanabhebend bearbeitet
23,5 × 17,0 × 17,0

Seite 68
LVR-Industriemuseum, rz 18/109
Brotschale
Presswerk Weiskirchen, Weiskirchen
Entwurf: Turnwald, Hans
Deutschland
um 1955
Phenol-Formaldehyd (PF)
Pressteil
5,0 × 29,0 × 20,0

Seiten 70 links, 72 oben rechts
K–2011–00065
Kinderbadewanne *Revolit*
Reppel & Vollmann GmbH & Co., Kierspe
Bundesrepublik Deutschland
1950er–1960er Jahre
Polyethylen (PE)
Spritzguss
27,0 × 57,0 × 42,5

Seiten 70 rechts, 71, 77 unten rechts, 78 unten
K–2019–00490
Wäschewanne
Sulo GmbH, Herford
Entwurf: Colani, Luigi
Bundesrepublik Deutschland
1970er Jahre
Polyethylen (PE)
Spritzguss
24,0 × 39,5 × 55,0

Seite 71 unten
K–2019–00216
Wäschekorb *Revolit*
Reppel & Vollmann GmbH & Co., Kierspe
Bundesrepublik Deutschland
1950er–1960er Jahre
Polyethylen (PE)
Spritzguss
29,0 × 60,0 × 41,0

Seiten 72 oben links, unten, 77 oben
K–2020–00609
Wäschekorb
Gerda Plastic, Gerdes & Co., Schwelm
Bundesrepublik Deutschland

1970er Jahre
Polyethylen (PE)
Spritzguss
23,0 × 62,0 × 40,0

Seite 73 links
K–2019–00110
Wäschekorb *Atulit*
H. W. Turk KG, Krummener/Westf.
Bundesrepublik Deutschland
1950er Jahre
Rohstofflieferant: Höchst AG, Frankfurt-Höchst
Polyethylen (PE)
Spritzguss
26,0 × 51,5 × 73,0

Seite 73 rechts
LVR-Industriemuseum, ob 89/1058.1
Bade- oder Wäschewanne
Zink Altenberg, Oberhausen
Deutschland
1900–1950
Zinkblech
42,0 × 100,0 × 71,0

Seite 75 links
K–2019–00487
Wäschekorb *Revolit*
Reppel & Vollmann GmbH & Co., Kierspe
Bundesrepublik Deutschland
um 1960
Polyethylen (PE)
Spritzguss
29,0 × 62,0 × 42,0

Seiten 75 rechts, 233 rechts
K–2019–00492
Wäschekorb
Sulo GmbH, Herford
Entwurf: Colani, Luigi
Bundesrepublik Deutschland
1970er Jahre
Polyethylen (PE);
Spritzguss, Thermoformen
29,0 × 47,5 × 65,0

Seite 76 oben rechts
K–2011–00064
Wäschewanne *Revolit*
Reppel & Vollmann GmbH & Co., Kierspe

Bundesrepublik Deutschland
1955–1970
Polyethylen (PE)
Spritzguss
20,0 × 46,2 × 35,0

Seite 77 unten links, 78 oben
K–2020–00650
Wäschekorb
Buchsteiner GmbH & Co. KG, Gingen/Fils
Bundesrepublik Deutschland
1975–1985
Polyethylen (PE)
Spritzguss
24,3 × 59,5 × 38,5

Seite 79 oben
K–1990–00453
Gehäuseteil für elektrisches Handgerät *Vorax*
PAG Preßwerk AG, Essen
Auftraggeber: Bresges & Co. GmbH, Rheydt
Bundesrepublik Deutschland
1954
Phenol-Formaldehyd (PF), Metall
Pressteil
20,5 × 9,3 × 8,4

Seite 80 unten
K–2005–00108
Handbohrmaschine *Vorax*
Bresges & Co. GmbH, Rheydt
Bundesrepublik Deutschland
1950–1960
Phenol-Formaldehyd (PF), Metall
Pressteil
21,0 × 9,0 × 31,5

Seiten 81 oben, 83 rechts
K–2009–00257
Handmixer *ABC-Mix*
ABC-Elektrogeräte Volz GmbH & Co., Kirchheim unter Teck
Bundesrepublik Deutschland
1965–1975
Polystyrol (PS) schlagfest, Polyvinylchlorid (PVC), Polyamid
(PA), Metall
Spritzguss
28,5 × 8,5 × 18,5

Seiten 81 unten, 83 Mitte
K–2008–00028

Elektrischer Handmixer
Bosch Hausgeräte GmbH, München
Bundesrepublik Deutschland
1960–1965
Styrolacrylnitril (SAN), Polyamid (PA), Polyethylen (PE), Poly-
vinylchlorid (PVC), Metall
Spritzguss
27,5 × 8,5 × 18,5

Seite 82 oben links
K–2012–00027
Handmixer *Privileg I*
Auftraggeber: Quelle AG, Fürth
Bundesrepublik Deutschland
1960
Polystyrol (PS), Polyethylen (PE), Polyvinylchlorid (PVC), Metall
Spritzguss
27,5 × 9,2 × 19,5

Seite 82 unten links
K–2011–00005
Handmixer
Moulinex S.A., Alençon
Frankreich
1956–1965
Polystyrol (PS), Polyvinylchlorid (PVC), Metall
Spritzguss
27,0 × 6,8 × 15,5

Seiten 82 oben rechts, unten rechts, 83 links
K–2019–00450
Handmixer
Moulinex S.A., Alençon
Frankreich
1964–1965
Entwurf: 1960
Acrylnitril-Butadien-Styrol (ABS), Polyvinylchlorid (PVC),
Metall
Spritzguss
27,0 × 8,5 × 20,0

Seite 84 links
K–2021–00012
Elektrischer Mixer *Philips HM 3000*
Philips, Hamburg
Bundesrepublik Deutschland
1955–1965
Polystyrol (PS) schlagfest, Polyvinylchlorid (PVC), Metall
Spritzguss
27,5 × 8,0 × 16,0

Seiten 84 rechts, 85
K–2021–00007
Elektrischer Mixer *Krups 3 Mix electronic*
Krups GmbH & Co. KG, Solingen
Entwurf: Glasenapp, Werner
Entwurfsdatum: 1958
Bundesrepublik Deutschland
1960–1970
Polystyrol (PS) schlagfest,
Polyvinylchlorid (PVC), Metall
Spritzguss
25,5 × 8,0 × 8,5

Seite 86 oben, 209 links
K–2021–00014
Elektrischer Mixer *Krups 3 Mix 3000*
Krups GmbH & Co. KG, Solingen
Werksentwurf 1970
Bundesrepublik Deutschland
1978–1983
Acrylnitril-Butadien-Styrol (ABS), Polyvinylchlorid (PVC), Metall
Spritzguss
28,0 × 8,2 × 18,5

Seite 86 unten
K–2017–00003
Elektrischer Mixer und Messer *Rowenta Mixer-Combi*
Rowenta Werke GmbH, Offenbach/Main
Werksentwurf 1978
Bundesrepublik Deutschland
1980–1990
Acrylnitril-Butadien-Styrol (ABS), Polystyrol (PS), Polyvinyl-
chlorid (PVC), Metall
Spritzguss
28,5 × 7,5 × 20,5

Seite 87 oben links
K–2021–00004
Handmixer *Komet RG 5*
VEB Elektrogerätewerk Suhl, Suhl
Deutsche Demokratische Republik
1965–1967
Acrylnitril-Butadien-Styrol (ABS), Polyvinylchlorid (PVC),
Metall
Spritzguss
27,0 × 7,5 × 16,8

Seite 87 oben rechts
K–2021–00011
Elektrischer Mixer *Krups 3Mix 2000 Plus*

Krups GmbH & Co. KG, Solingen
Entwurf: Maaß, Rudolf (Krups-Design); Limberg, Klaus (Ergo-
nomie)
Entwurfsdatum: 1984
Irland
1990–1991
Acrylnitril-Butadien-Styrol (ABS), Polyvinylchlorid (PVC),
Metall
Spritzguss
30,0 × 8,0 × 16,2

Seite 87 unten
K–2021–00020
Elektrischer Mixer *Siemens HR13EH*
Siemens Electrogeräte GmbH, München
Bundesrepublik Deutschland
1985–1995
Acrylnitril-Butadien-Styrol (ABS), Polyvinylchlorid (PVC),
Metall
Spritzguss
30,0 × 9,0 × 18,5

Seite 88 links
K–2021–00009
Elektrischer Mixer *Krups 3Mix 7000*
Krups GmbH, Groupe SEB
Volksrepublik China
2019
Acrylnitril-Butadien-Styrol (ABS), Polyvinylchlorid (PVC),
Metall
Spritzguss
29,5 × 8,4 × 18,2

Seite 88 rechts
K–2019–00449
Elektrischer Handmixer, M1/11
Braun AG, Frankfurt/Main
Entwurf: Müller, Gerd Alfred
Entwurfsdatum: 1960
Bundesrepublik Deutschland
1960–1965
Polystyrol (PS), Polyvinylchlorid (PVC), Metall
Spritzguss
26,7 × 7,2 × 15,5

Seite 89 oben links
K–2019–00415
Elektrischer Handmixer *Philips Electronic 5*
Philips N.V., Eindhoven
Niederlande

1965–1975
Acrylnitril-Butadien-Styrol (ABS), Polyvinylchlorid (PVC), Metall
Spritzguss
26,5 × 8,3 × 18,0

Seite 89 unten
K–2016–00358
Handmixer
Philips N.V., Eindhoven
Niederlande
1975–1985
Acrylnitril-Butadien-Styrol (ABS), Polyvinylchlorid (PVC), Metall
Spritzguss
28,0 × 8,5 × 18,5

Seite 89 oben rechts
K–2011–00027
Handmixer
Philips N.V., Eindhoven
Niederlande
1965–1975
Acrylnitril-Butadien-Styrol (ABS), Polyvinylchlorid (PVC), Metall
Spritzguss

Seite 92 oben
K–2016–00922
Sevierschüssel
Biodrak
Griechenland
um 1960
Polyethylen (PE)
Mehrkomponentenspritzguss
8,0 × 24,0 × 24,0

Seite 92 unten
K–2003–00025
Kinderzahnbürste *Oral B - stages 1*
Braun GmbH, Kronberg
Bundesrepublik Deutschland
2002
Polypropylen (PP), Styrol-Ethylen-Butylen-Styrol (SEBS)
Mehrkomponentenspritzguss
1,5 × 2,0 × 14,5

Seite 92 unten
K–2003–00058
Kinderzahnbürste *Oral B - stages 2*
Braun GmbH, Kronberg
Bundesrepublik Deutschland
2002

Polypropylen (PP), Styrol-Ethylen-Butylen-Styrol (SEBS)
Mehrkomponentenspritzguss
1,7 × 1,3 × 14,0

Seite 92 unten
K–2022–00082
Kinderzahnbürste *eurodont*
M + C Schiffer GmbH, Neustadt / Wied
Auftraggeber: Aldi, Mülheim / Ruhr
Bundesrepublik Deutschland
2022
Polypropylen (PP), Thermoplastisches Elastomer (TPE)
Mehrkomponentenspritzguss
1,5 × 1,8 × 15,5

Seite 93
K–2008–00018
Standpuppe *Mädi*
Schildkröt, Rheinische Gummiwaren- und Celluloidfabrik,
Mannheim
Entwurfsdatum: 1923
Bundesrepublik Deutschland
1953
Cellulosenitrat (CN)
Thermoformung (Pressblasen)
16,8 × 1,5 × 5,5

Seite 95 oben links
K–2015–00189
Spielzeugente
Wilhelm Melk Spielwarenfabrik, Egelsbach
Bundesrepublik Deutschland
2015
Polyethylen (PE)
Extrusionsblasformen
7,5 × 6,4 × 7,5

Seite 95 oben rechts
LVR-Industriemuseum, rz 17 / 152
Werkzeug für Extrusionsblasformen
Wilhelm Melk Spielwarenfabrik, Egelsbach
um 1960
Bundesrepublik Deutschland
Stahl
12,0 × 20,5 × 18,0

Seite 95 unten links
K–1992–00779
10-Liter-Flasche, Säureflasche
Kautex Werke Reinhold Hagen GmbH, Bonn

Bundesrepublik Deutschland
1950
Polyethylen LD (LDPE)
45,0 × 24,0 × 24,0

Seite 95 unten rechts
K–2014–00042
Formwerkzeug für Säureflasche, Fotografie
Kautex Werke Reinhold Hagen GmbH, Bonn
Bundesrepublik Deutschland
1950
12,6 × 17,7

Seite 96
K–1995–00219
Tank für Porsche 911
K. Kurz Hessentol KG, Ludwigshafen
Rohstofflieferant: BASF AG, Ludwigshafen
Bundesrepublik Deutschland
1970
Polyethylen HD (HDPE)
Hohlkörperblasen
36,0 × 80,0 × 75,0

Seite 97
K–2016–00007
Rutschauto *Bobby-Car*
BIG Spielwarenfabrik GmbH & Co. KG, Fürth
Bundesrepublik Deutschland
2015
Werksentwurf
Entwurfsdatum: 1971
Polyethylen (PE), Elastomer, Metall
Hohlkörperblasen, Spritzguss
41,0 × 28,5 × 58,0

Seite 98
K–1998–00381
Schädelmodell zur Operationsvorbereitung
CP-Centrum für Prototypenbau, Erkelenz
Bundesrepublik Deutschland
1998
Acrylat
Stereolithographie
14,0 × 15,2 × 19,6

Seite 99
K–2019–00537
Hocker *Terra*
BigRep GmbH, Berlin

Entwurf: Cristofori, Marco Mattia
Bundesrepublik Deutschland
2019
Polylactid (PLA)
3-D-Druck
47,0 × 34,2 × 31,3

Seite 100
K–2016–00008
Fahrradrahmen *Aenimal Bhulk*
Eurocompositi, Padua
Entwurf: Genovese, Marco
Italien
2015
Polylactid (PLA)
3-D-Druck

Seite 108
K–1990–00519
Kajak Typ 47
Bootsbau Berlin GmbH, Berlin
Bundesrepublik Deutschland
1991
Epoxidharz (EP), Glasfaser
Handlaminat
29,0 × 55,0 × 285,0

Seite 115 oben links
K–2022–00052
Pfandflasche für Mineralwasser, Normbrunnenflasche
Entwurf: Kupetz, Günter
Entwurfsdatum: 1971
Auftraggeber: Genossenschaft Deutscher Brunnen, Bonn
Bundesrepublik Deutschland
2000–2010
Glas

Seite 115 oben links
K–2022–00053
Pfandflasche für Mineralwasser, Normbrunnenflasche
Bundesrepublik Deutschland
2020–2022
Auftraggeber: Genossenschaft Deutscher Brunnen, Bonn
Polyethylenterephtalat (PET), Polyethylen (PE)
Streckblasformen, Spritzguss
27,8 × 8,0 × 8,0

Seite 116
K–2018–00132
Essigflasche *Hengstenberg Altmeister*

Bundesrepublik Deutschland
1993–2000
Auftraggeber: Hengstenberg GmbH & Co. KG, Esslingen
Glas, Polyethylen (PE)
26,0 × 7,5 × 7,5

Seite 116
K–2018–00133
Essigflasche *Hengstenberg Altmeister*
Bundesrepublik Deutschland
1993–2000
Hengstenberg GmbH & Co. KG, Esslingen
Polyethylenterephtalat (PET), Polyethylen (PE)
Streckblasformen, Spritzguss
25,0 × 7,3 × 7,3

Seite 118
K–2022–00054
Schwimmflügel
Bema, Happy People GmbH & Co. KG, Bremen
Bundesrepublik Deutschland
2020–2021
Entwurf: Markwitz, Bernhard
Entwurfsdatum: 1964
Polyvinylchlorid (Weich-PVC)
Extrudieren; geschweißt
8,0 × 16,0 × 26,5

Seite 124 oben rechts
K–2022–00056
Schwimminsel, Peacock Intex 57250
Intex Ltd., Hongkong
2020–2021
Polyvinylchlorid (Weich-PVC)
Extrudieren, geschweißt
94,0 × 193,0 × 163,0

Seite 125
K–2016–00685
Reisekoffer
Frankreich (?)
1930–1950
Vulkanfiber, Holz
56,0 × 80,0 × 28,5

Seite 126 oben
K–2016–01420
Reisekoffer
1920–1940

Vulkanfiber (Regenerierte Cellulose, Holz, Papier, Metall
Thermoformung
42,5 × 65,5 × 18,5

Seite 126 unten
K–2003–00346
Koffer, links: Vulkanfiber, rechts: Polypropylen (Kleinbilddia)
Arbeitsgemeinschaft Deutsche Kunststoff-Industrie
Bundesrepublik Deutschland
1966

Seite 127
K–2016–00684
Reisekoffer
Jetbag GmbH, Neumarkt
Bundesrepublik Deutschland
1977–1980
Kunstleder aus Polyvinylchlorid (PVC), Metall, Polyamid (PA)
52,0 × 61,0 × 22,0

Seite 128 links
K–2021–00161
Reisekoffer *Samsonite Teenager*
Samsonite, Denver
USA
1965–1975
Polyamid (PA), Elastomer, Metall
Spritzguss, gewebt
57,0 × 66,5 × 24,0

Seite 128 rechts
K–2021–00158
Reisekoffer der Linie Stratoflex
Mädler, Offenbach / Main
Bundesrepublik Deutschland
1960–1970
Polyvinylchlorid (PVC), Cellulosenitrat (CN), Textil
Tiefziehen
51,5 × 66,0 × 18,0

Seite 129 links
K–2007–00206
Reisekoffer *Tango*
Rimowa, Köln
Bundesrepublik Deutschland
2006
Polycarbonat (PC), Polyamid (PA), Aluminium
Tiefziehen, Spritzguss
81,0 × 55,5 × 34,0

Seite 129 rechts
K–2019–00414
Hartschalenkoffer *Visa*
1985–1995
Polypropylen (PP), Metall, Elastomer
Tiefziehen
53,0 × 71,5 × 21,0

Seite 130
K–2011–00176
Koffer und Roller *Micro Travel Scooter*
Micro Mobility Systems GmbH, Samsonite Europe, Küsnacht
Werksentwurf
Schweiz
2010
Polyamid (PA), Polypropylen (PP), Metall
Spritzguss

Seite 131 oben
K–2017–00062
Werkzeug- oder Aktenkoffer *Ulmer Koffer*
1975–1980
Entwurf: Raacke, Peter
Entwurfsdatum: 1974
Bundesrepublik Deutschland
Polypropylen (PP)
Tiefziehen
36,5 × 40,5 × 8,0

Seite 131 unten
K–2020–00480
Kosmetikkoffer
Samsonite Europe
Frankreich
1985–1995
Polypropylen (PP), Elastomer, Metall
Tiefziehen
32,0 × 38,0 × 19,5

Seite 132
LVR-Industriemuseum, rz 02 / 155
Henkelmann
um 1955
Metall, Emaille, Gummi
10,0 × 14,5 × 8,0

Seite 133 oben links
K–2011–00006
Thermosgefäß
Rotpunkt, Dr. Anso Zimmermann GmbH, Niederaula

Bundesrepublik Deutschland
1965–1975
Styrolkunststoff, Polypropylen (PP), Glas
Spritzguss, Blasformen
25,5 × 11,8 × 11,8

Seite 133 oben rechts
K–2016–00917
Thermosflasche *Aladdin Super Food Flask*
Aladdin Industries Ltd., Hartlepool
Großbritannien
1960–1970
Polyethylen (PE), Glas
Spritzguss
18,3 × 10,8 × 13,3

Seite 133 unten
K–2016–01367
Thermosflasche *Aladdin Super Food Flask*
Aladdin Industries Ltd., Hartlepool
Großbritannien
1960–1970
Polyethylen (PE), Glas
Spritzguss
18,5 × 10,8 × 13,0

Seite 134 links
LVR-Industriemuseum, ob 89 / 916
Butterbrotdose
1930–1950
Aluminium
6,5 × 16,0 × 7,0

Seite 134 rechts
K–1997–01284
Brotdose mit Scharnierdeckel
Bisterfeld & Stolting, Radevormwald
Deutschland
1937–1943
Phenol-Formaldehyd-(PF), Holzmehlfüllung
Pressteil
3,8 × 16,4 × 9,5

Seite 135 links
K–2007–00058
Brotdose mit Stülpdeckel
BKP Berolina GmbH, Berlin-Staaken
Bundesrepublik Deutschland
1950
Harnstoffformaldehyd (UF)

Pressteil
5,8 × 16,3 × 10,3

Seite 135 rechts
K–2020–00129
Verkaufskatalog *Resopal/Kerit*
Plastica GmbH – Verkaufsgemeinschaft für Pressartikel, Berlin
Deutschland
1935
25,2 × 19,2 × 0,3

Seite 136 oben links
K–2019–00050
Brotdose
1970–1990
Polystyrol (PS)
Spritzguss
4,5 × 16,5 × 12,0

Seite 136 unten
K–2019–00528
Brotdose *Klickbox*
Buchsteiner GmbH & Co. KG, Gingen/Fils
Bundesrepublik Deutschland
2000–2010
Entwurfsdatum: 1998
Polypropylen (PP)
Spritzguss
5,0 × 15,5 × 10,5

Seite 136 oben rechts
K–2019–00008
Lunchbox mit Scharnierdeckel
Tupperware, Brüssel
Belgien
1985–1993
Polypropylen (PP)
Spritzguss
9,0 × 15,0 × 15,0

Seite 137 oben
K–2006–00042
Kinderbrottasche, Redesign eines Entwurfs aus den 1970ern
Sonja Plastic, Willibald Böhm GmbH,
Wolkenstein
Bundesrepublik Deutschland
2005
Polyethylen (PE), Polyvinylchlorid (PVC)
Spritzguss
11,3 × 20,5 × 5,8

Seite 138 oben links
K–2009–00020
Brotdose in Lego-Form
Lego-System AS, Billund
Dänemark
2009
Entwurfsdatum: 1985
Acrylnitril-Butadien-Styrol (ABS)
Spritzguss
9,0 × 12,8 × 12,8

Seite 138 oben rechts
K–2019–00508
Brotdose mit Tragegriff Lego
Polen
2016
Lizenz: Lego Group, Billund, Dänemark
Polypropylen (PP), Elastomer
Spritzguss
22,0 × 15,8 × 11,5

Seite 138 unten links
K–2004–00080
Lunchbox *Elegance*
Volksrepublik China
2004
Polystyrol (PS), Polypropylen (PP)
Spritzguss
4,8 × 15,3 × 15,3

Seite 138 unten rechts
K–2021–00141
Faltbare Lunchbox
Vertrieb: Camp 4
2015–2019
Silikonkautschuk, Polypropylen (PP)
Spritzguss
3,30 (entfaltet 6,50) × 25,5 × 18,8

Seiten 139, 247
K–2021–00156
Lunchbox *Bento*
Mepal, Lochem
Niederlande
2021
Polypropylen (PP), Elastomer
Spritzguss
6,5 × 18,5 × 12,0

Seite 140
K–1992–00364
Picknick-Koffer
Coracle,
Thermos Limited, London
Auftraggeber: Harrods Ltd., London
Großbritannien
1930–1950
Weidengeflecht, Leder, Harnstoffformaldehyd (UF), Metall
19,0 × 54,5 × 36,0

Seite 141
K–2020–00156
Picknickkoffer *parat 4*
Dynamit Nobel AG, Troisdorf
Entwurf Geschirrteile: König, Ludwig
Deutschland
1938
Harnstoffformaldehyd (UF), Vulkanfiber (Regenerierte Cellulose), Pappe, Leder, Metall
Pressteil
40,0 × 27,0 × 14,0

Seite 142 links
K–2009–00550
Picknickservice
Selap Spa, Mailand
Entwurf: Boghetich, Adele
Italien
1965–1975
Polyethylen (PE), Polypropylen (PP), Metall
Spritzguss
37,5 × 28,0 × 24,0

Seite 143 links
K–2002–00638
Piknickset *Pic Boll*
Guzzini - Fratelli Guzzini Spa, Recanati
Entwurf: Viglino, C.
Italien
1976
Polypropylen (PP), Polystyrol (PS), Polymethylmethacrylat (PMMA)
Spritzguss
25,5 × 27,0 × 27,0

Seite 143 rechts
K–2016–00057
Picknickkapsel Twin Bird
Twin Bird Industries Kabushiki Gaisha (AG), Tsubame, Niigata

Japan
1972–1975
Polypropylen (PP), Styrolkunststoff, Stahl
Spritzguss
15,5 × 29,5 × 16,0

Seite 144 oben links
K–2019–00431
Kühltasche
Bundesrepublik Deutschland
um 1970
Polyvinylchlorid (PVC), Expandiertes Polystyrol (EPS), Metall
Extrudiert, Folie bedruckt
36,0 × 45,0 × 24,5

Seite 144 rechts
K–2022–00060
Picknickservice *Pac-a-Pic*
Preci-Ware, Syston / Leicester
Großbritannien
1970–1980
Polyethylen (PE), Styrolkunststoff, Elastomer, Metall
Spritzguss, Tiefziehen
26,5 × 37,4 × 33,8

Seite 145
K–2003–00234
Einweg-Geschirr (Kleinbilddia)
Arbeitsgemeinschaft Deutsche Kunststoff-Industrie
Bundesrepublik Deutschland
1966
Expandiertes Polystyrol (EPS)

Seite 146 oben links
K–2019–00161
Isolierbehälter
Bundesrepublik Deutschland
1970–1980
Expandiertes Polystyrol (EPS)
Geschäumt
26,4 × 7,1 × 7,1

Seite 146 oben rechts
K–2007–00155
Imbiss-Schale mit Klappdeckel
Linpac Packaging, Ritterhude
Bundesrepublik Deutschland
2007
Expandiertes Polystyrol (EPS)
Geschäumt

Seite 146 unten links
K–2019–00084
Einwegkaffeekännchen *DSG*
Bramlage GmbH, Lohne
Auftraggeber: DSG, Deutsche Service-Gesellschaft der Bahn
Bundesrepublik Deutschland
1980–1994
Polystyrol (PS)
Spritzguss
10,5 × 8,1 × 12,3

Seite 146 unten links
K–2019–00085
Einwegkaffeetasse *DSG*
Bramlage GmbH, Lohne
Auftraggeber: DSG, Deutsche Service-Gesellschaft der Bahn
Bundesrepublik Deutschland
1980–1994
Polystyrol (PS)
Spritzguss
4,6 × 7,7 × 10,5

Seite 146 unten rechts
K–2019–00080
Einwegtasse für Fluggesellschaft
Anchor Molding Plastics Inc., Minneapolis
Auftraggeber: Delta Airlines
USA
1978
Polystyrol (PS)
Spritzguss
5,4 × 12,0 × 9,0

Seite 147
K–2021–00149
Mehrwegbecher
Volksrepublik China (?)
2019–2020
Silikonkautschuk, Melamin (MF) mit Bambus
Pressteil
14,0 × 9,4 × 9,4

Seite 147
K–2021–00150
Mehrwegbecher aus biobasiertem Kunststoff
Ecoplant, Großbritannien
2018–2019
Silikonkautschuk, Polylactid (PLA)
Spritzguss
12,5 × 9,5 × 9,5

Seite 148, 249
K–2021–00142, 143, 144, 146, 148
Verschiedene Mehrwegboxen für Gastronomie *Elasto REuse*
Elasto Form KG, Sulzbach-Rosenberg
Bundesrepublik Deutschland
2020–2021
Polypropylen (PP)

Seite 150
K–2017–00038
Hocker *L1*, Prototyp
Leibniz-Institut für Polymerforschung Dresden e.V., Dresden
Entwurf: Studierende der Fachrichtung Design der
TU Dresden
Entwurfsdatum: 2016
Bundesrepublik Deutschland
2017

Seite 161
K–2019–00464
Milchkännchen
„CD"
Bundesrepublik Deutschland
1950er Jahre
Polystyrol (PS)
Spritzguss
8,0 × 11,0 × 15,3

Seite 163 oben links
LVR-Industriemuseum, ra 02/317
Sandalette mit Acrylabsatz
um 1940
Polymethylmethacrylat (PMMA), Polyvinylchlorid (PVC)
Extrudiert, gegossen, graviert
23,0 × 12,0 × 10,0

Seite 163 oben rechts
K–1992–00337
Handtasche
USA
um 1940
Cellulosenitrat (CN), Polymethylmethacrylat (PMMA),
Plattenmaterial gesägt, thermoplastisch verformt
25,0 × 16,0 × 11,5

Seite 163 unten links
K–1992–00485
Handtasche
USA
um 1940

Polymethylmethacrylat (PMMA)
23,0 × 19,5 × 13,5

Seite 163 unten rechts
K–1992–00381
Tischlampe *Gherpe*
Poltrova Montale, Pistoia
Entwurf: Superstudio 1967
Italien
2000
Polymethylmethacrylat (PMMA), Metall
Plattenmaterial gesägt, Thermoformung
43,0 × 19,5 × 27,0

Seiten 166, 167
K–2019–00429
Obstreibe
„CD"
Bundesrepublik Deutschland
Polystyrol (PS)
Spritzguss
2,8 × 19,0 × 9,2

Seite 167 unten
K–2019–00493
Obstreibe
Oberhausener Glasfabrik; Funke & Becker
Oberhausen
Deutschland
ca. 1953
Pressglas
2,8 × 19,0 × 9,4

Seite 168
K–2019–00291
Obstreibe
Gerda Plastic, Gerdes & Co., Schwelm
Bundesrepublik Deutschland
1950–1955
Harnstoffformaldehyd (UF)
Pressteil
2,5 × 8,8 × 18,8

Seite 169
K–2016–00840
Runde Dose mit Stülpdeckel (grün)
Styrolacrylnitril (SAN)
Spritzguss
5,8 × 15,3

Seite 169
K–2016–00840.2
Runde Dose mit Stülpdeckel (rosa)
Styrolacrylnitril (SAN)
Spritzguss
5,8 × 15,3

Seite 169
K–2016–00840.3
Runde Dose mit Stülpdeckel (klar)
Styrolacrylnitril (SAN)
Spritzguss
5,8 × 15,3

Seiten 171, 172
K–2016–00844
Butterdose
Polystyrol (PS)
Spritzguss
12,0 × 19,8 × 11,5

Seiten 174 oben rechts, 260 oben
K–2016–00836
Marmeladengefäß
Georg Kayser KG (?), Süssen / Württemberg
Bundesrepublik Deutschland
um 1955
Polystyrol (PS), Glas
Spritzguss
10,5 × 14,0 × 14,0

Seite 174 unten
K–2015–00133
Butterdose
Deutschland (?)
1930–1950
Harnstoffformaldehyd (UF), Glas
Pressteil
8,5 × 15,4

Seiten 175, 178
K–1992–00331
Spielzeugroboter *Mr. Machine*
Ideal Toy Corporation, Hollis, New York
USA
um 1977
Polymethylmethacrylat (PMMA), Styrolkunststoff, Metall
Spritzguss
45,0 × 15,0 × 25,0

Seiten 178, 180
K–2016–00791
Spielzeugroboter *Mr. Machine*
Ideal Toy Corporation, Hollis, New York
USA
um 1977
Polyethylen (PE), Styrolkunststoff, Metall
44,2 × 15,3 × 23,1

Seiten 181, 184
K–1992–00374
Spielzeugroboter *Dux-Astroman*
Dux, Markes & Co. KG, Lüdenscheid
Bundesrepublik Deutschland
1961
Polymethylmethacrylat (PMMA), Polystyrol (PS) schlagfest,
Metall
Spritzguss
30,0 × 12,0 × 10,2

Seiten 186, 188 rechts
K–1998–00094
Tastentelefon *FeTAp*
Siemens AG, Bocholt
Bundesrepublik Deutschland
1977
Styrol Kunststoff, Polyvinylchlorid (PVC), Metall
Spritzguss
11,0 × 22,0 × 15,5

Seiten 188 links, 234 rechts
K–1997–01576
Tastentelefon *FeTAp*
Siemens AG, Bocholt
Bundesrepublik Deutschland
1977
Acrylnitril-Butadien-Styrol (ABS), Polyvinylchlorid (PVC),
Metall
Spritzguss
11,0 × 22,0 × 15,5

Seite 190
K–2010–00134
Telefon *Inner Works*
Lonestar
USA
1970–1980
Polycarbonat (PC), Polyvinylchlorid (PVC), Metall
Spritzguss
8,7 × 7,5 × 22,0

Seite 192
K–2010–00059
Telefon *Swatch TwinPhone*
Swatch Telecom AG, Biel
Entwurf: Giugiaro, Giorgio; Italdesign
Entwurfsdatum: 1988
Schweiz
1988–1995
Polycarbonat (PC), Metall
Spritzguss
8,5 × 7,0 × 24,0

Seite 193, 194
K–2020–00102
Telefon mit Anrufbeantworter *Swatch Twintam*
Swatch Telecom AG, Biel
Entwurf: Giugiaro, Giorgio; Italdesign
Entwurfsdatum: 1992
Schweiz
1992
Polycarbonat (PC), Metall
Spritzguss
8,5 × 7,0 × 24,0

Seite 195
K–2019–00536
Audiokassette *BASF Maxima*
BASF AG, Ludwigshafen
Bundesrepublik Deutschland
1990
Styrolkunststoff, Polyethylenterephtalat (PET)
1,5 × 11,0 × 7,0

Seite 196 links
K–2020–00288
Spielekonsole *Nintendo ‚Gameboy*
Nintendo Co. Ltd. Kabushiki-Gaisha (AG), Kyoto
Japan
1989–1995
Acrylnitril-Butadien-Styrol (ABS), Metall
Spritzguss
3,2 × 8,8 × 14,6

Seiten 196 rechts, 241
K–2020–00230
Computer *Apple iMac G3*
Apple Computer Inc, Cupertino, Calif.
Entwurf: Ive, Jonathan
USA
1998

Polycarbonat (PC), Blend aus (ABS) + (PC), Metall
Spritzguss
36,5 × 37,5 × 43,0

Seite 198 links
K–2022–00080
Radiowecker
Volksrepublik China
Auftraggeber: Strijbosch B.V., Nistelrode (NL)
2021
Acrylnitril-Butadien-Styrol (M-ABS) (?), Polyvinylchlorid
(PVC), Metall
Spritzguss
4,4 × 12,5 × 9,8

Seite 198 rechts
K–2022–00081
Radio/CD-Player
Volksrepublik China
Auftraggeber: Strijbosch B.V., Nistelrode (NL)
2021
Acrylnitril-Butadien-Styrol (M-ABS) (?), Polyvinylchlorid
(PVC), Metall
Spritzguss
12,00 × 21,0 × 23,0

Seite 199
K–2021–00003
Armlehnenstuhl *Louis Ghost*
Kartell Spa, Noviglio
Entwurf: Starck, Philippe
Entwurfsdatum: 2002
Italien
2020
Polycarbonat (PC)
Spritzguss
95,0 × 52,8 × 49,5

Seite 206
K–2020–00145
Kasten mit Farbmustern *Monsanto Lustrex*
Monsanto Chemical Company, Springfield/ Massachusetts
USA
1960–1970
Polystyrol (PS)
Spritzguss
6,5 × 34,3 × 42,0

Seite 208
K–1998–00057

Wäschekorb *2 Hands*
Authentics Artipresent GmbH, Holzgerlingen
Entwurf: Grcic, Konstantin
Entwurfsdatum: 1995
Bundesrepublik Deutschland
1998
Polypropylen (PP)
Spritzguss
24,3 × 59,5 × 54,5

Seite 209 Mitte
K–2011–00046
Handmixer *Privileg (RG 28)*
AKA Electric, VEB Elektrogerätewerk Suhl, VVB Elektrische
Konsumgüter, Suhl
Deutsche Demokratische Republik
1979–1989
Entwurf: Boeser, Kurt
Auftraggeber: Quelle AG, Fürth
Acrylnitril-Butadien-Styrol (ABS), Polyvinylchlorid (PVC),
Metall
Spritzguss
28,0 × 8,0 × 17,5

Seite 209 rechts
K–2019–00433
Rührbecher
Rubbermaid GmbH, Dreieich
Bundesrepublik Deutschland
1970–1975
Polyethylen (PE), Elastomer
Spritzguss
14,5 × 15,0 × 15,0

Seite 211 oben
K–2002–00181
Zierkamm
Frankreich (?)
1890–1910
Schildpatt
Thermoformung, gesägt, graviert
3,7 × 17,6 × 18,0

Seite 211 oben
LVR-Industriemuseum, ra 12/516
Zierkamm
1890–1910
Schildpatt
spanabhebend bearbeitet
3,0 × 13,0 × 14,5

Seite 211 unten
K–2002–00180
Zierkamm
Frankreich (?)
1900–1920
Cellulosenitrat (CN)
Plattenmaterial gesägt, Thermoformung
3,9 × 11,5 × 16,7

Seite 212 oben
K–2016–00298
Schmuckkästchen
1920–1950
Cellulosenitrat (CN) über Holzkern, Metall
Folie thermoplastisch geformt
6,0 × 13,0 × 8,6

Seite 212 unten
K–1992–00650
Musterbuch Celluloid
Deutschland
1940–1955
Cellulosenitrat (CN), Pappe
Plattenmaterial geschnitten
7,0 × 43,0 × 31,0

Seite 213
K–2004–00207
Farbfächer mit Effektmischungen
Westdeutsche Celluloidwerke, Lank-Latum
Bundesrepublik Deutschland
1951–1960
Cellulosenitrat (CN), Metall

Seite 215
K–1992–00695
Sammlermesser
Friedrich Olbertz GmbH & Co. KG, Solingen
Bundesrepublik Deutschland
1988
Rohstofflieferant: Westdeutsche Celluloidwerke, Lank-Latum
Cellulosenitrat (CN), Stahl
Plattenmaterial geschnitten
2,4 × 9,6 × 1,3

Seite 217 Mitte
K–1992–00711
Sammlermesser

Friedrich Olbertz GmbH & Co. KG, Solingen
Bundesrepublik Deutschland
1981
Cellulosenitrat (CN), Stahl
Plattenmaterial geschnitten
1,6 × 9,2 × 0,9

Seite 217 vorne
K–1992–00720
Taschenmesser
Altenbach & Söhne, Solingen
Bundesrepublik Deutschland
1970–1980
Rohstofflieferant: Westdeutsche Celluloidwerke, Lank-Latum
Stahl, Cellulosenitrat (CN)
Plattenmaterial geschnitten
2,0 × 8,5 × 0,8

Seite 217 hinten
K–2020–00329
Taschenmesser
Robert Klaas, Solingen
Bundesrepublik Deutschland
1960–1970
Rohstofflieferant: Westdeutsche Celluloidwerke, Lank-Latum
Cellulosenitrat (CN); Stahl
Plattenmaterial gesägt
0,6 × 1,8 × 8,30

Seite 218 oben links
K–2009–00598
Musterbuch *Bakelite*®
Bakelite® Gesellschaft mbH, Erkner
Deutschland
1938
Phenol-Formaldehyd-(PF), Pappe, Metall
Pressteil
30,7 × 8,7 × 25,0

Seite 218 unten links
K–1996–00061
Gewehrkolben
Hermann Römmler & Schumann KG, Berlin-Friedenau
Deutschland
1940
Phenol-Formaldehyd (PF), Faserfüllung, Metall
Pressteil
15,0 × 4,8 × 16,0

Seite 218 oben rechts
K–2016–00906
Runde Dose mit Schraubdeckel
VCF Vynkier, Gent
Belgien
1930–1950
Phenol-Formaldehyd (PF)
Pressteil
6,0 × 14,2 × 14,2

Seite 218 unten rechts
K–1992–00353
Tischradio
Motorola Inc., Schaumburg, Illinois
USA
1940
Phenol-Formaldehyd (PF), Metall
Pressteil
22,0 × 35,7 × 20,0

Seite 219 rechts
K–2002–00065
Stövchen
Dynamit Nobel AG, Troisdorf
Deutschland
1930–1939
Harnstoff-Formaldehyd (UF), Metall
Pressteil
7,0 × 17,0 × 17,0

Seite 219 oben
K–2002–00263
Brotschale
Dynamit Nobel AG, Troisdorf
Entwurf: König, Ludwig
Deutschland
1930–1939
Harnstoff-Formaldehyd (UF)
Pressteil
6,0 × 30,0 × x12,8

Seite 219 links
K–2015–00161
Stapeltasse
Runge, Inhaber: Wilhelm Fischbein, Troisdorf
Deutschland
1938–1940
Harnstoffformaldehyd (UF)
Pressteil
5,2 × 10,5 × 8,1

Seite 219 unten
K–2002–00344
Tabakdose
Dynamit Nobel AG, Troisdorf
Deutschland
1930er Jahre
Harnstoff-Formaldehyd (UF)
Pressteil
16,5 × 15,3

Seite 220 links
K–2018–00006
Tischbesenset
Bebrit Pressstoffwerke GmbH, Bebra
Entwurf: Adler, Friedrich (?)
Deutschland
1930–1939
Harnstoffformaldehyd (UF)
Pressteil
2,5 × 20,5 × 11,5

Seite 220 rechts
K–2008–00014
Menage
Deutschland
um 1935
Harnstoff-Formaldehyd (UF), Polystyrol (PS)
Pressteil, Spritzguss
6,5 × 16,0 × 6,0

Seite 221 links
K–2007–00116
Ringe
Christmann Kunststofftechnik GmbH, Babyplast, Kierspe
Masterbatches: Grafe Advanced Polymer GmbH, Blankenhain
Bundesrepublik Deutschland
2007
Styrolacrylnitril (SAN)
Spritzguss
0,5 × 2,4 × 2,4

Seite 221 rechts
K–2011–00188
Farbmuster mit Metallic-Effektpigment
Treffert GmbH & Co. KG, Bingen
Bundesrepublik Deutschland
2011
Polycarbonat (PC)
Spritzguss
3,5 × 4,9 × 11,9

Seite 223 unten rechts
K–2016–00027
Waschtisch Brasil
Röhm GmbH Chemische Fabrik, Darmstadt
Entwurf: Janssen, Matthias
Bundesrepublik Deutschland
1972
Polymethylmethacrylat (PMMA), Polyurethan (PUR), Metall
Tiefziehen, ausgeschäumt
58,0 × 75,0 × 70,0

Seite 223 oben
K–2016–00026
Duschtasse Brasil
Röhm GmbH Chemische Fabrik, Darmstadt
Entwurf: Janssen, Matthias
Bundesrepublik Deutschland
1972
Polymethylmethacrylat (PMMA)
Tiefziehen
30,0 × 134,0 × 115,0

Seite 223 unten links
K–2016–00028
Bidet Brasil
Röhm GmbH Chemische Fabrik, Darmstadt
Entwurf: Janssen, Matthias
Bundesrepublik Deutschland
1972
Polymethylmethacrylat (PMMA), Polyurethan (PUR), Metall
Tiefziehen, ausgeschäumt
46,5 × 34,0 × 68,5

Seite 232
K–2012–00022
Waschtisch
Ilse-Möbelwerke GmbH, Uslar
Rohstofflieferant: Röhm GmbH Chemische Fabrik, Darmstadt
Bundesrepublik Deutschland
1972–1975
Polymethylmethacrylat (PMMA)
Tiefziehen
25,0 × 99,5 × 51,3

Seite 233 links
K–2019–00353
Rührbecher
Emsa-Werke Wulf GmbH, Emsdetten
Bundesrepublik Deutschland
um 1975

Styrolacrylnitril (SAN)
Spritzguss
16,0 × 13,3 × 16,5

Seite 234 links
K–1992–00340
Tischrechner *Divisumma 18*
Olivetti Spa, Ivrea
Entwurf: Bellini, Mario
Italien
1973

Seite 235
K–2005–00192
Kühlschrankkanne
Tupperware Europe, Brüssel
Belgien
1983–1985
Polypropylen (PP)
Spritzguss
17,0 × 9,0 × 18,5

Seite 236 links
K–1992–00811, K–1992–00003
Thermoskanne *Basic*
alfi Zitzmann GmbH, Wertheim
Entwurf: Lovegrove, Ross
Bundesrepublik Deutschland
1991
Polymethylmethacrylat (PMMA), Glas
Spritzguss
21,0 × 17,0 × 19,0

Seite 236 rechts
K–1998–00056
Wäschekorb *2 Hands*
Authentics Artipresent GmbH, Holzgerlingen
Entwurf: Grcic, Konstantin
Entwurfsdatum: 1995
Bundesrepublik Deutschland
1998
Polypropylen (PP)
Spritzguss
24,3 × 59,5 × 54,5

Seite 237 links
K–2016–01261.9
Tasse mit Untertasse
Tupper Corporation, Farnumsville, Massachussetts
Entwurf: Tupper, Earl S.

Entwurfsdatum: 1951
USA
1951–1955
Polyethylen (PE)
Spritzguss
7,30 × 8,5 × 10,4 (14,50 Untertasse)

Seite 237 Mitte
K–2016–01239
Dose mit Deckel *Refrigerator Bowl*
Tupperware Belgium B.V., Brüssel
Entwurfsdatum: 1961
Belgien
1970–1975
Polyethylen (PE)
Spritzguss
8,0 × 12,7 × 11,4

Seite 237 Mitte
K–2016–01240
Dose mit Deckel *Refrigerator Bowl*
Tupperware, Orlando/Florida
USA
1961–1970
Polyethylen (PE)
Spritzguss
8,0 × 12,7 × 11,4

Seite 237 rechts
K–1998–00216
Schüssel mit Spritzschutz
Tupperware Europe, Brüssel
Belgien
1995
Polypropylen (PP)
Spritzguss
14,7 × 26,5 × 26,5

Seite 238 links
K–2009–00712
Kaffeeset für Zucker und Milch *Junge Welle*
Tupperware, Frankfurt/Main
Bundesrepublik Deutschland
1996–2000
Polypropylen (PP)
Spritzguss
12,5 × 8,5 × 16,3 (Tiefe gesamt: 21,8)

Seite 238 rechts
K–1995–00033

Rutschfahrzeug *Bobby-Car*, Edition Otmar Alt
BIG Spielwarenfabrik Ernst A. Bettag, Fürth
Werksentwurf 1971
Gestaltung: Alt, Otmar
Bundesrepublik Deutschland
1994
Polyethylen (PE) Recyclat, Polypropylen (PP), Metall
Hohlkörperblasen, Spritzguss
41,0 × 28,5 × 58,0

Seite 239
K–2020–00282
Musterbuch *Polystyrol, Ultramid, Lupolen*
BASF AG, Ludwigshafen
Bundesrepublik Deutschland
1961
Polystyrol (PS), Pappe
Spritzguss
29,5 × 27,2 × 5,0

Seite 240 links
K–2012–00004
Notebook *Toshiba T 3100e/40*
Toshiba Corporation
Maschinen für Spritzgussteile: Netstal-Maschinen AG1,
Schweiz
Entwurf Tastatur: Komatsu, Michio
Tokyo
Japan
1987
Acrylnitril-Butadien-Styrol (ABS), Polycarbonat (PC), Metall
Spritzguss
25,5 × 30,5 × 39,8

Seite 240 oben rechts, unten
K–2012–00006
Notebook *iBook Apple Clamshell*
Apple Computer Inc., Cupertino, Calif.
Entwurf: Ive, Jonathan
USA
1998–1999
Polycarbonat (PC), Acrylnitril-Butadien-Styrol (ABS), Metall
Spritzguss
3,5 × 34,5 × 30,0

Seite 242
K–2021–00002
Notebook *iBook G4*
Apple Computer Inc., Cupertino, Calif.
Entwurf: Ive, Jonathan

Entwurfsdatum: 2003
USA
2004
Polycarbonat (PC), Acrylnitril-Butadien-Styrol (ABS), Metall
Spritzguss
3,5 × 32,3 × 25,5

Seite 243
K–1993–00270
Dose mit Stülpdeckel, handbemalt
1920–1950
Cellulosenitrat (CN)
Thermoformung
6,5 × 14,5 × 14,5

Seite 244 oben links
K–1990–00051
Vorratsdose *Rustica*
Vitri Plastic, Max Richter & Co., Nieder-Ramstadt
Bundesrepublik Deutschland
1960
Polystyrol (PS)
Spritzguss, Tampondruck
14,0 × 10,7 × 10,7

Seite 244 unten
K–1990–00537
Dekordrucken für Serie *Rustica*, Fotoalbum
Vitri Plastic, Max Richter & Co., Nieder-Ramstadt
Bundesrepublik Deutschland
um 1970
Pappe
18,5 × 18,5 × 1,0

Seite 244 oben rechts
K–2018–00021
Schüssel mit Foliendekor
Buchsteiner GmbH & Co. KG, Gingen/Fils
Bundesrepublik Deutschland
1965–1975
Polystyrol (PS)
Spritzguss, Foliendruck
9,0 × 21,8 × 21,8

Seite 245
K–2020–00301
Elektrischer Handmixer
Vorwerk GmbH & Co. KG, Wuppertal
Deutschland
1965–1970

Acrylnitril-Butadien-Styrol (ABS), Polyvinylchlorid (PVC),
Metall
Spritzguss
30,0 × 8,0 × 18,0

Seite 246 unten
K–1992–00615
Staubkamm
Zillana, Lage/Lippe
Bundesrepublik Deutschland
1990–1992
Cellulosenitrat (CN)
Plattenmaterial gesägt
5,0 × 8,9 × 0,2

Seite 248 oben links
K–2008–00004
Haartrockner
Moulinex S.A., Alençon
Frankreich
um 1960
Polystyrol (PS), Polyvinylchlorid (PVC), Metall
Spritzguss
15,5 × 7,0 × 18,0

Seite 248 oben rechts
K–2009–00240
Haartrockner
Moulinex S.A., Alençon
Frankreich
1970er Jahre
Polystyrol (PS), Polyvinylchlorid (PVC), Metall
Spritzguss
15,5 × 7,0 × 18,5

Seite 248 unten links
K–2011–00044
Haartrockner
Moulinex S.A., Alençon
Frankreich
Entwurf: Barrault, Jean-Louis
um 1965
Polystyrol (PS) schlagfest, Polyvinylchlorid (PVC), Aluminium
Spritzguss
16,6 × 8,8 × 20,5

Seite 248 unten rechts
K–2014–00012
Haartrockner
Moulinex S.A., Alençon

301

Frankreich
1970er Jahre
Polystyrol (PS) schlagfest, Polyvinylchlorid (PVC)
Spritzguss
16,6 × 8,8 × 20,5

Seite 249 unten
K–2021–00152.3
Spielzeugmuldenkipper
Dantoys A/S, Hobro
Dänemark
Rohstofflieferant: Braskem, Brasilien
Auftraggeber: Aldi, Mülheim/Ruhr
2021
Polyethylen (PE), biobasiert
Spritzguss
12,0 × 12,2 × 16,0

Seite 254
K–2020–00147
Anzeige für PVC-Folie *VisQueen*
Auftraggeber: Visking Corporation, Preston Division, Terre
Haute, Indiana
USA,
1948
Papier
28,2 × 20,6

Seite 259 oben
K–1992–00544
Schreibtischlampe
Pressteile: Hermann Römmler AG, Spremberg
Montage: Stotz-Kontakt GmbH, Mannheim
Entwurf: Dell, Christian
Deutschland
1932
Phenol-Formaldehyd (PF), Metall
Pressteil
44,0 × 15,0 × 27,0

Seite 259 unten
K–2015–00001
Betriebsstätte der Kunstharzpresserei E. Lüttringhaus
in Remscheid
Fotografie: Plastic Advertising, Meinerzhagen
Bundesrepublik Deutschland
1989
Papier
20,0 × 24,6 × 0,1

Seite 260 unten
K–2020–00435
Schüsselsatz
Helly-Erzeugnisse, Hanau
Entwurf: Jacob, Theodor
Bundesrepublik Deutschland
ab 1957
Rohstofflieferant: BASF AG, Ludwigshafen
Styrolacrylnitril (SAN)
Spritzguss
10,8 × 25,0 × 25,0

Seite 262 oben links
K–2022–00003.2
Kunststoff-Schule, Schuber: Regenerierte Cellulose
Pickardt, Hans, Wuppertal
Bundesrepublik Deutschland
1955
Pappe, Kunstleder, Metall, Glas

Seite 262 unten
K–2018–00209
Werbeblatt für *Kunststoff-Schule*
Verlag Hans Pickardt, HAPI, Wuppertal
Bundesrepublik Deutschland
um 1960
Pappe
29,2 × 21,0

Seite 262 oben rechts
K–2018–00173
Kaffeegeschirr
Georg Kayser KG, Süssen/Württemberg
Bundesrepublik Deutschland
1960–1965
Rohstofflieferant: BASF AG, Ludwigshafen
Styrolacrylnitril (SAN)
Spritzguss

7 | Literaturverzeichnis

ABTS 2016
Abts, Georg: Kunststoff-Wissen für Einsteiger. 3. aktualisierte und erweiterte Auflage. München 2016.

ADLER 1994
Spurensuche: Friedrich Adler. Zwischen Jugendstil und Art Déco, Ausstellungskatalog Münchner Stadtmuseum, Stuttgart: Arnoldsche 1994.

Aenimal Bhulk 2021
Anon: https://www.aenimal.it/about/ (17.08.2021).

ALBUS et al. 2007
AXA ART Versicherung AG (Hg.): Stefan Albus, Christian Bonten, Kathrin Keßler, Gabriela Rossi, Thomas Wessel: Kunststoff-Kunst – Eine tückische Erfolgsgeschichte. Köln 2007.

AMES 1990
Ames, Gerhard: Eierbecher und Bergmannshelm. Kunststoffprodukte aus dem „Hochwald", In: Von der ‚Stunde 0' zum ‚Tag X'. Das Saarland 1945–1959, Katalog zur Ausstellung des Regionalgeschichtlichen Museums im Saarbrücker Schloss, hg. v. Stadtverband Saarbrücken. S. 221–231.

ANDERSEN 1997
Andersen, Arne: Der Traum vom guten Leben. Alltags- u. Konsumgeschichte vom Wirtschaftswunder bis heute. Campus Verlag, 1. Edition 1997.

Arbeitsgemeinschaft Deutsche Kunststoff-Industrie und Fachverband Konsum-Kunststoffwaren im GKV 1966
Arbeitsgemeinschaft Deutsche Kunststoff-Industrie und Fachverband Konsum-Kunststoffwaren im GKV: Kunststoffe im Alltag 1966. München

AUGUSTYN, HOFFMANN 2012
Augustyn, Frederick J.; Hoffmann, Frank W.: Dictionary of Toys and Games in American Popular Culture. Routledge Verlag. Abingdon 2012.

AUSLEGESCHRIFT 1245788
Markwitz, Bernhard, 1964: Aufblasbarer Oberarm-Schwimmring. Anmeldung: 24.10.1964, Auslegetag: 27.07.1967, Auslegeschrift 1245788.

BADERAUMPROGRAMM 1982
Zusammenfassung der Entwicklung des Baderaumprogramms 1982, S. 123. Konzernarchiv Evonik Industries AG.

BAILEY 1945
Bailey, James: Blow Molding. In Modern Plastics 22, 1945, 4. S. 127/133 u. S. 193/200.

BAKELITE-HANDBUCH 1937
Bakelite Gesellschaft mbH, Erkner (Hg.), Bakelite Handbuch, Berlin: Gebr. Mann 1937, Loseblattsammlung aus der Sammlung des Deutschen Kunststoff-Museums, Inv. Nr. K–2009–00806.

BARTHES 1957
Barthes, Roland: Plastik, in: Roland Barthes, Mythen des Alltags, Frankfurt/Main: Edition Suhrkamp 2020, S. 223–225.

BAUER et al. 1971
Bauer, R.G.; Pierson, R.M.; Mast, W.C.; Blesto, N.C.; Shepherd, L.: New Transparent Impact-Resistant Polymer Blends from Resins and Rubbers Having Minimized Compositional Heterogeneities. In: Platzer, N.A.J.; Hg. Multicomponent Polymer Systems. WASHINGTON, D. C.: AMERICAN CHEMICAL SOCIETY, 1971, 251–259.

BAUR et al. 2013
Baur, Ervin; Brinkmann, Sigird; Osswald, Tim A.; Rudolph, Natalie: Saechtling Kunststoff Taschenbuch. München 2013.

BAXANDAL 1977
Baxandal, Michael: Die Wirklichkeit der Bilder. Malerei und Erfahrung im Italien des 15. Jahrhunderts. Syndikat Verlag, Frankfurt 1977.

BECHER 1990
Becher, Ursula A. J.: Geschichte des modernen Lebensstils. Essen – Wohnen – Freizeit – Reisen. München 1990.

BECKER 1938
Becker, E.: Aus der Herstellung der Vulkanfiber. Auszug aus einem Vortrag auf der Kunststoff-Tagung anlässlich des Reichstreffens der Deutschen Chemiker und der Achema VIII am 6. Juli 1937 zu Frankfurt a. M. In: Kunststoffe Bd. 28, 1938, Heft 4, S. 83–85.

BEERMANN 1993
Beermann, Helmut: Messer und Klingen: ein Streifzug durch fünf Jahrhunderte der Klingenherstellung. Solingen 1993.

BEGASSE 1992
Begasse, Hubert: Rotperl und Cubana: Celluloid – Start in die Kunststoffe. 1. Auf. Frankfurt am Main 1992

BEHRENDT, NEITZKE 2021
Behrendt, Dieter; Neitzke, H.-Peter: Mehrweg in der Takeaway-Gastronomie. Grundlagenstudie zum Projekt ‚Klimaschutz is(s)t Mehrweg', Januar 2021, download als PDF-Datei

BEILFUß 2005
Beilfuß, Elke: Kunststoff – Material der Stunde?! Möbeldesign und Wohngestaltung mit Kunststoffen um 1968, Online Veröffentlichung an der Bauhaus-Universität Weimar, Weimar 2005.

BENJAMIN 1977
Benjamin, Walter: Das Kunstwerk im Zeitalter seiner technischen Reproduzierbarkeit, Frankfurt/Main: Edition Suhrkamp, 4. Auflage 1977.

BERTSCH et al. 1990
Bertsch, Georg C.; Hedler, Ernst; Dietz, Matthias: SED. Schönes Einheitsdesign, Köln: Taschen 1990.

BIENHOLZ-RADTKE, LÖRZEL 2022
Bienholz-Radtke, Julia; Lörzel, Maria: Produktionsgeschichte der Gläsernen Figuren 1945–2000. In: Julia Bienholz-Radtke, Susanne Rößiger (Hg.): Gläserne Figuren. Objekte aus Kunststoff erforschen und erhalten. Sandstein Verlag. Dresden 2022.

BIENHOLZ-RADTKE, RÖSSIGER 2022
Bienholz-Radtke, Julia; Rößiger, Susanne (Hg.): Gläserne Figuren. Objekte aus Kunststoff erforschen und erhalten. Sandstein Verlag. Dresden 2022.

BLASZCZYK, SPIEKERMANN 2017
Lee Blaszyzyk, Regina; Spiekermann, Uwe: Bright Modernity: Color, Commerce and Consumer Culture. In: Bright Modernity: Color, Commerce and Consumer Culture. Hg. Regina Lee Blaszyzyk, Uwe Spiekermann. Palgrave Macmillan, New York 2017.

BÖHME, LUDWIG 2012
Böhme, Katja; Ludwig, Andreas (Hg.): Alles aus Plaste. Versprechen und Gebrauch in der DDR, Publikation zur Ausstellung des Dokumentationszentrums Alltagskultur der DDR, Eisenhüttenstadt, Köln: Böhlau 2012.

BONTEN 2020a
Bonten, Christian: Kunststofftechnik: Einführung und Grundlagen. 3. Auflage. München 2020.

BONTEN 2020b
Bonten, Christian: Kunststofftechnologie ist „Ressourcen-Schon-Technologie". Ressourceneffizienz mit Kunststofftechnik. In: Plastverarbeiter 6/2020 71. Jahrgang, S. 62 –67.

BONTEN 2020c
Bonten, Christian: Mission of the century–Resource efficiency with plastics and plastics technology. In: Europe-Africa Regional Conference of the Polymer Processing Society. AIP Conference Proceedings 2289, (2020).

BORSCHEID 1997
Borscheid, Peter: Die „taylorisierte" Hausfrau. Zu den Auswirkungen der Rationalisierungsbewegung auf den Privathaushalt der 1920er Jahre. 1997.

BOTSCH 1999
Botsch, Markus: Die Mineralwasserflasche von Günter Kupetz. Frankfurt a. M. 1999.

BRACHERT 2002
Brachert, Eva: Hausrat aus Plastic: Alltagsgegenstände aus Kunststoff in Deutschland in der Zeit von 1950–1959. VDG Weimar 2002.

BRANDENBURGER 1938
Brandenburger, Kurt: Im Zeitalter der Kunststoffe. Allgemeinverständliche Schilderung der Entstehung und Verwendung der Kunststoffe in Wirtschaft, Industrie und im täglichen Leben, München: J.F. Lehmann Verlag, 2. Aufl. 1938.

BRANDENBURGER 1950
Brandenburger, Kurt: Kunststoff-Ratgeber. Tabellen und Gestaltungsregeln für die Verarbeitung von Kunststoffen, insbesondere Kunstharzpreßmassen, Essen: W. Griardet, 1939, 2. Aufl. 1950.

BRAUN 2013
Braun, Dietrich: Kleine Geschichte der Kunststoffe. München 2013.

BRAUN 2017
Braun, Dietrich: Kleine Geschichte der Kunststoffe. 2. Auflage. München 2017.

BRAUN, FELDWEG 1954
Braun-Feldweg, Wilhelm: Normen und Formen industrieller Produktion, Otto Maier Verlag Ravensburg, 1954.

BRETSCHNEIDER, LÜHR 2020
Bretschneider, Uta; Merve Lühr: Zwischen Entwertung und Ostalgie: Alltagswelten der DDR, in: Katrin Bauer, Dagmar Hänel, Thomas Leßmann (Hg.), Alltag sammeln. Perspektiven und Potentiale volkskundlicher Sammlungsbestände, Münster – New York: Waxmann 2020, S. 235–249.

BREUER 2007
Breuer, Gerda: Das Ende der Werkgerechtigkeit? Kunststoffe als werkbundliche Herausforderung in den fünfziger Jahren. In: Gerda Breuer (Hg.) Das gute Leben. Der Deutsche Werkbund nach 1945.

BRUNS 1997
Bruns, Margarete: Das Rätsel der Farbe. Reclam, Stuttgart 1997.

British Intelligence Objectives Sub-Committee 2012
British Intelligence Objectives Sub-Committee; Pevsner, Nikolaus; Sudrow, Anne: Geheimreport deutsches Design: deutsche Konsumgüter im Visier des britischen Council of Industrial Design (1946). Göttingen 2012.

BUCHHOLZ 2007
Buchholz, Kai: Plexiglas. Werkstoff in Architektur und Design. Ausstellungskatalog Mathildenhöhe Darmstadt 2007. Wienand Verlag. Köln 2007.

BUETHER 2020
Buether, Axel: Die geheimnisvolle Macht der Farben: Wie sie unser Verhalten und Empfinden beeinflussen. 4. Auflage. Droemer HC, München 2020.

BULK 2018
Bulk, Julia (Hg.): Welt aus Glas. Transparentes Design. Katalog zur Ausstellung in der Wilhelm Wagenfeld Stiftung, Bremen 2017. Bremen 2018.

CIESLIK, CIESLIK 1986
Cieslik, Jürgen; Cieslik, Marianne: Das große Schildkröt-Buch. Celluloidpuppen von 1896–1956. Jülich 1986.

COLLIN 2009
Collin, Gerd: Geschichte der Steinkohlenteerchemie am Beispiel der Rütgerswerke, Hamburg – Wien: Urban-Verlag 2009.

COON et al. 2016
Coon, Carolien; Pretzel, Boris; Lomax, Tom; Strlič, Matija: Preserving rapid prototypes: a review, 2016.

CRISTORFORI 2018
Cristofori, Marco Mattia: Interview. https://bigrep.com/posts/bigrep-innovation-award-industrial–3d-printed-furniture-interview/.

DEDERICHS 2003
Dederichs, Henning: Die Plastverarbeitung der DDR und ihr Umfeld, Frankfurt/Main: Peter Lang GmbH 2003.

DEDERICHS 2008
Dederichs, Matthias: 100 Jahre Kunststoffe aus Troisdorf: das Troisdorfer Werk 2000. Troisdorf 2008.

DERIX et al. 2016
Derix, Simone; Gammerl, Benno; Reinecke, Christiane; Nina Verheyen: Der Wert der Dinge. Zur Wirtschafts- und Sozialgeschichte der Dinge, in: Zeithistorische Forschungen/Studies in Contemporary History, Online-Ausgabe, 13 (2016), H. 3, S. 387–403. https://zeithistorische-forschungen.de/3–2016/5389 (abgerufen am 27.06.2022).

DEUTSCHE WARENKUNDE 1961
Breuer, Hasso (Hg.): Archiv des deutschen Alltagsdesign. Warenkunden des 20. Jahrhunderts, Berlin: Direct Media Publishing GmbH 2002 (CD-Rom).

Deutsches Klingenmuseum und Kunststoff-Museums-Verein e.V.
Deutsches Klingenmuseum und Kunststoff-Museums-Verein e.V. (Hg.), Essen unterwegs – Kunststoff auf Reisen, Solingen / Düsseldorf 1997.

DICHTL, ISSING 1993
Dichtl, Erwin; Issing, Ottmar (Hg.): Vahlens Großes Wirtschaftslexikon. Band 2 L – Z
2., überarbeitete und erweiterte Auflage. Verlag Franz Vahlen GmbH, München 1993.

DIEKNEITE 2016
unveröffentlichte Dokumentation: TH Köln 2016.

DOLEŽEL 1978
Dolezel, Bretislav: Die Beständigkeit von Kunststoffen und Gummi. Carl Hanser Verlag. München 1978.

DOMININGHAUS 1998
Domininghaus, Hans: Die Kunststoffe und ihre Eigenschaften. 5., völlige neu bearb. Und erw. Auflage. Heidelberg 1998.

DONOVAN 2017
Donovan, Tristan: It´s all a Game: A short History of Board Games. From Monopoly to Settlers of Catan. Thomas Dunne Books. New York City 2017.

DÖRR 2003
Dörr, Christian: Untersuchung der Eignung von Kunststoffflaschen für die Bierabfüllung. Genehmigte Diss. Technische Universität München 2003.

DROSTE 2013
Droste, Magdalene: Bauhaus 1919–1933. Bauhaus Archiv Berlin (Hg.). Taschen Verlag. Köln 2013.

DUHME 2008
Christina Duhme: Natürlich künstlich! Die Imitation von Schildpatt und Elfenbein – Möglichkeiten der Substitution durch Kunststoffe, gezeigt an historischen Gebrauchsgegenständen mit einem Beitrag zur Materialerkennung. Diplomarbeit, Hochschule für angewandte Wissenschaft und Kunst, Fachhochschule Hildesheim/ Holzminden/ Göttingen, Fachbereich Konservierung und Restaurierung, 2008.

EHRENSTEIN, PONGRATZ 2007
Ehrenstein, Gottfried Wilhelm; Pongratz, Sonja: Beständigkeit von Kunststoffen. Carl Hanser Verlag. München 2007.

EICHENAUER 1994
Eichenhauer, Dorothea: Verpackungsdesign des 20. Jahrhunderts. Hülle in Fülle. Klinkhardt & Biermann Verlagsbuchhandlung. München 1994.

ESCHENBURG 1964
Eschenburg, Kurt: Kunststoffe als Bauelement und Bauwerkstoff. Kunststoffelemente im Bauwesen. Vulkan Verlag, Essen 1964.

EULER 1959
Euler, Klaus: Hausrat aus Plastic. Im Auftrag von Vitri, Max Richter, Nieder-Ramstadt, Bamberg 1959.

FACKLER, HECK 2015
Fackler, Guido; Heck, Brigitte. Von Vogelscheuchen und der Handlungsmacht der Dinge. Zur Rekontextualisierung von Museums-Dingen mit der Akteur-Netzwerk-Theorie (ANT), in: Karl Braun, Claus-Marco Dieterich und Angela Treiber (Hg.), Materialisierung von Kultur. Diskurse. Dinge. Praktiken, Würzburg: Königshausen & Neumann 2015, S. 125–136.

FEHR 1989
Fehr Michael: Müllhalde oder Museum: Endstationen in der Industriegesellschaft, in: Michael Fehr und Stefan Grohé, Geschichte. Bild. Museum. Zur Darstellung von Geschichte im Museum, Köln: Wienand 1989, S. 182–196.

FICKERS 2007
Fickers, Andreas: Design als "mediating interface". Zur Zeugen- und Zeichenhaftigkeit des Radioapparates. In: Ber. Wissenschaftsgeschichte 30 (2007), S. 199–213. Wiley-VCH Verlag, Weinheim 2007.

FIELL 2002
Fiell, Charlotte; Fiell, Peter: 1000 Chairs. Taschen Verlag. Köln 2002.

FIELL 2009
Fiell, Charlotte; Fiell, Peter: Plastic Dreams. Synthetic Visions in Design. Fiell Publishing Limited 2009.

Form 1973
Auch Gutes kann verbessert werden, Anzeige der Firma Robert Krups, in: Form. Zeitschrift für Gestaltung, Heft 64, IV/1973, S. 88–89.

Form 1978
Die Anfänge des Design bei Krups, Anzeige der Firma Robert Krups, in: Form. Zeitschrift für Gestaltung Heft 84, IV/1978, S. 94–95.

Form 1979
Aus zwei Geräten eins gemacht. Rowenta Mixer + Messer, Anzeige der Rowenta-Werke GmbH, in: Form. Zeitschrift für Gestaltung, Heft 85, I/1979, S. 92/93.

Form 1984
Der neue Krups 3Mix. Kraft und Handlichkeit in idealer Form. Anzeige der Robert Krups Stiftung & Co, in: Form. Zeitschrift für Gestaltung, Heft 105, I/1984, S. 96–97.

FRIEDRICH 2017
Friedrich, H. E., (Hg.): Leichtbau in der Fahrzeugtechnik. Wiesbaden, Heidelberg, 2017.

GAIGALAT 2019
Gaigalatn Michael (Hg.): nützlich und schön. Produktdesign 1920–1940, Katalog zur gleichnamigen Ausstellung im LVR-Industriemuseum, Münster, Aschendorff 2019.

GÄTH 1985
Gäth, Rudolf: Streiflichter aus der Geschichte der Kunststoff-Chemie, in: Wolfgang Glenz, Kunststoffe – ein Werkstoff macht Karriere, München: Hanser 1985.

GEBHARDT 2013
Gebhardt, Andreas: Generative Fertigungsverfahren. Additive Manufacturing und 3D Drucken für Prototyping – Tooling – Produktion. München 2013.

GEBHARDT 2014
Gebhardt, Andreas: 3D-Drucken. Grundlagen und Anwendungen des Additive Manufacturing (AM). Hanser Verlag, München 2014.

GEBRAUCHSMUSTER DE29800671 U1
Markwitz, Bernhardt, 1998: Oberarmschwimmhilfe. Anmeldung: 16.01.1998, Bekanntmachung: 23.04.1998, Gebrauchsmuster DE29800671 U1.

GEGENFURTNER
Karl R. Gegenfurtner, Farbwahrnehmung, http://www.allpsych.uni-giessen.de/karl/teach/farbe.html (12.10.2020).

GERBER 2015
Gerber, Sophie: Küche, Kühlschrank, Kilowatt. Zur Geschichte des privaten Energiekonsums in Deutschland 1945–1990. transcript Verlag, Bielefeld 2015.

GEYER et al. 2017
Geyer, Roland; Jambeck, Jenna R.; Law, Kara Lavender: Production, use, and fate of all plastics ever made. Sci. Adv.3, e1700782 2017.

GIROUARD 1989
Girouard, Mark: Das feine Leben auf dem Lande. Architektur, Kultur und Geschichte der englischen Oberschicht. Frankfurt, New York 1989.

GLENZ 1985
Glenz, Wolfgang (Hg.): Kunststoffe, ein Werkstoff macht Karriere. Hanser, München. 1985.

GLENZ 2010
Glenz, Wolfgang: Karriere mit Kunststoff, in: Kunststoffe 100, Heft 5/2010.

GLENZEL, VOIGT 2005
Genzel, Elke; Voigt, Pamela: Kunststoffbauten - Teil 1: Die Pioniere, Weimar, 2005

GLOCKER 1992
Glocker, Winfried: Glastechnik – Technikgeschichte im Deutschen Museum. München 1992.

GNEGEL 2007
Gnegel, Frank: Der Blick ins Innere. Transparente Gehäusewerkstoffe. In: Das Archiv. Magazin für Post- und Telekommunikationsgeschichte. Heft 1/2007. Frankfurt am Main 2007.

GODAU, POLSTER 2000
Godau, Marion; Polster, Bernd: Design Lexikon Deutschland, Köln 2000.

GOETHE, LABAN 1988
Goethe, Hartmut; Laban, Christa: Die individuellen Rettungsmittel. Zur Geschichte von Rettungsboje, Rettungsring und Schwimmweste. Herford 1988.

GRCIC 1998
Grcic, Konstantin: Design für alle – von der Idee zur Form. Interview der Mobilen Museums-Werkstatt (Susanne Plum-Theissing) mit Konstantin Grcic. 1998.

GRETSCH 1941
Kunst-Dienst (Hg.), Gretsch, Hermann: Industrielle Formgebung, Text von Theodor Heuss = Werkstattbericht des Kunstdienstes 10, Berlin: Riemerschmidt 1941.

GRONERT 2007
Gronert, Siegfried: Design zwischen den Systemen. Ideal, Realität und der Begriff der Formgestaltung in den 1950er Jahren, in: Gerda Breuer (Hg.), Das gute Leben. Der Deutsche Werkbund nach 1945, Tübingen: Wasmuth 2007, S. 85–89.

Group SEP — Wikipedia Enzyklopädie
Wikipedia [online]: https://de.wikipedia.org/wiki/Groupe_SEB. 25.05.2021.

GÜNTER 2000
Günter, Bettina: Wohnalltag im Wirtschaftswunder. Die Aneignung der Küche zwischen pragmatischer Nutzung und neuen Leibildern, in: Gabriele Mentges, Ruth-E. Mohrmann, Cornelia Foerster (Hg.), Geschlecht und materielle Kultur. Frauen-Sachen, Männer-Sachen, Sach-Kulturen = Münsteraner Schriften zur Volkskunde/Europäischen Ethnologie 6, Münster, New York, München, Berlin: Waxmann 2000, S. 125–150

HAHN 2015
Hahn, Hans Peter: Die geringen Dinge des Alltags. Kritische Anmerkungen zu einigen aktuellen Trends der Material Cul-

ture Studies, in: Karl Braun/Claus-Marco Dieterich/Angela Treiber (Hg.), Materialisierung von Kultur. Diskurse Dinge Praktiken, Würzburg:2015, S. 28–42

HAKA 2017
Haka, Andreas: Visionäre „beflügeln" Polymere: Verkannte Potentiale? Hybride Werkstoffe in der ersten Hälfte des 20. Jahrhunderts, in: Künstliche Stoffe: Die synthetische Umformung der Welt, Ferrum. Nachrichten aus der Eisenbibliothek 89, 2017.

HAUFFE 1994
Hauffe, Thomas: Fantasie und Härte: Das neue deutsche Design der achtziger Jahre. Anabas-Verlag, Wetzlar 1994.

HAUSHALTSWARENKATALOG GERDA 1974
Haushaltswarenkatalog der Firma Gerda. Gerdes GmbH & Co. Ausgabe 1974. Stadtarchiv Schwelm.

HAUSHALTSWARENKATALOG GERDA INTERNATIONAL O.J.
Haushaltswarenkatalog der Firma Gerda: Was gibt es 1988 Neues von Gerda? Gerdes GmbH & Co. Stadtarchiv Schwelm.

HEBEY 2002
Hebey, Jean Bernard: Domestic aesthetic: household art 1920–1970. Mailand 2002.

HELLER 2018
Heller, Eva: Wie Farben wirken. Farbpsychologie, Farbsymbolik, kreative Farbgestaltung. 9. Auflage. Romwohlt Verlag, Hamburg 2018.

HEMPEL 2003
Hempel, Olaf: Lösungen für KMU. Zweistufiges Streckblasen – Lineare Streckblasmaschinen zur Herstellung von PET-Flaschen. In: Getränkeindustrie Heft 6, 2003, S. 26–28.

HENSELING, SALINGER 1990
Hensling, Karl Otto; Salinger, Anselm: Eine Welt voll märchenhaften Reizes. Teerfarben: Keimzelle der modernen Chemieindustrie. S. 82–144. In: Das Blaue Wunder. Zur Geschichte der synthetischen Farben. Hg. Arne Andersen, Gerd Spelsberg, Kölner Volksblatt Verlag 1990.

HESSLER 2001
Heßler, Martina: „Mrs. Modern Woman": zur Sozial- und Kulturgeschichte der Haushaltstechnisierung. Frankfurt am Main 2001.

HOCHNER 1968
Walter L. Hochner, In-mold decoration of thermoplastics, in: Modern Plastics Encyclopedia 1968/1969, New York Mc Graw-Hill 1969, S. 1013–1015.

HOEHNE 2008
Höhne, Günter. DDR-Design, Köln: Komet o. J. (2008).

HOESCH 2006
Hoesch, Christoph A.: Das Tor zur virtuellen Welt. Der Bereich Telekommunikation seit den Anfängen, in: Christoph A. Hoesch, Design Zentrum München (Hg.): Siemens Industrial Design. 100 Jahre Kontinuität im Wandel, S. 311–343. Hatje & Cantz Verlag. Ostfildern 2006.

HOLZMANN 1985
Holzmann, Rainer, Blasformtechnik, in: Wolfgang Glenz (Hg.), Kunststoffe – ein Werkstoff macht Karriere, München 1985.

HÖRNING 2012
Hörning, Karl H.: Praxis und Ästhetik. Das Ding im Fadenkreuz sozialer und kultureller Praktiken, in: Stephan Moebius, Sophia Prinz (Hg.), Das Design der Gesellschaft. Zur Kultursoziologie des Designs, Bielefeld: transcript Verlag 2012, S. 29–47.

HUMBERG 2008
Humberg, Christian: 50 Jahre Lego®Stein. Königswinter 2008.

HUNTER, HAROLD 1987
Hunter, Richard; Harold, Richard: The measurement od appearance: 2nd Edition. Wiley Verlag, New York 1987.

IKV – Institut für Kunststoffverarbeitung 2020
Institut für Kunststoffverarbeitung. Kunststoff und Zeitgeschehen. Das IKV – 70 Jahre Forschung für die Praxis. München 2020.

JESKA 2008
Jeska, Simone: Transparente Kunststoffe – Entwurf und Technologie. Birkhäuser, Basel, Boston, Berlin 2008.

JOHANNABER, MICHAELI 2004
Johannaber, Freidrich; Michaeli, Walter: Handbuch Spritzgießen. 2. Auflage. München 2004.

JUNGMANN 1949
Jungmann, Josef Andreas: Missarum Sollemnia. Eine genetische Erklärung der römischen Messe. Herder Verlag 2. Auflage. Wien 1949.

KABELSALAT 2012
Möllers, Nina; Gerber, Sophie, Lorkowski, Nina: Kabelsalat. Energiekonsum im Haushalt. Katalog zur gleichnamigen Ausstellung im Deutschem Museum, München, 13.01.–15.04.2012, München, Deutsches Museum Verlag, 2012.

KALTENBACH 2012
Kaltenbach, Frank (Hg.): Transluzente Materialien. Glas, Kunststoff, Metall. Institut für internationale Architektur-Dokumentation GmbH & Co. KG. Dritte Auflage. München 2012.

KÄUFER 1968
Käufer, Helmut: Arbeiten mit Kunststoffen. Düsseldorf 1968.

KAUFMANN 1950
Kaufmann, Edgar: Prize designs for modern furniture from the International Competition for Low-Cost Furniture Design. New York 1950.

KAY-WILLIAMS 2013
Kay-Williams, S.: The Story of Colour in Textiles. Imperial Purple to denim Blue. London 2013.

KEMP 1990
Kemp, Wolfgang; Kontexte. Für eine Kunstgeschichte der Komplexität, in: Texte zur Kunst 1. Heft 2 / 1990/91.

KIRA 1977
Kira, Alexander: The Bathroom. Bantam Books, New York 1977.

KLEIN-WIELE 2019
Klein-Wiele, Holger: Der gläserne Haushalt. In: Michael Gaigalat (Hg.): Nützlich und schön. Produktdesign 1920–1940. Katalog zur gleichnamigen Ausstellung, 19.05.2019–23.02.2020, Peter-Behrens-Bau, LVR-Industriemuseum Oberhausen, S. 59–77. Aschendorff Verlag. Münster 2019.

KLING et al. 1959
Kling, W.; Mahl, H; Nolte, M.: Verhalten von Kunstharzgeschirr bei Einwirkung verschiedener Spulmittel und bei mechanischer Beanspruchung durch wiederholten Gebrauch. In: Fette, Seifen, Anstrichmittel 1959.

KUNSTSTOFF-MUSEUMS-VEREIN 1995
Kunststoff-Museums-Verein e.V. (Hg.): Phantastisch Plastisch. Was nur Kunststoffe können. Verlag für Messepublikation Thomas Neureuter KG. 1995 München.

KNAPPKE 1971
Knappke, Gerhard: Vorfertigung mit Kunststoffen im sanitären Ausbaubereich. S. 40 – 49. In: Schabe, Amtor: Kunststoffe im Bauwesen 1971.

KOESLING 1993
Koeslelig, Volker: Kleiner Exkurs in die Geschichte der Kunststoffe. Arbeitsblätter für Restauratoren. Gruppe 16, Kunststoffe, 1993, S. 122–132.

KÖNIG 1999
Künstler und Strichezieher. Konstruktions- und Technikkulturen im deutschen, britischen, amerikanischen und französischen Maschinenbau zwischen 1850 und 1930, Frankfurt/Main: Suhrkamp 1999.

KOTTHAUS 1960
Kotthaus, H: Verein Deutscher Ingenieure, VDI-Fachgruppe Kunststofftechnik (Hg.), 25 Jahre Kunststoffe in der VDI-Arbeit.

KRAGSTUHL 1986
Stuhlmuseum Burg Beverungen (Hg.), Der Kragstuhl, Berlin: Alexander Verlag 1986.

KRÄNZLEIN 1980
Kränzlein, Paul: Chemie im Revier. Hüls, Düsseldorf: Econ Verlag 1980.

KRÄTZ 1985
Krätz, Otto: So fing es an. In: W. Glenz: Kunststoff – ein Werkstoff macht Karriere. Carl Hanser Verlag. München, Wien 1985.

Krups – Wikipedia Enzyklopädie
Wikipedia [online]: https://de.wikipedia.org/wiki/Krups. 25.05.2021..

KRUPS 1978
Krups, Rober: Die Anfänge des Design bei Krups. In: Form. Zeitschrift für Gestaltung. Heft 84, IV/1978, S. 94–95.

KUNSTSTOFFE IM ALLTAG 1966
Arbeitsgemeinschaft Deutsche Kunststoff-Industrie, Fachverband Konsum-Kunststoffwaren im GKV (Hg.), Kunststoffe im Alltag. Das Konsumwaren-Sortiment des Einzelhändlers, München: Carl Hanser Verlag, 1966.

KUNSTSTOFF-MUSEUMS-VEREIN E.V 1998
Kunststoff-Museums-Verein e.V., Düsseldorf (Hg.), Faszination Kunststoff, Düsseldorf 1998

KUNSTSTOFF-MUSEUMS-VEREIN 2007
Kunststoff-Museums-Verein e.V. (Hg.), der kunststoff museums verein. ziele – aufgaben – sammlung –ausstellungen, Düsseldorf: Selbstverlag 2007.

KURR 2014
Kurr, Friedrich: Praxishandbuch der Qualitäts- und Schadensanalyse für Kunststoffe. 2., aktualisierte Auflage. Hanser Verlag. München 2014.

LANG 2014
Lang, Charlotte: ...und die Welt wird bunt. Wie die Farbe in den Alltag kam. Magazin zur gleichnamigen Ausstellung, Städtisches Museum Schloss Rheydt. Mönchengladbach 2014.

LATTERMANN 2003
Lattermann, Günter: Bauhaus ohne Kunststoffe? Kunststoff ohne Bauhaus. In Form + Zweck, 2003, S. 111–127.

LATTERMANN 2006
Lattermann, Günter: Resopal – Weit mehr als Laminat. In: Schneider, Romana; Flagge, Ingeborg (Hg.): Original Resopal. Die Ästhetik der Oberfläche. Ausstellungskatalog Deutsches Architekturmuseum, Frankfurt am Main. Berlin 2006. S. 10–19.

Lebensmittel Zeitung 1999
Je leichter, desto besser. LZ-Verbraucherrunde: PET- oder Glasflasche – was zieht? In: Lebensmittel Zeitung Nr. 34, 27.08.1999, S. 3. https://www.wiso-net.de/document/LMZ__08992744784%7CLMZA__08992744784.

LEGNER 1989
Legner, Anton (Hg.): Reliquien Verehrung und Verklärung. Skizzen und Noten zur Thematik. Schnütgen Museum Köln 1989.

LIENERT 2019
Lienert, Anna: Der Metallbaukasten. ELEX 502 A" – spielend in die Wunderwelt der Technik. In: Michael Gaigalat (Hg.): Nützlich und schön. Produktdesign 1920–1940. Katalog zur gleichnamigen Ausstellung, 19.05.2019–23.02.2020, Peter-Behrens-Bau, LVR-Industriemuseum Oberhausen, S. 169–170. Aschendorff Verlag. Münster 2019.

LEONHARDT 1994
Leonhardt, Brigitte: Objekte aus Kunststoff von Friedrich Adler. S. 384 – 391. In: Leonhardt, Brigitte; Götz, Norbert; Zühlsdorff, Dieter: Spurensuche: Friedrich Adler – Zwischen Jugendstil und Art Déco. Ausstellungskatalog Münchner Stadtmuseum. Arnoldsche, Stuttgart 1994.

LIERKE 1999
Lierke, Rosemarie: Antike Glastöpferei. Ein vergessenes Kapitel der Glasgeschichte. Verlag Philipp von Zabern. Mainz AM Rhein 1999.

LORENTZ, ERKER 2003
Lorentz, Bernhard; Erker, Paul: Chemie und Politik. Die Geschichte der Chemischen Werke Hüls 1938–1979, München: Beck 2003.

LUDWIG 2015
Ludwig, Andreas. Geschichte ohne Dinge? Materielle Kultur zwischen Beiläufigkeit und Quelle. In: Historische Anthropologie 23.3/2015.

MAGIE 1986
Marhenke, Dorit (Hg.), Magie einer alltäglichen Materie. Historische Kunststoffobjekte Sammlung Kölsch. Ausstellungskatalog Kunsthalle Darmstadt, Darmstadt: Selbstverlag 1986.

MAIER, SCHILLER 2016
Maier, Ralph-Dieter; Schiller, Michael: Handbuch der Kunststoff-Additive. 4. Auflage. Hanser Verlag, München 2016.

MALONE 2010
Malone, Robert: Roboter. Vom Blechspielzeug zum Terminator. Coventgarden Verlag. München 2010.

MANEGOLD 1989
Manegold, Karl-Heinz: Geschichte der technischen Hochschulen, in: Laetitia Boehm, Charlotte Schönbeck (Hg.), Technik und Bildung = Technik und Kultur Bd. 5, Düsseldorf: VDI-Verlag 1989, S. 204–234.

MANSKE 2000
Manske, Beate: Wilhelm Wagenfeld Stiftung (Hg.), Wilhelm Wagenfeld (1900–1990), Ausstellungskatalog „100 Jahre Wilhelm Wagenfeld" im Wilhelm Wagenfeld Haus, Bremen, Ostfildern: Hatje & Cantz 2000.

MARIENFELD 2004
Marienfeld, Artur: Schon mal was von PET gehört? Meinungsumfrage – Kunststoffflaschen als Getränkeverpackung? In: Getränkeindustrie, Heft 6, 2004, S. 16–18.

MARTIN, HOCHREIN 2018
Martin, Bastian; Hochrein, Thomas: Einfärben von Kunststoffen: Produktanforderungen – Verfahrenstechnik – Prüfmethodik. 2. Auflage. Hanser Verlag, München 2018.

MAURER 1990
Maurer, Christiane: Auf der Suche nach dem ‚Stil des Dritten Reiches'. Kunstgewerbe im Nationalsozialismus, in: Sabine Weißler (Hg.), Design in Deutschland 1933–1945. Ästhetik und Organisation des Deutschen Werkbundes im „Dritten Reich" = Werkbund-Archiv, Bd. 20, Gießen: anabas Verlag 1990, S. 124–131.

MDR 2020
Fernsehbeitrag zum RG 28 in der MDR Umschau vom 18.12.2020: https://www.mdr.de/nachrichten/deutschland/panorama/ddr-ruehrgeraet-mixer-stiftung-warentest–100.html; dhttps://www.mdr.de/nachrichten/deutschland/panorama/video–472734_zc-aa79ba31_zs–5fa9cd8d.html (abgerufen am 25.05.2020).

MDR Panorama 2020
Anon: Warum der DDR-Kultmixer RG 28 Stiftung Warentest überzeugt. In MDR Panorama vom 18.12.2020. https://raw.uni-regensburg.de/details.php?r=9926.

MEIKLE 1990
Jeffrey L. Meikle, Geniestreiche, Werksentwürfe, Beraterverträge. Zur Geschichte der amerikanischen Industriedesigner, in: Angela Schönberger (Hg.), Raymond Loewy. Pionier des amerikanischen Industriedesigns, München: Prestel Verlag, 1990, S. 51–61.

MEIKLE 1992
Meikle, Jeffrey L., Das Rennen ums Publikum. Die Stromlinienform als Stil, in Lichtenstein, Engler 1993, S. 79–85.

MEINERS 2008
Meiners, Kay, Troisdorfer Pollopas-Waren nach Entwürfen von Ludwig König 1932–1939, online-Publikation: http://www.kunststoff-museum.de/index.php?id=27 (abgerufen am 20.08.2021).

MEINERS 2021
Meiners, Kay: Material für eine neue Zeit: Produktdesign aus Pollopas. Niggli Verlag, Salenstein 2021.

MENGES 2011
Menges, Georg: Menges Werkstoffkunde Kunststoffe. 6. Auflage. Hanser Verlag, München 2011.

MEURER, VINÇON 1983
Meurer, Bernd; Vinçon, Hartmut: Industrielle Ästhetik. Zur Geschichte und Theorie der Gestaltung = Werkbund-Archiv 9, Gießen, anabas Verlag, 1983.

MEYER 2001
Meyer, Susanna: Produkthaptik. Messung, Gestaltung und Wirkung aus verhaltenswissenschaftlicher Sicht. Gabler Edition Wissenschaft. Forschungsgruppe Konsum und Verhalten. Wiesbaden 2001.

MIHM 2001
Mihm, Andrea: Packend…Eine Kulturgeschichte des Reisekoffers, Marburg/Lahn 2001.

MIKSCH 1916
Micksch, Karl: Färben von Kunststoffmassen, in: Kunststoffe Nr. 19, 1. Oktoberheft 1916, S. 235.

Modern Plastics Encyclopedia 1949
Plastics Catalogue Corporation: New York 1949.

Modern Plastics Encyclopedia 1950
Plastics Catalogue Corporation: New York 1950.

MORAT, ZIEMER 2018
Morat, Daniel; Ziemer, Hansjakob: Handbuch Sound: Geschichte, Begriffe, Ansätze. J.B. Metzler Verlag. Stuttgart 2018.

MORGAN 1984
Lee Morgan, Ann (Hg.): Contemporary Designers, Detroit/London 1984.

MUCUNDORFEANU, BEDNARSZKY 2014
Mucundorfeanu, Meda; Bednarszky, Hedda: Farbe als Gestaltungsmittel. Die Farbwahrnehmung im kulturellen, sozialen, politischen und sozial-psychologischen Kontext. Journal of Media Research 2014.

NAST 1997
Nast, Matthias: Die stummen Verkäufer. Lebensmittelverpackungen im Zeitalter der Konsumgesellschaft. Umwelthistorische Untersuchungen über die Entwicklung der Warenpackung und den Wandel der Einkaufsgewohnheiten (1950er bis 1990er Jahre). Peter Lang Verlag. Bern 1997.

NOLAN 2015
Nolan Mary: Hausarbeit leicht gemacht. Die taylorisierte Hausfrau in der rationalisierten Wirtschaft der Weimarer Republik, in: Regina Bittner, Elke Krasny (Hg.), Auf Reserve: Haushalten! Leipzig, Spector Books OHG, 2015, S. 70–95.

OASE 1970
Werbebroschüre „Oase gefällig?", Darmstadt 1970, Röhm GmbH (Hg.), unpaginiert; Konzernarchiv Evonik Industries AG, Hanau.

OERTEL, LOEW 1985
Oertel, Günter; Loew, Günther: Polyurethan-Schaumstoffe – Geschichte einer Erfindung, in: Wolfgang Glenz, Kunststoffe – ein Werkstoff macht Karriere, München: Hanser 1985, S. 65–83.

OESTEREICH 2000
Oestereich, Christopher: „Gute Form" im Wiederaufbau: zur Geschichte der Produktgestaltung in Westdeutschland nach 1945, Berlin: Lukas-Verlag 2000.

OFFENLEGUNGSSCHRIFT 2107979
Markwitz, Bernhardt, 1971: Aufblasbarer Oberarmschwimmring. Anmeldung: 19.02.1971, Offenlegungstag: 31.08.1972, Offenlegungsschrift 2107979.

OLBRICH 1985
Olbricht, Helmut G.: Polystyrol-Schaumstoff- Luft und etwas drumherum. In: W. Glenz: Kunststoffe – ein Werkstoff macht Karriere. Carl Hanser Verlag. München, Wien 1985.

OTTO, STRENG 2000
Otto, Brigitta; Streng, Michael: Bierflaschen – ein neuer Markt für Polyester. In: Kunststoffe, Fachartikel 01.06.2000, S. 1–2.

PACZENSKY, DÜNNEBIER 1999
Gert von Paczensky, Anna Dünnebier, Kulturgeschichte des Essens und Trinkens, München, Orbis Verlag, 1999.

PAFF 2007
Pfaff, Gerhard: Spezielle Effektpigmente: Grundlagen und Anwendungen. 2. Auflage. Vincentz Network, Hannover 2007.

PATENT DE281687
Chemische Fabrik Griesheim-Elektron, 1915: Verfahren zur Herstellung technisch wertvoller Produkte aus organischen Vinylestern, Erfinder: Fritz Klatte. Anmeldung: 04.07.1913, Patentschrift DE281687, 18.01.1915.

PATENT DE913474C
Bayer AG, 1941: Verfahren zur Herstellung von hochporösen, festen oder elastischen Kunststoffkörpern. Erfinder: Walter Droste, August Hoechtlen. Anmeldung: 20.04.1941, Patentschrift DE913474C, 14.06.1954.

PATENT DIN EN 13138–1:2021–03
DIN EN 13138–1:2021–03: Auftriebshilfen für das Schwimmenlernen. Deutsche und Englische Fassung prEN ISO 13138–1–4:2021. Berlin (Beuth).

DIN 2342:2022–07
DIN 2342:2022–07: Terminologiewissenschaft und Terminologiearbeit – Begriffe. Deutsche Fassung DIN 2342:2022–07. Berlin (Beuth)

PATENT GB1984
William Henry Perkin, 1856: Producing a New Coloring Matter for Dyeing with a Lilac or Purple Color Stuffs of Silk, Cotton, Wool, or other Materials, 16.08.1856.

PATENT US133229
Hyatt, John W.; Hyatt, Isaiah: Improvement in Process and Apparatus for Manufacturing Pyroxyline, Patentschrift US133229, 19.11.1872

PATENT US1435244A
Westinghouse Electric & Manufacturing Co., 1922: Structural element. Erfinder: Robert Kemp. Anmeldung: 26.05.1916, Patentschrift US1435244A, 14.11.1922.

PATENT US1897977
Ellis-Foster Company, 1933: Artificial resin from glycerol and the like. Anmeldung: 26.12.1922, Patentschrift US1897977, 14.02.1933.

PATENT US3733309A
E. I. du Pont de Nemours and Company, 1973: Biaxially oriented Poly(ethylene Terephthalate) Bottle. Erfinder: N. Wyeth, R. Roseveara. Anmeldung: 30.11.1970, Patentschrift US3733309A, 15.05.1973

PATENT US4575330
Hull, Charles: Apparatus for production of three-dmensonal objects by stereolithography. Patentschrift US4575330, 11.03.1986.

PATENT US8180A
S. T. Armstrong, 1851: Improvement in Making Gutta-Percha Hollow Ware, Anmeldung: 24.06.1851, Patentschrift US8180A, 24.06.1851.

PATENT US942699A
Leo Hendrik Baekeland, 1909: Method of making insoluble products of phenol and formaldehyde. Anmeldung: 13.07.1907, Patentschrift US942699A, 07.12.1909.

PATURI 1986
Paturi, Felix R., Die Geschichte vom Glas. Stuttgart, AT Verlag. Aarau 1986.

PAULUS 2012
Paulus, Julia: Berufene Arbeit? Zur Berufsausbildung junger Frauen in der Bundesrepublik, in: Julia Paulus, Eva-Maria Silies, Kerstin Wolff (Hg.), Zeitgeschichte als Geschlechtergeschichte. Neue Perspektiven auf die Bundesrepublik = Geschichte und Geschlechter Bd. 62, Frankfurt/Main – New York, Campus Verlag, 2012, S. 119–143.

PELZER, REITH 2001
Pelzer, Birgit; Reith, Reinhold: Margarine. Die Karriere der Kunstbutter. Wagenbach Verlag, Berlin 2001.

PLUMPE 1990
Plumpe, Gottfried: Die I.G. Farbenindustrie A.G. Wirtschaft, Technik und Politik 1904–1945, Berlin: Duncker & Humblot 1990.

POLSTER 2005
Polster, Bernd: Braun: 50 Jahre Produktionnovationen. Köln 2005.

POTENTE 2004
Potente, Hartmut: Fügen von Kunststoffen. Grundlagen, Verfahren, Anwendung. München 2004.

PRAHL, SETZWEIN 1999
Prahl, Hans-Werner; Setzwein, Monika: Soziologie der Ernährung. Opladen 1999.

RADMACHER 1987
Franz-Josef Radmacher: Celluloid – Opas Plastik Made in Lank. 1987. Stadtarchiv Meerbusch

RAT FÜR FORMGEBUNG 1984
Rat für Formgebung (Hg.), Design: Vorausdenken für den Menschen. Eine Ausstellung aus der Bundesrepublik Deutschland, Katalog zur gleichnamigen Ausstellung im Internationalen Handelszentrum, Berlin 04.–20.12.1984, Leipzig Frühjahr 1985, Darmstadt, Rat für Formgebung 1984.

REINECKE, BERGHAUS 2011
Reinecke, Sven; Berghaus, Benjamin: Massenexklusivität als Herausforderung wachsender Luxusmarken, in: Marke 41 (2011), 4, S. 10–13. https://www.alexandria.unisg.ch/205711/ (abgerufen am 13.07.2022).

REMMELE 2000
Remmele, Matthias: Aus einem Guss. Die Geschichte des Panton-Stuhls, in: Alexander von Vegesack, Verner Panton. Das Gesamtwerk, Vitra Design Museum, Katalog zur Ausstellung: Verner Panton. Weil am Rhein 2000

REUTER 2021
Reuter, Martin: Methodik der Werkstoffauswahl. Der systematische Weg zum richtigen Material. 3., aktualisierte Auflage.

Robert Krups Stifung & Co 1984
Robert Krups Stifung & Co: Der neue Krups 3Mix. Kraft und Handlichkeit in idealer Form. Anzeige der Robert Krups Stifung & Co, in: Form. Zeitschrift für Gestaltung, Heft 105, I/1984, S. 96–97.

ROEWER 1966
Roewer, Karl: Vorschriften und Normen für elektrische Küchenmaschinen. In: Hauswirtschaft und Wissenschaft Heft 5 14 1966. Hg.: Deutsche Gesellschaft für Hauswirtschaft, Bundesanstalt für Hauswirtschaft 1966.

RUMMEL 2000
Rummel, Ralf: Die Transformation sozial-reflexiver Momente in der modernen Gestaltung alltäglicher Dinge und Räume. Ein kritischer Beitrag zur Diskursgeschichte des Design. Dissertation Universität Bremen 2000.

SALDERN 1995
von Saldern, Adelheid: Von der guten Stube zur guten Wohnung. Zur Geschichte des Wohnens in der BRD. Archiv für Sozialgeschichte 35, 1995.

SAECHTLING, SCHWABE 1959
Saechtling, Hansjürgen; Schabe, Amtor: Bauen mit Kunststoffen. Ullstein Fachverlag, Berlin 1959.

SCHACK 1976
Schack, Clementine: Die Glaskunst. Ein Handbuch über Herstellung, Sammeln und Gebrauch des Hohlglases. Keysersche Verlagsbuchhandlung. München 1976.

SCHÄFERS 2001
Schäfers, Stefanie: Vom Werkbund zum Vierjahresplan. Die Ausstellung ‚Schaffendes Volk‘ in Düsseldorf – Quellen und Forschungen zur Geschichte des Niederrheins hg. v. Düsseldorfer Geschichtsverein Bd. 4/ Beiträge der Forschungsstelle für Architekturgeschichte und Denkmalpflege der Bergischen

Universität-Gesamthochschule Wuppertal Bd. 11, Düsseldorf: Droste Verlag, 2001.

SCHEPERS 2016
Schepers, Wolfgang (Hg.). Plastic Icons. Design-Ikonen aus Kunststoff. Avedition, Stuttgart 2016.

SCHMIDT 2003
Schmidt, Thomas (Hg.): Thinking the Unthinkable. 50 Years of Makrolon®. The Story of a High-Tech Plastic from Research Laboratory to Commercial Production. Dr. Gupta Verlag. Ratingen 2003.

SCHNEIDER 2005
Schneider, Beat: Design – Eine Einführung. Entwurf im sozialen, kulturellen und wirtschaftlichen Kontext. Birkhäuser Verlag, Basel; Boston; Berlin 2005.

SCHNEIDER 2012
Schneider, Beat: Elemente einer sozialgeschichtlich orientierten Kulturgeschichte des Designs, in: Stephan Moebius, Sophia Prinz (Hg.), Das Design der Gesellschaft. Zur Kultursoziologie des Designs, Bielefeld, transcript Verlag, 2012, S. 407–427.

SCHNEIDER 2014
Schneider, Beat: Design – Eine Einführung. Entwurf im sozialen, kulturellen und wirtschaftlichen Kontext, Basel, Birkhäuser Verlag, 2. Auflage 2014.

SCHNEIDER et al. 2005
Schneider, Beat; Schmid, Jimmy; Christen, Daniel: Design: eine Einführung: Entwurf im sozialen, kulturellen und wirtschaftlichen Kontext. Basel/Boston 200ß.

SCHNEIDER et al. 2009
Schneider, Beat; Schmid, Jimmy; Christen, Daniel: Design: eine Einführung: Entwurf im sozialen, kulturellen und wirtschaftlichen Kontext. Basel/Boston 200ß.

SCHOLTEN 2019
Scholten, Uta: Kunststoffe – Aufbruch in die „Plastikzeit", in: Michael Gaigalat (Hg.), nützlich und schön. Produktdesign 1920–1940, Katalog zur gleichnamigen Ausstellung im LVR-Industriemseum, Oberhausen, Münster 2019, S. 20–37.

SCHÖNBORN 1992
Schönborn, Hans-Hellmuth: Celluloid – Wegbereiter der Thermoplaste. In Kunststoff-Museums-Verein e.V.: Rotperl und Cubana. Celluloid – Start in die Kunststoffe. Düsseldorf 1992.

SCHÖNHAMMER 2010
Schönhammer, Rainer: Design = Kitsch? In: Nida-Rümelin, Julian; Steinbrenner, Jakob (Hg.): Kunst und Philosophie. Ästhetische Werte und Design. Hatje & Cantz Verlag, Ostfildern 2010.

SCHROEDER 2013
Schroeder, H.: Lehmbau. DOI 10.1007/978–3–8348–2227–7_1. Wiesbaden 22013.

SCHWABE 1971
Schwabe, Amtor: Kunststoffe im Bauwesen. Koch Verlag, Stuttgart 1971.

SCHWARZ et al. 1991
Schwarz, Otto; Ebeling, Friedrich-Wolfhard; Lüpke, Götz: Kunststoffverarbeitung, Würzburg: Vogel, 6. Auflage, 1991.

SELLE 1978
Selle, Gert: Ein neuer Beginn? – Das Design der 50er Jahre in Deutschland. Die Weiterentwicklung der Massenproduktkultur nach dem Zweiten Weltkrieg, in: Form 82, Heft 2 (1978), S. 11–18.

SELLE 1997
Selle, Gert: Geschichte des Designs in Deutschland. Frankfurt 2007.

SELLE 2007
Selle, Gert: Geschichte des Design in Deutschland. 2. aktualisierte und erweiterte Neuausgabe. Campus Verlag. Frankfurt – New York 2007.

SELMAYR 1985
Duroplaste – was sie sind und wie sie sind, in: in: Wolfgang Glenz (Hg.), Kunststoffe – ein Werkstoff macht Karriere, München: Hanser Verlag 1985, S. 53–64.

SHASHOUA 2001
Shashoua, Yvonne R.: Inhibiting the deterioration of plasticized poly (vinyl chloride) – a museum perspective. Diss. Technical University of Denmark 2001.

SONNTAG 1985
Sonntag, Rudolf: Entwicklung der Spritzgießtechnik, in: Wolfgang Glenz (Hg.), Kunststoffe – ein Werkstoff macht Karriere, München: Hanser Verlag 1985, S. 155–172.

SPARKE 2000
Sparke, Penny: Design Lexikon Großbritannien. DuMont Verlag, Köln 2000.

SPEKTRUM 1974
Spektrum 1974, Heft 13. Kundenzeitschrift der Röhm-Unternehmensgruppe.

SPELSBERG 1990
Spelsberg, Gerd: Im Fieber des Farbenrausches. Eine Siegesgeschichte. S. 9–56. In: Das Blaue Wunder. Zur Geschichte der synthetischen Farben. Hg. Arne Andersen, Gerd Spelsberg, Kölner Volksblatt Verlag 1990.

STARK 2010
Stark, Wolfgang: Entwicklung der Gütesicherung bei Isolierstoffen, in: Kunststoffe 100, Heft 5/2010, S. 14–17.

STARK, WICHT 1998
Jochen Stark, Bernd Wicht: Geschichte der Baustoffe. Bauverlag GmbH. Wiesbaden, Berlin 1998.

STEDELIJK 2001
Amerikanisches Design Streamline 1930–1950. Begleitheft zur gleichnamigen Ausstellung im Stedelijk Museum 2001.

STEINBRENNER et al. 2011
Steinbrenner, Jakob; Jehle, Oliver; Wagner, Christoph: Einleitung. Weiß – Schwarz – Grün – Rot – Blau – Gelb – Gold... In: Steinbrenner, Jakob (Hg.): Farben in Kunst und Geisteswissenschaften. Schnell & Steiner Verlag, Regensburg 2011.

STEINER 2011
Steiner, Paul: Sensory Branding. Grundlagen multisensualer Markenführung. Wiesbaden 2011.

STOCK 2010
Stock, Susanne: Hüllen mit vielen Funktionen, in: Zeitschrift Kunststoffe, 5/2010, S. 95–99. Dokumenten-Nummer: KU110394.

STORACE, HOLZEWARTH 2012
Storace, Elisa; Holzwarth, Hans Werner (Hg.): Kartell. The Culture of Plastics. Taschen Verlag. Köln 2012.

STRASSER 1997a
Straßer, Josef: Vom Krieg zum Wirtschaftswunder. Die fünfziger Jahre, S. 55–77. In: Florian Hufnagl (Hg.), Plastics + Design, Ausstellungskatalog Die Neue Sammlung München 1997–1998, Stuttgart: Arnoldsche 1998 (zuerst 1997), S. 26–54.

STRASSER 1997b
Straßer, Josef: Utopien in Plastik. Die Kunststoff-Euphorie der sechziger und frühen siebziger Jahre, in: Florian Hufnagl (Hg.), Plastics + Design, Ausstellungskatalog Die Neue Sammlung München 1997–1998, Stuttgart: Arnoldsche 1998 (zuerst 1997), S. 78–87.

STRASSER 1997c
Straßer, Josef: Das langsame Comeback. Die achtziger und neunziger Jahre, in: Florian Hufnagl (Hg.), Plastics + Design, Ausstellungskatalog Die Neue Sammlung München 1997–1998, Stuttgart: Arnoldsche 1998 (zuerst 1997), S. 78–125.

STREB 2003
Streb, Jochen; Spree, Reinhard (Hg.): Staatliche Technologiepolitik und branchenübergreifender Wissenstransfer. Über die Ursachen der internationalen Innovationserfolge der deutschen Kunststoffindustrie im 20. Jahrhundert. Jahrbuch für Wirtschaftsgeschichte, Beiheft 4, 2003, Hier verwendet: Reprint von 2014. https://doi.org/10.1515/9783050082417.

SUDROW 2012
Sudrow, Anne (Hg.), Nikolaus Pevsner u.a., Geheimreport Deutsches Design. Deutsche Konsumgüter im Visier des britischen Council of Industrial Design (1946) = Deutsches Museum (Hg.), Abhandlungen und Berichte. Neue Folge 28, Göttingen: Wallstein 2012.

SUGGIT 1997
Suggit, Mark: Living with Plastics. In Susan Mossman: Early Plastics. Perspectives 1950–1950, S. 113–136. Leicester University Press. London 1997.

TELTSCHIK 1992
Walter Teltschik. Geschichte der deutschen Großchemie. Entwicklung und Einfluß in Staat und Gesellschaft, Weinheim: VCH Verlagsgesellschaft 1992.

THIELEN et al. 2020
Thielen, Michael; Gust, Peter; Hartwig, Klaus: Blasformen: von Kunststoffhohlkörpern. München 2020.

THIEMLER 2021
Thiemler, Dagmar: „Damit die Frau es besser hat“, in: Starke Marken – Eine Ausstellung an zwei Orten. Solingen 2005.

THURN 2007
Thurn, Hans Peter: Farbwirkung. Zur Soziologie der Farben. DuMont Verlag, Köln 2007.

TORKAR 2020
Torkar, Felix: Apple Design: eine Analyse. Avedition, Stuttgart 2020.

TROMMSDORFF 1976
Trommsdorff, Ernst: Dr. Otto Röhm, Chemiker und Unternehmer. Econ Verlag, Düsseldorf 1976.

TRÜMPLER, WAGNER 2017
Trümpler, Charlotte; Wagner, Matthias (Hg.): Picknick-Zeit, Ausstellungskatalog des Museums für angewandte Kunst, Frankfurt/Main, Köln: Verlag der Buchhandlung Walther König, 2017.

TURNWALD 1941
Turnwald, Hanns: Gestaltung und Herstellung von Haushaltsgegenständen, in: Kunststoffe 31, Heft 3 (1941), S. 91–92.

ULLRICH 2014
Habenwollen. Wie funktioniert die Konsumkultur?, Frankfurt/Main: Fischer Verlag, 4. Auflage 2014 (Erstausgabe 2006).

Unter Strom 2012
Kunststoff-Museums-Verein e. V. (Hg.), Unter Strom. Vom Bakelitschalter zum Blackberry, Katalog zur gleichnamigen Wanderausstellung, Düsseldorf 2012

VAN OOSTEN 2011
Van Oosten, Thea: PUR Facts. Conservation of Polyurethane Foam in Art and Design. Amsterdam 2011.

VANLAETHAM 1989
Vanlaetham, Frace: Gaetano Pesce – Architettura Design Arte. Mailand 1989.

VAUPEL 2010
Vaupel, Elisabeth: Gläserne Technik durch Plexiglas. Zur Ideologie transparenter Modelle in den dreißiger Jahren. In: Kultur & Technik: das Magazin aus dem Deutschen Museum 02/2011. C.H. Beck Verlag. München 2011.

VON VEGESACK, REMMELE 2000
von Vegesack, Alexander; Remmele, Mathias (Hg.): Verner Panton. Das Gesamtwerk. Vitra Design Museum. Weil am Rhein 2000.

VERG 1988
Verg, Erik. Bayer AG (Hg.), Meilensteine. 125 Jahre Bayer, 1863–1988, Köln: informedia Verlags GmbH, 1988.

VOGT 1973
Vogt, Hans-Heinrich: Farben und ihre Geschichten. Von der Höhlenmalerei zur Farbchemie. Franckh'sche Verlagshandlung W. Keller & Co., Stuttgart 1973.

VOIGT 2007
Voigt, Pamela: Die Pionierphase des Bauens mit glasfaserverstärkten Kunststoffen (GFK) 1942 bis 1980. Diss. Bauhaus Univ. Weimar 2007.

WAENTIG 2004
Waentig, Friederike: Kunststoffe in der Kunst. Eine Studie unter konservatorischen Gesichtspunkten. Petersberg 2004.

WAENTIG 2013
Waentig, Friederike: Konservieren und restaurieren von gealterten Kunststoffen. In: Restaurator im Handwerk 2013.

WAENTIG 2015
Waentig, Friederike: Ein Chamäleon und seine Transformationen: Kunststoff – Geschichte und Image. In: Technisches Museum Wien (Hg.): Blätter für Technikgeschichte Band 77. Wien 2015.

WAENTIG 2016
Waentig, Friederike: Design-Ikonen – Konservieren und restaurieren. In: Kunststoff-Museums-Verein (Hg.): Plastic Icons – Design-Ikonen aus Kunststoff. Stuttgart 2016.

WAGNER 1995
Wagner, Christoph: Fast schon Food. Die Geschichte des schnellen Essens, Frankfurt/Main, Campus Verlag 1995.

WAGNER 2006
Wagner, Monika: Vom Ende der materialgerechten Form – Kunst im Plastikzeitalter. In: Barbara Naumann, Thomas Strässle, Caroline Torra-Mattenklott (Hg.): Stoffe. Zur Geschichte der Materialität in Künsten und Wissenschaften. Vdf Hochschulverlag AG an der ETH Zürich 2006.

WEBER 1992
Weber, Klaus: „Sachliche Bauart. Höchste Qualitätsarbeit." – Christian Dell als Lehrer, Silberschmied und Gestalter, in: Klaus Weber (Hg.), Die Metallwerkstatt am Bauhaus, Ausstellungskatalog Bauhaus-Archiv, Museum für Gestaltung, Berlin (Berlin 1992), S. 56–78, S. 62.

WEBER 2017
Weber, Heike: Blackboxing? – Zur Vermittlung von Konsumtechniken über Gehäuse- und Schnittstellendesign. In: Christina Bartz, Timo Kaerlein, Monique Miggelbrink, Christopf Neubert (Hg.): Gehäuse: Mediale Einkapselung. Wilhelm Fink Verlag. Paderborn 2017.

WEIHE 1997
Weihe, Torsten: Die Analyse des Marketingkonzepts eines innovativen Unternehmens. Am Beispiel der Firma SWATCH. Diplomica Verlag. Kiel 1997.

WEISS 1966
Weiß, Gustav: Ullstein Gläserbuch. Eine Kultur- und Technikgeschichte des Glases. Ullstein Verlag. Berlin – Frankfurt/Main – Wien 1966.

WELLE 2007
Welle, Frank: Lebensmittelverpackungen: Alltäglich und doch unscheinbar. In: Chemie in unserer Zeit, 2007, Heft 41, S. 96–106. Weinheim. DOI: 10.1002/ciuz.200700401.

WELSCH 1981
Welsch, Fritz: Geschichte der chemischen Industrie. Abriß der Entwicklung ausgewählter Zweige der chemischen Industrie von 1800 bis zur Gegenwart – Chemie für Lehrer 13, Berlin: VEB Deutscher Verlag der Wissenschaften 1981.

WESTERMANN 2007
Westermann, Andrea: Plastik und politische Kultur in Westdeutschland, Zürich: Chronos 2007.

WETCKE 2006
Wetcke, Hans Hermann: Siemens Industrial Design. 100 Jahre Kontinuität im Wandel. Ausstellungskatalog Design Zentrum München, Ostfildern, Hatje Cantz, 2006.

WETCKE 2006
Wetcke, Hans Hermann: Siemens Industrial Design. 100 Jahre Kontinuität im Wandel. Ausstellungskatalog Design Zentrum München, Ostfildern, Hatje Cantz, 2006.

WILSON 2014
Wilson, Bee: Am Beispiel der Gabel. Eine Geschichte der Koch- und Esswerkzeuge. Berlin 2014.

WIMMER 1989
Wimmer, Dieter: Kunststoffgerecht konstruieren. Darmstadt 1989.

WINTERMEIER 1964
Wintermeier, Soetekin: Hostalen-Funkwerbung. Regensburger Archiv für Werbeforschung. https://raw.uni-regensburg.de/details.php?r=9926.

WIRTH 2017
Wirth, Marlies: Through the Looking Glass, Down the Rabbit Hole: Eine Frage des Vertrauens. Katalog zur Ausstellung: Hello, Robot: Design zwischen Mensch und Maschine des Vitra Design Museums, Mateo Kries, Christoph Thun-Hohenstein, Amelie Klein (Hg.) 11.02.2017.

ZACHARIAS 1990
Zacharias, Wolfgang. Zeitphänomen Musealisierung, in: Wolfgang Zacharias (Hg.), Zeitphänomen Musealisierung. Das Verschwinden der Gegenwart und die Konstruktion der Erinnerung, Essen: Klartext 1990.

ZEC 1992
Zec, Peter (Hg.): Frische in Form. Tupperware – Mythos und Ästhetik einer Alltagskultur, Essen, Designzentrum Nordrhein-Westfalen 1992.

ZWECKBRONNER 2002
Zweckbronner, Gerhard (Hg.): Alle Zeit der Welt. Von Uhren und anderen Zeitzeugen. Katalog zur Ausstellung des Landesmuseums für Technik und Arbeit in Mannheim. 26. Oktober 2002–30. März 2003. Mannheim 2002.

8 | Abbildungsnachweis

Die Autoren und Autorinnen haben sich nach allen Kräften bemüht, bei den jeweiligen Rechteinhabern die Erlaubnis zur Verwendung der betreffenden Bilder einzuholen. Sollten unbeabsichtigt dennoch Bildrechte verletzt sein, bittet die Herausgeberin um rasche Benachrichtigung, damit die Rechtsfrage umgehend geklärt werden kann.

© IKT, Uni Stuttgart, Christian Bonten: 16

© Domenika Marks, Moritz Erdmann: 17

© CICS, TH Köln, Friederike Waentig: 19

KuWerKo: 11, 18, 26, 27, 71, 72 oben rechts, unten, 76 oben links, unten, 77 oben rechts, 78, 82 unten rechts, 83, 85, 165, 166, 167 oben, 169 rechts, 170, 171 rechts, 172, 176, 179, 180, 232 unten, 266, 270, 271

BONTEN 2020a. Christian Bonten: Kunststofftechnik. Einführung und Grundlagen. 3., aktualisierte Auflage. Hanser Verlag 2020 München, S. 2, 67, 325, 291, 285, 436. Mit freundlicher Genehmigung von Carl Hanser Verlag München: 29, 31, 66, 69, 94, 98

SAECHTLING 2013. Erwin Bauer, Tim A. Oswald, Natalie Rudolph (Hrsg.): Saechtling Kunststoff Taschenbuch. 31. Ausgabe, komplett überarbeitet, aktualisiert und zum ersten Mal in Farbe. Hanser Verlag 2013 München, S. 17. Mit freundlicher Genehmigung von Carl Hanser Verlag München: 30

REUTER 2021. Martin Reuter: Methodik der Werkstoffauswahl. Der systematische Weg zum richtigen Material. Hanser Verlag 2021 München, S. 46. Mit freundlicher Genehmigung von Carl Hanser Verlag München: 34

© Thonet GmbH: 35

© TH Köln, Hanna Freres: 36, 37, 38, 39, 40, 41, 42, 43, 113 unten, 123 rechts, 159, 174

© TH Köln, Hanna Freres, bearbeiten durch Konstantin Fischer: 42 rechts, 43

© Uta Scholten: 49

EHRENSTEIN 2006. Gottfried W. Ehrenstein, Sonja Pongratz: Beständigkeit von Kunststoffen. Hanser Verlag 2007 München, S. 1. Mit freundlicher Genehmigung von Carl Hanser Verlag München: 109

Adobe Stock 65272937: 110

THIELEN et al. 2020. Michael Thielen, Peter Gust, Klaus Hartwig: Blasformen von Kunststoffhohlkörpern. 2., aktualisierte Auflage. Hanser Verlag 2020 München, S. 10, 150. Mit freundlicher Genehmigung von Hanser Verlag München: 114

© Genossenschaft Deutscher Brunnen eG: 115 oben rechts, unten

LOVEGROVE: 117 oben

Courtesy of Gaetano Pesce studio: 117 unten

GOETHE, LABAN 1988. Hartmut Goethe, Christa Laban: Die individuellen Rettungsmittel. Zur Geschichte von Rettungsboje, Rettungsring und Schwimmweste. Koehler Verlagsgesellschaft 1988 Herford, S. 39, 89, 94, 138, 139: 119, 120, 123 links

Auslegeschrift 1245788, Fig. 3, 1964: 121

Offenlegungsschrift 2107979, 1971: 122 links

Gebrauchsmuster DE 29800671 U1, 23. April 1998: 122 rechts

Courtesy Die Neue Sammlung – The Design Museum (A. Lorenzo): 124 links

© Rheinisches Bildarchiv Köln: 157 links

© Landesmuseum Württemberg, Stuttgart: 157 rechts

© Museum für Kunst und Gewerbe Hamburg: 158

© Stiftung Deutsches Hygiene-Museum, Gunter Binsack: 160

© Evonik Industries AG, Konzernarchiv: 162, 224, 226, 227, 229, 230, 231

Mit freundlicher Genehmigung von Andreas Knitz: 164

© Sotheby's Picture Library, London: 177

© Courtesy Swatch Group GmbH: 191

© Konica Minolta: 210

© Stadtarchiv Solingen: 214

KIRA 1987. © Alexander Kira: Das Badezimmer. Krammer-Verlag Düsseldorf 1987, S. 103: 225

Reproduktion aus: Hermann Gretsch, Werkstattbericht 10 des Kunstdienstes, Berlin 1942, S.11: 258

P.AD. Werbeagentur GmbH ehemals P.AD. Plastic Advertising, Meinerzhagen: 259 unten

© LVR-Industriemuseum, Jürgen Hofmann: Bilder ohne Nachweisangabe

9 | Register

Das Register enthält Materialbezeichnungen, Markennamen, Personen, Verarbeitungstechniken und weitere wichtige Begriffe aus der Kunststoffindustrie

Auf die Aufnahme von Firmen oder Herstellern wurde verzichtet.

10 | Danksagung

Die ProjektteilnehmerInnen bedanken sich für die finanzielle Förderung und Unterstützung durch das Bundesministerium für Bildung und Forschung (BMBF) im Rahmen des Verbundprojekts „Sprache der Objekte – Materielle Kultur im Kontext gesellschaftlicher Entwicklung", die dieses vierjährige Forschungsprojekt erst möglich machten.

Viele Kollegen und Kolleginnen haben uns während des Projektes in vielfältiger Weise unterstützt, wie bei der Entwicklung einer gemeinsamen Terminologie oder bei Rechercheanfragen. Außerdem gab uns die Sammlungstätigkeit verschiedener Personen wichtige Impulse für das Projekt. Dafür möchten wir uns herzlich bei folgenden Personen bedanken.

Hans und Neeltje Vlottes, Terneuzen, Niederlande
Prof. Dr. Karolina Suchowolek und Elisabeth Evers, Institut für mehrsprachige Kommunikation und Translation, TH Köln
Hannah Hendrickx und Eline van de Velde, Designmuseum Gent, Belgien
Anna Laganà, Getty Conservation Institute, Los Angeles, USA
Griet Kuckelkoren, Royal Institute for Cultural Heritage Brussels, Belgien
Colin Williamson, Shrewsbury, England
Doris Eizenhöfer, Evonik Archiv, Hanau-Wolfgang
Svenja Farsen, Stadtarchiv Solingen
Norbert Mosbach, BASF Ludwigshafen
Jürg Zingg, BASF Ludwigshafen
Hans Niebels, Westdeutsche Celluloidwerke Lank-Latum, Meerbusch
Susanne Purschke, Landschaftsverband Rheinland, Köln
Ferdinand Schütze, ReCup GmbH, München
Norbert Schießen, Robert Klaasen GmbH & Co. KG, Solingen
Sven Vorderstraße, Markanto, Köln
Romana Rebbelmund, Museum für Angewandte Kunst, Köln
Klaus Lemper, Schmitten

Studentische Unterstützung:

Jakob Becker, CICS, TH Köln
Konstantin Fischer, CICS, TH Köln
Emily Matschke, CICS, TH Köln
Nadin Radecke, CICS, TH Köln
Franziska Timmermann, CICS, TH Köln
Samed Ceylan, IKT, Uni Stuttgart
Adrian Geyer, IKT, Uni Stuttgart
Laura Loimayr, IKT, Uni Stuttgart
Indra Suta, IKT, Uni Stuttgart

Laura Bode M. A.

Laura Bode studierte Restaurierungs- und Konservierungswissenschaften von Holz und Werkstoffen der Moderne an der Technischen Hochschule (TH) Köln. Das Studium schloss sie 2021 mit dem Master zum Thema Kunststoffe und die Schwierigkeit der Erhaltung im musealen Kontext erfolgreich ab. Von 2018 bis 2022 war sie als Mitarbeiterin in dem vom BMBF geförderten Forschungsprojekt „Kunststoff – ein moderner Werkstoff im kulturhistorischen Kontext" beschäftigt.

Prof. Dr.-Ing. Christian Bonten

Seit 2010 ist Prof. Bonten an der Universität Stuttgart für die Forschung und Lehre im Bereich der Kunststofftechnik tätig. Seine Forschungsschwerpunkte liegen auf der Kunststoff-Werkstofftechnik und der Kunststoffverarbeitung. Ein großes Augenmerk legt er auf Biokunststoffe und Themen des Recyclings. Nach seinem Maschinenbaustudium in Duisburg und Aachen promovierte er über das Schweißen von Kunststoffen und arbeitete anschließend bei BASF und dem Biokunststoffhersteller FKuR.

Lisa Burkart M. A.

Lisa Burkart studierte Restaurierungs- und Konservierungswissenschaften von Objekten aus Holz und Werkstoffen der Moderne an der Technischen Hochschule Köln. Sie schloss ihr Studium 2016 mit einer Masterarbeit zu transparenten Oberflächen auf Möbeln von Alvar Aalto ab. Dem folgte ein zweijähriges Volontariat am Vitra Design Museum. Von 2018 bis 2022 war sie als wissenschaftliche Mitarbeiterin in dem vom BMBF geförderten Forschungsprojekt „Kunststoff – ein moderner Werkstoff im kulturhistorischen Kontext" beschäftigt.

Dr. Walter Hauser

Seit 2009 ist Walter Hauser Direktor des LVR-Industriemuseums. Er studierte Physik und Mathematik in Tübingen und Paris und promovierte mit einer Arbeit zur Wissenschaftsgeschichte der Frühen Neuzeit. Er ist seit 1992 als Ausstellungsmacher und Kurator tätig, unter anderem für das Heinz Nixdorf MuseumsForum in Paderborn, die EXPO 2000 in Hannover und das Deutsche Museum in München. In der Rhein-Ruhr-Region war er Projektleiter der IBA-Endpräsentation „Sonne, Mond und Sterne. Kultur und Natur der Energie" (1999) und leitet seit 2009 den Verbund des Landesmuseums für Industrie- und Sozialgeschichte im Rheinland.

Julian Kattinger M. Sc.

Nach seinem 2018 abgeschlossenen Studium des Maschinenbaus an der Friedrich-Alexander-Universität Erlangen - Nürnberg ist Julian Kattinger als wissenschaftlicher Mitarbeiter im Bereich Produktentwicklung am Institut für Kunststofftechnik der Universität Stuttgart tätig. Die Themenschwerpunkte seiner Arbeit liegen, neben der Mitarbeit im 2022 beendeten Projekt „Kunststoff – ein moderner Werkstoff im kulturhistorischen Kontext", in der additiven Fertigung mit Kunststoffen sowie in der Simulationstechnik.

Dr. Wolfgang Schepers

Wolfgang Schepers studierte Kunstgeschichte, Archäologie und Soziologie in Heidelberg und London. Er schloss sein Studium 1979 mit einer Promotion über ein kunsttheoretisches Thema des 18. Jahrhunderts ab. Es folgten 1995 die Anstellung als stellvertretender Direktor am Kunstmuseum Düsseldorf (heute Kunstpalast Düsseldorf) sowie als Lehrbeauftragter mit den Gebieten Kunstgeschichte, Designgeschichte und -Theorie an der Hochschule Düsseldorf im Studiengang Produktdesign. Von 1999 bis 2014 war Wolfgang Schepers Direktor des Museum August Kestner in Hannover sowie von 2008 bis 2019 zweiter Vorsitzender der mitbegründeten „Gesellschaft für Designgeschichte e.V.". Seit 2014 ist er außerdem Präsident des Deutschen Kunststoff-Museums-Vereins e.V. Im Laufe seines Berufslebens konzipierte er zahlreiche Ausstellungen und veröffentlichte Publikationen zu Themen des Kunsthandwerks und Designs des 20. Jahrhunderts.

Uta Scholten M. A.

Uta Scholten studierte Kunstgeschichte, Ostasiatische Kunstgeschichte und Katholische Kirchengeschichte in Bonn und Marburg/Lahn. 1989 Magisterarbeit zur mittelalterlichen Liturgie von St. Victor in Xanten. Forschungen und Veröffentlichungen zur Sakralarchitektur im Mittelalter und Früher Neuzeit im Rheinland. 2002 bis 2018 Tätigkeit als Kuratorin des Deutschen Kunststoff-Museums in Düsseldorf, 2019 bis 2022 Wissenschaftliche Referentin für das Projekt „Kunststoff – ein moderner Werkstoff im kulturhistorischen Kontext", LVR-Industriemuseum Oberhausen.

Prof. Dr. Friederike Waentig

Seit 2003 ist Friederike Waentig Professorin für Restaurierung und Konservierung von Objekten aus Holz und Werkstoffen der Moderne an der Technischen Hochschule Köln. Ihr Forschungsschwerpunkt liegt auf der Erhaltung von Kunststoffen. Nach einem Studium der Denkmalpflege, Volkskunde und Bauforschung in Bamberg und einem Diplomstudium der Restaurierung und Konservierung in Köln folgte die Promotion an der Otto-Friedrich-Universität Bamberg. Friederike Waentig verfügt über eine Ausbildung zur Tischlergesellin und war vielfach als Restauratorin für unterschiedliche Museen tätig.